価値の構図とことば

価値哲学基礎論

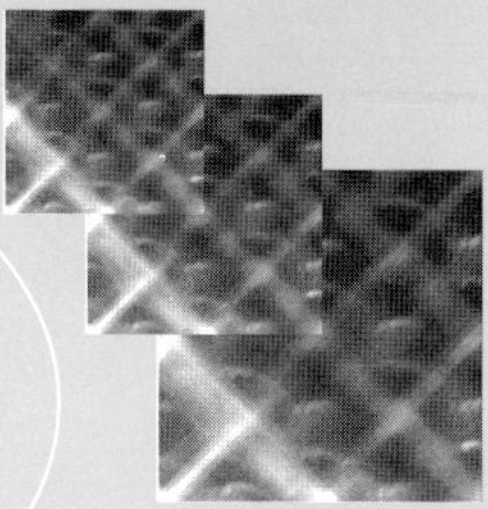

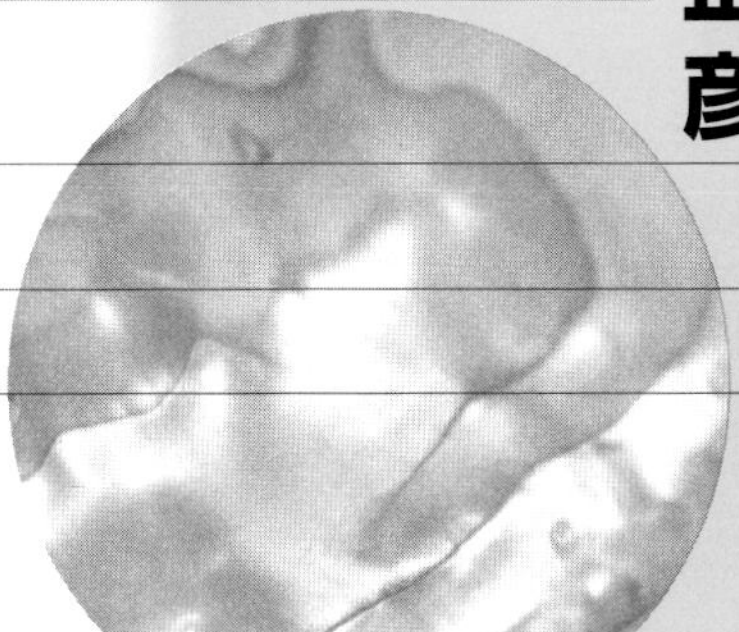

神川正彦

KAMIKAWA MASAHIKO

keiso shobo

価値の構図とことば

価値哲学基礎論

目次

II　価値のことば

総序　価値論への要請

一　哲学的思索の〈はじめ〉
――「直接与えられたもの」

哲学の変貌、終焉、革新、復興、転位、転換、解体、破壊、破壊的構成などが語られてすでにひさしい。その間、あらたなる諸々の試みがおこなわれてきたし、他方では、それにもかかわらず哲学研究のルーティンが繰返されているわけであるが、哲学思考の状況はますますその混迷の度を深めているということが出来るであろう。混迷が深ければふかいほど、その状況からぬけ出す道が容易に見出しうるとは思えない。だから、その点を率直にうけとめて、いまや〈彷徨《エランス》の時代〉そのものなのだと規定して、そこから探索の糸をつむぎ出そうとすることも出来よう。しかし、そのような〈大状況論〉から出発するか否かは別として、少くとも現代のごとき状況のなかで哲学的思考の展開をもとめる以上は、試行錯誤をおかしても、互に積極的に自らの試行を打出すことによってなんらかの応答をなさない限り、怠惰のそしりをまぬがれえない。

彷徨の試行を遊星的思考へと造型しようとするK・アクセロスは、極めて率直に、哲学の在り方を総括している(1)。ヘーゲル以来、観念論的な哲学は終焉をみた。以前は、哲学は諸科学の基礎をなしていたが、いまや、哲学の総体は諸科学の総体のうちであらわとなる。諸科学の総体は二つの総体

——自然諸科学と人間諸科学の——を認容しているのであるが。一体哲学はどうなるのであろうか。第一に、哲学は哲学の歴史のなかにおさめられる。第二に、哲学は諸科学によってまさしくおきかえられる。そして第三に、先哲学《プレフィロソフィ》とともにはじまった哲学は、メタ哲学的思考へとうつりかわって行く。ヨーロッパの近代哲学は〈人間〉をすべてのものの中心に位置づけたが、いまやその〈人間〉それ自身がすぎ行こうとしており、人間中心主義《ユマニスム》はこの哲学の終焉とともに成熟して終りをつげよう。周知のように、このような認識は、今日、ヨーロッパの先端的な思索者にとっての共通の哲学〈観〉になってきているといっても過言ではない。アクセロスはメタ哲学的思考を、多次元的で問題的な、総体的で断片的な、開かれた、世界的で遊星的な思考であるというが、この思考の展開をもとめることが、彼の思索のすべてにほかならない。

　わたくしはいまアクセロスの考え方をこれ以上論ずるつもりはないが、ただ、ヨーロッパの〈近代〉哲学の変貌という事態をはっきりとふまえるための一代表例として言及し、〈メタ哲学〉ということばをわたくしなりに用いて考えて行く上での、一つの手掛りとして示しておくにとどめよう。

　率直に言って、わたくしはいまや哲学がメタ哲学的な思考と連動することなしには展開しえない段階にいたったと考える。もちろん哲学がメタ哲学と連動すること自体を今日の哲学的思考の在り方とみてよいのであるが、その連動なしでは哲学的思考が存しえないという意味で、今日の哲学的思考そのものをメタ哲学的思考とみてもよいわけである。このような事態は一体なにを物語っているのであろうか。

　ヘーゲルとともに哲学は終りをつげたとよく言われる。それが文字通りに解されるなら極めてあいまいで問題的な言い方ではあろうが、少くともその言説が、ヘーゲル以後は本来的に言って哲学思考の展開そのものが問われるようになったという意味で、メタ哲学的な思考なしでは哲学思考の展開はありえなくなったということを先行的に意味しているのだとすれば、そこには極めて重要な意味合いがこめられているのではなかろうか。ヨーロッパ〈近代〉哲学の〈夜〉の世界にあやしい光をはなって登場した、ヘーゲル、マルクス、ニーチェ、フロイト、ハイデガーという、五連の星座は、その意味合いを極めて端的に具象化して描き出している。

　若くしてヘーゲル批判により哲学の実現は哲学の止揚にほかならないと確認するにいたったマルクスは、経済学についてさえ、はやくもメタ経済学との連動をもとめたが故に、経済学批判という路線を単なる科学の営為にゆずりわたすことが出来なかったのではなかろうか(2)。ニーチェの一切価値の価値転換の試みは、伝統的な哲学の在り方を〈心理学的〉〈系譜学的〉〈類型論的〉等々の作業のもとで解体へともたらそうとする、〈価値の価値〉をあらわならしめようとする探究にほかならなかった。フロイトは、〈人間〉をすべての中心にすえたヨーロッパ〈近代〉哲学の在り方に対して、その〈中心〉が〈理性〉や〈意識〉や〈主体〉で充実されるような実点ではなくて、夢や性でささえられる虚構にすぎないことをあらわならしめた。ハイデガーは、端的に、人間という存在者を、存在という深淵、底なし《アプーグルント》=根拠のなかに沈めてみせたのではなかったろうか。そしていまわれわれは、この星座のひかりが〈昼〉の世界のなかで変様するのをみつめながら、あらたなる〈現代〉状況のなかに立っている。

　今日哲学思考がメタ哲学的思考なしにはなりたたないということは、結局、ヨーロッパ〈近代〉哲学の営為がどのような枠組においてなりたっているかを問いかえすことにほかならない。ということは、第一に、ヨーロッパ〈近代〉哲学に西洋の正統的な哲学思考がふかく沈澱していること、そして第二に、ヘーゲル—マルクス—ニーチェ—フロイト—ハイデガーの星座がその問いかえしのひかりをそこにはっきりとやきつけたからである。今日メタ哲学的思考の連動なくして依然として哲学思考が生き生きと展開しているとするなら、それは〈近代〉哲学の演奏をくりかえしていることだと、比喩的に言うことが出来るであろう(3)。音楽の場合、現代音楽がどのような問題に直面して苦しんでいるにせよ、たえず古典の演奏がいきいきとくりかえされているように。だが、やはり今日の音楽の核は、かような演奏にあるわけではなくて、いかに問題が多くとも、作曲にあるのではないか。たしかに古典の演奏の方がこころよくきかれるかもしれないし、今日の作曲よりもたしかに音楽性が高いということがありえよう。しかし、作曲は演奏ではありえないのである。

　哲学の本来的な営みは演奏にたとえらるべきではなくて、作曲に応ずるものと考えらるべきではなかろうか。演奏はどこまでも作曲あっての演奏であって、作曲なしではありえない。たしかに古典の作曲が偉大であり、それ故に、その演奏がくりかえしとして永遠の生命をたもつにせよ、今日の作曲は今日の問題状況に応答することがもとめられよう。しかも、今日の作曲というものが古典への問いかえしなしではありえないのと同じように、哲学思考が既成の〈近代〉哲学思考への根本的な反省ぬきではありえないところに、メタ哲学との連動の不可避性があるということが出来よう。〈メタ哲学〉ということばの意味は、言うまでもなく、多義性をはらんでいるが、その核として把えらるべきことは、比喩的に言って、既成の哲学思考の〈作曲〉ならびに〈演奏〉というものがよってもって立つ概念枠や価値観を、その言語形態を媒介として反省のひとみのもとにもたらすことである。そのような反省をともなわない営みは、どれほどこころよい演奏であっても、こころぐるしい作曲たりえないところに、哲学思考とメタ哲学思考の連動をどれほど自覚的にうけとめることが出来るか否かのわかれ道がひかれるように思われる。哲学思考とメタ哲学思考の連動は、より根本的に問いつめるとすれば、言語とメタ言語の連動をラディカルに思考することの反映であるということが出来るであろう。

以上のような哲学〈観〉をもって、あらためて価値の問題に目を転ずる時、大局的にみると、いままで価値問題があらわれてくる端緒が意外にも、二つの基本的な在り方を示していることに気付くのである。この二つの基本的なパターンというものは、次のようにとらえることが出来るのではなかろうか。一つは、価値認知の問題として、人間の基礎的な経験のより原初的な在り方のなかでどのように把握するかということであり、もう一つは、行為の正当化の問題として、どのようにその基準をくみたてうるかということである。だが、この二つの哲学思考の端緒は、本来的に言って、〈近代〉哲学の枠組を極めて明確にあらわならしめている。それは端的に言って、主観性ないし主体性を基本におく構図である。第一のパターンは、価値認知をどれほど原初的な体験のなかにわけいってもとめようとしても、哲学思考の端緒がいわば主観の創設機能というもののうちにおかれているならば、主観性の枠組をこえようがない。実際こえるどころか、このパターンはむしろもとめてかかる枠組に依拠して、そのなかに価値問題がたち現われるさまを把握しようとするので、体験なり経験なりに密着せざるをえないのである。だがはたして価値問題は、まずその認知の問題として、主観性の枠組のなかで、そこから出発する以外に端緒はないのであろうか。

たしかに第二のパターンは、基礎経験とか原初体験という形で主観性の枠組内にとどまって価値問題をまず価値認知問題としてとらえようとする行き方とは異なって、行為を哲学思考の端緒においてその正当化の地平でまず価値問題をとらえようとする。その意味で、第一のパターンと第二のパターンとは哲学思考の端緒を異にしている。しかしながら、行為というものを哲学思考の端緒としておくのは、行為がまさしく行為主体の自発的な機能として把えられているからなのではなかろうか。いわゆる主観性の枠組ではないにしても、それは、〈主観性〉を〈主体性〉へと移行せしめた〈近代〉哲学の枠組のなかで、価値問題を処理しようともとめている意味で、五十歩百歩であると言っても過言ではない。極めて簡単ではあるが、以上のようにみてくると、この二つのパターンは、〈近代〉哲学の枠組に依拠して価値問題を把握しようとする典型なのだとさえ言えよう。だが、価値の問題は、このような枠組のなかで、価値認知や行為の正当化の地平で哲学思考の端緒が開かれるような仕方で展開するしか道はないのであろうか。このような反省の必然性や重要性にこそ、哲学とメタ哲学の連動の必然性や重要性の意味がこめられているのである。

わたくしは、価値問題の探究は価値事象そのものの探究としてはじまらねばならないと考える。だが、そのためには、〈近代〉哲学の枠組そのものを問いかえすのでなければ、その端緒をすらつかみえないのではなかろうかとおそれるものである。価値問題の探究の前に、価値と事実の二元的分離論がたちはだかっているからである。

わたくしは、一九世紀〈近代〉以後なにか自明と解されている、価値と事実の二元的分離論をのりこえることをもとめている。実はこのような価値的立場こそが、わたくしの哲学的試行の基本的視座なのである。その意味において、たしかに価値と事象の二元的分離論の立場がのりこえられねばならないのであるが、それでは容易に、価値と事実との関係を統一的に把えることが可能かというと、実はそうではない。むしろ、二元的分離論という立場のとり方と対比していえば、そののりこえをもとめる立場はなかなか容易には成り立ちがたいとすら言わなければならない。というのは、どのようにソフィスティケイトされるにせよ、価値と事象の二元的分離論は、本来は日常的知覚によりかかる〝常識論〟だといってもよいからである。

人間は生れた時から次第に成長するにつれて、ピアジェ流に言えば(4)、赤ん坊の感覚－運動的知能が次第に発達しこれに応じた諸々の感覚－運動的活動をなすにつれて、生後二年ぐらいの間に、対象、空間、時間、因果性の諸シェーマといった活動の重要なカテゴリーを構成して現実を組織化するにいたる。知覚とはそもそもさまざまな感覚－運動的活動のひとつの特殊ケースにほかならない。したがって、かような感覚－運動的活動のカテゴリーの構成につれて、形や大きさの恒常性、物の永続性や因果性の知覚が発達し、さらに諸々の知覚活動が活発化して人間の認知的側面をよりゆたかにするわけである。その結果、知覚の認知的側面がよりゆたかに成長する過程のなかで、ひとびとは自然にいろいろな意味での二元的分離論者になっていく。そのうちのひとつに、価値と事象の二元的分離論があるといってもよいであろう。認知的識別を司る知覚の発達に対応して価値と事象の二元的分離論が自然と形成されるという意味において、まさしくそれは〝常識論〟にほかならない。

ところで、J・L・オースティンは、特にひとびとが固執する呪物信仰《フェティッシュ》として、二つのものをあげている。真／偽二分法と価値／事実二分法というフェティッシュである(5)。もちろんオースティンは自らの言語行為説を展開する上において決定的な障害となる呪物信仰としてこの二つをあげたわけであるが、もしそうでなければ、どのようにでも多様なフェティッシュをあげることは出来るであろう。フェティッシュと言えばフェティッシュなのであるが、もっと一般化して言えば、二分法ないし二元的分離論が、フェティッシュと言われるほどに、いかに強固につくり上げられるかを、それが物語っているということが出来るであろう。というのは、端的に言って、〈二元的〉と〈分離〉という二点は、ともに人間のものの見方にふかく根差している。別言すれば、知覚の認知活動にふかく根差している、極めて根源的な操作にほかならないからである。そもそもこの二点は極めてふかく結び合っている。言うまでもないことだが、〈分ける〉ということは、もっとも単純化してみれば、〈二つに分ける〉というところからはじまるからである。〈二つに分けられる〉場合、同じものが二分されるのではない時は言うまでもなく（この場合はすでに異なったものが前提におかれるので、そのまえに二分がすでになされているのだから）、同じものが二つに分けられる場合でも、二つは分けられることによって二つが少くとも別々なものとして、異なるものとしておかれれば、二つに分けられる以前の一つの同じものとはもはや同じものではなく、二つはやはりはっきりとした二つのものとして対比を示す。したがってこの対比がさらに強化されて、まさしくその根元からはっきりと異なるものとして定立されれば、〈二元的〉に分けられることにほかならない。

この点をもう少し角度をかえて言えば、実は思考そのものの〈始源〉への反省をうながす。思考を〈始源〉の相で反省してみると、〈否定性〉〈ない〉つまり〈無〉の導入こそが〈思考〉ないしは〈論理的思考〉のはじまりと、よく言われてきた(6)。たしかによく言われているように、かような意味での〈否定性〉〈ない〉〈無〉などというカテゴリーの構成というものは、人類史における〈知能〉発達の過程において、画期的な出来事であった。このカテゴリーの構成からみれば、〈分ける〉とはまさしく〈思考〉の〈始源〉においては、〈ある〉と〈ない〉とを分けるというもっとも〈根源的〉な地平をひらくことにほかならない。かかる地平において、〈あるもの〉と〈あるものではないもの〉との〈ある〉と〈ない〉の識別を通してはじめて、本来的に思考が展開することが可能となったということが出来るのではなかろうか。その点をピアジェ流に知能心理学的にみるとすると、〈否定性〉つまり〈ない〉ということがはっきりとした思考のカテゴリーとして徐々に構成されるには、すでに指摘したように、物の恒常性ないし永続性という活動のカテゴリーの構成つまり〈ある〉との関係からはじめざるをえない。というのは、そのような物の恒常性ないしは永続性の知覚が十分に発達する以前においては、ものの世界というものは赤ん坊の感覚‐運動的活動の世界を中心にして現われたかと思えばどこかへすぐ消えてしまうような、流動的で一貫性のない〈光景〉だけからなる〈事物不在の世界〉なのである(7)。知能心理学的な発達過程を下敷にして反省してみる時、結局〈分ける〉が〈分かる〉ことにほかならないという思考の始源的地平においては、文字通り〈ある〉と〈ない〉という〈否定性〉を解してはじめて思考はより明確に展開することが可能となると言わざるをえない。とする時、二元的分離ということがそもそも思考の始源にかかわるほど根源的であることを、われわれは率直に認めざるをえないのである。

以上のように少し反省してみるだけでも、二元的分離というものがいかに根源的ないしは始源的であるかは、もはや言うまでもないであろう。それ故にこそ、むしろ自然にしておけば、〝常識論〟的な確信(それが結局呪物信仰になるわけであるが)にささえられて、どのような意味においてであれ、諸々の二元的分離論を描き出すことは極めて容易であるということが出来よう。その意味では、われわれは、価値と事象の二元的分離論をただ批判することによって、もし容易にそれをのりこえられると考えるとしたら、根本的なあやまりをおかすものといってもよいであろう。その批判が本当の意味で生きてくるためには、このような極めて根源的で始源的な二元的分離という営為を、まさしくその根源的で始源的な相において問い直してみることが必要なのである。言うまでもなく、二元的分離の営為は根源的で始源的であるが故に、それ自体として否定されたりのりこえられてしまったりするわけではない。だがそれにもかかわらず、かような営為がはっきりとなされていることをおさえた上で、哲学的な意味で二元的分離論をのりこえる地平をひらくことがもとめられているわけである。それ故にこそ、思考の在り方を哲学的思索の相においてその〈はじめ〉から問い直すことがもとめられざるをえない。そのはじまりをはっきりとおさえない限り、いかなる方向性もきりひらくことが出来ないからである。

歴史的先例のモデル

哲学的思索(Philosophieren)の〈はじめ〉(Anfang)をどのように置きあるいはどのように把えるかということは極めて基本的なことではあるが、それこそ決めようがないように思われる。特に哲学的思索にとっては〈はじめ〉のとり方とともにそれこそ決定的な態度決定がなされてしまうので、つまりその立場の方が哲学的思索の性格を逆に規定してしまうのであるから、まさに決めようがないと言わねばならない。どうしても循環(Zirkel)のなかに陥ってしまうわけである。しかしながら、哲学的思索はどのような仕方においてであれやはり現実的に展開されねばならないのであるから、当然その〈はじめ〉がなければならないことも否定するわけにはいかない。とすれば、そこにどうしても循環が開かれてしまうならば、その循環はむしろ根源的なものとして、そこから逃れることによって道が開かれるのではなく、どこまでもそのなかに入り込むことによってしか道をきり開きえないと言わねばならない。だからこそ、あらゆる哲学的思索にとってその〈はじめ〉をどう置きどう把えるかが、決定的に重要なのである。このように決定的な場合には、やはり、ある手掛りなりメドを歴史的先例にもとめるのは、やむをえざる便法であろう。だが、たとえ歴史的先例にもとめるとしても、一定の類型化ないしはモデル化の観点からであって、決してその歴史的な事態に忠実に即しようとするわけではない。それ故、ある意味では偏った印象を与えるかもしれないが、しかし近代ヨーロッパ哲学において卓越した体系を描き出したドイツ観念論の三つの場合から、哲学的思索の〈はじめ〉の三つの典型的なモデルを照し出してみることにしたい。それはカント、フィヒテ、ヘーゲルの場合である(8)。もちろん具体的には各々の特定の作品に示される哲学的思索の〈はじめ〉を把えるしか出来ないわけであるが、しかしもっとも基本的ケースとしてつまりモデルとして十分に造形しうるものでなければならないことは言うまでもない。

カントの場合、周知のように、『純粋理性批判』における超越論的基礎付けという哲学的思索が、その典型的な軌道を描き出すわけである。それはその「緒言」において極めてはっきりと示されている。その典型的な軌道において、その〈はじめ〉がはっきりおさえられているから、かかる哲学的思索の性格が規定されたのか、逆に、哲学的思索の性格がはっきりと構想されたが故に、その〈はじめ〉がおかれたのか、一体どちらが先か基本かはわからないが、第一版序言で明言されているように、「理性能力一般の批判」こそカントにとって「残された唯一の道」であった(9)。その道はどこまでも、一方では、理性が昏迷に陥っていることつまり形而上学の在り方の根本的な問題性を強烈な問い直しの出発点とし、他方では逆に、理性が正しく働いていることつまり「数学や自然科学などのような基礎の確立せられた学」(10)の確実性を事実として前提にするところからはじめざるをえない。たしかにどちらが先か基本かはわからないが——かような理性批判の哲学的思索はその展開のためにはおのずから自らの〈はじめ〉をはっきりと定立する。逆に言えば、〈はじめ〉がはっきりと置かれるが故に、かような哲学的批判の性格を刻印された哲学的思索とならざるをえない。その点が緒言においてわれわれの認識ないし判断の筋道の解明を通して確認される。

すべての認識は経験とともにはじまる（anfangen）のだ

が、しかし経験から生ずるのではない。経験的認識は後天的であるが、われわれはある種の先天的認識を有しているからである。先天的認識のうちで経験的なものをまじえない認識を純粋認識というが、純粋認識を経験的認識から確実に区別するメルクマールは必然性と厳密な普遍性とであり、かような必然性と厳密な普遍性を有する判断すなわち先天的純粋判断が人間の認識において実際に存在していることをあきらかにすることは極めて容易である。たとえば数学のいずれの命題をみてもたりるからである。ところで判断には分析的判断と総合的判断とがあるが、普通、経験的判断は総合的である。したがって後天的総合的判断である。とすれば、先天的総合的判断があるとすれば、経験にたよるわけにはいかない。ところが、理性のすべての理論学には先天的総合的判断が原則としてふくまれており、たとえば、$7+5=12$という数学的命題は実際先天的総合的判断なのである。「直線は二点間の最短線である」という幾何学的命題もそうである。そして物理学においても、たとえば「物体界のすべての変化において物質の量は一定不変である」という命題は先天的総合的判断である。かくして、いかにして先天的総合的判断は可能であるかという問いが、純粋理性の本来の課題となる。

以上のように極めて簡単にあとづけてみるだけでも、〈いかにして先天的総合的判断は可能であるか〉という根本問題を究明する仕方で哲学的思索を展開しようとすれば、その展開の出発点にまず、実際にその判断が存在しているという事実がくることは、もはや不可避のことである。実際カントはそれを積極的に確認することからはじめているわけである。周知のように、このような〈いかにして可能か〉という、超越論的基礎付けの哲学的思索は、その可能性の根拠をどこまでも強力にあらわならしめようとするのであるから、その問わるべき可能性の前提条件は、どこまでも、事実として確乎としてその存在が確認されればされるほど望ましい。だから、純粋数学や純粋自然科学が必然的で普遍的な真理事実として確実であればあるほどよいわけである。そこで形而上学に対しても同じような問いがたてられながらも、この場合には、その前提的な真理事実が逆に疑われているが故に、同じような哲学的思索を展開する〈はじめ〉をもちえないのである。純粋数学や純粋自然科学の真理事実の積極的確認という〈はじめ〉の設定から展開する、この典型的な軌道が、カントによって確立された超越論的基礎付けという近代認識論の基本様式となったことは、周知のことであろう。一般化して言えば、科学的認識という前提的真理事実を〈はじめ〉におくことによって、その可能性の根拠を問うということが、超越論的基礎付けをもとめる哲学的思索の展開の筋道にほかならない。ここにはやはり、哲学的思索とその〈はじめ〉の関係が極めてはっきりと根源的な循環を描くようにして浮彫りにされているのに、自然と気付かざるをえない。〈はじめ〉にまず積極的に肯定さるべき普遍的な真理の前提的事実がおかれてしまえば、あとはその正当化をいかに基礎付けるかという思索の筋道しかありえないわけであり、周知のように、事実問題対権利問題という二元的布置が確定され、それこそ哲学的思索の正統とされてきた所以である。

ところが、カントの意図がむしろ全く失敗に終っていることをはやくもはっきりと確信して、なおかつカントがもとめたものを自らの哲学的思索によって独自に遂行しようとしたのが、フィヒテであった(11)。もちろんフィヒテはカント以上にあらゆる経験の根拠を示すことをもとめたのであり、その意味ではカントの方が個々の科学認識の真理性にとらわれていたということが出来よう。フィヒテにとって哲学とは、個々の科学知識とは独立にあるいはそれに先立って知識そのものを取扱うが故に、〈知識学〉(Wissenschaftslehre) あるいは〈全知識学〉(gesamte Wissenschaftslehre) なのである。経験において、認識を行なうもの——知性、意識など——とわれわれの認識が向けられるべきもの——事物、対象物など——とは不可分に結び合っているが、それを分離して、経験、別の言い方では必然性の感情に伴われた表象の体系の説明根拠をそれらのいずれか一方から与えようとする時、二つの相反する哲学体系が成り立つ。認識を行なう知性によるのが観念論であり、逆に物自体によるのが独断論である。前者によれば、経験ないし表象は知性の所産であり、後者によれば物自体の所産である。この両者の体系は互に論駁することは出来ず、調和させることも出来ない。どちらかを選択するしかないのである。ここで、あの有名な、次の言葉が綴られるわけである。「それ故に、ひとがどういう哲学を選ぶかは、ひとがどういう人間であるかによっている。なぜなら、哲学的体系というのは、われわれの好みのままに捨てたり取ったりすることが出来る死んだ家具ではなく、それを持っている人間の心によって魂をふきこまれているからである」(12)。フィヒテにとっては、言うまでもなく、観念論は自我の自立性に依拠しているが故に、観念論以外を選択する余地はない。

フィヒテは完全な批判的観念論つまり完全な先験的観念論をうちたてようともとめるわけであるが、かように観念論がまさしく選びとられるのであるから、かかる確乎たる態度決定によってその哲学的思索の性格がはっきりと規定されることとなる。そのような観念論的哲学的思索においては、認識を行う自我、知性、意識、表象の側の自立的ないしは能動的な働き以外のものはないのであるから、その展開の〈はじめ〉はすでに相当にしぼられていると言わざるをえない。しかしここでも、フィヒテにとって哲学的思索の〈はじめ〉がすでにはっきりとしぼられていたが故に、そのような選択をするしかなかったとも言えるかもしれない。それはともかくフィヒテは、この焦点を第一原理ないしは根本法則として焼きつけるのである。「知識学への第一序論」に先立って三年程まえ、『知識学すなわちいわゆる哲学の概念について』（一七九四年）において、フィヒテは学の体系的形態から説きおこし、哲学というものは「絶対的第一根本原理」（der absolut-erste Grundsatz）から展開さるべきことを論じ(13)、それが結局〈自我の定立〉として集約されることを示した。この著述に言及して、フィヒテは「知識学がうちたてる完全な先験的観念論の方法」(14)についてすでに一度極めてはっきりと説明したが、ひとびとはたしかにそれを理解しなかったので、ここで再び述べざるをえないと特に指摘し、「この学においては、このことの理解にすべてがかかっている」ことにあらためて注意をうながしている。そして次のようにはっきりと言明する。「この観念論は、それが意識のうちにおいて直接的に確証する、理性の唯一の根本法則から出発する(ausgehen)」(15)。つまり、具体的に言えば、知識学という哲学的思索は、表象する意識において、〈自我が自らを定立する〉という第一原理から展開せざるをえない。ここでもまた哲学的思索の〈はじめ〉は極めてはっきりと哲学的思索の性格確定と相互制約であり、まさしく循環においてその在り方が相互に規定されているということが出来るであろう。

第一原理から出発するということは、フィヒテにおいて極めて典型的に造型されているように、哲学的思索の出発点において存在する事態がすでにもっとも根本的であることがはっきりとおさえられており、したがってその根本事態の解明を体系的に展開するには、どうしても第一原理から出発せざるをえないということにほかならない。そこで、『知識学の概念について』と同年に構想された最初の体系たる『全知識学の基礎』において、はじめに事行（Tathandlung）が存在し、それ故にその解明が「第一の端的に無制約な根本原理」(Erster, schlechthin unbedingter Grundsatz）から説かれざるをえない所以がある(16)。だが、このような哲学的思索の仕方は、すでにあきらかにしたように、理論的レベルにおいては、フィヒテがはじめからすでに観念論体系を選択しているという決定的な事態からはじまっていると言わざるをえない。だからこそ、はじめに第一原理ありという根本的な態度決定から、その哲学的思索が展開しはじめられる所以なのである。これほど決定的に哲学的思索の〈はじめ〉がはっきり開示される時、それとはむしろ全く対蹠的な行き方をもとめたのが、ヘーゲルだということが出来るのではなかろうか。

ヘーゲルの場合は、『精神現象学』と『大論理学』において取扱う問題事態が異なるために非常に異なった相貌を呈すが、その哲学的思索の〈はじめ〉の型はむしろ同じだといってよいであろう。それは、いま一寸指摘したように、フィヒテの場合を典型的な形でさかさまにしたものといえば分り易い。そこで、彼の哲学的思索の在り方をはじめて確立した『精神現象学』の場合を手引きとして考えてみたい。ヘーゲルはカント、フィヒテ、シェリングをはっきりと念頭においているが故に、〈はじめ〉について文字通り独自の境地を自覚的にきり開いたということが出来る(17)。ここでも、彼の哲学的思索の在り方が〈弁証法〉であるが故にその〈はじめ〉がはっきりとおさえられたのか、〈はじめ〉がはっきりとおさえられたから、必然的にその展開が〈弁証法的〉となったのか、まさしく相互制約的というしか言いようがないであろう。ヘーゲルの〈はじめ〉についての見方は、原理が〈はじめ〉だという、あのフィヒテの立場を、まったく異った相貌のもとで把え直したということが出来よう。

『精神現象学』の序文において、極めて端的に〈はじめ〉についての彼の考え方を集約している。「はじめ(Der Anfang)、すなわち原理(Prinzip)または絶対者(das Absolute)は、最初に媒介なしに(unmittelbar)言われた場合には、ただ一般者(das Allgemeine)にすぎない」(18)。原理すなわちPrinzipはラテン語Principium(はじめ)に由来することをおさえて、ヘーゲルは、「絶対的第一根本原理」からはじめるというフィヒテ的な立場を、Anfang=Prinzip=das Absolute=das Unmittelbare=nur das Allgemeineという形で、まさしく一挙に解体せしめるのである。たしかに〈はじめ〉は〈原理〉で〈絶対者〉なのではあるが、それが〈直接的なもの〉つまり〈無媒介的なもの〉とみなされることによって、まさしく否定的な転換が試みられるのである。だがここには大変な仕掛けがこめられている。ヘーゲルは、フィヒテと同じように、〈はじめ〉が〈絶対者〉であることを、一面ではもとめているのである。なぜなら、端的に言って、〈絶対者〉である〈主体〉すなわち〈精神〉の自己展開こそがまさに精神現象学にほかならないのであるから、まさに哲学の〈はじめ〉にすでに〈精神〉が〈絶対者〉として定立されていなければならないのである。だからこそ「真理は本質的に主体である。主体として真理は弁証法的運動すなわち自己自身を生産し展開しそして自己のうちに帰還する過程である」(19)。

だが一方で、〈絶対者〉である〈原理〉は無媒介的に述べられる場合、〈一般者〉であっても「ただ一般者にすぎない」。ただ一般者にすぎないということは、すでに否定的に位置付けられている。「哲学のいわゆる根本命題すなわち原理がただ一般者または原理すなわちはじめにすぎないなら、それは欠陥がある」(20)。このように否定的に位置づけることによって、ヘーゲルは哲学の〈はじめ〉を文字通り学の出発点として、より進んだ目標へと向う過程として設定した。〈はじめ〉=〈絶対者〉という観念論的立場に仕組まれた、あの意識的な仕掛けが、ヘーゲルにおいて極めて巧みに〈弁証法的運動〉を可能にしたということが出来よう。「学一般のこの生成あるいは知のこの生成こそ、精神のこの現象学が提示するものである。最初にあるがままの知、または直接的な精神は精神なきものであり感覚的意識である。この意識が、真正の知となるためには、また学の純粋の概念そのものである学のエレメントを生み出すためには、長い道程を通して努力しなければならない」(21)。かくして、「緒論」において示されているように、精神現象学ないしは「意識の経験の学」(22)としてのこの叙述が、まさしく真なる知へと向う現象的知の過程つまり「自然的意識の道」(23)なのである。そしてこの道は極めてはっきりと弁証法的な意味で否定的な道として示されるわけである。そこでこの点について、少しヘーゲル自身の陳述に耳をかたむけてみよう。

「自然的意識は、自らが知の概念にすぎないこと、あるいは真実の知ではないことを示すことになろう。しかしながら自然的意識は直接的には自らがむしろ真実の知であると思っているので、この道は自然的意識にとっては否定的な意義をもち、概念の実現であるものがこの意識にとってはむしろ自らの喪失とみなされる。なぜならば、自然的意識はこの道程において自らの真理性を喪失するからである。それ故に、この道程は疑いの道とみなされる、いやもっと本来的には絶望の道とみなすことが出来る。……しかしこの道程は現象的知の非真理性に対する意識的な洞察である。現象的知にとっては、真理性においてむしろ実現されていない概念にすぎないものが、もっとも真実なものとみなされるからである。……意識がこの道程において遍歴する自己の諸形態の系列は、むしろ学にいたる意識自身の自己形成の詳細な歴史なのである」(24)。ヘーゲルにとって、精神現象学ないしは意識の経験の学という哲学的思索が、その〈はじめ〉をどのように設定しいかに展開しようともとめているかは、もはや一目瞭然であろう。その哲学的思索の〈はじめ〉は無媒介的な一般者として自然的意識の在り方がおかれ、具体的には、周知のように、感覚的確信または〈このもの〉と〈私念〉から、その道程がはじめられるわけである。

以上のように、ヘーゲルまでみてくることによって、哲学的思索の〈はじめ〉に対するドイツ観念論の三つのタイプが、極めて典型的な形でその在り方を造型していることが了解されるであろう。ヘーゲルによって意識的な仕掛けにおいてはっきりと示されたように、観念論にとって〈はじめ〉とは〈原理〉であり〈絶対者〉〈一般者〉であることが基本なのであるが、むしろだからこそ〈はじめ〉を自覚的に極めてはっきりとおさえることが、当然な哲学的営為の試みにほかならなかった。そこに、文字通り観念論体系の独創をもとめた巨人達にとって、〈はじめ〉の決定的な差異化が極めて明確に自覚された所以が存していよう。すでに繰返しあきらかにしたように、哲学的思索とその〈はじめ〉とはまさしく循環的に制約し合っているので、〈はじめ〉の差異は当然哲学的思索の差異そのものにほかならない。だからこそ、以上考察してきた巨人達の哲学的思索が、〈はじめ〉の差異とともに文字通り決定的にそれぞれ性格付けられて独自の個性と体系性を示すわけである。そしてそれらが極めて典型的であるが故に、この三つの代表的な在り方は、もちろん類型化の観点においてではあるが――実際はそれらがいろいろと組合わされて構成されることになるのだが――もろもろの哲学的営為の三つのモデルであるとすら言ってよいであろう。

その批判的定位

われわれは哲学的思索の〈はじめ〉を問い出さねば、思考の〈始源〉に根差すような二元的分離論とその〝常識論的〟確信の問題性を問い直すことは出来ないのではないかという問題意識に立って、その歴史的手掛りとしてドイツ観念論の巨人達の軌跡を類型的な観点から考察してきた。なぜなら、彼らは哲学をどこまでも学的体系として構築することをもとめたが故に、その哲学的思索の〈はじめ〉を極めて自覚的におさえることが不可欠の前提をなしていると解されるからである。いま三つのモデルがあきらかにされたところで、この三つのモデルを批判的に定位することを通して、近代から現代にいたるヨーロッパ哲学の在り方を〝系譜的〟かつ〝破壊的〟に位置付けることによって、哲学的思索の〈はじめ〉に定立される方向性をあらわならしめたいと思う。

カントの場合は、哲学的思索の〈はじめ〉に、先天的総合的判断が〈原理〉としてふくまれる純粋数学や純粋自然科学をむしろ自明な真理事実として位置付けることであった。ここでもまず〈はじめ〉に〈原理〉がある。したがって、〈それがいかにして可能か〉という形で、この事実の〈権利問題〉を問い出すことが、超越論的基礎付けという哲学的批判の典型的な在り方を造型したのである。そこから近代認識論ないしは科学認識論のカント的系譜がひらかれる。それ以後、その系譜は、顕在的か潜在的かは問わず、普遍妥当的な認識ないし科学事実を前提として、その正当化の論理構造を超越論的基礎付けとして批判的にあきらかにすることに努力を積みかさねてきた。だがこのような努力は、現時点に立って考えてみると、あまりにも空虚な結果におわりかねないと言わざるをえない。もちろん今日においても、このカント的系譜は状況に応じていろいろな衣裳をかりて、花盛りである(25)。しかしながら、科学哲学ないしは科学理論として依然として〈はじめ〉に〈原理〉として科学的真理の事実を肯定的におくことは、近代科学の在り方が根本的に問い直されている危機的状況からみれば、あまりにもその危機に対して感受性がなさすぎるといおうか、カント的伝統のあまりにも強い拘束力にとらわれてしまっているのではなかろうか。端的に言って、近代科学の在り方が根本的に問い直されねばならない段階にいたっていることがあきらかな以上、科学的認識の確実性や先天的認識の普遍妥当性の真理事実を〈はじめ〉に〈原理〉として前提するような、哲学的思索の在り方はもはやそのまま首肯することは出来ない。その意味において、カント的系譜につらなる超越論的基礎付けの営みははっきりと終焉にいたっていると、わたくしは結論づけたいと思う。

ところで、近代科学の問題性に対して十分の感受性をもっていたが故に、『ヨーロッパの学問の危機と超越論的現象学』を著述した後期フッサールは、一方ではたしかにカント的系譜につらなりながらも、他方では生活世界へと帰還してそこから〈論理学の発生論〉への探求を試みた。超越論的現象学のこのあらたな試行において、もはやカント的な意味での超越論的基礎付けをもとめえないことは言うまでもない。にもかかわらずフッサールにとって、カント的系譜の重圧はあまりにもつよく、しかもそれに先立つデカルト的系譜の魅力がそれこそ重層的に彼を枠づけている。「超越論的とは、一切の認識形成の最後的源泉への問いかえし、認識者の自己自身と自己の認識生活への自覚という、デカルトによって開始された独創的な主題以外のものとして理解さるべきではない」(26)。生活世界へと帰還する後期フッサールにとって、哲学的思索はもっとも端的な経験つまり外的知覚からはじまるのであるが、しかしわれわれはどこまでもこの生活世界をうみ出す超越論的主観性なのである。言いかえれば、「生活世界が自らの生成を負っているこのすべての行為を可能的な行為としてうちに担いそして実現する主観性」(27)として、われわれはわれわれ自身を理解する。このようなデカルト―カントの正統に自らを位置づけているがために、後期フッサールの超越論的現象学というものが、生活世界へと帰還しながらも、――デカルトとカントはむしろ決定的に生活世界を排除してしまっていたのだから――依然として超越論的基礎付けという大時代的な巨大な仕掛けとならざるをえない所以がひそんでいる。だがこの巨大な仕掛けをぬきにして考え直してみると、むしろフッサールの現象学は文字通りヘーゲルの現象学の系譜につらなる面がより重要な意味をもってくると思われるが、この点についてはもう少し後で論ずることにしよう。

フィヒテのように、はっきりと自らの哲学体系を選択してそこに開かれる問題事態を根本原理から展開しようとする場合は、系譜的に位置付けてみれば、西洋形而上学の伝統的様式の正統といってもよいかもしれない。もちろん根本原理というものを内容的にそれぞれの哲学に即して具体的に考えるとすれば、このような言い方はあまりにも強引にすぎると言われるかもしれない。だが、西洋形而上学の存在論的伝統からの脱皮と転換をもとめたカントの、まさしく革新的な試みを、その後はやくも形而上学に逆戻りさせたと、フィヒテが時に非難されるのは、ある意味では当然甘受すべき批判というべきかもしれない。言うまでもなくフィヒテは直接カントにつらなるのではあるが、カントのやり方は失敗していると確信して、カントのきり開いた道を自分の納得いく仕方でやり直したのである。それは簡潔に言えば、カントが先天的総合的判断の可能性のいわば根拠として、つまり諸々のカテゴリーや諸原理の根底として要請している先験的主観や純粋自我を、フィヒテは根本原理として打出すことによってそこから彼の哲学的思索の〈はじめ〉が開かれたということである。かくしてこそ完全な先験的ないし批判的観念論をうちたてうると考えたわけである。純粋数学や純粋自然科学などの真理事実を〈はじめ〉に置くことをやめて、根本原理からはじめることによって彼の哲学的思索はいわば意識の二重化のもとですべては自我の活動として展開する。この意識の二重化ということは、分かりやすく言えば、哲学的思索を展開する主体としての意識と展開する哲学的思索の主題としての意識はたしかに異なりながらも、本来は一つだということである。もっと具体的に言えば、フィヒテにおける自我と哲学者の関係ということにほかならない(28)。それはともかく、根本原理からはじめるフィヒテのモデルを系譜的に遡れば、やはり近代哲学の祖ともいうべきデカルトにいたることは否定すべくもないのである。

周知のように、デカルトの「我思う故に我在り」について、〈我〉ならびにこの命題をどのように把えるかは、歴史的なデカルトの素朴な実像を別とすれば、いろいろな体系的解釈があり、なかなか決着しにくい問題である。しかしながら、この命題が「第一の確実な真理」ないしは「もっとも確実な第一命題」としてたてられて、そこから彼の形而上学がはじまり展開するとみられる限り、やはり〈はじめ〉に根本原理を打出してそこから出発していると言わざるをえない(29)。とすれば、近代哲学におけるデカルトの位置からして、根本原理から出発するというモデルの、むしろ〈原型〉といっても言いすぎではないであろう。そこでこのような観点に立てば、デカルトがきり開いた道を、フィヒテはカントを媒介にすることによってあらためて歩み直したといってもよいのではなかろうか。その意味で、デカルトからはじまるコギト

（表象ないしは意識）の哲学の、根本原理からはじまる系譜に、フィヒテは極めて忠実なのだというべきであろう。このようにみれば、デカルトの哲学原理をそれこそ直接的に受けとめるスピノザが、神に関する根本原理から出発して文字通り幾何学的秩序で論証しようとした行き方には、極めてはっきりとした方法論的自覚が示されていると言わねばならない(30)。そしてこのデカルト―スピノザの系譜にてらしてみれば、後期フィヒテが結局自我の哲学ではなく絶対者の哲学へといたるのも、根本原理を〈はじめ〉におく哲学的思索を辿る限りは、むしろ当然なのである。

そこでさらに、このようなデカルト―スピノザのフィヒテ的系譜を西洋形而上学の正統的思考様式にまで拡大して考えてみれば、ロゴスを根本原理とする西洋形而上学は文字通りロゴスという根本原理を〈はじめ〉にたてているわけであり、その意味でギリシア以来極めて強固にその正統性をうちかためてきた。ところが周知のように、いまや西洋形而上学のかかるロゴス中心主義は少なくとも自覚的に相対化されることがもとめられており、それ故に、端的に言って、根本原理を〈はじめ〉におく哲学的思索の道はもはや、フィヒテの言うように選択することは許されない道なのである。以上のように考えてくると、フィヒテとは対蹠的なヘーゲルの場合に最後の望みが託されざるをえなくなる。カントの道とフィヒテの道とがともにもはや批判の対象とはなれ肯定出来ないものだとすれば、残るのはヘーゲルの道しかないわけである。はたしてどうであろうか。

ヘーゲルの場合、すでにあきらかにしてきたように、たしかに、〈はじめ〉は〈原理〉なのではあるが、むしろそれ故にこそ、極めて自覚的に〈はじめ〉について大きな仕掛けを仕組むこととなった。〈はじめ〉が〈原理〉であれば、当然肯定的に文字通り積極的にかかわるのが率直な普通のやり方であり、カントもフィヒテもその通りであった。しかしながらヘーゲルはそれを否定的に位置付けたのである。だがいくら否定的に位置付けても、哲学的思索そのものは〈精神現象学〉ないしは〈意識の経験の学〉である以上、どうしても〈はじめ〉にすでに〈精神〉ないし〈意識〉がたてられていなければならない。この点こそ、コギトの哲学の、逃れることが出来ない意識の二重性であり、この哲学的思索の〈はじめ〉の〝からくり〟なのである。〈はじめ〉に〈精神〉や〈意識〉がまず定立されているという点では、ヘーゲルもフィヒテに対蹠的であるどころか、むしろ同じ仲間といってよい。まさしく同じドイツ観念論の同士なのである。ところが、繰返し述べてきたように、フィヒテはその〈はじめ〉をそれこそ積極的に〈根本原理〉として打出したのに対して、ヘーゲルは否定的な道《ヴィア・ネガティヴァ》の〈はじめ〉と位置づけたのである。たしかにわれわれからみれば、そこにはパラドクシカルな事態が浮彫りにされていると言わざるをえない。しかし、コギトの哲学においては避けることが出来ない意識の二重化、つまり哲学的思索を展開する主体としての意識と展開する哲学的思索の主題としての意識――だからヨーロッパ哲学ではSubjektとして一つなのであるが――の二重性が、まさしく〈弁証法的に〉つまり正―反として自覚的に定位されたところに、ヘーゲルの『精神現象学』が、実は単に「現象学」という名称上の密接な関連にとどまらず、後期フッサールの『経験と判断』およびメルロ＝ポンティの『知覚の現象学』につらなると、系譜的に位置付けることが出来る根拠が存している。ここに、ヘーゲルの道が、カントやフィヒテの道とは異なって、今日の哲学的思索において依然として刺戟的な問題性をなげかけている所以がある。

　ヘーゲルにとって、〈はじめ〉は〈原理〉であり〈絶対者〉〈一般者〉であっても、それが直接的に無媒介的である限り、どこまでも「ただ一般的なるものにすぎない」のであり、具体的に言って、無媒介的精神とは精神なきものであり、つまり感覚的意識にすぎない。たしかにそれはすぐ止揚されるべく否定的に定位されているわけではあるが、しかしその〈原点〉においてこそ弁証法的な哲学的思索の〈はじめ〉が根差しているのであり、そこに〈はじめ〉が開かれるのである。もちろん〈はじめ〉はより低次な事態であり、文字通り〈直接与えられたもの〉にほかならないのではあるが、弁証法的な哲学的思索はまさしく否定的な道を通してより高次な目標へと展開するものであるが故に、この〈直接与えられたもの〉はそれこそ〈はじめ〉として決して軽視されたりしてはならない。まさしく〈精神の現象学〉たる所以である。この意味において、後期フッサールの現象学はこのヘーゲル的系譜につらなると言わねばならない。

　生活世界へと帰還した後期フッサールについても、すでにカントの場合との関係であきらかにしたように、超越論的基礎付けという近代認識論の伝統的な枠組につよく拘束されており、またそれに加えて、デカルトのコギトの哲学に正統的につらなることをもとめていた。その意味において、生活世界へと帰還しながらも、その生活世界を可能とする超越論的主観性にもとづいて、最後まで超越論的現象学の試行をこころみつづけたのである。実はここに、どこまでも意識の二重性に根差すコギトの哲学的思索の問題性を読みとらざるをえない所以があった。たしかに以上のような面がカント的系譜につらなるところと言わざるをえないが、しかしその点はすでにカントとともに挫折しているといっても過言ではないであろう。いまや視点をはっきりと生活世界への帰還そのものへと向ける時、私はヘーゲル的系譜につらなるものを正しく

現象学という哲学的思索の〈はじめ〉は文字通りの意味でZur Sache Selbstつまり「直接与えられたもの」にむけられており、しかもそれが次第にのりこえられてより充実した事態を開示してくる過程の在り方は、ヘーゲルの道以外にはつらなりようがないと解されるからである。もちろんヘーゲルの場合においても、否定的に定位される「直接与えられたもの」とともに、〈はじめ〉に〈精神〉や〈意識〉が必然的に措定されており、その展開こそが精神現象学にほかならなかった。つまり、〈はじめ〉に二つの基本事態がおかれており、それはそもそも意識や精神の二重性であり、本来は一つなのであるが、哲学的思索の〈はじめ〉とその展開において、一方が主題としての「直接与えられたもの」であり、他方が主体としての〈意識〉や〈精神〉なのである。それは一般的に言えばどこまでもコギトの哲学の避けることの出来ない意識の二重性にほかならないが、その「直接与えられたもの」が〈はじめ〉に否定的に位置付けられて展開するところにヘーゲルの道の基本が根差しており、その意味において後期フッサールの発生的現象学の道はあきらかにヘーゲル的系譜につらなるものと言わねばならない。この点では、もちろん依然としてコギトの哲学の枠組から脱却しているわけではないが、その方向性をもとめたメルロ＝ポンティの『知覚の現象学』の方が、より直截に「直接与えられたもの」に向い合っている意味で、「直接与えられたもの」を〈はじめ〉において展開するヘーゲルの道により密接に対応しているということが出来るであろう。

以上のように、カント、フィヒテ、ヘーゲルの三つのモデルを批判的に定位し直してみると、「直接与えられたもの」を哲学的思索の〈はじめ〉におく行き方こそ、結局、今日有効な唯一の道として残されていると言うしかないように思われる。もちろんその際〈はじめ〉に〈意識〉や〈精神〉が必当然的に措定されるところに、ヨーロッパ近代哲学がコギトの哲学として構築されてきた枠組が、いかに強固にその伝統を形作っているかは否定出来ない。しかし少なくとも「直接与えられたもの」に率直に向き合うところに哲学的思索の〈はじめ〉があることが確認しうれば、この批判的定位の役割は一応完了したといってよいであろう。

「直接与えられたもの」——現象学の〈はじめ〉の問題性

ヘーゲルの道がきり開いた現代哲学への問いかけは、文字通り現象学の〈はじめ〉を問うことを指示しているということが出来る。その点は端的に言って、後期フッサールの生活世界への帰還を問うことによって、その問題の方向性が示されている。「直接与えられたもの」という哲学的思索の〈はじめ〉の問題は、フッサールの超越論的現象学が生活世界への帰還を介してはじめて、この問いに応える地平を開示したのである。中期までの現象学に関する限り、「直接与えられたもの」という問題には正しく対応していないと言うべきであり、それ故にこの観点に関する限り――超越論的現象学としての一貫性は別として――、中期はすでにのりこえられているといっても過言ではないであろう。とすれば、「直接与えられたもの」という現象学の〈はじめ〉の問題は、さらに、後期フッサールの生活世界への帰還の問題に触発されて出発したと解されるメルロ＝ポンティにおいて、どのような方向性を浮彫りにしたかが同時に問われねばならないのは当然な帰結であろう。ここにおいても、両者の歴史的在り方がどのように関連し合っているかというようなことではなく、現象学の〈はじめ〉をめぐる体系的な問題性そのものを問い出してみることにしよう。

さてフッサールの場合、この問題は『経験と判断』の序論において極めてはっきりと示されており、しかもその問題性をも極めてはっきりと自覚しているのである。そこで、フッサールの叙述とは逆に、端的にその問題性をまずあきらかにして、その後で、どうしてそのようにならざるをえないかという観点から、彼の哲学的思索の展開の筋道をあきらかにしたいと思う。フッサールは、その最後の節つまり十四節において、外的知覚と知覚判断の分析から出発する必要性ないし必然性を論ずることで締くくる。その意味では、哲学的思索の〈はじめ〉に「直接与えられたもの」は外的知覚にほかならない。ところがそこで、極めて端的に、かかる限定をなさざるをえない二つの方法論的立場を明示するとともに、その限定にともなわざるをえない限界性についても十分明言している。まず第一に、知覚の分析では、単純なものからはじめて複雑なものへと向うのが、方法上の鉄則だという(31)。だから当然逆に、複雑な過程については独自な研究が必要なことを断わっている。そして第二に、このように限定された分析は他人の共同存在《ミット・ザイン》を度外視して、ただ私だけの存在《ザインーヌアーフュアーミッヒ》の領域のなかにかぎられているので、一切の観念化はまだ問題にならないし、述語判断が発生してくる源である、もっとも根源的な、最終的に基礎付ける明証性をもとめるのも、この領域においてなのである。だから当然、この限定された探究は、現象学的構成体系の全体構造のなかに位置付けた場合、その究極的な基礎構成層をなすわけではない。むしろ逆に、すでに多様な構成層や行為を前提にしていると、はっきり指摘している(32)。このように極めて自覚的に方法論的限定を与えている限り、フッサールがもとめていたのは、どこまでも論理学の発生論という限られた問題にほかならなかったからだということも出来よう。だが、このような限定の方法論的位置付けによって自らの哲学的思索の〈はじめ〉を定位せざるをえないところに、その自覚が明確であればあるほど、彼の哲学的思索の基本的筋道がどうしてもこのような限定を余儀なくせざるをえないのではないかと思わざるをえない。

この論理学の発生論は、述語判断の起源をあきらかにすることが主題である。この主題が発生論的心理学によって解明できない所以は、端的に言って、明証性の問題が主観的問いかけの出発点に置かれているからである(33)。ここに、もっとも根源的な、最終的に基礎付ける明証性がもとめられ、なぜ発生論的現象学でなければならないかの根拠もおかれている。ところが、明証性の問題がまさしく出発点におかれるという時は、すべてが外的知覚の問題へと収斂していくことは、火を見るよりもあきらかなのである。そもそも明証性とは明証的な与えられかた（evidente Gegebenheit）の問題であり、対象がその与えられかたにおいて意識されて「自体的にそこにある」「有体的にそこにある」と特徴付けられうる与えられかた、つまり「対象の自体的な与えられかた」（Selbstgegebenheit）にほかならない(34)。外的知覚の対象は、まさにその現実的な知覚において、それ自体として、明証的に与えられている。「対象的明証性こそ根源的明証性である」(35)。このようにストレートに外的知覚の問題へと収斂することによって、たしかに「直接与えられたもの」が哲学的思索の〈はじめ〉に端的に定位される。そしてこのような明証性の問題を出発点におくところから、心理学の方法でそれをとらえることが出来ず、したがって心理学的発生論と現象学的発生論との原理的な相異が力説される所以がある。と同時に、かような対象的明証性へと帰還するために、発生論的判断論の第一項として前述語経験の理論がもとめられることとなる。したがって、論理学の発生論の探究は前述語的な経験意識にはじまってそこから次第にたかまって高次段階の明証性の発生を追求せねばならない。

さて、「前述語経験への帰還と、前述語経験の最深で最終根源的な層とはなにかに関する洞察は、ドクサの正当化を意味している。ドクサとは、最終根源的だが、なお不精密で、数学的物理学的に観念化されていない明証性の領域である。この帰還によって以下のことがあきらかにされる。このドクサの領域は、判断する認識やその沈澱物であるエピステーメの領域よりも明証性の劣る領域ではなく、精密な認識が正しく帰っていくべき最終的根源性の領域であること、そして精密な認識の特性は一つのたんなる方法にすぎず、対象自体を媒介する認識の道ではないことが洞察されねばならないということである」(36)。述語的明証性は前述語的明証性に基礎付けられているのであるから、前述語経験にいたることは、端的に、精密な認識は言うまでもなく一切の判断にかかわるエピステーメに対してドクサの方がより根源的であることをあきらかにし、数学的物理学的明証性を高いものと考えるようなものの見方に対して、はっきりとした価値転換をもとめている。簡潔に言ってしまえば、受動的ドクサとは、一切の認識活動、個別的対象に対する一切の把握的注視に先立って、まえもって与えられる普遍的信念基盤としての世界である。「存在する世界としての世界は、一切の判断活動、一切の理論的関心のはじまりに先立って、普遍的受動的にまえもって与えられるもの (universale passive Vorgegebenheit) なのである」(37)。かくして、一切の論理行為以前に直接的にまえもって与えられている世界への帰還は、「生活世界」への帰還、われわれがいつでもすでに生活している世界、一切の認識行為や一切の学問的規定に対して基盤を与える世界への帰還である。ここには「直接与えられたもの」が「すでにまえもって与えられているもの」として、まさしく経験の基礎地平として示されている。これはあきらかに哲学的思索の〈はじめ〉への鋭い提示にほかならない。だがこのような提示も結局、対象的明証性という根源的な明証性にいたる過程にほかならないところに、本来的に極めて限定された哲学的思索の基本がおかれていたわけである。

　そこでフッサールはさらに、根源的な生活世界をこえて、生活世界自体を生み出した主観的行為への帰還、つまり超越論的主観性にまでいたることをもとめる。端的に言えば、超越論的現象学とは、この超越論的主観性の自己展開にほかならないといっても言いすぎではない。すでにカントの批判的定位のところで論及したように、フッサールにとって超越論的とはデカルトによって開始された独創的なモチーフ以外のなにものでもない。したがって、フッサールは文字通りコギトの哲学として意識の二重性にもとづいて、主体としての超越論的主観と主題としての外的意識すなわち知覚を、その哲学的思索の〈はじめ〉に定立することによって超越論的現象学の展開をもとめたということが出来よう。外的知覚こそもっとも端的な経験であり、対象を原初的に与える経験であるが故に、この発生論的探求の〈はじめ〉に「直接与えられたもの」としておかれるわけである。かくしてわれわれは世界を純粋に知覚の世界として観察し、純粋に知覚する行為に由来しないで自他の評価する行為に由来する親密さや規定のすべて――したがって自他の人格的行為から世界にうまれた規定のすべて――を捨象する。その結果、ただわたしにとってだけ存在する世界が問題となるにすぎなくなってしまうのである(38)。

　以上のようにみてくる時、フッサールの方法論的限定というものはたしかにそれなりの明確な自覚にもとづいているとはいえ、むしろ基本的に自らの哲学的思索の〈はじめ〉に外的知覚を「直接与えられたもの」としておくしか道がないように基本的筋道がたてられている所以があきらかとなろう。明証性の問題を出発点におくことは、それがたとえドクサの正当化という価値転換がもとめられているにせよ、すでに根源的なものとして対象的明証性を〈はじめ〉にすでに位置付けていることにほかならず、ただわたくしにとってだけの世界に自らを限定せざるをえない必要性と必然性に陥らざるをえないわけである。このようにひたすら自らを限定せざるをえなくする行き方に対して、はたしてメルロ＝ポンティはいかに自らの道のひろがりをきり開こうとしているであろうか。

メルロ＝ポンティは、いまわれわれが問題にしてきたようなフッサールの超越論的現象学の問題性を、古典的な型の超越論的哲学と連関づけて、やはり十分に把握している。「我れ＝他者＝世界という体系」を一つの真の主観、省察する自我、つまり超越論的主観によって構成しようとする超越論的哲学の普通のパースペクティヴが、晩年のフッサールの著作のなかでさえも述べられていると、特に注を付している(39)。だがメルロ＝ポンティにとって、本来の超越論的現象学はそのような構成にかかわるのではない。現象学にとっての超越論的領域とは、「かかる反省が、世界全体および多数の展開された客観的なモナドをその眼ざしのもとに取込んでしまうことではなく、反省はただ部分的視野と限定された力だけしか自由にすることは出来ないということである」(40)。現象学は意識への存在のあらわれを研究するのであって、その可能性をまえもって与えられたものと想定することではない。その意味で、メルロ＝ポンティは、古典的な意味での超越論的哲学の在り方――われわれの今の言い方では、カントのモデルとその系譜――を極めてはっきりと否定していることは明白である。その結果、当然、この系譜とつらなるような痕跡をあきらかに示しているフッサールの在り方を出来る限り洗い流して、本来の現象学にふさわしい『知覚の現象学』をもとめる。つまりフッサールの現象学の矛盾を十分把握したが故に、彼は自らの哲学的思索の〈はじめ〉に対して極めて自覚的であったということが出来る。それが「序文」のまさしく書き出しに示される所以である。

さて、フッサールが現象学に与えた〈事象そのものへ〉という最初の指令は、「科学の否認」にあったと把えることで、一挙にメルロ＝ポンティは科学に先立つ地平につきすすむ。「私が世界について知っているすべてのことは、たとえ科学によって知る場合でも、私の視点から、つまり世界経験から出発してそれを知るのであって、世界経験がなければ科学の用いる諸記号もなにも語りはしないであろう」(41)。〈事象そのもの〉とはまさしく「生きられた世界」にほかならず、科学というものはどこまでもこの世界経験の二次的な表現にすぎないのである。ということは、科学は「知覚された世界」と同じ存在意義を持ってはいないし、また決して持つこともないということにほかならない。なぜなら、科学は知覚された世界の一つの規定あるいは説明でしかないからである。そこには、なぜ知覚の問題にまず向うかの理由もひそんでいる。これとともに、哲学的思索の〈はじめ〉に対する明確な自覚も開示されるわけである。「われわれはもはや、知覚は端緒における科学であるとは言わず、逆に、古典的科学とは自らの起源を忘れて自らを完成したものと思いこんでいる知覚なのだと言おう。したがって、最初の哲学的行為は、客観的世界の手前にある生きられた世界にまで帰還することということになろう。なぜなら、この生きられた世界においてこそ、われわれは客観的世界の権利も諸限界も了解しうるからである」[42]。要するに、哲学的思索は〈生きられた世界〉からはじめねばならないということである。それは、主観性にその歴史的内属性を返すこと、生まれ出づる状態において〈自我＝他者＝世界〉という体系をふたたび見出すこと、知覚を目覚めさせること、知覚が与える対象と知覚が基礎付ける合理的伝統のために知覚自身の方が事実としても知覚としても忘れられてしまう策略を打破することなど、ということになるであろう。ここには、フッサールをうけて〈生活世界〉ないしは〈生きられた世界〉に帰還することによって哲学的思索をはじめることをもとめながらも、フッサールのように狭く超越論的に限定する行き方をはっきりと否定する意図がこめられている。

　最初の哲学的行為が帰還する〈生きられた世界〉が、メルロ＝ポンティにとって〈現象野〉にほかならないが、「この現象野は、一つの〈内面的世界〉ではなく、〈現象〉とは一つの〈意識状態〉ないしは一つの〈心的事実〉ではなく、諸現象の経験は内観ないしはベルグソン的意味での直観ではない。長い間、心理学の対象は〈非延長的〉で〈当人だけに把えられるもの〉と定義付けられていたが、その結果、この独特な対象は〈内的知覚〉とか内観という特殊なタイプの作用によってしか把えられえないこととなる。この作用においては、主観と対象とが混同されて、認識は合致によってえられるということであった。そうなると、哲学的眼ざしは原理上見ることが出来ぬものになろうともとめるので、〈意識の直接所与〉への帰還は望みのない作業になってしまうであろう」[43]。〈生きられた世界〉こそが現象野なのだから、現象学が解明すべき現象というものは、まさしく「直接与えられたもの」でなければならない。〈意識の直接所与〉はたしかに哲学的思索の〈はじめ〉におかれる「直接与えられたもの」の一典型であることは周知のことである。だが〈内面的世界〉とか〈意識状態〉などという把え方ではかえって〈意識の直接所与〉に帰還することは出来えない。とすれば、あらたに把え直すことがもとめられねばならないわけである。

すでに引用したが、現象学はまさしく「意識への存在のあらわれ」を研究することこそ現象学たる所以であるから、その〈はじめ〉が〈意識の直接所与〉として受けとめられても当然なのではあるが、しかし〈生きられた世界〉への帰還こそが最初の哲学的行為である以上、普通解されるような意味での〈意識の直接所与〉であってはならないわけである。ここでメルロ＝ポンティは、ゲシュタルト心理学をかげの支えとしてあるいは彼の前著『行動の構造』を前提において、「印象、主観と一体となる対象がもはや直接的でなく、意味、構造、諸部分の自発的な配置が直接的なのである」(44)と、〈直接的なもの〉の観念を変えることをもとめる。だがそのために、メルロ＝ポンティは極めて困難な事態に直面していると言わざるをえない。はじめに言及したように、彼は〈事象そのものへ〉のフッサールの指令は「科学の否認」だと把えて、それ故にそれに先立つ世界にいたることをもとめた。しかしながら、〈意識の直接所与〉という「直接与えられたもの」に対面する時、どうしても心理学にたよらざるをえない。実はここに、彼の苦しい胸のうちが秘められているように思われる。実際彼は、知覚に関する研究は心理学からはじめねばならない理由をむしろ積極的に語ってきたのである。とすれば、哲学的思索の〈はじめ〉に「直接与えられたもの」として知覚の問題がおかれてしまえば、どうしても心理学からはじめるしかない。しかもメルロ＝ポンティにとって〈生きられた世界〉への帰還はまさしく〈知覚された世界〉への帰還にほかならない以上、知覚の問題からはじめる以外の道はなかったのである。彼は後期フッサールとは異なって、心理学と現象学の原理的差異を強調するよりも、むしろ現象学的心理学は内観心理学とは原理上異なるが、現象学的心理学の立場に立てば、心理学はおのずから超越論的領野へと導くものと考えた。ここに苦しい胸のうちを突破する戦略を見出したわけである。

「そこでわれわれは心理学なしではじめることは出来なかったが、心理学だけでもってはじめることも出来なかった。哲学が解明された経験にほかならないように、経験は哲学を先取する。しかし、現象野が十分に区画された今、心理学者とともにこの曖昧な領域のなかに入りこみ、そこにわれわれの第一歩を確保しよう。そうすれば、心理学者の自己批判が第二次の反省によって現象の現象へとわれわれを導き、現象野を超越論的領野に決定的に転換するのを期待しえよう」(45)。たしかにメルロ＝ポンティは現象野から超越論的領域に転換することをもとめる。だからといってもちろんカント的系譜につらなるような超越論的主観性にたよるわけではない。むしろゲシュタルトが反省の主題となると、心理学者自身が心理学主義と縁をきって、心理学者の記述のなかに超越論的態度が含まれていると考える。なぜなら、知覚物の意味、関連、〈真理〉というものは、諸感覚の偶然的出会いから結果するのではなく、知覚物の空間的・質的価値を決定しその還元しえない布置を形づくるからである。メルロ＝ポンティは、ベルグソンの誤謬――省察する主観が省察される対象と融合すること――と、反省的諸哲学の誤謬――省察する主観が省察される対象を自分のうちに吸収してしまうこと――を極めてはっきりと指摘することによって、絶対的意識や理性を要請する超越論的反省の僭越さをむしろ徹底的に批判する(46)。それ故にこそ、知覚の問題は心理学からはじめねばならないと説き、しかしながら、心理学なしではははじめえないが心理学だけでもはじめることは出来ないと語るところに、彼が哲学的思索の〈はじめ〉に対して自覚的であろうとすればするほど、なかなかすっきりと一筋縄ではいかないことをあらわならしめているといわざるをえない。そしてもっと根本的に言えば、知覚の現象学を〈生きられた世界〉への帰還のもとにもとめることの問題性が根差しているように思われる。

メルロ＝ポンティはたしかに心理学からはじめることの問題性を自覚していたのみではなく、知覚の問題がいかに科学的立場と原初的に関連し合っているかも、はっきりと了解していた。にもかかわらず、知覚の問題を哲学的思索の〈はじめ〉におく以外の道をとりえないところに、そのような自覚や了解だけではどうすることも出来ず、むしろそれ故にこそますます知覚の問題へと飛び込んでいかねばならない根本的な前提が措定されていると言わざるをえない。メルロ＝ポンティは、論理学の発生論のためか極めて限定されたフッサールの方法論的操作とは異なって、知覚の問題に関してはそれこそ出来る限りゆたかに十分のひろがりをもって「知覚の現象学」として探究することをもとめた。だがそのために、いかほど直接的に〈生きられた世界〉への帰還が語られるにせよ、その哲学的思索の〈はじめ〉は、〈知覚された世界〉という、やはり極めて限られた限界内に組み込まれてしまっている。文字通り「知覚の現象学」であるが故におこる本質的な限界なのである。端的に言って、一体なぜ〈生きられた世界〉への帰還が〈知覚された世界〉への帰還なのであろうか。〈生きられた世界〉における〈現象への帰還〉がなぜ〈知覚の現象学〉とならねばならないのであろうか。実はここに根本的な錯認があると言わざるをえないように思われる。

メルロ＝ポンティが〈現象への帰還〉でもとめているものは、まさしく哲学的思索の〈はじめ〉におかるべき「直接与えられたもの」にほかならない。それが〈生きられた世界〉への帰還でもあった。だが、具体的には知覚の問題からはじまるところに、根本的な問題が根差している。「直接与えられたもの」を〈生きられた世界〉において把えようともとめながらも、現象学は「意識への存在のあらわれ」の研究であるが故に、「直接与えられたもの」とは基本的には〈意識の直接所与〉としてうけとめられざるをえないところに、メルロ゠ポンティの哲学的思索の〈はじめ〉も、ヨーロッパ近代哲学の正統的コギト思想の根本的な前提措定に従っていると言わざるをえない。哲学的思索の〈はじめ〉を「直接与えられたもの」に置くことは、歴史的先例の吟味からあきらかにしたように、今日有効な唯一の哲学展開の道なのではあるが、ヨーロッパの近代哲学は、その正統的思考様式の故に、〈意識の直接所与〉を克服することはまことに至難の業といっても過言ではない。メルロ゠ポンティは、〈意識の直接所与〉をめぐる諸々の誤謬を批判しながらも、その正統性そのものを問い直すことは出来なかった。たしかに彼は、後期フッサールの生活世界への帰還をうけて、知覚の在り方をよりゆたかに〈生きられた世界〉に身を挺する主体の在り方として把え直すことをもとめたのである。だが、〈生きられた世界〉を知覚の問題から問いはじめることは、その〈はじめ〉によって「直接与えられたもの」を〈知覚的〉に切りとることにほかならないから、〈生きられた世界〉を正しくあらわならしめることをはじめにおいて不可能にしてしまう。哲学的思索の〈はじめ〉をたとえ「直接与えられたもの」からはじめるにせよ、知覚の問題からはじめることは極めて決定的にその哲学的思索の性格を限定してしまう所以なのである。

廣松哲学の〈はじめ〉の問題性

現在日本において創造的な営為を積極的に構築しつつあった廣松氏の場合においても、同じような問題が極めて濃厚に露呈しているところに、私はやはり根本的な問題性を感じざるをえない。彼は初発的問題構制を同じように知覚問題からはじめる。しかしながらその問題性をすでに自覚しているためか、三つの仕掛けをほどこしている。第一は〈知覚〉を〈覚知〉ときりかえて拡大すること、第二は、読者に対して最初の問題場面を共有化しないと議論が宙に浮いてしまうという、前提的枠組の極めてプラグマティカルな要請である。そして第三は、この最初の場面における知覚的分節を一挙に現相世界の四肢構造へと総合化して〈原理〉化してしまう点である。(この第三ポイントが廣松哲学構成の鍵なのだが。)この三つの仕掛けはたしかに、知覚問題からはじめることによって生ずる、われわれがいままで論じてきた基本的問題性に対して一定の歯止めをかけているということが出来るであろう。実際それが極めて自覚的になされているからである。それ故、初発的問題構制の共有化を図るにあたって、まず次のように但書をつけることからはじめるわけである。「読者のうちには、現相が意味を帯びているという提題に接するとき、ハイデッガー流の用在性《ツーハンデンハイト》を連想されるむきもあるかもしれない。著者としても、世界が生の関心に応ずる用在性の相で展らけることを認めないわけではない。現に、第二巻においては用在的な有意義性を帯びて現前する世界現相から議論を再開する予定である。が、しかし、本巻においてはひとまず認知的《コグニティヴ》な視界に展らける世界現相に止目し、いわゆる知覚的分節（心理学者流にいえば「地《グルント》」を背景にしての「図《フィグール》」の分凝《セグメンテイション》）の存在構造から問題にして行きたいのである。（念のため書き添えれば、著者としては、まずは知覚的分節がおこなわれ、そのうえで用在的意味賦与がおこなわれるというような二段構えの機制で考えているわけではない。知覚的分節はすでにして用在的意味性を懐胎しているのが実態であると考える。が、ここでは敢て、実践的有意義性や価値的有意義性の契機は暫く捨象して、もっぱら方法的に、認知的現相に止目しようと努める）」(47)。この但書のところに、すべては極めて明白にしかも簡潔に示されているように思われる。

知覚的分節からはじめるのは、どこまでも方法的な順序にほかならないとする。したがってその順序のために、実態上であればすでに懐胎されている実践的有意義性や価値的有意義性の契機はまず捨象するというわけである。これだけはっきりと方法的な手順を自覚しているが故に、知覚的分節からはじめる時におこる基本的問題性に対して三つの歯止めをかけたということが出来よう。したがって問題は、このような歯止めをかけることによって、はたして十分に、知覚的分節からはじめる時におこる基本的問題性をチェックすることが可能なのかということに帰着する。哲学的思索の〈はじめ〉は極めて任意的であるかのように思われているが、すでに批判的に吟味してきたように、今日においては、「直接与えられたもの」を〈はじめ〉において展開するしか道がない所以をあきらかにした。とすれば、哲学的思索にとって「直接与えられたもの」をどのように把えるかにすべての問題がかかっていると言っても過言ではない。その点では廣松氏も正しく、たしかに「直接与えられたもの」から哲学的思索をはじめようとすることでは一致しており、「世界現相は、森羅万象悉《ことごと》く「意味」を〝帯び〟た相で現前する」という文で緒論を書きはじめるところに、その意欲がうかがわれる。ところが、この〈現前する世界現相〉という「直接与えられたもの」に対して、まず〈認知的な視界に展らける世界現相〉に止目して、〈いわゆる知覚的分節の存在構造〉からはじめようとするわけである。したがって、彼はどこまでも方法的な順序にすぎないと歯止めをかけるわけではあるが、やはり実際においては「直接与えられたもの」を知覚的分節から把握する問題性が問われざるをえない所以がある。

「直接与えられたもの」をめぐって知覚的分節からはじめることは、やはり知覚的分節がもっとも直接的でもっとも端的なものと把えられているからにほかならない。もちろんヘーゲルのように、その出発点を徹底的に否定していく否定的な道もあるわけではあるが、廣松氏の場合にはそうではない。むしろこの出発点の考察においてももっとも原理的な見方の確立をもとめているのである。そのために、知覚的分節についても、より全体的な方向性をうけとめるべく、丁度メルロ＝ポンティの〈はじめ〉と同じように、ゲシュタルト心理学における知覚体制化を手掛りとして、まさしくゲシュタルト知覚に依拠する。しかもその〈知覚〉をまさしく〈覚知〉へときりかえるところに、第一の歯止めが仕掛けられており、この第一の歯止めが一挙に現相世界の四肢構造へとさらに統合化されることによって、つまり第三の歯止めによって、認識的世界の〈原理〉的な〈はじめ〉を構築するのである。かような二つの仕掛けを意識的にほどこすことによって、知覚的分節からはじめながらより根本的な〈原理〉を組立てることによって、むしろ哲学的思索の本来的な〈はじめ〉＝〈原理〉を打ちたてるわけである。その意味で、すでに試みたモデルの批判的吟味からすると、（もちろん内容とはかかわりないことだが）廣松哲学の体系構成的な〝秘密〟は、〈はじめ〉と〈原理〉とを一致させるフィヒテ的モデルの、あらたな組替えなのだといってもいいすぎではないのではなかろうか。

さて廣松氏は初端から極めて無造作に、「ルビンの杯」や犬の曲線図形を手掛りにおいて、ゲシュタルト知覚においては、その単なる図形という〈現相的所与〉は単なる図形としてではなく、〈横顔〉〈高杯〉〈犬〉といった〈意味的所識〉として〈覚知〉されるという(48)。〈知覚〉を〈覚知〉へとずらすことによって、現前する現相は〈所与〉と〈所識〉との二肢的構造成態としてあらわれる。〈所与‐所識〉二肢構制の正しい把握こそすべてのはじまりであり、それをあやまって把える時に「主観‐客観」図式や「三項図式」をはじめ諸々の謬見が生ずるという。まさしく知覚的分節による二元論の発生を、構造成態というより全体的なゲシュタルト把握によってのりこえようともとめるのである。知覚的分節において所与はその都度の現われ方「射映相」でうけとめられるわけであるが、このいわゆる知覚的射映相というのも本来は〈所与‐所識〉成態であって、決して原理的には単層的な「所与自体」などではありえない(47)。ここで当然、所与自体をいわゆる客観的な物理的実在と考えたり、生体の生理的な一状態であると考える見方は否定される。いまや詳細に論ずる余裕はないので、一挙に第三の仕掛けの方に移ると、以上のように所与を所識ときりはなすことなく二肢的な構造成態として把える考え方は、さらに、この〈現相的所与‐意味的所識〉という〈現相的所知の二肢的二重性〉を〈能知的誰某‐能識的或者〉という〈能知的主体の二肢的二重性〉ときりはなすことなく構造的に連関づけて、現相的世界の四肢構造として造型する。そしてこの四肢的構制態こそ「事」なのであるから、事的世界観の定礎をもとめる廣松哲学の〈はじめ〉は極めて〈原理〉的なものとなってしまうわけである(50)。だが、このような〈原理〉的な〈はじめ〉を構築するとなると、かえってはじめにもどって、なぜこのような四肢的構制態の構成が知覚的分節からはじめられねばならないかが逆にあらためて問いかえされざるをえない。とすると、結局、読者との初発的問題場面の共有化という第二の仕掛けにどうも最後の拠所があるように思われてならないのである。「幼児の眼に現前するがごとき相での世界」という「字義通りには全くナンセンスな標語」(51)によろうとするのも、そのあらわれではなかろうか。

「「現相世界」は、知覚的に展らける相に尽きず、本来、実践的関わりにおいて展らけるものであるし、宗教的な既成観念その他をも含めて完全な「括弧づけ」を事前に試みるとすれば、日暮れて途遠く、亡羊の嘆を喞《かこ》つのが落ちであろうと惧れる。と、同時に、反面では、認知的に展らけるかぎりの現相的世界を読者と〝共有化〟〝共現前化〟すれば足る本巻においては、多言を費して「括弧づけ」をおこなうことなくしても〝童心に映ずるがまま云々〟という比喩的な言い方によって、所期の目的をほぼ達しうることかと信ずる」(52)。ここに、現相世界は知覚的に展らける相に尽きないにもかかわらず、その相から出発しようとせざるをえない際の、苦しい胸のうちと、そのためになされざるをえない仕掛けがはっきりと示されているように思われる。「幼児の眼に現前するがままの世界」という言い方は、本来、「既成観念を排却して如実相を〝虚心坦懐〟に眺めることにある」(53)。このような〝虚心坦懐〟の場面を読者と共有することを切札にして、知覚的分節という「直接与えられたもの」からはじめることがえらばれる。だが、一体なぜ、そのように〝虚心坦懐〟に眺めると、如実相が知覚的に展らける相となるのであろうか。実はここにはっきりと、実相は逆に、認知的な視界に展らける世界現相こそがもっとも明証的なものとして前提とされる、いわば、立場以前的な立場が前提とされているのではなかろうか。したがって、このような現相世界の措定が本来的になされるには、フッサールの場合と同じように、「括弧づけ」というような還元操作がもとめられるというところに、その本心もまたはっきりと吐露されているわけである。だがその時、やはり、なぜ現相世界が知覚的に展らける相からはじめられねばならないかという、同じ基本的な問題性にまきこまれることは避けえないであろう。

「著者は「現相（的）世界」ということで、何かしら日常的生活世界とは別の所に在る格別な世界を念頭においているわけではない。それは〝われわれ〟が日常的に内存在しているこの世界にほかならない。「日常的生活世界」という詞を避けたのは、この術語《テクニカルターム》が幾つかの学派的潜入見を籠《こ》めて受取られるのを虞《おそ》れたこと、唯それだけの理由である。既成の立場的諸理論の先入見を排却したさいに展らける日常的生活世界の現相、これを指称する方便として、幼児の眼に現前するがままの世界という言い方もとりあえず許されるかと思う」(54)。ここにはあきらかに立場的なすりかえがなされている。現相世界は日常的生活世界と異なるわけではないといいながら、既成の立場的諸理論の先入見を排却したさいに展らける日常的生活世界の現相は、比喩的には幼児の眼に現前するがままの世界、つまり、知覚的に展らける相ではじまる現相的世界だという。だが、既成の立場的諸理論の先入見を排却したところで、日常的生活世界の現相はどこまでも日常的生活世界の現相であって、決して知覚的に展らける現相ではないからである。また、既成の立場的諸理論の先入見を排却する時、日常的生活世界の現相が認知的に展らけるかぎりでの現相的世界として「共通のそれ＝与件」(55)としておかれるなどということも本来ありえない。既成の立場的諸理論の先入見ということと、日常的生活世界の現相の「共通のそれ＝与件」を認知的に展らかれた世界現相とみることとは全く関係はないからである。日常的生活世界の現相とは文字通り〈生きられた世界〉として本来実践的・文化的・価値的等々の世界なのであるが、それはあまりにも複雑で不確かな世界であるので、そのような現相をはじめは〈括弧に入れ〉て、もっとも単純でありしかも明証的に確かな局面つまり知覚的に展らける世界の現相からはじめようとするのが、廣松哲学の〈はじめ〉の〈如実相〉なのである。そしてこの局面を最初の問題場面として読者との間に共有化しようとするところに、この哲学的思索の〈はじめ〉の問題性が根差している。

今日、哲学的思索の〈はじめ〉は、われわれの批判的吟味からすれば、ヘーゲル的系譜として、「直接与えられたもの」にその起点をおかざるをえない。その意味において、哲学的思索の在り方はその〈はじめ〉において大きく規定されていると言わざるをえない。だがそれはなにも問題の解決などであるどころか、むしろ「直接与えられたもの」をいかに把えるかというところから問題ははじまるのである。それを知覚の問題からはじめることはたしかに強力な一つの道である。それは特に、ヘーゲル的系譜を現代にうけついだ現象学によってはなばなしく押しすすめられた道でもあった。だが根本的に考え直してみると、この道は、もっとも単純なもの、もっとも手応えあるものないしはもっともみやすいものから出発しようとする、近代科学が依拠するいわば〈科学的〉な道なのではなかろうか。だから、科学においてはむしろ積極的にもとめられて、より高次な、より複雑でより不確実な認識領域を解明するための〈基礎〉とされる所以である。だがそのためにいかに基本的な事が〈はじめ〉から捨象されねばならないか、あえて言うまでもないことである。いまや哲学的思索は、このような〈近代科学的〉な先入見を排却して、それ故〈幼児の眼に現前するがままの世界〉に退却することなどせず、もっとも直接的に、われわれが生きているこの言為論的生活世界に対さねばならないのではなかろうか。哲学的思索の〈はじめ〉に「直接与えられたもの」は、それ以外のいかなる与件ももはやありえないからである。その時、われわれはむしろ、哲学的思索の四つの基本的特徴として（いまはただ術語だけを列挙するしかないが）、複雑性、不確実性、自己回帰性、視点媒介性を、なにも欠陥としてではなく活力の源泉として受けとめうるようになるのではないか。

二　歴史の哲学から価値の哲学へ
——歴史叙述と歴史認識の問いを介して

歴史理論の問題状況

いま歴史学は大きな転形期のなかにあり、あまりいい言い方ではないかもしれないが、あらたに燃えさかっているといっても過言ではない。〈新しい歴史学〉（いまはこのような総称でまとめるしかないのだが）への希求が、フランス、ドイツ、イギリス、アメリカなど、その意味内容や強調点のおきかたはいろいろと異なってはいるが、各方面からはげしく噴出している。「現在、まさにこの新しい歴史学こそ、その昔、大哲学に割りふられていた役割を果たしているのだ」(56)とさえ指摘する論者もいる。だが歴史理論とは、とかく狭義に誤解されているように、決して歴史学の在り方に関する理論ではないのである。たしかにわれわれは、歴史学の新しい動向を無視したり軽視したりしてはならない。特にこの新しい歴史学の動向が、歴史の基層を形成するものとしてははっきりと民衆の生活とその心性に焦点を合せようとしている時、〈民衆史〉ないしは〈民衆生活史〉への視座の基本性を、われわれもまた歴史の見方の基本としてうけとめなければならないであろう。だが繰返し指摘するが、歴史理論は決して歴史学の在り方に関する理論ではない。

「歴史叙述と歴史認識」という問いは、歴史理論ないしは批判的歴史哲学にとっての基本問題の一つである。したがって、この問いの理論的ないし哲学的考察は、またよく狭義に誤解されるように、決して歴史学方法論になってはならないのである。わたくしはすでにこの基本問題に対して一定の解答を与えようとして、一つの解明をおこなった(57)。その際わたくしが強調した第一の点が、歴史哲学は単なる歴史学方法論になってはならないし、したがって歴史家のためのものであってはならないということであった。ということは、別言すれば、「歴史家と読者」という視点が極めて決定的なものであり、歴史哲学とは「読者」のためのものだと言った方がより正しいかもしれないとすら指摘したのである。それはつまり、〈いかに書くか〉また〈なぜ書くか〉という問題は〈いかに読むか〉また〈なぜ読むか〉という問題と相関的であり、それが歴史叙述の問題の一つの核心をなすからである。

歴史の問題はことばの問題が不可欠の前提であるがゆえに、歴史認識の問題に先立ってまず歴史叙述の問題が問われねばならない。拙著『歴史における言葉と論理』の構成が、「第二部　歴史のことば」、「第三部　歴史の認識」となっているゆえんである。いまあらためて「歴史叙述と歴史認識」という問いを介して、価値の哲学への方向性を示したいと思う。

もちろん「歴史叙述と歴史認識」の問題は、さきにわたくしのおこなった一定の解明とはかかわりなく、常に問題として存立しつづけている。したがってその時々において、この同じ問題があらたな問題意識や視角から問い直されるのは、極めて当然なことである。実際、はじめにちょっと指摘したように、今日ヨーロッパにおいて新しい歴史学の覚醒にともない、歴史理論的問題がますます脚光を浴びているということが出来る。その意味で、このような新しいヨーロッパ的問題状況に対応して、この問題を問うこともちろん出来るわけである。

だが周知のように、日本の学問の在り方は、今日まであまりにもヨーロッパの学問的問題状況に即応し、その都度の〈外来〉の移植に依拠するあまり、自らの〈内発的〉な展開を忘却しつづけてきたのではなかろうか。当のヨーロッパという〈外〉の方はまさしく〈内発的〉に、はっきりとした学問の連続的な展開を描き出しているのに、日本という〈内〉の方はいつもその〈外〉からの刺激を、それぞれの若い世代の人達が〈内発性〉とはかかわりなくうけとめるという形でしか展開させることが出来なかった。その意味では、日本の学問の展開は、あたかもずたずたな断層によって描き出される模様のようなものである。だが、また別言すれば、〈接木的〉な学問状況というものを、日本の学問もそろそろのりこ

このような物語性への方向は、英米系の「歴史の分析哲学」を批判的に継承することによって示されたものである。その点で、拙著で詳細に論じたように、もっとも注目すべき論者は、二人に絞れば、W・ドレイとA・ダントーということが出来よう(58)。その意味ではたしかに、外来の挑戦を受けとめることに消極的である必要は少しもない。実際ドイツにおいても、かえってやや遅ればせに、七〇年代に入ってから、A・ダントーなどの理論に同じように刺激されて、あたらしい歴史理論の問題状況が形成された。その核心は、簡略化して言えば、解釈学的・現象学的伝統と文学的・言語学的テキスト理論にささえられて、歴史の物語的性格をより多角的にあきらかにしようともとめるものにほかならない。その典型的な作品をひとつ例証としてあげておこう。W・シッファー『歴史記述の諸理論とその物語理論的レヴァンツ――ダントー、ハーバーマス、バウムガルトナー、ドロイゼン』(一九八〇年)である。このような物語理論的究明の試みはなかなか隆盛であり、そこにはもちろんドイツ的伝統と創意にささえられた理論構成の深さや広さが示されており、学ぶべきものは多々あるが、しかし、われわれにとって、もはや、そのような外来の〝二番煎じ〟の移植の段階にとどまっているわけにはいかないのである。

歴史叙述と歴史認識の問題は、ふたたび力説して言えば、歴史の総合的性格と歴史科学の分化という、背反するかのようにみなされている両者のダイナミックな関係性におかれていることがもとめられるのではなかろうか。

極めて簡潔に言えば、わたくしの解明の基本的枠組は、歴史の総合的性格と歴史科学の分化という、背反するかのようにみなされている両者のダイナミックな関係性におかれている。そしてまた極めて簡潔に集約すれば、歴史の総合的性格を結局具体的には歴史の物語的性格つまり物語性の正しい捉え直しにもとめ、歴史科学の分化を「歴史的社会科学としての歴史学」の在り方のうちにあらわならしめようとした。しかもどのように分化がすすむにせよ、その歴史的総合化がもとめられる限り、分化は物語性のもとで統合化されることをあきらかにしようとしたのである。その場合、歴史の総合的性格は歴史叙述の面によりふかくかかわり、歴史科学の分化は歴史認識の面によりふかくかかわると、対照的には言うことが出来るであろう。その意味で、端的に言えば、歴史叙述と歴史認識の問題は、その基本性格において、物語性と科学性の統合とその基礎づけの問題なのだということが出来よう。いま大きな転形期にある新しい歴史学の方向性も、一般的な共通性で括りうるとすれば、「歴史的社会科学としての歴史学」と規定しうると解されるので、われわれは今日の歴史科学的問題状況に対しても十分に対応しつつ、歴史の基本性格をその物語性においてより詳細に究明すべき方向性が開示されたわけである。

その基本性格において、物語性と科学性との統合とその基礎付けの問題である。わたくしは、既にその統合を、科学的説明、記述、物語の三者関係に対する分析的考察を通して、あきらかにしようともとめた。そこで、そのような解明を一応前提として、むしろそのような関係の依拠すべき基礎地平をあらわならしめ、そこにあらたな方向性をあきらかにしたいと思う。

存在論、論理学、言為論 (pragmatics)

K・アッハムは、七〇年代におけるドイツの歴史理論の問題状況のなかで、分析的歴史哲学の批判的概説をおこない、その試みを三つの問題領域にわけて整理した[59]。(一) 存在論は歴史解釈の対象領域を問題とし、(二) 論理学は歴史的説明の形式にかかわる。周知のように、論理実証主義的立場からすれば、この分野こそがその歴史理論の真の核心にほかならなかった。(三) 言為論は歴史叙述の問題である。おそらく、分析的歴史哲学の問題を特定の立場から擁護するのではなく、まさしく批判的概説として出来るかぎり全体的に取扱いたいために、三つの問題領域の区分として整理したのであろう。たしかに一般的な意味において、このような三区分法をとることは、整理の仕方としては極めて便であるかもしれない。わたくしもまたそれを否定するつもりなど少しもない。だが、この三分法でただ平面的に問題領域を枠付けて固定化してしまう結果になれば、かえって本来的な問題の〈立体的〉な位置付けをあやまらせることにならないであろうか。

　ところですでに強調したように、歴史理論というものは歴史学の在り方に関する理論ではない。もし歴史学の在り方に対する理論的反省にのみつきるならば、まさしくことの半分にしか、かかわっていないと言わねばならない。したがってより十全な歴史理論であろうとするには、いわば二つの課題に対応することがもとめられる。たとえば、J・リューゼンは自らの探究を三つに分けることによって、このような課題にこたえようとしている[60]。史学論 (Historik) と言為論 (Pragmatik) と科学論 (Szientifik) とである。史学論は歴史学の基礎をあきらかにする理論であると同時にメタ理論でもある。そして科学論はまさしく歴史学の方法論的構成を問題とする。この二つの部分はあきらかに歴史学の在り方にかかわっている。それに対して、言為論においては、歴史学ないしは科学としての歴史が問題になるのではなく、それが依拠している生活世界的な諸前提がテーマとなる。つまり簡潔に言えば、人間の歴史意識を決定する基本的な精神過程が先行的に問われるのである。そもそも思考とは人間の生活運営の一般的で基本的な過程であり、科学というものはむしろこの過程を実現する全く特殊な様式なのである。言為論とは、歴史意識がふかく人間の生活実践のなかに根差すことをあらわならしめようともとめるものである。J・リューゼンはこのような三区分法をとることによってより十全な歴史理論の構成をもとめ、まさしくドイツ的伝統にしたがって、その論考を「歴史的理性」と総括しているわけである。

さて、アッハムの存在論・論理学・言為論という三分法とリューゼンの史学論・言為論・科学論という三分法とを対比する時、名称上で一致する言為論をのぞいて、相当に異なった相貌を呈しているようにみえる。しかも言為論は、名称では一致していても、そのねらいは大いに異なっている。その点をもっともはっきり示すのは、両者の構成のちがいである。アッハムの構成では、存在論・論理学・言為論という順で、言為論は最後に歴史叙述を問題にする形でいわば〈結果論的〉に位置づけられているのに対して、リューゼンの構成においては、史学論・言為論・科学論という順で、言為論は史学論の問題提示をうけて、歴史学と人間の生活実践との関係、つまり科学としての歴史学の生活世界的諸前提をあきらかにすることを使命とし、そのうえではじめて科学としての歴史学に対する科学論の方法的構成がもとめられるのである。それだけ言為論のもつ比重が重くなっているということが出来る。たしかに言為論は歴史叙述の問題にふかくかかわるのではあるが、歴史叙述の問題は歴史認識の問題に先立つべきなのであり、歴史叙述の問題が歴史認識の問題の単なる結果にすぎないような、旧来の認識論優位の考え方は徹底的に批判されねばならない。だが、そのような批判がその徹底性を貫徹するためには、実は、存在論・論理学・言為論という、この三分法構成そのものが根本的に批判されねばならない。もちろんこの三分法はたしかに整理には便であり、またこれまでの慣例になじんでいかにも当然すぎるほど当然であるかのようにみえる。だがそこには西洋形而上学の伝統的な先入見が色濃くぬりこめられている。

端的に言って、西洋形而上学のギリシア的段階においては、存在論と論理学とは一体のものとしてあった。そもそも西洋形而上学は存在と思考の一致に依拠しており、その全体的な学の在り方を一言にして示すものが、ハイデガー自身は否定的な意味で語ったのだが、「オント－テオ－ロギーク」(61)なのだといってよいであろう。だが結局この「テオ」による統一的な働きが失われる時、存在論と論理学とははっきりと分離せざるをえない。存在論と論理学とが分離する時、もっとも典型的な形で、対象存在と認識論理という二元的構図がうまれる。もちろん一般的に存在論をいかに解するかは別として、アッハムの三分法においてまずはじめに位置づけられる存在論は、どこまでも歴史解釈の対象領域にかかわる特殊存在論の謂であり、論理学は歴史の科学的説明の論理などに具体化されてる。だがそれならばなおさら、この二元的構図はまさしく歴史の対象と歴史の認識という典型的な二元論にほかならない。特殊存在論であるが故に、それはどこまでもはっきりと歴史解釈の対象領域にかかわり、歴史的説明の論理学は歴史の認識の在り方をより鋭角的に論理化しようともとめればもとめるほど、この二元的構図はますます強化されると言わざるをえない。だがいまや、このような二元的構図ははっきりと解体されることがもとめられる。そのための極めて的確な示唆を、P・ヴェーヌはおそらく意図せずに示しているように思われる。

　新しい歴史学の騎手の一人であるP・ヴェーヌは、注目すべき書『歴史をどう書くか』を七一年に刊行するが、その第一部を「歴史の対象」からはじめる。その意味では、われわれのいまの問題視点から言えば、まさしくアッハムの慣例にしたがうかのように、存在論からはじめるわけである。ところが、その第一章から、歴史は「真実な物語《レシ》」でしかないことをあきらかにする。次のような相当ラディカルな陳述がなされる。

　「歴史とは出来事の物語である。すべてそのほかのことは、このことからでてくる。歴史はまさしく物語であるから、歴史は再活性化されるといっても、小説以上には出ない。歴史家の手に入った体験は、アクターの体験ではない。それはナレーションである。このことによっていくつかのあやまった問題を除去することが出来る。小説と同じように、歴史は選択し、単純化し、構成し、一世紀を一ページにしたりする。そして物語のこの総合は、われわれが体験した一〇年間を思い出す時の、われわれの記憶の総合と同じ程度に、自然発生的である」(62)。

　歴史の対象領域というのは、この領域にみられるものはすべて「現実に《レールマン》生起したこと」でなければならないという規定をのぞいては、完全に無規定的なのである。「出来事でないこと」(le non-événementiel)とは、いまだ出来事として迎えられていないということにすぎず、「すべてが歴史的である」といってもよい。まさしく「事実でも、実測図でもなく、筋書である」。歴史の織物は、われわれが筋書とよぶものであるから、事実は孤立して存在するのではない。そもそも出来事とは存在《エートル》ではなくて、可能な道筋の交差なのだ。P・ヴェーヌは、あたかも存在論の慣行にしたがうかのようにみせて、歴史の対象からはじめながら、しかし、その対象領域に見出される出来事は〈存在〉ではないことをはっきりと示し、また事実は孤立して存在しないことをあきらかにすることによって、文字通り、存在論からはじめることはむしろその否定にほかならないことを、極めて的確に示唆している。ということは、端的に、歴史の対象と歴史の認識という二元的構図を否定することにほかならない。

存在論は、ギリシア的段階においても潜在的に、対象存在と認識論理の二元的構図を前提的に含意している。それが顕在化するにはたしかに近世主体主義の成立を待たねばならないとしても。それゆえに、潜在的であれ顕在的であれ、対象と認識の二元的構図の解体を自覚的にもとめるかぎり、率直にいって、存在論からはじめることをやめねばならない。あるいは、たとえ存在論からはじめるにしても、それは存在論の否定の遂行でなければならないというわけである。歴史の対象と歴史の認識という二元（論）的構図は、要するに、認識主体と認識対象という〈近代〉認識論の、あの二項図式が、歴史の領域において完遂されていることを意味している。したがってその解体とは、認識対象がそれ自体において存在することは出来ず、どこまでも認識主体をうちに組みこむことによってはじめて形成されるという事態を自覚的にうけとめることである。対象と認識の二元的構図においても、周知のように、主観-客観の二元的表象関係であるから、両者の関係性はたしかにはっきりよみとられていた。だがその関係性が超越論的に基礎づけられればられるほど、認識主体は認識の対象領域の外に位置づけられることになる。ところでいまや対象領域が認識主体をうちにくみいれてはじめて形成されるということは、認識対象と認識主体とが相互に交錯し合ってはじめて相互に成り立つということにほかならない。ここに、認識主体と認識対象とが相互にくみこまれる全体的な歴史世界ないしシステムが構成されるのであり、もはやいかなる対象領域でもないのである。存在論は認識主体と認識対象とをともに同じ存在ないしは存在者として包括することによって、文字通りすべてを存在論的関係性によって組みたてようとするが、実はこの組みたての構制こそ対象存在と認識論理の二元的構図が前提的に含意されるマトリックスなのである。したがって対象と認識の二元的構図の解体をもとめる以上、存在論からはじめることは、その否定の遂行でないかぎりは、やめねばならない。では一体なにからはじめるべきであろうか。

わたくしは『歴史における言葉と論理』において「歴史の構図」からはじめることをもとめた。それは、存在論からはじめることをはっきりと避けるためであるとともに、存在と認識の二元的構図をいかに全体的な「歴史の構図」へと組み替えるかをもとめたからである。ここでは二つの基本的な考え方についてだけ言及するにとどめる。第一点は、全体的な「歴史の構図」からはじめることは、歴史の概念規定からはじめてはならないということを意味している。はじめに概念規定つまり定義がくるという考え方は、実はいまわれわれが問題にしてきたように、存在論と論理学の一体化を基本とする西洋形而上学の、ロゴスを根本原理とする〈正統的〉な思考様式に由来するものであり、その意味ではそもそも存在論からはじめることにほかならない。したがって、概念規定ないし定義で〈もの〉や〈こと〉がそれ自体で〈何であるか〉がきめられると考えるところに、その根本的なあやまりがある。まず〈もの〉や〈こと〉を正しく示すには、他の〈もの〉や〈こと〉との複雑な関係性において捉えねばならない。「歴史の構図」からはじめるゆえんである。第二点は、「存在としての歴史」と「認識としての歴史」を全体的な「歴史の構図」に組みいれるためには、いわば構図の〈原点〉において、P・ヴェーヌのように「現実に生起すること」を唯一の規定として前提にする立場さえつきくずさねばならないということである。このような唯一の規定には依然として存在論的残滓が重たく澱《よど》んでいるからである。たしかに「現実に生起すること」は重視されねばならないのではあるが、「ありのままの事象」というジェネラリゼイション・ゼロ＝インディヴィデュアリゼイション・インフィニティの「歴史の土壌」にまでつきすすむことがもとめられる。そしてそれと完全に一体化する、A・M・マッキーヴァーが「記録を司る天使の書」とよんだ「イデアールなありのままの記述」が同じように構想されねばならない。この「歴史の土壌」において、存在ないし存在者としての組立てという存在論的構制はこなごなにくだけちるわけである。これもまた「歴史の構図」からはじめるゆえんである(63)。

以上のように、「歴史の構図」からはじめることは、対象存在と認識論理の二元的構図を排して、認識主体と認識対象とが相互に組みこまれる全体的な歴史世界ないしはシステムからはじめることにほかならない。認識対象がそれ自体で〈何であるか〉がきめられることが出来ないがゆえに、概念規定つまり定義からはじめることは出来ないし、したがってロゴスを根本原理とする西洋形而上学の〈正統的〉な思考様式にしたがうことは出来ないのである。そして認識対象が認識主体をうちに組みこんではじめて形成される複雑な関係性の地平こそ、言為論的な基礎地平を指示していると言うことが出来るであろう。言為論的基礎地平とは、まさしく行為と事象と言語とが相互にくみこまれて形成される、文字通り実践的で複雑な関係性の世界であり、決して対象領域ではありえないからである。また「ありのままの事象」と「イデアールなありのままの記述」が完全に一体化することで開示される「歴史の土壌」こそ、本来的に生活世界の内実をささえるものであり、言為論の立場の土壌でもあるということが出来る。生活世界をそのありのままに徹底的な個別性においてうけとめようとすれば、歴史の土壌としてあらわす以外には示しようがないであろうし、それこそまた言為論の立場がそこに根差すものにほかならないからである。すでに指摘したように、言為論は歴史叙述とふかくかかわるのであるが、それは決して〈結果論的〉にではなく、むしろ逆に、歴史叙述の問題を前提的に基礎づけるものとして叙述行為ないしは物語行為をその基礎地平において問うのである。かくして、「歴史の構図」からはじめる行き方は、形式的に言えばアッハムの存在論・論理学・言為論の順とは逆に、言為論からはじめることを方向づけていると言わねばならない。

歴史叙述と歴史認識の物語性

言為論からはじめるということは、歴史叙述と歴史認識の問題をその基礎地平から問いかえすことにほかならない。歴史叙述と歴史認識の物語性を解明することをもとめ、どれほど理論的に詳細な分析を示しえたとしても、いわゆる歴史ないし歴史学の概念枠のなかで問題を追究しているかぎり、どうしても本末転倒の営みになりがちなのである。なぜなら、端的に言って、物語性は歴史叙述や歴史認識によってつくり上げられるのではなく、むしろ逆に、歴史叙述や歴史認識が物語性においてはじめて成り立つからである。したがって、この言為論的前提が問い出されないかぎり、いかほど既成の歴史のレベルで問題を深めようとしても、言うまでもないことであるが、その枠組そのものを超え出ることは出来ない。

一般的に言えば、科学論の営為が陥りがちなあやまりは、このような本末転倒に対する感受性の喪失なのである。つまり、科学論であるが故に、それぞれの科学の枠組のなかで方法論的な精密化をねり上げようともとめればもとめるほど、ますます倒錯を深め、もはや倒錯であることすら全く忘却するにいたるからである。いわゆる科学主義的な考え方はすべてこの誤謬をおかしているのだが、一般の科学論も十分な反省が伴われないかぎり、そのような誤謬に陥りがちであることをふかく自覚しなければならない。その意味で、科学論の陥りがちなあやまりをはっきりとさけるためには、まず科学論に先行してどうしても言為論からの解明がもとめられざるをえないのである。

また、科学の「事実」を前提として、「権利問題」としてその超越論的な基礎づけをもとめる、いわゆる〈カント的〉な試みも、今日、同じあやまりに陥るものであることを自覚しなければならない段階にきている。科学の超越論的基礎づけが哲学であるという、〈近代〉認識論的正統ははっきりと否定されねばならない。なぜなら、その基礎づけがどのようになされようと、科学の「事実」がまず前提となっているということにおいて、もはやその科学的前提の枠組をこえることが出来ないことは、あまりにも明白だからである。われわれはむしろ科学の「事実」の先にいって、この「事実」が成り立つ「事実的な基礎」をあらわならしめねばならない。この意味においてもまた、超越論どころではなく、言為論がまずもとめられるゆえんである。

言為論とは、科学的操作というものがおかしがちな倒錯現象を、その根元から照し出すことをもとめる立場にほかならない。すでにちょっと指摘したように、その立場は、基本的には〈言語〉と〈行為〉と〈事象〉とを二元的に分離する構図を徹底的に批判して、この三者が相互にくみこまれて形成される実践的で複雑な関係性の世界から出発することをもとめる。したがって、歴史叙述と歴史認識の問題もまた当然この基礎地平から問いかえされねばならない。歴史認識の問題に先行する歴史叙述の問題は、一般的にはたしかに〈いかに書くか〉また〈なぜ書くか〉及び〈いかに読むか〉また〈なぜ読むか〉の相関性の根本的なレベルから問われるわけである。だが言為論の立場からすれば、〈書く〉〈読む〉の根本的なレベルもすでに相当に高度なのである。したがって本来的に言えば、高度な営みはすべて、言為論的基礎地平においてその地下の水脈をあらわにすることがもとめられるわけである。

言為論的基礎地平においては、言うまでもなく、すべてが言語行為としてうけとめられる。したがって物語性ということについても、この基礎地平においては、物語行為が問題となる。だがその際、十分に反省されねばならないことは、まず第一に、今日一般に通用している言為論というものは、極めて表層的な考察にとどまっているのではないかという点である。たとえば、さきに言及した最近ドイツの歴史理論の、その代表的論者の一人であるK・レットガースは、歴史科学の基礎にある生活世界的活動性を、次のように名づけたいという(64)。〈誰かに真の歴史を物語ること＋真の歴史を物語るものに耳をかたむけること〉、物語としての歴史とは、L・ウィトゲンシュタインが言語ゲームを生活形態として示した意味において、まさに生活形態であると。だがこのような形で物語ということを問題にするのだとすれば、実はすでに真の歴史の方が前提になってしまっているわけである。いまこの本末転倒をあえて追求しないことにしても、これは〈物語を聞く〉という、子供の世界でひらかれるあの親しい経験形態が、すでに前提とされてしまっている。それではすでに、物語行為が問題となる原初的な基礎地平は失われてしまっていると言わざるをえない。またJ・リューゼンは、歴史意識に対して構成的な精神活動が構造的統一にまでもたらされ、したがって歴史意識が実現される言語行為が、(歴史)物語であるという(65)。この精神活動によって、またそこにおいて歴史意識が形成され、それゆえこの精神活動がすべての歴史的思考とすべての科学的歴史認識に対して規定的な仕方で基礎になっているのである。たしかにここにおいては、物語という言語行為が、科学的な歴史認識はいうまでもなく歴史意識の基礎にあることが正しく捉えられているのではあるが、どこまでも精神活動としてしかとらえられていないところに、言為論的基礎地平が精神活動の表層にとどまらざるをえないゆえんがある。

そこで第二に、このような表層的な考察を転換せしめるには、物語行為そのものについて基本的な考え方をあらたにうちかためることがもとめられる。そうすることが出来なければ、言為論的基礎地平を開示することすら出来ないであろう。その点こそ、すでに指摘したように、〈言語〉と〈行為〉と〈事象〉とを二元的に分離するのではなく、どこまでも一つの統一ある基礎事象として捉えることに帰着する。その意味で、「物語行為＝事象」と表記して、少しでもその統一性をあらわならしめることがもとめられる。端的に言って、われわれは生活世界において〈物語〉で考え話し行為している。もちろん言為論的基礎地平において、「考え」「話し」「行う」は、決して別々のことではなく、まさに相互に浸透するものとして把握されねばならない。この地平において〈物語〉で考え話し行うということは、一定のコンテキストにおいて〈ものごと〉をなんらかの時間的経過のうちで関連づけること、そのことにほかならない。コンテキスト、時間性、関連性、これこそ〈物語〉行為＝事象の三大契機なのである。その意味において、〈物語〉とは、簡潔に言えば、一定のコンテキストにおいていろいろのものごとが関連づけられてなんらの時間経過のうちで構成されるテキストにほかならないと言うことが出来るであろう。それゆえにこそ、〈物語〉で考え話し行う〈物語〉行為＝事象が言為論的基礎地平を開くのである。そしてまたこの基礎地平こそ実践的で複雑な関係性の世界であり、複雑な関係性であるがゆえに、〈物語〉であらわならしめる以外には開示しえないのである。

周知のように、近代ヨーロッパ的見方においては、〈行為〉というと、主体的・意図的な性格が強調される。だが、ある行為をなすことは、それが同時に出来事であり事象でもあるという側面がはっきりと把握されねばならない(66)。近代ヨーロッパ的見方においては、典型的に言って、出来事とか事象とかは行為の結果なのであって、行為そのものは出来事でも事象でもないと考える。つまり行為と事象の二元（論）的分離の構図がここでも歴然と刻印されているのである。しかしこのような二元的分離の構図を排して、言語行為＝事象という言為論的な見方を基本におくことによって、歴史叙述と歴史認識の物語性つまり物語的性格がまさしく物語行為＝事象としてはっきりと示されねばならない。

まず歴史叙述の物語性とは、文字通り物語行為＝事象にほかならない。一定のコンテキストのなかでものごとを時間性において関連づける物語行為＝事象が、歴史においてはっきりと示されたものが、歴史叙述の物語性なのである。それは、歴史叙述がいかほど科学的に構成されようと、排除されたり否定されたりするものではない。なぜなら、その科学性をどこまでもその基礎地平においてささえているからである。それのみならず、歴史科学のレベルにおいても、『歴史における言葉と論理』第二部で解明したように、科学性が物語性と十分に統合化しうるということは、いまや歴史認識そのものが本来物語行為＝事象にほかならないことが示されることによって、より十全に基礎づけられることであろう。歴史叙述のみならず歴史認識もまた物語的性格を有している。したがって、つまり、物語行為＝事象として展開される。言為論的基礎地平で示されたように、物語で考え話し行うということは、別な言い方をすればまさしく人間存在の基本様態なのだと言ってもよいであろう。実際、ひとりひとりの一日、いや一時間の事柄でさえ、その時間性にしたがい、それぞれのコンテキストにおいて、それぞれの関連をつけられて展開する時、それらはそれぞれの物語にほかならない。そこでは思考、言語、行為が相互に組みあい浸透し合って、物語的性格を示すわけである。歴史認識もまたその例外でないことは言うまでもない。いやむしろ、歴史叙述とふかく関連し合うことで、歴史認識は卓越した意味で物語性を刻印されているというべきであろう。

以上のように、物語の言為論的基礎の上に、歴史叙述と歴史認識の科学性が形成される。もちろん、この言為論的基礎を出来るかぎり括弧にいれて、その科学性を最大限に拡大せしめようとする科学論的可能性はいつでも開かれている。だがすでに繰返し述べてきたように、その科学性はどこまでも言為論的な物語性の基礎にもとづいていることには少しの変りもない。と同時に、その科学性という同じレベルにおいても、出来るかぎり物語性との統合的な関係をゆたかに実らそうとする可能性もいつでも同じように開かれているのである。かようなわけで、二重の意味で物語性の意義が示されている。

〈比較〉史の言為論的基礎

ここで歴史認識の問題をもう一歩すすめて、しかも一つの極めて基本的な問題に焦点を合せて考えてみたい。今日、周知のように、〈比較史〉への要請がたかまっている。さきに言及した新しい歴史学の騎手の一人であるP・ヴェーヌは、比較史が現代歴史記述のうちでもっとも活発でもっとも将来性のある方向性のひとつであることをみとめる(67)。しかし同時に、形容詞抜きの歴史に対してはひとつの発見学にすぎず、形容詞抜きの歴史をこえたなにものかなのではないと考える。ここには、〈比較史〉が形容詞抜きの歴史のあとから要請された歴史的事情にわざわいされて、極めて重要な感受性の喪失がひそんでいるように思われる。

形容詞抜きの歴史を、今は端的に、〈比較抜きの〉歴史とよぶことにしよう。〈比較抜きの〉歴史をまず前提において、それに対して〈比較〉史を対置してみても、それではどこまでいっても後者は前者に対して補助的なものにとどまるしかないであろう。ヴェーヌが発見的な役割というのも、当然な結果であった。しかしそれは要するに歴史学の科学性とその学的展開の歴史事情に依拠することであって、問題事態の内的結構に即していることではないのである。その歴史事情からみれば、〈比較〉史という捉え方とその概念枠組は、〈比較抜きの〉歴史によって解明された歴史間の相互比較という二次的な形でしか構成されないことになってしまう。たしかに学的自覚の歴史においては、このような歴史間の相互比較という意識でさえはっきりと目覚めるには、今世紀の世界の地球化という時代状況まで待たねばならなかったであろう。だがこのような学的自覚の歴史事情は、なにも問題事態の内的結構に即しているわけでは決してないのである。この内的結構に即して考えようとすれば、物語性の問題と同じように、〈比較〉史の問題もまた、〈比較〉で考え話し行うという言為論的基礎地平から問い直すことがもとめられる。この点については、ヴェーヌ自身気付かずに極めて示唆的なことを述べている(68)。ひとつの文明を研究する場合、当の文明が語っていることだけに注目していると、当の文明からみてごくあたりまえのことなど本来問題にするわけはない。だからある文明について研究することは、かならず他の文明についてのわれわれの知識をふやしてくれる。そもそも出来事とは差異であるから、比較研究という言葉は、包括的な文献目録という言葉と少なくとも同じくらい神聖な言葉でなければならないと。この示唆はあきらかに比較の言為論的基礎への方向性を指示している。

比較の言為論的基礎は、物語の言為論的基礎よりもある意味ではもっと基本的な意味で、注目することがもとめられる。〈物語〉で考え話し行う言為論的基礎地平には、〈比較〉で考え話し行うという地平がより根本的に埋めこまれているといってよいであろう。認識というものを、もっとも基本的な事態にまでもどって考えてみると、それは原初的に「差異の認識」として開示される。実際、生活世界においては、もちろん日常性などによっておおいかくされてしまっているが、その原初的形態をあらわならしめれば、時々刻々の認識が差異の認識として示されるであろう。われわれは生活世界において極めて多様で複雑な仕方で差異を認識することによって生きている。たとえば極めて身近な例でいうと、ある商品を買おうとする時に、他の商品との差異を単純に認識することによってではなく、むしろもろもろの他の要因との関係性において、つまりその多様で複雑な関係性の関係において差異を認識することによって、ある商品を選ぶのである。とすれば、差異の認識とは複雑な比較の遂行にほかならないことは、極めてあきらかなことである。今日注目されているR・ジラールの根本理論は人間の基本的欲望を〈模倣〉と考えることで成り立っている(69)。〈模倣〉が成り立つには〈比較抜き〉ではありえない以上、〈比較〉がいかに基本的なものであるかはもはや言うまでもないであろう。

　端的に言おう。問題事態の内的結構に即して考えてみれば、〈比較抜きの〉歴史などというものが、そもそもありうるのであろうか。P・ヴェーヌは、歴史を端的に「差異の目録」という極めて基本的事態に即して語ろうとしている(70)。認識というものをもっとも基本的な事態にまでもどして考えてみると、つまりその原初的形態においては、「差異の認識」といってよい。もちろん〈差異〉は、極めて雑駁に言っても、いわば量的には、小さな差異から大きな差異まで、またいわば質的には、単純な差異と複雑な差異、内的差異と外的差異、顕在的差異と潜在的差異など、あげていけばいろいろと想定出来よう。だがいまは差異論が問題ではないので、そのような差異の個々の在り方についてはかかわらないことにして、ただ一般的に「差異」と総称しておくにとどめよう。そもそも差異とは関係性において示されるものであるから、差異の認識とは〈比較抜き〉では考えられない。出来事が差異であるということは、一つの出来事は一つの差異だというような、単純な〈存在論的〉な言表ではない。一つの出来事は限りない差異をふくむとともに、限りない関係性の網の目のなかにある。とすれば、少なくとも出来事の認識を欠くことが出来ない歴史認識は、問題事態の内的結構に即して考えれば、〈比較抜きの〉歴史などでは決してありえないのである。限りなく多様で複雑な差異の〈比較〉認識を通してこそ、歴史認識は構成される。それがいかほど科学的に高度化されようと、比較の言為論的基礎地平に根差し、ささえられている。その意味において、歴史認識は、単純な要素からはじめようというデカルト主義的機械論的な認識様式とはまったく逆に、いわば反デカルト主義的な、複雑な差異からはじまる〈比較〉認識様式にほかならない。歴史認識においては、どのように因果連関が問われるにせよ、一言にして言えば、それは極めて複雑な因果性なのである。かくして歴史認識とは単純性のパラダイムによるのではなく、どこまでも複雑性のパラダイムに依拠することをはっきりと自覚しなければならない。(しかし今日、自然科学さえ複雑性のパラダイムへの移行がもとめられていることも、同時に忘れてはならないことであろう。）

いずれ本論であきらかにするように、端的に言えば、差異とは関係性において開示されるゆえに、実体ではなく存在でもなく意味でもなく、まさに〈価値〉なのである。それをあらわすために、わたくしは「差異＝価値」と表記する。もちろんいろいろな誤解がつきまとうにせよ、それでも、差異を〈価値抜き〉で論議しようとする今日のもろもろの考え方に対して、決定的な問い直しをもとめる〈基点〉ともいうべき視座を開くものである。さて、差異は価値であるがゆえにこそ、言うまでもないことであるが、差異の認識とはそもそも差異＝価値の認識にほかならない。したがって差異＝価値の認識が、〈比較〉で考え話し行う言為論的基礎地平において遂行される。歴史認識においても、比較の言為論的基礎地平に依拠しつつ、より複雑な差異＝価値の認識がなされるのであるから、それこそ〈比較〉は価値関係をはらむことによってより多様でより全面的に遂行されるということが出来よう。したがって〈比較抜きの〉歴史認識など、言為論的基礎地平から問い直される限り、ありようがないのである。

以上のように問い直してみると、〈比較史〉という言い方が、いかに問題事態の内的結構に即するものではなく、ただ歴史学の科学性とその学的展開という歴史的外的事情からつくり上げられた虚像であることがわかるであろう。本来〈比較抜きの〉歴史などありえないのであり、その意味において〈比較〉史こそまさしくその言為論的基礎に依拠してあらゆる歴史認識を展開する基本史なのである。〈比較〉史の言為論的基礎に光をあてることによってはじめて、〈比較史〉というものの示す問題事態の内的結構があらわにされる。歴史認識というものを言為論の地平に定礎して考える時、いままでとはまったくことなり、〈形容詞抜きの〉歴史こそむしろさかさまの像であることが浮彫りにされる。〈比較抜きの〉歴史など本来存しないのであり、したがって〈比較史〉こそが基本なのである。今日まで歴史学も近代科学の一員たろうと背のびするあまり逆立ちしていた。生活世界こそ科学世界の基礎であり、比較の言為論的基礎地平から照し出される問題事態の内的結構を自覚してはじめて、正しい像も結ばれることが可能となろう。

歴史の哲学から価値の哲学

歴史叙述と歴史認識の問題は、結局〈歴史主義〉の問題に帰着する。それは、歴史叙述と歴史認識の問題を重視するということ、そのことがすでに〈歴史主義〉とふかくかかわるからである。周知のように、西欧一九世紀は「歴史の時代」とか「歴史主義の時代」とか言われる。たしかに一九世紀ヨーロッパ〈近代〉において、極めて画期的な歴史意識の覚醒がなされ、それにともない、学問の大きな転換がなされたということが出来る。かかる歴史意識の覚醒にもとづいて近代歴史学の誕生が告げられるとともに、歴史主義の形成が語られるにいたったのである。もちろん「歴史主義」という言葉はむしろ非難をこめて一九世紀後半になって用いられるわけではあるが、そのような歴史事情はいま問うところではない。歴史の重視こそがあらたな歴史意識の覚醒をもたらしたものにほかならず、それこそはっきりと〈歴史主義的〉傾斜といってよいわけである。歴史の重視とは〈歴史の価値〉をいかにうけとめるかということにほかならない。「自然主義」というものが、自然なるものに価値があるとみる立場――もちろんこの〈自然なるもの〉をなんと捉えるかはそれぞれことなるにせよ――にほかならないと同じように、「歴史主義」というものは、歴史なるものに価値があるとみる立場、つまり歴史の価値を重視する立場にほかならない。

『歴史における言葉と論理』第三部においてわたくしは、歴史主義の問題は歴史の価値問題にほかならないことをあきらかにした(71)。そしてかような歴史主義が一九世紀の二、三〇年代にヨーロッパで形成され、ほぼ一〇〇年、今世紀の二、三〇年代において、マルクス主義的歴史主義は別として、一種の敗北に終ったことを論じた。だがその当時六〇年代にいたって、あらたな歴史主義の再挙可能性が一縷の希望として開かれてはきたが、それはどこまでも厳粛な綱渡りにほかならないことにも注目したのである。ところがこの六〇年代に、特にフランスにおいては独特の構造主義が登場し、この構造主義は自ら非ないし反歴史主義たることを標榜した。構造は非ないし反歴史というわけである。だがそのために構造主義は極めて静的なものの見方に堕してしまい、むしろダイナミックな構造主義としていわゆるポスト構造主義が語られるのが、現段階ということが出来る。この二段階の展開に、フランスの、あの新しい歴史学がふかくかかわっていることも注目しておかねばならない。この新しい歴史が極めてパロドクシカルにも自ら「変らざる歴史」(72)などと称するのは、民衆史や民衆生活史を歴史の基層と考える見方にもとづくものである。その意味で歴史における不変項をむしろ重視することによって、あらたな歴史の捉えかえしをもとめている。しかしそれは変化と不変化のいわば弁証法的関係にもとづいて歴史を捉えようとする意味において、本来的には決して非ないし反歴史主義であるわけではない。歴史主義となるか非ないし反歴史主義となるかは、どこまでも、歴史の価値を重視するか否かにかかっている。

すでにあきらかにしたように、言為論的基礎地平において、価値の原初的形態は差異にほかならない。差異はまさに価値であるゆえに、認識というものは差異=価値の認識として

〈比較〉をもっとも基底的な操作として展開することをあきらかにしたわけである。歴史の価値というとき、それは原初的形態における差異＝価値にとどまりえないことは言うまでもない。たしかに原初的には、歴史と他の一切の要因との多様で複雑な差異＝価値がまずおさえられていなければならない。だが本来的に言えば、歴史の価値とは、このような原初的な差異＝価値の上に極めて多様な、いわば〈付加価値〉がつみかさねられて構成される。典型的には、その〈付加価値〉には、わたくしが特種価値概念とよぶ、規範、当為、義務などをはじめ、理想、目的、理念、個性、発展など極めて多様な価値が組みこまれるであろう。差異＝価値からこの〈付加価値〉にいたる本格的な解明は、当然歴史哲学の枠組にはおさまりきれないであろう。歴史の哲学から価値の哲学へとその深化がもとめられる所以である。

だがあたらしい歴史主義の再興のためには、どこまでも差異＝価値の原初的レベルからはじめねばならない。その再興は、差異＝価値の原初的レベルから歴史叙述と歴史認識の問題を基礎づけなおすことによってはじめてもとめられよう。すでにこの問題についてあきらかにしてきたように、言為論的基礎地平において、この原初的レベルこそ、科学世界が構成される基本であった。〈物語〉で考え話し行う言為論的基礎地平にもとづいて、歴史叙述と歴史認識とは本来物語行為＝事象として展開する。そして歴史認識は差異＝価値の認識として〈比較〉で考え話し行う言為論的基礎地平にふかく根差していた。それは要するに歴史叙述と歴史認識の言為論的基礎地平を重視することであり、したがって新しい歴史主義はこの重視において歴史の価値を具現化することにもとめられるということが出来よう。ということは、歴史主義も言為論的生活世界のレベルから再生されることがもとめられることにほかならない。その意味において、極めて具体的に言えば、それは名もない民衆の生活世界に根差す歴史主義と言うべきであろう。それこそ、わたくしが六〇年代からの歴史主義の再挙可能性として託した一縷の希望の内実なのである。かくして新しい歴史主義の再挙可能性をもとめるとき、歴史の哲学から価値の哲学への展開は文字通り内発的なのである。

（1） K. Axelos, Horizons du monde, (de Minuit, 1974), p. 78〜9.

（2） 批判にはさらにメタ批判もあるわけであるが、批判というものも正しくメタ理論への注視としてうけとめられねばならない。その意味でなら、カントの把えかえしもまたもとめられよう。

（3） 参照、大森荘蔵『言語・知覚・世界』（岩波書店、一九七一年）序iii以下。

(4) たとえば、J・ピアジェ／B・イネルデ『新しい児童心理学』(波多野・須賀・周郷共訳)(白水社、一九六九年)参照。
(5) J. L. Austin, How to do Things with Words, 2ed., (Oxford U. P. 1976), p. 151.
(6) 身近なところで、たとえば、高山岩男、上田泰治『論理学』(創文社、一九五三)、二四―六ページ、二八―三〇ページ。
(7) J・ピアジェ／B・イネルデ、上掲書、一九ページ。
(8) 後期シェリングのDarstellung des philosophischen Empirismus, Aus der Einleitung in die Philosophie, Schellings Werke (von M. Schröter) V.も注目されるが、今回は括弧に入れておく。
(9) I. Kant, Kritik der reinen Vernunft. (Der Philosophischen Bibliothek, Bd. 37) Vorrede zur ersten Aufgabe. XII
(10) ibid., op. cit., ebenda. anm.
(11) J. G. Fichte, Erste und Zweite Einleitung in die Wissenschaftslehre (Philosophische Bibliothek, Bd. 239) S. 5.
(12) ibid., op. cit., S. 21,
(13) ibid., Über den Begriff der Wissenschaftslehre oder der sogennanten Philosophie, I, S. 167ff.
(14) ibid., Erste und Zweite Eirleitung in die Wissenschaftslehre (Philosophische Bibliothek, Bd. 239) S. 32.
(15) ibid., op cit., ebenda.
(16) ibid., Grunndlage der gesamten Wissenschaftslehre, I, S. 285 ff.
(17) W. F. Hegel, Phänomenologie des Geistes (Der philosophischen Bibliothek, Bd. 114) S. 13.
(18) ibid., op. cit., S. 14.
(19) ibid., op. cit., S. 44.
(20) ibid., op. cit., S. 16.
(21) ibid., op. cit., S. 19.
(22) ibid., op. cit., S. 62.
(23) ibid., op. cit., S. 55.
(24) ibid., op. cit., S. 55-6.
(25) 今日の科学哲学も基本的には、科学の正当性ないしは普遍的妥当性という事実の〝弁証〟の役割をはたしている。
(26) E. Husserl, Erfahrung und Urteil, Untersuchungen zur Genealogie der Logik, (Classen Verlag, 1954), § 11,S.48-9.
(27) ibid., op. cit.,§ 11, S. 48.
(28) 桂寿一『近世主体主義の発展と限界』(東京大学出版会、一九七四年)、二七二ページ以下。
(29) Descartes, Principiorum philosophiae pars prima. 桂寿一、上掲書、三二ページ参照。
(30) Spinoza, Ethica Ordine Geometrico demonstrata ; ibid., Renati Des Cartes Principiorum Philosophiae Pars I. Et II.
(31) E. Husserl, op. cit.,§ 14, S. 69.
(32) ibid., op. cit., § 14, S. 71-2.
(33) ibid., op. cit., § 3, S.9.
(34) ibid., op. cit.,§ 4, S. 11-12.

(35) ibid., op. cit., § 4, S. 13.
(36) ibid., op. cit., § 10, S. 44.
(37) ibid., op. cit., § 7, S. 26.
(38) ibid., op. cit., § 12, S. 56-9.
(39) M. Merleau-Ponty, *Phénoménologie de la perception*, (Gallimard, 1945), p. 73.
(40) ibid., op. cit., p. 74.
(41) ibid., op. cit., p. II.
(42) ibid., op. cit., p. 69.
(43) ibid., op. cit., p. 69-70.
(44) ibid., op. cit., p. 70.
(45) ibid., op. cit., p. 77.
(46) ibid., op. cit., p. 76.
(47) 廣松渉『存在と意味—事的世界観の定礎』（岩波書店、一九八二年）、四—五ページ。
(48) 同、上掲書、五ページ。
(49) 同、上掲書、八ページ。
(50) 同、上掲書、一八一ページ以下、一九九ページ。
(51) 同、上掲書、三四ページ。
(52) 同、上掲書、同ページ。
(53) 同、上掲書、三二ページ。
(54) 同、上掲書、三一—二ページ。
(55) 同、上掲書、三三ページ。
(56) ジャン＝マリ・ドムナク『世紀末を越える思想』（桑原礼彰訳）（新評論、一九八四年）、六三頁。
(57) 神川正彦『歴史における言葉と論理』I II、（勁草書房、一九七〇—七一年）。
(58) Dray, W., *Laws and Explanation in History*, (Oxford U. P., 1957); Dray, W., *Philosophy of History*, (Prentice-Hall, 1964)；Danto, A. C., *Analytical Philosophy of History*, (Cambridge U. P. 1965.)
(59) Acham, K., *Analytische Geschichtsphilosophie*, （Karl Alber, 1974).
(60) Rüsen, J., *Historische Vernunft* （Vandenhoeck & Ruprecht, 1983).
(61) 訳せば、「存在—神—学」となるが、原語の意味をそのままうけとめることが必要である。
(62) Veyne, P., *Comment on écrit l'histoire*, (*Seuil*, 1978), p. 14.
(63) 神川正彦、上掲書、I、第一部、第二章、歴史の構図。
(64) Röttgers, K., "Geschichtserzählung als kommunikativer Text", in *Historisches Erzählen*, Hg. von Quandt, S./Süssmuth, H., (Vandenhoeck & Ruprecht, 1982), S. 30; cf. Röttgers, K., *Der kommunikative Text und die Zeitstruktur von Geschichten*, (Karl Alber, 1982).
(65) Rüsen, J., op. cit., S. 52.
(66) 参照、神川正彦「行為と事象」『國学院雑誌』第八〇巻二号。

(67) Veyne, P., op. cit., pp. 84-85.
(68) ibid., P., op. cit., pp. 16-17.
(69) Girard, R., *La violence et le sacré*, (*Grasset*, 1972)（古田幸男訳『暴力と聖なるもの』法政大学出版局、一九八二年）
(70) ヴェーヌ『差異の目録』（大津真作訳）（法政大学出版局、一九八三年）。
(71) 神川正彦、上掲書、II、第三部、第一章、第一節—二節。
(72) Ladurie, E. L. R., *Le territoire de l'historien, II*, (*Gallimard*, 1978).

I　価値の構図

序論　構図構成と構想力の立場

哲学の射程

わたくしは哲学的思索の今日的な在り方を、構図構成と構想力の立場という、二つのキーワードで総括されるパースペクティヴから描き上げたいと考えている。もちろんわずか二つのキーワードですべてがつくされるわけではないが、そのことばを特に選び出してきたゆえんを、それといろいろな意味で関連し合う事態と対比させて論ずることによって、わたくしが求める哲学の射程がある程度は浮彫りにされうるのではないかと思われる。

この二つのキーワードはきわめて深く関係し合っている。たしかに「構図構成」という言い方には親しみがないひとも多いかとも思われるが、「構想力」ないし「想像力」については むしろなじみぶかい言葉といっても決して言いすぎではないであろう。ときには「構想力」という言い方にはなじみにくいと思うひともいるかもしれないが。英語の「イマジネーション」あるいはドイツ語の「アインビルドゥングスクラフト」の訳語として「想像力」の方がポピュラーであるが、哲学の場合にはむしろその一般さをきらって「構想力」の方がかえって好まれるようである。それは特にカントの第一批判においてきわめて重要な役割をはたす「アインビルドゥングスクラフト」の意味を訳語として表示したかったことに由来すると思われる。わたくしもその意味を含めて「構想力」という語を用いる。それにはもうひとつわたくしにかかわった事情もある。わたくしは、「歴史の構図」からはじまる

『歴史における言葉と論理』(1)をすでに三十年近くも前に刊行したが、そこで「歴史的構想力の軌跡」を語るとともに、わたくしの仕事がたとえ直接的ではないにせよ、三木清の『歴史哲学』と『構想力の論理』の問題性を継承するものであることを、その「まえがき」であきらかにした(2)。その時、日本における哲学的思索の自律的展開の継続を大切にすべきことを願ったのである。今日まで日本では自らの自律的な努力が軽視されほとんど評価されないという、きわめて他律的な哲学風土にあるが、二一世紀にはその根本的な転換が是非とも求められよう。その根本的な転換は本来、哲学の問題探究の在り方と深くかかわっているからである。

さて、近代科学の根本的な転換を求めて、E・モランはあらたな「方法」の探究を展開した。そこで、西洋の大パラダイムは近代において一七世紀にデカルトによって定式化されたが、簡潔に次のような二元論ないしは二分法で明記する(3)。主観/客観、心/身、精神/物質、質/量、目的性/因果性、感性/理性、自由/決定論、実存/本質である。ところで、今日想像力の理論をあらたに打ち立てることを求めるM・ジョンソンは、そのためには、西洋哲学を支配しつづけわれわれの常識的理解に影響してきた根深い二分法がもたらす悪しき結果を克服すべきだと説く(4)。そこで挙げられているのは、ただ例示にしかすぎないというが、精神/身体、理性/想像力、科学/芸術、認知/情動、事実/価値などである。両者の観点には相異があるので、一概に比較し合うことは慎まねばならない面もあるが、モランのパラダイム論という観点から集約すれば、認知/情動、事実/価値を付加するだけで、西洋の大パラダイムのデカルト的定式化をさらに充実させることになるよう思われる。ところでジョンソンの例示は、理性/想像力、科学/芸術を挙げている点で、彼の理論構築の意図を如実に感じさせる。なぜならば第一に、理性/想像力の二分法のもとで想像力の理論を求めるとすれば、そのこと自体が一方の項に依拠する営みとならざるをえない誤りをおかすわけであり、第二に、科学/芸術の二分法は本来この大パラダイムに依拠する人間の知的営為であろうが、この二分法の克服は逆に大パラダイムの転換を余儀なくすると解されるからである。そこで、この二つの二分法はジョンソンの理論構築の希求を直示するものとして別枠におくとすれば結局、あらためて十項目の二分法からなる、西洋の大パラダイムからの転換を求めようとする課題が、われわれの前におかれていることとなる。

もちろん二分法がそれ自体で誤りであるわけではない。二分法にもとづく二元的分離論は、二元的分離化という条件のもとで、いつでも可能である。ということは、その分離化の条件に先立って、むしろ必然的に非分離ないし未分離の事態が前提におかれていることを意味しているからである。分離と非分離ないし未分離との関係をまず読みとることが是非必要だと解されるのは、いまや哲学的思索は二元的分離という前提条件に依拠してはじめるわけにはいかないことを意味している。たしかに哲学的思索はそれこそ原理的思考を求めるという意味においては、すでに分離の条件にむしろ依拠しているというべきであろう。ギリシアにおいてロゴスの学として哲学がはじまったという歴史的事実にもとづく限り、それはあまりにも明白なことである。そこから、モランの指摘するように、西洋の大パラダイムが形成されたのも、ある意味では当然な結果だったといえよう。それゆえにこそ、この大パラダイムの二元論ないし二分法からの転換を求めるためには、分離の条件に先立つ地点にまで立帰って、非分離ないし未分離から分離へそして分離から超分離ないし脱分離へといたる、人間の知的営為の全貌があるイメージ＝像として描きとられるような立場にいたることが求められる。それこそまさに構図構成の立場にほかならない。

構図構成とは文字どおり構図の構成にほかならないが、英語で the composition of the composition という言い方をしてみると、一目瞭然にメタ視点を開くことがその核心であることを示している。人間の知的営為が未分離―分離―超分離の過程を通して展開するさまを問題事態に即してその全体性において受けとめることは、どこまでもその全貌をイメージ＝像として描き出す以外に道＝方法はなく、要するにその問題事態〈について〉というメタ視点に立つ哲学的思索の軌跡を描くことにほかならない。それは別言すれば構図を描き構成する以外のなにものでもなく、それゆえに、描き構成する能力としておのずから構想力の立場が相関的に打出されることとなる。構図構成と構想力の立場はその意味で本来一つの事態を表示しているのであり、したがって哲学的思索の今日的な在り方を総括するのには、この立場しかないと考えられる。

構図構成の立場について

上述したように、西洋の大パラダイムの二元的分離論を拡充して、次のような十項目の対で表すことにしよう。主観／客観、心／身、精神／物質、質／量、目的性／因果性、感性／理性、情動／認知、自由／決定論、実存／本質、価値／事実である。このような二元論ないし二分法に対して、個々には自覚的に未分離・非分離あるいは超分離・脱分離の立場を表示しようとする試みがなされてきた。主観と客観、心と身、精神と物質などの二元論をめぐっては、周知の古典的な事例では、ジェームズ、アヴェナリウス、ベルグソン、ラッセル、西田幾多郎など、そして「純粋経験論」「根本的経験論」「経験批判論」「純粋持続論」「中立的一元論」などの理論が提唱された。われわれにとってそのような立場や理論をどのように解するかはいま問うところではない。ただ二元的分離の地平が示される以上、それに先立つ未・非分離の地平とそれを克服統合する超・脱分離の地平が当然求められ、開かれうることを、一寸示しうれば足りる。それよりも西洋の大パラダイムとして全体的な関連性において示されている事態に対面することがもとめられる。

　そもそも、かような全体的な関連性において西洋の大パラダイムに対面するとは、一体どういう事態なのであろうか。そのこと自体を注視するほかはない。その大パラダイムのいわばデカルト的定式化において、二元論ないし二分法で示されているということは、まさしく二元的分離の地平にすでにわれわれが立っていることを意味している。ということは、すでに明らかにしたように、われわれにとっては、それに先立つ未・非分離の地平とそれを乗り越える超・脱分離の地平までを組み入れる視点に立たねばならないと同時に、その視点に立って全体的な構図を描き出す以外にはいかなる立場も開かれないということを意味している。それこそ構図構成の立場なのである。われわれはすでに西洋の大パラダイムの二元的分離の地平に立っている以上、そのこと自体に対面するということはメタ視点をすでにとることを余儀なくされていることにほかならない。そしてメタ視点に立つことによって、おのずから一つの構図が描き出されてしまうことに注目したいわけである。実はここできわめて根本的な事態が提示されている。第一に、西洋の大パラダイムを前提事態として語る以上、われわれの言説はすべてパラダイム論としてメタ視点に依拠するパースペクティヴから開示されていることである。われわれが現段階において哲学的思索をおこなう以上、西洋の大パラダイムと対面せざるをえず、したがってわれわれの言説はあらたなるパラダイム論としてメタ視点の必然性において展開せざるをえないのである。そして第二に、メタ視点の必然性において展開する言説は、少なくとも西洋の大パラダイムに従わない以上は、構図構成の立場なしには可能ではないという点である。メタ視点をとるということは、その視点がまずかかわる事態との全体的関連を、どうしても最初は一つのイメージ＝像として描き出すことがもとめられる。つまり、西洋の大パラダイムを十項目の二分法の全体的関連性で把握することは、その概念構成においてはそれらを個々の対として別々にないしはばらばらに切り離して把えてはならないということであるから、はじめは一つのイメージ＝像として受け止めるほかないということである。一つのイメージ＝像として受け止めることをよりはっきりとさせることが、構図の構成にほかならない。イメージ＝像というものはそもそも構図として描き構成されることによってはじめて、一定の分節化をほどこされたイメージ＝像たりうるのである。

われわれはいま西洋の大パラダイムをその概念構成において把えるにも、構図構成が求められることを指摘した。ところが、われわれはすでに、西洋の大パラダイムを全体的関連性において把えることは、未・非分離―分離―超・脱分離という過程を通して受け止めることであり、それこそ構図構成であると力説してきた。一見混乱のなかに巻き込まれたかのように思うひとがあるかもしれない。しかしその概念構成の局面はまさしく西洋の大パラダイムの二元的分離の段階であることを押えさえすれば、ますます事態ははっきりしてくるように思われる。しかしながら、そのいずれの場合においても、全体的関連性において把握することは、まず一定のイメージ＝像として描き出し、その構図構成を求める以外にはないことで同じ営みである。同じ営みのなかの、分離の局面とそれを組み込んで形成される全過程でのあらわれということができる。分離の地平において十項目の二分法を全体的関連性で把えることは、要するに西洋の大パラダイムという事態を十項目の関係性によって概念構成することを意味する。それに対して、未・非分離―分離―超・脱分離という過程において西洋の大パラダイムを受け止めることは、そのパラダイムをメタ視点から組み入れるかたちでの構図構成にほかならない。ともに構図構成のもと一定のイメージ＝像として描き出す以外にはありえないのであるが、その相異と関係をはっきりと押えておくことが肝要である。

いまパラダイム論的言説において西洋の大パラダイムを内に組み入れて乗り越える推移の方向性と全過程は、構図構成の立場においてであることを論じた。もちろんパラダイム論そのものを追究する場合ならば、このような前提的な解明にとどまる限りきわめて不十分であることは言うまでもない。だがいまのわれわれにとってはパラダイム論自体が問題であるわけではないので、この前提的な問いの解明から構図構成の立場を開示するゆえんを明らかにすれば十分であろう。そこでもう一歩踏み込んで、西洋の大パラダイムが生み出す一種の逆説ともいうべき事態に向き合うことにしよう。それは、大パラダイムとしての二元的分離論に依拠して、哲学的一元論ないし方法一元論がまさしく西洋哲学ないし学の正統的な立場を形成したことである。

I・バーリンはその定式を次のように述べている。「あらゆる人間の活動領域――道徳、政治、社会、経済、科学、芸術――に全て妥当する、永遠の、超時間的真理が存在しており、それを認識するには唯一つの道があり、理性がそれである」(5)。こうした問題への接近方法は、「少なくともプラトンにまで遡るヨーロッパ思想の中核的伝統」と軌を一にしていて、それは少なくとも三つの仮定に依拠しており、次のように述べられている(6)。第一に、「全ての真の問いには一つの、一つだけの真の答があり、他の全ての答は誤りである。もしそうでなければ問いは問いの名に値せず、どこかに混乱がある。」第二に、「全ての真の問いに対する正しい回答を可能にする方法は合理的性格を持ち、あらゆる領域において本質的に――その具体的適用においてでなく――同一である。」そして第三に、「こうした回答は、それが発見されているか否かにかかわらず、普遍的妥当性を持ち、永遠の真理である。つまりあらゆる時代、あらゆる場所、あらゆる人間にとっての真理である。」

端的に問うてみよう。一体なぜ二元的分離論の全体的関連が大パラダイムとして示されながら、哲学的一元論がプラトン以来の西洋哲学の正統として遂行されてきたのかと。それは一見きわめて逆説的にうつるかもしれないが、実はそうではない。二元的分離論を前提におくからこそ、その一方の極にのみプラスの価値付けを与えるとすればどうなるかは、それこそ単純明快な道筋なのではなかろうか。プラトンそのひとこそ、強固な二元論の立場を主張することによって、「善のイデア」を頂点とする哲学的一元論を展開した張本人ではなかったか。それが、バーリンが唯一の道という、理性ないしロゴスの立場にほかならない。たしかに十項目の二分法をすべてつらねて、そのうえで単純に一元化するのにはいろいろと問題がおころうが、主観―心―精神―質―目的性―認知―自由―本質―価値というふうにジグザグだがつらねてみて、それを理性という唯一の道でつらぬきとおすとすれば、大パラダイムとしての二元的分離論に依拠するがゆえにこそかえって、徹底的に哲学的一元論を展開する可能性がきわめて明確に開かれるであろう。それがまさしくギリシア古典古代において創設された哲学=学の典型的な展開の仕方である。プラトンがその典型となったがゆえに、ホワイトヘッドが語るように、西洋哲学史はプラトンの脚註にすぎないといわれるゆえんでもある。

この哲学=学が理性ないしロゴスという唯一の道によって展開することは、要するに、理性ないしロゴスが哲学=学として自らを表現することにほかならない。自らを表現する以上は、より一般化して言えば、その自己表現もイデア(観念)―概念―言葉という媒介態によらねばならず、それは形而上学―論理学―弁証・修辞学の学的連関において具現化するというふうにいうことができよう。簡潔に言えば、イデアは実体論ないし実在論的根拠において問われ、さらに概念・判断・推論のレベルで論理学的に解明され、たとえ詭弁を含むにせよ、弁証・修辞学において言葉のレベルでより具体的に追究される。観念―概念―言葉の媒介態と形而上学―論理学―弁証・修辞学の学的連関において理性ないしロゴスの立場として表示されることは、より集約的に言えば、アリストテレスの学において提示された概念規定（ロゴス）の立場として示すことができよう。概念規定＝ロゴスとは、「そもそもものの何であるか」を示す「本質」（ト・ティ・ヘェン・エイナイ）のことであり、したがって「ものの定義」にほかならない(7)。たとえば「家」についていえば、「家なるもの」とは家の概念規定つまり家の本質のことであり、「この家」とは形相と質料との結合せる具体的な家のことである(8)。つまり、アリストテレスの形相質料論によって形而上学的に裏付けられて、概念はその本質つまり形相によって規定されるという、概念規定＝ロゴスの立場の表明にほかならない。かくして、バーリンが指摘した、「プラトンにまで遡るヨーロッパ思想の中核的伝統」とは、概念規定＝ロゴスの立場ということができる。そこでわたくしは、出来る限り簡潔に概念規定の立場の展開としての西洋哲学史の軌跡を概観して、構図構成の立場の輪郭を浮彫りにしたい。

西洋哲学＝形而上学はギリシア古典の原型にのっとって、中世キリスト教神学＝哲学を通し、一七世紀のヨーロッパ哲学の近代的再生によって、それこそ強固な軌跡を描き出してきた。すでにその原型の立場と枠組は明らかにしたが、その内実はギリシアの存在論における実体観ないし実在観によって打ち固められる。周知のように、もののアルケーの探究からはじまったと言われるギリシア哲学はプラトン・アリストテレス段階にいたって、実体／偶有性の二分法に立って、本質、普遍、類種、基体を実体として呈示する。プラトンにおいてイデアが普通の意味の観念ではなく、まさしく実体・実在として存在論的な重さと深さをともなって存立するゆえんなのである。イデアがそれほどの哲学上の大文字になったのは、概念と言葉との関係のなかでもそれこそ特別な概念規定をもつ表現にまでたかめられたからにほかならない。

その「普遍」とかかわって中世に提起された「普遍論争」は、その後いろいろな意味合いを変えて今日においても依然として問題的であり、それぞれの論争を呼び起すといっても過言ではない。しかしその意味合いの変遷は、ギリシア古典古代において実体として概念規定された普遍が、実体としての重さと深さを次第に喪失していく方向において、ヨーロッパ哲学が展開する事態と対応しているということができよう。周知のように普遍論争は、普遍が実在するか、ただ名前にすぎないかという、普遍の存在性格をめぐる論争である。アリストテレスの論理学が翻訳されて中世論理学として定着するなかで、類や種といった普遍が実在するのかそれとも多くのものの名称として理解されるにすぎないかが問われたわけであるが、この問題をめぐって論争がおきるのは一一世紀後半になってからである。普通、実在論と唯名論の対立として普遍論争が描き出されるが、その論争が一二世紀前後から本格化するのは、そもそも唯名論が次第に自覚的に登場してきたからにほかならない。本来実在論などという必要がないほど、普遍は実在するというのがギリシア以来の正統の実体観であったが、唯名論がはっきりと登場してきたがゆえにあらためて自らの概念規定の立場を実在論として自覚化するにいたったというわけである。つまりギリシア以来の実体観が実体／偶有性の二分法に依拠してはっきりと存在論的な重さと深さをもっている限り、普遍は実在するということはなんら論争の余地のない根本的な見地、その概念規定の立場を示しているのである。その意味で普遍論争が生じたということは、かような論争の余地のない見地が崩れたことを示しているわけである。だがそのことは概念規定の立場が崩れたことを意味するのではない。実在論が論争の対象となったことは、むしろそれだけ概念規定の立場が強固であることをあらわならしめたということができる。実際、唯名論の系譜が近代哲学にいたってイギリス経験論へとふかくつらなることからあきらかであろう。

　ところが言うまでもないが、ヨーロッパ近代哲学はデカルトの「コギト・エルゴ・スム」の第一命題からはじまるが、依然として実体論を基本としていた。と同時にまたイデア（観念）の哲学でもあったのである。かくしてイデアをめぐる近代哲学的言説は興味ぶかい展開を描き出す。その意味を簡潔に把握するには、まずイギリス経験論の展開に注目したほうがはっきりする。なぜならば、ロック、バークリ、ヒュームと展開して、周知のように、実体という考え方が次第にネガティヴに評価され、ヒュームにいたって否定されてその重さを失うにいたったからである。否定されたからといって、その問題自体が消えるわけではない。むしろその問題を根本的に受け止めるからこそ、否定することもはっきりと示しうるのである。ヒュームは『人性論』第一編 第一部の六章 様態と実体、七章 抽象観念において(9)、はっきりした見方を示す。たしかに実体の問題を論ずるわけであるが、ネガティヴにかかわるゆえに、様態の方が先に位置づけられる。様態の方がまさしくより経験に即して論ずることができるからにほかならない。そのような意味で実体という観念の重さの比重が軽く測られるに対応して、イデアとしての観念は文字どおり抽象観念《アブストラクト・アイディア》の問題となる。つまり、普遍観念《ユニヴァーサル・アイディア》であれ一般観念《ジェネラル・アイディア》であれ、特殊観念《パティキュラー・アイディア》との具体的な関係において論じられることとなるので、抽象観念というかたちで考えることがより適合的となるというわけである。ということはどういうことなのであろうか。

　イデア（観念）―概念―言葉という三者関係を、ギリシア風に言えば形而上学—論理学—言語学—弁証・修辞学、より一般に言い換えて形而上学—論理学—言語学ということになるが、かような学的連関の理解のもとで統合的に受け止める時、西洋哲学史の変貌の姿をきわめて概括的に読みとることが出来るということである。その姿は、イデアが形而上学的な重さと深さを次第に喪失することによって、悟性や理性の認識作用の核ともいうべき観念へと変貌した歴史である。観念—概念—言葉の三者関係はその変貌に即しながら、かえってそのゆたかな在り方を開示したということもできる。すでに指摘したように、ヒュームにおいて、イデアはいまや完全に実体としての裏付けを欠くことになる。だがそのために観念は悟性の抽象観念として旧い実体論的絆から解き放たれて、それこそ経験論的に観念—概念—言葉の関係において自らの在り方を造形するにいたる。実体の重さを脱ぎ捨てれば、イデアはそれこそ軽やかな意味合いの概念や言葉となり、言い方によっては、心理学的な意味合いの観念となるといってもよいであろう。

観念が軽くなると、概念—言葉の関係において、より具体的な手掛りの方からはじめるようになるのは自然の成行きである。それがまた経験論により適していることは言うまでもない。ヒュームが抽象観念を論ずる仕方には、それがきわめて明瞭にあらわれている。彼はバークリの考え方を受けて自らの見解を示す。彼の高く評価するバークリの見解は、すべての一般観念はそれぞれの名辞に付加された特殊観念にすぎず、名辞が特殊観念に一層広義の意義を与え、必要あるごとにそれに似た個物を喚起せしめるものだというのである(10)。ここにすでにはっきりと名辞ということばがむしろ具体的な手掛りとなり、したがって名辞の意味と一般に解される概念を介して観念が把えられる。それゆえに一般観念は特殊観念を基軸とするので抽象観念として論じられることとなる。この議論の筋道はきわめてはっきりしている。つまり、プラトンのイデアの場合には、イデアが実体ないし実在の重さや深さを孕んでうちかためられていたので、それを反映するかたちで概念やことばが受け止められることとなったが、その重さや深さを失うことでその関係が完全に逆転してしまったことである。

このような逆転へと向かう問題の出発点は普遍論争であり、言うまでもなく唯名論の登場によって実在論との論争が惹き起されるにいたった点である。唯名論の系譜が経験論に受け継がれて、ヒュームにいたって名辞ということばが基点として観念—概念—言葉の三者関係が論じられるにいたったことを明瞭に示している。その中間に、デカルトからはじまる大陸合理論における観念—概念—言葉の三者関係の、まさしく近代合理論的な造型がある。デカルト、スピノザ、ライプニッツという代表的哲学者によって時につらねられるこの合理論の系譜においては、実体の重さは依然として重いのであるが、周知のように、表象の主体として知性・悟性・理性の働きが文字どおり主体の自覚というかたちで活性化して、主観―客観の二項対比構造において、世界はまさしくイメージ＝像として前に立てられることとなった。つまり表象＝前に立てることの関係である。しかし実体の重さや深さもやはり生得観念としての観念の結構を介して受けとめられるのであるから、文字通り中間的段階と位置付けることができよう。

以上きわめて重点的に、ギリシア古典古代のプラトンからヒュームにいたる西洋哲学史の在り方を、イデア（観念）―概念―言葉の三者関係と形而上学―論理学―言語学の学的連関のもとで問い出してみたのは、なにもそのような哲学史的事態を再確認するためではなかった。この相当に長期な哲学史的展開において、その力点が一方から他方へと移動するほどの変貌を示しながらも、なお少しも変らない立場が維持されていることを明らかにするためである。その立場こそ、言うまでもなく、概念規定＝ロゴスの立場にほかならない。それがなぜかをはっきりと押えねばならない。

われわれは西洋の大パラダイムが近代においてデカルトによって定式化されたという、モランのパラダイム論を手引きとして論じはじめた。この二元的分離論の大きな概念枠組に対して、バーリンのいう哲学的一元論の正統の成立根拠を問い、それが概念規定＝ロゴスの立場にほかならないことをあきらかにした。その立場が観念―概念―言葉の三者関係と形而上学―論理学―言語学の学的連関において自己表出した姿が、まさに西洋哲学史の軌跡にほかならない。われわれがきわめて重点的にその軌跡を問い出したのも、それが一方から他方へと大きく変貌しむしろ逆転ともいうべき姿をあらわならしめても、概念規定の立場は少しも変りがないことを示したいがためであった。では一体なぜそれほどの逆転がなされているにもかかわらず、概念規定の立場は変りがないのであろうか。もはや論ずる余裕がないので、結論的に総括すれば、イデア（観念）―概念―言葉という三者関係と形而上学―論理学―言語学という学的連関のもとでかたちづくられた、哲学＝学という知的ゲームの形態が西洋哲学史の展開において少しも変らずまったく同じであり、そのゲームのルールは概念規定の立場によってつくり上げられているからにほかならない。

イデアがプラトン的典型において打出されたような、真の実在＝実体である場合には、アリストテレスが明確化したように、概念規定の立場は文字どおりロゴスの規定として哲学することそのものにほかならなかったということができよう。それがバーリンによって明示されたように、永遠の超時間的真理とその認識のための唯一の道である理性の立場にほかならない。そして最後にむしろその逆の側に比重が移されたヒューム的典型において打出されたような、より具体的な名辞ということばの側からアプローチしようとする場合においても、特殊観念ないし個別観念《インディヴィデュアル・アイディア》を一般観念ないし普遍観念とかかわらしめていくには、一般観念や普遍観念が抽象観念として受け止められる以上、それぞれの具体的な名辞との関係をその一般的ないし普遍的意味においてつらぬく概念規定の立場こそが不可欠の媒介でありかつ基本であることは、疑義をさしはさむことができないほど自明なルールとなっていたということができるであろう。

以上のような次第で、われわれが概念規定の立場ではなく構図構成の立場への転換ないし移行を求めることは、それこそ上述した西洋哲学的思考様式を根本的に変えることを求めていることにほかならない。たしかにギリシア古典古代からの西洋哲学の歩みをこのように顧みる時、その転換ないし移行がそのゆたかな軌跡を打ち消すかのように解されるとしたら、それはむしろ概念規定の立場にもとづく誤解というべきであろう。構図構成の立場に立つことは、そういうことではないのである。構図構成の立場はむしろそのような軌跡を可能なかぎり取り込むことによってはじめて成立する立場なのであり、そのような軌跡を十二分に受け止めることが可能となったからこそ可能な構図を描き構成することができる立場なのである。それは丁度、デカルトによって定式化されたパラダイムが結果的には単純系の科学を生み出すこととなってしまったが、いまあらたに求められるのは複雑系の科学なのではあるが、それは単純系の科学を否定したり無視したりすることではなく、むしろ単純系の科学を取り込んで自家薬籠中の物としてこそはじめて自らの立場を実現するにいたるのと同じことである。

構図構成の立場とは概念規定の立場とは立場としてはまったく異なるわけであるが、同じ地平において対立するようなものではなく、より高次な、つまりメタ視点に立つことによって可能な立場なのである。それは、端的に言って、西洋哲学の歴史の始まりから終末にまでいたる過程〈について〉問い出せる段階に、いまやわれわれが立っているがゆえにほかならない。

構想力の立場について

概念規定の立場に対して構図構成の立場をとることは、その働きの主体からみれば、構想力の立場をとることにほかならない。バーリンは哲学的一元論とともに理性の立場こそ唯一の道であることを端的に指摘したが、それは、西洋の大パラダイムからみると、主観／客観、心／身、精神／物質、質／量、目的性／因果性、感性／理性、情動／認知、自由／決定論、実存／本質、価値／事実の二分法ないし二元論に依拠して、まさしく感性に対して理性の立場を貫き通すことを意味する。すでに指摘したように、われわれは前提的な概念枠組として二元的分離の立場を選択し、その上で一方を否定的に評価し他方を肯定する一元的な立場をとることはできない。もちろん二元的分離の立場にたつことはいつも可能であるが、それが可能となるには、それに先立って未・非分離の事態があること、そしてさらに分離を統合する超・脱分離の事態も可能であることを想定しうるからにほかならない。実はこのような包括的な関連性を想定しうるところに、すでに構想力の立場がひらかれているのである。ここにはっきりと理性の立場と構想力の立場とがどのように相異するかの、きわめて端的な事態と地平が示されている。

理性の立場は自らを開示する時、むしろ他を排除する。ここに、バーリンが指摘するように、永遠の、超時間的な真理がすべてに妥当して存することが求められるゆえんがあり、そのためにまさしく概念規定＝ロゴスの立場からはじめることが不可欠である。一般的にいって、概念規定とは概念の明確化であるから、明確な定義をもとめ、当然不明確なものが排除される。バーリンが述べた三つの仮定のうち、最初の仮定——全ての真の問いには一つの、一つだけの真の答があり、他の全ての答は誤りである——について、「この立場は近代の経験主義の哲学者によって明確化されたが、実は彼らが長い間妥協を排して戦って来た当の相手である神学、形而上学の先駆者たちも彼らに劣らずこの立場を確固として受継いでいたのであった」(11)と解説している。たとえばデカルトが真理の基準として明晰判明性を求めたことからも明らかであろう。明確なことを求めて不明確なことを排除するのは二元的分離論にほかならず、デカルトの定式化した西洋の大パラダイムが八項目の二分法で表示されるのも、そのためである。

概念規定と理性の立場は、もっとも端的に表現すれば、絶対的思考の展開ないしは絶対主義の知的遂行にほかならない。バーリンが哲学的一元論として明らかにしたことも、この点に帰着する。そして西洋の大パラダイムも絶対主義の知的遂行のための二分法の体系というふうにいうことができるのではなかろうか。それはギリシア古典古代の哲学からはじまり、中世のキリスト教神学そして一七世紀科学革命において誕生し一九世紀〈近代〉学的パラダイムのもとで定位した近代科学にいたるまで、首尾一貫していたということができる。しかも一九世紀と二〇世紀を代表する哲学者ヘーゲルとハイデガーがいかに絶対的思考のために限りない努力を傾注したかは、ヘーゲル『精神現象学』の緒言に対してものされた「ヘーゲルの経験概念」という論考にきわめて如実に示されている。「無制約的な自知は主体性として絶対的なものの絶対性である。哲学とは絶対的な認識である。哲学は、絶対的なるものの意志を意欲する、つまり絶対的なるものをその絶対性において意欲するから、学なのである」(12)。このハイデガーの叙述にはあまりにも明瞭にその希求がほとばしっている。絶対的思考や絶対的真理が求められるところに、一体構想力の立場が入る余地などあるのだろうか。

M・ジョンソンが指摘しているように(13)、本格的に想像力理論と呼べるものは、カントの時まで一つも見当たらないといえるが、西洋の伝統に大きく影響を与えるようなかたちで、ギリシア古典古代においてすでに二つの見方が作り出されたという。それぞれプラトンとアリストテレスに由来する。もちろん西洋の哲学の歴史はすでに明らかにしてきたように、概念規定と理性の立場に依拠しているがゆえに、構想力の把え方についてはむしろその前提的な立場において問題や制約がおかれていると言わねばならない。その限界のなかでどのような見方がなされたかを簡単に振り返ってみよう。

まず第一の見方は、イデアの実在論によって理性の立場を打ち固めたプラトンにおいて、予期されるように、想像力に対する強い不信が表明されるかたちで提示された。周知のように、『国家』において、プラトンはその理想国家から詩人達は追放されねばならないという。その詩人達で形象されているのが想像力の問題にほかならない。プラトンにとって、真実の知をもたらす思考はノエーシスであり、その認識対象がイデアないしエイドスなのである。それに対して、イメージを形づくる能力（エイカシアー）はもっとも低い認識の能力であり、その認識の対象がイメージ、影（エイコネス）などなのである。このような認識の優劣観は、模倣をむねとする詩に対する非難によって、国家追放というほどのきびしい処置となってあらわれるわけである。「真似る人は、彼が真似て描写するその当のものについて、言うに足るほどの知識は何ももち合わせていないのであって、要するに（真似ごと）とは、ひとつの遊びごとにほかならず、まじめな仕事などではないということ、そして、イアンボスやエポスの韻律を使って悲劇の創作にたずさわる人々は、すべてみな、最大限にそのような（真似ごと）に従事している人々である、ということだ」(14)。要するに、想像力はまともな認識の営みには価しないという見方である。これが、美的ないし芸術的あるいは空想的な制作活動とみなす考え方の系譜である。

第二の見方はアリストテレスの考え方に由来する。あまりはっきりしないが、想像力は感覚と思考をいわば媒介する能力とみなすものである。ここでは「表象」と訳されているが、ファンタシアなので「想像」と訳した方が分かりよいと解される。「事実、想像は感覚や思考とは別なものである。そしてそれは感覚なしには生じない、またこの想像なしには思想は生じない。しかし想像と思想とが同一でないということは明らかである。何故なら想像というこの心の様態はわれわれが欲する時に、いつでもわれわれの力でどうにでもなるのである（何故なら記憶術に通じていて、心に似像を描くことのできる人々のように、眼の前にわれわれは何かを作り出すことができるのであるから）、しかし判断することはわれわれの力でどうにでもなることではない」(15)。「しかし思惟することについて言うと、それは感覚することとは別のことであり、そしてそれの一つは想像であり、他の一つは思想であるように思われるから、想像について規定し、その上で他方のものについても語らなければならない」(16)。このアリストテレスの見方は、彼の経験論的ないしは自然学的な立場に依拠していることは言うまでもない。プラトンに対して、人間の経験の仕方を感覚と思考のリアルな働きにおいて把えるとともに、それゆえ両者をめぐって想像力の働きにも注目しようとする。事物を感覚することがなければ、なぜそうなるかを知ることはできない。また事物をイメージとして想像することがなければ、事物の知識はありえない。事物の知識がはっきりと論証的思考によってもたらされるとすると、それに先立って感覚と想像力の働きが必要なわけである。とすればこの三者の関係を把握しようともとめるのは、きわめて自然な成行きであろう。想像力が感覚と思考を媒介する能力とみなされる考え方の系譜は、カントによってより基本的なかたちで展開される。

ギリシア古典古代の講壇哲学の開祖というべきプラトンとアリストテレスにおいて、想像力に対する二つの見方の典型が打出されたことは注目すべきことではあるが、ともに概念規定と理性の立場に依拠する以上、想像力の在り方を本当の意味でポジティヴに把握しているわけでないことは、あらためて言うまでもない。それはカントにおいてもその基調を変えてはいない。カントの場合、悟性と感性の二元論が前提となっており、そのなかで問題にそれぞれ応ずるかたちで感性、構想力、判断力、悟性、理性という能力が論じられるので、それらの関係がどうなっているのかが当然問われざるをえない。しかし彼自身それらの関係を明確化することをおこなっていないので、広義や狭義、もろもろの形容詞による限定など、いろいろと錯綜している。とくに悟性と感性の二元論に対して、それらを媒介する能力として構想力がたてられる事態も、なかなか簡単に割り切れないところがある。カントの体系的な観点からは、心の全能力が知情意の三分法にそって、認識能力、快と不快の感情、欲求能力と分けられ、認識能力については、上位認識能力の局面として悟性、判断力、理性があげられる(17)。とすれば、下位認識能力として感性、構想力が定位されることになるが、理性の立場に依拠するかぎり、構想力の正しい位置づけを求めることは、土台無理な話と言わねばならない。その意味において、これ以上カントの見方の内容に立入ることを控えるが、カント自身のこのような位置づけにもかかわらず、実際の内容的な究明と解釈次第では、構想力の働きと役割が上位認識能力との関係において予期する以上の影響力をもっている点は、はっきりと指摘しておくことが必要であろう。

われわれは西洋の大パラダイムからの移行をいろいろな意味で語っているが、わたくしにとっては、この大パラダイムが概念規定と理性の立場に依拠することを正しくおさえる限り、その移行の可能性は構図構成と構想力の立場においてしか開かれないのではないかと解される。いままで述べてきたことからもそれなりの理由は受け止めうると思われるが、あらためて西洋の大パラダイムの二分法ないし二元的分離論に向き合うことにしよう。

この十項目の二分法はある意味ではきわめて根本的であるとともに普遍的な二項対比構造を展示しているということができる。したがって、このような二元的分離論がそれ自体で否定さるべきだというような見方は、むしろきわめて意図的に紡ぎ出された、かえって非常に偏向した考え方となりがちである。つまりこのような二元的分離論に対抗して同じような確信のもので対立する見解を立てるとすれば、実はそこで自ら自覚することなく同じ二元的分離論をより大きな枠組で展開していることにほかならない。まさしく同じ穴の狢のすることとなってしまう。とすれば、このような根本的で普遍的な二項対比構造が西洋の大パラダイムとして近代に向けてデカルトによって定式化されたとモランの言うように解されるとすれば、それに単純に対抗するような二元的な態度をとるのではなく、むしろそれを正しく受け止めてその正しさを限定するかたちで包み込むような態度のとり方しか本来的には成り立ちえないというべきなのではなかろうか。そのような態度のとり方は、もちろん別の可能性を描き出すこともできるとは思われるが、わたくしにとっては構図構成と構想力の立場がもっともふさわしいように思われるのである。なぜであろうか。

二元的分離論は二項対比構造としては一つの視野を開いている。なにも否定される必要はない。だが二元的分離論が形づくられる、ないしは二項対比構造が作り出されるということは、当然それに先立って、分離した構造が生み出される前の非分離ないし未分離の状態ないし事態を想定することができるはずである。そしてさらに、分離した構造がその後にいたって統合される超分離ないし脱分離の状態ないし事態を想定することができるはずであろう。とすれば、二項対比構造をあらわならしめる二元的分離論の依拠する理性の立場は、唯一の絶対的思考の座を打ち固めるものではなく、そのほかの事態との全体的関係性のなかでそれなりの在るべき位置を定められるべきものなのではなかろうか。二元的分離論によって二項対比構造がすでにはっきりと描き出されている以上、それをうちに組み入れて包括的な関係性を受け止めるには、構図構成の仕方以外には、もちろん別の可能性もありえようが、少なくともわたくしにとっては構想できないのである。なぜなら二項対比構造がすでに分離された構造をあらわにしている以上、その構造をその在るべき位置に限定付けるためには、より包括的な構造を想定する以外にはまずありえないと考えられ、そのより包括的な構造を想定することこそ構図構成にほかならないからである。

すでに繰返し述べてきたように、二元的分離論の連係で西洋の大パラダイムが描き出されるということは、それに先立つ場面とその後に望まれる場面との三つの場面においてはじめて、その十全の位置づけがなされるということにほかならない。いままでは自らの立場の形成確立だけが求められて、しかもそこに絶対的思考ないし絶対主義の軌跡を思い描くことによって、他の場面を排除するのみならず、自らの限定付けを文字どおり絶対的に拒否してきたのである。西洋の大パラダイムはそのようにして作り上げられたのである。自らの立場を定立し他の可能性をまったく排除切断することは、概念規定と理性の立場にはふさわしいとしても、しかしそれで問題が決着するわけではない。概念規定と理性の立場によって自らの場面の定位がなされる時、それによって排除切断される別の可能性を構想することこそが、文字どおり構想力の働きのしからしめるところということができる。構想力はつねに別の可能性がゆたかに存することを想定しようともとめる。その別の可能性をゆたかに想定して、そのすべてを一つの構図として認識することこそ、構図構成と構想力の立場にほかならない。

別の可能性をよりゆたかに構想すること。いまや概念規定と理性の立場に依拠する西洋の大パラダイムが行き詰まり、そこからの移行が求められるゆえんである。西洋の大パラダイムは自らの可能性をあたかも唯一の必然性であるかのように、絶対主義的に主張してきた。だがその在り方がはっきりとターニング・ポイントにさしかかっている。しかし、そのことはその否定が求められるということではなく、その在り方を正しく位置付け直すことによって別の可能性を展示する、ゆたかな視野をひらくことである。ここにおいて、あらたなる哲学的思考においては、別の可能性をただ多様に想定するのではなく、一つの構図に受けとめることが求められる。構図構成と構想力の立場というゆえんである。

二元的分離論の構造を正しく受け止めて西洋の大パラダイムの推移が求められるので、この構図構成はきわめてはっきりとした骨組をもって開示される。未・非分離—分離—超・脱分離つまり未分点から合致点にいたる構図枠組である。実際二元的分離論の限界を知った先達は、その未分点を明らかにしようとして、すでにいろいろなアプローチを試みている。先にも一寸言及したが、たとえばW・ジェームスの「純粋経験」にもとづく根本的経験論、つまり、純粋経験という唯一の原初的な未・非分離の事態から主観／客観、心／身などが分化するという筋道の考え方である。B・ラッセルの中性的一元論、西田幾多郎の純粋経験説なども、その大いなる軌跡なのである。だがこのような試みも結局二元的分離論に対する対抗の理論の域を出ることができず、構図構成と構想力の立場に立つことができなかった。西田幾多郎の系譜にある三木清が「構想力の論理」に目覚めたにもかかわらず、究極的にはカント、マルクス、ハイデガーの線を超えることができなかったといえよう。問題は未分点にまずいかに肉迫するかということではない。未分点自体も構図のなかに正しく定位されてこそ正しい意味合いを展示することができるのであって、構図ぬきで未分点だけを切り離して描き出したにすぎないなら、西洋の大パラダイムの裏返しで結局同じ穴の狢に終ってしまうのである。

価値の哲学の展開のために

構図構成と構想力の立場から価値の哲学を展開しようと求める時、われわれは少なくとも三点についてあらかじめ理解をもつことが必要だと思われる。まず第一に、哲学とメタ哲学の協働ということである。哲学とメタ哲学の協働とはなにもむずかしく特別なことを述べようとしているのではない。哲学がギリシア文明を源泉としてヨーロッパ文明とともに形成展開し、すでに明らかにしてきたように、概念規定と理性の立場に立って探求される学的営為であるという歴史的現実をまずはっきりと踏まえねばならないということである。この現実を踏まえて哲学する以上、いまや哲学〈について〉哲学することが本格的に求められる。そしてあえて言うまでもなく、哲学〈について〉哲学することがメタ哲学にほかならない。それこそまさしく哲学とメタ哲学の協働そのものである。

第二に、構図の探究は本格的な哲学的思索の場合は言うまでもないが、科学的問題探究に即しても求められることである。構図構成が基本であるからといって、それがおのずから描き出されるわけではないからである。もちろん問題によっては具体的に容易にイメージとして一つの構図を描き出すことができる。たとえば、比較文明の問題に即して、梅棹忠夫は「構図の認識」を正しく打出すことを提起した。文明の問題に対する場合なので、全地球をひとつの構図として認識するというかたちで、より具体的にその方法論的自覚を表明している(18)。地球環境問題ならば当然、全宇宙にまでその構図を拡げねばならないであろう。人間は四重方界――小さい方から人間界（Anthroposphere）生命界（Biosphere）地球界（Gaiashere）宇宙界（Cosmosphere）――のうちに同時に生きていると、わたくしが力説するのも(19)、構図の探究がいまやいかに基本であるかを示している。むしろ哲学の場合には、このように対象的に構図を認識すればよいというわけにはいかないところに、構図構成と構想力の立場が特に強調されねばならないゆえんがある。

かくして第三に、哲学の場面において、あらためて自覚的に構図の探究が求められることになる。この点ではすでに、わたくしは歴史哲学基礎論という地平から歴史の問題に即して「歴史の構図」というかたちで構図の探究を試みている(20)。いまあらたに、同じように価値哲学基礎論という地平から、価値の構図の探究が求められている。当然のことであるが、構図構成と構想力の立場から価値問題を解明するにはどのようにしたらよいかが問われている。その立場に立つ以上は「価値の構図」からはじまることは、ほとんど自明に近いことである。ある立場に立つと自明に近いことも、いつも疑問の眼差しのもとにおかれねばならない。なぜならひとはいつでも別の立場なり可能性を求めうるからである。すでに繰返し述べてきたように、構想力の立場こそいつでも別の可能性を最大限に構想する立場であって、別の立場をとることもまた構想力の立場においてなのだというのが、われわれにとってとくに大切な点なのである。なぜなら構図の探究とは、いろいろな立場を出来る限り包括的な関係性のもとに組み入れること以外のなにものでもないからである。

以上三点の了解がなされたこととして、最後になぜ価値の問題が基本的に問われるかを簡潔に示すことによって、価値の哲学の展開のために構図構成と構想力の立場によるゆえんをあらわならしめよう。端的に言って、なぜ価値の問題が問われるかは、結局、存在の問題に対する立場のとり方によるといえよう。すでに繰返し指摘したが、ギリシア古典古代の哲学の正統として、概念規定と理性の立場から探究された根本問題が存在の問題であり、その存在問題が二〇世紀においてハイデガーによって西洋形而上学の伝統の破壊というかたちで把え直されながらも、その絶対的思考のゆえに大きな限界の前にたたされるにいたったことを、どのように受け止めるかにすべてがかかっている。存在の問題がギリシア―ヨーロッパ文明における哲学的思索の歴史において二〇世紀まで中心的に求めつづけられたがゆえに、存在の問題をそれこそ根本問題として受けとめる以上、まさしく哲学とメタ哲学の協働のもとで存在の問題も存在価値の問題として問われざるをえないということである。それが、概念規定と理性の立場から構図構成と構想力の立場への移行と対応していると考えられる。その点は、一九世紀〈近代〉においてヨーロッパ哲学の頂点に構築された三大歴史哲学大系つまりヘーゲル、マルクス、ニーチェの哲学的軌跡を正しくおさえることからも開示されると思われる。ハイデガーは自らの哲学的戦略によって西洋形而上学の最終段階にニーチェを位置づけて最大限に利用しながら彼の存在の哲学を展開したわけであるが、ニーチェの哲学が根本的に価値転換の哲学であることをおさえれば、メタ哲学的に存在の問題が存在価値の問題として受け止めざるをえないゆえんをかえってあらわならしめていると解される。かくして存在価値の問題に即して哲学の展開が求められるなら、もはや概念規定と理性の立場ではなく、構図構成と構想力の立場によることとなろう。この立場においては価値の構図の探究からはじまることは、もはや避けて通ることはできない道なのではなかろうか。

価値の構図においては、価値問題の〈ふかさ〉や〈ひろさ〉が測られて、価値の構図として描き出すことが求められる。そのような価値の構図は、いままでの価値問題の在り方をおそらく根本的に書き改めることとなろう。構図の認識という自覚がなかったので、いままでの価値哲学的探究は、それこそ価値の概念規定によって自らの求める、自分好みの価値を、絶対的思考に取込むことで絶対化して、価値問題を解決してきたかのように主張してきた。それは、われわれの立場からみると、価値問題を解明するどころか悪用してきたというしかないのである。もちろん悪用すること自体がすでに価値問題である以上、そのような自覚さえないかたちでなされた価値探究が、いかに誤まれる結果を生み出してきたかは言うまでもないであろう。だからこそニーチェは、そのような価値探究の無意味さを問い直す、ニヒリズムの予言を発してはじめて、ヨーロッパ哲学のなかに別の可能性を示そうとしたのである。だがニーチェはヨーロッパの価値体系の重圧のもとで解体せざるをえなかった。その後一〇〇年以上の時がたってやっと、非ヨーロッパのなかからヨーロッパを受け止める立場が開かれてきたのである。この立場からは、価値の哲学の展開こそが真に求めらるべき課題なのである。

（1）拙著『歴史における言葉と論理　歴史哲学基礎論』Ⅰ（勁草書房、一九七〇年）第一部、第三章、第二節　歴史的構想力の軌跡一四三ページ以下。
（2）同右、Ⅴページ。
（3）E. Morin, La Méthode 4. Les Idées　Leur habitat, leur vie, leurs moeurs, leur organisation (Seuil, 1991) p. 220-1.

(4) M. Johnson, The Body in the Mind The Bodily Basis of Meaning, Imagination, and Reason (Chicago U. P., 1987) 菅野盾樹・中村雅之訳（紀伊國屋書店、一九九一年）二七六―七ページ。

(5) 福田歓一・河合秀和編、バーリン選集Ⅰ『思想と思想家』（岩波書店、一九八三年）一一一ページ。

(6) 同右、九九―一〇〇ページ。

(7) アリストテレス全集1『分析論後書』加藤信朗訳（岩波書店、一九七一年）九〇b一六、三〇―三二。

(8) アリストテレス全集12『形而上学』出隆訳（岩波書店、一九六八年）一〇三九b二〇―二七。

(9) D. Hume, A Treatise of Human Nature, ed. by L. A. Selby-Bigge, (Ox. Rep. 1975) Book I, Part I, VI. Of Modes and Substances, VII. of Abstract Ideas.

(10) ibid., op. cit., p. 17.

(11) バーリン、上掲書、九九ページ。

(12) M. Heidegger, Hegels Begriff der Erfahrung, in, Holzwege (V. Klostermann, 1950) S. 122.

(13) M・ジョンソン、上掲訳書、二七八ページ。

(14) プラトン全集11『国家』藤沢令夫訳（岩波書店、一九七六年）六〇二B

(15) アリストテレス全集6『霊魂論』山本光雄訳（岩波書店、一九六八年）四二七b

(16) 同右、同。

(17) Kant, Kritik der Urteilskraft, LVIII.

(18) 梅棹忠夫「文明論ノート」著作集第5巻『比較文明学研究』（中央公論社、一九八九年）三八五ページ。

(19) 拙著『比較文明の方法』（刀水書房、一九九五年）二七四ページ。

(20) 拙著『歴史における言葉と論理　歴史哲学基礎論』Ⅰ（勁草書房、一九七〇年）第一部　歴史の構図。

第一章 「価値」の規定

1 価値問題探究の現状把握

周知のように、価値の問題は西洋の哲学の歴史とともにふるいのではあるが、「価値」という言葉が哲学上の用語として用いられるようになり、まさしく「価値論」（Wertlehre, Axiologie, Theory of Value）としてその問題が本来的な理論領域として自律的に自覚されるにいたったのは、一九世紀後半、もっとはっきり言ってしまえば、前世紀末から今世紀はじめにおいてであったといっても過言ではない。しかもさらに不思議なことには、ヨーロッパ哲学においてかように価値論的な自覚が形成されるのがおそかったにもかかわらず、一旦目覚めた時には一時流行のごとき観を呈しながらも、その後はふたたびしぼんでしまい、いまのところ一般的にみて停滞したままであるように思われることである。そこにはどうも極めて根本的な謎がひめられているのではなかろうかと思われてならない。

それが極めて大きな問題と思われるのは、そもそも、西洋ならびにヨーロッパ哲学の固有の性格なり正統的な在り方に、かかる停滞の事態がふかくかかわっているのではないかと想定されるからである。つまり、西洋ないしヨーロッパ哲学の本来的な個性に基本的に規整されているが故に、価値論が自立的な理論領域として自覚されるのが極めておそくなり、しかも、自覚された後になされた一時の精力的な探索のあとにもかかわらず、その後の正常な展開がいわば凍結されてしまったかの観を呈するにいたったのではなかろうかということである。いま、その謎をとくために、探究のペンをとったわけではない。しかし、少くとも次のような基本的な二点については、そのような探究とはかかわりなく、相当にはっきりとした歴史的事態として、われわれはまず明確に把握しておいてよいのではなかろうか。

第一は、そのはじまりの局面に関してである。そもそも哲学の領域において、価値論的な自覚が十九世紀後半になってやっと起ったということは、ヨーロッパでいわばプラトン主義とキリスト教を準拠枠として二千年有余も正統性を誇ってきた伝統的な価値体系が、第二次産業革命を背景として促進された科学技術革新やその思想的社会的反映のはげしい攻勢のまえで揺るぎはじめて、ニーチエによって象徴されるように、神の死にいたるほどの暗礁にのりあげるにいたった事態に、はっきりと対応していることである。したがって、当然、この〝新興〟の価値論は、一方では、伝統的価値体系の正統性を保守再興する方向へ、そして他方では逆に、その正統性を破壊革新する方向へと、互に反撥し合う二つの力がつくり出す大きな渦のなかにまきこまれることとなった。そこで第二は、その停滞に関してである。この大きな渦巻きが一時は価値論の隆盛を印象づけ、その各々の側での精力的な探究はそれぞれその成果を大いに示したのではあるが、相反する方向へと向う二つの力のヴェクトルは、価値論なるが故に、あまりにもはっきりとした、黒か白かのコントラストを描き出すにいたってしまった。そのコントラストのあまりの対照のために、探究の行き詰まりと探究をつづけることの無益さが強く刻印されてしまい、その機をのがさず、ヨーロッパの哲学的営為は価値論から存在論へとはっきりとその路線の転換をおこなったのである。言うまでもなく、存在論の方こそ西洋の哲学の歴史にとっては正統的で固有な在り方にほかならないので、そこにふたたび立ち戻ることによって、ヨーロッパ哲学の伝統は強力にも価値論的自覚とその営為を一時の流行にすぎなかったかのように傍流へと押しながし、その滞りのなかに押しやってしまったわけである。

以上のような、二つの局面ではっきりおさえられた歴史的事態を前提にして考えてみると、率直に言って、価値論というもののあらたなる形成をもとめようとすれば、それは、西洋ないしヨーロッパの哲学の正統的な在り方に内在する、価値論に対する大きな規整つまり障害を自覚的に取りのぞくことが是非とも必要なのではなかろうかと思われてくるのである。いや、もしそれほどまでに言ってしまうことが行過ぎならば、伝統的価値体系が動揺する局面こそ価値論が呼びもとめられる〝状況〟ないし〝原点〟にほかならないという事態をまずはっきりと念頭にきざみこんでおくことが、その再出発のためにも是非必要なのではなかろうか。ということは、逆に言えば、伝統的な価値体系が哲学的正統として前提されている局面においては、価値論というものを自律的な理論領域として形成し展開しさらに深化していくことは、なかなかむずかしいのではないかということである。

だが今日、まず眼を諸々の伝統社会の局面へとむけてみる時、どのような非西洋の伝統社会も西洋文明のインパクトをうけざるをえないということだけによっても、必然的にその伝統的価値体系の動揺を余儀なくされ、その保守再興と破壊革新とのはげしい相剋のなかにおかれないわけにはいかないことに、容易に気付くであろう。それは特に、明治維新後百有余年の歴史を体験しているわれわれにとっては、あまりにも明白な事態なのである。そしてまた、はるか遠く〈世界文明〉の胎動へと目をやれば、西洋文明をもふくめ大小さまざまの文明は、その各々にとっての固有な伝統的且つ正統的な価値体系を揺りうごかされないままで、このあらたなる文明段階へとゆたかに成長していくことは出来ない過渡期ないし転換期のなかにすでに捲きこまれていることに、われわれはそろそろ目覚めねばならないのではなかろうか。とすれば、いまこそ、あらゆる局面のなかで、価値論への覚醒が全地球文明的な地平において真によびおこされる時点にさしかかっているのではなかろうかと思われてならない。そのためには、それこそ、西洋ないしヨーロッパ哲学の正統的な規整を出来る限りのりこえ、また、諸々の伝統的価値体系の無意識的な制約を出来る限りぬぐいさって、率直にとらわれのない眼をもって価値の事象に向き合うしか道はないであろう。そして、その第一歩を各人なりに歩みはじめてみるしかないであろう。

極めて率直にまたもっとも集約的に西洋の〈歴史としての学問〉（中山茂[1]）を哲学から科学までのひろがりと古から今日までのながさのもとで略図を描こうとすれば、いまやJ・デリダなどによってロゴス中心主義[2]として否定の対象にすえられてはいるが、やはりどうしても〈ロゴス〉からはじまり〈ロゴス〉の展開と変貌の歴史として描き出すしかないように思われる。そして、そのはじまりの〈ロゴス〉は、ハイデガーがどのような意味づけを彼の哲学によって措定し深い展望を開いたか否かは別として[3]、ヘラクレイトスの断片五十やその他によって象徴される。「私に聞くのではなく、ロゴスそのものに耳をかたむけて、万物が一つであることに同意することが知慧である」というヘラクレイトスの言葉。そこから否定的あるいは肯定的に展開する西洋の学問の〈ロゴス〉の系譜ともいうべきものについて、K・アクセロスはハイデガーなどの考え方を彼なりにうけとめながらも、巨視的な構図を描き出している。その点をまず簡潔にまとめておきたい。われわれの考察を展開するにあたって、そのような巨視的な構図をあきらかにしておくことが是非必要だからである。

ヘラクレイトスのロゴスは「そこから出発して万物が一つであるような、振動する中心」(4)であり、認識と信仰とにいまだ分岐していない〈詩作的な思考〉をはらむものである。ソフィストに先んずる人たちがロゴスについて語るのは、思考者にして詩人としての限りであって〈哲学者〉としてではない。ソフィストとともに歴史上〈哲学〉の出現という新しい時代に入るが、ソクラテス、プラトン、アリストテレスは、ソフィスト達との闘いを通して、哲学を思考の特権的な在処つまり言語形式たらしめた。(宗教、詩と芸術、政治は、哲学よりも先に存在し、思考は哲学の出現以前にはそのような特有の在処をもっていなかったが)。だが、そのことは同時に大きなロゴスの変貌でもあったのである。「プラトンとアリストテレスは巨大な哲学的征服をなし遂げ、こうして知恵の愛求を一つの講壇的教えにしてしまう。たしかに、つねに真なるロゴスが彼らの雄大な企ての原動力をなしてはいるが、思考的かつ詩作的な言葉《ヴェルブ》は哲学的・形而上学的な論述となり、開かれた思考はしだいに分割的認識に変じ、悲劇的生成の把握は——この二人の思考教師によって——時間性を制圧する試みに変わる。全体はもともとけっして一なるもの、無疵で完全なものであったわけではないが、それがいまや分割されてしまい、非存在から分離された存在、現象から分離されたイデアが、全体の本質的な形姿となる」(5)。

以上のようなギリシア思考の基本的な事態をふまえて、K・アクセロスは、それ以後のあらゆる思考が暗黙的であれ、顕現的であれ三位一体であると同時に帰一的な一つの図式を含んでいると考える。それは、ロゴス—自然《ピュシス》—人間という、あの根本的な図式のことである。あらゆる思考がこの図式のなかに閉じこめられのりこええないのではなかろうかと言うほど、彼はこの図式を通して西洋の学問のロゴスの系譜を展望する。「プラトン以来、哲学は論理学、自然学、倫理学に分かれているが、そういうふうにさせているのはこの図式である。それはヘーゲルの企図を賦活しているし、進化論や弁証法的唯物論のなかに現存している。ほとんどすべての思考がこの図式を免れていない。全体の生成しつつある存在は、まずはじめに、存在論的かつ神的なロゴスとして存在—神—論的に把握される。そしてこのロゴスが、認識論的・存在論的・弁証法的論理学を、認識を、存在および諸存在者の把握を可能ならしめ、かつ多産的ならしめる。このロゴスは自然、すなわちコスモス的ピュシスとなる——かつまたそれを横断する。自然は、人間の思考によって宇宙《コスモス》論的かつ自然学的に把握されるとはいえ、人間の思考から言わば《独立して》存在する。このロゴスは、最後に、人間のもとで、人間によって、みずからを展開し、開示する(6)。」つまり、端的に言えば、存在は、存在―神―論的に、ロゴス―神とみられ、そのロゴス―神が神学の神や宇宙論の宇宙や人間学の人間という特殊形態であらわれるのである。その意味で、ロゴス―神―自然―人間という構図は、西洋の学問の歴史的エポックにおいてその様相をいろいろとかえるにせよ、一貫しているということが出来る。キリスト教的世界においては、自然と人間とを創造せる神が中心におかれたのに対し、ヨーロッパ〈近代〉にいたって、すべての存在者の中心として人間が登場することとなった。ヘーゲルが夢に描いた統一的な哲学構想を最終段階にして神学は後退し、自然学は自然諸科学に、人間学は人間諸科学乃至社会諸科学へと変貌し、ロゴスは抽象化されて、数学、論理学、言語学などの形式諸科学に造型される。このような変貌のなかで、哲学的思考が自らの存立をもとめて悪戦苦闘してきた姿については述べる必要もなかろうし、アクセロスの遊星的あるいは未来的な思考についての構想はいまのべるのはさしひかえよう。

かような〈歴史としての学問〉のヨーロッパ〈近代〉的な状況のなかで、はじめて「価値の問題」を強力に哲学のなかに提起したのが、周知のように、ニーチェであった。ニーチェの全思想の根本主題をどこにおくかは立場によって異なろうし、簡単に答えられるものではないかもしれない。しかし、それが《すべての価値の価値転換の試み》にあったとみる見方が成り立つことは否定出来ない」(7)。最近フランスで注目されている思想家の一人であるG・ドゥルーズは、彼の『ニーチェと哲学』を、次のような端的な陳述によって書きはじめている。「ニーチェの企ては、ごく概括的に言うなら次のことである。すなわち、哲学の中に意味と価値の概念を導入すること。明らかに現代の哲学は、大部分ニーチェの遺産によって生きてきたし、また現在も生きている。だが、おそらくそれは彼がそう願ったであろうような形においてではあるまい。ニーチェは、意味と価値の哲学が一つの批判であらねばならぬということをけっして隠そうとはしなかった。カントは価値の用語で問題を立てることを知らなかったがゆえに真の批判を提出し得なかった、というのがニーチェの作品活動の主要な原動力の一つでさえある。ところで、現代哲学においては、価値理論が新たな事大主義と新たな屈服とを生みだすに至った」(8)。

ここには極めて明確に〈哲学の中に意味と価値の概念を導入すること〉ということが、ニーチェの企ての核心におかれている。ハイデガーは形而上学の存在―神―学的な本質性格をあきらかにするにあたって、〈どうして神が哲学のなかに入るのか〉という問いを設定し、それに正しく答えるために、その問題を展開することをもとめた(9)。彼の〈存在―神―学〉(Onto-Theo-Logik)という把え方を肯定的にみるか否定的にみるかは別として、わたくしは、〈どうして神が哲学のなかに入るのか〉という問いの立て方とまったくアナロジカルに、〈どうして価値が哲学のなかに入るのか〉という問いを提示する。この問いの立て方の必然性こそが、ニーチェとともにはじまり、それこそ今日の価値論の在り方をもっとも明確に〈批判〉とも或いは〈自己反省〉として示す問いでなければならないと考える。ということは、つまり、〈存在―価値―論〉(Onto-Axio-Logik)こそが真に自覚さるべき価値論の基本形態であり、その全体的な視点から、一方では〈価値〉ぬきの〈存在―論〉の在り方が根本的に問われねばならないとともに、他方においては〈存在〉ぬきの〈価値―論〉の在り方が根本的に問われねばならないことを意味している。

実際、ニーチェと踵を接して諸々の価値論の展開がはじまるが、いわゆる講壇哲学において、新カント派の哲学が文化科学あるいは歴史科学の方法論あるいは論理学を通路にして、価値哲学へのはげしい志向を一時はもえあがらせた。しかしその志向があまりにも短期間に魅力を失ってしまった所以は、新カント派の哲学が依拠する価値観が、第一次世界大戦という大きなカタストロフィーをむかえる時代状況とずれていたという客観的且つ外面的な事情だけによるわけではなく、〈存在〉ぬきの〈価値―論〉という基本構造の内的な欠陥にもねざしていると言わざるをえない。そして他方、不幸なことには、ニーチェの遺産を自覚的に相続したはずの存在論的な諸哲学は、ハイデガーも言うまでもなく、二十年代―三十年代のヨーロッパの危機的時代状況に制約されている意味で外的には極めて強く価値意識によって拘束されていながら、新カント派的な価値哲学に対する反動として逆に〈価値〉ぬきの〈存在―論〉という、その基本構造において、同じような内的欠陥を暴露してしまったのである。

ところで、今日の学問的状況において、価値問題探究の一翼が人間諸科学や社会諸科学によってになわれていることは、むしろ極めて当然な成行きである。実際価値問題探究の多様さについてはあらためて言うまでもないが、そのような点を象徴しているような一著作を手掛りにその問題状況をあきらかにしたい。それは、心理学者A・マスロウの編によって各方面の識者の見解をまとめたものであるが、Research Society for Creative Altruism なる組織がその方針にもとづいて最初におこなった会議の報告と討議なのである。この方針は、マスロウの序にはっきりと示されている(10)。まず第一に、われわれの時代の究極的な病いが価値喪失(valuelessness)

にあること、次に、この状態は歴史上で比をみないほど決定的に危険であること、したがって結局、そのために人間自身の理にかなった努力によってなにごとかがなしうること、という確認にもとづいている。そこで、この病いに対する処方箋は次のような要求として示される。われわれは、真なるが故にわれわれが信じうるし献身しうる諸価値の、正当化された有用な体系を必要とする。しかも、われわれの多くは、このような体系が、人間の本性、人間の社会、人間の仕事などについての正当な知識に正しく基礎付けられて、可能となろうと感じていると。

もちろんこのような立場には楽観的な色合いがあまりにも強すぎると感ずるひともあろう。価値喪失が深い病状を呈しているならなおさら、簡単に処方箋を見出すことはむずかしいであろう。しかし、価値体系なるものが、人間、社会、仕事などについての正しい知識にもとづくか否かはいま問わず、今日、価値問題に対する諸々の〈事実的〉な探究がかような知識を媒介としておこなわれている学問的状況には、われわれは率直に注目しなければならないであろう。周知のように、価値と事実の分離説や二元論は、価値と事実の単純な非分離説や一元論よりは、一般的な意味では、より正しいことはたしかである。しかし問題はそこに安住して、ただ価値と事実を分離して二元的に提示しておけばよいというような初歩的な段階に、われわれはもはやいるわけではない。分離しうるからこそ、なおさら、分離の以前や分離の以後の両者の関係が正しく把えられねばならないのは、理の当然なのである。このような問題状況をふまえて、マスロウは、この会議の基本的課題を〈われわれは人間的諸価値についてなにを知っているか〉という問いとして示し、それが次のような諸々の問いと解されてよいと考える。「われわれは人間的諸価値についてなにを知りうるのか」、「各自の研究分野における――理論的、経験的、実験的――いかなる新展開が、人間的諸価値のこれからの研究にとって重要であるか」、あるいはまた「人間的諸価値の科学は可能であるか」と。このような方針なり意図なりは、ここにつどった一五名ばかりの識者の顔ぶれに十分うつし出されていよう(11)。

今日、人間諸科学や社会諸科学に対して〈経験科学〉〈事実科学〉〈現実科学〉さらには〈行動科学〉〈情報科学〉〈認知科学〉〈政策科学〉などという性格づけが、それぞれの観点や方法から語られているが、それに対してむしろ〈価値科学〉と性格付けられるような観点や方法が読みとられねばならないし、むしろそのような性格付けがこれからの人間諸科学や社会諸科学に対して深まるべきものと、わたくしは考える(12)。それは結局、端的に言えば、人間諸科学や社会諸科学は価値論的な反省なしには本来成り立ちえないとともに、そのような反省を通してこそ個々ばらばらな科学的探究にとどまらずより統合的な視野にもたらされると考えられるからである。

以上のように考えてくる時、価値問題探究の現状は、今日の学問的状況を反映して、一方では、人間や社会の科学的探究を媒介として実証的な研究がますますもとめられているとともに、他方では、価値問題が哲学の根本的な課題として導入されながらも、その探究は行詰ったままであると言ってよいように思われる。そこで、このような現状を少しでも打破するような方向性を見出すために、まず、実証的な価値問題探究の在り方を対比的に反省することからはじめてみよう。

2 「価値」の概念規定の問題性

実証的あるいは科学的な価値問題の探究においては、まず、価値というものが、なんらかの意味において、出来る限り厳密な限定のもとにもたらされねばならない。そのような限定なしには、科学的探究は一歩も歩みはじめることが出来ないからである。今日、理論構成の上からみて、科学上の価値論の双璧ともいうべきものが、一つはマルクス経済学における価値論であり、一つはその影響下にあるがソシュール言語学における価値論である。〈交換価値〉を基本におく両者の理論についてはいまはこれ以上のべることをさけるが、要するに、この経済学上ならびに言語学上の価値論のもつ明確な探究射程とその成果は、まさしく価値概念のそれぞれの科学的な限定の仕方に依拠しているということが出来る。いまはもっと身近な例を手引きにして考えてみたい。それは見田宗介氏の『価値意識の理論』である(13)。

彼はこの理論構成をおこなうにあたって、明確に価値の定義を与えることから出発する。この理論構成が彼の社会学的な価値意識研究の理論的枠組の構成を意図している以上、はじめにより明確な概念規定がもとめられるのは、価値意識の〈科学〉の可能性のためには不可欠の条件をなすと考えられる。なぜなら、極めて単純に言ってしまえば、そのような概念規定が与えられない限り、実証的な探究はなにを研究対象として探究すべきかさえきまらない以上、研究しはじめることさえ出来ないからである。

彼の定義は次のように簡潔明瞭である。「価値を『主体の欲求をみたす、客体の性能』と定義する。」この定義は最小限に圧縮された形での定義であることから、十一項目にわたる説明がなされるとともに、また、これまでいろいろとなされてきた社会学、心理学、文化人類学における主要な定義を批判的に処理することによって、彼の立場を出来る限り明確化しようとする。その意味において彼の操作は極めて自覚的になされていると言うべきであろう。もちろん実証的な価値研究を展開するための不可欠な前提として価値概念の規定がもとめられるにせよ、これほど簡潔に且つ自覚的に定義を位置づけねばならないかどうかには依然として問題があろう。なぜなら、実証的な価値研究の前提をなす価値概念の規定は、どこまでもかかる研究のための嚮導的あるいは操作的な規定なのであって、それ自体の基礎付けが問題ではないからである。だから、定義がより漠然とした形で示されたり、一種のとりきめ的な言説で示されたりする場合の方がより多いであろう。たとえば作田啓一氏の『価値の社会学』においては、価値概念の問題は社会学や文化人類学の価値概念に限らずより包括的に経済学の価値概念をも最大限にその射程にとりこんでその差異と分離をあきらかにしようともとめたために、より漠然とした形になっていると解されるが、「社会的価値を簡単に定義すれば、選択過程を通じ、何が望ましいかについて社会の成員が後天的に習得した概念ということになる」(14)と、やや暫定的な言い方になっている。また、現在もっとも広く知られて実証的研究の前提として採用されているクラックホーンの定義は、「価値とは、行為の利用可能な様式、手段、目的の選択に影響するところの、望ましいものについての、顕在的もしくは潜在的な、個人もしくは集団に特有な観念である」(15)となっているが、これは必ずしも明確な定義を意図しているというよりも、社会学、心理学、文化人類学などにおいて見出される多様な価値概念に対して、彼なりの研究上のとりきめをあきらかにしたもののように解される。それ故、一つ一つの用語についての説明もいろいろと錯綜しており、見田氏も批判するように、クラックホーン自身それとは異なった定義に他の著作では同意していると言われる所以である(16)。

ひるがえって考えてみる時、かかる概念規定は要するに特定の実証的な価値研究をなすための、いわば嚮導的あるいは操作的な規定であるから、価値概念の規定はそれだけ価値概念の特殊化を意味することは当然な帰結であろう。それ故、社会学、心理学、文化人類学において、ある程度の共通性をもった価値概念規定があたえられるのは、当然、かかる科学研究の特殊化の方向性における共通性がくみとられる限りにおいてなのである。したがって、たとえば、かような社会学や文化人類学上の価値概念規定が、たしかにある一定の限定内ではまじわり合いうるにしても、マルクス経済学上の概念規定とはどうしても分離してしまわざるをえなくなるのも、特殊化の方向性より生ずる概念規定の必然性なのである。それでは一体、以上のような事態は哲学に対してはなにを意味しているであろうか。

既にはじめにアクセロスの、いわば〈ロゴス系譜学〉の見解をひいてあきらかにしたように、今日哲学がすでに終焉してしまっているか否かは別として、少くとも哲学もまた多くの特殊化や〈断片化〉の営為のなかに取りこまれてしまっていることは、〈歴史としての学問〉の〈歴運〉でさえあろう。したがって、哲学においても、かかる特殊化の方向性をうけとめて、価値概念の規定を打出すことがもとめられるかもしれない。たとえば、マルクスの価値論を下敷きとしたJ・グーの試みなどもその一つかもしれない(17)。また、上山春平氏が極めて控え目に、さし当り次のように解するというような立場も、その一例として考えることが出来るかもしれない。『価値』という概念はさまざまに解されているが、私は、これを対象の性質と見る説には全く反対であり、主観と対象の何らかの関係と見る説も、一見無難なようでいて、問題の核心にふれることを回避する不毛な説にすぎないと考えており、私自身としては、さし当り、『価値』を『主体の生存に必要な選択作用における選択基準として機能する表象』と解することにしている(18)。たしかにいまや哲学もまた特殊化の波にのみこまれんとしているが、しかしなおその歴運をうけとめつつも、特殊化のうえをこえて遊ぶような営みは全く不可能なのであろうか。

周知のように、E・ムーアは「善とは定義不可能である」(19)という、極めて破壊的な建設的テーゼを提示することによって、倫理学の側面からではあるが、極めて大きな影響を哲学の歴史にあたえることとなった。いまは善の問題に限定せず、われわれは価値一般の問題を考えているので、このムーアのテーゼの意味付けもすべて結局はムターティス・ムタンディスの枠組において取扱われるものであることを、はじめからおことわりしておきたい。その意味においてなおさら、この破壊的な建設テーゼは今日ますます価値問題を考える場合の試金石となるように思われるのである。

このテーゼは、簡単に言って、善の定義が不可能であることから自然主義的倫理学説に止めを刺したという意味で破壊的であり、善の直覚性を基礎にして倫理学の理論構成をもとめたという意味で建設的だと解すべきものであろうか。だが、善が定義可能か否かという問題において、その不可能性を示すことは、なんら破壊的な意味合いなどひめてはいない。ムーアのテーゼが文字通り定義の問題として把えられるならば、杖下隆英氏の考察からもあきらかなように(20)、ムーアのあやまりや問題性は、唯名的定義と実在的定義を区別する伝統的な立場を踏襲し、善の定義不可能性を実在的定義の可能性如何にもとめるとともに、同一律を定義とみなす最狭義の見解によっていることにほかならなかった。このように定義の可能性如何という視点にしぼってみる限り、このテーゼのもつ破壊性はもはや完全にうしなわれてしまっている。本来的に言ってしまえば、定義が可能か否かは定義の名称を与えるか否かのノミナルな問題にすぎないのである。「一般に、非定義性の主張は、ある特定の定義観をとるかぎりにおいてのみ可能であり、無条件でないという自明な事実の再認識が必要であり、換言すれば、ある定義観にはかって、そのかぎり、一定のタームを非定義的と断定することは、それ以外の定義を許容し、それらにもとづいて当該の言葉を定義可能と判定することとなんら抵触するものではないのである」(21)。

それでは、ムーアのテーゼのもつ破壊的な建設性を以上のように別々にわけて考えるのではなく、善の定義の問題を介して建設されてきたメタ倫理学的な営みのなかで、規範倫理学とのかかわりにおいて、破壊的であると同時に建設的な意味合いをくみとるべきであろうか。たしかに善の定義という問題を契機として、それ以後、英米の倫理学はあらたな展開を開始し、現在ではその大体の展望をうることが出来るところにいたっていると言うことが出来よう。それは一言にしてのべればメタ倫理学の展開である。そしてさらに言えば、メタ倫理学からの規範倫理学の再構成という方向性において、破壊的であると同時に建設的な意味合いの造型を読みとることが出来るかもしれない。そのような展開を概括的に展望すれば、二つの主流と二つの傍系という形で描き出してみることも出来るのではなかろうか。ムーアの直覚主義の新展開ともいうべき、ロス、ユーイングなどのデオントロジストの営みとC・スティヴンソン以降の、ヘヤー、トゥルミン、ホール、ハートなどの言語分析的な究明を二つの主流とし、二つの傍系として、エイヤーに代表されるような、論理実証主義的な価値情緒説とR・ハートマン、A・アンダースンなどにみられる価値（義務）論理学の極めて形式的な構成とがあげられよう(22)。たしかにこのような倫理学と論理学の展開が導出されてきた以上、ムーアのテーゼのもつ破壊的にして同時に建設的な意味合いを否定すべきではないであろう。だが、このような展開がむしろかえって建設的な意味合いを深めるにつれて、現実はますます価値問題探究の特殊化の方向に埋没しつつあるのではなかろうか。既に指摘したように、わたくしは、特殊化の方向が一つの明白な歴運であることをみとめるのにやぶさかではない。だが、それ故にこそ、そのなかに埋没しさってしまうのではなく、そのなかから飛翔するような思考の可能性を夢見るのである。ムーアのテーゼを価値問題を考える試金石としてあらためて問い直したいと思う所以も、そのためである。

既にあきらかにしたように、定義というものがむしろ名称なり基準のとり方の問題にすぎないとするなら、善の定義不可能のテーゼは、もはや文字通りではなく、価値の概念規定を安易になすべきではないというふうに置換されることによって、このテーゼのひめている別の意味と射程を強力にひらくことが可能となるのではなかろうか。すでに指摘したように、価値問題の実証的あるいは科学的な研究というものは、その一歩をふみ出すためにも、なんらかの概念規定をなしてその特殊化を明示することが必要であった。それは要するに科学という特殊化の探究様式の必然性である。それ故にこそ、価値の概念規定をまずおこなうことではなく、むしろその概念規定の問題性を自覚して、規定されないままでポジティブに与えられている事態を、そこに開かれたままの地平においてうけとめることが出来るならば、それこそが、特殊化への埋没とは逆の方向性において開かれる哲学的思考のとるべき可能性を示している。価値の概念規定は、それがどのように与えられようと、価値の問題を一定の方向に特殊化するものであるとともに、価値の問題を安易に対象化してしまう結果に陥るのではないであろうか。たしかにいまや哲学的思考と言えども特殊化をうけとめ、その特殊化の営みを自らの営みとして展開せしめることも必要である。その点を軽視することは許されない。特殊化をうけとめることなしに、空中遊歩するだけでは、それはあまりにも空虚であろう。だがはじめから価値の概念規定がなされる時、概念規定をなすものと概念規定されるものとしての価値が対峙する構図が描き出されて、われわれはそのなかにすっぽりと取りかこまれてしまう。それだけ、われわれは、価値問題が存在—価値—論的視野のもとでひらかれるべき、そのひろさとふかさを捨象してしまうのではなかろうか。

ムーアのテーゼを置換した、価値の概念規定を安易におこなうべきではないというテーゼは、その破壊的な建設性の視野において、まず基本的には、次のような三つの基軸を提示する。第一に、このテーゼは、まず特定の価値問題に分割化され価値問題を対象化して探究を展開しようとする仕方——特殊科学的な場合は言うまでもなく、特殊哲学的な場合であれ——をとることが出来ないことを意味する。端的に言って、それは、いままで〈価値哲学〉と称されたような価値哲学の在り方を根本的にかえることを提示している[23]。その意味において、ドゥルーズがいうように、ニーチェのはげしい価値告発のあとで、あらたな事大主義とあらたな屈服を招いている今日の価値哲学の行き方とは全く異なった道を見出すことを指示しているのである。このように解してはじめて、善の定義不可能性というテーゼは、いまや倫理学の視野をこえて、価値一般の問題を考える上で破壊的な意味合いを示すことが出来るのである。第二に、このテーゼは、概念規定による特殊化の方向とは逆の、あるいは超えていく方向性を目指す以上、一切の価値のひろがりとふかさに対して、まず自らを全面的に開いた形で対応しなければならないことを意味している。この点をもっとも直截的なスローガンを借用してのべれば、Zur Sache Selbst という現象学のもとめる視野を、すべて Zur Wert-Sache Selbst という志向のもとで還元して把えることだというふうにいえようか。かくして第三に、このテーゼは、そのうらがわで、定義をなす以上まずフォーマルでなければならないことを意味している。ムーアとは逆に肯定的な意味であるが、価値の概念規定の可能性は文字通り価値言語概念の問題としてフォーマルに追求されることがもとめられよう。その意味で、わたくしは価値論理学の試みを十分に評価するが(24)、しかしそれによって価値論が解決済みになると思うならば、それほどのあやまりはないであろう。価値論理学は存在―価値―論とは別のものであれ、後者の底礎なしには、単なる論理学にだしさるのみであろう。

価値の概念規定を与えてあらかじめ価値を限定しない以上、われわれは価値のまったき多様性のなかにわれわれ自身も捲きこまれてあるものとしてかかわり合っている。この原初的な事態を、わたくしは価値のひろさとふかさとして開かれたままでうけとめたいと考える。その点をまず間接的にあきらかにするために、一つの対比を試みたい。それはM・シェーラーの考え方とである。実質的価値倫理学を樹立せんとしたシェーラーは、倫理学の形成をもとめた以上やむをえないことではあるが、その事態を把えそこなったと言わざるをえない。いや正しく言えば、把えそこなったということではなく、むしろ、そのような事態に対しての感受性を全く括弧に入れる形で、彼の価値論の構成をうちたてようとしたと言わざるをえない。それは要するに、現象学的本質直観というような立場は別として、価値性質の客観性という価値概念規定にあたる前提と価値のたかさとひくさを基準とする価値序列という彼の考え方が、かかる事態に対して開かれたままで対応する可能性をうしなわしめたと解されるからである。

周知のように、M・シェーラーは、色の場合とアナロジカルに、価値とは、物的に与えられている統一体である「よいもの」としての「財」(Güter) の「特性」(Eigenschaft) ではなくて、そのような価値の担い手とは独立する「実質的な性質」(materiale Qualität) だと考える(25)。つまり彼は「よいもの」としての「財」とその「よさ」としての「価値」とを区別するとともに、この「価値性質」(Wertqualität) を客観的なものとして把えようとするわけである。価値の担い手はたえず変化するにせよ、価値性質は財とともに変化するのではない。その意味で、価値とはイデアールな客体なのである。価値というものがこのようなアプリオリで実質的な性質として規定されることから、必然的に、すべての価値は、たかさとひくさによる一定の秩序をもった性質として把えられることとなる(26)。価値序列がまさしく価値の高低の秩序として把えられ、しかも永遠不変のものとして個人や社会の状況的変化と独立に存在するという見方が結晶する。その価値序列説は周知のものではあろうが、簡単に言及しておく。第一の最も低い価値は、快、不快というような「感覚的価値」「有用・快適価値」である。第二のこれより高い価値様相は「生命価値」であり、第三は「精神的・文化的価値」そして第四の最高の価値が「人格価値」であり「聖・不聖」の絶対的な価値である。このような価値の高低の序列がたてられる基準というべきものは、一、価値の持続性、二、価値の非分割性、三、価値の基礎付け関係、四、満足度の深さ、五、価値の絶対性である(27)。

たしかに、このような価値の序列を考えることは、カント的な形式主義と対比すれば、それだけ価値のひろさやふかさをくみ上げようとする可能性をひめていることは認められようが、高低という基準で不変の価値性質の客観的な秩序を構成しようとすれば、おのずから一定の尺度によって価値のひろさとふかさを整序してしまう結果、開かれたままで価値のひろさとふかさをはかることははじめから不可能になってしまうと言わざるをえない。やや対比的に言えば、生命価値が聖価値よりも〈高い〉と感じられる事態がゆたかに開かれているところに、また快適価値が人格価値よりも〈高い〉と感じられる事態が時にひらかれてくるところにこそ、価値のひろさを開示する地平や価値のふかさをさぐる可能性が生ずる所以がひそんでいる。それは一体なぜであろうか。

ではなぜ価値はその高さと低さに従ってではなく、そのひろさとふかさにおいてまず把えることがもとめられるのか。それは要するに、さきに一寸指摘したように、われわれがかかわり合っている世界つまりわれわれが生きている世界(まさしくLebenswelt)の原初的な事態にもとづいているのである。人間が生きることは、常にどこかでなにかを行なっていることである。たとえば、話すことが言語行為であるのと同様に、だまっていることも沈黙行為なのである。フッサールやメルロ＝ポンティの注目した〈生世界〉は人間の行為の世界であるが(28)、行為はまたいつでもどこでも〈行為＝事象〉(Tat-Sache)として生起するのである。行為の〈生きられる〉相のみに注目するだけでは不充分なのであり、世界は行為とともに生起する行為＝事象に規定される世界なのである。誤解されないために一寸付言するが、(かえってもっと大きな問題を導入することにもなろうが)この〈行為＝事象〉(Tat-Sache)という言い方は、〈もの〉(Ding)や出来事(Ereignis)と区別して用いている意味において、〈こと〉や〈事実〉(Sachverhalt)を核にして考えられているのである。要するに、〈もの〉と〈こと〉の区別と関係を基本においている。ウィトゲンシュタインとは全く異なった意味合いであれ、「世界は行為＝事象の総体（die Gesamtheit der Tatsachen）であって、ものごと（Dinge）の総体ではない」というべきであろう(29)。わたくしは、さきに、E・ムーアの善の定義不可能性のテーゼについてその置換をもとめたが、ウィトゲンシュタインのこのテーゼについても、ウィトゲンシュタインの解釈などとは全く別の次元で、存在―価値―論的視野において、根本的な置換をおこなうべきものと考える。だが、行為が行為＝事象として生起することを強調するだけでは、問題は一歩も前進してはいない。問題は、行為＝事象が本来は価値＝事象にほかならないことに注目することである。とすれば、「世界は価値＝事象（Wert-Sachen）の総体であって、ものごとの総体ではない」ということになろう。ウィトゲンシュタインのテーゼを模して、その置換を強力におこなうとすれば、これが、われわれが生きている世界の原初的な事態をめぐる根本的なテーゼを示すであろう。

　人間はいつどこでもどんな意味においてなにかをおこなおうと、またいわゆる無為のままですごそうと、その行為や非行為はすべて「価値＝事象」として生起する。普通行為というと、その行為者のおこなっていること自体に関心が集中し、その主体的な意味が問われがちである。しかし、われわれが生きるこの生活世界は独我が孤立して存在する〈モナド〉的な世界ではなくて、人々が相互に役割をにないながら〈プレイ〉し合う相互主体的な世界である。この世界においては、ある人の行為がその人によって徹底的に主体的な行為であり、しかも他の人たちに対してなんら直接の作用をおよぼさない意味でどこまでも主体的な事柄であっても、同時に、行為＝事象として生起せざるをえない。それはつまり主体的行為といえども常に客体化の契機を内包する事象として生起するということである。この点については、〈歴史〉の生成を一寸想定してみるだけでいまは十分であろう(30)。もちろんこの場合の〈歴史〉はむしろ〈個人史〉を中心にして考えた方がより分かりよいと思われるが。行為＝事象を単に「事象」とか「事実」といおうと、いい方としてならなんら差支えはないが、本来的にはどこまでも「価値＝事象」であり「価値＝事実」であることさえ理解されていればよいのである。身近な例で言えば、われわれの日常生活の一つ一つの行為、たとえば、朝おきる、歯をみがく、新聞をよむ、飯をとる、出勤する、散歩する、昼寝するなど、それらはすべて価値事象である。ということは、要するに、この相互主体的な世界においては、なされた行為はすべて価値事象として生起するということである。まさしくすべて価値事象ならざるはなしということである。かくして、「世界は価値事象の総体であって、ものごとの総体ではない」と言われうる所以なのである。かかる意味において、われわれが価値事象のかぎりない渦巻きのなかに日々刻々と捲きこまれていることは、実は同時に、われわれが常にいつでも多様な価値意識及び価値無意識を保持して存在していることを意味している。人間存在にかかわるありとあらゆることは、結局、価値事象と価値意識の根源的な地平から把握されねばならないところに、価値問題のいわば〈現象学的〉探究の領域と限界がおかれているとともに、価値のひろさとふかさにかかわる展望が開かれている。

たしかに価値事象はそのまま価値ではない。しかし、われわれが価値事象の世界になげこまれてあるということが、われわれが価値のひろさとふかさに対して開かれた形で対応しなければならないことを要請しているのである。価値と事実の分離ということは、思考の抽象化がより進んだ段階でおこる問題であり、したがって、まずその分離以前の世界にわれわれは率直に対することが必要なように思われる。それが、われわれが生きる生活世界、そこにひろがる相互主体的な価値事象の世界にほかならないのである。一定の思考の段階にいたって、価値と事実を分離しなければならず、両者を混同することは厳にいましめねばならないことを、わたくしは十分に肯定するものである。だが、その段階を拡大して、価値と事実は全く別のものであるから、世界の内であるようにあり起こるようにおこることが、物現象と同じような、単なる裸の「事実」にすぎないと考えるなら、これほど大きな飛躍はないし、分離以前の世界を無視したあやまりはないであろう。しかも、さらに思考が進んでいけば、分離以後における価値と事実の統一をすら思考しなければならない段階も十分に想定されるのである。この意味においても、価値のひろさとふかさを正しく洞察する視野を開くことが、まず存在―価値―論の礎石といっても過言でないと思われる。それゆえにこそ、われわれは価値の概念規定から出立することはできないのである。

3　ニヒリズムの根源的懐疑から
――価値の転換と文明の転換

ディシプリン（専門個別科学）の自律性の原則にもとづいて一九世紀学的パラダイムを確立した、唯一の近代文明としてのヨーロッパの社会諸科学は、歴史の場合をのぞいては、文明を研究対象とすることをタブー視してきたということが出来よう。最近にいたって、「文明」という概念を〈知〉に組み入れなければならないことに気付きはじめた人びとは、その意味で逆に戸惑っているようにみえる。ディシプリンの立場から文明研究を科学化しようともとめる人は、文明をいかに定義するかで悪戦苦闘しているようである(31)。だが一九世紀〈近代〉の学的パラダイムの枠のなかであらためて文明研究を樹立しようとすることは、文字どおり自家撞着に陥ってしまうであろう。そもそもその枠におさまらないがために、文明を研究対象とすることをタブー視せざるをえなかったのだから。その意味において、文明研究はあらたな立場に立つことが是非とももとめられる(32)。

周知のように、一九世紀〈近代〉ヨーロッパにおいて、「文明」ということばが用いられることで、未開、野蛮、文明という三分法が強力に打ち出されたが、もっと根本に目を向ければ、それは人間自身による人間の識別・差別という、古くからの根源的事態——中華と夷狄、ユダヤ教徒・異教徒・野蛮人、市民・夷狄・野蛮人など——にふかく根差していることに気付く。むしろこの根源的事態に「文明」ということばがはっきりとかかわるようになったのが、まさしく一九世紀ヨーロッパ〈近代〉であったということが出来る。今日よく「文明化した」という言い方がされるが、そうすると当然文明化以前の状態が未開、野蛮、半文明などと思い描かれてしまうのである。その意味で、「文明」ということばを使っただけで、われわれはきわめてはっきりと価値評価ないし価値の問題にぶつからざるをえないのである。ヨーロッパ語の場合には、「シヴィリゼーション」に先立ち、「シヴィリテ・シヴィリティ」さらには、「キヴィリタス」などが密接に結びついてくるわけであるが、一般的には、「洗練と粗野」「上品と下品」「礼儀と無礼」「作法と不作法」などという区別がふかくかかわってくる(33)。もちろんそのようなことがふかくかかわっていたからこそ、文明を学問の対象にすることを避けてきたのだという反論もなされうるであろう。だが、そのような問い直しの基本が、人間自身による人間の識別・差別という根本的な事態、つまり人間自身の在り方そのものにふかく根差していることに目覚めねばならないところに、「文明」ということば使用それ自体が提示している根本問題が存している。

いま文明と価値、あるいは文明の転換と価値の転換というかたちで問題が提起されているわけであるが、実は両者が一体であるようにふかく関連し合っていることをはっきりと自覚しないかぎり、いかなる立論も有意味的に展開することがほとんど可能ではないのではなかろうか。この〈基点〉にこそ、一九世紀学的パラダイムに依拠しているひとと、それを自覚して見直そうとするひととの、決定的な分岐点が存しているように思われる。すでに指摘したように、「文明」ということばを用いること、そのこと自体に、文明対未開(文明対野蛮、文明対蒙昧、文明対粗野、文明対下等など)というような、文明を光源とする二項対立が不可避的に浮彫りにされてくる。しかもこの二項対立は、「文明こそ野蛮だ」という、〈逆説的〉動態性ないしは〈弁証法的〉逆転性を自覚する以外には決してゆりうごかすことが出来ない(34)。だがその場合でも、野蛮に転化した文明を克服するには、より高次な文明が求められるという、〈文明の論理〉ないし〈文明の文法〉にわれわれは従わざるをえない。そのような意味で、「文明」ということばを発する時から、われわれは本当に真剣に価値の問いに率直に向き合うことがもとめられている。「没価値科学」という、M・ヴェーバーの〝禁欲〟に従いつづけるような理念的虚構を偽装するわけにはいかないのである。ヴェーバーの偉大さと根本的問題性はまさしく正比例することをはっきりとおさえることによって、ヴェーバー的な問題レベルを超えることがすでに明白になっているように思われる。

　端的に言って、価値の問題に率直に向き合うことからすべてがはじまるといってもよいのではなかろうか。「文明」という、「価値」を本来的に含み込んだことばを用いる以上、その価値の問いに率直に向き合うことが求められているし、もはや決して避けて通ることは出来ないのである。したがって、なにかことあらたまって文明とモラルを問うという考え方は、かえって文明という問題に正しく対峙していなかったのではないかといってもよいであろう。文明を問うかぎり、価値やモラルの問題は切り離すことが出来ない。最近F・フクヤマが『「信」無くば立たず』(35)という形で、経済問題においてもモラルを問題にしなければならないことを論じているが、それも当然のことで、ことあたらしく話題となる方がむしろ問題であろう。以上のようなわけで、あらためて根本的事態に即して問い直してみよう。

ニーチェ以後——ニヒリズムの二百年という射程

　いままで「マルクス以後」ばかりが注目されていて、「ニーチェ以後」ということが理解されていなかったようだが、わたくしはニーチェ以後の方が現代にとってはより根源的であることを言いつづけてきた。もちろん、マルクス以後が注目されてきたのには、それなりの十分の理由がある。大きく二つの理由に分けてみれば、まず存在の面つまり歴史的展開からすれば、資本主義と帝国主義の政治的、経済的、社会的、文化的な諸過程の進展に対して、強烈な反資本主義、反帝国主義の反システム的運動がまさしくマルクス以後を刻印してきたからである。その限り、ニーチェは反動以外のなにものでもないといえよう。つぎに認識の面つまり社会科学的理解からすれば、上記の存在の面つまり歴史的展開を理解可能とした基本様式がマルクス以後であったからである。この点についても、ニーチェの貢献は消極的なものであろう。ところがいま、周知のように、ソ連の解体によってマルクス以後ではない現実が、相当はっきりとした構造をあらわしはじめた。その現実の問題はきわめて重要な歴史的出来事ではあるが、いまは問わない。むしろこの現実によって、マルクス以後によっていままで隠蔽されてきたニーチェ以後が露呈されてきたことに注目したいのである。

では一体なぜニーチェ以後がマルクス以後のかげないしうしろから立ち現われてきたのであろうか。その答えは簡単であるが、その内実を正しく理解するには、相当に思考様式の屈折が必要であろう。すでに指摘したように、マルクス以後はきわめて明示的な歴史的展開と社会科学的理解によっていた。このつよい光源のもとでは、ニーチェ以後はそれこそ一部の露出はあれ影がうすかったわけである。ということは、要するに、ニーチェ以後とは明示的な歴史的展開と社会科学的理解によってあらわならしめられるものではないことを意味している。ニーチェ以後とは端的に言ってニヒリズムの問題にほかならない。「ニーチェの思索は、ニヒリズムという印の中で自らの姿を見てとる。ニヒリズムという印とは、先行する数百年をすでにくまなく支配し、現今の世紀を規定している、ニーチェによって認識された、ただ一つの歴史的な運動を表示する名称なのである。この歴史的な運動の解釈を、ニーチェは短い命題に結集する。曰く、『神は死せり』(36)」。たしかにニヒリズムの問題をニーチェは歴史的過程として把握しており、その点をハイデガーは強調する。「ニヒリズムとは、その本質において考えられるならば、むしろ西洋の歴史の根本運動なのである」(37)。だがニヒリズムとは決して一つの歴史的運動にとどまるものではない。本来的に言って、ニヒリズムとは歴史的事態であるとともにメタ歴史的事態なのではある。実はそのために、歴史的展開と社会科学的理解にただ依拠する限り、ニーチェ以後はマルクス以後の陰にかくれてしまい、ニーチェ以後を理解することを困難にする。マルクス以後のかげからニーチェ以後が立ち現われる所以を把握することは簡単だが、その意味を理解することがむずかしい所以である。

では、ニヒリズムとは歴史的事態であるとともにメタ歴史的事態であるということは、どういうことか。歴史的事態とは言うまでもなく歴史的に生起する事柄を意味するが、その意味ではたしかにニヒリズムも歴史的に生起する。しかしそれはどこまでも事態の表層のことだと言わねばならない。その意味でハイデガーも先の引用文につづけて述べている。「この根本運動は、それの展開の残りが僅かに世界の様々な破局を結果として持ち得るだけであるというほどの、奥深さを示している」(38)。この「奥深さ」こそ表層に対して深層というべきものであり、私流にいうと、それこそがメタ歴史的事態を開示するものにほかならない。ハイデガーはどこまでも「西洋の歴史の根本運動」というようにニヒリズムの問題を西洋の歴史に限定するのであるが、それでは本当の意味でニーチェのニヒリズムのメタ歴史性を十分に理解していないことをあらわにしている。ニーチェ以後つまり彼のニヒリズム二百年という予言は、本来的な意味で、二一世紀の歴史の在り方をその射程のうちに組み入れている。ところが一般にひとは、未来のことは真面目に学問的な問題とは考えていないばかりでなく、それこそ単なる予言としてきわめて胡散臭いものと感じ出来れば忌避したいのである。歴史科学や社会科学が正統的であればあるほど、その傾向がつよいことは言うまでもない。ところがニーチェ以後においては、この未来の歴史性こそが、過去の歴史〈について〉文字どおり〈メタ〉の相で総括的に露呈されるメタ歴史性の印なのである。

「神は死せり」できわめて端的にしかも象徴的に集約されたニーチェのニヒリズムは、根源的な意味では、一切の宗教的・哲学的な文明・文化が解体して死んだことをあらわならしめている。この一切の宗教的・哲学的文明・文化とは、簡潔に言えば、K・ヤスパースが「枢軸の時代」とよんだ、BC八百年からBC二百年にわたり、ギリシア、ヘブライ、ペルシア、インド、中国文明圏をそれぞれの中核とする精神革命に由来するものにほかならない。つまり、ニーチェのニヒリズムにおいては、この精神革命に由来するすべての神は死んだのである。それが今日においては本当の意味における「神は死せり」のメタ歴史的事態なのである。ここに、比較文明的パースペクティヴにとってはじめて、本来的な地平があらわになったことが意味されている(39)。そのために、ニーチェのニヒリズムは、まさしくメタ歴史の相にまで根差しているがゆえに、こまったことには、ダブル・トークのかたちでしかどうしても表現しえない事態にまで本質的にいたってしまったのである。

では一体ニーチェのダブル・トークとはどういうことか。一番分かり易い例で言えば、キリスト教の解体がニヒリズムであると同時に、キリスト教自体がニヒリズムなのである。普通の論理なら、キリスト教の否定がニヒリズムなら、否定される当のキリスト教の方はニヒリズムではないはずである。だがもしこの普通の論理が通用しているなら、こんどは逆にニヒリズムの克服が求められるなら、当然ふたたび本来のキリスト教を復活させればよいことになる。このような循環が成立可能ならば、そもそもニヒリズムの生起はそれこそ〈弁証法的〉な歴史過程にすぎないことになる。これほど安易な話はないであろう。実はそうではないところに、ニーチェのニヒリズムが歴史的事態であるとともにメタ歴史的事態である所以がはっきりと示されているのである。つまり、ニーチェのニヒリズムは、その登場以後つまりニーチェ以後においては、すべての宗教的・哲学的文明・文化の解体以前の神々をもすべてニヒリズムの根源となることを、文字どおりメタ歴史的に余儀なくしてしまうのである。それはなぜであろうか。

周知のように、ニーチェは一切の価値転倒をもとめあたらしい価値定立を希求するとともに、力への意志のプラス・マイナスの二重性、つまりその意味でそのダブル・トークを本質的に組み入れたかたちで、すべてを表現しようとした。別の言い方をすると、価値と力と知、この三者の関係がそれぞれからみ合いながら自らを表出することを、本当に根源的な意味であらわならしめようとした。そのために、この三つの代表的なことばは、メタ理論的意味をふくめてきわめて多義的となる。普通ものごとを分かりやすく説くには、価値と力と知とは、それぞれ別々に切り離してそれぞれの固有の意味で表現されることがもとめられる。ところがニーチェは、それぞれが別々に自律的に自己表出することを認めない。むしろそれらが重層的に相互にチェックし合うかたちでしか自己表出をしえなくなったところに、ニーチェはもっとも生き生きとニヒリズムのダイナミックスを感じとったのではなかろうか。今日的な言い方をすれば、ニヒリズムとは、要するに、価値・力・知というものがそれぞれの個別の単一ゲームをおこなうのではなく、三者の重層的なゲームをやる以外には、もはやいかなる人間の生き方はないことを示していることなのである。

ニーチェによって価値と力と知のゲームは文字どおり重層的なゲームとして強烈に提示された。それは、典型化していえば、いつもプラスとマイナスの意味を二重にふくみながら、われわれすべての人間を捲きこんでくる。われわれのもとめる知の真理も力への意志のあらわれにほかならないから、マイナスの力への意志としては否定され、プラスの力への意志と解されれば肯定される。それはまた価値も力への意志それ自身によって定立されることとふかくかかわる。「力への意志は、価値を定立することの必然性の根拠であり、価値評価の可能性の起源である」(40)。ニヒリズム二百年を予言したニーチェ以後とは、価値と力と知がもはやその個別の自律性を完全に喪失し、三者がからみ合って重層的なゲームをおこなうしかないことを開示したのである。

価値の転換——価値の把え方の転換

以前なかなか評判となったF・フクヤマの『歴史の終わり』と最近問題作と注目される田中明彦の『新しい「中世」』とは、その立論自体は大いに異なるものではあるが、いわば「イデオロギーの普遍性」を論の前提におく基本点では相通ずるものがある(41)。前者においては、マルクス以後に先立つヘーゲルの立場にもどって、リベラル・デモクラシー以外にはもはやとるべきイデオロギーがないという意味で「歴史の終わり」を語り、後者においては、「主体の多様性」と「イデオロギーの普遍性」を二つの基本にして、イデオロギー対立の終焉した世界システムという意味で、「新しい中世」を語る。いまわたくしが問題にしたいのは、その立論自体ではなく論の前提となっているイデオロギーの普遍性ないしは価値の普遍性ともいうべき見方である。いまここでイデオロギーと価値をきわめて近い関連に置いて言い換えたのも、価値と力と知の重層的ゲームを基本とするニヒリズムの射程のなかで考えようとしているからである。

さて、ニーチェの知的試行は、「鉄槌をもって哲学する」意味で、破壊することにおいて創造する営為である。その意味で、H・J・シュテーリヒは、七種の《反―》で集約している(42)。一、反道徳主義的、二、反民主主義的、三、反社会主義的、四、反女権主義的、五、反知性主義的、六、反悲観主義的、七、反キリスト教的、である。ニーチェは一体なぜその時代の潮流に逆らってつまり反時代的に七つの《反》を唱えようとしたのであろうか。その答えは、ニヒリズム二百年の射程のもとでみれば、きわめて簡単なのである。それらすべて、つまり道徳主義・民主主義・社会主義・女権主義・知性主義・悲観主義・キリスト教がどのように有意義な意味合いをもつにしても、ニーチェにとってはすべてニヒリズムの深化の様態なのであって、決してニヒリズムの超克を志向するものではなかったからである。ハイデガーはニーチェの《反》を理解出来ず、ニーチェの知的営為を西洋形而上学の最終段階に位置づけて、自らの存在の哲学をその超克として示そうとした。ニーチェ自身の哲学は単なる反対運動としてはすべての《反》と同様に、反対運動の攻撃する相手の本質の中に必然的に囚われたままであると見做したからである(43)。たがこのことは、彼が二〇世紀の代表的な哲学者であるかもしれないが、完全に二一世紀における価値転換とそれにともなう文明の転換とを理解することが出来なかったことを意味している。

いまイデオロギーの普遍性とか価値の普遍性が真摯に語られているわけであるが、それは、簡潔に言えば、グローバリゼーションの波動にそってこの地球社会に共通するような統一的な価値基準を打ち立てたいという志向を反映しているからである。しかし、そのような言説がどうも「普遍性」という表現を自分の都合のよいように使用しているようにみえることに、われわれはまず注目することが必要である。わたくしはつねに「普遍」ということばをより厳密に用いるには、四対の概念枠組に照らし合せて反省的にないしはメタ理論的に語らない限り、そこにはきわめて意図的なものが含意されてしまうことを強調してきた(44)。いまは論ずる余裕はないが、その四対の概念枠組とは、抽象―具体、超越―内在、客観―主観、絶対―相対である。これだけのきわめて基本的な概念枠組において慎重に用いない限り、「普遍」という用語は、一見知のゲームにかなった言説行為であるかのようにみえながら、実際は力のゲームにかなった言説行為に転化してしまうことに注意しなければならない。なぜならそこには必ず価値のヤヌス性つまり二面性というべきものが組み込まれてしまうからである。

「普遍的価値」というと、ヨーロッパ文明が中心文明へとせり上った一九世紀〈近代〉においてははっきりと提示されたと説く人びとがいる。たとえば自由、平等、博愛という、あのフランス革命によって提示された価値理念は、天賦人権説という一八世紀啓蒙思想の具現化であり、今日の人権外交にいたるまで連綿としてこの価値理念の輝かしい有効性は文字どおり近代を構築する核心をなしてきたということが出来る。だがそれはどこまでもヤヌスの顔の一面にすぎない。その裏の顔では、周知のように、ヨーロッパ近代帝国主義は、その価値理念を広める文明の名において、全世界の植民地化をそれこそ冷酷に遂行したのである。蒙昧、粗野、野卑なことを排除するのが文明の使命にほかならず、それが端的に自由・平等・博愛の価値と天賦人権の正義を実現する、世界制覇の営みだった。その意味では、普遍的価値とはかえって自らに都合のわるいものを特殊価値として排除する、文字どおり他者排除の価値理念にほかならない。それが価値・力・知の重層的ゲームにおける価値のヤヌス性なのである。

わたくしの価値哲学においては価値の在り方を大きく三つに分けて、特種価値、選択価値、差異＝価値というカテゴリーと表現で示している(45)。先取的なのでその内実を論ずることは出来ないが、いま問題にしてきた普遍的価値は当然特種価値――古来真・善・美・聖・正などという表現で代表的に表示される――のうちに入り、文字通りその重要な一角を構築している。われわれ人類は、先に言及したK・ヤスパースが枢軸時代と集約した精神革命ないし宗教哲学革命以来、特種価値の視点を決定的な枢軸にして価値問題を考察するとともに、その実現を求めてきたということが出来る。政治、経済、社会、文化においていかに正義を実現するか、自由・平等・博愛という価値理念も現実の場においてはそれぞれの正義として掲げられ、その実現が追求されてきた。そこに神の聖なる正義がかさなってくれば、まさしく絶対主義的自己中心の聖なる使命を遂行する聖戦が声高く叫ばれ、また遂行されてきたのである。このような意味における人類の目標達成能力はある意味ではきわめて強烈であり、人類の文明史はあの枢軸時代を画期としてそれ以後、すべてが特種価値の立場からする目標達成の営為であり、その軌跡であったといっても過言ではない。以上のような人類文明史の過程を一瞥するだけでも、いまもとめられている文明の転換が、特種価値の立場に立ってそれぞれの目標を正義の実現として追求することによって成就されるであろうとは、ほとんど形容矛盾に近いほど想定することが出来ないのではなかろうか。ここにいたっていかに精神革命以来展開してきた価値論の基軸があやまりであったかはあきらかであろう。それこそ根源的な懐疑にほかならない。これがニーチェのニヒリズムがひらく、まさしくニーチェ以後の地平であり、価値・力・知の重層的ゲームのなかに組み入れられた現代文明に突き付けられている価値転換の課題なのである。

それでは選択価値についてはどうであろうか。いまは事態を簡潔に示すためにきわめてストレートに一例をとって論ずるが、選択価値の立場をもっとも強力に打出した理論体系は、マルクスの資本論体系ということが出来る。使用価値に対して交換価値を決定的に基本において、マルクスが資本論を展開したことは言うまでもない。マルクス以後が今日まで決定的な意味をもちつづけてきた所以である。その意味において、マルクス資本論体系によって、社会主義経済と社会主義社会が資本主義市場経済と資本主義自由社会を必ず乗り越えると信じられてきた。かく信ずる者にとっては、価値論とはマルクスの価値論のことであり、交換価値をすべての価値の基礎として打ちかためることによって、社会主義という目標の達成が可能となり、すべての基本問題は解決すると主張された。だがそこには一種のカテゴリー使用の誤謬がおかされていた。たしかに交換価値は人間の行為がすべて選択的である意味できわめて基本的である。それだからこそ、われわれひとりひとりの生活世界は、交換価値を重要契機とする選択価値によって不断にささえられている。だが、選択価値のかような日常的な不可欠性を、社会主義という歴史的目標達成へと一元的にきりかえてたかめようとしたことは、どだいカテゴリーの誤用と言わねばならない。

かくしてわれわれに残された価値論的立場の基軸は、差異＝価値のカテゴリーしかないことにはっきりと気付くことが必要であろう。もちろん差異＝価値の立場に気付くことは特種価値や選択価値を無視したり軽視してよいということではない。この三つのカテゴリーは価値の在り方をあらわにする不可欠のカテゴリーなのである。問題は差異＝価値の立場を基本にして他の二つの価値を統合するような価値論的立場がいまや求められねばならないのではないかという点にある。それはなぜであろうか。

差異＝価値というと、おそらく一番なじみにくいし、そういう価値を認めることは価値問題を複雑にしてしまうというひともあろう。しかし分かりやすい局面から言えば、この世にあまねくふかく拡がっている差別と偏見というものは、その根本にたちかえってみる限り、まさしく差異＝価値のあらわれにほかならないのである。文明を語る時、そこには必ず価値が含まれると指摘したことも、実は直接ここと結び合っている。「文明化された」という言い方はいつも、「文明化されてない」ものやことを差別する、暴力的な作用すらはらんでいる。われわれが文明・文化を論ずる時、いまもっとも自覚的にならねばならないことは、文明・文化が本来差異の体系であるからといって、それが差別や偏見を生みかつ正当化することを、どのように乗り越えていくことが出来るかという点である。それこそ人類に課せられたもっとも切迫した課題なのではなかろうか。たとえば、『世界の偏見と差別 一五二のアンソロジー』(46)が、いかに個々の文化の偏見をのりこえるかに重点を絞っているのも、当然な見方というべきであろう。ここに各文明・文化の自己改革という急務がもとめられている。伝統文化だからといって差別を正当化することは許されない。

いま価値の転換が求められている。だがそれは本来価値の把え方の転換として正しく受けとめられねばならない。普遍的価値をかかげて今日のグローバリゼーションの方向性にただ応えようとすることは、価値・力・知の重層的ゲームにおいては、価値のヤヌス性がむしろ普遍的価値にもっともつよく結晶する以上、一九世紀〈近代〉帝国主義に準ずるような事態を二一世紀において惹き起すことも可能とするかもしれない。その意味において、価値の転換とは、その本来性においては特種価値から差異＝価値へと価値の把え方の基本を転換することである。差異＝価値を基本において特種価値と選択価値の在り方を統一的に問い直すことがもとめられる。

文明の転換——人類史の折返点において

今日周知のように文明の転換がもとめられている。現代文明がこのまま進んでいけば、いずれは地球規模の難問題のために自滅するのではないかと予測されているからである。文明の転換がもとめられている以上、もはや直線的な前進という構図を取りえないことはあきらかである。その意味でいま人類文明史は自らのターニング・ポイント（折返点）に立っているということが出来る。今日二一世紀への展望を自覚した論考は、もはや例外なくターニング・ポイントを見据えているといっても過言ではない。だがそのために、比較文明的パースペクティヴをぬきにすると、時には超先端から時には逆に最後尾からきわめて片寄った視点からの立論がなされ、それがかえってもてはやされる傾向がつよい。それほどつよく文明の転換が希求されているからである。

文明の転換の方向性は、比較文明的パースペクティヴにおいて全体的展望を把える時、諸文明・文化から構成される文明的世界システムの仕組みが、どのような仕方でそののぞましい転換の方向性へと自己変容を遂行しうるかにかかっている。わたくしはそののぞましい方向性を、五つの視点から次のように総括しうると考えている。一、(政治)一元的世界帝国主義的権力支配から多様な文明・文化の共存する地球文明的世界システムへ。二、(宗教)絶対主義的自己中心の宗教間対立から、宗教的多元主義にもとづく精神文化の地平へ。三、(科学)環境破壊の近代科学技術文明から、人間と自然の共生する脱近代科学芸術文明へ。四、(経済)生産効率至上の現代産業文明から、循環型地球経済と福祉世界へ。五、(社会)国家主権を基本とする諸国民の時代から、地球市民と民族・エスニシティ共存の情報文明の社会へ。もちろんこのような総括は具体的にはどのように解するかすべて問題的であることは言うまでもないが、文明の転換の方向性が少なくともそののぞましい可能性において描き出されている点では、最近ではあまり意見の隔たりがなくなってきているのではなかろうか(47)。しかしわれわれにとってはこの方向性を比較文明的パースペクティヴにおいて把えねばならない。それは要するに、文明的世界システムとそれを構成する多様な文明・文化の反システム運動がひらく、文明・文化の変動論である(48)。われわれ人類に課せられていることは、この変動が文明転換の方向性に示されるのぞましい可能性をどうしたら実現出来るのかという、目標達成能力の問題なのである。

巨視的にみる時、文明的世界システムは、基本的には政治、経済、社会、文化を統合する多様な文明によって構成されているがゆえに、多様な文明・文化の相互関係のダイナミックスによって文字どおり動的に変容する。一日たりとも静止していることなどありえない。今日多様な文明・文化のダイナミックスは、その変動論の基本的筋道において把える限り、一九世紀〈近代〉に〈中心文明〉へとせり上った、西欧文明を中核とするヨーロッパ文明が、そのために〈周辺化〉された非ヨーロッパの諸文明によって摂取されたり拒否されたりしながら、その相互関係のなかで次第に〈脱中心化〉を余儀なくされていくプロセスということが出来る。二一世紀はもはやヨーロッパ文明中心の時代ではありえない。中心の脱中心化は周辺の脱周辺化と相即する以上、両者の交流と葛藤が文明的世界システムに対する反システム的なインパクトを与えることによって、二一世紀の人類文明史の展開が押し進められると想定される。とする時、総括的に言えば、諸文明・文化の外部遭遇と内部変革が、差異＝価値を基本とする統合的な価値論的転換のもとで、文明転換ののぞましい方向性にむけて、人類の目標達成能力をどのように発揮させるかに、すべてがかかっているといえよう。われわれはそのような視点から、微視的には、比較文明の政治学、比較文明の経済学、比較文明の社会学、比較文明の人類学、比較文明の歴史学などというかたちであらゆる〈知〉の営みを結集することによって、その変動の在り方を不断に考察するとともに、目標達成の道へと導いていくことがもとめられよう。

　だが二一世紀はニヒリズムの相貌のもとにある。あらゆる知は価値と力との重層的ゲームのうちに組み込まれているので、われわれ人類は、ディシプリンに依拠するような単純なゲームをもはやなしえないことを、本当に自覚することが必要である。だからこそ、価値の転換と文明の転換は、もはや表層においてではなく、人類史の折返点の深層からもとめられるのである。だがそれは、ニーチェ以後であることを自覚出来れば、ニヒリズムの超克という相のもとで、はっきりとした全体的展望がすでに示されているものである。そしてその全体的展望は比較文明的パースペクティヴのもとで不断に問い出されることによってはじめて、この地球の成員たちを差別することなく、目標達成の道を照らし出しているのである。

（1）　参照、中山茂『歴史としての学問』（中央公論社、一九七四年）。

（2）　logocentrisme, J. Derrida, De la grammatologie, (Minuit, 1967), p. 21ff.

（3）　M. Heidegger, "Logos (Heraklit, Fragment 50)", in : Vorträge und Aufsätze, (Günther Neske Pfullingen, 1954), S. 207-29. それ以前の由来を問うことも重要であろうが。

（4）　K. Axelos, Vers la pensée planétaire, (Minuit, 2éd. 1970 (1 éd. 1964). 高橋允昭訳『遊星的思考へ』（白水社、一九七六年）一三六ページ。

（5）　K. Axelos 同訳書、一二七ページ。

（6）　同訳書、三二―三ページ。

（7）　原佑「価値の転換―ニーチェ」粟田賢三・上山春平編『価値』岩波哲学講座哲学IX（一九六八年）一三二ページ。

（8）　G. Deleuze, Nietzsche et la philosophie, (P. U. F., 1962) 足立和浩訳『ニーチェと哲学』（国文社、一九七四年）一一ページ。

（9）　M. Heidegger, "Die Onto-Theo-Logische Verfassung der Metaphysik," in : Identität und Differenz (Günther Neske Pfullingen, 4 Aufl. 1957) S. 46ff. c. f. Was ist Metaphysik (V. Klostermann, 1951) S. 17ff.

（10）　A. H. Maslow, ed., New Knowledge in Human Values (Harper, 1959), Preface VII-IX.

（11）　P・ソローキン（社会学）、R・S・ハートマン（哲学・経済学）、H・マーゲノー（科学哲学・物理学）、J・ブロノースキー（オペレーショナル・リサーチ、科学哲学）、L・バータランフィ（生物学）、T・ドブザンスキー（遺伝学）、G・ケプス（アート・デザイン）、D・スズキ（仏教学）、W・ウィスコップ（経済学）、A・マスロウ（心理学）、G・オルポート（心理学）、E・フロム（精神分析）、D・リー（文化人類学）、K・ゴルドシュタイン（神経学・心理学）、P・ティリッヒ（神学）以上、一五名。

(12) 参照、拙著『歴史における言葉と論理』I（勁草書房、一九七〇年）四三一ページ以下。この点、わたくしが注目している考え方に、コミュニケーション共同体の価値についてのK－O・アーベルの見方（Transformation der Philosophie, Bd. II, (Suhrkamp, 1973) J・ハーバーマスにおける認識と利益関心に基づく〈批判〉の考え方（Erkenntnis und Interesse, (Suhrkamp, 1973) さらにはエアランゲン学派の規範的発想（J. Mittelstraß, hrsg., Methodologische Probleme einer normativ-kritischen Gesellschaftstheorie, (Suhrkamp, 1975) などがある。

(13) 見田宗介『価値意識の理論――欲望と道徳の社会学』（弘文堂新社、一九六六年）一四ページ以下。

(14) 作田啓一『価値の社会学』（岩波書店、一九七二年）二四ページ。

(15) C Kluckhohn, "Values and Value-orientations in the Theory of Action", in : T. Parsons & E. A. Shils, ed., Toward a General Theory of Action, (Harvard U. P., 1951), p. 395.

(16) 見田宗介、上掲書、一五―一六ページ。

(17) J.-J. Goux, Économie et Symbolique : Freud, Marx, (Seuil, 1973)

(18) 上山春平『歴史と価値』（岩波書店、一九七二年）七二ページ。

(19) G. E. Moore, Principia Ethica, (Cambridge U. P., rep. 1959), p. 6.

(20) 杖下隆英「定義について――現代英米倫理学におけるその問題」（東京大学教養学部人文科学紀要、哲学VI、VII、VIII）

(21) 同、哲学VII、二六〇ページ。

(22) 若干参照のため記す。W. D. Ross, The Right and the Good, (Oxford U. P., 1930) ; A. C. Ewing, The Definition of Good, (Macmillan, 1947) ; D. L. Stevenson, Ethics and Language, (Yale U. P., 1945) ; R. M. Hare, The Language of Morals, (Oxford U. P., 1952) ; E. W. Hall, What is Value ?, (Routledge & K. Paul, 1952) ; A. J. Ayer, Language, Truth and Logic, (Victor Gallanez, 1936) ; R S. Hartman, "Value Proposition," in : R. Lepley, ed., The Language of Value, (Columbia U. P., 1957).

(23) この点については、第二章で取扱うことになる。

(24) その点でも二、三度名をあげてあるR・S・ハートマンには特に興味があり、藤本隆志の発表にはこれまでいろいろと注目してきたことを、ここに記しておく。

(25) M. Scheler, Der Formalismus in der Ethik und die materiale Wertethik, (Francke Verlag, 1954) S. 35.
(26) Ibid., S. 40.
(27) Ibid., S. 110ff.
(28) もちろん、フッサールとメルロ＝ポンティとの相異も十分考えてみなければならない。念のため。
(29) L. Wittgenstein, Tractatus Logico - Philosophicus, (Routledge & Kegan Paul, 1922), I. I.
(30) たとえば、〈シーザーの死〉という〈出来事〉と〈シーザーが死んだということ〉という〈行為 - 事象〉の相異と連関を考えよ。
(31) 一例、公文俊平『情報文明論』（NTT出版、一九九四年）。
(32) 拙著『比較文明の方法―新しい知のパラダイムを求めて』（刀水書房、一九九五年）。
(33) N. Elias, Über den Prozess der Zivillisation (Francke Verlag, 1969).『文明化の過程』上、下（波田節夫他訳、法政大学出版局、一九七八年）。
(34) M. Horkheimer, Th. W. Adorno, Dialektik der Aufklärung　Philosophische Fragmente (Querido Verlag, 1947).『啓蒙の弁証法　哲学的断想』（徳永恂訳、岩波書店、一九九〇年）参照。
(35) F. Fukuyama, Trust (International Creative Management, 1995).『「信」無くば立たず』（加藤寛訳、三笠書房、一九九六年）。
(36) M. Heidegger, Holzwege, Gesamtausgabe Band 5 (Vittorio Klostermann, 1997).『杣径』「ニーチェの言葉『神は死せり』」（一九四三年）（茅野良男、ハンス・ブロッカルト訳、創文社、一九八八年）二三八―九頁。
(37) M・ハイデガー、上掲書、二四五頁。
(38) 同、上掲書、同頁。
(39) 拙著、上掲書、序論、三―二五頁、参照。
(40) M・ハイデガー、上掲書、二五八頁。
(41) F. Fukuyama, The End of History and the Last Man (International Creative Management, 1992).『歴史の終わり』上、下（渡部昇一訳、三笠書房、一九九二年）。田中明彦『新しい「中世」二一世紀の世界システム』（日本経済新聞社、一九九六年）。
(42) H. J. Störig, Kleine Weltgeschichte der Philosophie (Verlag W. Kohlhammer Gmb H, 1997).『世界の思想史』下（草薙正夫他訳、白水社、一九九五年）一九六―八頁。
(43) M・ハイデガー、上掲書、二四三頁。
(44) 拙著、上掲書、一六七―八頁。
(45) この点を根本的にあきらかにするのが、第二章の価値の構図の課題なのである。
(46) D. Gioseffi ed., On Prejudice : A Global Perspective (Doubleday Dell Publishing Group, Inc., 1993).『世界の偏見と差別　一五二のアンソロジー』（大西照夫監訳、明石書店、

一九九六年)。

(47) こういう隔たりがなくなってくるような傾向に、「イデオロギーの具体的普遍化」というような把え方をした方が、より生産的なように思われるが。

(48) 拙著、上掲書、第三部、二〇八頁以下。

第二章　価値の構図

1　価値と事象——二元的分離論批判

分離の立場について

〈価値〉と〈事象〉、より一般的に言えば、〈価値〉と〈事実〉とを二元的に分離することが、すでに序論で指摘したような意味での正統的な考え方の系譜を保持する形で、現在までのところ、その正統性をうちかためてきたように思われる。この二元的な分離の立場は、もっと形而上学的な奥行をふくませる意味で、〈存在〉と〈価値〉との二元的な分離として呈示されるのである。なぜなら、〈存在〉という言い方は、〈事象〉や〈事実〉とは異なって、時に形而上学的な意味合いをふかくひめる表現にほかならないからである(1)。しかしながら、たしかに〈事象〉〈事実〉〈存在〉などという各々の表現の仕方からうける意味や問題の受けとめ方にはそれぞれ深浅、濃薄、高低などいろいろの相異が刻印されるにちがいないが、その〈価値〉との分離をもとめる立場は同じ方向性と型態性とを示しているということは、否定すべくもないであろう。したがって、そのような方向性における同型の分離説として、その問題構造を開示する。つまり、アイソモーフィックだというわけである。われわれはもちろん、〈事象〉〈事実〉〈存在〉などの問題視点と用法とからおこる基本的な相異をつねに念頭においていなければならないのではあるが、同時にその各々の相異を析出する分離説を同型的な構造としてうけとめるという意味において、相異と同型と関係という様相を常におさえて考えていかねばならないように思われる。

さて今日、分離の立場が自らの正当性を主張する理由なり根拠なりはいろいろあるが、その点を問うのに先立ってまずはっきりとさせておかねばならないことは、同じ分離説をとっていても、その立場が正反対になる場合があり、しかも、今日正反対の立場の、むしろ表裏の関係においてかえって、今日の分離説は強化されているということなのである。現実的にはむしろ表裏の関係の故にいろいろとかさなり合って構成されるのではあるが、その正反対の立場そのものはまさしく典型的な場合なのである。つまり、分離するのであるから、分離される各々の項は文字通り基本的に対立するものとして対置されると考えられるので、その両項のいずれかの一方をいわばまもるために他方を分離したのだとすれば、まさに典型的に、同じ分離説になっても、どうしてもその立場は逆とならざるをえないわけである。そこで、いま一般に〈価値〉と〈事実〉の二元的な分離説をとってみれば、〈価値〉をまもるために〈事実〉を分離する立場と、〈事実〉をまもるために〈価値〉を分離する立場とは、現実的にはいろいろとかさなり合うのではあるが、典型的にはまさしく正反対の形で成立する所以なのである(2)。かかる意味で、〈価値〉をまもるために分離する立場と〈事実〉をまもるために分離する立場とは、立場としてはかくも典型的に相反するにもかかわらず、皮肉なことにも、相対立する立場がむしろ表裏相まって、今日同じ分離説をささえているという結果になる。しかし、これは分離説の場合にはむしろ当然おこることであり、分離説がなかなかまもりがたいのも、かえってかように相反する立場の両方から支えられているからだといっても、決して過言ではないかもしれない。

以上のようなわけで、相反する立場から支えられているのだということをまず念頭において、その上で、分離説が自らの正当性を主張するにいたった事情を考えてみるとすれば、〈価値〉をまもるために、ないし〈事実〉をまもるために分離を主張しはじめたというのは、それこそ、十九世紀なかごろからの、キリスト教的な伝統的価値体系の動揺と実証主義的な思考様式の高揚という時代背景にあることは、極めてはっきりしているように思われる。もちろん、既に指摘したように、〈価値〉と〈事実〉との分離というものは、ただちに、〈価値〉と〈存在〉との分離と同一ではない。〈価値〉と〈事実〉とを〈価値〉をまもるために分離する立場は、〈価値〉の〈存在性〉をなんとかして保持しようとして〈価値〉と〈存在〉との非分離をもとめる立場にもなりうるからである。たとえば、その〈存在性〉がはっきりとうちかためられているわけではないが、M・シェーラーの「先験的内実」やE・

ラスクの「原像」ないし全体的で統一的な「対象的原組成」、そして、はっきりと提示されたN・ハルトマンの「価値の理念的自体存在」の主張にいたるまで(3)、そこには、非現実的だが理念的ないし観念的な存在性への希求がつよく示されている。だが、このような存在論的な希求がもとめられるのも、結局は逆に、プラトニズムとキリスト教的な伝統的価値体系の動揺ないしは解体の危機がつよくうながされたが故であったということが出来るのである。なぜなら、簡潔に言って「絶対的価値の実在論たる、価値のプラトニズム」(4)においては、根源的な意味での善のイデアは真の実在にほかならないのであり、そこには、価値の実在性への希求などはじめから存する余地もないからである。

それはさらにまた、中世以来存在者に関する基本的カテゴリーたる transcendentalis（超越概念）、ens, bonum, unum, verum の在り方からも、極めて直接的に了解することが出来るであろう。transcendentalis の問題領域のなかで、価値が存在問題としてまさしく Transzendenz（超越存在）として基本的に枠づけられており、その合一が前提的視座となっているからである。だから、もっと端的に言ってしまえば、神という至高存在（summum ens あるいは ens realissimum）が存し、summum ens がそのまま summum bonum であるのであるから、〈存在〉と〈価値〉との分離ということは、本来的に考えることは出来なかったのである。ハイデガーが言うように(5)、西洋形而上学がまさしく存在―神―学であることにおいて、存在が存在者から決して区別されることが出来なかったのと同じように、〈存在〉は本来〈価値存在〉にほかならないわけである。

以上のように、伝統的な西洋形而上学たる存在―神―学の地平においては、たとえ〈価値〉から〈現象〉ないし〈仮象〉としての〈事実〉を分離するにせよ、〈実在〉としての〈存在〉との合一を少しでも疑うようなことは、原理的にはありえなかったと考えられる。とすれば、こんどは逆に言って、今日〈価値〉をまもるために〈事実〉との分離をもとめる立場が、たとえ〈価値〉の〈存在性〉をなんらかの仕方で保持することをもとめるにせよ、非常に強力に打出されたことは、実証主義的な時代状況の深まりを背景にして、そこに、大きな、知の準拠枠の転換がなされたことを示しているとみてとってよいのではなかろうか。

わたくしは先に、分離の立場が、伝統的な価値体系の正統性を保持する形で、現在までのところ、価値論の正統性をうちかためてきたようだと述べたが、それはどこまでも、かかる知の準拠枠の転換を媒介とした上であることを、われわれは決して忘れてはならないわけである。またそのことはすでに、今日分離の立場が本来正反対の立場をふくんでおり、

〈事実〉をまもるためにも打出されるということからだけでも、はっきり確認しうることであった。とすれば、分離の立場が、〈価値〉をまもるために、それだけ純粋に打出されるとすれば、それは〈価値〉から一切の存在性を徹底的にぬぐいさって、〈事実〉〈事象〉〈存在〉〈実在〉などとの〈価値〉の分離をそれこそ純粋に遂行する方向へといたるであろうことは、その理の一つの行きつくところであろう。この立場こそ、新カント学派特にリッケルトの価値哲学の在り方にほかならなかった。すでに新カント派の価値哲学などは、遠の昔に過去のものとなってしまったと考えられているかもしれない。たしかに、あの当時の歴史的型態としての新カント派の価値哲学そのものは、すでに完全にすぎさってしまったであろう。しかしながら、〈価値〉のための分離の立場は、今日においても依然として、その基本的な在り方においては、新カント派的な〈原型〉に依拠しているといっても過言ではないのである。その意味で、その点をはっきりと問いかえしておくことが、分離の立場をその〈原型〉においてのりこえるためには是非必要のように思われるわけである。

分離説の〈原型〉

新カント派の価値哲学が成り立つためには、周知のように、カントへ帰ることがもとめられ、カントがその哲学的立場の〈源泉〉とみなされたからにほかならない。ということは、どういうことか。新カント派の価値哲学における分離説の〈原型〉をあらわにするに先立って、まず、この〈源泉〉について考えてみることは、その順序として決してゆるがせにすることが出来ない。

端的に言って、カントが新カント派の価値哲学の〈源泉〉と仰がれるのは、すでにカントにおいて、先に指摘したような伝統的価値体系の存在論的地平の転換が先取りされていたからだとみることが出来るのではなかろうか。それは、三つの意味において首肯されることであろう。第一に、形而上学の在り方そのものをめぐってである。周知のようにカントは、形而上学的実在の認識を否定して、旧来の形而上学の編成替えをもとめた。この編成替えの意図において、旧来の形而上学そのものをささえている伝統的な価値体系の地平が一九世紀後半に現実に動揺解体がなされる事態を、すでに先行的に反映しているといってもよいであろう。第二は、その編成替えの、いわば内部構成に関してである。カントは哲学というものを「純粋哲学」と「経験哲学」とに区分し、ともに理性認識ではあるが、前者は純粋理性の認識であり、後者は経験的原理からの理性認識であるという(6)。しかも、この純粋哲学において、実践理性の領域を純粋理性の領域から分離することをもとめようとするから、この二元的な分離構成は極めてアプリオリな仕方で提示されることになる。まずその純粋理性の領域において、自然世界つまり経験的存在が、法則的連関でつらぬかれる必然的な〈客観〉世界として、そのアプリオリ性によって基礎付けられる。そしてこの〈客観〉世界の外にはっきりと分離されて、実践理性の領域、自由の道徳律の支配する善の王国がまたその権利根拠において確保されるわけである。このような、カントの基本的な分離の立場には、たしかに〈価値〉ここでは倫理〈価値〉をまもるために経験的存在を分離するという方向がはっきりとくみこまれ、価値‐アプリオリズムとして新カント派の価値哲学における分離説の拠所とされた所以がひそんでいよう。第三はさらに、その内部構成のなかで、理念の新しい位置づけのもつ意味である。周知のように、超越論的弁証論において、自由、神、永生の問題が超越論的理念の問題としてあらたに位置づけられた。それは要するに、プラトニズムで造型されたような、形而上学的実在と合一している理念という考え方を解体したことである。カントは、かかる実在性をきりはなして、理念をあたらしい意味で基礎づけた。それはとりもなおさず、〈価値〉をあたらしい意味の理念として実在性から分離して確立することにほかなるまい。ここに、新カント派の価値哲学がカントをその〈源泉〉として拠所とする大きな理由の一つがある(7)。

以上のように考える時、新カント派の価値哲学がカントをその〈源泉〉として仰ぐところから、また自然と、その分離説の〈原型〉たる方向性も予想されるように思われる。それは一言にしていえば、〈価値〉をまもるために、〈価値〉からあらゆる存在性を分離しまた洗いきよめようとする方向性にほかならない。それがどのようになされたか。新カント派の議論は依然としてその〈原型〉たる意味をひめていると思われるので、その点について簡単に整理してみることにしよう。

〈価値〉をまもるために〈事実〉〈事象〉〈存在〉などとの分離をもとめる議論は、根本的には、もちろん相互に深く関連するものではあるが、三つの観点からまとめることが出来るように思われる。別な言い方をすると、三つの仕方で論の筋立てを組むことによってなされていると集約出来るのではなかろうか。そして、その三つの観点なり筋立てなりは、すでに新カント派の分離説において基本的に提示されたのである。わたくしが、分離説の〈原型〉とあえて今日注目する所以なのである。いまはその点を詳細におう余裕はないし必要もないので、より一般的な形で示すことにするが、その意義はまずはっきりと念頭においておきたい。

第一は、妥当概念と存在概念との二元的な分割に関してである。それは新カント派の価値哲学の核心とでもいうべきものであるが、その先駆者は、H・ロッツェなのである(8)。

たとえばE・ラスクが、「ロッツェによる妥当領域の創出は、現代の哲学的探究に対して、その道を指示した」(9)と言われる所以である。しかしリッケルトは、その先駆的な意味を評価しつつも、ロッツェの妥当概念は、プラトン的理念を妥当的と称する点などで、用心してかからねばならないと指摘する(10)。それはともかく、価値概念は妥当概念と決して同じわけではないが、〈価値〉が〈妥当する〉のに対して、〈事象〉〈事実〉〈存在〉などは〈生成し〉〈生起し〉〈存在する〉のだという対比は、分離説にとって極めて決定的な視点を提示したということが出来よう。この対比は、言わば価値の本質を端的に妥当と存在、gelten と sein によって識別するという意味で、いわば本質論的とよんでみることが出来るような、識別の仕方ではないかと思われる。「存在しないもの」(das nicht Existierende)「非実在的なもの」(das Irreale)を積極的に示すために、価値概念と妥当概念の導入と練磨がもとめられた(11)。ラスクだと、「非存在的なもの」(das Nichtseiende)のうちを「反存在的なもの」(das Unseiende)と「超存在的なもの」(das Überseiende)と区分けして、「反存在的なもの」を「妥当するもの」(das Geltende)とおくわけである(12)。要するに、「有る」ということから明瞭に分離した方向性において、〈価値〉の領域を純粋に構築することを求めたのである。たしかにリッケルトがのべるように、「価値の概念の方がより包括的である。妥当は常に価値の妥当を意味するが、すべての価値が妥当するわけではない」(13)。しかしながら、価値が妥当するという本質を示すことによって、すべての「有る」を洗滌しようとする視点は、新カント派の価値哲学の礎石ということが出来るであろう。かかる視点が本質論的に呈示される限り、〈価値〉というものがあらゆる〈存在〉領域から純粋に分離されることがもとめられざるをえなくなるのは、あまりにも当然な帰結なのではなかろうか。

以上のような本質論的な識別をより明確に判断論ないし認識論でうちかためたのが、第二の筋立てである。それは、要するに、分離説の立場を価値判断と事実判断ないし存在判断と明確に区別することによって示すやり方である。この第二の視点は、今日においても、分離説をささえているもっとも基本的な観点だといっても決して過言ではないであろう。分析哲学的な理論の多くはこの方向をより厳密に仕立て上げようとし、その意味においても、おのずから、カントと新カント派はその先駆的系譜を示しているわけである。「哲学とはなにか」という、あの有名な論考において、価値判断こそ哲学の対象なのだと宣言したヴィンデルバントは、先駆的であるからそれだけ単純明解に次のように主張する。「われわれが自らの洞察を表現するすべての命題は、表面上文法的に同一ではあっても、二つの厳密に区別されるべきクラスにわけられる。判断と価値判断である。前者においては二つの表象内容の結合があらわされ、後者においては価値判断する意識と表象される対象との関係が表現される。〈このものは白い〉という命題と〈このものはよい〉という命題との間には、この二命題の文法的形式は全く同一であっても、根本的な区別がある」(14)。いまはこのような単純な識別の仕方で満足するものは誰もいないにちがいないが、価値判断と事実判断等の根本的分離をもとめる立場は、どれほど精巧な議論をねりあげるにせよ、依然として、新カント派的な〈原型〉にのっとっているといっても、決して言いすぎではないであろう。その後、リッケルトやラスクが判断論にまず全力を投入したのも、そのためであった。

かかる判断論ないし認識論からまた当為の問題が重要な意味をもってたちあらわれてくるが、この点が第三の視点ないし筋立てにかかわるものである。判断論はさらに限定づけられて、「すべし」と「ある」の根本的相違をめぐる観点から、〈価値〉と〈事実〉の分離を基礎づけようとする。それは、今日においても、「べし」は「ある」から導き出すことは出来ないという仕方で、極めて強固な立場を築いている。なんと多くの言語分析的な論考が、この立場の強化のためにささげられたことであろうか。とすれば、この第三の視点においても、新カント派の分離説は〈原型〉的な意味合いを形作っているといってもよいであろう。もちろんリッケルトも強調するように、価値の概念は当為の概念と一致するわけではない。当為はむしろ、多くの価値がわれわれの関心にかかわったりわれわれに態度をとらせたりする特殊な方法であるが(15)、当為が存在ないし事実から導き出されないという視点は、分離説の強固な根拠でありつづけているのである。

以上のようにみてくると、〈価値〉をまもるために〈事実〉〈事象〉〈存在〉を分離しようとする論の道筋は、一般的な名称で言えば、形而上学、論理学、認識論、意味論など、多くの局面にわたて相互にふかくかかわり合いながら、新カント派的な分離説の〈原型〉をとどめつつ、今日にいたっているということができよう。このような全線にわたって強力な議論が結集されていることを表面に押し立てながら、裏側では、すでに指摘したように、立場は正反対なのだが、〈事実〉のために〈価値〉を分離する科学主義ないし客観主義的な立場から、さらには、〈存在〉あるいは〈実存〉のために〈価値〉を分離する実存主義的な存在論の立場までをふくめて、逆からの補強がなされることと相まって、ますます分離説はその正当性を主張し、同時にまたその正統性をうちかためるかに思われるにいたったのである。だがはたしてわれわれは、そのような正当性ないし正統性をそのままうけいれざるをえないのであろうか。

たしかに、いま論じて来たような三点をまとめられる筋立ては、それ自体において全面的にあやまっているわけではない。もし全面的にあやまっているとしたら、それこそ率直にいって、これほどの自己主張的な正当性がそのまま通るわけはないといえよう。だが、一般的にいって、分離は非分離の事態が前提にあるからこそ、その分離が強力に主張されざるをえないのであり、また分離してしまえば、その後には両者の深い連関なり統一が問題とならざるをえないであろう。つまり、分離が正当化されるからこそ、かえって、分離以前と分離以後の全視野がうきぼりにされざるをえないのである。だから、その正当化も、また多くの正当化の場合と同様に、ある根本的なトリックをつかって、部分的な正当性をもって全体へと押しおよぼし、あたかも全体的な真理であるかのように思わせているといわざるをえない。では一体、そのトリックとはなんであろうか。

分離説のトリック

分離説のトリックはあまりにも明白すぎるために、かえってみんなに気付かれないで、それこそ根本的なトリックの役割をはたしているように思われる。〈価値〉のために〈事実〉〈事象〉〈存在〉などを分離する分離説は、まずはじめに〈価値〉を〈事実〉や〈事象〉などから切り離しておいて、その切り離されてしまった両者を出来るだけ印象的にみんなの前に示して、なんと相互に異っているかを確認させる、すばらしいショーのようなものではなかろうか。その確認の見せ場が、あの相互に深く連関する三つの観点にほかならない。両者をきりはなしておいて、どうしてこの〈価値〉が〈事実〉や〈事象〉のように存在したり生起したりしているでしょうか、ただ妥当するだけではないでしょうか、〈このものは白い〉という〈事実〉判断がどうして〈このものはよい〉という〈価値〉判断を含んでいるでしょうか、〈ある〉という〈事実〉からどうして〈べし〉という〈価値〉が出てきますでしょうか、というわけである。だがこのような言い方はすべて、はじめに〈価値〉と〈事実〉や〈事象〉などを分離した上でおきてくる問題なのである。トリックというものは普通その〈はじめ〉に仕組まれているのであり、だからその〈はじめ〉の仕組みを見破らないと、完全にひっかかってしまうのである。

〈価値〉をとりさってしまった、ただの〈事実〉や〈事象〉をみなの前に示して、両者はあきらかに分離されてなんとはっきりと異っているではないかということは、本来ならこんなみえすいたトリックはないのだが、あまりにもみえすいているからかえってその〈自明な〉トリックに全く気付かずひっかかってしまうのである。〈価値〉と切り離してただの〈事実〉や〈事象〉をとり出すこととは、なにも特に人為的な操作など必要とはしていない。いわば魔術師が意識的にトリックをかけてやらなければ出来ないというのではなくて、全く〈自然に〉おこなわれる事柄なのである。実際、人間の成長過程において、いわば正常な知覚体制が出来上ってくることは、要するに、〈価値〉をとりのぞいて〈物〉をたんなる〈物〉として把えられるようになれることを意味しているからである。

たとえば、周知のように、J・ピアジェは、子どもの知的発達を六段階にわけて定式化しているが、生後六ケ月から二歳ぐらいまでの時期を示す第三段階において、感覚運動的知能がほぼ完成するという。その段階における知的発達の基本過程は、四つのカテゴリー——対象、空間、因果、時間——の構築で特徴づけられる(16)。そのカテゴリーはいまだ思考の概念のカテゴリーになっていないが、行動的なカテゴリーで、たとえば、自分がヒモ〈物〉をひっぱると鈴〈物〉がなるというように(17)、〈物〉が〈物〉として〈対象化〉し、その物と物との関係が〈空間化〉されて、〈因果的〉に〈時間〉の系列のもとで〈事件〉がおこることを、正しく知覚するにいたるのである。その後知能の発達とともに、ますます〈物〉と〈物〉との関係が客観化されて概念的にも把握されうるようになり、極めて〈自然な〉形で〈価値〉が〈物〉の関係から取り去られて、ただの〈事実〉や〈事象〉を知覚出来るようになるのが、まさしく正常な知覚体制の形成にほかならないのである。

以上のようなわけで、分離された後の〈価値〉と〈事実〉を人々の正常な知覚体制の前にあらためてつき出して、分離説は自らの分離の正真正銘の正当性を確認してもらうのである。だからこんなみえすいたトリックはないのだが、このトリックを見破るには、自らの正常な知覚体制に対して反省をおこなうような、逆のむづかしさがひそんでいる。

リッケルト自身はそのトリックを十分に知っていた。だからその〈自明な〉トリックには全く気付かない様子で徹底的に価値の世界を分離して描き上げたあとで、こんどは平然とその種明かしをやるのである。まず〈価値〉と〈存在〉との分離をあきらかにしたのであるから、当然、分離した両者の結合が問題とならざるをえない。それをリッケルトは、内在的意味の中間領域、つまり、妥当するものと存在するものとの間にある第三の国として、〈価値〉と〈存在〉との結合を説こうとするのである(18)。つまり、二つの世界の結節点(19)を説き明かそうというわけである。そして、そのところで、次のように述べることによって、はっきりと種明かしをやってのけている。「この中間領域は直接に見出さるべきなのである。厳密にいえば、われわれは、直接に見出されたものを、価値と現実存在（Wirklichkeit）の統一として理解するようにもとめねばならない。……それ故、このもとめられた統一は未知でもあたらしいものでもない。それはまさしく、われわれのもっとも近くに横たわっている。一方では、客観化された、没価値的に考えられた現実存在、他方では、実在的なもの（das Reale）から切り離なされた、妥当する価値、そのいずれよりもより近くに横たわっているのである。……その限り、われわれがいま第三の国として示した領域が、実は〈第一の〉国なのである」(20)。

なんとはっきりとリッケルトの価値哲学の倒影図がうつし出されていることであろうか。まさしく第三の国こそ第一の国であり、直接にわれわれが体験している世界である。そこにおいては、〈価値〉と〈現実的なもの〉（das Wikliche）とはなおいまだ分離されてはいない(21)。したがって、その分離によってはじめて、妥当する価値の世界と没価値的に考えられた現実存在の世界が成立するのである。にもかかわらずリッケルトはまったく逆にまず分離の正当性を主張して価値の王国を築き、その後ではじめてその被分離項の統一へと説きすすむのである。このさかさまの道を哲学的に正当なものとして強行したのは、結局、分離説のトリックをリッケルトが意識的に用いたからにほかならないといっても過言ではなかろう。だがリッケルト自身によってその種明かしがなされてしまっている以上、われわれの行き方は、どうしてもリッケルトの道筋をさかさまにして、率直に価値事象にむき合うしかないのではなかろうか。

言為論（pragmatics）(22)的生活世界から

〈はじめ〉のトリックを見破ることは、リッケルトの種明かしが示すように、〈価値〉と〈事実〉ないし〈事象〉〈存在〉などとがなお分離されていない事態を直視することである。それは、すでに指摘したように、正常な知覚体制に対する反省を必要とする意味で、さらに根本的に問いかえせば、哲学的営為の出発点としてニヒリズムの根本的懐疑を通して開示さるべきことである。

ニヒリズムの根本的懐疑がつきつめられていく時、すべてが〈反価値〉や〈無価値〉の地平に組みこまれていく。とする時、われわれひとりひとりが日々生きている生の営為はまったく〈無意味〉なものにうつり、自らの生をニヒルに帰せしめることがのぞまれる〈意味喪失〉の限界状況にいたるであろう。だがその時、よく言われるように、ニヒリズムなのだから一切の価値が剝離して、この世界は〈価値〉などに全くかかわりのない、たんなる〈事象〉の世界にすぎなくなると考えるとしたら、これほどのあやまりはないであろう。すべてのことが〈価値〉などない、単なる〈事象〉として、いわば硬質な世界に定着されるなら、それはニヒリズムどころか、反価値―客観主義以外のなにものでもない。むしろ事態は逆なのである。ニヒリズムの根本的懐疑がつきつめられて〈無意味性〉の限界状況にたちいたる時、〈にもかかわらず〉、われわれが日々の生活世界に生きている限り、われわれの〈なす〉すべてのことが〈価値〉にかかわり、〈価値〉に出会い、〈価値〉におそわれ、〈価値〉からのがれられない仕方で〈なされ〉〈生起する〉〈原〉生活世界の真只中に、ひとりひとりがたたざるをえないのである。ニヒリズムの根本的懐疑を通してこそ、根本的な意味で、〈価値〉と〈事実〉ないし〈事象〉〈存在〉などとが分離されていない事態を直視することが可能となる。だが、すでに論じたことでもあるので、哲学的営為の出発点をなす根本的懐疑についてはこれ以上論ずるのをさしひかえて[23]、さきにあげたヴィンデルバントが示したもっとも単純な手掛りから考えていくことにしよう。このような単純な例ではいまやおさまりがつかないであろうが、論の連関上やむをえまい。

　ヴィンデルバントは単純明解に〈このものは白い〉が事実判断で、〈このものはよい〉が価値判断だと区別した。彼自身も強調していたように、両者の文法的な形は同一である。単数、直接法、能動態、現在形の平叙文である。だが〈このものは白い〉は事実確認の文で事実判断を示し、〈このものはよい〉は評価文で価値判断を示すというわけである。たしかに両者を分離することだけをもとめる立場にたてば、このように分割すればことたりるかもしれない。だがこのような文も、言為論的状況における、それこそアクチュアルな言語行為として、そのテキストとコンテキストの関係において考えれば、かかる分離というものがはじめから固定的に成立しているものでないことは、今日、J・L・オースティン、J・R・サール以来の哲学的言語行為説と、いまや精力的に追求されている言語学的言語行為説の成果から、極めてはっきりとしているのである。いま、D・ヴンダーリッヒの言語行為説の態度類型（Positionstypen[24]）をかりて一寸反省してみるだけでも、このような単純な区分がなりたたないことはあきらかなのである。

　簡単に言って、〈このものは白い〉という文が事実確認文であり事実判断とみられるのは、その命題態度の類型を示す機能子からみれば、要するに、認識的機能子（epistemische Funktoren）によって、その事実認識のいわば真偽が問われる場合にすぎないのである。〈このものは白い〉という表現が、評価的機能子（evaluative Funktoren）なり規範的機能子（normative Funktoren）なりによってあらわされることも、十分に可能なわけである。また時には、選択的機能子

(präferentielle Funktoren) なり期待的機能子 (expectative Funktoren) なりをもって示されるかもしれない。もちろんそうだとすると、その命題態度を示す機能子にあわせてもっと明瞭な形の文、たとえば感嘆文なり願望文なりというふうにはっきりとあらわすべきだ、と反論する人があるかもしれない。だがそれこそ、言為論的状況を捨象してしまって、文形式がはじめにあるという錯覚ないしトリックにとらわれている議論と言わざるをえないであろう。

そこでこんどは逆に、〈このものはよい〉という文が評価文として価値判断だとみられるのは、基本的にみれば、評価的機能子によって考えられている場合にすぎない。だから時には、認識的機能子によってあらわされることも十分に可能なのである。その時には当然、美しい花があるという事実認識ないしは事実確認の真偽がとわれることとなる。また同じ価値判断だといっても、信念的機能子 (doxastische Funktoren) なり意図的機能子 (intentionale Funktoren) さらには動機的機能子 (motivationale Funktoren) によってさえ表現されるかもしれないのである。以上は、態度類型をかりて一寸反省したわけであるが、発言相伴類型 (illokutive Typen (25)) にそっていろいろと反省してみることも出来ることは言うまでもない。しかし今は余裕がないので省略する。そこで、もっと端的に且つ自由に考えて、〈このものは白い〉という文をいろいろと変形してみてもよい。〈このものは白だ〉、〈このものは白でございます〉〈このものは白く輝いている〉〈このものは凍るような白さだ〉〈このものはなんと白いのだろう〉等々。いくらでも多様につくり出すことが出来よう。ということは、要するに、〈このものは白い〉という文も、それが発話されるコンテキストにもどして考えてみれば、決して一重の事実判断だけに固定されるわけではないことをあらわにしている。むしろ態度類型や発言相伴類型にともなわれて、幾重にもかさなり合ったテキストとして生起するのである。だから、出来上った形式の一文をまず形式的に固定して考え、しかもそれをもとにして分離を確認させようとすることは、ここにおいても当然、〈はじめ〉のところにトリックを仕組むことにほかならないといってよいであろう。このような固定化は、本来的には、言為論的状況における、その都度のアクチュアルな言語行為というものを捨象してはじめて成り立つものであるのに、その点を全く知らぬ顔の半兵衛をきめこんでいるからである。しかも、この固定化は特に人為的な操作が強力になされておこるというわけではなく、ここでもまた人間の知的発達の自然な成長とともに〈自然に〉おこなわれるところに、このトリックが極めて〈自明的〉であるが故にかえってまったく気付かれずに人々をその網にとりこんでしまう所以がひそんでいる。このことはすでに分離説のトリックについて述べて来たことからもおのずから了解されることであろう。

以上のようにみてくる時、「ある」から「べし」は導き出すことは出来ないという言い方で示される場合についても、全く同じように、言為論的生活世界から考えることによって、その分離以前の前提を直視することが可能になるにちがいない。この点についてては、価値と事実の二分法という呪物信仰(26)を批判したJ・L・オースティンの考えをうけて、J・R・サールが極めて挑戦的に「ある」から「べし」を導出すると逆提案をおこなったところである(27)。だが、J・サールの考え方が「ある」と「べし」とを分離した上で「ある」から「べし」を導出するというならば、それは分離説のうらがえしであって、実は同じトリックに気付かずにひっかかっている誤りをおかしていると言わねばならない。「ある」と「べし」との分離を前提とした上で、「べし」を「ある」から導出出来ないという立場と導出出来るという立場は、このあやまれる前提を共同している点で、実は同じ穴の狢だからである。問題は、すでにあきらかにしてきたように、「ある」と「べし」が決して分離されていない事態に率直に向き合うことである。この分離以前の事態から「べし」も「ある」も導き出されるのである。その事態を開示することこそ、言為論的生活世界から出立しなければならない所以なのである。

価値事象の開示

生活世界は、A・シュッツが強調するように、人間の行為と思考を理解し説明しようとする諸科学がまず前提とすべき、人間にとって自明な前科学的な現実性にほかならない(28)。シュッツは、日常的生活世界ということで、成長したノーマルなひとが、問題なく付与されている常識の立場で見出すところの現実領域が理解さるべきだという(29)。だがこの現実領域をはじめから「ある」の世界だと考えるとしたら、それこそ根本的な誤りをおかすこととなる。たとえ生活世界に注目しても、それでは同じ分離論のはじめのトリックにひっかかってしまうのである。

生活世界は本来行為の領域であり(30)、はじめから相互主観的である(31)。私流に言えば、〈横超〉主体的な世界なのである(32)。この世界においては、まずはじめに直視すべきものは、〈価値〉と〈現実〉の分離ではなく、いまだ分離されていない事態でなければならない。「ある」と「べし」、「事実判断」と「価値判断」「存在」と「妥当」などがいまだ分離されていない事態に率直に向き合うことなのである。この分離されてない事態を総称して、わたくしは〈価値事象〉とよぶ。したがってわれわれは、この言為論的生活世界において率直に〈価値事象〉に向き合って、その開示をまずもとめることになるのは、自然の帰結であろう。今はその実質的な検討に入る余裕が残ってはいないので、その道筋だけをあきらかにするにとどまらざるをえないが、それでもなお極めて根本的な問題がひそんでいるといっても過言ではない。

ここまでわたくしがおこなってきたことは、ある意味において、価値と事実の二分法という呪物信仰を批判したJ・L・オースティンの考え方をうけて、その二元的分離説の問題性をあらわにして、分離以前の事態に率直に向き合うために言為論的生活世界から出立せねばならないということであった。そこで、誤解されたり反論されたりしそうな基本的な点を反省することを通して、そこから価値事象の開示の道筋の出発点をあきらかにしてみよう。

まず第一に、価値と事実の二元論呪物信仰を批判し分離説の問題性をあらわにしたからといって、〈価値〉と〈事実〉〈事象〉〈存在〉などとがいつでも分離可能であることを否定することではないという点である。それは、いままで述べてきたことからも十分に了解していただけることと思う。しかも繰返しのべたように、その分離可能性は、特に人為的な操作を与えねばおこなわれないというのではなくて、正常な知覚体制の形成を通して自然な形でおこるのである。だから、正常な知覚体制に対する反省というものをぬきにしているとかえって、逆にその分離の方がより自然で自明なことのようにみえてしまうわけである。実際そのような点こそ、〈はじめ〉のトリックそのものであったのである。それ故に、価値事象を開示せしめるためには、まず第一に、正常な知覚体制というものがどういう仕組でその分離をおこなうかを問いかえして、そのような分離のからくりを示すことによってはじめて価値事象の開示がなされうる所以をあきらかにしなければならない。価値事象の開示の道筋が知覚問題とふかくかかわって具体的に問い出されていかねばならない所以である。

第二に、〈価値事象〉から〈価値〉が開示される、いやまず〈価値事象〉として〈価値〉が開示されることを主張する時、二つの反論がいわば裏腹になって出て来るのではないかと思われる。一方では、それならば〈価値〉と〈価値事象〉とははじめから同類項におかれているにすぎないではないかという反論であり、他方は逆に、同類項でないならば両者はまた根本的に分離され異なったものでなければならないのではないかという反論である。この反論にこたえるには、結局、〈価値〉というものを〈価値事象〉の相においてあらわならしめるための基本的な図式を必要とするのであり、いずれあきらかにするように、価値事象の開示の道筋が根本的な価値論的図式のもとでおこなわれざるをえない所以が存しているのである。

われわれがいままで〈価値〉という表現を用いる時、ある代表的な例(33)からもおのずから推測されるように、よいものの「よさ」の総称というような常識的な先入見にあまりにも安易におんぶしてきてしまったのではなかろうか。その他どのような価値概念の定義でも、案外、そのような安易さにつきまとわれているように思われてならない。価値‐アプリオリズムであった新カント派でさえ、すでに十二分に〈価値の両極性〉をおさえていたのである(34)。そのような基本さえぬけおちてしまうような、常識的な先入見に常につきまとわれているところに、価値論が、人生いかに生きるべきかというような人生問題に対する哲学的な代替物であるかのようにうけとられてきてしまった所以が存しているように思われる。〈価値〉と〈価値事象〉とが同類項であるか否かというような反論も、そもそもいままでの常識的な先入見の読みこみからおこるものであることを示唆してはいなかろうか。〈価値〉といっても、それは、価値論的図式のひらく包括的な視野においては、根本的に〈価値事象〉とともに生起せざるをえないのである。つまり、〈価値〉と〈事象〉とが分離して異っているのだとはじめから言われるような仕方で、〈価値〉が把えられない所以が本来的に示されるのである。しかもその視野は、すでにあきらかにしてきたように、まず言為論的生活世界のうちから開かれている。価値事象の開示がそこから具体的に展開される所以は、いまや理の当然な帰結なのではなかろうか。

2　価値事象への道――生活世界の底へ

一　現象学の限界

いかにして価値事象がそのゆたかさにおいてたち現われてくるかについて、出来うる限りの照明をあたえるために、哲学思考の展開における一つの端緒にまず反省のひとみをめぐらしてみようと考える。それが現象学にほかならない。現象学は極めて多義的であり、したがって十把ひとからげという形で論ずるのは問題であろうが、しかし、その基本をおさえて問いかえす限り、あまり大きな誤りをおかすこともないのではないかと思われる。

『哲学の転換』という注目すべき題名の論文集を刊行したK・アーペルは、そのなかの一論考において「意識分析としての認識批判」から「言語分析としての認識批判」への転換のポイントは、次の点にあると指摘する(35)。それは、真理妥当の問題自体が、もはやデカルト的な意味での孤立した意識に対する明証性や確実性の問題ではなく、また、カント的な意味における意識一般にとっての客観的な(その限りで相互主観的な)妥当性の問題ではなくて、第一義的に言語的(議論上の)了解にもとづく相互主観的なコンセンサス形成の問題とみなされる、ということである。このような見方には、もちろん、アーペルの立場が色こく反映していようが、しかし、二つの基本的な意味あるいは方向性に限定してみる限り、十分にメタ哲学的な妥当性を開示していよう。その第一は、〈近代〉哲学の枠組を〈意識〉の優位化において定位し、それ故に、そののりこえの方向性を示唆していること、その第二は、哲学思考の現状状況において、〈言語〉が媒介的であると同時に中心的なテーマとして位置づけられていることである。

このような方向性がどのようにうけとめられて今後に展開せしめられていくかについては、今は問うまい。実はこのような方向性が、すでに現象学において特にメルロ＝ポンティの現象学においてほぼ明確にみてとられていたと考えられるとともに、しかしそれが現象学の限定のなかで問われたがために、それ自体の限界を露呈してしまっている事態に、われわれは注目したいのである。それはまず、メルロ＝ポンティの現象学の第一の方向性が〈近代〉哲学の枠組を明確に相互主観性においてのりこえようとした点にあった。そして、第二の方向性は、かかる第一の方向性を言語に大きな役割をあたえることによって示そうともとめているからである。だが、それは逆からみれば、それほどの方向性を提示しているが故にこそ、わたくしにはその限界がかえって浮きぼりにされるように思われるのである。その限界性を基本においておさえるとすれば、結局、現象学の、そもそものもとであり端緒である〈現象〉というものの把え方に、問題がかかってくるのではなかろうか。現象学的還元というポイントは、要するにかかる哲学思考の展開の道筋（方法）であるから、いまのわれわれにとっては二次的な問題にすぎないのである。いまわれわれが問題にしようとしていることは、現象学が、〈近代〉哲学のいわば〈意識〉枠組をのりこえようとする方向性が正しく開示しているにもかかわらず[36]、その哲学思考の展開が〈現象〉という端緒において開かれざるをえなかったところに、限界ぎりぎりのところにまで押し進みながら、それをこえるにはむしろ逆に〈現象〉という端緒がどうも邪魔をしてしまったのではなかろうかという点なのである。実際、この点に関連づけて言うと、この哲学思考の端緒という基本に限定して言えば、ということは現象学の展開の方法や過程そのものをすべて括弧にいれてしまうと、いわゆる分析哲学系の理論としての現象主義もまた、〈現象〉をその思考展開の端緒におくことによって、現象学と同じような限界を露呈していると言える[37]。それは、別の視点から言うと、メルロ＝ポンティがいかにのりこえるかに悪戦苦闘した独我主義へとわれわれをふたたびつれもどすことを意味している。実際、メルロ＝ポンティは相互主観性をめざしながら、独我主義をはたしてのりこええているかどうか、依然として疑問がのこるのである。それは、少くとも〈現象〉を哲学思考の端緒に位置づける限りは、むしろ本来的に〈のりこえ不可能な問題〉とさえ言うことも出来るのではないであろうか。先に一寸言及したK・アーペルも、いかに独我主義が〈近代〉哲学にとって根深いものであり、そののりこえのためには、根本的な見方の転換が必要かを説くのも、そのためなのである(38)。それはともかくとして、われわれは、〈現象〉という端緒がいかなる仕方において問題的であるかを考えてみることにしよう。

ハイデガーは、現象学を語るには、まず予備的に〈現象〉と〈ロゴス〉をあきらかにする必要があると考えて、その哲学叙述においても、ほぼその端緒に位置づけている。もちろん、哲学思考の端緒は哲学叙述の端緒ではないし、むしろそうでない場合の方が普通であろう。しかし、現象学の場合には、まさしく〈現象〉がまず問われるべきものであるので、ハイデガー、サルトル、メルロ＝ポンティと、その各々の代表的な著作において、哲学思考の端緒が同時に哲学叙述の端緒とかさなり合っていると解されるのは、十分注目に価するように思われる。しかし、その点についてはこれ以上問わず、〈現象〉が哲学思考の端緒として定位されることによって、どのような事態があらわにされるかを問い出してみよう。

総括的に言って、現象学は、主観性ないし主体性の〈近代〉哲学の枠組をのりこえる方向性を明確に目指しており、それがいわば存在や世界への超越の試みにほかならないのであるが、どうしてもこの哲学的思考の端緒が、まずそこにある人間存在の存在了解なり知覚なりを手掛りとして出発せざるをえないところに、一種の自己背反的な立場にまきこまれてしまうように思われる。つまり、目標の方をつよく押出すと、出発点の方はむしろ否定的な媒介にすぎなくなり、逆に出発点の方を積極的に肯定すると、一種の現象主義みたいになって、目標の方がかすんでしまう。そのような背反に直面しつつ開かれた二つの典型的パターンが、ハイデガーの道とメルロ＝ポンティの道である。その出発点を大切にして、いわゆる所与により直接する現象学的分析を深めればふかめるほど、既に一寸言及したメルロ＝ポンティの場合には、超越へといたる道は知覚からの道をいかにふみこえるかの苦闘をたたかわざるをえなかったし、ハイデガーの場合には、存在へといたる道の仕掛けを、あらかじめそのはじめの現象の把え方そのもののなかにうめこんでおくということにならざるをえない。それにもかかわらず、現存在分析の基礎的存在論から存在の思索へといたる道は、まっすぐには通じておらず、一種の転向がもとめられざるをえなかったのではなかろうか。ハイデガーとメルロ＝ポンティの道に対して、サルトルはそのいわば中間の道を強引に突破しようとし、この三者と対比してはあまりにも地味ではあるが、E・フィンクは内部世界ではなく世界そのものへとつきぬける道を模索する。そこで、あらためて、かかる哲学的思考の端緒にこめられている問題性を、その各々の在り方においてふりかえってみよう。

ハイデガーにおいては、ドイツ語「フェノーメン」（現象）という概念は、本来的に、ギリシア語に由来する。本来的にと言ったのは、単に語源的に考えられるというようなことではなくて、ハイデガーの「現象」の把え方自身を規定するという意味である。もう少し分り易く言うと、この「フェノーメン」はドイツ語の「エアシャイヌング」（現われ）とは本来的にちがうということであり、どこまでも「現われ」からは考えていかないところに、ハイデガーの「現象」の把え方の基本があり、「現象」の本来的な現象学的概念をむしろ「存在」へとうつしかえてしまう仕組がかくされているのである。その意味で、「現われ」から出発しようとする、彼以後の人達とは、その端緒をさえ基本的に異にしていると言っても過言ではないのである。「現象は決して現われではないが、あらゆる現われは現象に依拠している」(39)。

さて、ファイノメノンというギリシア語の名詞は動詞ファイネスタイに由来するが、ファイネスタイは「自己を示す」という意味であるから、その名詞たるファイノメノンは「自己を示すもの」「自己示現者」「あらわなもの」を意味する。また動詞のファイネスタイは、「白日にさらす」「明るみに出す」の意であるファノーという動詞の中動相である。ファノーはファという語幹に属しているが、同じように、光、明るさ、換言すれば「あるものがそのなかであらわになり、自分自身において見られるようになりうるもの」を意味するフォースも、この語幹に属している。だから、フェノーメンという表現の意義として固持さるべきことは、「自己を自分自身において示すもの」「あらわなもの」という意なのである(40)。「諸現象」のギリシア語のファイノメナは「白日のもとにあるもの、あるいは、明るみにもたらされるものの総体」であって、ギリシア人は時には、このようなものを単純にタ・オンタ（存在者）と同一視した。

周知のように、ハイデガーは、ギリシア語のオンに、ギリシア人自身にとってはほとんどはっきりと把握されていなかった二重性をよみとることによって、彼の哲学的思考にとっての根本的前提ともいうべき、存在者と存在との存在的―存在論的差異というものに着目する。この前提と深く照応し合うが故にこそ、以上のべてきたような、ギリシア語に本来的に由来する現象の概念が、決して現われのそれではなくて、まさしく存在へと志向しつつ、彼の現象学の在り方から、あらたなる本質的な意味合いをおびるにいたるのである。

ハイデガーにとって、現象学という表現も、やはりギリシア語に本来的に由来して、レゲイン・タ・ファイノメナであり、しかも、レゲインとはアポファイネスタイのことであるから、現象学はアポファイネタイ・タ・ファイノメナということになる。つまり、形式的には、「自己を示すものを、それが自己を自己自身から示すように、そのもの自身から見させること」を意味している(41)。そしてより規定的に言うと、諸現象「について」の学というものが意味することは、この学の諸対象に関して究明されるすべてのものが、直接的提示と直接的証示において論じられなければならないように、それらの対象を把握することである。記述的現象学という表現も、同じ意味にほかならない。「現象学」が規定されることによって、現象の現象学的概念が通俗的な概念に対してはっきりとうけとめられることがもとめられる。

そもそも現象学が「見させる」べきものは、なんであるのか。特別の意味で「フェノーメン」とよばれねばならないものは、なんであるのか。その本質からみて、必然的に、明白な提示の主題となるのは、なんであるのか。それは、さしあたっては、かえって自己を示さないもの、かくされているものであり、このようなものは、あれこれの存在者ではなくて、まさしく存在者の存在なのである。存在者の存在は、その存在が忘却され、その存在とその意味とに対する問いが忘れられてしまうほど、広くかくされていることもある。それ故に、際立った意味において、つまりそのもっとも固有な事象内容から、現象となることをもとめているものを、現象学は対象として主題的に「掌中にした」というわけである。ハイデガーは、現象学の対象たる現象を存在者の存在という彼独自の問題の立て方へとひきこむことによって、彼の哲学的思考の端緒をたくみにねり上げたということが出来よう。「現象学は、存在論の主題となるべきものへと近づく通路様式であり、かかるものの証示的な規定様式である。存在論は現象学としてのみ可能である。現象の現象学的概念は、自己を示すものとして、存在者の存在、その存在の意味、その存在の諸変様や派生態を意味している」(42)。

かくして、ハイデガーの本来の現象学的な意味における現象は、存在をなすものだけであるが、しかし存在はその都度存在者の存在であるので、存在をあらわならしめることをめざすには、まえもって、存在者自身の正しい提示が必要なのである。端的に言って、現象は存在として存在者によってかくされているものであるが、存在の開示はその現象そのものをそれ自体においてあらわならしめるために、存在者という邪魔物を取り払わねばならない。しかしながら、存在はどこまでも存在者の存在であるが故に、その邪魔物の取り払いは、存在者の正しい提示、つまり存在者の現象学的分析によるしかないというのである。それは、言うまでもなく、存在者のなかでの、存在的かつ存在論的に際立った存在者である現存在の分析であり、ここに、ハイデガーの基礎的存在論の構想がはっきりと読みとれることになる。この構想は、存在を自己示現せしめるために、むしろ存在をかくす存在者を手引きとするという、一見パラドクシカルな事態によって開かれるが、それをなりたたしめる仕掛けは、現われではもちろんなく、存在者という通俗的な現象概念ではなくて、現象の現象学的概念の設定のうちにある。その意味で、存在へといたる道が、哲学思考の端緒において、「現象」の把え方そのもののなかに仕掛けられているわけである。

以上、ハイデガーの〈現象〉の把え方を簡単にあとづけてきたが、それだけでも、その把え方が彼の哲学思考の展開にとっていかに根本的であり、また、その端緒をたくみにきりひらくものであるかは、極めて明瞭であろう。彼の哲学思考が現象学としてのみ存在論を展開せしめるという所以は、要するに、現象とは自己を示すものとしての存在者であるというギリシア的な意味をうけとめながらも、彼にとっての根本テーゼである存在者と存在の根源的な差異にもとづいて、本来的な意味での現象をかくされている存在の側へと移しかえて、その示現をもとめるからであった。端的に言って、ハイデガーの哲学思考は存在／存在者という二項的対比構造において存在の項に本来的な現象を定位することによって出立する。その意味で、ハイデガーのねらいが極めて自覚的に主観性ないし主体性の哲学としての〈近代〉哲学の枠組をのりこえようとしていることは明白である。だが、存在／存在者の二項的対比構造において、存在の項の優位化をもとめて、本来的な現象を存在の項に移しかえることによって、存在への道を明確に方向化しえたとしても、存在はどこまでも存在者の存在であるが故に、よほど存在者を否定的なものに位置づけない限りは、ハイデガーの方向性は足許をすくわれて、存在者の項へと逆にゆりもどされはしないであろうか。実際ハイデガーにとって日常的な存在者は極めて否定的なものとして位置づけられるが、そのダス・マン的レベルを自覚的にのりこえていわゆる本来的自己へとたかまる時、存在者は次第に肯定的な意味合いをふかめて、存在者の項の優位化さえおこりうるのではなかろうか。そうなれば、孤独な主観性や主体性の哲学へと逆転する可能性も十分にうまれてくるのではなかろうかと予想される。そのような疑問をいだいて、サルトルに目を転ずる時、それがなんら杞憂ではないことに気付く。

サルトルもまた、認識の優位に立つ〈近代〉哲学の枠組をのりこえるために、存在の優位を強調することは言うまでもない。しかも、彼はハイデガーの考え方を大いに学びとっていることは周知のことであるが、しかし、サルトルはハイデガーと異なって、現われ＝現象を哲学的思考の端緒に位置づけて、そこから出発して存在へといたろうとするので、即自存在のいわば歯止めを括弧に入れて考えると、どうしても、カント的な意味での主観ではもちろんないが、主観性そのもののなかにおぼれこんでいかざるをえないように思われる。というのは、意識の存在とは意識がどこまでも意識であることにほかならないのであり、意識はそれが現われる限りにおいてしか存在しないという意味で純然たる現われであるからである。「現われと存在とが意識において一つになっている」[43]。サルトルの場合は、端的に言えば、ハイデガーの場合のように、存在／存在者という二項的対比構造において、存在の優位化の方向性のうちに、現われではなく、本来的に現象を定位しようとするのではなく、むしろ逆に、現われから出発することで、存在／現れ＝現象という二項的対比構造において、この二項のふかいかかわりのなかから、現象の存在の超現象性にこたえようとするものということが出来よう。このように両者の二項的対比構造をメタ哲学的にとり出す時、ハイデガーの構図が存在者の方にかたむくならば、サルトル的な構図へときりかわる可能性は、いつに現われと現象の把え方にかかっているということが出来る。

二元論の解体をもとめるサルトルにとって、存在と現象の二元論というものはもはや哲学的な市民権をもたない。したがって、存在／現象という二項的対比構造というものを、二元論的な構造として固定化して理解してはならないことは言うまでもない。ニーチェのいうような〈背後世界の錯覚〉（ハイデガーも暗に言及していたが）から脱却すれば、当然、現われの背後にある存在や本質を信ずる必要がないわけであるから、存在するものの存在とは、それが「現われる」ところのものであるということになる。ここで、サルトルは、フッサールもしくはハイデガーの現象学にみられるような〈現象〉の概念に到達すると指摘しているが[44]、少くともハイデガーに関する限り、すでにあきらかにしたように、二元論の解体では共通していても、〈現われ〉の把え方では全く逆であることを見過してはならない。この点の把え方の根本的な差異こそが、ハイデガーの存在／存在者の二項対比構造とサルトルの存在／現象の二項的対比構造の相互転位をとく鍵なのである。現象は、それがあるとおりに、自らをあらわにする。それは、絶対的な意味で、自己自身を示すものである。それ故、可能態と現実態の二元性も消えてなくなるし、現象と本質の二元論も解体する。現われは本質をかくしているのではなく、それをあらわにしている。端的に言って、「現われが本質なのである」[45]。したがって、ある存在者の本質というようなものは、この存在者のもろもろの現われの連鎖の道理にしかすぎず、それもろもろの現われを結びあわせる紐でしかないのである。かくして、現われの本質が、もはやいかなる存在とも対立することのない「現われること」であるならば、この現われることの存在が、あらためて問題となってくる。

われわれがわれわれの存在論的探究において出合う最初の存在は、現われの存在である。とすれば、この現われの存在は、それ自身一つの現われなのであろうか。ここに、現われの存在と存在の現われ、現象の存在と存在の現象という問題に直面する。存在の現象と現象の存在とは同一なのであろうか。この問題を介してサルトルがもとめるものは、存在の二つの型、つまり、即自存在と対自存在の定立なのである。しかも、周知のように、この二つの存在、あるいは、存在領域は、権利上では交通不可能なものとしてたてられる。二元論の解体をもとめたサルトルにとって、逆に強化されてしまったこの大きな二元論の故に、存在/現象という二項的対比構造に対しても大きな屈折が生ずるのではあるが、今は問わないことにする。

さて、存在現象は、現象である限りにおいて、超現象的な根拠をもとめる。存在現象は存在を呼びもとめ、存在の超現象性を要求する。だからといって、すでに述べたように、存在は諸現象の背後にかくされているものではない。現象が存在するのは、現われとしての限りにおいてなのである。諸存在者はそれぞれの存在を根拠として意識の前に自己を示す。「存在者の存在の意味は、それが意識に対して自己を開示するかぎりにおいて、存在現象である」(46)。このような考え方のいわば裏付けを、サルトルは、一方は、対自存在への方向性において、つまり反省以前的コギトと知覚、一般的に、意識の存在において、他方は、即自存在への方向性において、つまりものの存在においてねり上げようとする。その際、すでにあきらかにしたように、意識は認識の優位ではなくその存在の優位によって把えられることによって、絶対者として「現われること」になる。それは、あらゆる他の現われがそれに対してあらわれる存在なのである。だが、他方、意識の存在は、現われとしてのかぎりにおける現われの存在を根拠づけるには十分ではない。むしろ意識が巻きぞえにする存在として、現象の非意識的な超現象的な存在がもとめられる。それが、まさしく即自存在であり、存在はある、存在はそれ自体においてある、存在はそれがあるところのものであるというのが、現象の存在に帰せられる三つの特徴なのである。

以上のようにみてくる時、サルトルの場合には、なぜ〈近代〉哲学の枠組をこえることをもとめながら、意識の哲学へと逆流する可能性をつよくはらんでしまったかは、極めて明瞭であろう。その可能性への歯止めは、ハイデガーの場合には、どこまでも、存在と存在者の存在的―存在論的差異にもとづく、現象の現象学的概念にあった。しかし、サルトルは、その哲学思考の端緒を〈現われ〉におくことによって、その歯止めを即自存在のうちに仕掛けるしか道がなくなっしまった。しかし、サルトルにとって即自存在はまさしく余計なものではなかったろうか。だが、サルトルがそのために簡単に突破してしまった知覚の地平に、深い現象学的分析の楔をうちこんだのがメルロ＝ポンティであった。さきに、サルトルは、ハイデガーとメルロ＝ポンティとの、いわば中間の道を突破したとのべたのは、そのためであった。

　サルトルの主著と対比して、メルロ＝ポンティの『知覚の現象学』の刊行がわずか数年しかたっていないのに、そこには現象学の在り方を極めて冷静にみてとろうとする立場が示されている。だから、メルロ＝ポンティは、もちろんこの主著の意図が〈知覚現象〉に焦点をあわせていたことにもよろうが、まずはじめに〈現象〉の把え方を論ずるよりも、〈現象学〉の多義性あるいは多様性に注目する。しかもそれは、いろいろな問題のたて方において、一種の背反的な方向性さえ描き出している。しかし、だからこそ現象学を断念すべきだと諦めるのではなくて、われわれは自分自身のうちに、現象学の統一性と真の意味を見すべきであり、われわれにとっての現象学をこそ定着すべきなのだと、メルロ＝ポンティは提案するのである(47)。周知のように、メルロ＝ポンティは、〈自然的世界概念〉や〈生の世界〉を主題化した後期フッサールの見方をうけとめて、しかも、フッサールが創成期の現象学にあたえた、〈記述的心理学〉とか〈事象そのものへ〉というような指示が、なによりもまず科学の把えかえしであったことから出発する。

　今日科学があたかも真理を独占しているかのように考えられるにいたったが、科学的知識もわれわれの〈世界経験〉なしでは無意味であるし、科学の全領域も〈生きられる世界〉さらには〈知覚された世界〉のうえに構成されているのである。その意味で、科学は知覚された世界と同一の存在意義をもってはいないとさえいう。彼が知覚の現象学をその哲学思考の端緒にしてかつ核心に位置づけるのは、まさに必然的であるというべきであろう。〈知覚された世界〉まさしく〈知覚〉と〈世界〉とのかかわりが、「認識以前の世界」へとたち帰り、事象そのものへとたち帰ることを指示し、記述さるべき現象をまず開示しているわけである。世界というものは、われわれのなしうる一切の分析に先立っており、私のすべての思考や知覚のいとなまれる領野なのである。だから、常識や科学の独断論から脱却して、私が自己自身に帰るときは、私がそこに見出すのは「世界へと身を挺している主体」(48)なのである。だから、還元の問題も、反省が非反省的生活に依存していること、この非反省的生活こそが反省の基礎であることをおさえることによって、正しい意味を示すこととなろう。正しい哲学は「世界を見ることを学び直すこと」(49)という、あの有名な陳述がなされる所以である。これは、別の言い方をもとめれば、最初の哲学的行為は、客観的世界の手前にある〈生きられた世界〉にまでたち戻ること、ということになろう(50)。そこにこそ、まず現象学が記述すべき〈諸現象〉が存しているのである。すでに指摘したように、メルロ゠ポンティは、〈現象〉や〈存在〉をまず抽象的に問いかえす道をさけて、〈現象学〉の在り方を反省することと相関的に〈現象への還帰〉を説くのである。それが、序論において、古典的な偏見として、合理論と経験論という、二つの〈近代〉哲学の立場が徹底的に批判されることによっておこなわれるわけである。

以上のように、メルロ゠ポンティは、知覚現象の世界にお り立って、世界を見ることを学び直そうとする。このメルロ゠ポンティの道は、たしかに一つの典型的な軌道を描き上げたということが出来よう。その哲学思考は、世界の方へあるいは世界とかかわる身体―主体へと比重をかたむけることによって、主観生や主体性の〈近代〉哲学の枠組をのりこえようとする方向性を指示していることは、さきにあきらかにしたことである。だが、この道は、哲学思考の端緒が知覚現象に取りこまれることによって、彼が意図した、主観性から相互主観性をへて自由へといたる道を、サルトルとはむしろ逆のくりこみ方となってはいるが、極めて困難なものにしたと言わざるをえない。その核心をより簡潔に言えば、結局、私がいかに世界へと身を挺している主体であっても、現象への還帰は最後までこの私とともにめぐりめぐらざるをえないので、どのような意味であれ、「のり超えがたい生きられる独我論」(51)の陰影がふかくたれこめつづけてしまうからである。そこで、そのようにうけとめざるをえないとすれば、そののりこえの可能性は、やはり哲学思考の端緒にもどって、現象への還帰ではなくて、いわば現象からの帰還とも言うべき方向性にまさぐることがもとめられはしないであろうか。そのために、世界への方向性を、知覚へではなく、極めて身近な存在者の領域から出発して世界への超出として模索するE・フィンクの〈現象〉の把え方を最後に吟味しよう。

われわれが繰返しあきらかにしてきたが、フィンクも、思考の道はどこにはじまりどこにおわるかを、明確に問い出す。端緒と終り、出発と目標はあらかじめ規定されうるのか。このような問いに応えることは全く不可能ではないと思われるが、われわれはあきらかに出発点は知っているという。思考の道は所与のもとではじまると(52)。われわれは存在者の真只中にあり、われわれ自身もいつも存在者である。われわれは自然の事物にかこまれ、文化構成物にとりかこまれて、数や形を知っている。われわれ自身個々の現実的なるものであり、すべての現実的なものを結びつける大きな連関、因果編成のなかに立っている。しかしまた、われわれは可能的なこと、ファンタスティックなこと、空想的なことを知っている。無についての注目すべき思想さえもっている。われわれは存在するが、石や木や鷹のように、単に存在するのではない。われわれは、われわれ自身と他のすべてのものの存在にかかわっており、存在するすべてのものを包みこむ包括的な全体に関係している。われわれは存在了解において実存しているのである。そこにおいて、生命のないものやあるものの在り方、植物、動物、人間の在り方、人間の道具や制度の在り方などが区別される。このようなものすべてを、われわれは〈所与〉として見出すのである。この所与が〈フェノーメネ〉であるので、当然、哲学思考はつねに〈現象〉の領野から出発せねばならないわけである(53)。しかし、そのために、現象のうちにとどまりつづけなければならないかどうかは問題であり、その意味で、自己を示すものにただ密着しようとするだけの現象学のパトスのみでは、哲学ではないし、また存在への問いでもないと、のべている(54)。実際、フィンクが、哲学というものは、忘却された全体の知をふたたび想い出し、存在、真理、世界を問うことであると考えている以上(55)、それも当然であろう。それ故に、かかる構図のいわば枠組をあきらかにする営みとして、存在者、存在、現象、現われという問題をあらかじめより明確にすることがもとめられるのである。存在者の現われとはなんであるのか。存在の特殊な様式としての現われはなんであるのか。現われの存在様式とはなんであるのか。このような問いはおわりのない問いであろうが、むしろそれ故に哲学をその途上におくのである。

われわれ自身存在する限り、われわれはまたすでに存在の中にある。しかし存在は現象としての存在者よりもわれわれにより親しいが故に、われわれは存在を直接把握しえない。したがって、存在と現われの連関についての問いは、無媒介的に存在の現われへと飛躍することは出来ず、まずはじめに存在者の現われのもとで問いはじめられねばならない。フィンクもまた、現われを、しかも存在者の現われを、その哲学思考の最初の手掛りとしておくのである。そして、存在者はまずどこまでも所与として現象にほかならない。その意味で、彼が問い出すことをもとめるものは、存在、真理、世界なのであるが、その端緒におかれる現象問題の二つの中心は、存在者と現われであるということが出来る。その意味で、ハイデガーの影響をふかくうけたフィンクが、その基本的な枠組において、存在／存在者の二項的対比構造ではなくて、存在／現われの二項的対比構造に立っていることに、まず注目しておくことが肝要であろう。このような基本的な枠組の相異によって、ハイデガー的な道が変様をこうむるさまは、すでにサルトルにおいて考察したところであり、フィンクにおいても当然予想されるところである。

フィンクは、現われを、二つの意味で――〈アンシャイン〉〈外貌〉と〈フォアシャイン〉〈顕現〉――考える。あらゆる物事は、人間の表象において、ある外貌をもつ。つまり、あらゆる物事は、われわれにとって、かくかくしかじかに見えるのである。存在者が外貌の仕方で現われるのは、ある世界内的なものが、表象力を与えられている存在者、卓越的な意味で人間の表象対象となる場合である。「ある存在者の対象―存在が、その現われである」(56)。この意味での現われは、人間が存在する限りにおいてのみ存在し、人間の知覚の領野に存在者が現われるのである。その意味で、現われは、人間があるという事実に依存しており、人間自身と同じように偶然的である。別言すれば、存在者が外貌の意味で現われることは、存在者それ自身から言えば、必然的ではないのである。人間は認識能力をはたらかせることによって、この現われにはたらきかけ、人間から、まわりのものを表象的に照らし出す運動つまり知の運動が生ずるのである。したがって、知は、存在者の事態そのものに対しては外的にとどまっている関係であり、かかる事態のまったき偶然的な状態の方に属している。その意味で、存在と知とは、それ自体では偶然的な、偶発的な認識活動においてその都度結びつけられるにすぎず、決して必然的な相互関係を有してはいない。もちろん、あらゆる知の活動もまた「ある」、つまり、主観の存在様式をもっている。だから、あらゆる知に存在は属しているが、あらゆる存在に知が属しているわけではない。以上のように、フィンクは、知がこの宇宙において究極的には偶然的である所以を、〈外貌〉という意味での現われからあきらかにする。その意味の現われは、要するに、人間主観との関係において生ずる現われであり、したがって、その究極的な偶然性がとかれるのである。このようなフィンクの把え方に、主観性を基点とする〈近代〉哲学の枠組をのりこえる方向性と、同時に、その一定の役割を現象問題のうちに位置付けようとする意図が、いわば二重映しに示されていよう。そこで、〈外貌〉の意味での現われとは別の意味の現われを定礎しようとする。

この〈顕現〉の意味における現われは、いわば外から存在者の事態に対して付加されるような事象ではない。「人間の認識に応じて」(57)てらし出されたりするのではない。むしろこの現われがその事態にとってもっとも固有なものなのである。その現われはその存在に属し、存在者のそれ自身に即しての基礎的な存在成就なのである。存在者は、顕現する限りにおいて、現われる。存在者は、認識される場合のように、自己と外的な運動によって関係づけられるのではなく、出《しゅつ》来《らい》として（als ein Hervorkommen）現われの運動を遂行する。存在者は自らを自己自身からあらわならしめることによって、現われる。ものの「立ち現われ《アウフゲーエン》」は、隠蔽性からの脱出と非隠蔽への入場としての、「あかり」[58]への出来として理解されねばならない。ものは、あかりのなかで顕現することによって、現われるのである。いかなるあかりなのであろうか。「立ち現われ」としての存在者の「現われ」とは、哲学的にどう考えられるであろうか。

顕現ということで考えられることは、諸々のものの固有の運動である、ものそのものに属する存在成就なのである。ものは立ち現われるのであるが、それは、ものがまず存在してそれから立ち現われるというのではない。ものは立ち現われることにおいて、絶対的にあるのである。顕現として考えられる現われとは、ものごとともに生ずるようなことではない。「この現われがまさにその存在なのである」[59]。比喩的に言えば、太陽はまず存在していて、それから輝きあらわれるわけではない。太陽は、ただ輝くことにおいてのみ、存在するところのものである。その意味で、まさしく、ものは現われつつある。現われへのたち現われは、有限なるものの存在についての、別の言い廻しにすぎない。岩と砂、波と風、樹木と灌木、鳥と魚、男と女、家、寺院、武器、都市と国家など、すべてこのようなものは、自らの覆いをとり、他の有限的な存在者に対して自らを示し自らを見せるようにしている。「現われは、すべての個々の存在者をあつめ包括する明るみへの出来なのである」[60]。そして、現われが有限なるものの非隠蔽であり露呈である限り、いつでも「真であること」（真存在）が生起する。あらゆる存在者は、顕現から考えられると、真なるものである。つまり、omne ens est verum なのである。しかしながら、かような真であることは、他の存在者、ある主観から、その存在者に与えられるのではないし、偶然的にその存在者に属するのではない。むしろ、有限なものの存在が顕現として把握されるならば、真であること、即ち非隠蔽性があらゆる存在者の本質に属しているのである。有限的であることは、非隠蔽的であることなのである。

顕現からみられる場合、存在―真理―世界という三つの根本概念の関連は、外貌からみられる場合とはあきらかに異なって考えられる。しかし、両者の間に全く関係がない、分離された問題にすぎないのであろうか。そうではないと、フィンクは考える。外貌の意味における現われの〈存在と知〉の根本関係は、顕現の意味における現われの〈存在と明るみ〉の根本関係と本質的な関係がないわけでは決してない。人間主観によるものの認識が可能なのは、認識する人間と認識されるものとがすでにあらかじめ立ち現われ顕現している場合においてのみである。しかしながら、あらゆる有限なものの顕現が、人間の知と内的で必然的な関係を有しているかどうかを洞察し把握することはよりむずかしいことである。人間は決して全知の神ではないからである。しかし、〈近代〉形而上学は、人間の表象として生起する存在者の現われのうちに、その本来的な地盤を獲得したのである。そこでは、知と意識の問題が極めて重要な役割を演じ、ものそれ自体の非隠蔽という意味を、真理は十分にうけとめてはいなかったのである。それに対し、〈古代〉形而上学は、現われが存在者のそれ自身からの立ち現われであるという見方に規定されている。その意味で、フィンクは両者の連関に着目するわけであるが(61)、ここに、やはり主観性を基点とする〈近代〉哲学の枠組をのりこえようとする意図が示されているわけである。

　顕現という意味における現われについてのフィンクの見方が、一見極めてハイデガー的であることは言うまでもないほどであろう。それが特に存在と真理との深いかかわりをあらわならしめるところでは、その感を一層ふかくしよう。だが、すでに一寸指摘したように、ハイデガーが存在を基本にして現象を考えるのに対して、フィンクが現われを基本において現象を把握する、その哲学思考の端緒の基本的な枠組の相異の故に、相当に大きな差異が描き出されてくるのではなかろうか。現われを基本におく見方は、サルトルにおいても同じであったが、すでにあきらかにしたように、サルトルはハイデガー的な道を、人間存在の基礎的存在論から出発した際のハイデガーの立場をいわば梃子にして、むしろ逆に主観性あるいは主体性へと逆流させる可能性を示したのであった。それに対して、フィンクは外貌と顕現の二つの意味を分かつことによって歯止めをかけ、少くとも顕現の方向性において、ハイデガーのように直接的に存在のあかるみをとく仕方とは異なるやり方で、現われの側から主観性や主体性を根本的にぬぐいさる道をまさぐっているように思われる。その意味で、ハイデガー的な道とのかかわりにおいて、対照的にみれば、現われに哲学思考の端緒をおきながらも、サルトルとフィンクの哲学思考は両極へと向かうにいたったということが出来るのではなかろうか。そのフィンクの道筋をさらに簡単にあとづけてみよう。

　われわれが、存在するすべてのもの――天と地、石と星、雪と風、動物と植物、人間と超人的な力など――とかかわり合っている、そのもっとも原初的な「出来事」が現われなのである(62)。現われによってのみそして現われにおいてこそ、われわれは存在者のあらゆる存在をもつのである。現われとはなにか。まず次のように言ってよいのだとフィンクは言う。現われとは、存在者相互の、そしてまたものと人間との間での、すべての関係がそのうちで戯《シュピーレン》れる、すべてをすべる媒態《メディウム》である――それは、すべての関係総体の遊戯空間《シュピールラウム》なのであると(63)。現われを遊戯と媒態という観点から問いふかめようとするところに、世界へと超出しようとするフィンクの哲学思考の方向性がこめられている。

存在者の現われの本質に関する問いとともに、われわれは哲学の一つの中心的な問題のまえにたたされる。「この現われとはなにか。」「現象としての存在者とはなにか。」そして「この二つの問いは一般に同一なのであろうか。」ここには、実際、哲学思考の決定的な岐れ道がよこたわっていると、フィンクは言う(64)。現われが、存在者に即してあるいは存在者とともに生ずるものとみなされるなら、問題はすでに、木を見て森を見ないという方向にむかってしまっている。つまり、内部世界のものごとでしか考えないで、もはや世界を考えることが出来ない、という方向にむかっているということなのである。存在者の現われへの問いが現象としての存在者への問いと同じなら、そのようになろう。すでにあきらかにしたように、伝統的な哲学においては、現われを存在者そのものの立ち現われと解するか、表象主観にとっての対象となることと解するかの、二つの立場があった。だが、この二つの場合でも、現象であることが存在者から解釈されており、そうすると、存在者の方が現われよりもより根源的なものとなる。なぜなら、現われは、あきらかに、ものの存在、つまり、表象するものの存在と表象されるものの存在を前提とするからである。伝統的哲学のかような根本的な把え方においても、現われが副次的なものとみなされてはいない。現われは存在者の存在に属するので、存在者が現われるが故に、かかる形而上学は、善なるものとしての存在者、一者としての存在者、真なるものとしての存在者を問うのである。存在者は現われにおいてあるのだが、現われという媒態はものに依存するものと把えられ、現われは、生産者たる存在者の被生産物と解されてしまう。存在者がいわば、それが自己を見出す媒態を確保するのである。現われは、究極的に、現われる存在者に依存する。だから、もっと強く定式化すれば、真理と世界が世界内的な存在者に依存する、ということなのである。以上が、存在者の現われへの問いと現象としての存在者への問いとを同一と考える伝統的な哲学思考の道である。それに対して、フィンクは「地帯《ゲーゲント》」という概念(65)を手掛りにして、世界へといたる道を開こうとする。

現われは決して「孤立した」現われではない。いかなるものもただ単独で顕現するのではない。ものは、共同の現在者の包括的な場、つまり、地帯のなかで現われるのである。しかも、個々のものが偶然に出会い相互につらなることによって、地帯をつくるのではない。「地帯」は、集めるものであると同時に分離するものとして、立ちあらわれるものに対して場所と限界とを保証する、顕現するすべてのものの同時的な、一緒にあることと別々にあることとの緊張組織を開けておくのである。他方、表象においても、われわれは「地帯」を見出す。表象のあらゆる対象は地帯から出会うのである。かくして、ものの立ち現われにおいても、対象となることにおいても、ともに地帯は本質的な役割を演ずる。すべてのものは、現われる限りにおいて、ある地帯のなかにあり、その地帯のなかで集められ分散される。したがって、地帯は、そのなかにあるところのすべてのものに対して、先行的なのである[66]。地帯はものをつつむのであるが、ものがものをつつむような仕方ではない。なぜなら、地帯は決してものでもものの集合でもなく、ものの可能的な顕現と外貌の次元だからである。地帯は、すべてを包含するように、ものをその現われにおいて包括する。ものの立ち現われは、地帯の包括し包含する統一のなかで生起する。

　すべてのものや対象に対する地帯の哲学的優位性というものは、われわれが現われをものに即するあるいはものとともにある運動と考え、現われ事象の本来的な運動担い手を存在者にみる限りは、あきらかにはされえない。存在者はその現われにおいて媒介されている。存在者というものがその媒介に先立つのか、あるいは、媒介がものに先立つのか。ものに先立つ媒介を「絶対的媒態」[67]とよぶとすると、すべての存在者を先行的に包括し包含する絶対的な媒態が、世界なのである。世界はすべてのものの遊戯空間にして遊戯時間である。この媒態のなかで、われわれは生き働き合い、すべての存在者の存在も遊戯する。世界はすべてのあかるみと認識の普遍的な地帯であり、存在の場である。別な言い方をすれば、すべての地帯の地帯総体が世界である。「世界の時間空間は、存在者の存在のもっとも包括的な地帯なのである」[68]。

　形而上学的伝統は、存在者をその存在において規定しようともとめ、オン・ヘ・オンを問題にした。その際、存在は、存在者に即して規定されるものとして、もとめられたのである。したがって、存在はあきらかに有限的なるものの存在であった。有限的―存在者に対する視線が、伝統的な思考を規定している。だが、ものの存在が、もっとも根源的な存在様式なのであろうか。われわれは、ものの現われから出発して、現われを、ものが成就するものとしてではなく、そのなかでものが成就される〈支配《ヴァルテン》[69]〉として把えるところにまでいたったわけである。すべての現われのもっとも包括的で包含的な地帯が、世界である。世界は、すべての有限的なものが立ち現われて滅んでゆく無―有限的なるものである。有限的なものは、かかるものとしてまさしく内部世界的なものである。ものの内部世界性というものは、われわれ人間にとってなかなか把えがたいものであるが、それは、われわれが世界との現実的な関係をもっていないからである。われわれは存在者に把えられ、ものにこころをうばわれて、世界を忘却している。実際、哲学は、歴史的に展開する形而上学として、人類の世界忘却をつよめかためてきたと、フィンクはつよく指摘する(70)。われわれは現象をその現象性において把えそこない、存在者の現われの本質を誤解している。現われそれ自体の方がすべてのものよりもより根源的なのである。現われこそが、真理と世界の相互に緊張し合った支配なのである。現わものは、この支配のなかではじめて、自らの場所とその有限的な存在をもつ。世界はすべての有限的なものの原―根拠であるーすべての個別的なもののふところにして墓場なのである。

フィンクの考え方をほかの三者と対比してより詳しく論じてきたのは、彼の哲学思考の方向性が、現われをその端緒において出発しながら、その現われの本質をその展開のなかで把えかえすことによって、そのもとめる目標を提示している点において、一つの典型的な行き方を描き出しているのではないかと思うからである。もちろん、ひとによっては、かような軌道は、フィンクが現象学をすでに放棄しているからだ、というふうに言うことも出来よう。だが、問題は、現象や現われを哲学思考の端緒において出発したことのうちにふかくねざしており、その展開の方向性が現象学の枠をこえ出るか否かは、全くその結果にすぎないのではなかろうか。そして、こえ出るべき必然性があるのなら、それはなんら非難に価しないであろう。

フィンクがこれまでの伝統的な哲学の二つの在り方に対して自らの道を明確に示そうとした道標は、存在者の現われへの問いと現象としての存在者への問いとが同じものと考えられるかどうかにあった。それを同じと考える伝統的な見方を批判することによって、内部世界的な存在者の地平から、フィンクの哲学思考はいわば世界の現われへとこえ出ていったのである。彼がこれまでの形而上学に対して世界忘却の歴運を鋭く語る時、〈近代〉哲学の主観性や主体性の枠組をのりこえようとしていることは言うまでもなく、〈古代〉哲学の存在者や存在の枠組をさえのりこえようともとめていることは、言うまでもないことであろう。だが、その方向性は彼自身にとっては望むところであったかもしれないが、彼の哲学思考の道は、存在者の現われをその端緒に置いたがために、その現われを媒態なり地帯なりにくみこむ以外には道をきり開きえなくなっていた、とも逆に言えるのではなかろうか。

たしかにフィンクの道は、ハイデガー、サルトル、メルロ=ポンティという、いわば巨人と対比する時、世界への超出という点をのぞくと、その説き方は極めて地味であり、自らの立場の明確化を出来る限りあとまでさしひかえているようにみえる。いままでやや詳細に述べてきたことからもほぼ推察出来るように、彼の説き方は、たえず自らの見方を伝統的な哲学の見方とからませ、やっと最後にいたってはじめて、世界忘却としての西洋哲学の批判としてあぶり出されてくるような印象を与えるものである。その意味で、巨人の三者と比較する時、まったく逆であるといってもよいほどである。

この三者は、各々その哲学叙述のはじめから、自らの見解を絢爛と展開し、そこで哲学思考の端緒としての現象をどのように把握するかを示し、そこからそれぞれの哲学形成の方向性をあらわならしめようともとめていた。もちろん、これらの大きな主著に対して、フィンクの著作が一種の予備的なものであり講義録にほかならなかったという客観的な事情もあろう。しかし、ありていに言えば、フィンクの思索が、巨人達の大きな壁の重圧をうけながら、それ故に、その底からぎりぎりの形でつむぎ出さざるをえなかったような、ある意味で陰翳のふかい主張として形成されたからである。

端的に言って、わたくしは、フィンクの哲学思考の道によって現象学の限界が決定的に提示されたと考える。もちろん、フィンクの示す限界が、それをこえる方向性において、彼のもとめるような、世界への超出をあらわにするか否かは問題となろう。しかし、彼においては、世界への超出によって、そこにはっきりと現象学の限界が示されていることは否定すべくもないように思われる。現われを哲学思考の端緒におきながら、それ故に現われを媒態へといわば組みかえることによって、世界へといたるこのフィンク的な道は、彼自身もはっきりと述べていたように、すでに現象学の枠のうちにとどまりえないことを、明確にあらわにしているということが出来る。

すでにあきらかにしたように、ハイデガーは、現象を存在の側へとうつしかえることによって、はじめから、現われから出発する現象学とは全く異なった構図をえがいている。だが、それにもかかわらず、存在は存在者の存在であるが故に、まずはじめには存在者の基礎的存在論を論述せざるをえなかったところに、ハイデガーは、自らの本来的な意図とは全く異なって解釈されてしまった所以が存しているのではなかろうか。しかし、ハイデガーの現象学は、まさしくその現象の把え方において、最初から、現象学の限界をあきらかにしていたとも言えるのである。だから、はじめから、現象を存在へともちこんでしまった原点において、本来的には存在思考の道しかハイデガーにはのこされなくなってしまう必然性が、与えられていたのだと言えよう。その点では、フィンクは、極めて明確に、存在の思考をどこまでも存在者と現われの端緒からときあかして、ハイデガー的な道とは異なる道をきり開いたといえる。と同時に、ハイデガーの存在の遊戯の考え方と対応する、フィンクの世界の遊戯という考え方が描き出される所以でもある。

サルトルもまた、現象学の限界を彼自身の思想展開においてしめしたというのみならず、『存在と無』に限ってみても、彼がハイデガーの道を主観性や主体性の方向へと逆流せしめる可能性をはっきりと示したところで、むしろ本来的な意味で、現象学の限界をあらわならしめてしまったように思われる。繰返しのべてきたように、現象学は〈近代〉哲学の主観性の枠組をのりこえようと意図してたのであるから、逆にその枠組のなかにふたたびおくりこまれてしまうとしたら、それこそ本来的な意味で現象学の限界をあらわにすることでなくてなんであろうか。サルトルが最後に弁証法的理性批判という形で問題をたてざるをえなくなってしまったのも、もしここで簡単に結論的なことをいいうるとすれば、彼が現象学によって主観性や主体性の〈近代〉哲学の枠組のなかへとおくりかえされてしまったがために、その限界をのりこえる時、結局、カント的な発想法をかりながら、ヘーゲル的な〈現象〉問題をあらためてマルクス的な次元で問いかえそうとするしか道がなかったのではなかろうか。以上のような意味で、サルトルの示す現象学の限界は、そのいずれの方向においても、極めてあきらかなのである。

メルロ゠ポンティが示した知覚の現象学に、今日的な意味においては、もっとも現象学的な行き方をしているといえるし、また、生の世界からその哲学思考の端緒を展開するという問題意識において、フッサールのあらたなる把えかえしという意味においても、正しかったと思われる。しかしながら、現象学がそのような端緒にとどまりつづける限り、いまやフィンクの論述からあきらかなように、より低次な内部世界のなかをただめぐりめぐるという道しかのこされはしないであろう。また、いまや分析哲学系のいわゆる現象主義の展開からもあきらかなように、そのような次元での現象は、なんら現象学的な操作を必要としない仕方で、解明されうるのではなかろうかという事態のまえに、現象学はたたされるにいたった。実際、現象学の場合には、常になんらかの形而上学的超越への目標をひそめているわけであるが、分析哲学系の理論においては、そのような意図が存しないがために、その意味では、メルロ゠ポンティ以上に、知覚的な現象に密着することが可能ではないかとさえ言えよう。現象主義の特徴は、たしかに、現象に密着する限りはそれしかないような〈立ち現われ〉に徹底することが出来る点にあろうが、もしこのような現象主義でことたりるとするならば、現象学は必要ないということになろう。もちろんメルロ゠ポンティの現象学の限界はこのような意味ではないし、フィンクも指摘したように、ただ単に現象に密着しようとするだけでは哲学ではないであろう。基本的にみて、メルロ＝ポンティの問題点は、知覚から現象を把えるという哲学思考の端緒から相互主観性の目標にうまく行きつけるか否かにかかっていよう。しかし、そこには、結局、極めて排斥的な立場がうみ出されてしまうのではなかろうか。一方は、相互主観性のもとに、フッサールの場合と同じように、いつでも独我でありつづけざるをえないという、独我論ののりこえがたき問題性である。そして他方は、独我のいわば底を破ろうとすれば、身体—主体を介して、身体そのものを組みこんでいる世界の方に完全に没入せざるをえないのではないかという問題性である。だが、この場合でも、その世界とは、フィンクから言えば、どこまでも内部世界にしかすぎないわけであり、それを超える可能性は閉されている。

以上、簡単に筋道をあきらかにしてきたように、われわれはフィンクの哲学思考にまで説きすすむことによって、おおよそ現象学の限界なるものをうきぼりに出来たのではなかろうかと考える。ということは、もちろん、フィンクの道そのものを、わたくしが認めているということではない。むしろわたくしは、フィンクのような、現われからはじめて世界へと超出する行き方が、その哲学思考の端緒のおき方において基本的にあやまっているのではなかろうかと考えるものである。すでにあきらかにしたように、フィンクは存在者から出発する。われわれもまた存在者として。実際、彼は、われわれがなすことなさないこと、愛したり憎んだりすること、知ったり考えたりすることなどすべてが、ある意味では存在なのだという[71]。つまり、一切の内部世界的なことがらをまず存在者というものとも原初的なレベルでとらえ、かかる存在者の現われをどのように問い出すかが、哲学思考の端緒であった。だが、われわれの諸々の行為でさえ存在者として把える仕方に、なにもかも存在者として包括しようとする存在論的偏見が露呈しているのではなかろうか。存在者というものがはたしてもっとも原初的な地平なのであろうか。たとえそれが原初的な地平であったとしても、その地平は現われという意味合いのこい、表層だけからなりたつわけのものではないのである。現われないし現象というと、表層だけにとどまりがちであり、知覚関係がもっとも基本的な地となってしまうようである。現象学は、現象主義ほどではないにせよ、この地に密着しがちである。それは、現われをその哲学思考の端緒におく以上当然な帰結なのではなかろうか。かかる意味で、現象であれ現われであれ、それを端緒にして出発する哲学思考の問題性が、色濃くあらわれるように思われる。表層はむしろ深層によってささえられている。構造的に問うのでなければ、その地平をあらわならしめることは出来ないであろう。この点にこそ、現象学の限界がもっともつよく示される根拠がひそんでいる。

二　知覚問題をめぐって

そこであらためて知覚問題から考えてみよう。メルロ＝ポンティははっきりと「知覚は端緒における科学であり、科学は完成され方法的となった知覚である」という命題を批判して、自らの〈知覚の現象学〉をうちたてることをもとめた(72)。だがこの命題は、彼の簡単な批判によってのりこえられることが出来るようなものではないという意味で、むしろおそろしいまでの拘束力を依然としてもっていることを、彼は十分に分っていなかったと言わねばならない。すでに論じたように、メルロ＝ポンティの現象学ははっきりと科学批判の立場に立っているが故に、はじめから知覚と科学との関係性をいかにのりこえていけるかということに焦点がしぼられていた。だが彼の哲学的思索のやり方では、どうしても心理学に依拠せざるをえず、そこで心理学からはじめねばならないが心理学だけではじまらないという(73)、あのいわば複眼的な方法性によって辛うじてその批判の立場を維持することをもとめた。しかしこのような仕方では、いかほど批判的な自覚が強固にたもたれたとしても、知覚の問題からはじめる限り、どうしてものりこえることが出来ない限界性のうちに取りこまれてしまったのである。この限界性を突破する根本的な批判は、メルロ＝ポンティ自身がコギトの正統的な立場に立っていたが故に、結局とることが出来なかったわけである。

どれほど科学批判の立場を自覚しても、知覚と科学との関係性が極めて本質的である以上、この関係性を徹底的に批判することからはじめないと、道は開けないように思われる。「知覚は端緒における科学であり、科学は完成され方法的となった知覚である」という言い方は、極めて簡潔に問題の核心をついている。極めて簡潔ではあるが、そこには知覚と科学との関係性がいかほど深く本質的であるかが集約されている。この命題は安易な批判によってはびくともしないほどの強靱さをひめているといっても言いすぎではない。この簡潔さのうちにどれほど重大な意味が孕まれているかに、いままでひとびとは十分に気付いていたとはいえないようである。それはなぜかと問えば、要するに、知覚と科学とはそもそも別々なものだと、普通思いこまれてきたからである。つまり、一般に、日常の知覚に素朴にとらわれていたから、科学的に認識することが出来なかったのだと言われる。その代表的な例が天動説と地動説をめぐる関係の言説ということになろう。だから一般的には知覚と科学とはむしろ対立するものと思いこまれてきたのも当然なことである。このような思い込みにとっては、知覚と科学とがあたかも同語反覆でもあるかのように密接にかかわり合っているとは予想もされないことであろう。

この密接な関係性をはっきりとおさえるとすれば、本来的に言えば、いかなる哲学的思索も知覚の問題からはじめることは、その否定的な位置付けではない限りは、自らの立場を掘りくずしてしまうといった方がよいかもしれない。ということは、哲学的思索の〈はじめ〉におかれる「直接与えられたもの」は、知覚の問題であってはならないということにほかならない。その点を徹底的にあきらかにすることが、実は本来の〈はじめ〉を開示するのではなかろうかと考えられるのは、そのためなのである。つまり端的に言って、知覚問題からはじめることは、科学することの〈はじめ〉ではありえても、哲学することの〈はじめ〉ではありえない。いままで哲学はこの点を正しく自覚していなかったのではなかろうか。この点を自覚化してはじめて、われわれはどのように哲学的思索を展開していくべきかの道も開かれてくるのではなかろうかと思われる。もちろんわれわれはその道を〈価値事象への道〉として一応想定しているわけではあるが、しかしそれも本来的にはまず、知覚の問題からはじめる時一体なにが捨象されるのかをあきらかにしてみなければ、その想定が正しいかどうかはわからないことである。

そこでまず、われわれが知覚問題にかかわる時、なぜ科学の立場が同時にそこに組みこまれてしまうかをあきらかにしなければならない。知覚は端緒における科学だと言われるように、知覚の在り方とともに科学がその端緒においてふかくかかわってくるからである。その点は、知覚に対する心理学的解明がむしろはっきりと人間の知能の発達心理学として明確に究明されるにしたがって、よりはっきりと示されるにいたったということが出来よう。知覚だけを心理学的に究明するだけでは、どれほど精密化して詳細にふかめられても、われわれのもとめる問題場面から遊離しているからである。知覚が端緒における科学であるとするなら、知覚の端緒において科学がはじまるとしたら、それほど密接な関係はないと言わねばならない。その点でピアジェの考え方を手引きとして考えてみたい。ピアジェの場合、知能の発達段階をはっきりとおさえることをもとめるので、知覚がその端緒からどのように働くかがその基本的な意図のもとで位置づけられざるをえないからである。

知覚のなかで〈科学〉がはじまる

ピアジェは、知能の発達段階を明確化する、いわば段階論的な立場にはっきりと立つが故に、その端緒が正しく問われざるをえない。そこで当然その端緒を問い出すための問題設定枠組とでもいうべきものを明示化することがもとめられる。まず、知能の発達の在り方が問わるべき当該の研究対象を、生物体ないしは生活体の好意の在り方としてうけとめる。そして、生物体ないしは生活体の行為の基本的構造をはっきりと示すことによって、段階論を展開するための前提的な視座を開く。ある生物体が活動ないしは〈行為〉をおこすということは、その〈場〉において環境ないしは〈外界〉と一定の関係ないしは〈交渉〉をもつことである。したがって〈行為〉とは、行為の主体とその環境（外界）との関係の仕方なのであり、そこには、主体から環境へと向う関係と、逆に環境から主体へと向う関係という、二つの方向が描き出される(74)。そのいずれにおいても、それは「適応」ないしは「再適応」にほかならないと、ピアジェはまず生物学的レベルで枠付けるのである。ここに、知能の発達段階にかかわる段階論なるが故に、その端緒をはっきりと把握しなければならない、いわば〈基点〉がもとめられる所以がある。つまり、生物的適応がもっとも基本のみなもとというわけである。

生物的適応をいわば〈基点〉、みなもととして説きおこすピアジェにとって、心理生活があるということは、機能的相互作用において生活体が同化（assimilation）と調節（accommodation）によって自己の活動様式を変化させることにほかならない。それを次のような三つのレベル・アップとして明確化している。(1) 有機体と環境との間に、直接の相互浸透作用があること、(2) 以上の過程の上部にのっかって、主体と客体との間に、間接的な相互作用が成立してくること、(3) この間接的な相互作用は、時間的にも空間的にも、その範囲が拡大され、その相互作用の通る路（軌跡）も（精神生活の発達につれて）だんだんと複雑化してくるものであること。かくしてすべて精神活動の発達というものは、知覚、習慣の低い機能から、表象、記憶などの中等機能にいたり、さらに推理、形式的思惟などの高等精神作用におよぶものだが、それは「相互作用の距離の漸進的増大、すなわち、生活体本来の活動のうちに、生活体からはなれた距離にある事物（現実）を同化していく作用（生活体と事物との距離は、精神の発展につれてだんだん増大する）と、この逆作用（すなわち、生活体の活動の周囲の事物への調整作用）との均衡の函数」(75)として理解されるべきものという。ピアジェは、その端緒をはっきりと定位することによって精神活動の発達への視角をひらくと同時に、それを子供の精神発達の実証的な解明として展開することをもとめる。かくして、段階論的な枠組をはっきりと構成することによって、彼の児童発達心理学ないしは知能心理学の厖大な探求がまとめあげられるわけである。それは六段階論であり、発達の六段階ないし六時期は、いろいろな言い方がなされるにせよ、次のようにまとめられているものがある(76)。（波多野完治氏のまとめを参照として、ところどころにそえる。）

1　反射つまり遺伝的機構ならびに最初の本能的傾向（摂食）と最初の情動の段階。

2　最初の運動的習慣と最初の組織的知覚、ならびに最初の分化した感情の段階。（初期学習――感覚運動的知能以前に出現する学習事項――、ならびに知覚にもとづく情意）

3（言語に先立つ）感覚運動的ないし実用的知能、初歩的な感情的調整、および感情をはじめて外部に固着させる段階。（六―八ヶ月より言語機能の出現までの時期ならびに初歩的規制）以上乳児期。

4　直観的知能、自然発生的な個人間の感情、および、おとなに服従する社会関係の段階。――二歳から七歳まで。幼児期――（前操作的諸表象および直観的諸情意――初歩の社会的諸感情）

5　具体的知能操作（論理の始まり）と協同という道徳的社会的感情の段階。――七歳から十一、二歳まで――

6　抽象的知能操作、人格形成、およびおとなの社会へ感情的かつ知的に入り込む段階。（形式的操作および理念的諸情操――個人間の感情が集団のもつ理念と重なりあってくる時期）

ここまであとづけることによって、われわれはピアジェの考察が描き出す問題事態に向き合うことになる。この六段階の組みたてについて、波多野氏がはっきりと「知的発達と情的発達との並行的諸段階表」と明示しているように、われわれはどうしてもこの並行という点に注目せざるをえない。というのは、諸段階の並行的な構成が示されるということは、それを可能とする基本的な考え方が前提になっているにちがいないからである。そして理解の便のために結論を先取して言えば、その問題事態にこそ、知覚のなかで〈科学〉がはじまる所以がひめられているのではなかろうか。

いまあきらかにしてきたように、ピアジェの心理学的考察の、いわば〈基点〉は、生物的適応におかれた。そして適応とはそもそも同化と調節の均衡であり、主体と客体との間におこなわれる相互作用間の均衡にほかならない。それがはっきりと人間の場面で把えられれば、「行為」にほかならないわけである。実際、精神生活の分析において、常にさかのぼらなければならない要素は、「均衡の回復または確立としてみなされる行為そのもの」(77)なのである。すべての行為は道具ないし技術を前提としているが、それが運動と知能である。そしてまたすべての行為は原動力と最終的な価値（目標という価値）をふくんでいるが、それが感情である。かくしてピアジェにとって、人間のすべての行為の二つの相補的な側面として、感情と知能、あるいは感情と認識とが並行的に位置付けられることとなる。『知能の心理学』において極めて端的に自らの立場を総括して、「行為は、エネルギー的価値と構造的側面をもっている。前者は感情であり、後者は認識である」とのべている(78)。では一体この両者はどのような関係におかれるのであろうか。それらは二つの相補的な側面として並行的におかれていると、すでに指摘した。二つの相補的な側面としてあるということは、まさしく二つは分けることが出来ない、不可分離の関係にあることにほかならない。実際ピアジェは相互に不可分離であることをつねに力説する。だが言うまでもないが、両者が並行的におかれているのは、両者がはっきりと異っているからである。つまり、不可分離の理由は、主体と環境との相互作用としての行為には、かならず構造化と価値化とが前提とされ、構造化は認識にかかわり価値化は感情にかかわるからである。それに対して、両者がはっきりと異なる理由は、行為のこの二つの側面は、一方を他方に還元してしまうことが出来ないものだからである。両者は不可分離ではあるが、互に異なっている。この問題事態をいかに受けとめるべきであろうか。

以下のようなピアジェの陳述は、両者がいかに実際は統一されているかを物語っている。「どんな知的活動でも、そこには必ず内的および外的なエネルギー統制作用が前提される。内的エネルギー統制とは、興味、努力、安易感等の身内に感じられる活動である。外的統制とは、所要の解答の価値や要求探索がそこに向けられる事物の価値を指す。しかし、この二種類のコントロールは感情的性質のもので、この意味では、この種の他の統制作用とくらべて、少しも差しつかえのないものである。また逆に、情緒的諸現象の中にいつも見出される知覚的・知的要素は、他のどんな知覚反応でも持っており、どんな知的反応でも持っているところの『識』生活（la vie cognitive）をふくんでいるという点で一般の知覚や知性、とすこしもかわりのないものである。常識的には、『感情』とか『知能』とかよばれて、二つの全く相対立した能力のように考えられているものだが、実は常識的に、『感情』というのは『人』に対する行為、『知能』というのは観念や事物に対する行為を、示したものにすぎないのである。しかもこの各々の行為の中にも、同じ感的側面の活動と識的側面の活動が、まじりあっている。この二つの側面はいつも実際は統一されているのだから、これを各々独立の能力とすることなどは、とんでもない話なのである」(79)。

以上のように、ここで、行為の二つの側面は、実際は統一されているのであるから、各々の独立の能力とするような考え方を決してとりえないことが主張されている。つまり両者の相異は決して独立の能力というような意味ではない。両者が本来不可分離であることは、実際両者が統一されている以上当然なことであるが、しかしそれにもかかわらず、一方を他方に還元することは出来ないという根本的な理由にもとづいて、その心理学的解明においてはどうしても別々に分離されて取り扱わざるをえない。ということは、「感情」と「知能」という二つの側面は、事態としては不可分離なのではあるが、そこに科学的考察の光をあてようとすれば、もはや他に還元されえないという意味で、はっきりと概念的に区別されねばならないということである。実はここに両者が並行的に位置付けられて処理されざるをえない所以がある。だが根本的に考え直してみる時、ここに科学的操作というものの、もっとも基本的な問題性があらわに示されているのではなかろうか。

　われわれは今日においては、知らずしらずのうちに、科学的真理の普遍性と客観性を信ずるように教育されてしまっている。（それが科学時代と言われる所以でもあるのだが。）つまり科学的真理に対する信仰は、科学的真理が普遍的で客観的であるとみなされているからにほかならない。ところで普遍性と客観性とは実際は別々なことなのであるが、科学的操作はその〈視点〉というものを超えている。つまり視点超越性という点からみると、共通の根をもっている。そのために、科学的真理の場合には、普遍性と客観性とはいつもほとんど取り換え可能な、同語反覆に近い術語となっているといっても過言ではない。視点を超えているから、まさしく普遍妥当的なのであり、視点とは本来主観的であるから、それを超えることで、その普遍妥当性は客観的なのである。だがはたして視点とは本来主観的なものであろうか。実はここに根源的な問題がふかくひめられているように思われる。

　端的に言ってしまえば、有限者である人間がおこなう営みにおいて、視点をこえるなどということが可能であろうか。視点とは主観的であるどころか、まさしく根源的だと言わねばならない。そもそも科学的探求というものそのものが、それぞれの科学的視点にもとづいてなされているのであり、そのような視点ぬきではありえないのである。科学的考察とは本来的に科学的な〈視点媒介性〉によって貫徹されているということにほかならない。決して〈視点超越性〉を基本などにはしていないのである。それ故に、ピアジェの心理学的考察も、感情と知能とは相互に還元不可能と概念上明確に区別する科学的視点に立っているからこそ、知能の心理学としてまさしく科学的に展開されるのである。そのような視点ぬきで、心理学的事態が客観的真理として示されているわけではない。視点媒介性とは科学そのものにとっても避けえないのであり、したがって知能の問題処理の仕方の方式をささえている。それ故、科学的解明というものに照し出されて、知能、知覚、認識などという問題が概念的に分離されて極めて明確に浮彫りにされる時、その問題事態そのものが文字通り科学と同調してしまって、それが科学的操作ないし科学的処理をうけていることさえ忘却されてしまうのである。むしろ当然なことなのであるが、ピアジェは、問題事態としての知能と感情の不可分離性をはっきりと受けとめながら、知能の心理学的究明をもとめる科学的視点に立っているが故に、両者の概念的規定にもとづいてその分離的な処理が心理学にとっては文字通り正当なこととして是認される。したがって、科学的には両者を並行的に位置付けて取扱う以外にはなにもなしようがないのである。概念的に一方が他方に還元することが出来ない以上、その分離にもとづいて心理学的探究がそれ以後はなんらの疑いもなく遂行されるわけである。かくして、知覚のなかで〈科学〉がはじまる姿が極めて明確に描き出される。その典型的な場合を簡単にあとづけてみよう。

幼児の精神発達の第三段階にいたって、いまだ言語機能に先立つ段階ではあるが、ここで感覚運動的知能の発達は客観的世界の構築に達するという。精神発達の出発点においては、自分と外界との間の分化はなんら存在していない。この原初的な未分化の状態においては、生きた知覚的印象は、いまだ〈自分〉として自分自身について意識していないのであるから、自分の主観的意識にむすびついているのでもなく、したがってまた同時に、外的なものとして考えられる対象にむすびついているのでもない。それはそもそも自分と外界との間が未分化である以上当然なことである。そこで精神発達とは徐々にその分化がはじまることであり、一応その第三段階にいたって、それなりの分化が達成されるのである。「自分が、主観的活動ないし内的活動に応じてつくり上げられていくにつれ、外部の世界が、客観化されることになる」(80)。別言すれば、かくして到達された客観的世界においては、自分自身の身体は他のもろもろの要素の中の一要素としてあらわれ、この自分自身の身体の中に位置づけられた内面生活が、外部の世界に対立するにいたる。この段階で四つの基本的過程がなされて、その精神発達における知的変化を特徴づけると、ピアジェは述べている。それはつまり、対象、空間、因果、時間の各カテゴリーの構築である。もちろんこの段階においては思考の概念のカテゴリーでないことは、言語に先立っている以上当然なことであるが、まさしく感覚運動的知能による実用的ないしは純粋な活動のカテゴリーである。しかし、端的に言えば、このようなカテゴリーの構築の把握において、知覚が端緒における科学である所以が如実に物語られているのではなかろうか。それは知覚のなかで〈科学〉がはじまっていることであり、要するに、知覚というものが文字通り人間の全体的行為連関から切りはなされて、カテゴリーの構築という焦点にはっきりあわせて科学的に照し出されることにほかならない。

対象のカテゴリーの構築とは、どんな「物」でも、現に知覚されていない時でさえ、実際に存在しつづけていることが分ってくることである。はじめ乳児は完全な原始的自己中心性に組みこまれているわけなので、知覚されるすべてのものは自分自身の欲求や欲望に完全にむすびつけられて存在しているにすぎないと解される。いまだ〈科学〉ははじまっていないのである。それがまさに自分と外界との間の原初的な未分化の状態にほかならない。したがって、それが分化する時、「物」が「物」として乳児自身の欲求や知覚から切りはなされて、〈持続的〉ないしは〈恒久的〉に存在しつづけることがわかるようになる時にはじめて、まさしく恒常的な対象が構築されるわけである。自分から分離した外界に、自分とは無関係に「物」が「物」として存在することが理解されるようになる。端緒における科学がはじまる。したがって、この対象の構築は、文字通り同時的に空間のカテゴリーの構築と関連している。「物」が「対象」として乳児自身の欲求や知覚と切りはなされて存在しつづけることがわかるには、対象が存在しつづける「場所」がやはり一定の「空間」として開かれつづけていることがわからねばならないからである。「物」が「対象」として存在する外界が、自分から分化して存在するということは、その外界が対象の存在を保持する土台としてあることであり、それが客観的世界の構築にほかならないのであるから、空間の構築は対象の構築と不可分だといってよいであろう。しかし空間の構築は対象の構築より以上に運動とふかく結び合っていると解され、この感覚運動的知能の発達に因果性のカテゴリーの構築が関連する。端緒における科学は一段と発展する。

因果もまたはじめは、もちろん当然なことではあるが、乳児の原始的自己中心性において自分自身の欲求と活動に密接にむすびつけられている。たとえば、乳児がベッドの上にぶらさがっているヒモに手をふれてひっぱると、天井の方につるされているおもちゃが音をだしてゆれるという場合、はじめはまったく偶然な出来事でしかないであろうが、そのうち自分の欲求と密接にむすびついた形でヒモをひくと音がしてゆれるという因果関係に気付く。はじめはどこまでも自分の欲求と切りはなされてはいない。そのうちに、自分の欲求と切りはなして、ヒモをひけば音がしてゆれるという、原因と結果が分化してわかるようになる。まさしく端緒における科学である。これが因果性のカテゴリーの構築である。つまり、因果関係というものが自分から切りはなされて客観化して空間化するわけである。自分の欲求や知覚から切りはなされて、ある事柄とある事柄が原因と結果として客観化して関係づけられるのであるから、因果性のカテゴリーの構築はまた文字通り同時的に時間のカテゴリーの構築と関連している。原因と結果の関係は言うまでもなく時間系列の客観化ぬきでは成りたたないであろう。かくして、感覚運動的知能の第三段階において、もっとも基本的な四つのカテゴリーが形成されることによって、乳児の精神発達はまさしくコペルニクス的転回をはたすということが出来るであろう。ここで、自分と外部世界とが対立的に分化することを通して、対象、空間、因果、時間というカテゴリーの構築とともに、自分はあらたな中心として客観化された世界のなかに位置付けられるのである。

以上のように四つの基本的なカテゴリーの構築過程をあとづけてみる時、それは極めて典型的な場合ではあるが、知覚のなかで〈科学〉がはじまる所以がはっきりと描き出されている。つまり、科学的解明の光があてられる時、問題事態としての知覚がまさしく科学と同調して明確に分離され、極めて純粋な形で感覚運動的知能としての活動をあらわならしめるからにほかならない。科学的解明とともに知覚のなかで〈科学〉がはじまることがあらわにされる時、知覚の問題においてはっきり分離されるものがなんであるか—それが結局捨象されるものを浮彫りにするわけであるが—は、もはや繰返すまでもないであろう。かくしてこんどは、「科学は、完成され方法的となった知覚である」という言い方から照射される、知覚と科学との、より高次な次元での密接な関係局面に目を転ずることにしよう。この点についても、最近ますます注目されている科学理論のうちに極めて典型的な場合があるので、それを簡単にあとづけてみることにしよう。

科学のなかで〈知覚〉が完成する

それは、N・R・ハンソンの『発見の諸様式』（一九五八）が示すものである。周知のように、いまだ論理実証主義的な科学理論がさかんであったさなかに、その「正当化の論理」優先の立場に抗して、いわば「発見の論理」を重視すべきことをもとめた。その当時は一部のひとを除いてはほとんど無視された観があるが、その後、特に七〇年以後、論理実証主義の光芒がおとろえるにつれて、T・クーンのパラダイム理論を強力な軸にしながら、あたらしい科学理論ないしは科学哲学の波がたかまるとともに、ハンソンの科学理論の立場があらためてたかく評価されるにいたった。しかも、知覚の問題がその出発点をなしている。われわれがいまそれを手引きにして考えてみようとする所以である。そこでまず彼が最初にあげている例をみてみよう。

「二人の微生物学者を考えてみる。彼等は顕微鏡でプレパラートをのぞいている。何を見ているかと尋ねられた時、二人は異なった答え方をするかもしれない。一人は眼のまえの細胞のうちに、ひとかたまりの見慣れぬ物体を見る。それは人工物、不適当な染色技術のために出来てしまった凝固物である。このかたまりは、生体内で、その細胞とかかわりはない。それはちょうど、考古学者のすきでつけられたきずあとが、ギリシアのつぼのオリジナルな形となんらかかわりがないのと同じである。もう一人の微生物学者は、このかたまりを、一細胞器官であるゴルジ体とみとめる。そして技術に関しては次のように論ずる。『細胞器官を検出する普通の方法は、固定と染色によってである。今回の技術では人工物をつくり出してしまったが、他の技術なら純正の器官をうまく発見しうるかもしれない。選択の問題なのだ』と」(81)。この二人の視覚は正常であり、視覚上では同一の対象を見ているのだけれども、同じものを見ていないし、同じデータからはじめてもいない。それはなぜであろうか。これは実験上の事柄ではない。もちろん彼らは見ているものを異って解釈しているわけではあるが、どうしてそうなるかが問題なのである。この生物学的な例は複雑なので、もっとわかりやすい例としてて、ハンソンは、夜明けの太陽をみているJ・ケプラーとティコ・ブラーエの場合を頭のうちに描いてみたらという(82)。

さてケプラーは、太陽は不動だとみなし、動いているのは地球だという。しかしティコはプトレマイオスやアリストテレスにしたがって、地球は不動であり太陽がそのまわりを動いていると語る。ところで、ケプラーとティコは、夜明けの東の空を仰ぎながら、同じものを見ているのであろうか。この〈同じものを見る〉という問いこそ、事実問題なのではなくて、見ることと観察の概念を吟味するはじまりの問いである。したがって、この問いを、網膜上の反応というような神経生理的過程や、また感覚与件論者や現象主義者のように〈センス・データ〉や〈現れ〉という観点から、答えようとする立場は成りたたない。そこでハンソンはこの問いに答えるために、いろいろな例をひきながら問いつめようとする。いまそのいちいちについてふれる余裕はないので、わかりやすい代表的な例をひきながらあとづけてみよう。

彼はゲシュタルト心理学などにおける反転図形の例に注目する。かの有名な、老婆と若い女性の図、ケラーの酒杯と横顔の図、鳥とかもしかなどの図があげられている。さて一体われわれは、このような図を見ながら、はたして同じものを見ているのだろうか。反転図形の場合は、二人の観察者の間におこる問題状況が一人の観察者の場面においても反映されるところに、同じ問題状況がより集約的な形で示されているといってもよいかもしれない。その点はともかく、この反転図形が、ケプラーとティコの場合とアナロジカルであるのは、反転図形において二人が別々の図を見ることが、ケプラーが不動の太陽を、ティコが動く太陽を見ることと対応しているからである。「ケプラーとティコは、ちょうど私が鳥を貴方がただかもしかしか見ていないのと同じように、太陽に対している。彼らの経験の諸要素はまったく同じである。しかし彼らの概念的体制化（conceptual organization）が大いに異っている。彼らの視覚野は異なった体制化をなしうるのか。その時には、彼らは夜明けの東の空を仰ぎながら異なったものを見ることが出来る」(83)。そこでもう一つわかりやすい例で言えば、X線管の場合があげられている。はたして物理学者L・ブラッグとエスキモーの赤ん坊はX線管を見た時、同じものを見ているのだろうか。たしかに視覚上では同じ対象を知覚している。しかし視覚上で知覚される仕方は大変に異っている。だから、見るということはただ視覚的経験を持つことだけではなく、視覚的経験がもたれる仕方なのである。ブラッグと赤ん坊は、X線管の知識をわかち合ってはいない。同じ知識をわかち合えば、同じものを見うるが、異なった知識を持っていると、異なったものを見ることになる。かくして、ハンソンの言い方からすれば、見ることとは「理論負荷的」（theory-laden）(84)な営為なのである。あることがらについての観察は、そのことがらに関する以前の知識によって形づくられる。

〈見る〉と〈として見る〉とを同一視するつもりはないが、〈として見る〉の論理は、知覚の一般的な真相をあきらかにするように思われるという。砂の上の足跡の場合、そこには、実際の〈対象〉が存在していなくても、〈として見る〉ことのあらゆる体制化的な諸特徴がきわだっている。〈として見る〉という表示が見ることの諸概念の諸特徴を引き出すとすれば、〈ことを見る〉という表示はもっと多くの特徴をあらわならしめるかもしれない。たとえば、幹をかかえている四つの足先の図をみて熊を見ていることは、その木を回転すれば、われわれは熊の背中を見られることなのである。ケプラーとティコの場合で言えば、ティコにとっては、夜明けを見ることは、地球のかがやかしい衛星がわれわれのまわりを毎日廻りはじめることを見ることである。それに対して、ケプラーにとっては、夜明けを見ることは、地球が回転してわれわれの局地星（太陽）の光のなかへともどっていくことを見ることである。

あるものを立方体として見ることは、まさしく、何角、何面、固体、触知性、空間占有などなど、このようなすべてのことが成り立っていることを見ることである。それらは知識（knowledge）である(85)。その意味で、〈ことを見る〉とは、知識をわれわれの見ることのうちにおりこむことなのである。〈として見る〉と〈ことを見る〉は〈見る〉の心理的な構成要素ではない。見ることは複合的ではない。したがって知識は見ることに付加するのではなく、見ることのうちにある。

ある対象を見ることは、その対象の動き方をわれわれが知っている仕方で、それが動くであろうことを見ることである。その対象の動きがわれわれの期待に一致しないならば、われわれはそれを当の対象として見ることが出来なくなる。ティコが視覚的にとらえている輝く円盤のうちにただ太陽を見ているなら、それがまさしくティコ的な仕方で動くであろう物体であることを見ないではいられないのである。これらのことが、太陽に対するティコの地球中心的—地球不動の一般理論に対する基礎として役立つ。それらは、ただ解釈として彼の視覚的印象の上に加えられたものではない。まさしく見ることのなかに存している。ティコは、太陽が水平線から水平線へとめぐりはじめるのを見る。それは、ある天空の有利な位置から、太陽が、われわれの固定した地球のまわりをまわっているように監視されうることを見ているのである。それに対して、ケプラーの視覚野は異なった概念的体制化をおこなう。彼の見る夜明けは、ティコのみる夜明けと正確に同じでありうるのだが、ケプラーは、水平線がわれわれの固定した局地星から沈み、はなれていくと見る。このようなちがいは、ティコとケプラーがそれぞれ自ら知っていると考えていることの間の相異によっておこるのである。

ところで、〈ことを見る〉はつねに文節によってともなわれる。だから、ティコとシンプリキウスは宇宙が地球中心的であることを見、ケプラーとガリレオはそれが太陽中心的であることを見る。また物理学者は、X線管のなかで高電圧をかければ蛍光が陽極のまわりにあらわれることを見る(86)。これらの〈こと—節〉は完全な文単位である。ところで、画像（pictures）と言明とは論理的タイプをことにしている。われわれの視覚的意識は画像によって支配されるが、科学的知識は一義的に言語的である。見ることは画像と言語の合成物である。少くとも見ることの概念は視覚的感覚と知識の概念を含んでいる。画像と言語のあいだのギャップが、〈ことを見る〉の論理的機能を位置づけている。なぜなら、視覚は本質的に画像的であり、知識は基本的に言語的であるから。視覚と知識は見ることにとって不可欠の要素なのである。画像的表示と言語的表示のあいだの相異が、見ることとの視覚的特徴と概念的特徴とのあいだの相異を記しづけているのかもしれない。このことが、〈ことを見る〉の本質をあきらかにするだろうと、ハンソンは述べている。言明のすべての要素が画像の要素に対応するわけではない。見ることのうちには〈言語的〉要因も存している。もしそれがないとすると、われわれが観察するなにものも、われわれの知識に対して関連性をもたないことになってしまうであろう。われわれは有意味な観察について語ることも出来なくなる。描くことと語ることがいかに異なるかを示すことによってのみ、〈ことを見る〉がいかに両者を関連づけるかを示すことが出来る。観察が有意味であるべきならば、両者は関連づけられねばならないのである。

ここまであとづけてくると、問題事態は極めて明々白々となっている。もちろんハンソンの場合、科学理論的なないしは科学哲学的な究明であることが当然な前提なのではあるが、要するに一言で言えば、知覚というものがいかに科学的認識の構造のなかで完成するかということが、極めて明瞭に示されている。それは、ハンソンが、科学の基礎がためのためにまず最初に〈観察〉を問題にしているという事情から、それだけストレートな形で浮彫りにされているということが出来よう。ハンソンは当然科学理論的な基礎づけをもとめているが故に、観察をいかに科学へと関連付けるかが問題となるので、まさしくそれをはじめから〈概念〉〈知識〉〈言語〉などのレベルとの本質的関連性において示そうと試みる。〈見る〉ことの在り方それ自体のうちに、〈として見る〉と〈ことを見る〉という知覚の基本構造のひろがりによって、「理論負荷的」ないし「概念負荷的」という術語で一言で集約されているように、知識ないし言語的要因がすでにもっとも原初的な形において組み込まれている。つまり、〈見る〉という知覚は、文字通り「理論負荷的」ないし「概念負荷的」な過程だというわけである。ハンソンは、極めて強力に、〈知識〉ないし〈言語〉を介して世界を〈概念的〉ないし〈理論的〉に知覚する所以を論証しようとする。知覚にとって知識や概念のレベルが本質的であるが故に、〈として見る〉と〈ことを見る〉において、〈見る〉知覚ははっきりと観察対象の〈概念的〉体制化として示されることとなる。それが特に天動説と地動説という代表的なケースにおいて、極めて基本的に知覚の有意味的な構成として論証されたわけである。〈同じものを見る〉とはどういうことかという問いこそ、もっとも端的に、この代表的なケースの核心だからである。ところで、この〈概念的〉体制化は、文字通り原初的なレベルにおいて〈知覚〉のなかでおこることであり、したがってすべてはこの〈概念的〉体制化がどのように正しくみたてられるかということが、〈知覚〉の在り方をきめることとなる。ここに、いかに知覚が科学への道程においてその基本的性格にふさわしいものとしてはじめから開示されてしまうかということとともに、科学の進展とともに展開するかという所以が示される。かくして、簡潔に言って、知覚とは文字通り科学のなかで完成するということにならざるをえない。ということは、もっとも原初的レベルにおいて知覚は〈ことを見る〉のであるから、ハンソンにとってはどうしても〈こと〉の基本にある科学的知識なしではじまらないと同時におわることが出来ないということにほかならない。

知覚問題に対して――〈逆還元〉という方法へ

以上でわれわれは、知覚問題において捨象されるものはなにかという課題に答えるべく、知覚問題の二つの局面にひかりをあててきた。それは典型的な意味で、〈知覚のなかで科学がはじまる〉という言い方で示される事態と、〈科学のなかで知覚が完成する〉という言い方で示される事態とであった。この二つの事態があらわにされる時、知覚問題で捨象されるものについては、あらためて言う必要がないほどあきらかであろう。つまり、知覚と科学との密接な関係が、そのはじめとおわりにおいてもっとも典型的な形で示されてしまった以上、この密接な関係に親和的でないものはおのずから捨象されざるをえないからである。〈知覚のなかで科学がはじまる〉ということは、簡潔に言って、科学的解明の光にてらし出される時、知覚は科学的操作と同調するほど、科学的に知覚しはじめるということにほかならない。対象、空間、因果、時間の、四つの基本的カテゴリーの構築という形でまた極めて典型的に示されたように、知覚はそのもっとも原初的な〈対象化〉ないしは〈客観化〉において世界を分節するのであり、文字通り端緒における科学である所以である。〈科学のなかで知覚が完成する〉ということは、簡潔に言って、知覚は〈ことを知覚する〉ことなしではありえないので、理論負荷的といえるほど、科学的になりおわらざるをえないということにほかならない。〈こと―節〉を知覚に織りこむという形で極めて典型的に示されるように、知覚はもっとも原初的な〈概念的〉体制化において自らを有意味的に構成するので、文字通り科学のなかで完成せざるをえない所以なのである。知覚と科学との密接な関係が、そのはじめとおわりにおいてかくも明確に組み立てられる以上、知覚問題に即している限り、知覚のかかる基本的な関係構造からのがれることは出来ないであろう。

以上のように考えられる限り、知覚問題から哲学的思索をはじめることは、無意識的であれ意識的であれ、科学的立場ないし見方につらなってしまうのは、あまりにも明白なことの成りゆきなのではなかろうか。その点で、科学批判によって科学的立場をのりこえることをもとめたメルロ＝ポンティが、しかも知覚問題から現象学を展開しようと試みたところに、もっとも意識的な形でこの難問題にかかわらざるをえなかった所以がある。その道筋は、簡単に言って、知覚問題を問い出すことによって逆に、生きられる世界から人間の実存的な在り方を把え直そうというものであった。彼自身は意識的に〈還元〉をほどこして心理学の立場をのりこえていると思っていたのではあるが、実際はそのやり方は本来的にはむしろ全く逆であって、端的に〈逆還元〉の試みといった方がよいのではなかろうか。しかし、知覚問題の基本的な関係構造を自覚することなくなされた、この〈逆還元〉の試みは、それで容易に〈生きられる世界〉にもどりうると思って、心理学から出発することが出来るとしたところに、科学批判をはじめにおきながら科学的立場を最初から組みこんでしまうというあやまりをおかしてしまった。しかしこのあやまりにメルロ＝ポンティはすこしも気付かなかったのである。その意味で、〈逆還元〉の方法はその出発点からほどこさねばならないのである。なぜなら、知覚の問題においては、そのはじめからおわりまで、もっとも原初的な形で〈科学〉が組みこまれてしまっているからである。

　このような意味で、知覚問題に関する限り、〈知覚のなかで科学がはじまり、科学のなかで知覚が完成する〉以上、はじめに知覚問題に即しながらそれを超え出せると安易に考えることは出来ないのである。その点をむしろ直観的に知っていたが故に、知覚問題に対して直観的な方法によって一挙に拒絶する試みが実際に強力になされてきたのである。われわれはそのような直観的な方法に与するわけではないが、知覚問題にはっきりと対しようとする時、まずその精神の意味を知っておくことは、なぜ〈逆還元〉の方法がもとめられざるをえないかを理解するのに便であるように思われる。そこでまず簡単にその直観的方法の極めて周知な場合に一瞥を与えておきたい。

それは日本の思想文化にとっては極めて親しいものである[87]。つまり禅の公案のあのやり方なのである。私はこのような直観的ないしは実践的な切断を哲学的思索にとってのぞましいと考えているわけではないが、知覚的に開ける世界から出発することを一挙に拒絶することの意味の一つの示唆として示したい。その典型的な場合を二つあげる。それは同じことをねらっているが、むしろ逆のやり方で、一方はまず知覚物を提示してそれを否定することによって方向性を開くやり方であり、他方は逆に、もっとも根本的な問いを提示して、その答えにまったく無関係の知覚物を示して、やはり知覚にとらわれないことをもとめるものである。『無門関』から例をとる[88]。

首山和尚、竹篦を拈じて衆に示して云はく、『汝等諸人若し喚んで竹篦と作《な》さば則ち触る、喚んで竹篦と作さざれば則ち背く。汝諸人、且《しばら》く道《い》へ、喚んで甚麼《なん》とか作さん。』(中略)

頌《じゅ》に曰はく、竹篦を拈《ねん》起して、殺活の令を行ず　背触交馳す、佛祖も命を乞ふ（第四三、首山竹篦）

趙州、因《ちなみ》に僧に問ふ、『如何なるか是れ祖師西来意。』州云はく、『庭前の柏樹子。』(中略)

頌に曰はく、言、事を展ぶること無く、語、機に投ぜず、言を承くる者は喪し、句に滞《とどこほ》る者は迷ふ(第三七、庭前柏樹)

　この禅の公案によって示されているポイントは、いかに知覚にひきずられないようにするか、知覚を疑うかにある。知覚を疑うといっても、もちろんデカルトの場合とは全くことなる。方向性が逆なのである。その意味において、知覚からはじめる方向性とは逆に、道を開こうとする態度が、まさに直観的に示されているわけである。もちろん哲学的思索の道は、禅の公案のように〈不立文字〉の切断によって開かれるわけでない。だが、知覚にかかわる方向性というものを端的にあらわならしめようとする時、禅の立場はわれわれのもとめる方向性を直観的な方法でいわば〈直示〉しているのである。知覚問題に関して、最近評判になっているD・R・ホフスタッターの『ゲーデル、エッシャー、バッハあるいは不思議の環』が、禅の公案からの示唆を論じていることも(89)、一言そえておこう。

いまや知覚問題からはじめる時、そこでなにが捨象されてしまうかをはっきりとおさえることからはじめる以外には道はないのではなかろうか。知覚問題は、いままでもそうではあったが、これからの哲学においてはなおさら、まさに死活の課題だといっても過言ではないであろう。そこからどう歩み出すかをはっきりときめない限り、にっちもさっちもいかないからである。メルロ＝ポンティが言うように、「最初の哲学的行為は、客観的世界の手前にある、生きられる世界にまで立ちもどること」(90)だといえるとしたら、本当の意味で〈生きられる世界〉へとたちもどることがもとめられねばならない。それには、いかに〈還元〉をほどこそうとも、心理学からはじめることなどということは、すでにピアジェを手引きとしてあきらかにしたように、許しえないことである(91)。と同時に、われわれは、ハンソンを手引きとして、〈として見る〉ないし〈ことを見る〉という知覚問題が、科学のなかで知覚が完成する方向で把握されていることをあきらかにした。だがしかし、〈として見る〉ないし〈ことを見る〉とは、このような知覚からの方向においてのみしか把えられないのであろうか。実はここにヨーロッパ〈近代〉の科学的先入見がふかく組みこまれてしまっているのではなかろうか。本来は、このような知覚からの方向性＝科学的方向性とは全く逆の方向性が開かれうるのであり、まさしく、知覚において〈捨象〉される方向性ではなく、知覚において〈拾象〉される方向性が把えられうるのである。それ故にこそ、〈逆還元〉という方法がはっきりと自覚的にもとめられねばならない所以がある。

〈として見る〉ないし〈ことを見る〉について、〈見る〉という知覚も単なる表面的な知覚レベルでことたりるわけではないことは、ハンソンが力説するところであり、それ故、知覚は科学のなかで完成するにいたったのである。だが、この科学的方向性はまさしく〈捨象〉の方向であり〈きりとり〉

の方向なのである。だが、この同じ知覚構造のなかに〈捨象〉の逆方向も本来的に開かれているのであり、知覚からの逆方向性を自覚的にうけとめることがもとめられる。たとえば、犬の絵をみて〈犬〉として、「ルビンの杯」を〈横顔〉ないし〈高杯〉として知覚することは、その画像で象徴されるように、その形ではまさしく〈きりとり〉の形での、知覚的分節の一断面にしかすぎない。だが端的に言って、〈として見る〉と〈ことを見る〉は、この〈きりとり〉という仕掛けを取りのぞいてしまえば、それこそいくらでも〈ふくらみ〉をもたせることが出来ることであり、実際われわれは多くの場合それをおこなっているのである。たしかに「犬」を〈犬〉として、「ルビンの杯」を〈横顔〉〈高杯〉として知覚するのではあるが、知覚的〈きりとり〉＝捨象の方向性においてではなく、〈ふくらみ〉＝拾象の逆方向性においては、それこそ限りないほどの〈こと〉ないし〈事象〉としての〈ふくらみ〉をおびてたちあらわせることが出来る。われわれは本来知覚的世界に生きているわけではなく、価値的世界に生きているからである。いまは、〈ふくらみ〉の内容にまでわけいることは出来ないが。まさに脚下照顧、「犬」を〈犬〉として知覚する、この〈こと〉のうちに、哲学的思索の根本的な分岐点がねざしている。

知覚からの方向性＝科学的方向性とは逆の方向性は、実は同じ知覚の把え方のなかから示されうる。〈逆還元〉の方法とはまさにこのことなのである。〈きりとり〉＝捨象の方向ではなく、〈ふくらみ〉のゆたかさをもとめれば、〈として見る〉から〈ことを見る〉にすすめばすすむほど、それこそ限りない〈こと〉と〈事象〉とを組み入れることが出来る。この〈組み入れ〉こそまさしく〈括弧入れ〉の〈還元〉に対して、〈逆還元〉と表示しなければならない所以である。もちろんこの〈逆還元〉の方法を反省的に理論化することがもとめられる。今は、〈逆還元〉という方法へと開かれねばならない考え方の基本的な意味だけにふれるにとどめよう。それは端的に言って哲学における価値転換の試みそのものにほかならない。フッサールによって開かれた〈還元〉という考え方は、括弧に入れられることが自然的態度であれ科学的態度であれ、ヨーロッパ〈近代〉哲学のコギトの立場を結局強化してしまったことをはっきりと把握すれば、〈逆還元〉という方法がもとめようとするものは、おのずからあきらかにされるであろう。それは、知覚問題のレベルにおいて〈同時〉に、極めてゆたかな〈ふくらみ〉を受けとめるということであり、このレベルから自覚的に〈組み入れ〉がほどこされることによってはじめて、哲学的思索は〈生きられる世界〉から正しく第一歩を歩み出すことが可能となろう。この〈組み入れ〉こそ、端的に言って、〈価値事象〉への道にほかならない。その意味で、〈逆還元〉という方法は、いかに〈価値事象〉への感受性を開くかにある。

そもそも、知覚からの逆方向とは、われわれの知覚レベルにおいても、〈きりとり〉＝捨象による知覚的分節においてひらかれる〈事実〉の世界ではなく、〈ことを知覚する〉とともに〈組み入れ〉＝拾象において開かれる〈価値事象〉の世界が、〈生きられる世界〉としてまず原初的に存在していることにほかならない。つまり、本来的に、多様な差異によって多様に織成されている価値事象の世界が、〈ことを知覚する〉営みを通して、知覚的捨象ではなく知覚からの逆方向において開かれているのである。ということは、〈生きられる世界〉とは、知覚的分節の〈きりとり〉とともにあるような〈生活世界〉ではなく、その生活世界を〈同時に〉その底において破る形で存在していることを示唆しているのである。現にわれわれが生きている生活世界は、うっかりすると、知覚的分節によって完全に〈きりとられて〉しまっているかもしれない。それ故に、〈ことを知覚する〉において〈逆還元〉をほどこして〈組み入れ〉をおこなわない限り、〈生きられる世界〉が開かれえないかもしれないわけである。〈生活世界の底へ〉と言われる所以である。知覚問題は哲学の死活の問題ではあるが、それは、捨象の道をいかに現象学的に把握していくかということではなく、知覚からの逆方向をいかに出発点できりひらくかにある。

三 〈生の事実〉と〈現実構造〉
——生活世界の底へ

〈逆還元〉の相のもとに

「生活世界」というと、たしかにそのもとの表現がフッサールに由来することから、おのずからフッサール的な意味合いがこめられて解されるかもしれない。そのためか、メルロ＝ポンティは「生きられる（た）世界」(le monde vécu) という言い方にした。ここでもまた、もちろんこんどはメルロ＝ポンティ的な意味合いが込められることとなる。特定な言語使用というのは、つねにその言葉の〈意味〉をなんらかの仕方で造形するからである（ウィトゲンシュタイン）。またそれを「生世界」という言い方で示そうとすれば、ディルタイ的な意味合いとの関係がどうしても想い起されざるをえない。私は以前ディルタイの「生」(Leben) の概念の〝概念くだき〟をもとめたことがある(92)。しかしなにはともあれ、その由来からすれば文字通り外来語であるから、そのような諸々の言語使用の意味をたしかに根の方に沈澱させながらも、いまや日本語として「生活世界」という言い方を用い、しかも相当に一般化して用いられるようになると、日本においてもまたあらたにいろいろな意味合いが込められてしまうことは否定すべくもない。だがそのような意味合いがどのようにまとわりつくからといって、その使用をひかえることは出来ない。もちろん差し控えることによって、より新鮮な方向性を開きうるということであれば、それもひとつの行き方であろう。しかしそうでないならば、言語使用はその使用を介してしかあらたな意味を造形しはしない以上、どこまでもその使用を積極的に受けとめてこそ道が開けると言うべきではなかろうか。そうしない限り、ある語の使用に偏見を抱くことによって、かえって言語に使役されていると言わざるをえないように思われる。それによって、いまやはっきりと出立すべき、哲学的思索の〈はじめ〉を、かえって逸れてしまいかねないからである。

たしかにわれわれが「生活世界」という表現を用いる時、そこにはいろいろな意味合いが込められていよう。だが、そこにどのような意味合いが込められようとも、もっとも平凡な事態がその周辺を浮彫りにしている。そのために、もっともわかりやすい、ひとつのイメージ化として、R・D・レイン『生の事実』のまえがきの書き出しを、そのまま引いてみよう。「われわれは立ち、坐り、歩き、横たわる。われわれは空間と時間との中に生き、見、聞き、触れ、味わい、匂いを嗅ぎ、そしておたがいに、また第三者を、さまざまな状況を感じる。われわれは思い出し、考え、想像し、注意し（どれかの感覚で、あるいはすべての感覚で）、感じ、行い、話し、お互いに出会い、熟考し、驚き、疑い、信じたり信じなかったりし、愛したり憎んだりし、やりぬいたり、諦めたりする」(93)。つまり、この語の指示が決して欠くことが出来ない周辺とは、この世の中においてすべてのひとびとが、六十億近くの人類のひとりひとりがそれぞれに生きている日々の世界を、はっきりと問題にしているということである。それがどのように〈倒錯〉していてもである。この語によって、日常的な、ひとびとの生活ないし生きている世界をまず重視しようとしていることでは、一定の共通の了解がなされうるのではないかと思われる。その実際の内実は、一定の類似性をともないながらも、それこそ千差万別ではあるのだが。だからこそ、この語を哲学的思索の〈はじめ〉においてはっきりと自覚的に用いるかどうかは、むしろ決定的なことなのである。だがそのために、逆に、生活世界から出立しようとする哲学的思索は、極めて困難な問題を〈はじめ〉において背負わざるをえない。なぜなら、かような生活世界を重視して哲学的思索を展開しようとするなら、結局、千差万別な日常生活の世界地平をただ経巡るしか道がひらかれはしないのではないかといぶかられざるをえないからである。むしろそれをはじめからおそれていたかのように、今日まで〈正統的〉

な哲学の伝統はむしろ徹底的に生活世界を否定、無視、軽視ないしは蔑視してきた。だが私はこの伝統の問題性を繰返し論じてきているわけであるが、特に哲学的思索の〈はじめ〉に自覚的に対することがもとめられる。その際、われわれが哲学的思索の〈はじめ〉において、「直接与えられたもの」に直面せざるをえない以上、端的に言ってその道はもはや〈還元〉ではなく、〈逆還元〉という方法によって開かるべきことをあきらかにした。というのは、「直接与えられたもの」とは結局知覚問題に帰着するので、知覚問題において〈還元〉などおこなってしまったら、いかほど超越論的な試みであっても、いやそれならなおさら、フッサールの場合に典型的に示されるように、意図はどうあれ、科学的〈捨象〉の方向性に完全に同調する以外にはいかなる道も開かれなくなってしまうからである。

もっと一般化して言えば、知覚問題というのは、西洋哲学の伝統的な問いである「存在とはなにか」という問いを支えてきたものということが出来る。まさしく〈存在への問い〉がかくも一貫して西洋哲学の正統を築き上げてきたのは、すべてこの〈はじめ〉に依拠しているからといっても過言ではないであろう。なぜなら、存在問題とは要するに知覚問題の〈深層〉ないしは〈高層〉なのである。表層では知覚問題を拒否しているかにみえる、プラトン主義や合理論の正統も、ロゴスの探求として、イデア＝見る〈コト〉に依拠しているからである。明証性《エヴィデンティア》の問題にほかならない。極めて象徴的なことは、すでに哲学の始め、哲学の父がタレースにおかれたところに示されている。それは、知覚される〈モノ〉としての水がアルケーとしての〈水〉へと把握し直されるところに、明証性に根差した、存在問題への〃ふかまり〃ないしは〃たかまり〃の基本構造が開示されている。そしてその後一貫してその構造が西洋形而上学の正統を支えつづけてきたのである。知覚問題からはじめる時、知覚に必然的に組み込まれる〈きりとり〉＝捨象の方向ではなく――還元はまさにその方向性を正当化する結果になる――それとは逆方向性において〈逆還元〉という方法によっていかに〈くみいれ〉＝拾象を〈ゆたかに〉おこなうかがもとめられねばならない。しかも知覚問題は、今日〈科学文明〉のなかで生きるわれわれにとっては、ますます〈科学的〉に吸収されてしまい、極めてやせほそってしまったと言わざるをえない。そのような知覚問題を〈はじめ〉においてさらに〈きりとり〉をなそうとすれば、その目指す方向性がどのようなものであれ、そこに開かれる世界はますます衰弱しきってしまうことは火を見るよりもあきらかなのではなかろうか。ここに生活世界というものをいかにあらたに〈生きかえらせる〉かがもとめられざるをえない所以がある。メルロ＝ポンティのように〈生きられた世界〉ないし〈生きられる世界〉と言うにせよ、やはり同じような問い直しのもとで開示することがとめられる。それが〈逆還元〉という方法が指示する方向性である。つまりそれは、生活世界で開かれる基本事態を、〈逆還元〉の相のもとではっきりと把え直すことにほかならない。そこで〈生の事実〉と〈現実構造〉という二つのポイントに焦点をあてて、生活世界から出立する哲学的営為は結局生活世界の底へといたる、その方向性を描き出すことにしたい。それは、究極的には、生活世界の底をやぶることによってはじめて〈生きかえり〉の地平をひらき示すものと、予想される。

〈生の事実〉を通して

すでに一寸引用したR・D・レインの『生の事実』(The Facts of Life) は、次のようなサブ・タイトルがついている。An Essay in Feelings, Facts, and Fantasy である。ここには極めて集約的に問題が提示されているように思われる。それは文字通りに分解して示せば、一、フィーリングス、二、ファクツ、三、ファンタジィ、四、ライフ、五、ファクツ・オブ・ライフ (ライフ+ファクツ) である。五が主題であるから、まさしく二つの基本契機ないし問題事態の統合の姿に主眼点がおかれており、いまわれわれが一つの手引きにしようとしているのも、そのためである。だが、その統合を構成する二契機――ファクツとライフ――に対して特にフィーリングスとファンタジィが列挙されているところに、まず注目しておかねばならない。そこには、感覚、知覚から出発する狭義の心理学ではなく、精神分析の立場がはっきりと示されているということが出来るであろう。われわれはすでにピアジェの知能心理学の在り方を批判的に考察し、知覚と感情は本来分離出来ないものであるが、心理学の科学的操作のゆえに、その二元的分離が遂行される所以をあきらかにした。いまわれわれはなにも科学的考察を展開しようとしているわけではないので、本来的にしかも当然そのような二元的分離論の立場をのりこえることがもとめられる。とする時、文字通りフィーリングスはその語そのものにおいて感情と感覚とがいかに不可分に結び合っているかを示しているということが出来る。「フィーリング」は肉体的感覚という意味もあるわけであるが、むしろ本来的には感情と感覚とが分離しえない状態での働きをあらわしている。まさしく「として感じる」「コトを感じる」のは、感情的感覚ないしは感覚的感情なのである。と同時に、感情と感覚・知覚が分離的に取扱われるのではないゆえに、ファンタジィもまたいつでもそこにからみ合ってくることが可能である。可能であるというよりも、フィーリングスとファンタジィは本来切り離しがたいほど相互に滲透し合って、フィーリングスはファンタジィを喚起し、ファンタジィはフィーリングスをゆたかにする。それゆえにこそ、フィーリングスとファンタジィの不可分の関係性においてはじめて、ライフとファクツの生き生きとした統合が可能になるのではなかろうか。ここにまた、〈生の事実〉が〈逆還元〉の相のもとで自らを開示する所以もひそんでいるのである。

ファクツとライフの結合態である「ファクツ・オブ・ライフ」という言い方は、便宜上分りやすくするために〈文語上〉と〈俗語上〉という、やや恣意的な対比法を用いることによって対照させると、〈文語上〉においては一般的な用法としてわれわれがすでに訳して用いてきた「生の事実」という言い方で一般に了解されることが示されているということが出来よう。それに対して、〈俗語上〉においては、極めてストレートに性に関する「原事実」、より一般的には「生殖事実」にあたる表現なのである。精神治療者としてのレインは後者にむしろ焦点をあわせている。それは彼の精神医学の在り方とふかくかかわるからである。したがって、その焦点をめぐって、フィーリングスやファンタジィを問い出そうとしているのだということが出来るであろう。だがそれならばなおさら、かかる焦点だけに問題をしぼりきることは本来出来ないことではなかろうか。実際レインはエピローグにおいて、「本書に常につきまとうて離れないのは、『正しい生き方とはなにか』という疑問である」[94]と端的に書いている。とすれば、たしかに一見〈俗語上〉の用法に焦点がおかれているようにみえながらも、本来はその焦点によって〈文語上〉の用法で示さるべき事態を問い直すことをもとめていたと言うべきであろう。われわれにとって、もちろん〈俗語上〉の用法も重要ではあるが、問題は〈文語上〉の用法にあることは言うまでもない。

それではまず、「ファクツ・オブ・ライフ」を構成する二つの基本契機をそれぞれ問題にすることが出来るだろうか。一体ファクツとはなにか、そしてライフとはなにかと。むしろこのような問いは本来成り立たないのに、成り立つかのように思われてきたのではなかろうか。つまり本来擬似問題《シャイン・プロブレム》であるにもかかわらず、真実の問題と見做されてきた。それでは一体かかる問いはなぜ成り立たないか。基本的には、問いの形式が問題の主題の内容にまったくそぐわないからだと、簡潔に言うことが出来るであろう。つまり、〈とはなにか〉という問いの形式は本来本質問題の提示なのだが、「ファクツ」や「ライフ」とは、その本質を開示することがもとめられるような問題事態ではありえないからである。われわれはよく「それは事実だ」「かくかくの事実によって」などと言っている。それは日常生活から科学レベルの議論の場でも欠かすことが出来ない。というのは、事実は多種多様な事実であることによってこそ意味をもつのであって、その本質がはっきりと開示されてはかえってその本来の内実を喪失したり稀薄化してしまうからである。それに対してライフの方はもっと簡潔に言うことが出来る。そのことばの基本が多様であって——もちろんそのうちで三つの意味が一応の基本ではあろうが、日本語でいうと、生命、生活、人生——そのどれについて本質が問われるかがわからないからである。しかもそのいずれに決めてしまっては、いまわれわれが問題にしようとしている「ファクツ・オブ・ライフ」という統合事態にかかわることさえ出来なくなろう。極めて簡単だが、以上のようにみてくる時、この統合事態を二つの基本契機の方から問うことが出来ない所以があきらかとなる。「ファクツ・オブ・ライフ」はどこまでもそれ自体を問題にしなければならない。

「ファクツ・オブ・ライフ」を、すでに述べたように、私は〈生の事実〉という表現で一般にうけとめることにする。それは「生きられる（た）事実」ないしは「生活事実」などとも訳しうるように、もっとも一般的に受けとめていれば、ひとそれぞれの〈日々の経験〉ということで示すことが出来よう。丁度メルロ゠ポンティが〈生きられる世界〉との関係でまず〈世界経験〉（une expérience du monde (95)）という言い方で示そうとしたのに準じよう。〈生の事実〉がまずその基本で〈経験〉を通してうけとめられるのは、そもそも生活世界におけるわれわれの営みのすべては経験にほかならないからである。つまりわれわれは限りない日々の経験によって〈生の事実〉をみたしている。とすれば、問題はそのみたし方にあると言えよう。それは、つまるところ、〈事実〉と〈経験〉の関係にほかならない。

ところで、極めて常識的レベルでいえば、日々の経験は、日常の生活を一応つつがなくおこなっていくために、ひとそれぞれにとっての習慣につらぬかれており、その意味で〈惰性化〉しているということが出来る。〈ひとそれぞれにとって〉と限定しなければならないのは、ひとびとの生活の仕方は多種多様であり、ある人にとっての日常生活の習慣は、他のひとにとっては極めて非日常的かもしれないからである。やや極端な例をとるが、狩猟民の日常生活をささえる習慣は、産業都市のサラリーマンの日常生活のそれとは、類似せる経験もありえようが、非常に異なっている。にもかかわらず、〈ひとそれぞれにとって〉という限定のもとで、日々の経験は、日常生活の平穏な営為として、習慣といういわゆる〈第二の自然〉に貫かれることによって、〈惰性化〉しつつ展開する。したがって時空的条件とそのもとにおける政治・経済・社会・文化的状況において、その〈惰性化〉は、次の問題点となるように、一見動かしがたいような〈現実構造〉のうちに取り込まれることとなる。だから今日の近代文明的時代状況においてわれわれの日々の経験が〈惰性化〉的にいわば〈平板化〉し、知覚的に〈外化〉されてしまっていると言うのは、否定すべくもない。さらにもう一歩すすんで、それを〈疎外〉状況とみれば、日々の経験がこの〈惰性化〉において人間的感受性の解体や崩壊感覚を余儀なくされるにいたっていると、言えるかもしれない。それは、すでに論じた知覚問題との関連で言えば、日々の経験が視覚の肥大化により知覚的に〈外化〉することを通して、まさしく知覚的に〈きりとられ〉＝捨象されている姿にほかならないということが出来よう。知覚的〈きりとり〉＝捨象においては、このような〈外化〉を通してこそ、〈生の事実〉が日々の経験によってみたされざるをえないところに、〈還元〉などを決してほどこしえない所以がある。だがある意味からすれば、むしろより見やすい形で、日々の経験はその〈外化〉においてもそれぞれ〈生きられた事実〉ないしは〈生活事実〉にほかならない。日々の経験は実際そのまま生活の事実である。ここに〈経験〉と〈事実〉との、もっとも見やすい一つの関係がある。だが、それが、その〈外化〉の形においてであるところに、人間の生き方をめぐる本来的なパラドックスがあるというべきかもしれない。

普通の用法では、〈事実〉と〈経験〉とは異なっていると見做される。その識別のメルクマールの基本は、やはり〈事実〉が〈なされたコト〉ないしは〈生起したコト〉など、おもに結果までかかわる形でいわば〈客観化〉されることがのぞまれるのに対して、〈経験〉というのはむしろ動詞形〈経験する〉を核としてもちつづけることで、いまなしつつある動作や作用におもにかかわっている点にあろう。動詞形というのは、自動であれ他動であれ、その動作の主（その動詞の主語）がいるわけであり、その意味で当事者Sの自己中心性によってはじめて〈Sが経験する〉という一プラグマが成り立つわけである。だがそれがただちに文と一致するわけではない。「Sは経験する」という文では、Sが主語であるから、一般に文法的には主格と言われ、フィルモアの格文法では動作格（Agentive）と言われるが(96)、その自己中心性がそのままこのプラグマが発話される時の〈視点〉ではない。そのためには、誰の視点から発話されるかが問題となる。言うまでもなく、Sの視点の場合もあれば、他の人の場合もある。〈Sは経験する〉というプラグマは、いつでも他の視点において把えられるからである。そもそも発話がなされる時、それは発話者の自己中心性＝視点なしではありえない。「Sは経験する」とAが発話したのなら、文の主格はSであっても、そう発話したAの視点においてその発話が成り立っていることは言うまでもない。それが言説の存立の実相なのである。

換言すれば、ラングとパロールの相関性においてこそ言説は生きているのであり、その相関性が解体してしまうと、それは死んだ〈文〉にほかならなくなる。そのような実相の基本は、発話の自己中心性＝視点という根本問題であり、〈視点〉ぬきで言説を論ずること自体が実は根本的なあやまりだということである。実はこの根本的なポイントに〈経験〉と〈事実〉の識別のメルクマールの基本もかかわっているのである。

「Sが経験する」とSが発話すれば、発話の主体と文の主格が一致して、この〈経験〉はSの二重の自己中心的視点において把えられているので、その主体的な働きの仕方に徹底的な力点がおかれるのは明白である。〈事実〉と〈経験〉とがもっともはっきりと識別される場合である。ところが「Sは経験しつつある」とS以外のひとが発話する時、その現場でそれこそ直接的に発話しているような場合でも、それは〈Sの経験する〉〈事実〉がまさに報告されているわけである。つまり、言説存立の基本である視点とともに、〈経験〉はいつでも〈事実〉なのである。この場合には、〈事実〉と〈経験〉が識別されるのではなく、むしろ同一視される。それゆえ、たとえば英英辞典などをみると、極めて典型的にそれが示されている。一例(97)、experience = 4. The fact of being consciously the subject of a state or condition, or of being consiously affected by an event. 〈経験〉はまさしく〈事実〉なのである。われわれはたしかに、一般の言語使用では、〈経験〉と〈事実〉の識別に〈働き〉と〈出来事〉の区別としてなじみすぎているが、いま辞典的意味でもその両者が逆に同一視される場合が示された。しかしこの点は、辞典的意味がそうだから云々と考えるとしたら、本末転倒なのである。そうではなくて、言語使用は本来〈視点媒介的〉なのであるから、その視点媒介性を正しくおさえれば、むしろ本来的に〈経験〉と〈事実〉とは密接に関連づけられることがもとめられる。そしてそのような視点媒介性の自覚化こそ、これからの哲学的思索の基本でなければならない。〈経験〉と〈事実〉の関係も、そのもっとも基本的なあらわれにほかならない。

われわれはすでに、〈事実〉と〈経験〉とが、日々の経験の〈惰性化〉と〈外化〉において、より見やすい形で、相互嵌入することをあきらかにした。その理由はいまや極めて明白である。〈惰性化〉とともにひらかれる〈外化〉こそ、動作主の自己中心性＝視点がその自己＝異化によって他の視点のうちに取り込まれることにほかならないからである。つまり、〈惰性化〉と〈外化〉のゆえに、より見やすい形で、〈経験〉の〈事実化〉すなわち〈生の事実〉が展開するというわけである。だがそれゆえに、〈惰性化〉に対して当然〈活性化〉がもとめられざるをえない。日々の経験が日常生活において〈惰性化〉することによって〈生の事実〉を〈惰性化的〉に展開するなら、それに対して当然〈生の事実〉の〈活性化〉がもとめられねばならない。日常生活の〈惰性化〉とともにひらかれる〈外化〉は、知覚問題に即して言えば、知覚の〈きりとり〉＝捨象へと方向づけられていたのであるから、それに対する〈活性化〉こそその方向性とは逆に〈組み入れ〉＝拾象の方向にあることはもはや言うまでもない。とすれば、それははっきりと〈逆還元〉の方法によって哲学的に開示することがもとめられよう。

〈逆還元〉の方法とは、知覚問題に即して言えば、知覚は〈として知覚する〉ことであり、〈として知覚する〉ことはまさに〈コトを知覚する〉ことにほかならないので、この〈コト〉の〈組み入れ〉によって〈価値事象〉の〈ふくらみ〉のゆたかさをもとめることにほかならなかった。いまやこの方法が〈生の事実〉の局面において自覚的に遂行することがもとめられるのである。ここではまず、すでにレインの著作を手引にして指摘したように、感覚・知覚を特に分離的に取扱うことはゆるされず、どこまでも感覚・知覚をうちに含み込んだフィーリングスとファンタジィのダイナミックなかかわりが重要なわけである。だがいまやフィーリングスとファンタジィというように個別的に考えること自体が、〈生の事実〉のまえではのりこえられねばならない。それは結局、われわれが心身一如の主体として生活世界のなかで生きる仕方に全体的にかかわっていることである。ただ私は、かかる主体の働きの基本に〈情緒的構想力（想像力）〉をおいていることを一寸指摘しておきたい。〈情緒的構想力〉の生き生きとした働きによってこそ、〈コトを知覚する〉のではなく、まさに〈コトを構想する〉ことによって〈コト〉の〈組み入れ〉がそれこそよりゆたかに遂行されることがのぞまれる。かくして、繰返し述べたように、日々の経験は〈惰性化〉することによって〈生の事実〉もまた〈惰性化〉するが、そのような〈経験〉や〈事実〉も〈逆還元〉をほどこすことによって、ゆたかな〈ふくらみ〉を帯びて立ちあらわれることがもとめられる。〈生の事実〉や、つぎに問題にする〈現実構造〉などに対しておこなわれる〈逆還元〉の方法は、〈逆還元〉の第一の道である(98)。この第一の道に一つの名称を与えうるとすれば、それでかえって誤解をうむかもしれないが、〈宇宙論的逆還元〉とよぶのがふさわしいと思われる。

ところで、〈逆還元〉の方法はたしかに哲学的に自覚化して用いられねばならないのであるが、それはなにも無理じいに要求されるからではない。すでに指摘したように、日々の経験の〈惰性化〉に対してかならず〈活性化〉がもとめられるからである。実際われわれはいたるところで、日々の経験の〈惰性化〉に対して、日常的な経験のレベルのなかから

〈活性化〉の営みがなされるのに直面する。われわれは、日常生活を超越して至高経験や神秘体験ないしはエクスタシーなどを外部注入するような場合を考えているわけではない。この点は誤解がないよう、特に強調しておきたい。われわれはどこまでも日常生活のなかからの〈活性化〉に向き合うだけである。それは便宜上二つの観点から集約すれば分りやすいであろう。一つは、日々の経験に対して〈非日常性〉という言い方で考えられることが、実は日常的な経験においてもたえずかかわってくる点である。われわれは日常的経験においてたえず〈非日常性〉に遭遇するといってよいであろう。たとえば誕生から死にいたる〈ハレ〉と〈ケ〉の関係のように。その意味では、生きられる事実とは日常的経験と非日常的経験の弁証法的ダイナミックスだということが出来よう。もうひとつは、先に一寸指摘したように、〈構想性（想像性）〉という言い方で考えられることが、実は日常的経験の真只中においてもたえずかかわってくるという点である。われわれは日常生活においても本来〈構想性〉なしには生きていけないといってよいであろう。たとえば、諸々のイメージがかきたてる象徴や比喩の体験など。極めて日常的なテレビさえ、知覚性と構想性の弁証法的ダイナミックスにおりなされて、時にはげしく〈生の事実〉の活性化をもたらすものである。

以上のように、〈生の事実〉の〈惰性化〉に対してたえずその〈活性化〉がもとめられているからこそ、〈逆還元〉の第一の道はこの〈活性化〉にうながされて自覚的にその道がきり開かれることが可能となる。それ故、日々の経験を通して〈生の事実〉はそれこそ〈活性化的〉に限りなく〈逆還元〉の相のもとに自らを開示する。それはある意味において、人類が発生して以来今日にいたるまで、それぞれの地域的文化領域においてなされてきた限りない〈活性化的〉経験を、あらためて追体験することにひとしいといってもよいかもしれない。しかしそれを追っていてはきりがないので、むしろもっとも典型的なケースと考えられるものを若干あげることで、今は示唆的にとどめることで満足したい。しかしその前に、もう少し誤解のないようにしておかねばならない。〈活性化〉と〈逆還元〉との関係の、いわば実相である。〈活性化〉と〈逆還元〉とは、いま指摘したように、前者が後者を促すという意味で表裏一体だといってもよいのであるが、哲学的思索の展開においてその基本性格をみる限り、まったく異なる次元の事柄である。〈活性化〉とは、〈生の事実〉をめぐって生起する〈惰性化〉に対して、その都度実際に生起することがもとめられるということで、現実的な事象のレベルにおいて示さるべき事態である。それに対して〈逆還元〉とは、言うまでもないことであるが、どこまでも〈方法的〉な操作の仕方にほかならない。つまり、哲学的思索の展開において、そのような現実的な〈活性化〉の事態に対して直接向き合う形で、はじめて自覚的に遂行されべき哲学的な方法操作なのである。だがその際重要なことは、現実的に生起する〈活性化〉がむしろはっきりと自覚化されるためには、哲学的思索における〈逆還元〉が是非もとめられるということである。それ故に、〈活性化〉は、現実的次元の相においてではなく、〈逆還元〉の相のもとでは、まさしくその様相を変えるという意味で変様してうけとめられねばならない。〈逆還元〉の相においては、〈活性化〉の事象自体が問題なのではなく、そのような〈活性化〉が〈逆還元〉を哲学的思索の次元に誘うことによって自らを変様せしめることが肝要なのである。その意味では、〈活性化〉という面からはただ、〈逆還元〉の相をあらわにすることにとどまらざるをえない。しかもいまはただ典型的なケースを示唆的に示すことしか出来ないわけであるが、しかしそれだけでも、〈生の事実〉が〈逆還元〉の相のもとではじめてその〈活性化〉の意味をあらわならしめるかが示されよう。

今日周知のように、文化人類学・民俗学や深層心理学・宗教社会学さらには神話・神秘思想などの示す興味深い事態が、つよい関心をひきつけている。だがそのような諸事態が科学や思想のレベルでいかにもてはやされようと、今日の生活世界とは遊離して〝外部注入〟されるだけでは、いわゆる〝ポスト・モダン〟などという軽薄な流行としてながされるだけであろう。本来このような事態は〈生の事実〉の〈活性化〉としてのみ意味をもつのであるから、そのような〈逆還元〉の相のもとにうけとめられねばならない。そのような〈逆還元〉の方法的自覚なしで、現代文明の〈惰性化〉と〈生きにくさ〉のために逆にただ個々別々にもてはやされるだけならば、むしろ根本的なあやまりをおかしていると言わねばならない。そこで、いまわれわれは〈逆還元〉のための〈活性化〉の典型的ケースを三つほど示してみることにしよう。

まず〈宇宙身体的〉次元からの〈活性化〉である。ということは、われわれの身体は、本来〈自然〉にふかく根をおろすことによって、宇宙性をはっきりと帯びている。たしかにいま、科学技術文明のなかで、身体の宇宙性が根こそぎにされてしまったと言われるかもしれない。だがわれわれの身体は、〈生の事実〉の〈俗語上〉の用法で示されていた「原事実」という点からみても、単なる即物的な身体運動（その極端な場合がデカルト的機械運動にほかならぬ）にすぎないのではなく、むしろプリミティヴであるが故にこそ、神話的世界に貫入する宇宙性をいまだ決して失ってはいないのではなかろうか。日常生活においては性の営みもまた〈惰性化〉してしまいうるが、しかしそこにはやはり男性と女性をめぐる宇宙論的位相が混沌たる〈経験〉のうちに渦巻いているからである。性のカオスは日常的社会秩序（コスモス）からは反倫理的なこととされ、かえってエログロ・ナンセンスへと頽落してしまっているが、それだからこそ、身体の宇宙性に根差す〈活性化〉が〈逆還元〉の相のもとで自覚的にゆたかな〈ふくらみ〉をもって開示されることがもとめられる。つぎは、〈原型構想的〉次元からの〈活性化〉である。われわれは知覚と感情とを決して切り離してはならないことを強調した。すでにそれだけでも、知覚的〈きりとり〉＝捨象とは逆の方向性がひらかれている。しかもすでに指摘したように、フィーリングスとファンタジィが〈情緒的構想力〉へと結晶せざるをえないのは、構想力が〈原型〉とふかくかかわっているからである。〈原型〉とは端的に言って、人類始まって以来の〈経験〉の重大な堆積にほかならない。われわれはいろいろな〈原型〉にふれることで、〈生の事実〉をあらたな相貌のもとで把え直すことが出来る。その意味で、生き生きと〈原型〉を構想する形で、〈生の事実〉の〈活性化〉が〈逆還元〉の相のもとで開示されることがもとめられよう。実際、〈原型〉ぬきで〈情緒的構想力〉を語ることは、今日の、浮草のような想像力の衰弱化以外のなにものでもないであろう。実のところ、知覚を組み込んだ感情つまり情緒の方が、むしろ身体の宇宙性とふかくつらなっているということが出来る。あらゆるものにふれて〈もののあわれ〉を感ずるのは、古来、情緒のなせるわざであろう。

〈原型構想的〉次元からの〈活性化〉は〈逆還元〉のゆたかな遂行をもとめてやまない。最後に、〈意識深層的〉次元からの〈活性化〉である。デカルト的な意識（コギト）はすべてを透明な空間に位置づけ、まさしく〈外化〉によってすべてを〈見えるもの〉にした。それは〈生の事実〉の〈惰性化〉にほかならない。だが本当は〈見えるもの〉を〈見えないもの〉がつねに支えている。われわれの意識は深層へと降りていくことによって、その深淵に沈澱している〈原型〉によっていかされていることに気付く。それを〈無意識〉というかどうかは表現上の問題にすぎない。むしろ意識の透明性に対してその徹底的な不透明性がかえって〈生の事実〉をゆたかにするのではなかろうか。日々の明るい実生活においては、「自己とはなにか」などという問いはなにか青臭くて気恥ずかしいものとして、むしろ意識的に忘却の淵に投げ込まれている。〈意識深層的〉次元からの〈活性化〉が日々の経験を〈逆還元〉の相のもとにもたらす時、むしろ〈生の事実〉を「自己とはなにか」という根源的な問いとのかかわりのうちに〈組み入れ〉てしまうであろう。〈逆還元〉の方法の自覚的な遂行がもとめられる所以である。

生起としての〈現実構造〉

日々の経験は、その〈惰性化〉と〈活性化〉において、〈生の事実〉の弁証法的ダイナミックスを描き出していると言うことが出来る。われわれの日常的経験は、基本的には、〈非日常性〉と〈構想性〉を〝受胎〟していることによって、たえざる〈活性化〉を経験する。そしてその〈活性化〉にうながされて〈生の事実〉は〈逆還元〉の相のもとで自覚化されることがもとめられる。それは、ある意味においては、人類が発生して以来今日にいたるまで、それぞれの地域的文化領域においてなされてきた〈活性化的〉経験をあらためて追体験するのにひとしいと言ってもよいであろう。現在の高度情報社会のなかの都市生活においては、その明るさのために失われてしまったが、なにごとについても〈霊〉が生きていることを経験するようなひとびともいる。たとえばタイでは、たとえ滅びつつあるとはいえ、日本でいえば『今昔物語』に出てくるような一つの怨霊の世界が現にあるという(99)。また日本についても、ヨーロッパのプロテスタンティズムの倫理のもとでつくり上げられた、いわゆる近代的な心性と対比すれば、古代的なアニミズムの生命感覚が日本的心性をいまなおなんらかの仕方でささえていると言われるのも、もっともであろう(100)。以上のように、多様な心性の在り方にともなわれて、日々の経験は、極めて多様な価値を孕んだ〈生きられた事実〉として生起しているのである。生起する〈生きられた事実〉とはまさしく〈価値事象〉以外のなにものでもない。われわれは〈事実〉を〈価値〉と切り離して考えるのが正しい認識の仕方であるかのように育てられ、またそれこそ「科学の時代」にふさわしいことと教えられてきた。だがこの点こそ、〈近代的〉心性において強固に作り上げられてきた価値／事実の二元的分離論にほかならない。それが、すでにあきらかにしたように、知覚問題において哲学的思索の〈はじめ〉として遂行されるのである。そして知覚の科学的な取扱いは、認識と感情とを二元的に分離することによって、価値／事実の二元的分離論を必当然的なものにする。だからこそ〈逆還元〉の方法がどうしてももとめられ、〈コト〉の知覚において〈コト〉の〈組み入れ〉がよりゆたかになされることによって、〈生の事実〉は〈価値〉を切り離された〈事実〉ではなく、まさしく〈価値事象〉として生起する。われわれが、〈逆還元〉の相のもとで〈生の事実〉をめぐって〈価値事象〉への道がはっきりと切り開かれていくと考える所以なのである。だが繰返し述べてきたように、日々の経験はむしろ〈惰性化〉を常態としているのである。それは、〈生の事実〉が生き生きとした〈価値事象〉として生起するには、実はそれとは逆の条件なり状況なりが前提となっているといわざるをえないからである。〈現実構造〉の問題がどうしてもつぎに問われざるをえないのは、そのためである。

われわれが日々の経験をしつつ生きている生活世界は、言うまでもなく、より広い意味に解された社会のうちにある。だが生活世界は社会のうちにあると同時に、生活世界が社会でもある。「うちにある」という場合には当然、生活世界がそのうちにおかれているより大きな場や体系として社会がうけとめられているわけであり、それに対して、生活世界としての社会とは、ひとが生活する世界がひとびとの諸関係として展開していることにほかならない。私はこのような諸関係を、基本的には三つの〈かかわり〉の連関の総体とみなしている。一、ひととひととのかかわり、二、ひとともののとのかかわり、三、ひとと場とのかかわりである。このような三つの基本的な〈かかわり〉を介して人間とはまさに〈かかわり-かかわられる〉存在であるが、かかる〈かかわり-かかわられる〉存在の仕方が生活世界における日々の経験にほかならない。その意味において〈かかわられるもの〉を一般に〈実践的媒介態〉(101)と名づけるとすると、ひとは他の〈ひと〉〈もの〉〈場〉という〈実践的媒介態〉を介して行為しつつ、日々の経験をおこなっているということになる。ここに、日々の経験というものにおいて、行為の視点がより重視されてくる所以がある。日々の経験とは本来行為的経験であり、感覚・知覚もまた行為的経験に組みこまれて経験されるので、感情・思考・意志などと不可分であるが、正統的な哲学=科学思考を貫く知覚/感情及び価値/事実の二元的分離論の立場の強固さのために、〈逆還元〉の方法を通してしかそれを自覚の相にもたらすことがむずかしいのである。

生活世界における日々の行為的経験が〈生の事実〉をみたし〈価値事象〉として生起する時、その〈実践的媒介態〉はまさに社会のなかに根差しているが故に、社会の日常的秩序化としてあらわれる社会の組織性、体系性ないしは制度性のもとで、文字通り〈惰性態〉としてたちあらわれてくる。日々の経験の〈惰性化〉が常態なのは、そもそもわれわれの行為的経験が可能となる〈実証的媒介態〉が、社会の組織化、体系化のもとにおいては常に〈惰性態〉としてたちあらわれざるをえないからである。ここに普通〈現実構造〉という言い方で示されるような側面が、一見強固な〈土台〉ないしは〈状況〉また諸関係の〈条件〉として構築されていることに気付かざるをえないのである。一見、社会は、そのなかで生きているひとびとにとって梃子でも動かないようなシステムとしてうけとめられがちである。社会有機体説がいつの時代でもなんらかの形でひとびとをひきつけてきたのも、そのためである。そのような社会体系のなかで、ひとびとが諸々の〈かかわり〉によって取り結ぶ諸々の社会関係は、文字通り〈現実構造〉にまで構築されて形象化される。

〈現実構造〉という場合、大局的にみると、二つの方向から問題になるように思われる。ひとつは、社会体系というシステム、社会組織、社会制度つまりは一般に社会秩序というものを成り立たしめる、あるいはかような秩序によって構成される〈構造〉という面である。要するに、体系論的な方向から把えられる構造である。〈体系〉と〈構造〉とが時に同じように取扱われるのは、このような方向性においてなのである。構造とは〈体系の構造〉であり、体系は〈構造の体系〉である。もうひとつは、生活世界のなかでひとびとがおこなう行為的経験は諸々の〈価値事象〉として生起するわけであるが、そのような事象というものを成り立たしめる、あるいはかような事象によって取結ばれる諸関係で構成される〈構造〉という面である。要するに、行為＝事象論的な方向から把えられる構造である。構造と事象とは時に相対するもののように思われているが、実はこの方向性においてもふかくかかわっているのである。その意味では同じように、構造とは〈事象の構造〉であり、事象は〈構造の事象〉なのだといってよいであろう。だがこのような一応はっきりと識別出来る方向性がある故に、〈現実構造〉を取扱う時に、いろいろと混乱がおこるのは事実である。しかしこの二つの方向性は、結局、先に示した「生活世界は社会のうちにあると同時に、それ自体社会でもある」という基本的な両面性に根差している。だがいまのわれわれにとって、まず第一義的にかかわるのは、行為＝事象論的な方向性からであることは言うまでもない。体系論的方向性も関連性があるので決して無視することは出来ないが、出発点はどこまでも生活世界におかれており、日々の経験が〈価値事象〉として生起する〈生の事実〉にあるからである。それ故に、構造とは〈事象の構造〉であり事象は〈構造の事象〉なのだという、密接な関連性が肝心要なところである。その意味で〈現実構造〉も体系化の方向ではなく、どこまでも生起としてのそれに注目することがもとめられる。

さて行為的経験は言うまでもなく実践的媒介態とのかかわりとともにおこなわれるわけであるが、そのため実践的媒介態とのかかわりの在り方とともに、日々の経験は〈惰性化〉とともに〈構造化〉を余儀なくされる。ということはどういうことであろうか。バス停でバスを待っている場面からの例で考えてみることにしよう。その列に並んでいる時、誰でもまさに〈バスを待つひと〉として立っている。それぞれどれほど切迫する事情があるにせよ、その限りにおいて〈惰性化〉する。一定の時空においてバスとのかかわりにおいて、〈バスを待つひと〉は、バスが来ればおのずから〈バスに乗るひと〉となり、つぎに〈バスに乗っているひと〉となる。そのひとは誰でも文字通り〈バスとかかわるひと〉として行為しているが故に、バスという実践的媒介態なしでは成りたたない行為事象なのである。ところで、このバスという実践的媒介態の方はバス会社の存在理由にもとづきそのスケジュールで運行されており、まさしく今日の社会生活を成りたたしめている〈現実構造〉を構成する一契機となっている。その意味において、文字通り実践的惰性態なのである。出勤とか買物とかなどそれぞれのひとにとっての日常生活の在り方の方もまた、そのひとにとっての〈生の事実〉をささえる〈現実構造〉の一契機となっていることは言うまでもない。そのようなわけで、そのひとにとっての〈バスに乗る〉という行為事象も結局のところ、そのような多様な〈現実構造〉が存するが故になされうるのであって、それなしではまったく生起しえない。つまり行為的経験は〈現実構造〉のもとで〈構造化〉することを余儀なくされている。その意味において、まさしく行為事象はかかる〈現実構造〉の事象なのだということが出来る。このような場合は、行為事象の方からみると、〈現実構造〉がいつも行為事象を可能とする外枠のように与えられており、そのもとで〈構造化〉があたかも他律的になされてしまうかのようにみえるであろう。だが、行為的経験とともに、ある行為事象が生起すると同時に、〈構造化〉がおこるような、極めて内的にふかく連関し合っている場合もある。ここでも自動車の衝突事故を例にして考えてみよう。

衝突事故は運転者にとって文字通り非日常的な行為事象であろうが、生起すると同時に一つの事件になることによって、ある行為事象がただちに〈構造化〉される事態を如実に物語っているように思われる。車の運転という行為的経験は、もちろん自動車という実践的媒介態とのかかわりにおいてはじめて成り立つわけであり、そのような実践的媒介態なしでは成り立たない。そしてその上、その平常の運転という行為的経験は、それが可能となるための諸々の〈現実構造〉のもとにおかれている。どのような事象も〈構造の事象〉であり、事象の生起はその構造によってささえられて成り立つからである。だがいま運転が衝突事故へと激変する時、このあらたな行為事象とともに、あたらしい〈構造化〉がおこる。この構造はたしかに平常の運転をささえる〈現実構造〉とはもちろん重なるところもあろうが、大いに異なっている。その意味で、この場合の〈構造化〉は、〈現実構造〉が一面ではいかにも強固であるかのようにみえながらも、他面ではいかにダイナミックに生起し変容するかの一端を垣間見せるものということが出来よう。生起としての〈現実構造〉である。

平常の運転という行為事象が衝突事故という行為事象へと転化する時、〈現実構造〉は相互にかさなり合っているかもしれないが大きく転換する。ここで忘れてはならないことは、かかる行為事象は〈価値事象〉であるが故に、〈現実構造〉もまた価値の相のもとで開示されているということである。今日われわれは〈構造〉という概念をどこまでも科学的に構成し使用していると考えているので、価値は全く関係がないかのように〈構造〉を語るのが当然であるかのように思われている。だが決してそうではない。〈構造〉にも価値がになわれやきつけられているのである。端的に言って、平常の運転という行為事象が衝突事故という行為事象へと転化する時、その〈価値的現実構造〉は一挙に〈マイナス価値〉として構成されてしまうわけである。つまり対照的に言えば、平常の運転行為がなされる〈現実構造〉は〈プラス価値の場〉であるが、それが〈マイナス価値の場〉に転化するところに、〈現実構造〉のもっとも基本的な転換が存する所以ともいえよう。生起としての〈現実構造〉が決して強固な外枠のように与えられているわけではない所以でもある。だがもちろんどのように〈マイナス価値の場〉が構成されるにせよ、それが〈現実構造〉であることではかわりがない。だがそこに死者の問題が生起する時、さらに様相が一変する。死者ももちろん負傷者と同じようにまず〈現実構造〉のなかで処理されるのではあるが、しかしそこには〈現実構造〉を超える次元が開かれてくるのではなかろうか。周知のように、今日の自動車社会においては、死者の取扱いも相当におざなりであり、まさしく〈物化〉されあたかも〈もの〉として処理されるかのような傾向がつよいことは否定すべくもない。しかしながら、哲学的思索においては〈逆還元〉の相のもとで、死者とともに開かれる〈超現実構造〉に対して感受性をとぎすますことがもとめられる。

死者とともにひらかれる構造は、〈マイナス価値の場〉としての〈現実構造〉につきるものではない。死者という〈実践的媒介態〉とふかくかかわればかかわるほど惹起される感情や情緒的構想は、〈意識深層的〉、〈原型構想的〉、〈宇宙身体的〉等の諸次元からの〈活性化〉と、どこかでかならずつらなっている。その意味で、〈見えないもの〉としての〈超現実構造〉が、〈価値的現実構造〉を通して〈見えうるもの〉として形象化される。分り易く言えば、そこに一挙に〈宗教的〉次元がいろいろな意味で浮び上ってくるということが出来よう。自動車の衝突事故の例から、分り易さのために、死の問題を手引きとしたが、それはもちろん一例にすぎない。生活世界の〈生の事実〉にはいつでも〈死〉がつきまとっている。たとえば、近代技術の粋をあつめた、はなやかな高層ビルの立並ぶ近代都市の景観も機能も、鉄筋などがボロボロに崩壊する、ゴースト・タウンで象形される近代文明の〈超現実構造〉とうしろ合せなのである。生起としての〈現実構造〉が展開するところでは、表裏一体に〈超現実構造〉が

〈組み入れ〉られると言わねばならない。

　以上のようにみてくる限り、われわれの行為的経験が日々生起する生活世界の〈現実構造〉は、いかにもかたい枠組のように見えるかもしれないが、実はそうではないことがわかるであろう。〈逆還元〉の相のもとで〈コト〉の〈組み入れ〉が自覚的になされることがもとめられる時、生起としての〈現実構造〉はつねに〈超現実構造〉との〝照応〟（コレスポンダンス）を余儀なくされていることに目を開かねばならない。とする時、生活世界は日常的経験の〈惰性化〉した〈外化〉された世界ではなく、むしろ自らの底へと向いその底を打ち破って開かれていることに気付かざるをえないのではなかろうか。

　〈超現実構造〉はつねに生活世界の底をうがっているということが出来る。その点を分り易く暗示する例として、日本の場合には、極めて都合のよい言い方があるように思われる。〈ハレ〉―〈ケ〉―〈ケガレ〉という言い方、あの三項的構造連関が一定の示唆をあたえる。もちろん〈ケガレ〉とつらなる差別問題については十二分に反省的にうけとめねらばならいが、〈ケ〉が日常性にふかくかかわるとすれば、その〈活性化〉のために〈ハレ〉という非日常性がもとめられる。ところで〈ケ〉はいつでも〈ケガレ〉にさらされている。〈ケ〉が〈ケガレ〉にさらされているということは、日常生活の世界というものが〈ケガレ〉とともに解体するおそれを孕んでいることである。〈ケガロウ〉という、〈ケガレ〉に反復・継続の意をあらわす〈フ〉がつくと、一、よごれている、二、喪に服する、三、死ぬ、という意味になるところは、極めて示唆的と言わねばなるまい。そこで文字通り死の〈ケガレ〉、その不浄性を祓い除けることがもとめられざるをえないのは、その〈ケガレ〉によって〈ケ〉が解体せしめられないためである。たしかに死の〈ケガレ〉を祓い浄めるという点が差別構造の強化をもたらすにいたったことは周知のことであり、それ故その点は当然十分反省しなければならない[102]。今はその点を括弧にいれておくことにする。かような三項的構造連関において、〈ケ〉の〈現実構造〉がつねに〈ケガレ〉の〈超現実構造〉によってまとわりつかれている事態を示唆するものとうけとめれば、〈現実構造〉と〈超現実構造〉の〝照応〟関係を自覚するのに便なのではなかろうか。しかもそれは、〈超現実構造〉の〝照応〟を生活世界の底へと向う方向性としてはっきりと位置づけているということが出来よう。

　生活世界とはまさしくその底が破られるようにして存しているが故にこそ、生活世界から哲学的思索が出発することは、生活世界の底へと向うことである。その点がいままではっきりと自覚されなかったところに哲学的思索の基本的なあやまりがあったと言わざるをえない。哲学的思索が今日まで生活世界を故意に無視しつづけてきたのも、生活世界から出発することが生活世界の底へと向うことであることを少しも自覚しなかったからではなかろうか。ギリシャ以来のロゴス中心主義的思考の最大の欠陥は、この自覚が全く欠落しているところにある。そしてこの出発点がはっきりと自覚的におさえられるということは、哲学的思索というものが生活世界の現場においてまさしく日々の経験のなかから全面的に展開されねばならないことを指示している。われわれがなぜ〈逆還元〉の方法によらねばならないかという所以も、ここにある。この方法によってしか、われわれの〈生の事実〉が生起する現場において、〈価値事象〉を甦らせることは出来ないからである。〈生の事実〉とは、日々の経験が外的知覚を主にどこまでも表層的に〈きりとり〉＝捨象されて〈外化〉されてしまう事実ではない。逆に〈コトを感じ構想する〉ことを通して、〈コト〉の〈組み入れ〉＝拾象によって、日々の経験がゆたかに〈ふくらみ〉を帯びて〈価値事象〉として生起することにほかならない。それを哲学的思索のレベルにおいて可能とするものが、〈逆還元〉の方法にほかならなかった。今は、〈生の事実〉と〈現実構造〉をめぐって問い返してきたのである。それはどこまでも〈逆還元〉の第一の道にほかならない。誤解をおそれずに名付ければ、〈宇宙論的逆還元〉の試みにほかならない。しかし〈逆還元〉にはさらに第二の道がある。それもまた誤解をおそれずに名付ければ、〈起源論的逆還元〉の試みである。この二つの〈逆還元〉の道を通してはじめて、〈価値事象への道〉がきり開かれたことになる。したがってつぎに第二の道を描かねばならない。それは一言にして言えば、〈価値事象〉が生れ出ずる土壌をあきらかにすることにほかならない。端的に〈価値の土壌〉である。〈起源論的逆還元〉と称される所以である。

3　価値の〝ふかさ〟と〝ひろさ〟
——分離から統一へ

一　価値の〝土壌〟と〝ふかさ〟
——〈逆還元〉の第二の道

「価値の構図」へ

いまわれわれが問い出そうともとめていることは、価値を、どのように把えるかということである。それが一言で言えば「価値の構図」にほかならない。われわれははじめに価値の概念規定を与えることを意識的にさけ——もちろんなんらかの意味で日常言語使用のなかですでに〝規定以前的〟に与えられているのではあるが――、むしろ価値の概念構成のためには、まず価値の構図構成をもとめる構想力の立場にたたざるをえないことをあきらかにした。その探究がやっとその構図を描くところにまで達したのである。この探究過程をもっとも簡潔に集約すると、まず価値と事象の二元的分離論を批判するところからはじまり、一方では、「直接与えられたもの」は知覚問題として受けとめざるをえなかったが、しかし知覚問題は〈逆還元〉の相のもとで文字通り〈逆方向的〉に問いかえしていかない限り、〈きりとり〉＝捨象の方へと組みとられてしまうのは、むしろ必当然的であった。かくして、哲学の方法的操作によって、まさしく〈逆還元〉の相のもとではじめて、われわれは生活世界に住みつきながら、〈現実構造〉が常に〈超現実構造〉へと重層化される〈生起〉のなかで、生活世界の底へといたったのである。

　ところでわれわれは、まだ〈逆還元〉の第一の道についてしか語っていない。それは誤解をおそれずに名付ければ〈宇宙論的逆還元〉といいうるものであろう。われわれの知覚にそなわる、その分離的な〈きりとり〉＝捨象の方向性に組みとられないために、どうしてもほどこされねばならない哲学上の方法的操作にほかならなかった。〈逆還元〉の第二の道は、これも誤解をおそれずに名付ければ〈起源論的逆還元〉と呼びうることも言及した。では一体なぜ、〈宇宙論的〉であれ〈起源論的〉であれ、誤解をおそれずに名付ければと但し書きを付けざるをえないのであろうか。このような名付け方をすると、自然と、〈逆還元〉があたかも〈宇宙論的〉ないしは〈起源論的〉な意図や立場のもとでおこなわれるかのように、誤解されはしないかと思われるからである。それではまったくさかさまなのである。〈逆還元〉というものが〈宇宙論的〉ないし〈起源論的〉な問題意識のもとでもとめられるとしたら、完全に本末転倒と言わねばならない。そもそもこのような意図や問題意識のもとでなされるならば、もはやなんら〈逆還元〉ではないからである。

　端的に言えば、〈逆還元〉というのは一つの方向性にほかならない。この方向性にかかわる自覚的な哲学方法がまさしくメタ・ホドスとして、つまり、人間の知覚に組み込まれた〈きりとり〉＝捨象の必然性あるいは〈きりとり〉＝捨象の正常な知覚体制化――それは基本的には視覚の優位性にもとづく〈識〉的構造化にほかならないが[103]――にさからって開かるべき、〈くみいれ〉＝拾象の方向性なのである。この方向性はどこまでも唯一の方向性にすぎないのであり、まず直接的に知覚の〈きりとり〉＝捨象にはたらきかけて開かれるものが、第一の道なのである。それがはじめから〈宇宙論的〉な意図のもとでなされるというように考えるとしたら、完全な誤解と言わねばならない。にもかかわらず、〈宇宙論的〉という名称を仮にでも与えようとするのは、今日の近代‐現代的な文明状況における生活世界において、われわれの日々の経験のなかで〈宇宙論〉の喪失がもっとも決定的にあらわとなっているからにほかならない。それ故に、〈逆還元〉の方法がまず直接的に第一の道として、この喪失にむけられて〈宇宙論的〉と示しても、それなりの意味を造形すると解されるわけである。

　第二の道についても同様なのである。たしか第二の道は第一の道とちがって、知覚の〈きりとり〉＝捨象に対して直接的にかかわって開かれるわけではない。しかし〈起源論的〉な意図ないしは問題意識のもとで自覚化されると解したら、同じようにこれ以上の誤解はないであろう。そもそも〈起源論的〉という名称も、そのような立場を示すものと受けとめたら、まさに本末転倒なのである。にもかかわらず、〈起源論的〉という名称を仮にでも与えようとするところに、〈逆還元〉の第二の道がどのような事態に対してむけられているかが、暗示されていよう。その点をあきらかにするところから、「価値の構図」として、価値の〝ふかさ〟と〝ひろさ〟を開示しようとする、われわれの試みがはじまる。

価値の〝土壌〟

知覚の〈きりとり〉＝捨象の、文字通り正常的な知覚的体制化に、直接にいわばなまの形でさからうわけではもちろんないが、われわれが「生起し生起せる事のすべて」について語る時、言説として反省すれば、それはすでに知覚の〈きりとり〉＝捨象にさからって語られている。ところがわれわれは、歴史哲学的探究の〈はじめ〉において、それなしでは〈はじめ〉えないほど決定的なこととして、「生起し生起せる事のすべて」を語ってきたのである(104)。ここにおいて、おのずから、歴史哲学的言説をめぐって、あらたに問いおこさねばならない問題局面が開かれる。言うまでもなく歴史哲学的探究においてはその言説それ事態が問題であるにすぎないが、いまやその言語について問いかけがなされねばならない。歴史哲学的探究からみれば、まさにメタ言説が問題となるわけである(105)。

　われわれの正常的な知覚体制においては、言うまでもないことであるが、「生起し生起せる事のすべて」を知覚することは出来ない相談であり、そんなことがもとめられるわけではない。実際正常的な知覚体制とは直接にかかわらずに、「生起し生起せる事のすべて」は、仮想上「神」や「記録を司る天使」の〈眼〉を別とすれば、誰にも気付かれることなく、時々刻々その存在面においても自らを消却しながら生起している。だが変な言い方でトートロジーのようだが、「生起し生起せる事のすべて」は生起するのである。したがって、このような事態に対する時には、知覚の〈きりとり〉＝捨象の方向性に逆行しなければならない以上、それを自覚的に問題化するためには、おのずから〈逆還元〉の方法的操作が必要となる。だが今日までこのような必要性がまったく気付かれなかったのは、なぜであろうか。実は、「生起し生起せる事のすべて」が自らを消却することなしに生起しえないことをむしろよいことにして、この局面をまったく無視してきたからにほかならない。ところが私はこの局面の根源的な問題性を、歴史哲学的探究においてすでにあきらかにした。

だがすでに一寸指摘したように、歴史哲学的探究においてはその言説それ自体を語るだけにとどまらざるをえないわけであり、その哲学的意味付けないしは基礎付けをもとめることは出来ない。そのためには、歴史哲学的言説について語る問題次元が開かれねばならないからである。実はこの基礎付けの試みこそ、〈逆還元〉の第二の道を通してはじめて開示されるのである。「生起し生起せる事のすべて」をめぐって開かれる〈逆還元〉の第二の道は、もちろん知覚の〈きりとり〉＝捨象にさからってみちびかれる点では同じ方向性にあるが、第一の道のように直接知覚にかかわるところからはじまるのではなく、むしろ記憶や想像とふかくかかわっていると言うことが出来よう。「生起し生起せる事のすべて」は自らを消却しつつ生起する以上、おのずから過去性にふかくつらなっているからである。ここに、誤解をおそれずに名付ければ、〈起源論的逆還元〉とよびうる所以もひそんでいる。だが、端的に言って、この〈起源論〉は、歴史的時間性において過去の起源をさぐるような意味合いを、第一義的にはまったくもってはいない。それは、「生起し生起せる事のすべて」が〈逆還元〉の相のもとで変様してたちあらわれる事態に、仮に名付けたものにほかならない。〈宇宙論的逆還元〉という第一の道と類比的に、今日の近代‐現代的な文明状況における生活世界において、われわれの日々の経験のなかで〈起源論〉の喪失がもっとも決定的にあらわになっているが故に、〈逆還元〉の第二の道はこの喪失にさからってもとめられねばならないところに、あえて〈起源論的〉という意味合いをこめているわけである。かくして〈逆還元〉の第二の道は、歴史哲学的言説についてその事態をめぐって開かれるが故に、歴史哲学のあらたなる基礎付けの様相を示す。そしてこの基礎付けが価値哲学的になされることが予想されるのは、この〈逆還元〉の相のもとに価値の〝土壌〟が開示されるからである。そこで、すでに遂行された歴史哲学的言説について簡単に要約するところからはじめよう(106)。

歴史哲学的探究の〈はじめ〉に開示された歴史哲学的言説

をめぐって、それは一応五点ぐらいに集約することが出来るであろう。まず第一に、「生起し生起せる事のすべて」というのは、概念規定の問題からすれば、「歴史」なる語の外延の極限を示すものとして、内包上極めて空虚でまったくネガティヴなものにすぎないが、われわれの歴史哲学的探究においては、その「極限」をポジティヴなものとして位置づけることがもとめられた。これが出発点だったのである。したがって、歴史の概念規定からはじめることは出来ない。第二に、「生起し生起せる事のすべて」とは要するに「生起し生起せる事象そのもの」のことであり、そこでより実質的には「ありのままの事象」として把えなおされる。つまり、「ありのままに生起し生起せる事のすべて」とは、あらゆる瞬間に刻々と生起する事象のすべてにほかならない。しかも歴史哲学的言説である以上、この「ありのままの事象」をありのままに如実に描き上げる〝可想的《イデアール》〟な歴史記述が当然想定され——A・M・マッキーヴァーは巧みにも「記録を司る天使の書《ザ・ブック・オブ・ザ・リコーディング・エンジェル》」とよぶのだが(107)——ここに「ありのままの事象」と「イデアールなありのままの記述」とが完全に一体であることの、論理的要請が前提的になされざるをえない。そこで第三に、「ありのままの事象」をジェネラリティの基準にたってジェネラリゼイション・ゼロ＝インディヴィデュアリゼイション・インフィニティの事象として性格づけ、この基本的性格から「徹底的個別性」を抽出して、その理解の便のために四つぐらいのモメントを列挙した。一、主観性あるいは心理性、二、時間性あるいは瞬間性、三、断片性あるいは非連続性、四、矛盾性あるいは多面性、などである(108)。それ故に、「無限微小事象」として特徴づけた。このような根本的な性格づけにもとづいて、第四に、「ありのままの事象」こそ歴史の〝土壌〟であり、歴史の〝根源〟であると意味づけた。かくして最後に、このような「ありのままの事象」に注目することこそが歴史哲学的の礎石なのだ、というわけである。

以上のように五点にしぼってみる時、歴史哲学的探究の〈はじめ〉に位置づけられた歴史哲学的言説として示されたことは、結局二つのことにまとめられよう。ひとつは、「ありのままの事象」＝「生起し生起せる事のすべて」というものの根本的な性格付けであり、もうひとつは、歴史哲学的におけるその意味づけである。そのいずれにせよ、〈はじめ〉における歴史哲学的言説としての限界内にあることは言うまでもない。だがこの言説は、〈はじめ〉における歴史哲学的言説として、その〈はじめ〉の限界内にとどまる限りにおいてのみ、その基本的な有意味性を有するものと言わざるをえない。なぜなら、「ありのままの事象」と「イデアールなありのままの記述」との完全な一致が、ただ前提的に論理的要請として示されていたように、現実にはありえないことを述べているにすぎないからである。実際「ありのままの事象」は自らを消却的に否定することによって、現実に生起する事となる。「歴史の構図」のところですでにあきらかにしたように、存在と認識の両面に根差すジェネラリゼイションの方向性にそって、「ありのままの事象」は自らを消却する限りにおいて「現実に生起せる事」となる(109)。ところで、このジェネラリゼイションの方向性こそ同時に知覚の〈きりとり〉＝捨象の方向性にほかならない。とすれば、われわれがぐって歴史哲学的言説を展開することは、知覚の〈きりとり〉＝捨象の方向性とは逆の方向へとたどることなのである。知覚の〈きりとり〉＝捨象の方向性とは逆の方向へとたどることこそ、〈逆還元〉の方向性ではなかったであろうか。歴史哲学の探究の〈はじめ〉に開示される歴史哲学的言説は、歴史哲学的言説の限界内にとどまる限り、その〈はじめ〉の有意味性を示すだけにすぎないわけであるが、いまあらためて〈逆還元〉の相のもとで自覚的に受けとめられるとすれば、どのような様相をあらわならしめるであろうか。実はこれこそ〈逆還元〉の第二の道なのである。

そもそも「生起し生起せる事のすべて」をポジティヴなものとして意味づけること自体が、本来的に言えばすでに〈逆還元〉の哲学的方法操作がなされているからだ、と言うべきことであろう。だから逆に言えば、〈逆還元〉の相のもとでうけとめてはじめて、その本来的な意味付けが可能となろう。「生起し生起せる事のすべて」はその存在面では各瞬間ごとに刻々と自らを消却することによって生起するだけであるから、その知覚面にとってもほとんどふかく印象を刻することもなく過ぎ去り消えていくと言わねばならないであろう。その意味では、知覚の〈きりとり〉＝捨象の方向性にそってみれば、まったくとるにたりないもの、ほとんど無意味な言説といってもよいであろう。ところがこの言説が示す事態が歴史哲学の礎石だとさえ言われるのは、あきらかに知覚の〈きりとり〉＝捨象の方向とは逆の方向から意味づけがなされているからだ、と想定する以外には考えようがないのではなかろうか。その意味づけや基礎づけをあらわにするのが、〈逆還元〉の第二の道である。

われわれは「生起し生起せる事のすべて」を「ありのままの事象」と「無限微小事象」としてより実質的に把えなおしたが、歴史哲学的探求においてはこのような性格づけを与えるだけで満足しなければならない。しかし、もはや言うまでもないことであるが、このような性格づけも、知覚の〈きりとり〉＝捨象の方向にそってみる限り、ほとんど無意味な言説だといわざるをえないであろう。なぜなら、知覚の〈きりとり〉＝捨象の営みこそ、本来的に「ありのままの事象」や

「無限微小事象」を捨象するものにほかならないからである。したがって、われわれは知覚の〈きりとり〉＝捨象の方向性にさからって「ありのままの事象」や「無限微小事象」へと注目することは、〈逆還元〉の哲学的方法操作のもとでなければ不可能なのである。すでに繰返し指摘してきたように、〈逆還元〉というものは、知覚の〈きりとり〉＝捨象の方向性にさからって、〈くみいれ〉＝拾象をもとめることにほかならない。たしかに正常な知覚体制のレベルにおいてはっきりと把えられるのは、「現実に生起せる事」にほかならない。たとえば、自動車事故がおこったとする。まさしく自動車事故として知覚されさらにいろいろな意味で理解がなされるにせよ、それはどこまでも現実に生起せる事件としてであり、決して「ありのままの事象」でも、この事件において生起した限りなく多様な「無限微小事象」でもありえない。それ故に、〈逆還元〉の第二の道は、知覚の〈きりとり〉＝捨象の方向性とは逆に、「現実に生起せる事」のなかに徹底的に「無限微小事象」を〈くみいれ〉＝拾象して、文字通り「ありのままの事象」として〈再現〉されることをもとめるのである。それは別言すれば、「ありのままの記述」と「イデアールなありのままの記述」の完全な一致という論理的要請を、文字通り仮想上において〈実現〉せしめることにほかならない。だがこの時、それは、ただ単に〈はじめ〉における歴史哲学的言説があらたに基礎付けられたというにとどまらず、これが〈くみいれ〉＝拾象の〈逆還元〉のもとで遂行されるが故に、事態は大きく変様して〈ゆたかなふくらみ〉がその事態のうちに与えられねばならないのである。ということはどういうことであろうか。それはなにもむずかしいことではない。しかし一つの大きな根本的な逆説の実現なのである。まず分りやすい〈はじめ〉の言説の方から述べてみよう。

「ありのままの事象」が知覚の〈きりとり〉＝捨象の方向性、別言すればジェネラリゼイションの方向性にそって自らを消却することによって「現実に生起せる事」となるのとは逆に、〈逆還元〉の相のもとでは、「現実に生起せる事」のなかへと「生起し生起せる事のすべて」が〈くみいれ〉＝拾象されることがもとめられる。〈すべて〉が〈くみいれ〉られてしまうのであるから、これ以上の〈ゆたかなふくらみ〉を与えることは出来ないであろう。「生起し生起せる事のすべて」という、あの概念規定上空虚な「極限」が、いまもっとも〈ゆたかなふくらみ〉を与えられてもっともポジティヴなものとしてたちあらわれる。これほどの逆説があるであろうか。「生起し生起せる事のすべて」は、〈逆還元〉の相のもとでは、やせほそった概念ではなく、〈ゆたかなふくらみ〉をおびた〈全体〉としてたちあらわれる。だがこの〈全体〉だけが問題であるわけではない。

いまわれわれは、「現実に生起せる事」のなかに「生起し生起せる事のすべて」を〈くみいれ〉＝拾象する、より分りやすい局面からひかりをあてたのである。このいわば第一局面では、〈逆還元〉の〈くみいれ〉＝拾象が知覚の〈きりとり〉＝捨象にさからって開かれる道筋は、理解するのにさほど困難はないと思われる。ところが、「生起し生起せる事のすべて」は「ありのままの事象」であると同時に「無限微小事象」でもある。ここに、「生起し生起せる事のすべて」が「無限微小事象」とかかわる、より困難な第二の局面が開かれる。別言すれば、〈ゆたかなふくらみ〉をおびた〈全体〉がどのように「無限微小事象」という〈極小〉の単位とかかわるかという、極めてパラドクシカルな問題事態に直面するわけである。だがこの点こそ、〈逆還元〉の第二の道が、誤解をおそれずに名付ければ、〈起源論的逆還元〉とよびうる所以がひそんでいるところである。今日の近代―現代的な文明状況における生活世界においてわれわれの日々の経験のなかで〈起源論〉の喪失がもっとも決定的にあらわとなっているが故に、その喪失に対してあえて〈起源論的〉という名称をつけたとはっきり指摘したのも、ことはっきりつながっている。われわれがこの問題事態をなかなか理解しがたくなってしまったのも、このパラドックスに対応する〈起源論的〉感受性をほとんど喪失してしまっているからだといっても過言ではないかもしれない。

だが〈逆還元〉の相のもとでうけとめる限り、もちろん基本的なパラドックスではあるが、その筋道はより分りやすい第一局面の場合と少しもことなっているわけではない。「生起し生起する事のすべて」は「ありのままの事象」であると同時に「無限微小事象」であるから、「現実に生起せる事」のなかに「生起し生起せる事のすべて」を〈くみいれ〉＝拾象することは、そもそも「現実に生起せる事」のなかに徹底的に「無限微小事象」を〈くみいれ〉＝拾象して、文字通り「ありのままの事象」として〈再現〉せしめることにほかならなかった。この事態をどのようにうけとめるかが、すべての鍵なのである。その際、われわれがただ〈総計〉をもとめるように、数量的にいわば〈加算〉して〈全体〉を構成するかのように考えるとしたら、根本的な誤りをおかしたことになる。しかし今日このような考え方をしがちなところに、まさしく〈起源論〉の喪失の時代状況がつよく反映しているといってよいかもしれない。すでに五点に集約したところに示されているように、〈はじめ〉の歴史哲学的言説においても、「ありのままの事象」は歴史の〝土壌〟であり、歴史の〝根源〟であった。その意味づけが〈逆還元〉の第二の道においてはじめて基礎付けられるのも、〈起源論的〉と名付ける所以ではあるが、それは価値の〝土壌〟があらわにされてはじめて了解されることであろう。

さて、すでにより分りやすい第一局面において示したように、「現実の生起せる事」のなかに「生起し生起せる事のすべて」を〈くみいれ〉＝拾象することは、〈逆還元〉の相のもとにおいては、〈ゆたかなふくらみ〉をおびた〈全体〉をたちあらわしめることにほかならなかった。ということは、はっきりと、〈すべて〉がただ「無限微小事象」の〈総計〉ではありえないことを意味している。〈すべて〉を〈くみいれ〉＝拾象することによって、それが〈ゆたかなふくらみ〉をおびた〈全体〉へと変容することは、「無限微小事象」を〈くみいれ〉＝拾象することによって同時に「無限微小事象」そのものが〈ゆたかなふくらみ〉をおびたものに変様するのでなければ、成り立ちえないことであろう。とすれば、〈すべて〉を〈くみいれ〉＝拾象することが「無限微小事象」を〈くみいれ〉＝拾象することにほかならないということは、実は「無限微小事象」のなかに〈すべて〉を〈くみいれ〉＝拾象することだと言わねばならない。だからこそ、まさしく「無限微小事象」そのものが〈ゆたかなふくらみ〉をおびて、〈すべて〉が〈ゆたかなふくらみ〉をおびた〈全体〉としてたちあらわれるのである。つまり、〈すべて〉が「無限微小事象」の〈総計〉であればいつまでもやせたままであろうが、〈すべて〉が「無限微小事象」のなかに〈くみいれ〉＝拾象されて「無限微小事象」とともに〈ふくらみ〉をおびるからこそ、まさしく〈ゆたかなふくらみ〉をおびた〈全体〉としてたちあらわれるのである。

〈全体〉が〈極小〉の単位のなかに〈くみいれ〉られることは、たしかに一つのパラドックスである。だが〈部分〉のなかに〈全体〉をみるという〈逆観的〉全体観こそ、〈全体〉のなかにただ〈部分〉をみるような〈順観的〉全体観に対して、本来的な全体観とみなされてきたのではなかろうか。またここでも、理解の便のために、誤解をおそれずに、日本の思想文化にとって極めてしたしい考え方を例としてあげたい。そのような直観的ないし実践的な観法を哲学的思索にとってのぞましいと考えているわけではないが、理解を深めるための参照としてなら、それなりの意味があると思われる。それは、「一念三千」という、天台宗の根本教義の考え方である[110]。ただ唯心的に考えられてはならないわけであるが。「一色一香無非中道」といっても同じことである。仏教にはこのような逆観的全体観にみちみちているが、だから正しいなどと考えるとしたら本末転倒であり、どこまでもまずわれわれの哲学的思索をうちかためることが基本なのである。いまわれわれは、〈逆還元〉の第二の道において、逆観的全体観としてあらわれる事態そのものに、むしろ喪失した〈起源論〉がふかくひめられていることに注目したいのである。あえて

〈起源論的逆還元〉と名付けた所以もそこにあった(11)。〈逆還元〉の相のもとで、「無限微小事象」のうちに「生起し生起せる事のすべて」が〈くみいれ〉＝拾象されて、〈ゆたかなふくらみ〉をおびた〈全体〉がたちあらわれるということは、一体どういう事態構成をわれわれの前に開示しているのであろうか。われわれはまずその論理構造をはっきりと示すことを通して、それをあきらかにすることがもとめられている。まず歴史哲学的言説において、「ありのままの事象」を介して「無限微小事象」へとその根本的な性格づけをおこなったわけであるが、すでに繰返し述べたように、知覚の〈きりとり〉＝捨象の方向性ないしは存在と認識両面のジェネラリゼイションの方向性にそってみれば、それこそ時々刻々に捨象されてしまう、とるにたりない事象にすぎなかった。だが、〈逆還元〉の相のもとでとらえなおす時、その根本的性格はその様相を変様して、〈すべて〉を〈くみいれ〉＝拾象する「無限微小事象」としてその厳然たる存在性を開示する。そこには逆説的な仕方であらたなる事態構成がなされているわけである。

私は、「無限微小事象」を〈極小〉の単位と先に述べたが、その際誤解されてはならない根本的な事態がある。この単位は、客体《オブジェクト》なり対象《シング》＝物の単位なのではなく、どこまでも事象《イベント》ないし出来事の単位だということである(12)。今日量子力学においても、文字通り「素粒子論」と言われるように、〈粒子論的〉な見方をのりこえることが出来ないわけであるが、N・ボーアの相補性原理以来半世紀以上もたって、「粒子は波であり波は粒子である」という、一見パラドクシカルな命題もすでに常識化している。だがなぜかくも粒子論的な考え方が根づよいかは、ギリシア哲学の実体論以来、実体＝物から存在は構成されていると考え、しかも機械論的・粒子論的自然観に根差す近代科学によって強化されたからである。したがって、存在が事象や出来事から多様に織りなされているとは考えられなかった。今世紀になってからやっと、実体＝物から機能＝出来事へという見方の転換が、量子力学の発展とともにしぶしぶとひろまったが、それでもなお基本的な見方になったとはいいがたいであろう。

さて、「無限微小事象」が事象の〈極小〉の単位としてその厳然たる存在性を示すということは、その論理構造からみれば極めて単純明快で、つまり〈差異〉の基本単位として存していることにほかならない。なぜなら、もし〈差異〉がうしなわれてしまえば、相互に区別ないし識別出来ない以上、そもそもそれぞれ「無限微小事象」などといいえないからである。したがって、どれほど微小であれ、相互に〈差異〉がはっきりとくみこまれていてはじめて、「無限微小事象」といいうるわけである。ところで〈差異〉とは端的に〈コト-

ナリ〉〈事-成り〉であり、本来〈コト〉構造においてうけとめられねばならない。その意味でまさに〈コト-ナリ〉という〈出来事〉なのである。というのは、AなるモノとBなるモノの〈差異〉という場合、その〈差異〉とは二つのモノの関係性においてあるわけであり、いずれのモノのなかに内属しているのではないからである。つまり端的に言って、〈差異〉とは一義的には二つの比較項の間の関係性以外のなにものでもないのであるが、しかし関係性であるが故に、その本性上つぎからつぎへと関係のネットワークをいくらでもひろげることが出来、結局その論理構造からすれば、〈差異〉の体系性としてなんらかの全体性との関係なしでは〈差異〉はありえないのである(113)。とすれば、いま〈逆還元〉の第二の道において開示された事態構成、つまり「無限微小事象」のなかに〈すべて〉が〈くみいれ〉=拾象されて〈ゆたかなふくらみ〉をおびた〈全体〉としてたちあらわれるということは、〈差異〉の体系性を逆観的全体観のうちにうつしだし、しかも「無限微小事象」において〈事象化〉したものにほかならない。もう少しくだいて言えば、〈差異〉が究極的にその体系性においてあるということは、本来逆観的に、〈差異〉が自らの体系性をうちに〈くみいれ〉て存していることにほかならない。その意味で、〈差異〉の〈コト-ナリ〉にその体系性ないし全体性を〈くみいれ〉ることは、まさしくその〈コト〉をゆたかにふくらませて、その〈コト〉に〈ナル〉ことなのである。とすれば、「無限微小事象」に〈すべて〉が〈くみいれ〉=拾象されて〈ふくらみ〉をおびた〈全体〉としてたちあらわれることは、〈差異〉の〈コト-ナリ〉の相においてまさしく〈ゆたかなふくらみ〉をおびた〈コト〉に〈ナル〉ことにほかならない。

かくして、〈逆還元〉の相のもとでは、「ありのままの事象」を性格づける「無限微小事象」のなかへと〈すべて〉が〈くみいれ〉=拾象されることがもとめられる故に、まさしく〈すべて〉が生起する〈コト-ナリ〉の〈起源〉へといたらざるをえないわけである。〈逆還元〉の相のもとでは、われわれはつねに「ありのままの事象」とともに「出来事」の〈起源〉へといたっているのである。事象の〈起源〉とはこれ以外にはありえない。近代哲学の伝統をかけて〈還元〉をもとめたフッサールが、超越論として「一切の認識形成の最後的源泉への問いかえし」(114)をもとめつづけたが、〈逆還元〉の相からみれば、まったくの幻想以外のなにものでもないことがあきらかとなろう。われわれが歴史哲学的言説において「ありのままの事象」を歴史の〃土壌〃であり歴史の〃根源〃だと述べた意味は、いまあらたにはっきりと基礎づけられたわけである。

だが〈逆還元〉の相のもとで、「無限微小事象」が〈差異〉

の体系性において〈ゆたかなふくらみ〉をおびた〈コト-ナリ〉としてその事象的存在性を開示する事態は、本来的には価値の〝土壌〟をあらわならしめているのではなかろうか。いま「ありのままの事象」をめぐる〈起源論的逆還元〉において、「無限微小事象」と〈全体〉との関係はその論理構造では〈差異〉と〈体系性〉との関係にほかならず、両者の〈コト〉構造の〈事象化〉的連関において〈出来事〉の〈起源〉にいたったわけであるが、両者の〈コト〉構造の〈事象化〉的連関というところに、この問題をとく鍵がひめられているように思われる。〈差異〉の〈コト〉構造は、〈差異〉が端的に〈コト-ナリ〉であることによっている。比較項=〈モノ〉のなかに〈差異〉があるわけではなく、〈モノ〉の相互の関係性は〈コト〉構造においてしか示しえない。〈逆還元〉の相のもとで〈差異〉が自らの〈体系性〉をうちに〈くみいれ〉=拾象することがもとめられるのは、〈差異〉の〈コト〉構造においてのみ可能なのである。その意味において、〈コト-ナリ〉は〈ゆたかなふくらみ〉をおびた〈コト〉に〈ナル〉ことによってはじめて、究極的に存立すると言わねばならない。これは、端的に言えば、逆観的全体観においてはじめて〈差異〉の〈コト-ナリ〉が〈成就〉することにほかならない。さらに別言すれば、〈差異〉は〈モノ〉の相互の関係性においてあるわけだが、その〈体系性〉を〈コト〉に〈くみいれ〉ることによって、本来的には〈関係性の関係〉として存立しているのである。このように考えられるとすれば、〈差異〉は実体=〈モノ〉ではもちろんなく、また存在や意味や観念でもなく、〈価値〉として把握されねばならないのではなかろうか。私が〈差異=価値〉と表示することをもとめる所以である。〈差異=価値〉とはまさに〈関係性の関係〉にほかならない。

かくして〈差異=価値〉の〈コト〉構造が〈逆還元〉の相のもとで「無限微小事象」をめぐって事象の〈コト〉構造と連関づけられる時、「無限微小事象」が〈ゆたかなふくらみ〉をおびて〈価値事象〉として自らを開示するのは、もはや必然的な帰結であろう。しかも両者の〈コト〉構造の〈事象化〉的連関においてわれわれは〈出来事〉の〈起源〉にまでいたっていたのであるから、また当然そこに〈価値事象〉の〈起源〉が同時に示されているわけである。かかる〈起源〉が生起するところこそ、価値の〝土壌〟にほかならない。価値の〝土壌〟のなかに〈価値事象〉の〈起源〉が根差している。

この価値の〝土壌〟という把え方はなかなか理解しにくいかもしれない。しかし、一般に「価値」とみなされている、私流には「特種価値」つまり真、善、美、聖などなどに代表されるような「当為」としての「価値」というものも、もちろんこの〝土壌〟のなかからうまれる。ただし、この〝土壌〟においては、「当為」としての価値も「無限微小事象」として生起しているので、〈出来事〉の〈起源〉から理解されねばならない。言いかえれば、そこでは「当為」としての価値はどこまでも自らを隠蔽しており、〈差異＝価値〉の〈コト〉構造のうちにくみこまれて、「無限微小事象」としての「価値事象」として自らを示すだけである。だがこんどは逆に「当為」としての価値に注目し、その本来の姿をあらわならしめようとすれば、価値の〝土壌〟はそれこそ〈無底《ウングルント》〉（深淵）の暗闇のなかにきえてしまうであろう。したがって、われわれは〈逆還元〉の哲学的方法操作によらない限り、価値の〝土壌〟にひかりをあたえることは出来ないのである。その意味において〈逆還元〉の第二の道が不可欠であることは言うまでもない。そこでもう一度簡単に、歴史哲学的言説をめぐってなされた〈逆還元〉によって、歴史哲学的言説のあらたなる基礎づけという形で、価値哲学的に価値の〝土壌〟があらわとなる筋道を確認しておくことにしよう。

　われわれが知覚の〈きりとり〉＝捨象の方向性に対して〈逆還元〉の哲学的方法の必要性をもとめたのは、知覚を〈として知覚する〉から〈ことを知覚する〉という方向へとひろげてうけとめようとすれば、そこに限りなく多様な〈コト〉を組み入れて〈ゆたかなふくらみ〉を与えうると考えたからである。それが〈逆還元〉の第一の道であった。誤解をおそれずに名付ければ、〈宇宙論的逆還元〉と称しうるものである。もちろん知覚作用をより純粋にとり出すために、現象主義や現象学は知覚の〈トシテ〉構造や〈コト〉構造をむしろ排除することをもとめるが、それはただ〈知覚〉なるものの〈きりとり〉＝捨象の方向性を純化するにすぎないので、〈逆還元〉の立場からすればまったく問題にならないであろう。〈逆還元〉の第一の道に直接かかわって開かれる、知覚の〈コト〉構造に対して、〈逆還元〉の第二の道は事象の〈コト〉構造にかかわって開かれると、対照的に言うことが出来るかもしれない。誤解をおそれずに名付ければ、〈起源論的逆還元〉と称しうるからである。だがもちろんともに〈逆還元〉である以上、知覚の〈きりとり〉＝捨象の方向性にさからってひらかれているわけである。〈逆還元〉の第二の道は、「生起し生起せる事のすべて」という〈はじめ〉の歴史哲学的言説をめぐってもとめられたのである。それは結局「無限微小事象」に〈すべて〉が〈くみいれ〉＝拾象されることで、〈差異〉の〈コト〉構造の〈事象化〉的連関をはっきりと示すことになった。そして〈差異〉の〈コト〉構造は、その〈関係性の関係〉において、〈差異〉が〈価値〉としてうけとめられる所以を開示した。〈差異＝価値〉を「ありのままの事象」を介して「無限微小事象」をめぐって〈逆還元〉の相のもとにくみいれれば、「無限微小事象」とはそもそも「価値事象」にほかならない。しかし「無限微小事象」に〈すべて〉が〈くみいれ〉＝拾象されるところに、〈出来事〉の〈起源〉が根差す以上、まさしく〈起源〉が生起するところに、価値の〝土壌〟がひらかれている。

価値の〝ふかさ〟

価値の〝土壌〟をめぐって相当に難解で逆説的な議論を展開してきたので、ここであらたに問いかえしてみよう。一体価値の〝土壌〟とはどこに存しているのであろうかと。その答えは極めて簡単明瞭なように思われる。言うまでもなく、〈逆還元〉の相のもとであれ、生活世界においてである。なぜなら、本来〈逆還元〉とは、自然的態度なり科学的態度なりを括弧に入れるような〈還元〉とはまさしく逆に、生活世界そのものを出発点にして〈日日の経験〉を通してその底へといたる道であった。〈逆還元〉の第二の道も、その点では異ならず、どこまでも生活世界にふかく根差している。だからそれ故に、価値の〝ふかさ〟がさらにあらためて問われるのである。ここにおいてもすでに歴史哲学的言説が問題の地平を開いている。

いまその点についてあらためて詳しく論ずる余裕はないが、結局、歴史の〝ふかさ〟をめぐる歴史哲学的言説は、その基本からみれば、三点ぐらいにまとめられるように思われる。そしてわれわれのこの問い直しにとってそれで十分であろう。まず第一に、歴史の〝ふかさ〟は歴史の〝土壌〟のうちにさぐられねばならない。それが在処である。ところで第二は、歴史の〝土壌〟は「ありのままの事象」にほかならないので、ディルタイの「生」の問題をはっきりと脱構築するとともに、「徹底的個別性」——その四つのモメントが主観性あるいは心理性、時間性あるいは瞬間性、断片性あるいは非連続性、矛盾性あるいは多面性などであるが——において「ありのままの事象」のうちにうがたれる〝ふかさ〟として、歴史の〝ふかさ〟がもとめられる。そこで最後に第三は、それ自体としては把握しえないので、より具体的なレベルにおいて、歴史の〝ふかさ〟は「ありのままの事象」において自らをあらわにする個別的な人間の〝おもさ〟ではかられる。つまり〝ふかさ〟は〝おもさ〟によってはかるしかないのである。〝おもさ〟が〝ふかさ〟をはかる尺度にほかならない(115)。われわれはいままで、歴史哲学的言説が〈逆還元〉の相のもとで価値哲学的にあらたに基礎付けられる問題事態を解明してきたのである。ここにおいても同じように、価値の〝ふかさ〟をめぐる価値哲学的解明は、おのずから歴史の〝ふかさ〟に対する歴史哲学的言説についてあらたに意味づける営為となろう。

さて、価値の〝土壌〟は生活世界のうちに存する以上、価値の〝ふかさ〟も当然生活世界においてあらわにされねばならない。とする時、いままでの言わば正統的な価値論の行き方とはっきりとしたコントラストがあることに気付く。というのは、このような正統的な価値論の一つの把え方の基本は、かならずといってよいほど、価値を序列や階梯として把え、まさしく価値の〝たかさ〟と〝ひくさ〟にもとづく秩序として考えるのが常であるといいうるからである。つまり高低がまず価値把握の基点をなしていると思われることである。このような考え方の一つの典型が、周知のように、M・シェーラーの価値序列説である(116)。一瞥しておこう。第一の最も低い価値は、快、不快というような「感覚的価値」、「有用・快適価値」である。第二のこれよりは高い価値様相は「生命価値」であり、そしてさらに高くなって第三は「精神的・文化的価値」、最後に第四の最高の価値が「人格価値」であり「聖・不聖」の絶対的価値である。このような価値の高低の序列がたてられる基準というべきものが、一、価値の持続性、二、価値の非分割性、三、価値の基礎付け関係、四、満足度の深さ、五、価値の絶対性である。いまこのM・シェーラーの考え方で注目すべき点は、価値の高低の序列とともに、その基準の一つに満足度の深さがあげられていることである。たしかにここでも深さが語られているわけではあるが、それがただ満足度の深さであるというところに、いかに価値の高低という把え方が基本であるかは、一目瞭然であろう。

〝たかさ〟と〝ひくさ〟および〝ふかさ〟と〝あささ〟は言うまでもなく比喩的な用法であるが、そこには価値を把握しようとする場合の、極めて根本的な事態がひめられている。一体なぜ価値把握にはこのような比喩が用いられるのであろうか。そして、〝たかさ〟(〝ひくさ〟)と〝ふかさ〟(〝あささ〟)の比喩はどのような相異やどのような意味合いをもっているのであろうか。この二つの問いは密接に関連して、いまわれわれがあきらかにしようとする問題事態に対する鍵を与えているようにみえる。

高低を基本とする正統的な価値論の見方からはほとんど自覚されていないように思われるが、価値把握にかような比喩的用法がどうしても不可欠なのは、私の構想力の立場からすると、価値は「価値の構図」構成によるのでなければ全体的に把握されえないからである。いまはただ先行的に極めて簡単に指摘するにとどまらざるをえないが、私は「価値の構図」を、イメージ上、価値の〝土壌〟を底辺とする価値の三角形で造型するとともに、その三角形のなかに、価値の〝ひろさ〟を具象化する菱形を描きこんでみる。このような「価値の構図」においてしか価値の全体的把握をなすことが出来ないところに、またどうしても高低や深浅の比喩的用法がまさしく本質的に用いられざるをえない所以がある。

価値の〝ひろさ〟の菱形についてはさておき、まず価値の〝土壌〟を底辺とする価値の三角形についてみると、その頂点には、やはり本来的な価値というか、先に「当為」としての価値とのべた、私のいう「特種価値」が位置づけられる。この限りにおいて、〝たかさ〟と〝ひくさ〟として価値の序列が投影されるのは無理からぬところである。つまり価値の三角形の頂点からみれば、高低の価値秩序が基本とうつる。

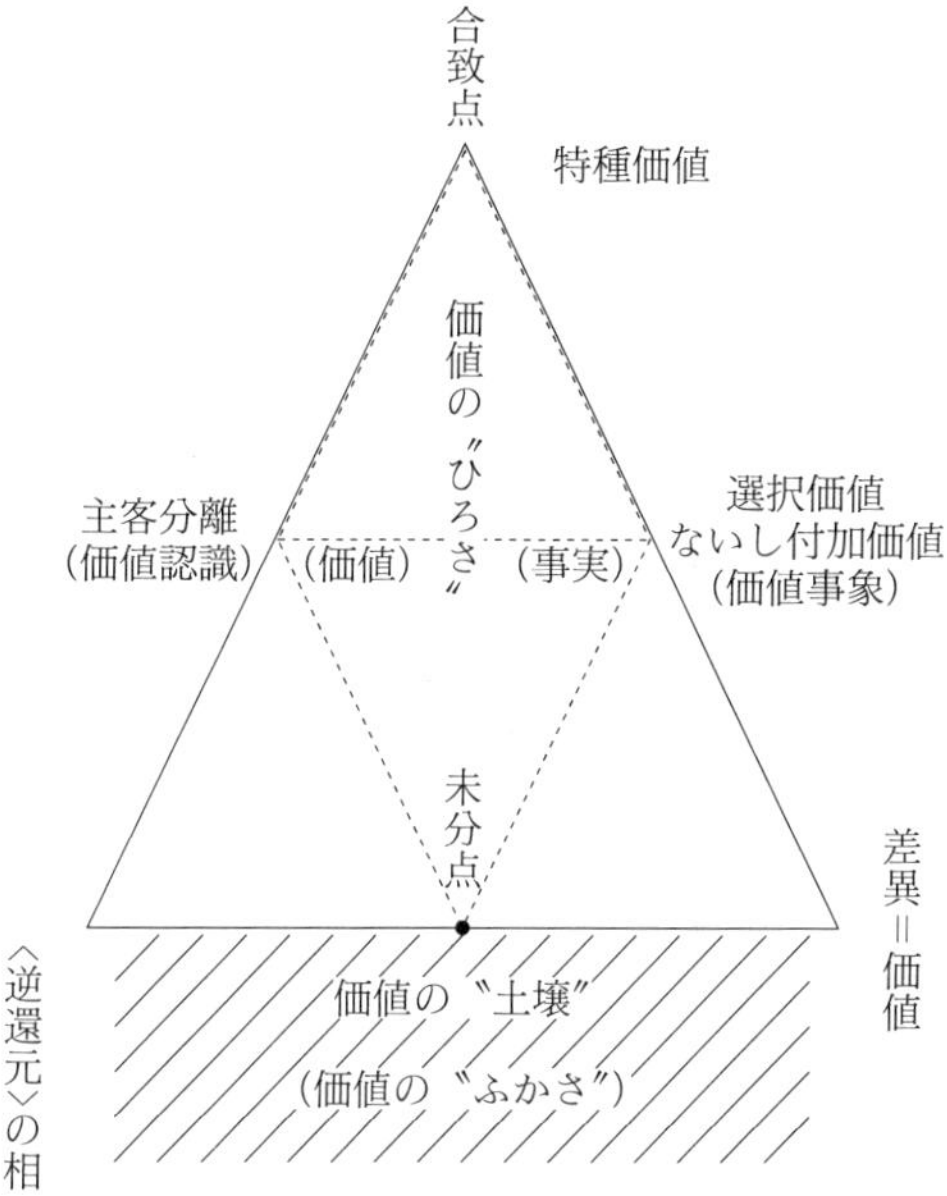

ところが言うまでもなく、この価値の三角形はまさしく価値の〝土壌〟という底辺に根差して存立している。その意味において、この底辺における〝ふかさ〟をぬきにして〝たかさ〟と〝ひくさ〟を考えるとしたら、根本的なあやまりをおかすと言わざるをえない。ここに高低と深浅とを正しく関連づけて考えねばならない所以がある。
　価値の〝土壌〟はたしかに〝ひくい〟かもしれないが、その〝ひくさ〟のなかに〝ふかさ〟と〝あささ〟がうめこまれているわけである。〝たかさ〟と〝ふかさ〟の比喩の基本的相異と意味合いとを把握することが肝要である。その正しい把握をかくと、そのような価値論は極めて独断的な偏見にみちた、さらには差別をはらんだ観念論に堕しさるであろう。価値は〈〝たかき〟がゆえに貴からず〉というわけである。価値の高低序列の固定化は〈差別の思想〉をうまざるをえない[117]。ここに価値をはっきりと力動化する基本的な視点がおかれている。価値の高低と深浅の、いわばダイナミックな相互転換的関係においてこそ、価値の正しい、しかも柔軟な把握が可能となるのではなかろうか。たとえばシェーラーが語る「生命価値」がいつも「人格価値」や「聖価値」よりたんに〝ひくい〟わけではなく、時には価値の〝ふかさ〟に根差すことで、「聖価値」よりもずっと〝ふかい〟価値たりうるからである。われわれがなぜ価値の〝たかさ〟や〝ひく

さ〟よりも、まず価値の〝ふかさ〟に注目するかの所以である。

価値の〝ふかさ〟は価値の〝土壌〟のなかでさぐられるわけであるから、どこまでも〈逆還元〉の相のもとでうけとめられねばならない。歴史の〝土壌〟は、歴史哲学的言説においては、「ありのままの事象」と「イデアールなありのままの記述」との完全な一致という論理的要請にしたがって、まさに主客未分の原点と性格づけられた。それは、〈逆還元〉の相のもとで、価値哲学的には、「無限微小事象」としての「価値事象」に「生起し生起せる事のすべて」が〈くみいれ〉=捨象される、価値の〝土壌〟として意味づけなおされた。しかし具体的には、「ありのままの事象」としての「価値事象」の「生起し生起せる事のすべて」として、主客未分の原点で性格づけられる点ではなにもかわりはない。この未分の原点から価値の〝ひろさ〟がいずれ描き出されるが、それはいまの仕事ではない。しかし先行的に極めて簡単に略記すれば、その未分点が分化していくジェネラリゼイションの方向性において、主客分離の価値認識のレベルで価値事象が価値と事実とに二元的に分離する中間点にいたる。ここを基準に、価値の三角形においては、「選択価値」ないし「付加価値」の地平がひらかれる。だが中間点をすぎると、ふたたび価値と事実との統一がもとめられる合致点にいたる。この軌跡が価値の〝ひろさ〟の菱形を形づくるわけである。「価値の構図」は、イメージ上では、価値の三角形と価値の〝ひろさ〟の菱形によって構成される。価値の〝ひろさ〟についてはつぎにあらためて論じなければならないわけであるが、以上のような一瞥だけからでも、なぜ価値が「価値の構図」構成においてでなければ全体的に把握しえないかの基本的な理由については、ある程度示されていると思われる。と同時に、〝たかさ〟や〝ふかさ〟などの比喩的用法がどこまでも不可欠であり、しかも両者の相異や意味合いを十分に理解するとともに、その相互関連の密接さを正しくうけとめねばならない所以もあきらかであろう。

価値の〝ひろさ〟の菱形も価値の三角形にくみこまれている以上、価値の全体的な在り方はどこまでも価値の〝土壌〟にささえられている。しかも価値の〝土壌〟のうちに価値はその〝ふかさ〟をうがっている。では一体価値の〝ふかさ〟とはどういう事態なのであろうか。実をいうと、すでにその答えは潜在的には与えられているということが出来よう。というのは、価値の〝土壌〟はどこまでも〈逆還元〉の相のもとでたちあらわれるものにほかならないので、そこにうがたれる価値の〝ふかさ〟というものも、〈逆還元〉の相のもとでの事態にほかならない。したがってわれわれは価値の〝ふかさ〟を直接的に語ることは出来ないわけである。実際歴史哲学的言説においても、歴史の〝ふかさ〟はただ「ありのままの事象」において自己をあらわにする個別的な人間の〝おもさ〟ではかるしかないのである。そのような在り方からみても、価値の〝ふかさ〟はなんらかの〝おもさ〟によってははかるしかないことが当然予想される。われわれはすでに繰返し述べてきたが、歴史哲学的言説においては、「ありのままの事象」は「無限微小事象」として特徴づけられるが、それが価値哲学的には〈逆還元〉の相のもとでうけとめられて、「無限微小事象」としての「価値事象」に「生起し生起せる事のすべて」が〈くみいれ〉＝拾象される事態としてたちあらわれた。そして価値の〝ふかさ〟についてもこの事態以外にはそもそもいかなる事態もありえない。それ故に、この事態をどうよみとるかというところに、価値の〝ふかさ〟が実はすでに〈物語〉[118]られているということが出来よう。ところが、この事態は価値の〝ふかさ〟そのものについてはなにも語ってはいないのである。しかし実はこの〈くみいれ〉＝拾象こそが、まさに逆観的〈凝縮〉において、なんらかの〝おもさ〟を〈物語〉ってはいないであろうか。

〈逆還元〉の相においてはっきりと意味づけられたのは、結局、価値事象における逆観的全体観にほかならなかった。そもそも逆観的全体観とは、まさに部分のなかに全体が〈くみいれ〉＝拾象される〝おもさ〟を、はっきりとうつし出しているということが出来ないであろうか。「無限微小事象」としての「価値事象」に〈すべて〉を〈くみいれ〉＝拾象するのであるから〈極小〉の〈部分〉のなかに〈全体〉を〈くみいれ〉ることにほかならない。これほどの〝おもさ〟が一体どこにあるだろうか。ここに価値の〝ふかさ〟をはかる基本的事態が物語られているように思われる。われわれがもとめてきた〈逆還元〉の第二の道は、価値の〝土壌〟をあらわにし、そこに価値の〝ふかさ〟がそれこそふかくひそんでいることを開示する。

価値とはこの〝ふかさ〟に根差しているが故にこそ、ただ単に〝たかさ〟と〝ひくさ〟という高低の序列だけで把えることは出来ない。それだけにとどまるなら一面的で独断的な価値論であるばかりでなく、むしろ大いなる誤りと言わねばならない。たしかに価値の〝たかさ〟は〝ふかさ〟を〝たかく〟超えていくのではあるが、それはどこまでもジェネラリゼイションの方向性においてである。しかしただ一方的にこのような方向性においてのみ把えるならば、〝たかい〟価値はむしろ空虚であるばかりでなく、かえって人類に〝罪悪〟をもたらすにちがいない。なぜなら、価値は本来〈正〉・〈負〉の二重性を内属せしめていると同時に、〈順〉・〈逆〉の二重性をはらんでいるからである。この点についてはいずれ「価値の図式」論において全面的に展開する予定である。

〈正〉・〈負〉と〈順〉・〈逆〉という二つの関係はまぎらわしいのであるが、決してかるがるしく同一に取り扱ってはならない。一例にすぎないが、親鸞において「悪人正機」と言われる時、「悪人」（逆価値）が悪人（負価値）をのりこえて定立されるが故に正機（正価値）なのである。ここに価値のダイナミックな関係がある。このような関係を考慮せず、ただ〈正価値〉の〝たかさ〟を考えるだけでは、価値のなんたるかを自覚していない独断論と言わねばならない。一体なぜ〝たかい〟〈正価値〉をもとめることが〈負価値〉をうみ出してしまうか――たとえば善をもとめて悪をなし、正義をもとめて不正義をなす――は、価値を〝たかさ〟と〝ひくさ〟の関係だけで考えることの必然的な結果なのである。

〝たかさ〟の反対は〝ひくさ〟であるから、〝たかい〟〈正価値〉を否定すれば、〝ひくい〟〈負価値〉になるだけであるかのように考える。これは形式的な論理の一種の規則性からみると当然なように思われる。だから、〝たかい〟〈正価値〉をもとめれば〝ひくい〟〈負価値〉を容易に排除しうるかのように考えるが、これは完全な独断であり、それこそ価値論の一切の誤りの根源であるといっても過言ではないであろう。たしかに価値の〝たかさ〟は〝ふかさ〟をはるかに超えてしまうのであるが、価値の〝たかさ〟もまた〝ふかさ〟に根差しささえられている。価値の〝たかさ〟からみれば、価値の〝ふかさ〟は文字通り〝ひくい〟のである。しかし〝ひくい〟〈負価値〉というわけではない。逆に〝ふかさ〟の方からみれば、どんな価値の〝たかさ〟も〈逆還元〉の相のもとではすべて〝ふかさ〟のうちに変様した在り方ではあれ〈くみいれ〉られて存している。

〝たかさ〟と〝ふかさ〟の関係はどこまでも価値のダイナミックな関係をあらわしている。このダイナミックな関係はある意味では〈弁証法的〉関係といってよいであろう。〝ひくさ〟は〝たかさ〟に対してもちろんつねに〝ひくい〟のであるが、〝ふかさ〟からみれば、〝ふかい〟〝たかさ〟と〝ふかい〟〝ひくさ〟は密接な相互関係でうけとめられねばならない。〈正〉・〈負〉と〈順〉・〈逆〉のそれぞれの二重性が密接に関係し合っている根拠もここにある。〝たかい〟〈正価値〉とともに〝たかい〟〈負価値〉があり、それこそむしろ価値の〈正〉・〈負〉の二重性をより正しく把える所以というべきである。それは、〈正〉・〈負〉の関係が常に〈順〉・〈逆〉の関係といれかえられることによっているからである。〈逆価値〉として定立された〈負価値〉は、時にはもっとも〝たかい〟〈負価値〉として〈正価値〉に転化しうる。以上のようにみてくる時、価値の〝ふかさ〟を把えることが、価値論の基礎とならねばならないことはあきらかであろう。そしてそれは、〈逆還元〉という哲学的方法の操作なしでは不可能なのである。

二　価値の〝ひろさ〟
――分離から統一へ

構図構成と概念構成

われわれはすでに価値の〝土壌〟と〝ふかさ〟を論じた。そこで、ひきつづき価値の〝ひろさ〟を論じなければならない。両者は極めて密接に、いや切り離せないほどつよく結び合っている。その点を一目瞭然に図形で示しているのが、価値の三角形と菱形の関係である。菱形が三角形のうちに組み入れられていることからも、その密接さはあきらかであろう。

言うまでもないことであるが、図形表示は便法にすぎないのではあるが、構図構成の、構想力の立場にとっては不可欠な技法でもある。構図構成という言い方は、あえて直訳すれば――それがまた直截にその基本を指し示しているのではあるが――the composition of the composition であり、まさしく構図の二重性（より正しくは多重性）ないしはメタ性（より正しくはメタ・メタ性）において、その本来の意味を示すものである。したがって構図と図形とは根本的に異なるものであり、図形というような、表面的ないし一重的な具象化によってつくされるものでないことは言うまでもない。しかし逆に言えば、構図はその二重性ないしメタ性において構想されねばならないので、それをなんらかの仕方で一目瞭然に表示することがもとめられる。不可欠な技法として図形表示がもとめられる所以である。構図は、その本来的な二重性やメタ性は別として、図形によってある程度のイメージ化が可能でもあるからである。

構図構成とは、すでにあきらかにしたように、概念規定からはじめることが出来ない問題事態に対して、はっきりともとめられねばならない思考方式であった(119)。それは端的に言って、構想力の立場に立つことにほかならない。簡潔に言って、概念規定というのは、今日では、一定の学問的な反省をすでに前提的にあきらかにすることであり、したがって、あらかじめ他の見方を排除することにほかならない。価値についても、当然そのような概念規定は一定の学問的反省においてはいろいろともとめられている。その代表的な学問領域を列挙すれば、経済学、社会学、文化人類学、心理学、言語学、倫理学、哲学などが容易にあげられよう。そこでさらに代表的な見方をあげていけば、マルクス、M・ヴェーバー、クラックホーン、オルポート、ソシュール、M・シューラー、リッケルトなどなど、まさにきりがないわけである。したがって、ある概念規定からはじめることは、一定の学問的立場をとることであり、はじめから一定の価値の見方に限定されることにほかならない。特定の科学的価値研究の場合には、かえってそのような限定がもとめられるのは当然であるが、われわれはむしろはじめに価値の概念規定を与えることを意識的にさけ、構想力の立場から構図構成をもとめたのである。その意味で、簡潔に言えば、構図構成とは、もろもろの概念規定をそれぞれの学問的反省の前提として位置づけて、それらすべてを包括するようなメタ性の営為だということが出来る。構図はその二重性ないしメタ性においてその本来の意味を示すとのべた所以である。

価値の構図構成の問題は、価値の〝土壌〟から価値の〝ふかさ〟と〝ひろさ〟を描き出すことであり、いまその解明が進行中なわけである。ところでその解明は価値の〝土壌〟と〝ふかさ〟についてあきらかにしたように、歴史哲学的言説をめぐって展開される意味で、メタ言説の営みであった。その点では、価値の〝ひろさ〟についても同様である。いまその解明を展開しなければならないわけであるが、それに先立ち、もうひとつ、構図と概念にかかわる問題についてあきらかにしておかねばならない面がある。

たしかに構図構成は概念規定からはじめることが出来ないところにもとめられた。ところが、こんどは逆に、構図構成が展開することによって、概念構成もまたおのずから開示されることになる。このあらたな局面について、一応論及しておかないと、片手落ちになってしまうであろう。つまらぬ誤解をうむことにならぬともかぎらない。では一体なぜ、構図構成がなされることによって概念構成もまた開示されうるのか。価値の構図はいずれ価値の〝ひろさ〟をあきらかにすることによって構成されるが、実は、すでに指摘したように、論理的には、そこにあらゆる価値概念規定が包括されている。ところで、あらゆる価値概念規定が包括されているということは、文字通り構図の二重性ないしメタ性を示すものであり、したがってあらゆる価値概念規定とは全く次元をことにして構図構成がなされることである。今日概念規定が厳密にもとめられるのは、科学的概念規定のレベルとみなしてよいとすれば、構図構成とは一面では科学的概念規定についてのメタ言説なのだといってよかろう。科学的概念規定が日常的な言語使用に対してメタ概念規定なら、構図構成はメタ・メタ性において構想されるものである。かかる意味で、端的に言って、価値の構図構成は同時に価値の概念構成を示すことになる。というのは、そもそも概念構成とは、構図構成において あらわにされた事態を、概念において構成的に集約したものにほかならないということである。それ故に、概念構成は〈多元的〉でかつ〈立体的〉とならざるをえないのである。

〈立体的〉とは、要するに、概念とメタ概念の関係が不可避であることである。それを一次元ずらせば、メタ概念とメタ・メタ概念の関係となる。科学的概念は本来メタ概念であるから、それを包括する構図構成がメタ・メタ性においてその本来の意味を示すとのべたのは、そのためである。つまり構図構成は構図の二重性（多重性）ないしメタ性（メタ・メタ性）にほかならないと指摘したが、〈立体的〉概念構成とはその二重性（多重性）ないし（メタ・メタ性）において概念が構成的に組みたてられることである。そして、そのような〈立体的〉な構成にささえられる以上、また同時に価値概念構成は〈多元的〉であることもさけることは出来ない。概念規定からはじめることをさけるのも、かような〈多元的〉概念構成がそのためにはじめから排除されてしまうからである。概念規定ではなく概念構成がもとめられるのも、構図構成のしからしめるところと言わねばならない。

　その一例ではあるが、わたくしは文明・文化概念について〈多元的〉〈立体的〉概念構成からはじめることを提案している[120]。しかし価値の構図構成から開示される〈多元的〉〈立体的〉価値概念構成とは、その仕組みがことなることについて一言指摘しておきたい。その仕組みの相異は案外簡単な原理によっている。文明・文化概念の場合には、文明・文化の日常言語使用からはじめてそのメタ概念として科学的言語使用＝概念規定にいたる、〈多元的〉〈立体的〉な概念構成である。ところが、価値概念の場合には、価値の構図構成からはじめてそこに包括される諸々の言語使用——そこには科学的言語使用もあれば、日常言語使用もあるのだが——にいたる、〈多元的〉〈立体的〉な概念構成である。したがって両者の間には、原理的な相異があり、それは結局、はじまりの日常性とメタ・メタ性の相異にほかならない。

　以上、構図構成と概念構成との関係について、先行的に一応の理解がなされたところで、あらためて「価値の構図」をめぐる解明を続行することにしよう。それは価値の〝ひろさ〟をあきらかにして、価値の統一を問い出すことにほかならない。

価値の〝ひろさ〟

　価値の〝ひろさ〟は、図形表示では、価値の三角形のうちに組み込まれる菱形によって示され、その点についてはすでに一瞥をあたえた。簡潔に言ってしまえば、価値の〝ひろさ〟の菱形とは、価値の〝土壌〟に根差す未分点から主客分離して中間点にいたり、その分離から統一へと向って合致点でむすばれる軌跡にほかならない。この軌跡は、「歴史の構図」で示された図形表示とまったく同型である。これはむしろ当然であって、すでに指摘してきたように、「価値の構図」は「歴史の構図」をあらたに意味づけないしは基礎づける役割をはたすものであった。実際、その未分点においてひらかれる、歴史の〝土壌〟の歴史哲学的言説をめぐって、「価値の〝土壌〟と〝ふかさ〟」において、価値の三角形で図形表示される価値哲学的解明をおこなってきたわけである。

　その未分点は、価値の〝土壌〟や〝ふかさ〟で意味づけられるのとはちがって、価値の〝ひろさ〟の菱形においては、文字通り一つの〝原点〟としてはっきりとおさえられねばならない。そこでまず「歴史の構図」の場合をふりかえってみよう。「歴史の構図」において示されていることは、基本的には四点にまとめられよう。まず第一に、その未分点は、「ありのままの事象」と「イデアールなありのままの記述」とが完全に一体であることの、論理的要請として示される。つまり、この未分点において、「ありのままの事象」をありのままに如実に描き上げる〝仮想的《イデアール》〟な歴史記述が想定しうるということである。第二に、それは根本的に「存在としての歴史」と「認識としての歴史」といわれるものの、未分の在り方を示すものである。未分点とはつまり主客未分の〝原点〟というべきものである。ところで第三に、「ありのままの事象」と「イデアールなありのままの記述」とは、ジェネラリゼイション・ゼロ＝インディヴィデュアリゼイション・インフィニティという可知性のカテゴリーによって、その性格づけがなされうる。それはジェネラリゼイションの基準において構図構成を構想することにほかならない。かくして最後に、「ありのままの事象」と「イデアールなありのままの記述」とが完全に一体であることの論理的要請は、歴史の〝土壌〟を開示することによって、「すべてが赤裸々に露呈されてあること」として内容的に意味づけられる時、それは「存在において」のみならず「価値において」も、基本的な在り方を示すものである。つまり、基本的な存在様式であると同時に基本的な価値様式である[121]。

　以上のように、「歴史の構図」における未分点は、ほぼ四点から集約しうるであろう。それがあらためて価値哲学的にうけとめられることがもとめられる。もちろんその未分点が「歴史の〝土壌〟と〝ふかさ〟」を開き示していくものであり、その面についてはすでに「価値の〝土壌〟と〝ふかさ〟」でうけとめたわけである。そこで重複をさけて出来る限りその点については、言及しないこととする。とする時、価値の〝ひろさ〟の菱形の〝原点〟として示される未分点の在り方は、結局二つのことにまとめられよう。ひとつは、主客未分の〝原点〟として位置づけられること、そしてもうひとつは、「すべてが赤裸々に露呈されてあること」という意味づけである。この二点をめぐる歴史哲学的言説は、どこまでも〈はじめ〉における歴史哲学的言説として、その限界内でのみ有意味性を示すものである。それ以上のことはなにも語っていないし、それは歴史哲学的言説としての限界内においては不可能なことである。それ故にこそ、価値哲学的意味づけないし基礎づけがもとめられる。しかも価値哲学的には、この二点は二つの別々のことではなくて、完全に一つの基本事態に帰着する。この点こそ、価値の〝ひろさ〟の菱形の〝原点〟として、未分点が図形表示される所以なのである。

すでにあきらかにしてきたように、価値の〝土壌〟においては価値事象が生起しており、そこに逆還元(この場面では「起源論的逆還元」と称せられる)がほどこされる時、「ありのままの価値事象」が「無限微小事象」としてはっきりと意味づけられることを通して、差異=価値の地平が開示されたわけである。その意味において、主客未分という事態は逆還元の相のもとにおいてはじめてあらわにされ、理論的に基礎づけられるものである。逆還元の方法ぬきで主客未分を語りうると思いなしてきたことは、依然として独断論の夢にまどろみつづけることであり、もっと強調すれば、形而上学的誤謬をおかすものということが出来よう(122)。(西田哲学の「純粋経験」はその一つの事例であろう。)逆還元の相のもとでのみ主客未分の地平があらわにされるということは、知覚の〈きりとり〉=捨象の方向性においては、いかなる場合においても主客分離がすでに遂行されてしまっているからである。ということは、逆から言えば、「無限微小事象」のうちに〈すべて〉を〈くみいれ〉=捨象する方向性においてしか、主客未分の地平が開かれる可能性はないということである。そしてその方向性は、すでにあきらかにしたように、〈起源論的逆還元〉の相のもとでのみ開かれるのである(123)。古来東洋思想においては、物心双方を生み出す主客未分の根源的場所を想定する考え方がもとめられてきたが、このような想定もまた逆還元の相のもとで語られない限り、独断論のそしりをまぬがれないし、もっとはっきり言ってしまえば、神秘主義的誤謬をおかしつづけることとなろう。

逆還元の相のもとで主客未分の地平が開かれるということは、なにか特別な事態をふかく洞察しなければならないようなことではない。知覚の〈きりとり〉=捨象の方向性とは逆に、「現実に生起せる事」のうちに徹底的に「生起し生起せる事のすべて」=「無限微小事象」を〈くみいれ〉=拾象して、文字通り「ありのままの事象」を見さえすればよいのである。それは、わかりやすさのために、主客分離的に表現して、各々の極から見通せば、主体の側からは、主体の一切の思考はすべて価値事象として生起し、客体の側からは、客体の一切の現象がまたすべて価値事象として生起することであり、しかもその価値事象がまさに「無限微小事象」として〈差異=価値〉においてあらわになることにほかならない。いまそれぞれ主体の側からと客体の側からと分離的に述べたが、そのような区別がないことがまさしく主客未分の本来の意味であることは言うまでもない。
ただそれを表現する時には、言語表現の性格上、むしろ分離的に述べる方がより分かりやすいわけであるが、しかしそのような表現もどこまでも未分の事態を指し示すものとしてうけとめられねばならない。

そこで主体の側からもっと原理的に問い直してみると、逆還元の相のもとで主客未分の事態があらわになるということは、わたくしが「〈横超〉主体性」という表現であらわしている事態(124)を、あらためて自覚的に逆還元の相のもとで把え直すことにほかならない。それはなぜであろうか。わたくしが主体の在り方を〈横超〉主体性で把えようとすることは、主体は本来的に主体を超える在り方をすることを示したいためである。ということはどういうことか。それは極めて簡単明瞭なことなのである。私がいま赤い花を見ているとする。普通それは主‐客の分離関係において私という主体が赤い花という客体を見るという形で把えられる。たしかにこのような局面だけに把えられていれば、どこまでも主‐客分離関係にすぎない。しかしわたくしは、〈私が物を見る〉ということが、どれほど明確な主‐客分離関係においてあるにせよ、そのことが〈いまここで〉生起していること、それが〈いまここで〉生起する〈価値事象〉であることに注目したいのである。ということは、〈私が赤い花を見る〉という〈価値事象〉において、〈私〉という〈主体〉の〈根源的な自己対象化〉がなされていることにほかならない。その主客未分の事態をあえて言語表現にもたらせば、〈私が赤い花を見る〉ことは同時に〈赤い花が私を見る〉こととして、一つの〈価値事象〉が生起しているだけである。〈横超〉主体性とは〈根源的な自己対象化〉においてある主体の在り方を表現したものにほかならない。かようなわけで、〈横超〉主体性を逆還元の相のもとで自覚的に把え直す時、主体性は根源的に主客未分の地平においてあることは否定すべくもないわけである。それはひとえに〈価値事象〉の生起にほかならない。

そこで、主客未分点における〈価値事象〉の生起は、文字通り「すべてが赤裸々に露呈されてあること」として意味づけられざるをえない。〈横超〉主体性が〈根源的な自己対象化〉にほかならない以上、そこにはもはや主体の隠蔽作用はありえないからである。しかもそれが逆還元の相のもとで把えられねばならない以上、「無限微小事象」のうちにすべてが〈くみいれ〉＝捨象され〈ゆたかなふくらみ〉をおびた〈全体〉としてたちあらわれるので、「すべてが赤裸々に露呈されてあること」を文字通り全体化する。主客未分の〝原点〟であることは同時に「すべてが赤裸々に露呈されてあること」にほかならない所以である。もう一度先の例にたちもどれば、〈私が赤い花を見る〉ことが同時に〈赤い花が私を見る〉ことであり、そこに生起するかぎりない〈価値事象〉はまさしくすべてが赤裸々に露呈されるがままに生起する。ここで生起する一切の主体的行為は同時に主客未分の価値事象〈横超〉主体性が〈根源的自己対象化〉である以上、いまこことして展開しているわけである。もちろんそれは現実においては時々刻々と消却されて主客分離の関係として遂行されるので、逆還元をほどこさない限り主客未分の価値事象としてあらわならしめることは出来ない。したがって、逆還元の相のもとでは、「すべてが赤裸々に露呈されてあること」は、〈差異＝価値〉においてすべてをあらわならしめることにほかならない。

主客未分の〝原点〟において構想されることは、すべて逆還元の相のもとであることが基本である。逆還元という方向ぬきでは、はじめから構図構成のメタ性（メタ・メタ性）を見誤ってしまう。つまり構図構成における階層無視ないしは次元混同の誤謬をおかすものと言わねばならない。差異＝価値は当然主客分離の次元においてもたえず顕在化するのではあるが、どこまでもまず主客未分の〝原点〟において逆還元の相のもとではっきりと自覚化されねばならない。それが価値の〝土壌〟と〝ふかさ〟の〝基点〟でもあるからである。その点はすでに「価値の〝土壌〟と〝ふかさ〟」において、〈起源論的逆還元〉を通してあきらかにしたところであった。

逆還元の相のもとで「無限微小事象」へと「生起し生起せる事のすべて」を〈くみいれ〉＝拾象し〈ゆたかなふくらみ〉をおびた〈全体〉としてたちあらわれる事象構成は、ただ〈差異〉と〈差異〉の体系性要するに〈差異〉の関係性以外のなにものでもない。だが、かかる相のもとで〈差異〉の〈コト-ナリ〉が〈成就〉するところに、〈差異〉の〈関係性〉の関係〉として〈差異＝価値〉が表示される。この〈差異＝価値〉こそが価値の〝ひろさ〟の菱形で図形表示される未分点で、構図構成的に構想される価値の〝起源〟であり〝根源〟である。そこには重層的な構図がまさに凝縮しており、その基本が主客未分の〝原点〟であり、「すべてが赤裸々に露呈されてあること」の基本的な存在様式と価値様式が基礎づけられる。だが繰返し述べてきたように、これはどこまでも逆還元の相のもとにおいてであり、現実においてはそれこそ時々刻々と「無限微小事象」は自らを消却することによって、「現実に生起する事」が生起しているだけである。だがそれは言うまでもなく未分の地平からおのずと分離へと転移していることにほかならない。

価値事象の主客未分の〝原点〟はどこまでも逆還元の相のもとでもとめられるものであるが、逆還元という方法は〈くみいれ〉＝拾象の営みにほかならなかった。したがって逆還元という方法操作を停止してしまえば、〈くみいれ〉＝拾象

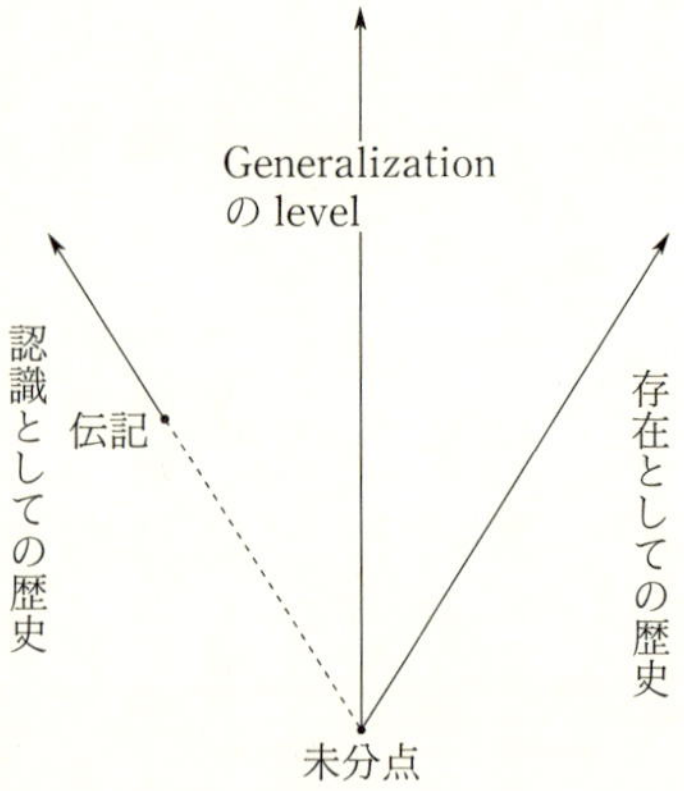

の方向性は逆転して、〈きりとり〉＝捨象の方向性へと主客分離して、「ありのままの事象」は自らを消却することによって「現実に生起せる事」があらわれる。この主客分離の過程において、ジェネラリゼイションの開けとともに、価値事象は現実に生起する事象として認識されるにいたるので、主客分離の価値認識関係が開かれる。

「歴史の構図」においては、「ありのままの事象」と「イデアールなありのままの記述」とが完全に一体である論理的要請＝歴史の〝土壌〟では、「ありのままの事象」はジェネラリゼイションという可知性のカテゴリーによってジェネラリゼイション・ゼロ＝インディヴィデュアリゼイション・インフィニティの事象として性格づけられた。したがってこの歴史の〝土壌〟に一寸のジェネラリゼイションが生じはじめるや否や、「存在としての歴史」と「認識としての歴史」の未分の状況は分解して、それぞれの歴史の、自己形成がはじまる。この分化の過程について、「歴史の構図」では、上記のような図形表示がなされうる[125]。それは「歴史の構図」においてはほぼつぎのようにまとめられよう。伝記がジェネラリゼイションの低い次元に位置づけられてはいるが、未分点の「イデアールなありのままの記述」から連続的にあらわれてくるわけではないので、点線で示されている。これは認識におけるジェネラリゼイションの問題であるが、主客分離の過程であるから、存在におけるジェネラリゼイションの問題も同じようにたちあらわれてくる。この方は実線で表示されているのは、認識の場合とことなって、存在の場合のジェネラリゼイションにおいては、「ありのままの事象」の自己消却を通しておのずから連続的に「現実に生起せる事」があらわれるからである。では一体、このような「歴史の構図」における在り方はどのように価値哲学的にうけとめられて意味づけられるべきであろうか。

ここの問題は結局二つに帰着する。ひとつは主客分離の問題であり、ひとつはジェネラリゼイションのレベルの問題である。両者はふかく関連し合っており、後者は主客分離にともなう問題といってもよい。さて、歴史の場合、主客分離とは「存在としての歴史」と「認識としての歴史」とに分離することにほかならない。この、むしろ常識的な、存在と認識の二元的分離が、価値の場合に、事実と価値の二元的分離にムターティス・ムタンディスにおきかえられるのが、今日までの価値と事象の二元的分離論の立場にほかならなかった。この二つの二元的分離が成り立つのは、主客分離を基本にしているからにほかならない。極めて簡潔に言えば、主体の側に認識が、客体の側に存在がおかれる、この基本的な主客の二項対立図式がもとになって、主体の側に価値が、客体の側に事実がおかれることで、価値と事実の二元的分離論の立場が確立される。だがはたして主客分離を基本とすれば、かような二元的分離に必ず組み込まれてしまうのであろうか。

　たしかにわれわれもまた主客未分から主客分離へ向わざるをえないと認めているわけであるから、その限り主客分離を基本と考えている。だがすでに繰返し述べているように、「歴史の構図」をめぐる歴史哲学的言説に対して、価値哲学的言説はメタ言説としてその意味づけないし基礎づけの役割をはたすものである。そこでその解明を追ってみれば、たしかに主客分離の立場はジェネラリゼイションの営為において価値と事実の二元的分離を可能とするのではあるが——わたくしはかかる二元的分離はいつでも可能であると繰返し述べてきたように——、その意味づけがまったく異なることがあきらかになるであろう。

　われわれはすでに歴史哲学的言説において、歴史事象が価値事象であることをあきらかにした(126)。それは要約すれば、主客分離の基本から二点にまとめられよう。ひとつは認識におけるジェネラリゼイションの側面から、もうひとつは存在におけるジェネラリゼイションの側面からである。主客分離の過程は〈きりとり〉＝捨象の方向性においてひらかれるものであり、二つの側面はそれぞれのあらわれであることは言うまでもない。まず認識におけるジェネラリゼイションの側面からというのは、要するに、生起する多様な事象に対して、問題にする価値のあるものを選択し、問題にする価値のないものを捨象することである。そもそも選択することはまさにジェネラリゼイションなのである。「イデアールなありのままの記述」をジェネラリゼイション・ゼロと性格づけたのは、つまり「無選択性」をイデアールに要請しているからなのである。このイデアールな可能性の場面に選択つまりジェネラリゼイションのはたらきが導入される時、歴史認識は価値選択的に構成されるわけである。歴史認識がかかる意味で価値認識であることにおいて、歴史事象は価値事象なのである。つぎに存在におけるジェネラリゼイションの側面からというのは、生起する多様な事象に対し、「現実に生起せる事」が一つの〝まとまった〟出来事として一つの形をもってあらわれることである。「ありのままの事象」はジェネラリゼイション・ゼロと性格づけられたが、それ故に存在におけるジェネラリゼイションは「ありのままの事象」を消却して、一つのまとまった形をもった「現実に生起せる事」をあらわならしめる。それは、その「形」成りにおいて、まさしく形になる価値のあるものを組みこみ、その価値のないものを捨象することにほかならない。歴史事象は形のある事象と成ることにおいて、価値事象なのである。以上のような二つの意味合いで、歴史事象は価値事象なのである。その点についての要約的な叙述を、それだけとり出すと分りにくいかもしれないが、少しながめに引用しておく。

「「現実に生起する事」あるいは「現実の出来事」とは、一つのまとまった価値事象としてみずからを顕示する。それは歴史事象なるものが、現実には、「ありのままの事象」を消却して、一定の「形」成において生起するということを、意味している。したがって、現実の出来事を内容とする「無」の有化とは、現実の出来事の「形」成りを対象として、価値事象なる「無」を「形あるもの」として記述することにほかならない。歴史認識は歴史記述にもたらされてはじめて、有化作用を定着するのである。実際、有化作用は定着させられることによって現実化するが、記述はどこまでも認識の結果、むしろ、その一部の定着であるということも、同時に忘れられてはならないことであろう。価値事象なる「無」を「形あるもの」にもたらすところに、歴史的構想力の自発的なはたらきが示される。もちろん、歴史認識である以上、現実の出来事の「形」成りを無視して、「形」作りをなすことは許されがたい。しかしながら、価値事象なる「無」を「形あるもの」にもたらす「形」作りは、歴史的構想力の自発性なしにはなしえない。歴史認識と記述は諸々のジェネラリゼイションにもとづいていたのであり、ジェネラリゼイションとは、抽象、概括、綜合、概念、法則、理論などにより、問題にとって価値あるものを選択し、価値なきものを捨象する構成的な営みにほかならなかった。この営みは自発性なしにはおこないえない。歴史的構想力は、ジェネラリゼイションの営みにおいて、価値事象なる「無」をその価値選択にもとづいてそれぞれ価値形象として「形」作るのである」[127]。

以上のように、歴史哲学的言説はすでにそれ自体で価値哲学的に受けとめられることをむしろ要請しているといってもよいだろう。逆還元のもと主客未分点において「無限微小事象」として生起する価値事象は、主客分離へと〈きりとり〉=捨象の方向性に向うにせよ、価値事象であることをやめるわけではない。ということは、つまり、主客分離の過程において、価値事象が価値と事象とに分離するわけではないということである。「歴史の構図」における「存在としての歴史」

と「認識としての歴史」の分化は、価値哲学的にうけとめられて意味づけられる限り、価値事象と価値認識の分化にほかならない(128)。決して価値と事実とに二元的に分離されるのが基本的であるわけではないのである。主客分離を基本におくからといって、必ずしも価値と事実の二元的分離の立場が形成されるわけではない所以である。そもそも主客分離の問題とは、それ事態が認識関係とみられようが、また存在関係とみられようが、知覚の〈きりとり〉＝捨象の方向性において開かれるものであり、その意味において、主体と客体の両面にわたる〈選択〉ないし〈選択性〉の問題なのである。それこそ「歴史の構図」において認識と存在の両面にわたるジェネラリゼイションの問題にほかならなかった。

この〈選択〉ないし〈選択性〉こそ、主客分離の地平における価値の問題にほかならない。したがってどこまでも主体と客体の両面にわたるのである。「選択」という言語表現はどうしても主体的な意味しかもちえないので、それをこえて用いなければならない点で、たしかにある困難がともなう。だが言語表現だけにこだわっていたら、「マイナス価値」という言い方さえ成り立ちえないことであり、そもそも価値論は存立しえないといっても過言ではない。その意味で、言語分析ではなくて言語批判の方法によるのでなければ価値哲学的言説を展開しえないと強調したのも、そのためである。

〈選択〉ないし〈選択性〉が、主客分離の地平における価値の問題にほかならないので、わたくしは端的に〈選択価値〉と称することにしているわけである。この〈選択価値〉を時に〈付加価値〉と言いかえる所以は、それこそ「価値の構図」の問題であって、〈差異＝価値〉を価値の〝土壌〟として主客未分の〝原点〟に位置付けるので、この点から重層的に構想する限り、〈差異＝価値〉の上に付加される価値だという意味で、〈選択価値〉が同時に〈付加価値〉と称せられるのである。

ところで、価値認識と価値事象の対峙がもっとも明確であるところ――図形表示では菱形の一つの対角線を描き出す中間点――主客分離の関係をもっとも自覚的に明確化する意味で、科学的な問題レベルということが出来るであろう。このレベルをめぐって、経済学、社会学、文化人類学、心理学など、いわゆる社会科学的ないし人間科学的な価値研究の世界が開かれる。かような諸科学では当然科学的な価値研究がもとめられるので、それぞれ価値についてのなんらかの概念規定からはじめざるをえない。わたくしが概念規定からはじめることを意識的にさけるのは科学的研究ではないためで、その点誤解のないよう念をおしておきたい。科学研究は自らの研究領域を限定することが基本的な前提である以上、概念規定からはじめるのは当然の営みである。ところでその際提示される価値概念規定は科学的定義ないし規定であるから、それ自体は日常的な言語使用に対してメタ概念と言わねばならない。「価値の構図」で示される概念構成は、本来、そのような科学的メタ概念に対してさらにメタ・メタ概念として構成されるものにほかならなかった。ということは、いま〈選択価値〉という言語表現で示したものは、科学的概念規定に対してメタ・メタ性において受けとめられねばならないということである。たとえば、クラックホーンの有名な価値規定をとってみよう。「価値とは、行為の利用可能な様式、手段、目的の選択に影響するところの、望ましいものについての、顕在的もしくは潜在的な、個人もしくは集団に特有な観念である」(129)。このような規定は行為理論においてもとめられているわけであるが、いまはそれ自体がのぞましいかどうかは問うところではない。ここで指摘したいことは、このような規定に対して、〈選択価値〉はどこまでも同じレベルで考えられる概念ではないということである。クラックホーンでも「選択」という表現が重視されているが、かような科学的概念規定＝メタ概念のなかで用いられる「選択」に対して、〈選択価値〉の〈選択〉はさらにメタの概念だというわけである。そこでさらに理解のために、一寸マルクスの場合を例にとろう。『資本論』の緒口をきる、商品の使用価値と交換価値をめぐって(130)、どのような経済学的ないしは社会科学的な概念規定がなされるにせよ、そのような概念規定に対して〈選択価値〉という概念構成は、やはり同じようにそのメタ・メタ性においてもとめられているのである。その次元を混同することは許されない。われわれにとって、商品の交換価値と使用価値ともども〈選択価値〉にほかならないと言えるのは、そのような意味においてなのである。あまりにも簡単な例示にとどまっており、なかなか理解しがたいかもしれないが、以上のような意味合いから、主客分離の地平は、一切の科学的な価値概念規定に対して〈選択価値〉がメタ・メタ概念として構成されることによって、価値の〝ひろさ〟の菱形の図形表示において、科学的な問題レベルの中間地平をつくり上げているのである。

価値の〝統一〟へ

さて、目を合致点の方に点ずることにしよう。「歴史の構図」における図形表示では、左記のように描かれている(131)。

その意味するところは、ほぼつぎのようにまとめられよう。普遍的世界史はどれほど普遍的であっても、それがレアールに「認識としての歴史」として記述されている限り、主客分離のレベルにあることは言うまでもない。それに対応する「存在としての歴史」も「現実に生起せる事」として存する以上、当然同じレベルにある。その意味で、ともにそのレベルから合致点にいたることは連続的には可能ではないので、点線で示してあるわけである。ところで、合致点にいたることが連続的には可能ではないということは、この合致点とそれ以下の主客分離のレベルとはまさしく次元が異なっているということにほかならない。ということは、つまり、未分点の場合と同じように、合致点もまたイデアールにのみ可能なものとして論理的に要請されるということなのである。それを「イデアールな普遍史」と「類的なものの歴事」との完全な合致と表現した。したがってレアールに考えている限り、この合致点はつねにXとしてかくされていると言わざるをえない。文字通り点線で示さざるをえない所以なのである。

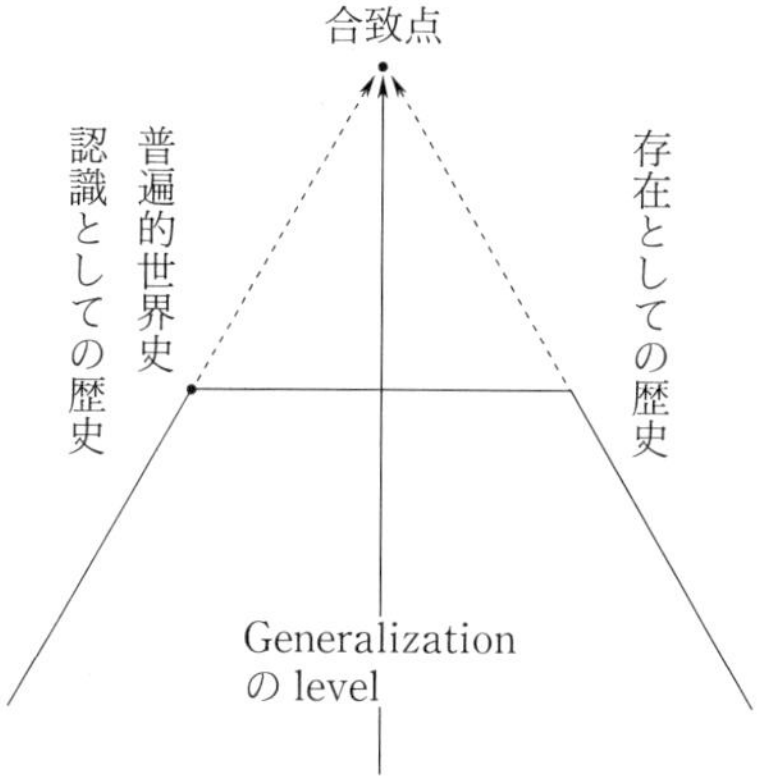

それでは以上のような歴史哲学的言説は、どのように価値哲学的にうけとめられ意味づけられるのであろうか。よく根本的な価値理念として真、善、美、聖があげられる。このような根本的価値理念も、なにが真か、善か、美か、聖かというふうに問われると、それぞれがもとめられる文化価値の相において、相対的にあらわれざるをえないことは否定すべくもない。この価値相対的な在り方はどこまでもレアールな文化価値事象にもとづいているからである。今日、文化人類学において、文化相対主義は、むしろその科学自体の存立根拠になっているといってもよいであろう[132]。文化相対主義は価値相対主義にほかならない。レアールな文化の様相においては、価値は相対的にあらわれる。それは、すでにあきらかにしたように、主客分離の科学的な問題レベルにおいてはむしろ当然なことであろう。かような価値も〈選択価値〉にほかならない以上、〈選択価値〉が相対的であるのは、その本来的な在り方だからである。しかしジェネラリゼイションのレベルはそこでとどまるわけではなく、合致点にむかって主客分離から主客統一へとむかってたかまるのである。それが価値の普遍性の問題である。

　ところが、価値の普遍性とは本来は具体的普遍性にほかならないので、ジェネラリゼイションのレベルも抽象的普遍性のように単純にいくわけではない。しかし具体的普遍性であるからこそ、都合がよいことに、価値がより普遍的になっても、それはつねに具体的な価値事象の普遍性と対応することがもとめられる。たとえば公正《フェアネス》という価値はより普遍的になればなるほどのぞましいのであるが、それだけまたつよく公正という具体的な価値事象の普遍性をもとめられるわけである(133)。かように、具体的普遍性であるからこそ、ジェネラリゼイションのレベルのたかまりとともに、価値認識と価値事象の普遍性がより密接に対応することがもとられる。その方向性が合致点にむかって主客分離から主客統一への方向性なのである。

「歴史の構図」においては、「イデアールな普遍史」と「類的なものの歴事」の完全な一致が合致点において論理的に要請されたが、「価値の構図」においては、それが「普遍的な価値」と「イデアールな存在性」との合致として、より明確に意味づけられることになる。「イデアール」という形容詞のつき方が、歴史の場合と価値の場合とでいれかわるところに、歴史哲学的言説に対して価値哲学的言説がメタ言説として機能する所以も示されている。「普遍的な価値」と「イデアールな存在性」との合致とは、ストレートに言ってしまえば、普遍的な価値のイデアールな存在性にほかならない。つまり、価値がその普遍性において存立している意味において、イデアールな存在性をもつということなのである。歴史哲学的言説における合致点は価値哲学的言説によってはじめて、その窮極の意味が与えられたということが出来よう。しかしかような意味づけがなされるにせよ、普遍的な価値のイデアールな存在性という、価値と存在との合致は、リアールな価値認識と価値事象の主客分離的な対応次元からみれば、依然として窮極のXであることにはかわりがない。

ところが、西洋形而上学の〝教祖〟ともいうべきプラトンは、簡潔に言ってしまえば、この窮極的なXに特定の価値を独断的に与えて、この合致点から自らの形而上学を構築したということが出来る。善のイデアが真の実在であるということは、普遍的ないし絶対的価値のイデアールな存在性そのものである。かかる意味で、価値と存在と思惟の三位一体という合致点が、哲学の存立の前提であり根拠であった。それは本来的に主客統一であるから、ギリシア古典哲学においては主客関係はありえなかったと言われるのは、古代か近代かというような歴史的な相異は別として、理論構成上からもむしろ当然なことであった。西洋哲学史はプラトンの脚注にすぎないと言われるのも、その点ではまったく否定すべくもないのである。

たしかに普遍的価値のイデアールな存在性は、窮極的なXとして「価値の構図」の図形表示の合致点として要請されるものである。しかしこの合致点を〝原点〟として哲学を構築することは、依然としてプラトンの脚注として転倒せる形而上学をただ再生しつづけるだけである。だからこそ、そのような独断をおかさないためにも、合致点への方向性にある価値の問題は、正しく「価値の構図」のうちに位置づけて論ずることが不可避なのである。わたくしはそのような諸価値に対して構図のメタ性にもとづいて、〈特種価値〉と称することにしている。先に一寸言及した真、善、美、聖で象徴される問題が一般には本来的な価値の問題とみなされているが、「価値の構図」構成にとっては、ただ特別な種類の価値だというにすぎない。それがなぜ特別な種類の価値であるかは、やはり主客分離から主客統一へとむかう方向性――つまりジェネラリゼイションの高次化の方向性――において問われる価値の問題だからである。その意味では、集約的に言って、宗教、芸術、倫理、法政など古今東西南北にわたって行われ且つ論じられてきた価値問題はほとんどすべてここに入るといってよいであろう。やや例示すれば、すでにあげた真、善、美・聖はもとより、規範、義務、命令など倫理・法政にかかわるもの、自由、平等、博愛というような人間的価値理念、正義、公正、権利などなど、もちろんかぎりないわけである。それらは、最高次には合致点をめざしているにせよ、主客分離のレベルで取扱われるので、ゾレンはザインから導き出すことは出来ないという観念論的な二元的分離論の立場からは、たとえば新カント派の価値哲学のように、典型的な形でこの分離を強調し、存在の側面を価値の側面から排除することもこころみられた。しかし本来ゾレンははたさるべきことをもとめており、主客統一の方向性を希求しているのであるから、それが普遍的な価値であればあるほど、具体的な価値事象の普遍性をもとめるのではなかろうか。だからこそ、イデアールではあれ、価値と存在の合致点が要請されるのである。

以上のような次第で、「価値の構図」はその図形表示にお

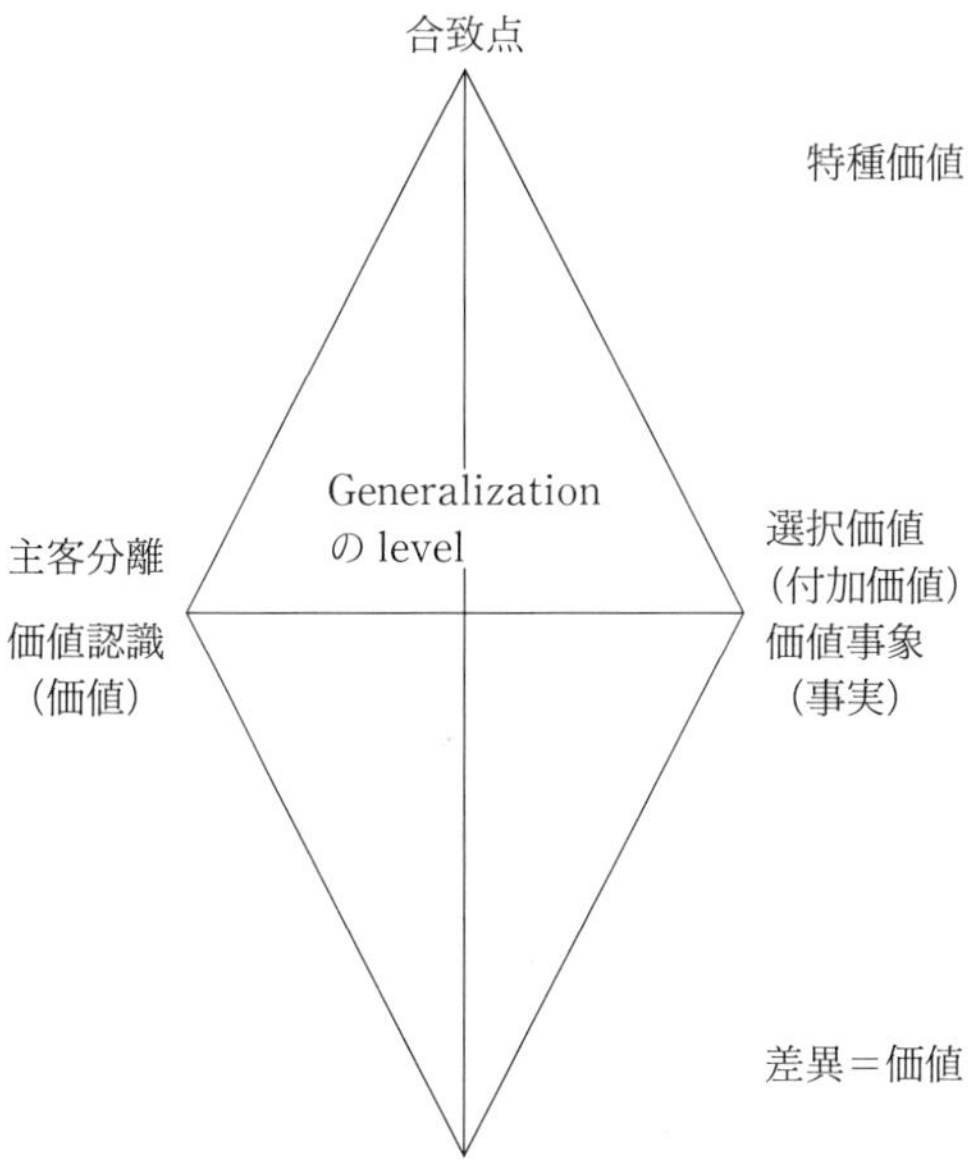

いては、すでに繰返し述べてきたように、右記のような価値の〝ひろさ〟の菱形として示されるわけである。そこであらためて構図構成の在り方をふりかえって、最後に残された問題を考察することにしたい。

そもそも価値の、〝ひろさ〟の菱形は、二つの原則からなっているといえよう。本来は構図構成の二つの原則なのではあるが。第一の原則は、ジェネラリゼイションという可知性のカテゴリーによるレベル構成の原則である。第二の原則は、主客未分から分離・統一へという主客間距離構成の原則である。それ故、図形表示は、未分点から主客分離して中間レベルにいたり、ふたたび主客統一をもとめて合致点にいたる軌跡となる。そこにくりひろげられる構図構成にともなわれて、概念構成もなされるわけで、結局、構図のメタ性に依拠することで、〈差異＝価値〉〈選択価値〉〈特種価値〉という三つのメタ価値概念が構成されることとなった。そこで残された問題は、この三者の間の関係は一体どのように考えられるかという点である。すでにところどころでこの関係を示唆してきてはいるが、正面きって論じてはいない。しかしこの三者の関係は、さきの二つの原則によって「価値の構図」の構成がなされているということによって、基本的にはその枠組がすでに与えられているといっても過言ではない。というのは、ジェネラリゼイションのレベル構成という第一の原則によって、この三者の関係も当然レベル間関係にほかならないので、その関係をどのように把えるかということに帰着するからである。

さてレベル間関係は一般的にみて、その基本からいうと、三つの関係しかありえない。ひとつは、関係が相互にないという関係、つぎは、低レベルからの関係づけ、そして最後は逆に、高レベルからの関係づけである。個別的な場合ならば、この三つの関係がどのようにかかわり合うかが問われねばならないが、いまは「価値の構図」の問題であるから、原則的な場合を示すだけで十分であろう。それでも、この三つの関係のかかわりが相互排他的ではなくてむしろ相補的であることがわかるし、そこに価値問題がスタティックなものではなく、極めてダイナミックであることが示されている。「価値の構図」などというと、そのダイナミズムが忘れられがちとなるので、特に指摘しておきたい。かような「価値の構図」構成においては、〈差異＝価値〉〈選択価値〉〈特種価値〉のレベル間関係は、基本的には、ほぼ三つの原則からなりたっているといえるのではなかろうか。

第一の原則は「フォーカスの原則」と称しうるものである。これが関係がないという関係にかかわっている。要するに、あるレベルにフォーカス（焦点）があわせられる時、他のレベルはかくれてしまう。つまり背後におしやられてしまうということである。「歴史の構図」において「かくし‐かくされる関係」と述べてきたところである(134)。〈差異＝価値〉は逆還元の相のもとでのみ本来的にあらわになるというのも、「フォーカスの原則」によっている。したがって、〈特種価値〉や〈選択価値〉に焦点があてられれば、〈差異＝価値〉はかくされ消却されてしまうわけである。だが、相互に関係がないという関係が、価値の問題においては、「フォーカスの原則」によっているところに、なんら無関係ではないことを示している。つまりフォーカスとは視点の凝縮なのであって、実際はなんらの無関係ではないということである。レベル間関係についての三つの関係は排他的ではなく相補的だといった所以も、はっきりとここに示されているわけである。

したがって第二の原則は、第一の原則に対して一見反するようにみえるかもしれないが、むしろ相補的であるからこそもとめられるのである。それは「反照の原則」と称しうるものである。つまり直訳的に言えば、低レベルは段階的に高レベルのうちに照り返すということである。照り返すのであるから、低レベルの影の一部にしかすぎないのではあるが、低レベルの方が〝光源〟だというところに、この原則の基本的な意味がある。もちろんこの原則は、フォーカスの原則がはたらかない場合に機能するという意味で、まさに相補的なのである。反照の原則とは、わかりやすく言えば、高レベルのうちに低レベルがうつし出されるということで、低レベル反照の原則ということである(135)。すでにプラトンをめぐって指摘したように、いままでの価値哲学はほとんどすべて高レベルからしか展開していなかったが、それはこの第二の原則に反する営みと言わざるをえない。高レベルの〈特種価値〉は〈選択価値〉の在り方をつねにある程度うつし出してるが、〈選択価値〉の在り方は〈特種価値〉をなんらうつし出すわけではないのである。そしてつぎの段階では、〈選択価値〉はつねに〈差異＝価値〉の在り方をある程度うつし出さざるをえないが、〈差異＝価値〉は〈選択価値〉をなんらうつし出すわけではない。この第二の原則は、これまた一見相反するようにみえるが、次の第三の原則と相補的なのである。この第二の原則が低レベルからの関係づけにふかくかかわっていることは言うまでもない。

さて第三の原則は「移行の原則」と称しうるものである。この移行は上下ともに自由であるところが、N・ハルトマンのような存在領域のレベル間関係とはっきりことなるとともに、存在領域のレベル間関係いう、極めて常識的ではあるが、基本的に誤った関係の法則とはまったく基本を異にする所以がある(136)。この第三の移行の原則とは、低レベルから高レベルへと上昇する場合も、逆に、高レベルから低レベルへと下降する場合も、その価値は移行先のレベルの基準のもとで変容するということである。この基準とは、言うまでもなく、ジェネラリゼイションのレベル構成の基準にほかならない。この上下ともどもにおこる変容こそ、いかに価値問題がダイナミックな関係様相の問題であるかを物語っている。〈選択価値〉が〈差異＝価値〉へと下降する時、〈選択価値〉も〈差異＝価値〉としてうけとめられねばならない。そして逆に、〈差異＝価値〉が〈選択価値〉へと上昇する時、〈差異＝価値〉は〈選択価値〉としてうけとめられる。その時は、もはや逆還元の相のもとにおける〈差異＝価値〉ではなく、主客分離のもとにおける〈差異＝価値〉として〈差異＝価値〉のマクロ化が遂行される。〈差異＝価値〉が、あらゆる意味での〈差別＝価値〉へと拡大するのは、この原則によっているからである。

以上のように、「価値の構図」がそのレベル間関係性において極めてダイナミックに展開する時、はじめて価値の〝ひろさ〟はバラバラな領域のひろがりではなくて、それこそ価値の〝統一〟を描き出しているということは出来ないであろうか。いまやプラトン的な〝統一〟が合致点からの虚構にすぎないことがあきらかになる時、「価値の構図」構成こそ、価値の〝統一〟への試行であることは、それこそ一目瞭然なのである。

（1）特に〈存在〉という語使用の場合には、大きくは二つの問題が考えられる。それは決して別々のことではないが、今日では別々に考えた方がよかろう。第一は、いわゆる形而上学的意味で、真の存在、真の実在というものとして価値を考える場合、第二は、そのような意味の存在とはかかわりなく、価値がたとえ一般的な概念的内実にすぎなくても、その存在性格をみとめて、非現実的な理念的存在といわれる場合とである。

（2）〈価値〉のために〈事実〉を分離する立場を〈観念論〉、〈事実〉のために〈価値〉を分離する立場を〈実証主義〉の立場と一般に称するとすれば、その対立の意味は図式的だがかなりはっきりとするであろう。

（3）M. Scheler, Der Formalismus in der Ethik und die materiale Wertethik, (Francke Verlag, 1954), S 70ff. c. f. S. 37ff.; E. Lask, Gesammelte Schriften II. (J. C. B. Mohr, 1923), S. 396 ff.; N. Hartmann, Ethik, (de Gruyter, 1926), 16 Kap. ,,Das ideale Ansich-sein der Werte".

（4）V. Kraft, Die Grundlagen einer wissenschaftlichen Wertlehre, (Springer Verlag, 1951), S. 5.

（5）M. Heidegger, "Die Onto-Theo-Logische Verfassung der Metaphysik" in: Identität u. Differenz, (Günther Neske Pfullingen, 4 Aufl. 1957). S. 46ff. c. f. Was ist Metaphysik, (V. Klostermann, 1951), S. 17ff.

（6）Kant, Kritik der reinen Vernunft, B. 868.

（7）H. Rickert, System der Philosophie I, (J. C. B. Mohr,

1921) S. 158, S. 174f.

(8) H. Lotze, Logik (System der Philosophie I) (Felix Meiner, 1928), S. 510ff.

(9) E. Lask, op. cit., S. 15.

(10) H. Rickert, op. cit., S. 121.

(11) ibid., op. cit., S. 112, 121.

(12) E. Lask, op. cit., S. 9ff.

(13) H. Rickert, op. cit., S. 122.

(14) W. Windelband, Präludien I, (J. C. B. Mohr, 1921), S. 29.

(15) H. Rickert, op. cit.,S. 116. c. f. H. Rickert, Der Gegenstand der Erkenntnis, (J. C. B. Mohr, 1921), S. 242.

(16) J・ピアジェ『思考の心理学』(みすず書房、一九六八年)(滝沢武久訳)二二ページ。

(17) 波多野完治『子どもの認識と感情』(岩波書店、一九七六年)五二ページ。

(18) H. Rickert, System der Philosophie I, (J. C. B. Mohr, 1921), S. 254 ff.

(19) ibid., op. cit., S. 297.

(20) ibid., op. cit., S. 254.

(21) ibid., op. cit., S. 258.

(22) この pragmatics という表現には、〈価値〉と〈事実〉の二分法呪物信仰を批判するJ・L・オースティンの基本的な見方を特に意識的に含意せしめている。

(23) わたくしは、デカルトの方法的懐疑とニーチェの系譜的懐疑がもつ、哲学的営為の出発点としての意義をうけとめると同時に、デカルトからニーチェへとふかまる方向性をもう一歩すすめて、ニヒリズムの根本的懐疑を価値論の自己展開をひらくものとして位置づけている。

(24) D. Wunderlich, Studien zur Sprechakttheorie, (Suhrkamp, 1976) S. 73-4.

(25) D・ヴンダーリッヒは八つの類型をあげる。(op. cit., S. 77)だが言語行為説の源泉たるJ・L・オースティンの五つの類型(J. L. Austin, How to do Things with Words, (Oxford U. P., 1995), p. 151ff.)とを比較してみるだけでもいろいろと問題があるので。

(26) J. L. Austin, op. cit.,p. 151.

(27) J. R. Searle, Speech Acts, An Essay in the Philosophy of Language, (Cambridge U. P., 1969) p. 175ff.

(28) A. Schütz, Th. Luckmann, Strukturen der Lebenswelt. I. (Suhrkamp, 1979), S. 25.

(29) ibid., op. cit., ebenda.

(30) ibid., op. cit., S. 42.

(31) ibid., op. cit., S. 38.

(32) 拙論「偶然と必然とのたわむれ」(『理想』一九七八・二月号)七二ページ。

(33) 小倉志祥編『価値の哲学』(講座哲学4編集山本信他)(東京大学出版会、一九七三年)一ページ。

(34) H. Rickert, System der Philosophie I, (J. C. B. Mohr,

1921), S. 117, 246. ; Der Gegenstand der Erkenntnis (J. C. B. Mohr, 1921), S. 165, 230ff.; E. Lask, op. cit., S. 402.

(35) K. - O. Apel, Sprache als Thema und Medium der transzendentalen Reflexion, in ; Transformation der Philosophie Bd. II. Das Apriori der Kommunikationsgemeinschaft, (Suhrkamp, 1973), S. 312

(36) この意味において、今は、フッサールの現象学は取り扱わないこととしたのである。念のため。

(37) 日本ではその代表として大森理論を考えてみれば、あきらかであろう。『言語・知覚・世界』（岩波書店、一九七一年）及び『物と心』（東京大学出版会、一九七六年）。

(38) K. - O. Apel, op. cit. S. 233ff, S. 414.

(39) M. Heidegger, Sein und Zeit (M. Niemeyer, 1953), S.30.

(40) Ibid., *op. cit.*, S. 28.

(41) Ibid., *op. cit.*, S. 34.

(42) Ibid., *op. cit.*, S. 35.

(43) J. P. Sartre, L'être et le néant, (Gallimard, 1943) p. 23.

(44) Ibid., *op. cit.*, p. 12.

(45) Ibid., *op. cit.*, edenda.

(46) Ibid., *op. cit.*, p. 30.

(47) M. Merleau-Ponty , Phénoménologie de la perception, (Gallimard, 1945). p. II.

(48) Ibid., *op. cit.*, p. V.

(49) Ibid., *op. cit.*, p. XVI.

(50) Ibid., *op. cit.*, p. 69.

(51) Ibid., *op. cit.*, p. 411.

(52) E. Fink, Sein, Wahrheit, Welt, (Martinus Nijhoff, 1958), S. 43.

(53) Ibid., *op. cit.*, S: 77.

(54) Ibid., *op. cit.*, S. 51.

(55) Ibid., *op. cit.*, S. 59.

(56) Ibid., *op. cit.*, S. 105.

(57) Ibid., *op. cit.*, S. 112.

(58) Ibid., *op. cit.*, S. 113.

(59) Ibid., *op. cit.*, S. 115.

(60) Ibid., *op. cit.*, ebenda.

(61) Ibid., *op. cit.*, S. 116-7.

(62) Ibid., *op. cit.*, S. 118.

(63) Ibid., *op. cit.*, ebenda .

(64) Ibid., *op. cit.*, S. 132.

(65) Ibid., *op. cit.*, S. 138ff.

(66) Ibid., *op. cit.*, S. 140.

(67) Ibid., *op. cit.*, S. 141.

(68) Ibid., *op. cit.*, S. 151.

(69) Ibid., *op. cit.*, S. 143.

(70) Ibid., *op. cit.*, S. 154.

(71) Ibid., *op. cit.*, S. 144.

(72) M. Merleau-Ponty, *op. cit.*, p. 68.

(73) ibid., op. cit.,p. 77.

(74) J. Piaget, La Psychologie de l'Intelligence, (Armand Colin, 1952) 波多野完治・滝沢武久訳『知能の心理学』(みすず書房、一九六〇年) 二〇ページ。

(75) J・ピアジェ、上掲訳書、二三ページ。

(76) J. Piaget, Six Études de Psychologie, (Éditions Gouthier, 1964) 滝沢武久訳『思考の心理学』(みすず書房、一九六八年) 一二ページ。波多野完治『子どもの認識と感情』(岩波書店、一九七五年) 参照。

(77) J・ピアジェ、上掲訳書、二五ページ。

(78) J・ピアジェ『知能の心理学』、一五ページ。

(79) 同、一七—八ページ。

(80) J・ピアジェ『思考の心理学』二一ページ。

(81) N. R. Hanson, Patterns of Discovery, An Inquiry into the Conceptual Foundation of Science, (Cambridge U. P, 1965) p. 4.

(82) ibid., op. cit., p. 5ff.

(83) ibid., op. cit., p. 18.

(84) ibid., op. cit., p. 19. theory-loaded が普通の言い方、ほかに類語として、concept-laden など。

(85) ibid., op. cit., p. 21.

(86) ibid., op. cit., p. 25.

(87) 本来的には、中国思想文化との関係が考慮されねばならない。さらにインド思想文化の在り方も。今は余裕がないので省略するが、比較思想的、比較文明的な反省をもつことは常に大切なことである。

(88) 昭和新纂国訳大蔵経　宗典部第六巻より。

(89) D. R. Hofstadter, Gödel, Escher, Bach : An Eternal Golden Braid (Basic Books, 1979) Part I. Ch. 9.

(90) M. Merleau-Ponty, op. cit., p. 69.

(91) 今日心理学に大きな転換がおこってはいるが、たとえ、ユングの心理学とかトランスパーソナル心理学をもってきても、やはり駄目である。だから、われわれにとっては心理学におけるパラダイム・シフトはどんな形であれ問題にならない。

(92) 拙著『歴史における言葉と論理』I (勁草書房、一九七〇年) 八八—九九ページ。

(93) R. D. Laing, The Facts of Life, An Essay in Feelings, Facts, and Fantasy, (Pantheon Books. 1976) 塚本嘉寿・笠原嘉訳『生の事実』(みすず書房、一九七〇年) 三ページ。

(94) R・D・レイン、上掲訳書、二三五ページ。

(95) M. Merlean-Ponty, *op. cit.,* Avant-propos II.

(96) Ch. J. Fillmore, The Case for Case, in, E. Bach and R. Harms, eds., Universals in Linguistic Theory, (Holt, Rineheart & Winston, 1968), p. 24.

(97) Shorter Oxford English Dictionary ・

(98) 当然「第二の道」が予想されているわけである。それは価値問題においてあらためて——歴史問題では拙著であきらかにした——〈ありのままの事象〉へといたる道であり、したがって一つの名付けを与えるとすれば、〈起源論的逆還元〉と称しうるものである。

(99) 青木保『境界の時間――日常性をこえるもの』(岩波書店、一九八五年)。

(100) 岩田慶治『コスモスの思想――自然・アニミズム・密教空間』(NHKブックス、一九七六年)。

(101) 拙著、『哲学のポエティカ』(理想社、一九六五年)、第六章、第二節、世界の問題、一九〇―三ページ。

(102) 参照、波平恵美子『ケガレの構造』(青土社、一九八四年)。なお、〈ハレ〉〈ケ〉についっても民俗的ないしは民俗学的なレベルで厳密に考えようとしているわけではないことは言うまでもない。そのような点についてては、坪井洋文「民俗的世界の構図」(『稲を選んだ日本人――民俗的思考の世界』(未来社、一九八二年、所収)参照。

(103) ピアジェの知能心理学があきらかにしているところである。

(104) 拙著『歴史における言葉と論理』I(勁草書房、一九七〇年)六七ページ以下。

(105) 哲学それ自体に対しても、私は「メタ哲学」が基本なのだと力説している。それは「反哲学」を力説する立場と対比したいためである。もちろん「メタ哲学」と「反哲学」とは相互にふかいかかわりがあるのだが。

(106) 拙著、上掲書、第一部、歴史の構図、第二章、第一節、歴史の〝土壌〟、参照。

(107) 同、上掲書、七四ページ。

(108) 同、上掲書、八六ページ。

(109) 同、上掲書、一〇三―四ページ。

(110) 参照、『華厳経』、『法華経』、『大智度論』、『摩訶止観』、『法華玄義』など。

(111) 〈起源論的〉という方は、「一念三千」という逆観的全体観が明治以後、「現象即実在論」になってしまったことに対する批判をこめているのであるが。井上哲次郎から西田幾多郎へと「現象即実在論」の深化であったとはっきり把えうれば、それをどう批判的にのりこえるかが、われわれの課題といわなければならないが、そのための一つの方向性が〈起源論的逆還元〉にあると思われる。

(112) 参照、拙論「知の一般理論としての歴史哲学――その前提的視座」(『思想』一九八〇年、一月号)

(113) その点をはじめてはっきり示したのが、言語を「差異の体系」としてとらえたソシュールだったわけである。しかもそこに彼が「言語の価値」をよみとったわけであるから、極めて先駆的というべきであろう。

(114) E. Husserl, Erfahrug and Urteil, Untersuchungen zur Genealogie der Logik, (Classen Verlag, 1954), § 11, S. 48-9.

(115) 拙著、上掲書、第一部、第二章、第二節、歴史の〝ふかさ〟。

(116) M. Scheler, *op. cit.*, S. 107ff.

(117) それ以上に、余程自覚的に対応しないと、〈価値論〉が〈差別論〉となることを忘れてはならない。それはすでにわれわれが論じてきているように、価値の三角形の基底は〈差異

＝価値〉にほかならないからである。

(118) 今日〈物語〉の喪失がいろんな意味で語られているが、たしかに〈大いなる物語〉の喪失は歓迎すべきことであるが、〈物語〉はただ〈小さい物語〉だけではなく、言為論的基礎地平から、正しく把え直されねばならない。

(119) 参照。拙著、上掲書第一部、歴史の構図、第一章、第三節「歴史」の概念規定の問題性。

(120) 拙著『比較文明の方法――新しい知のパラダイムを求めて』（刀水書房、一九九五年）一七五―七ページ。

(121) 拙著、『歴史における言葉と倫理』I。第一部、第二章、第二節、歴史の〝ふかさ〟、第三節、歴史の〝ひろさ〟参照。

(122) 形而上学そのものが誤謬だというわけではない。念のため。

(123) 〈起源論的逆還元〉は第二の道であり、第一の道である〈宇宙論的逆還元〉においても当然考えられるわけであるが、いまは問わない。

(124) 拙論「偶然と必然とのたわむれ―メタ哲学的思考へ」（『理想』二月号、一九七八年）七〇ページ以下、参照。

(125) 拙著、上掲書I、一〇〇ページ。

(126) 同、上掲書I、一五八ページ以下。

(127) 同、上掲書I、一六六―七ページ。

(128) 価値と事実の二元的分離とは実は価値認識と価値事象の分化の省略形なのである。この省略形の方が基本とみなされているところに、存在と認識の二元的分離の立場がほとんど常識的に前提されている、一種の自明性の先入見がある。

(129) C. Kluckhohn, “Values and Value-orientation in the Theory of Action”, in: T. Parsons & E. A. Shils ed., Toward a General Theory of Action, (Havuard U. P., 1951), p. 395.

(130) K. Marx, Das Kapital, Marx-Engels Werke, Bd. 23, (Dietz Verlag, 1970) S. 49 ff.

(131) 拙著、上掲書I、一〇九ページ。

(132) c. f. R. Benedict, Patterns of Culture, (Routledge & Kegan Paul, 1934) ; M. Herskovits, Cultural Relativism Perspectives in Cultural Pluralism, (Vintage Books, 1973) ; E. Hatch, Culture and Morality : the Relativity of Values in Anthropology, (Columbia U, P., 1983).

(133) わたくしが比較文明学を具体的普遍学として性格づけようとする究極的な根拠は、実は価値哲学的究明にもとめられる。参照、拙著『比較文明の方法』（刀水書房、一九九五年）。

(134) 拙著、上掲書I、一〇四ページ、一六二～三ページ。II、八三二ページ以下など参照。

(135) その言語面でのあらわれが、「トークン反照性」という問題である。

(136) c. f. N. Hartmann, Der Aufbau der realen Welt, (de Gruyter, 1940).

第三章　価値の図式

1　価値の図式とその解明

メタ哲学の〈基底〉から

われわれは一応直接的な型では価値の構図構成をおわった。そこで価値の構図がどういう意味合いを造型しているかを、簡単に整理してみよう。それは結局基本的にはほぼ三つのことにまとめうる。なぜなら、価値の構図を支える三つのポイントを、いわば前提と方法と内実というような観点から集約しうると思われるからである。そこでまず前提ともいうべきポイントは、価値と事象の二元的分離論の批判である。もちろんその際誤解されてはならないことは、その二元的分離論の批判はなにも二元的分離がいつでも現実に可能であることを否定するものではないということである。むしろ、分離と非分離のダイナミックな全体的な在り方が描き出されねばならないところに、構図構成がもとめられる前提があるというべきであろう。このポイントこそ、概念規定からまずはじめねばならないという、これまでの学的営為の前提に対して反省をうながすものにほかならなかった。

　そこでつぎは、方法というか、価値の構図構成の、いわば〝土台〟をどのように定礎したらよいかという基本にかかわる。それは、価値と事象とが二元的に分離しえない地平において、つまり価値の〝土壌〟において、価値事象が生起する事態に対して哲学的思索はどのように直截に対応することが出来るか、ということである。それにはどうしてもきわめて自覚的な方法がもとめられざるをえない。それが、知覚問題を根本的に問いかえす〈逆還元〉の道＝方法にほかならない。そもそも哲学的思索は「直接与えられたもの」として知覚問題に直面せざるをえないが、そこではむしろ本質的に知覚の〈きりとり〉＝捨象が遂行される。それは、たとえ超越論的主観性にいたるにせよ、〈還元〉の道にほかならない(1)。その限り、われわれは知覚からの方向性にとりこまれて、価値の構図構成の〝土台〟を把握することは出来ないであろう。それ故に、知覚からの方向性に逆行して、今日まであまりにも親しまれた〈還元〉の道にさからって、〈逆還元〉の方法が自覚的にもとめられたわけである。価値の構図が価値の〝土壌〟をいわば〝土台〟として構成されるのは、この方法にしたがうからである。

かくして最後に内実というか、価値の構図の基本的な在り方そのものにかかわる。価値の三角形と菱形という合成図形で表示される価値の構図は、〝土台〟である価値の〝土壌〟のふかさをふまえて、価値のひろさとして描き出されるのであるが、その構成全体をふりかえってみようというわけではない。いまここで内実として特に指摘したいことは、価値の構図の基本的な在り方とは構図のメタ性（メタ・メタ性）にあるという点である。はじめに前提として言及したように、構図構成とは、概念規定からはじまるやり方に対してはっきりともとめられねばならない思考方式であった。だがそれはなにも概念規定を拒否しようなどということではない。すでに繰り返し述べてきたように、概念規定はいつも一定の学問的営為においてもとめられるので、ある概念規定からはじめることは、すでにある一定の学問的立場をとることにほかならない。したがって、はじめから一定の学問的立場をとりえない、価値の哲学的探究にとっては、どこまでも諸々の概念規定はそれぞれの学問的営為の前提と位置付けて、むしろそれらすべてを可想的に包括するような仕方で考えていこうとするのが、構図構成の立場なのである。その意味で、構図構成はメタ性の営為とならざるをえないわけである。価値のひろさは構図のメタ性の描出にほかならない。

以上のように、もっとも簡潔に価値の構図の意味が三点に集約しうるとすれば、おのずからつぎの問題は構図のメタ性をめぐって展開するだろうと予想される。実際構図構成がなされることによって同時に概念構成もなされた。構図構成がもろもろの概念規定を可想的に包括する仕方で描き出されることから、まさしくそのメタ性において概念構成が開示されたわけである。そして結局、三つのメタ価値概念――差異＝

価値、選択価値、特種価値――が構成された。それらはもちろん価値概念であるにもかかわらず、あえてメタ価値概念と名付けるのは、構図構成による概念構成がまさしく構図のメタ性に依拠しているからにほかならない。ということは、その概念構成が必然的に概念とメタ概念の関係において示されねばならないということである。わたくしはそれを〈立体的〉とよぶ。

一般的に言って、概念構成は〈多元的〉でかつ〈立体的〉とならざるをえない。〈立体的〉とは、いま言ったように、概念とメタ概念の関係にほかならない。概念とメタ概念の〈立体的〉な概念構成がなされるということは、すでに多種多様な概念が前提的に認められていることを意味している。それが結局〈多元的〉とならざるをえない所以なのである。概念とメタ概念の関係といっても、科学的概念は日常的に使用される諸々の概念に対しては本来メタ概念なのであるから、その意味では、構図構成によるメタ価値概念とは、科学的概念のメタ性に対してメタ・メタ性において構成されると言わねばならない。メタ性とかメタ・メタ性とは、要するに、ダイナミックに移行する関係として受けとめられねばならないわけである。

われわれは言うまでもないが、日常的な言語使用によりながら生活世界のうちで日々生きている。生活世界の哲学的重要性については、すでにあきらかにしてきたところである。それ故に、もはや生活世界と科学世界とを二元的に分離して考えることは許されない。むしろ、科学世界は生活世界に定礎されてこそ、その本来の正しい意味を充実すると言わねばならない。それは、概念構成の局面でいえば、科学的概念はつねに生活世界における日常的概念に対してメタ概念として受けとめられねばならないということである。ここにすでに概念とメタ概念の、もはや二元的に分離しえない根本的な問題が存している。だがもはや言うまでもなく、科学的概念のメタ性でおわるわけではなく、むしろそれらすべてを包括するような形で構図構成がもとめられたのである。科学的概念のメタ性に対して構図構成がメタ・メタ性においてその本来の意味を充実するというのは、そのためである。構図構成は構図の二重性（多重性）ないしメタ性（メタ・メタ性）の構成であることをはっきりと理解しうれば、構図構成によって構成されたメタ価値概念とは、結局、日常的概念を前提にして、それを科学的概念というメタ概念を媒介にして重層化して、さらにメタ・メタ・レベルへの遡及することによってえられたものにほかならないことは、もはや言うまでもないであろう(2)。

いまわれわれは構図構成をおえたことによって、概念構成のメタ・メタ性のレベルにまでいたったのである。それは要するに、日常的な言語使用を前提にしながらも、科学的概念のメタ性を媒介としてさらなるメタ・レベルへと達したことにほかならない。三つのメタ価値概念—差異＝価値、選択価値、特種価値—とは、そのようなメタ・レベルへの遡及によって支えられたものなのである。とすれば、こんどは、あらためて、いかにして日常的なレベルへと回帰するかが問題となるのは、当然な要請であろう。なにごとでも往還の道がもとめられるのは、往ったままでおわるのにはある問題がひめられているからである。われわれの場合には、往ったままでおわるわけにはいかないので、還りの道がいまやもとめられる。それが実は、これからあきらかにしようとする、価値の図式の問題にほかならない。

ところで、なにごとも〈について〉ということで遡及することは可能であるが、それがすべて望ましいというわけではない。実際、無限遡及はあしき後退としていつも非難されてきた。だが他方では、そのような遡及が根拠の探究なり学的基礎付けの試みである場合には、大いなる期待がよせられた。周知のように、哲学とは本来根拠の探究なり基礎付けの試みとして、古代ギリシア以来の伝統のためか、過大な期待がよせられてきた。いや期待どころか、今日においても、根拠や基礎づけの哲学信仰が、実は宗教とは異なって信仰とはなかなか自覚されないままに、つづいているわけである。プラトンのイデア論とカントの超越論とが、代表的な意味では、西洋形而上学の歴史において、古代と近代を象徴しながら連結する、金字塔ということが出来よう。しかし、それらは結局メタ・レベルへの遡及という哲学言説の在り方を、究極的な根拠や基礎づけの可能命題に変換したものにすぎないと言うべきではなかろうか。

だがカントは超越論的な基礎付けをもとめることによって、往ったままになるわけではなく、実ははじめの経験世界にもどることをもとめている。つまり、はっきりと往還の道をたどろうとしているわけである。その還りの道がやはり図式論にほかならないと解される。とすれば、われわれがいまメタ・レベルまで往ってしまったところで、あらためて生活世界へと還ろうともとめて価値の図式の問題に直面しなければならないと考えている時、カントの図式論をまず反省の俎上にのせてみることは、不可欠の手続のように思われる。

このような往還の道も、簡潔に言ってしまえば、たえざる哲学とメタ哲学の連動の軌跡と言うことができる。本来的に言えば、〈基底〉などないのではあるが、メタ・レベルを一応〈基底〉とおけば、いまそこから折り返すという意味で、やや比喩的にメタ哲学の〈基底〉からといいうるであろう。実際超越論というものも、それが究極的な哲学言説だと思いこむのは、すでに述べたように、一種の哲学信仰にすぎず、超越論〈について〉のメタ哲学言説はいつでも可能である。それはともかく、超越論自体がメタ性の営為である以上、そこからいかに折り返すかは避けてとおれない問題なのではあるが、カントにとってどのような仕組になっているのであろうか。

カントの図式論をめぐって

図式論といえば、どうしてもカントの図式論をめぐってその基本的な仕組や問題性を吟味してみることは、やはりゆるがせにすることは出来ないように思われる。なぜなら、端的に言って、図式論というものの問題の基本的結構ともいうべきものは、カントをぬきにして語ることが出来ないからである。もちろん「図式」という言い方は多様に使いうるわけであるが、哲学言説として考えしかも図式を重視しようとする限り、肯定するにせよ、否定するにせよ、カントの図式論をめぐってなんらかの指針や方向性を示さないでは、不誠実のそしりをまぬがれないであろう。だがそれは逆に考えれば、カントの図式論の問題性が依然として十分に処理されないままにおかれていることにほかならない。もし十分な処理がなされてすでに発展的にその後の哲学のなかで受けとめられ生かされていれば、なにもあらためてカントの図式論をめぐって方向性を問うことも必要ではないだろうからである。その意味では、カントの図式論そのものになにか処理しにくい性格がひそんでいるのではなかろうか。実際、カントの図式論は、カントの基本的結構から切り離すと、そのかげが薄い、なんというかあるもろさにつきまとわれているように思われる。それだけカントにとっては不可欠なほど重要なものであるにもかかわらず、その後カントを媒介として発展したあらゆる哲学的営為にとって取り扱いにくいものとして未処理にとどまってしまった。実はこのあたりに問題の深い根がかくされているように思われる。簡潔に言ってしまえば、第一批判ではっきり示されているように[3]、カントの図式論はその哲学構図のなかでの、いわば〝交叉点〟ないしは〝蝶番〟の役割をはたしているところに不可欠である所以が存すると同時に、それだけその哲学構図をはなれると役割がはっきりしなくなってしまうところにそのかげが薄くならざるをえない所以も存しているといえよう。問題は結局〝交叉点〟ないし〝蝶番〟をどのように問い直すかにかかっている。

周知のように、カントの図式論はまず第一批判ではっきりと提示された。「純粋悟性概念は、経験的（それどころか一般に感性的）直観と比較すれば、まったく異種的で、いかなる直観においても決して見出されることはできない。では、純粋悟性概念への経験的直観の包摂、したがって現象へのカテゴリーの適用は、いかにして可能であろうか？……このきわめて自然で重要な問題こそは、いかに純粋悟性概念は諸現象一般へと適用されうるかの可能性を示すために、判断力の超越論的理説を必要とする理由なのである。あらゆる他の諸学においては、対象が普遍的に思考される諸概念は、対象を与えられるとおりに具体的に表示する諸概念とそれほど異ったり異質的でもないので、前者を後者へと適用するために特別な論究をする必要はない。さて、明白なことに、一方ではカテゴリーと他方では現象と同種的でなければならず、前者の後者への適用を可能ならしめる第三者がなければならないということである。媒介の働きをするこの表象は純粋で（あらゆる経験的なものをふくまず）、しかも一方では知性的であるとともに他方では感性的でなければならない。このようなものが超越論的図式にほかならない」(4)。このさほど長くものない陳述のなかに、カントの考え方が凝縮しているということができよう。ほぼ四点ぐらいにまとめられる。

　まず第一に、さきに〝交叉点〟ないし〝蝶番〟とのべた比喩は、文字通りカテゴリーと現象ないし経験的直観を媒介する働きとして示される。しかも、その媒介の働きは、カテゴリーを現象へと適用する、はっきりとした方向性を示している。この定向性を可能にするものが、媒介する働きとしての図式にほかならないわけである。この定向性が、われわれの言い方だと、還りの道ということになる。

　第二に、カントにとって、媒介する第三者が存することは明白なことと確信され、その第三者は知性的と感性的という二重性格をになうことである。それは、カントにとって悟性と感性の二元論が前提とされるため、その架橋には〝蝶番〟としての第三者の存在が是非必要だと考えられていたからであろう。この第三者が超越論的図式にほかならない。そこで第三に、このような媒介は他のあらゆる学問では必要がないと特に指摘され、はっきりと超越論の哲学言説のレベルが他のあらゆる学問よりも高次であることが示される。それは、文字通り厳密に悟性と感性の二元論に立脚して、一切の経験的なものをふくまない純粋悟性概念の演繹にまでいたらねばならないところから必然的にもとめられるからである。その意味で、はじめに指摘したように、カテゴリーの現象への適用という定向性が、十分に還りの道として示され、超越論というメタ・レベルの問題性がはっきり自覚されねばならない。わたくしが一般に超越論的批判主義の問題性と考えるものである。かくして第四に、かかる媒介者＝第三者としての超越論的図式を扱う理説が、判断力の超越論的理説であるというところに、カントの、いわゆる認識論的主観主義の立場が示される。ということは、カテゴリーとか現象への媒介を語りながらも、その本当のねらいは、カテゴリーや現象ないしは経験的直観にかかわる認識主観の在り方が問題だということである。この陳述では示されていないが、「図式はそれ自体そのものではいつでもただ構想力の所産にすぎない」(5)とのべられているように、判断力とともに構想力の問題が重要になる。感性、構想力、悟性、判断力など、どのように関係し合うかがまさに問題となるわけである。

以上のような四点に集約すると、カントの図式論をめぐる問題の輪郭はだいたいはっきりすると思われる。だがこれはどこまでも第一批判で示された基本的な枠組である。たしかに今日まで、一般的に言って図式論というと、肯定するにせよ、批判するにせよ、第一批判でことたれりという感があった。たしかに基本的結構においては、第一批判が主であるといってもあやまりではないが、そこにとどまっていてはあまりにも不十分であろう。いまカントをあらためて全体的に見直そうとすれば、むしろ逆からつまり第三批判の方から全体系的に問い直すことがもとめられよう。というのは、カントの哲学形成をあとづけるのなら年代順にしたがうのが当然だが、問題そのものを問い直す時には、カント自身が全体をより十分にふりかえることが出来るようになった時点から見直す方が、むしろより整合的だからである。実際カントは第三批判の序論で哲学領域を全体的にふりかえっている。われわれもまたそのような反省にたって考えてみよう。ほぼ三点ぐらいにまとめて全体的視野から問題をしぼってみよう。

まずはじめに、第三批判の序論において、カントは哲学体系の全体的な構成を論じている(6)。哲学の二大部門とは理論哲学と実践哲学にほかならないが、その体系を可能ならしめる純粋理性批判は三つの部門からなり、純粋悟性の批判、純粋判断力の批判、純粋理性の批判であるという。ここではあきらかに「純粋理性批判」は広義と狭義に用いられており、その狭義の純粋理性の批判はいわゆる第一批判としてのそれとも異なっている。これでは一見、「純粋理性批判」という、カントにとってそれこそもっとも基本的な言語表現すらが、あまりにもラフに用いられているといわざるをえない。だが、そうではないのである。これからもその都度指摘することになろうが、カントにおける「認識能力」に対する言及は、多くの場合、その問題事態に即して用いられているのであって、あらかじめ一定の概念規定がなされて用いられているわけではないのである。いまここでは「これらの諸能力が純粋と名づけられるのは、それらがア・プリオリに立法的であるがためである」(7)とはっきりと述べられているように、ア・プリオリに立法的な能力という問題事態に即して哲学体系的に見直されているから、第一批判は純粋悟性の批判であり、第二批判が純粋理性の批判であるのは、きわめて当然な言い方なのである。

ところでカントは、このような哲学体系的統合の観点から、この序論のおわりに、上位認識能力の局面での一覧表を提示している(8)。

心の全能力	認識能力	ア・プリオリな原理	適用されるもの
認識能力	悟　性	合法則性	自　然
快と不快の感情	判断力	合目的性	芸　術
欲求能力	理　性	究極目的	自　由

一覧表であるから、これですべてを語らせることは出来ないが、カントの哲学体系を可能ならしめる純粋理性批判は、たしかに三部門——悟性、判断力、理性の批判——からなっているにせよ、そこに共通するものは、まさに認識能力批判だということである。この認識能力批判は、認識能力のそれぞれの在り方が心の全能力の各局面にどうかかわるかということにおいて、それぞれ三つの批判となる。つまり、認識能力としての悟性が認識能力にかかわる時、純粋悟性の批判であり、認識能力としての判断力が快と不快の感情にかかわる時、純粋判断力の批判、そして認識能力としての理性が欲求能力にかかわる時、純粋理性の批判となる。以上のように、カントの哲学体系的視野をより全体的に逆から照射してみる時、はじめに指摘したように、カントの図式論がその基本的結構から切り離されるとそのかげが薄くなると述べた所以が、いまや一望のもとに示されてくるように思われる。というのは、第一批判をはなれて第二批判、第三批判へと目をひろげる時、カント自身においても、図式論はすでにかげの薄いものになってしまっているからである。

カントの三大批判が要するに認識能力批判として共通性をもっていることがはっきりと把えられれば、図式論がまた共通して判断力の理説として構想されていることも、容易に想定しうるところである。第一批判においては、すでにその問題の輪郭を集約的に示したように、カントの図式論はカテゴリーと現象ないし経験的直観を媒介する理説としてはっきりとした基本的枠組を示した。ところで周知のように、第三批判の序論において、判断力は規定的判断力と反省的判断力とに区分され、前者が第一批判の理説の場合であり、後者が第三批判の理説として展開されたわけである。そして第二批判の場合が実践的判断力の理説ということになる。しかし共通して判断力の理説として構想された図式論が、第一批判の規定的判断力の場合を別とすると、第二批判の場合にはもはや図式論ではなく実践的判断力の範型論となり、第三批判の場合には、それ自体が判断力の批判であるためか、反省的判断力の図式論はもはやはっきりとした輪郭をも示すことなく、構想力論に吸収されてしまった感がある。かような事態を直視する時、カントの図式論は、カント自身においても、第一批判の基本的な結構から切り離されると、すでにかげのうすいものとなっていると言わざるをえない。それはなぜか。そのためには全体的視野をもっとしぼってみることが必要である。

そこでつぎに、カントの陳述にしたがってその理由をいろいろとさぐってみる仕方もあろうが、わたくしは体系的視野をしぼって考えてみよう。とすれば、その根本的理由は、認識論的主観主義と超越論的批判主義という基本的立場においては、図式論にもとめられる媒介の定向性＝還りの道が、第一批判の場合以外にははっきりと示しえないことに、すべて帰着するように思われる。カントの体系的な立場を認識論的主観主義と超越論的批判主義で総括しようとすることについては、すでに三大批判を認識能力批判としてはっきりとおさえたわれわれにとっては、十分了解可能のことと思われる。

認識論的主観主義においては、われわれの主観から独立して客観的に存する対象を、文字通り主観から独立したものとして認識することは出来ないわけで、われわれの主観のうちに先天的に存している諸々の認識形式によって、対象を主観的に構成して認識するのである。いつでも諸々の認識形式とそれを働かせる主観の認識能力との関係が、なんらかの対応性において問題とされていることになる。「たとえ認識がどういう仕方でまたどういう手段で対象と関係するにしても、認識がそれによって、対象と直接に関係し、あらゆる思考がそれを手段としてめざすものは、直観である。……われわれが対象によって触発される仕方によって、表象をうる性能（感受性）を感性という。それゆえ、感性の媒介によってわれわれに対象が与えられ、そして感性のみがわれわれに直観を提供する。しかし悟性によって対象は思考され、悟性から概念が生ずる」(9)。ここに感性と悟性という主観能力と、その認識形式としての直観と概念の対比がはっきりと示されている。

カントにとって、感性と悟性の二元論という、まさしく前提的な枠組みがあり、それ故にこそ、その認識形式である直観と概念を媒介する第三者つまり図式が存在しなければならないことは、すでにみたように、カントにとっては明白なことであった。認識論的主観主義においては、いまの陳述からもあきらかなように、その認識形式——直観と概念——とはそもそも認識能力——感性と悟性——によって与えられるものにほかならないので、直観と概念を媒介する第三者＝図式が存在しなければならないということは、当然、図式を与える認識能力がまた明白に存することを前提にしている。この第三者の認識能力が構想力なのである。まさしく図式とは構想力の所産にすぎない。つまり、直観と概念を媒介する図式論は、より基本的には、感性と悟性を媒介する構想力の問題なのである。ところがいままであきらかにしてきたように、図式論は本来判断力の超越論的理説であった。それでは両者はどのようにかかわるのであろうか。判断力と構想力の関係にしぼるのはつぎの問題にして、まずここでは、それらが位置付けられる前提的な構図を問題にしたい。

カントの哲学構想をもっとも単純化していえば、形式（一般）論理学を学のモデルとしておき、それを認識論的主観主義のもとで認識能力批判として座標変換して、その認識の在り方を超越論的に基礎づけようとしたものということが出来よう。それだけ構想がガッチリとしたモデルにのっているということも出来る。もちろんカントにとっては変換座標の方が基本だから、当然逆に表現される。「一般論理学は上位認識能力の区分と完全に合致する構図の上に築かれている」(10)。一般論理学が概念、判断、推理の区分からなっているという〝厳然たる事実〟があるからこそ、逆にこの区分を与える三つの上位認識能力もまた厳然として存するのである。この三つの上位認識能力が、悟性、判断力、理性にほかならない(11)。

ところですでにあきらかにしたように、図式論が判断力の超越論的理説であるということは、この構図にもとづく限り、図式論とは判断の局面の問題なのだということである。第一批判では規定的判断力の、第二批判では実践的判断力の、そして第三批判では反省的判断力の、判断の在り方がまさにそこでは問われるのである(12)。とすれば、この局面はカントにとってきわめて重要な局面だと言わねばならない。なぜなら、カントの三大批判が認識能力批判であることは、一般的に言えば、それぞれの局面におけるア・プリオリな認識ないし普遍的判断がいかに可能かという問題にほかならないからである。第一批判は言うまでもなく、第二批判も決して実践そのものが問題なのではなく、実践的認識ないし命題の普遍的妥当性の問題であり、第三批判はそれ自体が判断力批判であり、趣味判断からはじまることは周知のことであろう。一般的に言って、「いかにしてア・プリオリな綜合的判断は可能であるか」という問いからはじまって、「いかにして美学的判断はア・プリオリに可能であるか」にいたるまで、三大批判は認識能力批判であることによって、結局、真、善、美に関する判断のア・プリオリな可能性を超越論的に基礎づけようとしたものということが出来よう。それ故に、カントの哲学体系はまさしく認識論的主観主義であるとともに超越論的批判主義と集約しうるわけである。

以上のように体系的視野をしぼって、カントの三大批判を真・善・美の判断批判とうけとめることが出来るとすれば、文字通り卓越的な意味で判断の局面にかかわる判断力の超越論的理説としての図式論は、三大批判のそれぞれにおいてその重要な媒介の役割をはたすべきものと想定される。しかしすでに繰返し指摘したように、第一批判を別とすれば、そのかげは薄く、第二批判では範型論となり第三批判では構想力論になってしまっている。それは結局、認識論的主観主義と超越論的批判主義の故に、真・善・美に関する判断のア・プリオリな可能性をそれぞれの認識能力に応じて別々に超越論的に基礎付けるよう余儀なくされてしまったからだと思われる。真に関する判断においては、自然の理論認識が主題であるために、カテゴリーと直観を媒介するものとして超越論的図式をはっきりとたてることが可能であった。しかしそのためにかえって、直観の世界はすでに自然の法則が支配する領域となってしまったので、善に関する判断の場合には、理性の理念である自由の法則に対して範型しか示しえず、美に関する判断の場合には、与えられた特殊に対して普遍を見出す反省的判断力にとって、認識形式としての概念と直観の関係は問題ではなく、概念の能力としての悟性と直観の能力としての構想力を媒介することが問題となるというわけである。たしかにそれでも媒介の定向性を示してはいるが、感性において可能である諸事象へとはっきり還ることが、認識論的主観主義と超越論的批判主義の故にさまたげられてしまった。図式論が第一批判の基本的結構から切り離されると、すでにカント自身においてもかげが薄くなってしまう所以である。

以上、図式論はどこまでも判断の局面での重要な問題であるのに、認識論的主観主義のために、図式という認識形式も本来的には認識能力の在り方によってうらづけられねばならないので、結局、感性と悟性を媒介する構想力と悟性・判断力・理性という上位認識能力との関係如何が根本問題となり、要するに、判断力と構想力の関係如何にしぼられることとなる。

さて最後に、判断力と構想力の関係をめぐって考えてみよう。われわれはカントを哲学体系的に見直す地点からはじめた。第三批判の序論において、カントは三大批判を総括して純粋理性批判といい、ここでは第一批判は純粋悟性の批判とされ、第二批判が純粋理性の批判とされたのである。このような広義と狭義、さらには入れ換えも、その問題事態に即してのことであった。また上位認識能力として悟性、判断力、理性の三者があげられるが、これらも当然広い意味では悟性一般のうちに包括されうる(13)。とすれば、上位認識能力はその場合に即して悟性とも理性ともいずれでも総括するのも可能だということになる。さきにも指摘したように、カントが認識能力について論ずる時には、それぞれの問題事態に即してであり、広義や狭義また入れ換えなどなかなか柔軟なのである。

以上のように用語使用からみれば、判断力は広義においては悟性や理性以外のなにものでもなく、一般的に言えば、悟性や理性が判断の局面で働く時に、判断力となるといえよう。

しかしもちろん悟性・判断力・理性の三者関係では区別される。第一批判では、悟性が規則の能力と一般に説明されるなら、判断力は規則のもとに包摂する能力、或るものが与えられた規則のもとに従うか否かを判別する能力だとされている[14]。もっとも一般的に言えば、悟性は概念の能力であり、判断力は文字通り判断する能力である。判断力も広義と狭義があるだけではなく、その問題事態に即して異同がはかられるわけである。第三批判では「規定的」と「反省的」との区別が重要な意味がある。「判断力一般は、特殊的なものを普遍的なもののもとに含まれているものとして思考する能力である。普遍的なもの（規則、原理、法則）が与えられているなら、特殊的なものをそのもとに包摂する判断力は、……規定的である。しかし、特殊的なものだけが与えられていて、その特殊的なもののために判断力が普遍的なものを見い出すべきであるならば、この判断力はたんに反省的である」[15]。第三批判では反省的判断力が問題であり、第一批判の図式論における超越論的判断力は規定的判断力として区別される。異なった問題事態に即してはっきりと識別されるわけである。

以上のように、カントが認識能力に対して言及する時は、この問題事態に即して柔軟にうけとめることが必要であろうが、基本的で且つ前提的な枠組ともいうべきものとして、上位認識能力としての悟性・判断力・理性という三者と、下位認識能力からの感性・構想力・悟性という三者の、二組の認識能力連関があることを忘れてはならない。両者の共通項に悟性があるので、それでくくれば、感性・構想力・悟性・判断力・理性という五者関係となる。いずれにせよ、それらの相互関係について、用語使用の柔軟なこともあり、カント自身もはっきりさせているわけではないので、なかなか取り扱いが厄介である。それが特に図式論をめぐっていちじるしい。図式は本来構想力の所産なのであるが、判断力の超越論的理説として展開される、あのポイントにかかわるからである。結論を先取りして言えば、能力としては異なっているが、判断という問題事態に即してつまり判断力の働きの局面においては、構想力が中核的な働きをはたすということにつきる。いわば判断力と構想力の協働である。ところでその実相は。

もっとも簡潔に対比すれば、悟性に即する判断力に対し、構想力は感性に即する能力としてはっきり区別される。だが判断力が働く時、つまり判断する時、構想力の働きは不可欠である。それは第一批判でも第三批判でもかわりがない。だが第一批判では、自然の認識判断であるから、感性と悟性の媒介としての構想力がカテゴリーの直観への適用という方向性において重視されるのに対して、第三批判では、趣味判断であるためにカテゴリーで規定されるわけではないので、構想力と悟性の和合が重視される。実はここに図式論が第一批判ではははっきりとした輪郭を示したのに、第三批判ではかげが薄れて構想力論となってしまった所以が示されている。

さて、第一批判においては、判断力が悟性の規則や概念のもとに直観の多様を包摂するように働く時、感性と悟性を媒介する構想力の働きがまさしく直観の多様をカテゴリーのもとに包摂して、そこに図式が成立するわけであるから、判断力の働きと構想力の働きとはまさに相即的だと言わざるをえない。図式論とともに、感性と悟性という両端が構想力の超越論的機能の媒介によって必然的に関連づけられる事態は、きわめて核心的なことと言わねばならぬ。周知のように、ハイデガーが、構想力を感性と悟性という二つの幹に対する根として存在論的に基礎付けようとした意味も理由がないわけではないが(16)、カントにとってはどこまでも〈判断論〉なのである。ところで第三批判においては、判断力が働く時、趣味判断には客観についてのいかなる概念も根底にないので、悟性が一般に直観から概念へといたるという条件のもとへ構想力自身を包摂することにおいてしか、その判断は存立しえない。言いかえれば、構想力が概念なしで図式を働かせることに構想力の自由が存するので、趣味判断とは、この自由における構想力とその合法則性をともなう悟性との相互に活性化し合う和合の感情にもとづいている。主観的判断力としての趣味は、その自由における構想力がその合法則性における悟性へと和合するかぎりにおいて、概念の能力つまり悟性のもとへ直観ないし描出の能力つまり構想力を包摂する原理をふくんでいる(17)。

以上のようにみてくる時、判断力と構想力の関係ということは、〈力〉を能力として受けとめるからややこしいのであって、はっきり言ってしまって、〈力〉とはそもそも働きのことであり、特に判断力とは判断という働きの場面の設定にほかならないと考えれば、もはやその関係そのものがみせかけにすぎないことがわかる。判断力はそもそも悟性であり、とりたてて判断力として定立する必要がなくなるからである。判断の働きの場面では、悟性と構想力と感性がそれぞれの認識形式——概念と図式と直観——とともに活性化し合うのであり、第一批判では概念を直観へと適用することが明確にもとめられたが故に図式論がはっきりとした結構を示したのに対して、第三批判では概念がないために悟性と構想力同士の関係となってしまうところに図式論が構想力論となってしまう所以があった。

カントの図式論をめぐって全体的視野からほぼ三点にしぼって論じてきたわけであるが、カントにとって図式論は理論構成上は中核的な役割をになうべきであるのに、そのようになりえなかった所以は、われわれの論考の範囲内においては、ほぼ五点ぐらいにいまやまとめることが出来るであろう。第一に、図式の問題とはすべて判断の働きの場面での問題であるが、カントにとってはそのために判断力が特にたてられなければならないことである。第二に、すべてが判断の働きの問題になっているのに、三大批判において真・善・美に関する判断がまったく別々の判断としてたてられなければならなかったことである。第三に、図式がもっとも明確に働くのは感性（直観）の地平にはっきり還る時であり、それが第一批判であった。だが逆に第一批判で感性の領域が自然の法則の支配するところとなったため、もはや他の判断はその地平に還ることが出来なくなってしまった。かくして第四に、そのような〝かたより〟を認識論的主観主義によって認識主観の在り方から正当化してしまったことである。そして最後に、そのような立場をもっと強化したのが超越論的批判主義で、判断の普遍的妥当性を基礎付けるのが主眼なので、本来的には還りの道はほとんど無用なものとなってしまった。

幻想と価値

以上のようにカントの図式論の問題性を総括する時、カントはいわば反面教師のようにわれわれに対してその方向性を示唆しているように思われる。たしかに図式論はカントなしには語れないほど、その基本的結構と可能性をあきらかにしている。だがそれを十分に展開しえなかったのは、逆に認識論的主観主義と超越論的批判主義という、カントの根本的な立場によるからだと言わざるをえない。その根本的な立場がさまたげとなって、図式論の基本である、媒介の定向性つまり還りの道が閉ざされてしまったわけである。いまや申すまでもなく認識論的主観主義と超越論的批判主義の立場をとる必要がない以上、還りの道を正しくたどることがもとめられる。それには、次のような三点をはっきりとおさえることによって、おのずから道が開かれよう。

第一に、カントの超越論的言説はどこまでもメタ言説として受けとめることが必要である。そこで、図式とは、メタ言説で示されたメタ概念を現象の地平へと戻し還らせることがもとめられる。そこで第二に、感性（直観）や現象の地平は、自然認識の図式しか働かないというのではなく、むしろ逆にそこが自然の法則の支配する領域であっても、だからこそかえってその他の図式が働くことがもとめられねばならない。かくして第三に、もっとも根本的なことだが、三大批判に示される真・善・美に関する判断は決して別々なものではなく、すべてが同じく価値判断としてうけとめる必要がある。それ故図式もむしろ価値の図式としてうけとめられるべきである。

以上のようにカントの示唆をうけとめうるとすれば、いまや価値の図式の問題がおのずから開かれてくる。だがそれを展開する前に処理しておかねばならない問題がたちはだかっている。それは丁度カントにとって感性（直観）や現象の地平が第一批判以外の図式論を阻害する要因だったのと同じように、価値の図式の適用を阻害する要因としてたちはだかる問題である。それが幻想の問題にほかならない。価値を否定するものとして幻想が厳として存立しているなら、そもそも価値の図式など論ずる必要もなくなってしまうからである。

周知のように、現在の日本では、どういうわけか、幻想論が罷り通っている。その代表的なものが、マルクスの〈幻想〉を手引きとした吉本隆明のものと、フロイトの〈幻想〉を下敷にした岸田秀のもので示されているといってよいであろう。もちろんこの両者は、後者が前者から大きな影響をうけていることは言うまでもないが、そのベースは異なっている。それはともかく、一体なぜ日本において幻想論が持て囃されるのであろうか。それは岸田自身が一つ気がかりだと思っている点とふかくかかわっているように思われる。「わたくしは歴史を幻想過程と見る史的唯幻論を唱えているわけではあるが、ここで一つ気になることがある。史的唯物論は、つまるところ、歴史を神の意志の実現過程と見るキリスト教、客観的精神の必然的発展過程と見るヘーゲル哲学などのヨーロッパの伝統の延長線上にあるのだが、史的唯幻論は、「祇園精舎の鐘の声、諸行無常の響あり、娑羅双樹の花の色、盛者必衰の理を顕す、奢れる人も久しからず、ただ春の夜の夢の如し、猛き者も遂には亡びぬ、偏に風の前の塵に同じ」と語る「平家物語」や「行く川の流れは絶えずして、しかももとの水にあらず、よどみに浮かぶうたかたは、かつ消えかつ結びて、久しくとどまる事なし、世の中にある人と住家と、またかくの如し」と述べる「方丈記」などの、歴史を何ら必然性のない「春の夜の夢」や「よどみに浮ぶうたかた」と見る日本の伝統的歴史観の延長線上にあるような気がしてならない。結局、われわれは伝統的思考形式から脱し得ないのであろうか」(18)。たしかに幻想論が案外抵抗なくうけるのには、そのような日本人の伝統的心性がはたらいていることは否定出来ないであろう。

ところで吉本隆明の場合には、経済的諸範疇を取り扱う時つまり下部構造が問題な時には、幻想領域は捨象することが出来ると、冷静に一定の条件ないしは歯止めをかけている。「なぜそれでは上部構造というようにいわないのか。上部構造といってもいいんだけれども、上部構造ということばには既成のいろいろな概念が付着していますから、つまり手あかがついていますから、あまり使いたくないし、使わないんですけれども、全幻想領域だというふうにつかめると思うんです。その中で全幻想領域というものの構造はどういうふうにしたらとらえられるかということなんです。どういう軸をもってくれば、全幻想領域の構造を解明する鍵がつかめるか」

(19)。ここでもまた幻想領域という言い方がきわめて新鮮で魅力的にうつっている姿が示されている。その魅力の秘密は、普通現実・リアリティの領域と思われているものを、まさしく否定的《ネガティヴ》な幻想の領域に統一的に組み入れてしまうことにあろう。もちろんマルクス理論では上部構造は観念形態の領域とみなされるから、その点をストレートに押しすすめれば、幻想領域にまでいたることはそれこそほんの一歩にすぎないともいえる。しかし吉本の幻想論が大いにうけたのは、たとえ観念形態でもやはり強力なリアリティをもつ国家や法制の上部構造をまさしく共同幻想としてストレートに位置づけたところにあろう。

　現実ないしリアリティさえ否定的に幻想領域に組み入れてしまうところに幻想論の魅力があるとすれば、〈価値〉については価値などそれこそ幻想以外のなにものでもないと、鎧袖一触が予想されよう。実際岸田は「価値について」という論考をものして、その鎧袖一触をおこなっているのである。すこしその論述を追ってみよう。「たとえば人類の価値の方が猫の価値より高いというような、価値の高低があるのか。もしあるとすれば、その根拠は何か。要するに、価値というものも、わたしに言わせれば例によって例のごとくいつものことながら、人間の勝手な幻想に過ぎないのである」(20)。「価値は幻想にすぎない」という命題にすべてが集約されるわけであるが、同時に問題もまたすべてこの点にかかっている。要するにこの命題は価値を幻想として否定することを力説するものにほかならない。だがそれは逆に、価値がポジティヴなものとして前提されることになる。そこでこの循環をなんとかたちきることに全力をかたむけざるをえない。唯幻論にいたらざるをえない所以である。「第一に、生きるための価値を求めるふるまいは、きわめてはた迷惑である。そのような価値は幻想に過ぎないわけだから、心の底から納得できる確かな根拠があろうはずはない。……価値というものはもともと根拠のない幻想で、恣意的なのだから、価値体系は何種類でもつくることができ、対立する価値体系を信じている者同士のあいだに無用の争いが起こりがちである」(21)。価値を信ずるが故に無用の争いが起こりがちだというのは正しい。その点を彼はさらにくどくどとのべているが、それは価値が幻想だとみなされたからといって解決するわけではないであろう。むなしい幻想と幻想の争いもないわけではないからである。さらに岸田は差別問題の解決さえもちだす。「いずれにせよ、価値というものを信じる人びとの態度が改まらないかぎりは、差別の問題は解決しないであろう」(22)。そしてきわめて奇妙な主張がつづられることになる。「弱い人間としては、生命を捨ててでも何らかの価値を信じ、その価値を守りたくなるのはやむを得ないかもしれない。しかしそのときにはせめて、価値というものを信ずることは、猫や犬にも劣ることであり、差別の加担者になることであり、はた迷惑な卑怯なふるまいであるということを自覚しておくべきであろう。自分の信じている価値のために自分の生命を捨てるのは当人の勝手であるが……。ところで、ほかならぬこのわたしにしても、むなしい、むなしいと言いながら、そのむなしさを全面的に直視し得ず、気がひけつつもこそこそとある種の価値を心の隅のどこかで信じており、だからこそ、このような文章を書いているのである」(23)。こういう奇妙な文章がなぜ書かれるようになってしまうのか。それを問えば、幻想と価値の問題に対してどういう態度をとるべきかは、おのずからあきらかとなろう。

まず第一に、すべてを幻想にすぎないとわりきろうとすれば、むしろ逆に、論理上では、全称否定によって一つの肯定が積極的に主張されていることに、全く気付いていない。つまり、すべてが幻想だということは、まさしく唯幻論を主張することは、その価値を信ずることにならざるをえない。要するに、すべてをネガティヴに語ることは、その克服をもとめる以外にはなしえないのである。これこそ根本的なパラドックスであり、このパラドックスに真正面から向き合わない限り、不誠実のそしりをまぬがれないであろう。そこで第二は、価値は幻想にすぎないという時、価値はポジティヴなものと前提されることになるが、価値自体にプラスとマイナスがあることを見落してはならないことである。価値自体にプラスとマイナスがあることを正しくおさえれば、ただ安易に価値は幻想にすぎないと言うところに、文字通り単純化のあやまりがおかされている。われわれは幻想を語ろうとすればするほど、価値＝ポジと幻想＝ネガの相関性により誠実に向き合わざるをえず、それ故にこそ価値＝ポジにおけるプラスとマイナスをはっきりとうけとめねばならない。プラスとマイナスをふくんでいる以上、それを否定すること自体複雑な様相をはらむのである。第三に、岸田は自分の主張に都合がいいように「生きるための価値」というものを持出して、それを否定することからはじめた。しかし価値は「好ききらい」でもよいわけで、なにも「生きるための価値」などという特種価値につきるわけではない。むしろ差別問題は「好ききらい」の趣味価値をふくめて価値問題を徹底的に問いつめてはじめて、その解決の緒口が見出せるほどの難問題であり、それを安易に幻想論でとけるかのように説くところに、その奇妙さがきわまったというべきであろう(24)。

以上幻想論の問題を手引きにあきらかにしたように、幻想を説くことはかえって価値との相関性をあらわにするものといわねばならない。価値は幻想にすぎないと言うことによって、価値を説くことが無意味になるわけではなく、価値＝ポジと幻想＝ネガの相関性にむき合うことになる。そこであらためて価値の図式を論ずる道もひらかれてくる。

図式の導出

われわれは一例ではあるけれども幻想論の論理構造を批判的に吟味することによって、幻想と価値とはいわばネガとポジの相関性ないしは相補性においてあることをあきらかにした。たしかに価値は幻想によって否定的に処理することが可能にみえるが、実はポジがネガによって消却されるにすぎず、本来はポジとネガとはどこまでも相関的であることによって生かされ合っているのである。あるいはまたネガはポジのもとではないかと言われるかもしれないが、それでもネガとしてだけではあまりにも一方的な見方というべきであろう。ポジとして焼き付けられてはじめて幻想というネガもむしろ生きてくるのではなかろうか。その相関性において、価値は幻想によって消却しようともとめればもとめるほど、その積極性をより強固に開示する。その意味で幻想論がもち上げられて価値論がまったくないがしろにされることは、日本的心性の非論理性をあらわにしていると言わざるをえないであろう。

　ところでわれわれは、価値の問題は概念規定からはじまるのではなく、構図構成によることをあきらかにし、その探究をおこなってきた。そして、構図構成によることは、そもそも構想力の立場にもとづくものにほかならなかった。幻想と価値の相関性もまた構想力の在り方とふかくかかわっている。端的に言って、幻想と価値とは構想力の逆の働きに対応しているということが出来る。普通現実ないしリアリティの領域と思われているものを、まさしく否定《ネガティヴ》的に幻想の領域に組み入れてしまうところに、幻想論の魅力の秘密がある。つまり幻想とはリアリティを〈無化〉しようとする働きにほかならない。その意味で、現実否定作用あるいは対象を〈無化〉する作用を強調する、サルトルのイマジナシオンの考え方が参照になろう[25]。いまは余裕がないので、これ以上立入ることは出来ないが、実は歴史的構想力との関連ですでに論じたことがある[26]。だが歴史的構想力との関連では、価値の問題の方こそその本来的な意味でふかくかかわっている。幻想の場合に対して、価値の場合は、〈無いもの〉を逆に〈有化〉するところにうまれるということが出来るからである。

　価値は〈無〉の〈有化〉作用としての構想力の働きとふかくかかわっている。そして、〈無〉の〈有化〉作用としての構想力は歴史的構想力とふかくつらなる。歴史とは、生起して過ぎ去りもう〈無いもの〉、あるいはこれから生起しいまだ〈無いもの〉を〈有化〉する働きによっている。その〈有化〉作用こそ歴史的構想力にほかならない。実際、歴史的構想力との連関にもとづくからこそ、価値と歴史の問題とは切りはなすことが出来ない。すでに連続的に示してきたように、価値哲学的言説それ自体が歴史哲学的言説についてのメタ言説として展開する所以でもある。もうあらためてその点を繰返さないが、幻想と価値の相関性において構想力の働きがより十全に示されえたことに注目したい。幻想と価値とは構想力の逆の働きに対応する。幻想の場合はリアリティの〈無化〉の作用にもとづき、逆に価値の場合は〈無〉の〈有化〉の作用にもとづく。以上のような構想力の十全な働きが幻想と価値の相関性においてあらわとなったところで、あらためて〈無〉の〈有化〉作用としての構想力の問題にたちかえろう。

　われわれはカントの図式論をめぐって批判的吟味をおこなった。それは図式を問題にする以上、図式論の基本的結構というものはカントぬきでは考えることが出来ないからである。たしかにわれわれの批判的吟味はカントの図式論の在り方と方向性とを全面的に問い直すことをあきらかにしたが、図式は構想力の所産であるという基本的な見方ではカントと異なるわけではない。むしろこの基本的な立場をはっきりととるからこそ、カントの図式論の問題が内在的にあきらかになり、あらたな方向性においてそれをのりこえることが、おのずからもとめられざるをえないのだというべきであろう。図式が構想力の所産である以上、図式の導出は当然構想力の働き方とともに問われなければならない。ところがカントの場合、図式論が判断力の超越論的理説のうちにはじめに組み込まれたため、その基本的立場は極めて限定的なものとならざるをえなかった。その点はわれわれの吟味では結局二点に集約されよう。ひとつは、構想力を下位の認識能力の枠にはめこみ、把捉と再現の綜合を基本的な二つの働きにしたために、媒介の役割をそれこそ限定的におさえるしか道がなくなった。そしてもうひとつは、図式論を彼の理論構成上は重視しなければならないのに、第一批判だけしか明確に示しえず、全体的には影のうすいものとなり、三大批判においてあまりにもちぐはぐになってしまった。それを打開するには、いや打開するために、カントの図式論をあらためて批判的にうけとめることがもとめられたのである。

　われわれの批判的吟味は三つの方向性にしぼられた。それがまたわれわれの当面の問題である図式の導出へのみちびきになっている。第一は、超越論的言説をメタ言説としてうけとめることによって、開かれた言説の世界で問題を追究しなければならないということである。あえて言うまでもないことであるが、超越論的言説とは根拠ないし基礎付けをもとめる閉された言説であることによって、哲学的信仰の根拠ないし基礎になっている[27]。だがその限界にとどまる限り、図式論のあらたな可能性を開くことは出来ない。第二は、感性

（直観）や現象の地平は自然認識の図式だけが適用されるように限定されてはならないことであり、たとえそれが自然の法則が支配する領域であっても、他の図式が適用されるように開かれねばならない。この点こそ、価値の図式は本来価値とは関係がないようにみなされている領域にこそ適用されなければならないという、もっとも根本的な方向性にかかわっているのである。そして第三は、真・善・美に関する判断は決して別々なものではなく、どこまでも同じ価値判断としてうけとめられてこそ、図式論をより全体的な方向性に開くのではないかという点であった。この価値判断の統一性は真・善・美にかかわる以上、構図構成上は特種価値にかかわるものであるが、その基本構造において実は図式の導出の前提を開くものである。

以上のように開かれた方向性とその地平において図式論を展開しようとすれば、おのずから構想力の在り方もまたいまカントの場合で指摘したように大きく開かれることがもとめられる。すでにわれわれは幻想と価値の関係をめぐって構想力をより十全に問い直し、価値にかかわる構想力は、歴史的構想力と協働しつつ〈無〉の〈有化〉の作用であることをあきらかにした。ところがカントの場合、第一批判において把捉と再現の綜合、あるいは形的綜合としておさえ、たしかに第三批判では構想力の自由な創造性にまでひろげられるのではあるが、この美的構想力の問題は、われわれの問題の対比から言えば、やはり幻想にかかわるわけで、サルトルの現実否定作用としての想像力の理論との関連とともに再吟味さるべきであろう。カントにおける構想力の理論は、ハイデガーの解釈の願望は別として、結局第一批判の自然認識と第三批判の美学的判断とに二元的に分離され、もちろんエステティークとして通底しているわけではあるが、本当に感性と悟性、理論と実践を媒介する役割を遂行しえなかったと言わざるをえない。結局のところは三大批判がまったく別々に価値判断の問題をたててしまったところにあるということが出来よう。

すでに指摘してきたように、真・善・美に関する判断はわれわれにとっては共通した価値判断である。もちろんその価値判断はわれわれからみれば特種価値にかかわる判断であるから、いまそれ自体が問題になるわけではない。カントに対してわれわれが共通した価値判断をもとめるところに開かれる、もっと前提的な場面にいまわれわれはかかわっている。カントの超越論的言説をメタ言説としてうけとめることをもとめるわれわれの立場は、構図構成によって開かれたものであった。したがって、いまわれわれが問題にすべき価値判断は構図構成の場面においてであり、たしかに真・善・美など特種価値にかかわる判断もこの場面とふかくかかわっているが、それだけが問題なわけではない。構図構成の場面においてなされるもっとも前提的な意味における価値判断とは、要するにメタ言説にかかわる価値判断であり、構図構成において構成されたメタ価値概念にもとづく価値判断にほかならない。たしかにその一つとして特種価値がある。だがそれだけにつきるものではなかった。構図構成において構成されたメタ価値概念は基本的に三つであった。特種価値、選択価値、差異＝価値と称せられるが、このメタ価値概念にもとづいてある事象ないし事態についてそれぞれ価値事象ないし価値事態と判断することが、いまわれわれが問題にしているメタ言説における価値判断の問題事象にほかならない。カントの図式論をめぐって真・善・美に関する判断を共通する価値判断としてうけとめることをもとめた方向性が、はっきりと示す前提的な問題なわけである。これがまた、先に繰返し指摘した還りの道のことでもある。つまり、構図構成において構成されるメタ価値概念にいたる時、あらためてそこから折り返して還ってくることがもとめられざるをえない。ところがメタ言説へとたどった以上、それこそストレートでメタ・レベルから逆転してもとに戻るわけにはいかないのである。ここにどうしても図式の導出がもとめられざるをえない。それはカントの超越論的言説をメタ・レベルの言説としてうけとめることによって開かれるアナロジーといってよいであろう。

端的に言って、どのような事象も本来的な意味では〈価値事象〉であるにもかかわらず、実はすべてまったく〈価値事象〉ではないかのように生起する。それがなぜかについてはすでにいろいろな観点から論じてきたわけである。したがって、かような〈無価値〉事象を〈有価値〉事象としてうけとめるためには、メタ価値概念にもとづく価値判断がなされなければならないわけであるが、メタ価値概念は構図構成によってメタ言説において構成されたために、媒介なしでそのレベルを脱して戻ることは出来ない。つまり、メタ価値概念を適用するには図式の媒介が必要なのである。一見価値事象では〈ない〉かのようにみなされる事象をあらためて〈有〉価値事象としてうけとめるには、〈無〉の〈有化〉作用としての構想力の本来的な働きがもとめられる。その構想力の所産として価値の図式が存する以上、図式の導出とは、要するに、構想力の本来的な働きに注目してその軌跡をあらわにすること以外のなにものでもない。価値の図式とは、〈無〉の〈有化〉作用としての構想力の軌跡として、価値事象では〈ない〉かのようにつまり〈無〉価値事象として生起する諸々の事象に対して、その〈有〉価値性をあらわならしめて、メタ価値概念の適用のための媒介となる。図式の媒介は同時に〈有価値〉の生成であるから、構想力の働きはつねに図式の媒介によってメタ価値概念の適用を可能にすることによって価値の生成論的地平を開いているということが出来る。この地平において、図式は〈無〉の〈有化〉作用としての構想力の所産として、この基本的な構造を開示する。それは図式の構造論的構成ということが出来よう(28)。したがって、図式の導出とは、具体的には、この構造論的構成における個々の図式の体系的図式化にほかならない。それはどこまでも〈無〉の〈有化〉作用としての構想力の軌跡なのであるから、〈無〉であるかのような形であらわれてくるものを、価値として〈有化〉する役割をはっきりと具現化したものでなければならない。たとえば「没価値—非価値」あるいは「空価値—超価値」というような、一見しただけでは理解しがたいような、ネガティヴな表現がもとめられて、しかもそれぞれの軸として重視されねばならなくなるのも、そのためである。カントの場合と対比する時、図式の導出がいかに構想力の在り方とふかくかかわっているかは、おのずから了解されるにちがいない。

図式の解明

以上のような考え方にしたがって導出される図式を、わたくしは以下のように図示することにしている。まずそれを示すことからはじめよう(次頁の図)。

すでにあきらかにしてきたように、図式は、構図構成によってあらわにされたメタ価値概念をふたたび現実の地平へともたらすための媒介として欠くべからざるものとして導出された。価値の構図構成はメタ・レベルにおける哲学的営為であり、それにともなわれて概念構成も開示された。そこにえられた概念構成は、結局、三つの基本的なメタ価値概念を構成したことにほかならなかった。しかしそれはすべてメタ・レベルを遡及する営みの結果であった以上、当然なことであるが、こんどは逆にあらためてこのメタ価値概念が現実の世界へとどう適用されるかがもとめられざるをえない。つまり、それには還りの道が必要であり、またもとめられねばならないわけである。まさしく価値の図式が不可欠であり、したがって、その要請にもとづいて導出された図式が、どのようにしてその媒介の役割をはたすかをあきらかにすることが、図式の解明にほかならない。それはつまり、いま図示したような図式つまり八つの図式がいかにその働きを示しうるかをあきらかにすることである。その図示だけではたしかに一見したところなにもわからないであろう。しかし図式が構想力の所産であるという点から、「没価値と非価値」と「超価値と空価値」とがはっきりと縦軸として位置付けられているところに、すでにひとつの手掛りを示しておいたのである。

端的に言って、メタ価値概念が図式を媒介として現実の地平へと適用されるということは、なんらかの事態を価値事態としてうけとめる価値判断を、その都度おこなうことにほか

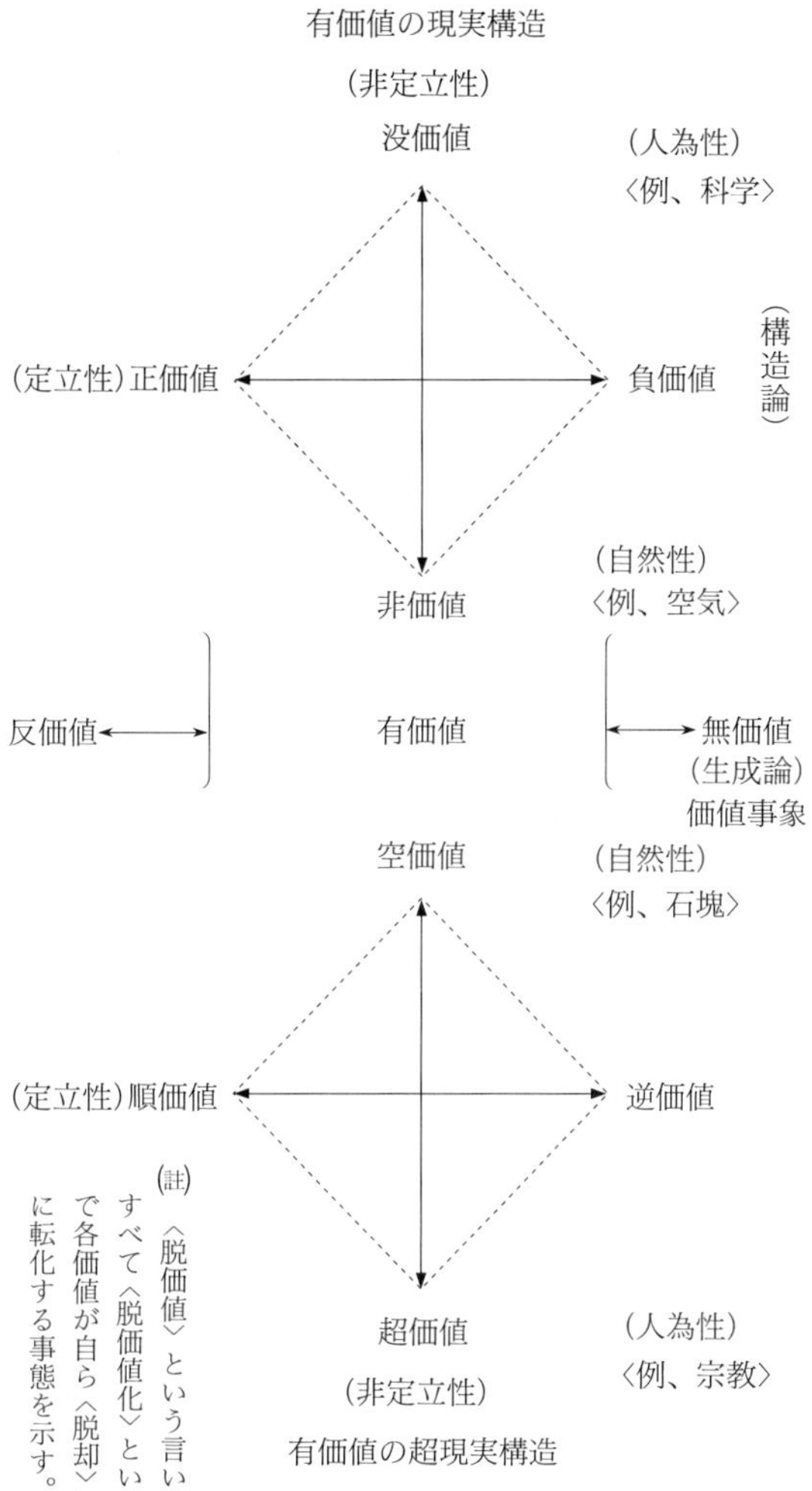

ならない。もちろんこの判断はどこまでも価値の構図という基本的な問題レベルにおける価値判断のことであって、われわれが考え話し行いながら生きている相互主観的な社会状況における価値判断とは、実際はいろいろとふかくかかわり合うとしても、決して同じレベルの問題ではなく、したがって決して混同されてはならない。しかしどこまでも問題事態を価値事態として把握する営為である以上、この基本的レベルにおいても価値判断がなされるのである。だからといって、カントのようにこの価値判断の認識主観を特に想定しなければならないというわけではない(29)。われわれはただ構図構成をもとめる同じ哲学的営為の還りの道に立っているだけだからである。だがこの根源的な意味で価値判断がなされることを確認することによってこそ、いわば二次的な意味における価値判断しか価値判断とは考えないような、今日までの通

念から脱することがはじめて可能であろう。そうしてまたはじめてわれわれは、自覚された意味で価値事象と向き合うことが可能ともなるわけである。

さて図式の解明はどこから手掛けてもよいのであるが、あの「没価値と非価値」「超価値と空価値」をまず手引きとして入っていくのが、連関上わかりやすいかもしれない。しかもこのそれぞれの図式は、極めて典型的な仕方で〈無〉の〈有化〉作用としての構想力の所産である所以をあらわにしており、またそこに事例がすでに書き込まれている。価値の図式の個々のシェーマをよりわかりやすく示すには、まず典型的な事例によってそれこそ具体的な場面にかかわる図式の媒介の働きをあきらかにするのが、手っ取り早いであろう。〈没価値〉は科学、〈非価値〉は空気、〈超価値〉は宗教、〈空価値〉は石塊となっているわけであるが、もちろんそれは典型的な一例にすぎないのではあるが、図式の媒介の働きをあきらかにするには、つまり図式の解明にとってはたとえ一例であれ理論構造上では同じことである。

この典型的な事例は、一見価値とはかかわりがないかのようにみえる事態が、価値の図式の媒介によってはっきりと価値事態として浮び出し、それ故にメタ価値概念の適用がスムースに可能となる道が開かれるさまを示そうとしている。たとえば科学的認識について、それは客観的認識として価値とはかかわりないかのように把えられてきたが、実はその事態は〈没価値〉つまり〈価値を没収した価値〉の在り方にすぎないことが、図式の媒介によって焼き付けられれば、この〈没価値〉事態に対してどのようにでもメタ価値概念の適用はなんら妨げなく可能となろう。その際普通は〈特種価値〉概念が適用されるわけであるが、理論上は当然〈選択価値〉や〈差異=価値〉もまた適用可能である。そこでこの三つのメタ価値概念の適用の三者の関係が問われざるをえなくなる。その時は、すでに三者のレベル間関係をめぐってあきらかにした原則論とかかわらせて、図式の解明がもとめられる。だがこの点を論ずるに先立って、他の事例についてそれぞれ簡単にふれておきたい。

空気は汚染されたり失われてしまえば、いかなる生物も生存することが出来なくなるほど自然の生命にとって重要な事態であるにもかかわらず、われわれの現実の生活世界においてはなんら価値にかかわらないような、〈無価値〉の事態として取り扱われてきた。だが実はこの事態は〈非価値〉つまり〈価値に非ざる価値〉の在り方にすぎないことが、図式の媒介によって焼き付けられれば、この〈非価値〉事態に対してどのようにでもメタ価値概念の適用は可能となろう。石塊の場合はおそらくもっとも〈無価値〉な事象の代表のようにみなされているといっても過言ではなかろうが、それでもこの事象が〈空価値〉つまり〈価値を空《あ》けている価値〉の在り方にすぎないことが、この図式の媒介によって焼き付けられれば、この〈空価値〉事象に対してもまたどのようにでもメタ価値概念を適用することは可能となろう。以上のような例に対して、宗教事象の場合には、こんどは逆にそれ自体では誰にも〈有価値〉事象とみなされてきたが、むしろそのためにはじめから〈聖〉価値の問題などときめられてしまいがちであった。だがこの事象も〈超価値〉つまり〈価値を超えた価値〉の在り方にすぎないと、図式の媒介によって焼き付けうれば、この〈超価値〉事象に対してどのようにでもメタ価値概念の適用が可能なものとしてうけとめられねばならないであろう。

ここでもう一歩しりぞいて、このような事例がそれぞれの図式の事例として典型的に位置付けられる所以を問わねばならないであろう。それには、この図示がなされている図式の基本的な枠組とでもいうべきものを、それぞれの図式との関連の方から見直すのがわかりよいと思われる。まず〈没価値〉と〈超価値〉に「人為性」、〈非価値〉と〈空価値〉に「自然性」という、いわば性格づけが示されている。だが、この「人為性」と「自然性」との対比は、この各々の図式というものの性格付けからはじまるのではない。そうではなくて、価値問題の本来の地平である価値事象の在り方をめぐる基本的な枠組にあたるものである。つまり、価値事象というものの在り方をただ人間とだけかかわるような枠組で考えてはならないことを示すために、この対比が是非必要と考えられる。価値事象が自然の在り方とかかわって生起していることを自覚することが必要である。この基本にもとづいて、図式の基本性格が示されると同時にそれぞれの事例が典型的なかたちで想定されているわけである。

ところでこの対比は、「定立性」と「非定立性」という、もう一つの基本的な対比とにているようにもみえるが、はっきりと異なっている。そもそも、「定立性」と「非定立性」の対比は、この価値の図式の図示を組み立てる基本原理のひとつといってもよいもので、この基本原理にもとづいてこの図示の縦横の基本軸ないし座標軸がつくられている。それは、価値というものをとかく人間の設立ないし定立するものと考える近代哲学の主体性の原理に対して、その一面性をはっきりと示したいためである[30]。いまわれわれが取扱った各図式はすべてこの「非定立性」の縦軸に位置付けられ、文字通り〈無〉の〈有化〉作用としての構想力のもっとも典型的な軌跡として、きわめてネガティヴな表現様式であらわされた価値図式となっている。実際普通の日本語の表現になじみにくく、またそれにもとづいているようにもみえるが、近代哲学の主体的偏見をのりこえるためにはやむをえないことと思っている。このような二つの基本的な枠組にもとづいて価値の図式は構想されるとともに、それぞれの事例がいま典型的な場合として示されたわけである。

ここでもうひとつ言及しなければならない基本的枠組がある。八つの価値の図式は「定立性」と「非定立性」の縦横の軸にそってそれぞれ四つ一組となって、有価値の現実構造と超現実構造の対比のもとに図示されている。これは図示という点ではやや便宜上の対比といえようが、価値事象を考える上において、現実構造と超現実構造の対比がいかに基本的に重要であるかについては、すでに論じたことである。この基本的な重要性を組み入れて図示したのは、実は「定立性」の横軸に位置付けられる図式の関係をあらわならしめたかったからである。

横軸にある〈正価値〉と〈負価値〉ならびに〈順価値〉と〈逆価値〉という図式は、なにもそれ自体が現実構造と超現実構造に振り分けられるものではないが、ただ典型的な型でこの対比をあきらかにしたいために、図示上両者にふりわけたわけである。その意味では便宜的とのべた所以である。〈正価値〉と〈負価値〉は、一般的にいって、もっともなじみの表現であり、端的に言えば、この現実世界における価値問題はほとんどこの二つの図式の媒介によって価値判断されるといってもよいであろう。道徳・倫理、法律や政治——正義・権利など——、また社会的文化的通念——貴賤・高下など——は、ほとんどこの二つの図式の媒介によって取り扱われてきたといってよかろう。だからこそ、このような現実世界の価値図式の媒介に対して自覚的に対抗しようとする時、たとえば親鸞の悪人正機のように、〈負価値〉の悪人に対して宗教的レベルにおいて〈逆価値〉としての悪人を定立することがもとめられた。まさしく典型的には現実構造に対して超現実構造において〈順価値〉と〈逆価値〉の図式が想定されなければならない所以である。

以上のように簡略にみてくるだけでも、八つの図式がそれぞれどのように働くかについて、一応はあきらかになったであろう。だがまだもっとも重要な問題が残っている。先に一寸指摘して後にと残した問題である。つまり、図式の働きを媒介にしてメタ価値概念の適用はどのようにおこなわれるかをあきらかにすることである。図式の解明はこの点をあきらかにすることによってはじめて完了する。そこで、〈没価値〉の科学の場合だけを手引きにしてあきらかにしてみよう。

すでにあきらかにしたように、科学的認識の場合、〈没価値〉の図式を媒介にして価値事象として構想し、その〈没価値〉事象に対してメタ価値概念の適用つまり価値判断がなされるわけである。普通なら〈特種価値〉が適用されて〈真〉価値の問題としてうけとめられる。もちろん〈特種価値〉は

〈真〉価値にかぎられるわけではないので、実はどのようにでも考えられるのだが、それはすべて〈特種価値〉のなかでのもろもろの価値——つまりサブ価値——の問題なので、いまは問わない。いまのわれわれの問題は、そもそもメタ価値概念の適用という基本的レベルの問題だからである。したがって、問題は、他のメタ価値概念つまり〈選択価値〉と〈差異＝価値〉が当然理論上では適用可能だという点である。ということは、三つのメタ価値概念の関係が問われるわけであり、したがってこの三者関係に関する原則論と正しく関連づけて考えねばならないということである。もちろん科学的認識の場合には、すでに主客分離がはっきりとなされている以上、その未分の〈原点〉に根差すような〈差異＝価値〉は本来適用不可能だということになるが、この基本的レベルにおいてはそれもまた原則論との関連において問われることがもとめられる。

さて科学的認識の場合、〈没価値〉の図式の媒介で〈特種価値〉の適用がもっとも普通になされるとすれば、当然「フォーカスの原則」によって他の二つのメタ価値概念はかくされる。いままでは大体、ここで〈真〉価値が正当に扱われることでことたれりということになるのであるが、われわれの図式論の基本的レベルにおいては、他の二つのメタ価値概念も適用可能である。そこで〈選択価値〉の適用がなされるとすれば、「フォーカスの原則」による限り、〈特種価値〉がこんどはかくされてしまうので、〈真〉価値などはもはや問題とはならなくなってしまう。科学の〈没価値〉事態に対して〈選択価値〉の適用がおこなわれれば、たとえば〈交換価値〉の方がより重要になってしまうわけである。さらに〈差異＝価値〉の適用がなされれば、たしかに先に一寸指摘したように科学的認識の事態そのものに即すればおそらくなしえないであろうが、もしその適用がなされるならば、「フォーカスの原則」による限り、他の二つのメタ価値概念はかくされてしまうので、典型的には逆還元の相のもとにもたらされて、結局科学的認識の問題自体が解体せしめられよう。それではあきらかにあやまった原則に従っていると言わざるをえない。このような場合には、「移行の原則」に従って、科学的認識の事態はすでに主客分離的であり決してミクロな事象ではない以上、〈差異＝価値〉は〈選択価値〉へと移行せしめて、その移行先のレベルの基準のもとで変容せしめ、つまりそのマクロ化のもとで問わねばならない。その時〈差異＝価値〉が〈差別＝価値〉に拡大変容する可能性に特に注目することが必要である。このようにメタ価値概念の適用が「移行の原則」に従って吟味されることがもとめられる時、根源的意味での価値判断の問題もより具体化つまりサブ化しなければならなくなることはあきらかであるが、いまはそこまで問うわけではない。ここではただ図式の解明にとって、メタ価値概念の適用が図式の媒介によって可能となる時、正しく原則論にのっとってなされねばならないことがあきらかになればことたりるからである。そこでもう一つの原則が残っている。この「反照の原則」に従う時、科学的認識という〈没価値〉事態に対して〈特種価値〉が適用されて典型的な型で価値判断がなされるにせよ、〈特種価値〉との関係において〈選択価値〉がいつでも反照可能であることを忘れてはならない。

以上、一事例を介して図式の解明をおこなってきたわけであるが、基本的には、メタ価値概念が図式の媒介によってあらためて現実世界へと還る道を、その筋道においておおよそあきらかにしえたと解される。価値の構図構成によってメタ・レベルにまで導かれたわれわれは、いまや図式の媒介によってはじめて還りの道をたどることが出来た。それは根源的な意味における価値判断にほかならない。この相をあきらかにすることが図式の解明なのである。

まずわれわれはカントの図式論を批判的に吟味することによって図式の不可欠性を示した。カントにとって図式は不可欠なのに影のうすいものであった。それは真・善・美を最初から別々に取り扱ったための当然な帰結であった。その意味で、カントからはじまった哲学の分解の道を問い直す一つの手掛りが示されたのではないかと思われる。と同時に、真・善・美はそれぞれ別々の価値判断によるものではないことがあきらかとなる時、そのいずれであれ、特定の価値を特別扱いする行き方が成り立たないことは当然な帰結である。科学的真理だけ特別の価値に仕立てることが出来ないのは言うまでもない。また特定の価値を普遍的価値として絶対的に定立することが、きわめて偏った価値判断となる所以もあきらかである。価値の問題は、根源的な意味での価値判断が価値の構図構成の往還の相で遂行されている以上、本来、多次元的な価値判断力批判であるといっても言いすぎではない(31)。

2　価値の哲学的文法——価値説批判

つぎの課題は、価値の構図が図式を媒介としてはっきりと定着する筋道をあきらかにすることである。すでに歴史哲学の場合においてあきらかにしたように(32)、構図の構成はおのずから構図の定着を必要とする。価値の構図においては、その定着とは、図示論を通して構図のメタ・レベルからいかに還り、そしていかに往還の道筋を示すかにある。その筋道をもっとも根幹においてあきらかにするのが、これから開示する〈価値の哲学的文法〉と一応称しうるものである。

われわれは価値の概念規定の問題からはじめることが出来ないことを自覚的にうけとめ、構図構成をもとめて哲学的思索の〈はじめ〉を問いかえすことで、価値と事象の二元的分離論の批判からはじめて、価値の〝土壌〟にうがたれる価値の〝ふかさ〟と、そこに開かれる価値の〝ひろさ〟を構図として描き出した。それが構図の構成であり、その構成の基本は構図のメタ性（メタ・メタ性）にある。そもそも構図の構成はメタ性の営為であり、価値の〝ひろさ〟とは構図のメタ性の描出にほかならない。そこで価値の図式論においては、そのメタ・レベルからどのように現実の生活世界の地平に還るかが、図式の媒介性においてもとめられたわけである。それが「価値の図式とその解明」にほかならない。この還りの道は、構図の構成という往きの道に対して本来構図の定着をめざすものであるが、図式論それ自体によってその筋道があきらかにされるわけではない。往還の道の筋道をあきらかにするには、さらにもう一歩すすんだ考察がもとめられる。そもそも往還の道とは、われわれが生きそして死ぬこの生活世界の地平と構図のメタ次元との間の相互関係にほかならないが、この関係の在り方をその基本においてより全体的に示さない限り、構図の定着が正しく位置付けえたとは言いえないからである。この関係の在り方をその基本においてより全体的に示すことが、その理論的な筋道をあきらかにすることであり、したがって〈価値の哲学的文法〉という言い方で端的に表現するのがもっともふさわしいように思われる。それはなぜであろうか。

構図の定着とは、簡潔に言えば、価値の問題を考える上で、価値の構図なしにはその探究など正しくなしえないということをあらわならしめることである。ということは、「価値の構図なしには」ということをはっきりと確認しうるようにするのが、構図の定着がめざすことにほかならない。構図がはっきりと定着されることによって、価値問題の探究はいわば〈構図の認識〉としてしか遂行しえないということになろう。〈構図の認識〉という言い方は、なにも構図を認識するということではなく、価値問題を考える際、可想的に全価値をメタ理論上ひとつの構図として位置づけて認識しない限り、価値問題を十分に考察することは出来ないということである。今日まで価値問題を考察することが、哲学、宗教、科学、芸術、そして経済、政治、法律、倫理、教育などなど、いかに価値問題を一面的にゆがめるだけにおわってきたかは、〈構図の認識〉に定礎された〈関係認識的〉な探究がなされなかったからだということが出来よう。この基本に思いいたれば、構図構成は構想力の立場による、なにか恣意的な試行などではありえず、それをはっきりさせるのが構図の定着がはたされねばならない所以である。

だが構図の定着は、いくらストレートに提示したからといって、それでは構図の構成と同じように、また恣意的な試行のようにみなされてしまうかもしれない。そこでむしろ、これまでの価値説の基本的な在り方を批判的に吟味することによって、間接的に構図の定着の必要性をあきらかにする以外にはなしえない。もちろんすでに構図構成と図式の解明にかかわるすべての営為は、文字通り、これまでの価値説に対する総体的な批判によるものであることは言うまでもない。これまでの価値説に対する根本的な批判にもとづくからこそ、構図の構成が基本的にもとめられ、そのメタ性の営為が図式を媒介として構図の定着へと押しすすめられてきたわけである。いまここであらためて価値説批判などといいだすのは、自己撞着もはなはだしいと言われるかもしれない。だがそうではないのである。

いまここであらためて価値説批判として構図の定着のために特に取り出そうとするものは、どんな価値説の基礎においても、価値を考える際には欠きえない思考様式がもっとも典型的な形で示されると解されるものである。したがってなにも個々の価値説を問題にしようとしているわけはない。個々の価値説がその実際の在り方においてはどのように多様にあらわれるにせよ、そのようなバリエイションをその根幹においてささえている典型的な思考様式が問題なのである。わたくしはそれを三対のイズムで典型的には示しうると考える。絶対主義と相対主義、客観主義と主観主義、リアリズムとノミナリズムである。それらをどのように解するかは次の問題として、このような三対のイズムによって価値説の根幹をなしている典型的思考様式が示されると考える時、その典型的思考様式の在り方を批判的に吟味することによって、われわれは、価値問題を考察しようとする場合にどうしてもかかわらねばならない理論的問題に直面する。それはどこまでも思考様式の理論的筋道であるから、この筋道を通ることなしには価値問題を探究することは不可能である。わたくしがさきに〈価値の哲学的文法〉とよぶのがもっともふさわしいとのべたのは、まさしくこの論理的筋道のことにほかならない。だから端的に〈価値の論理〉といってもよいのであるが、それよりは〈価値の哲学的文法〉の方がよりふさわしいように思われる。

われわれは意識すると否とにかかわらず、なんらかの価値説を展開しようとするには、かの三対のイズムで集約されるような事態をさけて通ることが出来ず、どうしても典型的な思考様式をつらぬく理論的筋道を通っていかざるをえない。古来今日まで多様に繰りひろげられてきた諸々の価値説も、その根幹において批判的に吟味すると、同じような、いくつかの理論的筋道にささえられている。それ故にこそ、この理論的筋道は〈価値の哲学的文法〉とよぶにふさわしい。したがってこの〈価値の哲学的文法〉をあきらかにすることによって、価値の構図と図式とがなしですますことが出来ないことが示されれば、はじめて構図の定着がたとえ間接的にではあれ示されたということが出来よう。もちろん「たとえ間接的ではあれ」では本来はなく、そもそも間接的にしか示しえないところに、価値説批判を介していま一歩ふみこんだ考察がもとめられる所以がある。

三対のイズムをめぐって

周知のように、イズムを問題にすることはそれ自体いろいろな難問をはらんでいる。特にいまのわれわれにとってははじめから極めて本質的な核心にふれてしまう問題が立ちふさがっている。それは、つまり、イズムとは一方ではある立場を直接的に表明したり提唱するための、いわば一次的な表現であるとともに、他方ではその諸々の立場や考え方なりを総括するために用いる、いわば二次的ないしメタ的な表現だという点である。ここではやくも、極めて決定的な型で言語表現の次元階層化の問題に直面する。(一応、今後の考察のために、前者をイズムの一次性、後者をイズムの二次性とおさえておくことにする。)そこではじめからこの問題にまきこまれるのは得策ではないので、まずはじめは、三対のイズムを諸々の立場を総括することば、つまりイズムの二次性においてうけとめることにしよう。とすると当然つぎには総括ということにかかわる疑問にぶつかる。

そもそも諸々の立場なり学説なりを一つのイズムに総括するのであるから、個々の立場や学説の方からみれば、相互に異なったものが一つのイズムのうちに組み入れられたり、また逆に、一見同じようにもみえる学説がストレスのおき方では別のイズムに組み入れられたりする。もちろんこの疑問はもっともではあるが、いかほどイズムの二次性に立っていても、時には個々の学説を参照しなければならないという場合には、なおさらではあるが、われわれは個々の学説を解明することをもとめているわけではないので、この疑問にははじめからまきこまれるのはさけよう。まずはじめはどこまでも総括としてのイズムをむしろ利して、つまりイズムの二次性に徹して、その典型的な思考様式の理論的筋道——これもひとつの哲学的文法といいうるわけであるが——を問い出すことにしたい。そこで三対のイズムをそれぞれ二項対立のイズム形態としておくことにする。そして対立の二項がどのように関係し合うかを問うことは後のこととして、まず二項対立の三対のイズムの三者関係を問うことからはじめたい。しかもイズムの二次性に徹して三者関係の形式模様と典型的な思考様式の筋道をあきらかにしよう。

もはや言うまでもないことであるが、この三対のイズムがはっきりと二項対立において定立されたのであるから、価値絶対主義対価値相対主義、価値客観主義対価値主観主義、価値リアリズム対価値ノミナリズムというわけで、この三対のイズムの三者関係は一見きわめて典型的な連関を示しうると予想される。というのは、そもそもこの三対のイズムは価値問題に関してそれぞれの視角ないし比重のおき方で三対のイズムにわかたれているとすらみなしうるからである。つまりその典型的な場合は、価値絶対主義＝価値客観主義＝価値リアリズムとなりうるほど、同じ事態がそれぞれの視角のちがいからただいわばアスペクトの相異にすぎないような形で示される。この時はまた事態はきわめて明確な輪郭を示している。V・クラフトは、価値絶対主義を絶対的価値のリアリズムつまり価値プラトニズムとのべているが(33)、このような価値は当然客観的に存立妥当する価値であるから、また価値客観主義にほかならない。これほど単純明解な筋道はないほどであるが、それは結局〈絶対〉(どのような意味であれ)が定立された時、その客観性と実在性が文字通り無条件的に主張される、哲学的文法を具現化しているにすぎないからである。そこで当然、二項対立的に措定されているのであるから、以上のような三者の等号(イコール)に対して、価値相対主義＝価値主観主義＝価値ノミナリズムのイコールが描き出されるのは、必然的な帰結である。

価値相対主義は価値絶対主義と二項対立的に定立されているわけであるから、当然、絶対的価値の存立可能性もまた認識可能性も否定して、ただ相対的価値のみの存立と認識をみとめる立場である。ということは、価値というものがつねに評価主観(主体)との関係において相対的にのみ存立妥当することにほかならない。まさしく価値主観主義である。周知のことであろうが、立場によっては認識上の真理を特に価値問題からのぞく場合があり、その意味では真理の客観性を主張しつつ価値相対主義の立場をとりうるわけである。だがそれは言うまでもなくこの等号の理論的筋道とは別の事態である。そこで、かように真理の認識を別枠にするのではなく、価値の普遍妥当性をたとえ真理の認識の条件としてみとめるにせよ、それはどこまでもノミナルなものにすぎないということになる(34)。価値ノミナリズムである。ここにおいても相当に単純な筋道がたどれるわけで、これもまたひとつの哲学的文法にそうものということが出来よう。

以上、三対のイズムの三者関係について、二項対立にもとづく二つの典型的な思考様式の筋道を、もっとも単純化して等号形式で示す時、それぞれ三者の順序はイコールであるから当然問題にしなくてもよいわけである。しかし潜在的には、価値絶対主義⇩価値客観主義⇩価値リアリズムという風に筋道をおくのが、やはりわかりやすいであろう。なぜなら絶対をまずたてることからはじまってその実在まで、それこそストレートに理論は展開するからである。もちろん価値リアリズムの方を先にした方がこの場合は一見スムースなようにみえるが、そのようにおかないのは、二項対立によるもう一方の筋道つまり価値相対主義⇩価値主観主義⇩価値ノミナリズムとの対応が重要だからである。この筋道は価値の相対性をたてることからそれこそ相即的にスムースに主観性へと展開した後、ノミナリズムへの方はそれなりの限定がもとめられることによってむすばれることになるからである。しかしながら、いずれにせよ等号形式の場合には、そのような前後関係はさほど問題にする必要はない。だがこんどは意識的に等号形式をはずすとすれば、当然その前後関係の方が問題となろう。

さて簡単にまとめるために、価値絶対主義a、価値客観主義b、価値リアリズムc、それに二項対立的におかれるので、価値相対主義|a、価値主観主義|b、価値ノミナリズム|cとおくことにする。三者の等号形式においては、a＝b＝cと|a＝|b＝|cの二つであったが、それをとりはずせば、a↓b↓c、a↓c↓b、b↓a↓c、b↓c↓a、c↓a↓b、c↓b↓a、そして|a↓|b↓|c、|a↓|c↓|b、|b↓|a↓|c、|b↓|c↓|a、|c↓|a↓|b、|c↓|b↓|aと、それぞれ六つの順列組合せになる。いちいちどのように異なるかをたしかめるのはむずかしいであろうが、等号形式の場合とは異なって、それぞれの理論的な筋道にはいろいろな差異が描き出されて、複雑な模様を浮びあがらせるであろう。たとえば等号と逆の、価値リアリズム↓価値客観主義↓価値絶対主義ないし価値ノミナリズム↓価値主観主義↓価値相対主義を一寸とり出してみても、理論的筋道の相異はあきらかであろう。

そこでさらに、一種自己矛盾の試みなのではあるが、あまり乱雑にならないために、三対のイズムの二項対立は前提とし、しかも価値絶対主義aと価値相対主義|aをはじめに固定しておき、その上順序はそのままでもう一方の対立項だけを組み入れてみることにする。すると、次のような六つの組合せが出来る。a－b－|c、a－|b－c、a－|b－|c、|a－|b－c、|a－b－|c、|a－b－c。このように組合せは、二項対立という前提を固定して考えるとすれば、まさしく自己矛盾の試みにすぎない。しかし実はかように対立項を相互に入れ替えてしまうことは、本来二項対立ではないようにすることにほかならない。そして、二項対立という前提を取りはずし、しかも当然順列の個数も三個以上となりその前後関係も自由にとりうるとすれば、それこそ可想的にはきわめて多様な順列組合せの模様を描きうるわけである。たとえば、絶対（主義）的相対主義なり相対（主義）的絶対主義というような、表現上では形容矛盾であるような筋道も、こんどはうまれてくるわけである。もちろんその多様な組合せが、どこ

まで〈価値の哲学的文法〉にかなうかはまた別の問題ではあるが、イズムの二次性に徹してその形式的な可能性を描き出そうとすれば、以上のような方向性を開きうることは、はっきり確認しておかねばならない。

では一体歴史上実際の思想の在り方から反省するとどうなのであろうか。もちろんいまは個々の学説に即して考えるわけにはいかないので、大きく思潮をおさえて概括する以外の余裕はない。どこまでも概括なのであまりにもあらい素描となろうが、われわれの問題をあきらかにするための手引きなのであるから、今はそれで満足せざるをえない。

周知のように、ギリシアのソフィスト達の登場以来、相対主義的な考え方や懐疑主義的な考え方が、それなりの時代状況のもとで（たとえばヘレニズム期や十六世紀宗教改革期などのように）その思潮の水脈を見出すことが出来ようが、哲学思想史上の正統は価値絶対主義＝価値客観主義＝価値リアリズムの系統であったといって決して過言ではない。さきに「価値プラトニズム」という言い方に言及したが、全哲学史はプラトンの脚註にすぎないという周知の言い方を思い合せれば、おのずから納得しうることであろう。この正統に対して、価値相対主義といわれる思想が、いろいろな自己抑制をあたえながら、はっきりと挑戦を開始したのは、十九世紀末のドイツあたりからといってもよいであろう。特に三人をとりだせば、ディルタイ、ジンメル、イェリネクということになろうか。そして二十世紀に入るにつれて相当に強力な思潮になるといえよう。ドイツでは相互に連繫し合いながら、諸々のイデオロギーの葛藤のなかから、M・ヴェーバー、G・ラートブルフ、H・カントロヴィツ、H・ケルゼンなど、代表的な社会科学者の登場である(35)。もちろん、イギリス、フランス、アメリカの方には、経験主義、懐疑主義、プラグマティズムなどの思想風土から、それに対応する思潮をよみとりうることは言うまでもない。以上のように、相対主義の思潮のうねりを概括してあやまりではないのだが、しかしここで決して忘れてはならないことは、この当事者のほとんどが自ら公然とないしは昂然と相対主義を提唱しているわけではないということである。

いかに概括ではあれ、歴史上の思潮に注目する時、ただ一般的に価値絶対主義や価値相対主義の系譜を語るだけでは、やはりどうしようもないということである。つまりイズムの二次性と一次性とのギャップにつきあたらざるをえない。つまり具体的に個々の思想にかかわり出す時、一般的に価値絶対主義なり価値相対主義なりという言い方ではほとんど有効性を失っているといっても言いすぎではない。なぜなら、総括としてのイズムは実際は大いに異なるものさえ一つにまとめるために用いられるのに対して、個々の思想家の方はいかに簡単にはイズムに総括されないように、むしろそれとの相異をもとめるからである。たとえば、M・ヴェーバーは「神々の闘争」をとくが、それは諸価値の間にはなんらの相対化も妥協も存在しないことを意味しており、彼自身相対主義という言い方をきらっている(36)。またリッケルトもある意味では相対主義者ではあるが、新カント学派である以上、相対主義に対して批判的であることも周知のことであろう(37)。真理の客観的価値妥当性を否定するすべての試みは学問的に実行不可能だからである。リッケルトとかかわりのふかいM・ヴェーバーは、周知のように、いわゆる「没価値性」の原理を提示するとともに、社会科学的認識の「客観性」をあきらかにしようとした(38)。ここでの「客観性」は決して単純に「主観性」と二項対立的におかれるようなものではなく、価値判断から自由であることにおいてもたらされる「客観性」であると簡潔にはいいえよう。とすれば、われわれがはじめに前提した、三対のイズムの二項対立的定立ということ自体が、個々の思想の方から考えれば、きわめて恣意的なことであったと言わざるをえない。むしろさきに形式的な可能性をめぐって指摘した、二項対立をゆりうごかす方向性こそがより現実的だといいうるであろう。

ここにいたって、われわれは、はじめにのべた、イズムというものの総括の仕方とイズムに対する個々の思想のかかわり方との間にはきわめて大きなギャップがあることに、あらためてはっきりと向き合わねばならないことになる。われわれははじめに総括としてのイズムを三対の、それぞれ二項対立のイズムとしておき、その三者関係を等号形式からはじめて次第に複雑化して、どういう筋道の形式模様を描き出すかをあきらかにした。その方向性はおのずから二項対立の前提をつきくずして、きわめて多様な形式的可能性を示すことも確認された。ところが、きわめて概括的に歴史上の思潮に一瞥をあたえるだけでも、その個々の思想の実際の在り方はイズムの総括とはことなって、むしろイズムに対して出来る限り総括されないような形で自らの立場を構築しようともとめていることに気付く。それはむしろ当然なことであって、個々の思想のそれぞれの構築はイズムの総括とは次元がことなることであり、かえってイズムの総括をはっきりと対象化してその総括のエッジに引っ掛けられないようにして自らの立場をかためるのが、よりすぐれた思想の営為であるからである。とすれば、イズムの総括のはじめの前提であった、三対のイズムの二項対立的な定立それ自体が、徹底的にゆりうごかされてしまうことは、当然の帰結である。

ここでかえって、総括としてのイズムの理論的筋道が複雑化して二項対立の枠組をつきくずす、われわれがその際に確認したあの方向性に、実際の思想の営為の方からも向き合うことになる。この形式的可能性の方向性はそれこそきわめて複雑多岐でありすべて具現化可能でないことは言うまでもないが、かえって逆に、歴史上の個々の思想をひとつひとつ批判的に吟味していけば、おそらくそれぞれが、かような多様で複雑な可能的な筋道のいずれかと、理論的には対応し合うことがおさえられるはずである。それでは一体なぜそのような理論的対応を予想しうるかをあらためて考えてみよう。

〈価値の哲学的文法〉をもとめて

あらためて直截に問うてみよう。三対のイズムの形式的な可能性の複雑化と実際の思想の自覚的構築の屈折とが、なぜ理論的に対応して複雑な様相を示すのであろうか。それは実は、われわれにとってはじめからきわめて本質的な核心にふれてしまう問題点としてさきに述べた難問にあらためて直面することにほかならない。つまりイズムの一次性と二次性にかかわる問題である。そもそもイズムとは、一方ではある立場を直接に表明するために提唱される、いわば一次的な表現であるとともに、他方では、諸々の立場なり考え方なりをひとつにまとめて総括する、いわば二次的なないしメタ的な表現である。それがイズムの一次性と二次性であった。ところでいまさらにあきらかになったことは、実際の思想のきわめて自覚的な営為は、むしろこの二次的な総括をさえ意識してそのエッジに引っ掛かり組み込まれないように、自らの考え方を構築しようとする、いわばアン・ウント・フュア・ジヒな在り方である。つまりこの構築の在り方は、一方では自らの立場を示そうとする点でイズムの一次性とかかわるようにみえながら、他方では総括のイズムの二次性をさえ意識的に問題化するという仕方で、イズムの一次性と二次性を出来うれば超え出そうともとめる、むしろ三次性の営為の様相すら示しているということである。実はここに、われわれが問題としている理論的対応の秘密がかくされている。

実際の思想の意識的営為は、以上あきらかにしたように、いわば三つの次元が一平面上にうつし出される形になるので、どうしても総括のエッジをのがれようと意図すればするほど時には複雑怪奇といってもよい理論的構築の様相を呈しさえする。ということは、実際の思想的構築は、端的に言ってしまえば、三対のイズムの二項対立的な枠組のうちにおさまることは出来ず、むしろそれを出来る限りつきくずすことをもとめざるをえないということである。ところで、総括としてのイズムの方も、すでにあきらかにしたように、イズムの二次性に徹して、二項対立的前提のもとできわめて単純明快な理論的筋道を開示するのではあるが、それに対して意識的に順列組合せを複雑化していくと、その結果二項対立的枠組は完全にうちくずされて、きわめて複雑多岐な形式的可能性を示すものであった。それは、あたかもイズムの二次性に対してさらなる反省の矢がはなたれる時、それは当然三次性の様相を呈するが、そこに描き出される複雑な形式模様にほかならない。まさしくここにあの理論的対応性が予想される所以がある。核心にある問題とは、結局、次元階層化にかかる問題である。そこでふたたび三対のイズムをめぐる価値説をその根幹において批判的に吟味し直すことにより、より明確な筋道をとり出したいと思う。それが〈価値の哲学的文法〉と一応称しうるものの造型である。

これまでイズムの一次性と二次性について述べるとともに、その両次元をさらに超え出ようとするような三次性の可能性さえ示唆して来た。それはイズムの形式的可能性と実際の思想の意識的構築の、いわば理論的対応性から予想されるものであった。このような次元の階層化の問題は、すでに周知のことであるが、パラドックスをめぐる議論から注目されるとともに、パラドックスに対する考え方を変えることによってまさしく革新的な問題となってきたものである(39)。そのわかりやすい例がうそのパラドックスである。

「クレタ人は嘘つきだとクレタ人が言った。」このパラドックスは簡単に「嘘をついたのならついていないし、ついていなかったらついた」ということになるからだと言われる。つまり、「イエスならノウ、ノウならイエス」というわけである(40)。だがこのようなパラドックスになるのは、形式的な論理の筋道にしたがい、真偽の値をそれぞれにふりわけて考えるからにほかならない。そこでラッセルが解いたように階型（階層）が異なることをはっきり区別すれば、このパラドックスは解決する。だがそれにとどまっているだけならば、依然として形式的な論理操作の枠内にいるにすぎない。パラドックスと階層化の問題はするどく言説と言語主体との関係の問題を問い出しているからである。そこでさらにうそのパラドックスの例をつづけてもよいのではあるが、事態はなんらかわらないので、われわれの問題に直接かかわるようなモデルで考えていこう。

周知のように、いままで相対主義や懐疑主義に対して同じようにパラドックスをはらむが故に背理であると言われてきた。いまわれわれは価値相対主義を問題にしている以上、どうしてもこの問題に直面せざるをえない。そこで価値相対主義を一応「すべての価値は相対的だ」という形であらわすこととする。すると、この背理の立論の筋道はほぼ次のような型となろう。もし価値相対主義者が「すべての価値は相対的だ」と主張するなら、一つの真なる断定を与えているから、あきらかに自己矛盾におちいっている。したがってその相対主義者が自らの主張を徹底的に遂行しようとすればするほど、徹底的な矛盾にまきこまれてしまう。自らの主張を真理だとする相対主義は、それこそ奇怪きわまりない構造をもった思想体系である。その意味で真なる相対主義など存在しない。このような立論の筋道もうそのパラドックスと全く同じである。形式的な論理にしたがって真偽の値を組みいれて、そのパラドックスの背理をつくわけである。だから当然階層をはっきりと区別すれば、形式的にもパラドックスは解決する。ところが問題は、形式的にパラドックスが解決すれば、それでよいというわけではない。むしろここから、パラドックスと階層化の問題がするどく問い出す、言説と言説ないし言語主体の関係如何の問題がはじまる。

「「すべての価値は相対的だ」と価値相対主義者は主張する」という形で示すことにするが、この言説の形式的な論理の筋道を問うのではなく、この言説が発話される現場におりたつことにしよう。とすれば、かく主張する相対主義者は発話主体であり、この発話はまさしく言説の第一次性にあたる。その発話内容である「すべての価値は相対的だ」は、階層上、言説の第二次性にほかならない。かく階層化で区別されねばならないということは、この発話現場において、第一次言説の発話主体にとって、第二次言説とは「他者措定」の言説となっていることなのである(41)。その点はうそのパラドックスの方がわかりやすいであろう。「「クレタ人は嘘つきだ」とクレタ人が言った」という発話現場において、言ったクレタ人(発話主体)にとって、「クレタ人は嘘つきだ」はまさしく「他者措定」の言説なのである。また背理論者は、その他者のうちに発話主体も組みこまれるから自己矛盾におちいっていると反論するかもしれない。だがそれは、他者措定の言説の主語と発話主体の主語とをやはりただ形式的にみているにすぎない。発話現場においては、他者措定のなかの主語は可能性上の普遍であり、発話主体は現実の個体である。それをただ同じ論理関係のみでよみとることは、階層化の実相を忘却したあやまりにほかならない。ここにまたリアリズムとノミナリズムの問題もかかわっている。ふたたび価値相対主義の問題にもどる。

さて、発話主体の立場から、「「すべての価値は相対的だ」と価値相対主義者は主張する」という言説にむかう時、ただ階層化でパラドックスを解決すればよいというわけにはいかない。第二次言説はどこまでも他者措定の言説であるから、ここで決定的に自-他関係が開かれていることに注目しなければならない。したがって発話主体は、階層化によって形式的にパラドックスを解決すればたりるのではなく、この自-他関係において、むしろパラドックスを自らはっきりとひきうけて、一種の自己否定を遂行することがもとめられる。ただパラドックスに対する考え方がここで逆転するのである。パラドックスな論理の筋道と真偽値のみにとらわれている立場においては、いかにパラドックスを解決するかによって背理の鬼の金棒をふりまわすわけであるが、いまやここではむしろパラドックスを主体的にうけとめることがもとめられる。一種の自己否定性を通して他者措定の言説とむき合う言説ないし言語主体を、わたくしは「メタ意識主体」とよぶことにするが、言説の第二次性とは同時にそれに対するメタ意識の成立をともなっているのである。それが言説と言説ないし言語主体との、切りはなしがたい相関性にほかならない。発話主体は言説の第一次性において文字通り現実の個体であり、この個体的主体として自らの言説を断乎として主張することになにもはばかることはない。その限りにおいて絶対主義者であっても差支えはない。だが言説の第二次性において他者措定の言説はまさしくメタ言説としてメタ意識にとってうけとめられねばならない。言語主体においては、まさしく自-他関係において、パラドックスを積極的にうけとめて、自らの在り方に自覚的に向き合わなければならないわけである。だが問題はここでおわるわけではないのである。

「『すべての価値は相対的』と価値相対主義者は主張する」という言説は、発話現場においてたしかに言説の第一次性と第二次性に階層化されて、それに相関的に発話主体の自己否定性においてメタ意識の対応の必然性が示された。だがこの言説自体はそのように階層化されることによって成立しているわけではなく、むしろ両次元が統合されているからこそ、本来あるべきないしはあるがままの言説なのである。ということは、この統合の姿においてこそ、この言説はまさしくこの言説である正当性を示していることである。その点を表示するとすれば、「「『すべての価値は相対的だ』と価値相対主義者は主張する」のは適切である」という風に示すしかないであろう。すでに繰返し指摘したように、言説をただ形式的な筋道とともに真偽値だけでわりきろうとすることは、J・L・オースティンが言うように、真／偽二分法の呪物信仰《フェティッシュ》といわざるをえない(42)。言説と言説ないし言語主体との関係において問い出す限り、適切さにおいて第三次の言説の成立までがよみとられねばならない。この第三次の言説に対応する言説ないし言語主体は文字通り第三次の言説ないし言語主体であり、実は発話主体がメタ意識を統合して二重化した主体ということが出来よう。第一次性の発話主体は即自《アン・ジヒ》の主体であり、メタ意識は対自《フュア・ジヒ》の主体であるならば、第三次の言語主体こそ即而対自《アン・ウント・フュア・ジヒ》の主体ということが出来る。言説と言語主体の関係いかを問い出す時、はっきりと言説と言語主体の、いわば〝弁証法〟が開かれていることに気付くのである。これは、わたくしが〈価値の哲学的文法〉として造形しようとする理論的筋道の基本なのである。

パラドックスの問題は単なる形式的な論理の真偽問題では

〈回帰の弁証法〉図

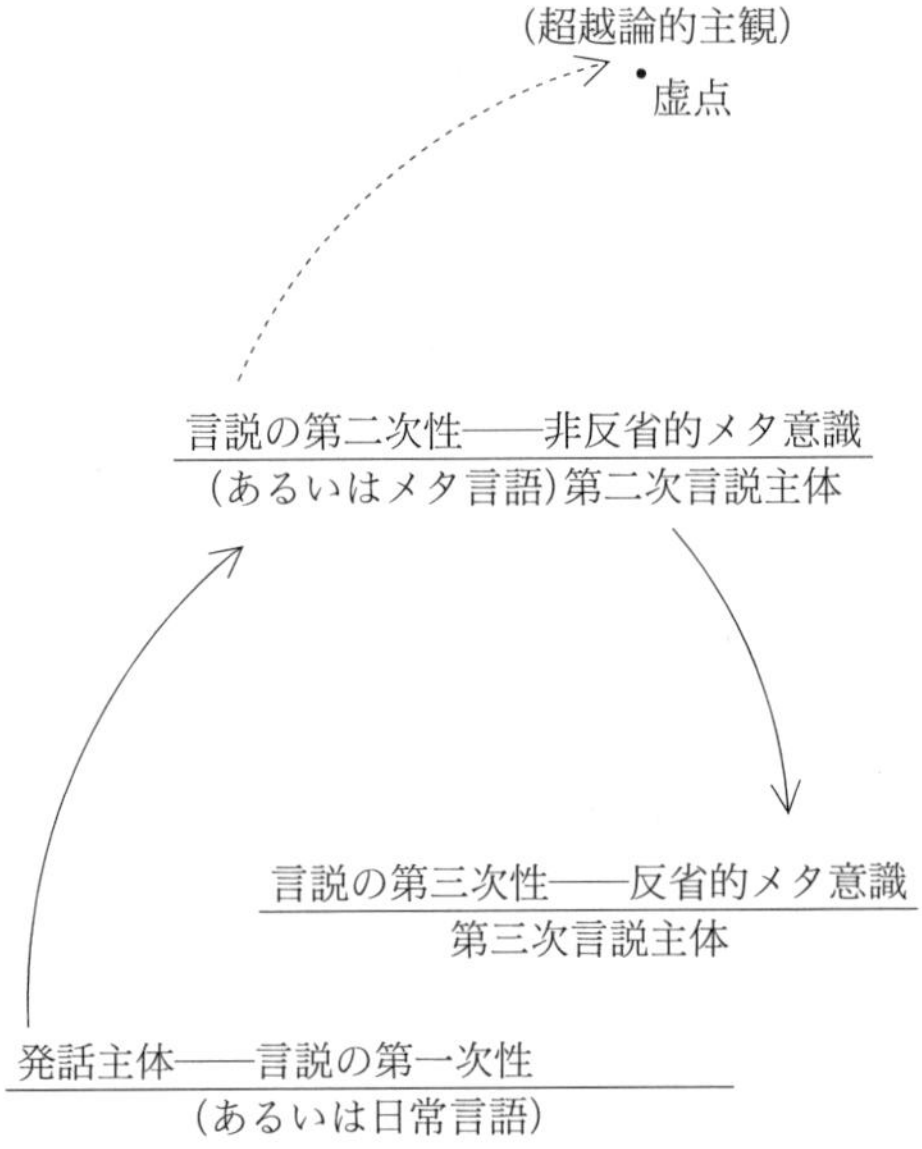

なく、むしろ言説ないし言語主体の在り方を決定的に問い出すのである。したがって言説の階層化は同時に言説ないし言語主体の意識の階層化と相関的である。言説の第一次性、第二次性、第三次性は、言説ないし言語主体の即自性、対自性、即而対自性において、きわめて〝弁証法的〟な関係性を開き示す。特に大切なことは、まず、言説の第二次性は、他者措定の言説であることによって、発話主体の自己否定を介するメタ意識の成立と対応する。より厳密には、「非反省的メタ意識」である。そして第二に、言説ないし言語主体は言説の第三次性においてメタ意識を統合化することによって二重化された意識主体として、発話主体の在り方に回帰してくることである。より厳密には「反省的メタ意識主体」である。〈回帰の弁証法〉は展開にともなわれて、その重要さを示すであろう。以上のような在り方を簡単に理解の便のために上に図示する(43)。

　以上のように、言説と言語主体の関係如何があきらかにされたことから、さきに指摘した、三対のイズムをめぐる形式的可能性の方向と実際の思想的営為の複雑化の理論的対応という点に関しても、あらためてはっきりとその理論的筋道をとり出すことが出来る。

　総括としてのイズムはイズムの二次性に徹してまず考えられ、二項対立の前提のもとで三対のイズムが等号形式でおさえられる時に——価値絶対主義＝価値客観主義＝価値リアリズム及び価値相対主義＝価値主観主義＝価値ノミナリズムという形で——もっとも単純明解な筋道を開示した。だがその等号をずらしていって三対のイズムのいわゆる順列組合せをもとめていけば、もはや二項対立の枠組のうちにとどまりえないで、結局一次性から三次性にまでにわたる複雑な在り方も示さざるをえなかった。つまり三対のイズムの結びつきがひらく形式的可能性の方向とは、要するに、二項対立の枠組をこわしてきわめて複雑多岐にわたる形式模様を描き出す可能性であった。三対のイズムは総括としてのイズムであるから、どこまでも言説のレベルにとどまるものではあるが、それがいまや言説と言語主体との関係性の筋道にてらしてみれば、まさしくその第一次から第三次にわたる〝弁証法的〟関係性に対応していることはあきらかである。そこで実際の思想的営為の方からみると、その理論的対応性がきわめてはっきりすると思われる。なぜなら実際の思想的営為の方はあきらかに言語主体との関係性が明示的だからである。実際の思想家としてM・ヴェーバーを一例としてとり上げ、しかも理解の便のため一つのモデル化においてみてみたい(44)。

すでにさきに指摘したように、われわれはM・ヴェーバーを価値相対主義者として取り扱った。これはどこまでも総括としてのイズムにてらしてであるから、原理上はイズムの二次性における位置づけである。ところが、彼は「神々の闘争」を強調して、諸価値の間にはなんらの相対化も妥協も存しないと言う。実はこの立場こそ、モデル化して言えば、発話現場において発話主体として言説の第一次性を遂行している姿にほかならない。〈価値の哲学的文法〉をもとめてあきらかにしてきたように、言説の第二次性においていかほど相対主義やさらには懐疑主義をとくにせよ、発話主体は言説の第一次性においてなにもビュリダンのろばのようにきょろきょろしなければならない理由など少しもないのである。その意味において、価値相対主義者が第一次の発話主体として絶対主義であっても少しもおかしいことではない。実は後であきらかにするように、絶対主義対相対主義という対立も本来は擬似問題《シャイン・プロブレーム》にすぎない所以はここにある。それはともかく、M・ヴェーバーは発話現場で「神々の闘争」をとくにせよ、社会科学者としては「没価値性」の原理をたてて社会科学的認識の「客観性」をもとめていたのである。この点こそ、モデル化して言えば、第三次の言説として、発話主体としてのM・ヴェーバーが即而対自的主体として本当にもとめていたものにほかならない。M・ヴェーバーの思想がなぜきわめて屈折した形をとらざるをえないかは、いまやきわめてあきらかであろう。そしてここに、三対のイズムをめぐる形式的可能性の方向と実際の思想的営為の複雑化の理論的対応性の根拠も開示されていると言うことが出来よう。

構図の定着

〈価値の哲学的文法〉と一応称しようとするものは、簡潔に言えば、三次元階層性にもとづく言説と言説ないし言語主体との〝弁証法的〟関係性の筋道にほかならない。この筋道がはっきりとしたことによって、構図の構成が図式論を介していまや構図の定着へといたる所以を示しうるであろう。

〈価値の哲学的文法〉の理論的筋道は、簡略化して言えば、さきの図示によってイメージ化したように、言説と言語主体の第一次性から第二次性へとメタ化された上で、さらにそれについての言説と言語主体が第三次性において回帰するというふうにいえよう。それは一応、〝弁証法的〟関係性という に値するが、しかしどこまでも回帰の弁証法であることが、もっとも基本なのである。この基本に定礎されているが故にこそ、〈価値の哲学的文法〉が示されることによって、構図の定着がはっきりと位置付けられるわけである。構図の定着とは、言為論的生活世界に生きる言語主体が、構図なしでは価値問題に十全にはかかわりえないという意味で、〈構図の認識〉が不可欠であることを裏付けることである。この意味で、言為論的生活世界へと回帰することがはっきりと示されねばならない(45)。その基本をまさしく〈価値の哲学的文法〉があきらかにしているわけである。

われわれは価値説がどうしても直面せざるをえない思考様式を批判的に吟味することによって、結局価値説というものはただ言説のレベルだけで取り扱うことが出来ない所以をあらわにした。今日まで言説のレベルだけで問題を追究してきたために、たえざる堂々廻りに陥ってしまい、価値問題は哲学にとって鬼門だということになってしまった。ところが、いまや事態は逆であることがわかり、価値説というものは言説と言語主体の関係性において問われねばならないことがあきらかとなった。むしろここに、価値問題がそれ以外の問題と根本的に異なる所以が存している。ということは、価値の問題においては、学問（科学）世界と生活世界とを分離して問題にすることは、その基本においては不可能だということである。言説と言語主体の両面をつらぬいて構成される〈価値の哲学的文法〉が、価値説が直面する思考様式のもっとも根幹的な理論的筋道にほかならない所以である。構図の定着もおのずからその筋道を通して裏付けられる所以でもある。

〈価値の哲学的文法〉は、言説と言語主体の両面にわたってメタレベルをはっきりと自覚化して、その上でふたたび発話主体の第一次性のレベルへしかも第三次性において回帰する筋道をあきらかにしたものである。このような筋道があきらかにされれば、価値の問題が概念規定からはじめえないことが、ここであらためて確認出来よう。概念規定とはそれこそ言説のレベルだけにとらわれ、しかもそのきわめて限られた在り方をさらに規定することがもとめられてしまうからである。それに対して構図構成こそメタ性の営為として価値問題探究の地平を開くものであった。価値問題がいかにメタ性の自覚が必要であるかは、メタ意識とメタ言説の成立なくしては、価値説の展開さえ不可能になってしまうからである。構図のメタ性は、そもそも価値問題の地平を開くものである以上、イズムのメタ性よりももっとふかいのであるが、それならばなおさら、メタ性（メタ・メタ性）というものは回帰しない限り、逆に空虚な焦点を焼きつけてしまう所以を、〈価値の哲学的文法〉はあきらかにしたわけである(46)。構図のメタ性はすでに図式論によって還りの道は示されていたのではあるが、いまやはっきりとその筋道があきらかにされることによって、構図の定着へといたったわけである。

〈価値の哲学的文法〉と一応称しうるものと、意図的に述べてきたのは、それが言説と言語主体をともにふくめた形で展開する理論的筋道なので、おそらく普通の〈哲学的文法〉という言い方にはなじみにくいと思われるからである。だが価値問題にかかわる時、発話主体が生きている言為論的生活世界ぬきでいかほど高尚な言説を展開してもいまやほとんど空虚であるとともに、それこそいわば〈完全犯罪〉をおかすにひとしいのではなかろうか。完全犯罪とは辞意的に言えば犯罪であるという証拠を全く残さずに行われる犯罪ということになるが、おそらく〈価値の哲学的文法〉を無視する一切の価値説は、まさしく〈完全犯罪〉をおかしつづけてきたといっても過言ではない。その一つの代表的な例が価値絶対主義のように思われる。それはなぜであろうか。

実は発話主体の第一次性の地平にいわば完全犯罪の仕掛けがある。言うまでもないことであるが、発話主体はいかなる発話現場においても、自分の主張を軽々しく変えるようではかえって軽蔑される。そこで、このきわめて卑近なことがむしろ卑近であるからこそかくされて、発話主体が自らの主張につよく固執するのは、自分の主張の内容が絶対的に正しいからだと、その言説内容へと問題をすりかえてしまうわけである。だれもこのすりかえに気付かないところに、完全犯罪たる所以がある。価値絶対主義の場合、なぜそれが完璧におこなわれるのであろうか。価値相対主義の場合とアナロジカルに、「「この価値は絶対的だ」と価値絶対主義者は主張する」という形で対比的に示してみよう。

〈価値の哲学的文法〉の筋道にしたがうと、「この価値は絶対的だ」という主張内容が第二次言説であり、それに対して当然メタ意識の成立が開示されるはずである。ところが、「「この価値は絶対的だ」と価値絶対主義者は主張する」という時、そこになんらの階層性の区別などもとめられるどころか、むしろどこまでも徹底的に自己同一性が主張されてきたのである。自己同一性が貫徹されることだけがもとめられて、実際パルメニデス以来同一律こそが正統な哲学思考の根拠とされてきたのではなかったか(47)。それは、発話主体の第一次性において「この価値は絶対的だ」という言説が普遍的価値妥当性を有することを主張することにほかならない(48)。したがって言語の第二次性やメタ意識など成立するどころか、むしろ意識的に拒否される。第三次性などまったく問題にもならない所以である。以上のように、価値絶対主義の場合にメタ意識の成立がおこりようがないのは、端的に言って、発話主体の第一次性に徹するのあまり、いかなる意味でも自己否定性の契機が介入する余地がないからである。発話主体がなんら自己否定性に向い合うということがないということは、そこに自-他関係も開かれずしたがってひたすら独我論的地平に自己同一的に存在しつづけることにほかならない。

ところが〈価値の哲学的文法〉の筋道からも示されていたように、発話主体の第一次性の地平においては、その第一次性に徹する限り、その発話主体の当事者にとってはいつでも〈絶対的価値〉を選択することが許されている世界なのである。だからM・ヴェーバー流にいえば、「神々の闘争」がおこなわれ、諸価値の間の相対化など存しないともいえる。わたくしも意図的に、この第一次性の地平では、価値相対主義の場合でも、自らの主張を絶対（主義）的に強調しても少しも差支えないと指摘した所以である。とすれば、価値絶対主義は、発話主体の第一次性を特権化して、「この価値は絶対的だ」という言説の絶対的価値妥当性にすりかえて、ただひたすら自己同一性を貫徹するかのようにしているにすぎない。

以上のようにみてくると、価値絶対主義と価値相対主義の関係はまさしく次元階層の相異にほかならず、その意味で一種の擬似問題《シャイン・プロブレーム》にすぎないと言わねばならない。言説だけにこだわって根本的な対立形態と思い違いするのは、そのイズムをカテゴリーとして二項対立的におく言語使用の問題ととりちがえているからである。カテゴリーとしてはどこまでも二項対立的に規定しておくことは肝要なことではあるが、それが思想問題としてむしろゆりうごかされねばならないことはさきの考察からあきらかであろう。彼らの二元的分離論的な理論構成上価値相対主義と解されうるリッケルトやM・ヴェーバーが、相対主義に対して根本的に批判的であり、だからといって絶対主義に組みするわけではないことからも、理解しえよう。むしろきわめて屈折した形で相対主義をいかにのりこえるかに苦心した記録ともいえよう。だがいま〈価値の哲学的文法〉の筋道があきらかになることによって、そのような苦労も徒労におわるというべきであろう。

三対のイズムは価値問題を考える場合にたしかに直面しなければならないい思考様式であるが、それらが二項対立的に定立されるのはどこまでもカテゴリー的言語使用においてなのである。その場合の核心は、〈絶対〉―〈相対〉[49]、〈客観〉―〈主観〉、〈リアール〉―〈ノミナール〉であることは言うまでもない。実際の思想的営為とその形式的可能性において、三対のイズムは三次元階層の〝弁証法的〟関係性においてより複雑な関係模様を描き出すものであった。別の一例をあげるが(50)、文化人類学者は、価値相対主義の一つのバリエイションである文化相対主義の立場をとるとみなされるのが、それは科学言語のメタ（二次）言説のレベルにおいてであり、発話主体としての第一次性においては、キリスト教であれイスラーム教であれ、徹底した一神教の価値絶対主義の立場をとることも自由なのである。だが、メタ言説において価値（文化）相対主義に対応してそれなりのメタ意識の自覚を担う以上、そのようなメタ意識の自覚がまったくない人と比較すれば、そこに一種の自己否定性の契機が組みこまれてくるので、本来ならどうしても即而対自的な第三次性へと自らをねり上げることがもとめられよう。アイデンティティーの問題は、どこまでも他者措定を通して開かれる自-他関係の地平においてこそ、よりゆたかに形成されていかねばならない。〈価値の哲学的文法〉の筋道からみれば、もはや三対のイズムの思想としての二項的対立はまったくシャイン・プロブレームにすぎず、われわれは価値問題に関する限り、発話主体の第一次性の地平においてはたとえ諸価値間の相対化が許されえない場合でも、どれだけ開かれた立場をとりうるか否かがあるのみである。いままでたえず誤解されてきたが、相対主義だから寛容の精神をもちうるというような考え方は根本的にあやまりであり(51)、どれほど絶対主義をとりえても寛容の精神をとりいれる余地があるように言語主体としての人間は形成可能だということなのである。

ところで、開かれた立場にはじめから向き合うともとめたのが、もろもろの排除を必然的に伴う概念規定からはじめることが出来ないという、構図構成の立場にほかならなかった。今あきらかにしたように、構図の定着は〈価値の哲学的文法〉を介してはじめて位置付けられるにいたったが、それは、いわば〈プロテロン・プロス・へーマス〉の姿であり、〈プロテロン・ティ・ピュセイ〉においては、構図構成の立場こそ〈価値の哲学的文法〉を可能にするものである。〈構図の認識〉としてはじめて価値問題の探究が可能となりその展開がもとめられることは、文字通り、開かれた立場の遂行にほかならない。

3　価値論の全体的構想

第I部から第II部へ

第I部は三章からなっており、第一章「価値」の規定、第二章　価値の構図、第三章　価値の図式である。この考察によってわたくしは、価値問題にアプローチするにはどのような筋道によらねばならないかを明らかにしようとした。この点をもう一度総括的に振りかえるのはあとにして、このようなアプローチがなぜもとめられざるをえないかの所以を、あらためて確認することからはじめたい。

いままでにも繰返し指摘したように、価値問題の哲学的考察は、ヨーロッパ哲学においては、一九世紀後半から二十世紀はじめの新カント学派の価値哲学とその周辺をのぞいては、本当に根本から受けとめられ真剣に探求されることがなかった。しかし本来的に言えば、新カント学派はむしろニーチェと表裏をなして、同時代的な価値意識の覚醒として全体的に受けとめられることがもとめられる。前者は伝統的価値体系の正統性を保守再興する方向性を、後者は逆にその正統性を破壊革新する方向性をはらんで、相反するベクトルの描き出す大きな渦のなかに、ヨーロッパ哲学は捲きこまれるかにみえた。ところが実際は、これから本格的に始まるかと思われた価値探究の営みは、ヨーロッパ哲学の伝統意識にもとづいて文字通り二重の意味で排除されてしまったのである。この二重の意味での排除を遂行した者こそ、ハイデガーの〝保守革命〟の「存在の哲学」にほかならない。ハイデガーの哲学思想の〝保守革命〟という二重性は、この二重の意味での排除にはまさしく打ってつけであったと言うべきであろう。つまり、その保守性において徹底的に新カント学派の価値哲学を駆逐し、その革命性においてニーチェを最大限にとりこみつつ、彼の価値転換の試みを西洋形而上学の最終段階たる主体性の哲学と位置付けて排除した。存在論への大転換ないしは伝統回帰と言われる、この哲学史的事態は、たしかにハイデガーなしにはありえなかったであろう。ここに今世紀における最大の哲学者と言われる正当な理由が存するとともに、またそれだけ根本的な最大の問題を刻印してしまったのである。

もっともストレートに言って、存在問題と価値問題とは両立しないかのように取扱うハイデガーの哲学的思考はむしろ極めて〝戦略的〟なのではなかろうか。つまりハイデガーの「存在の哲学」を際立たすために、極めて意図的に「価値の哲学」を排除してしまった(52)。もっとも根本的に言って、価値問題を排除して存在問題を問うことははたして可能であろうか。わたくしには不可能なように思われる。そしてハイデガーの場合でも、その〝原点〟に不可能性が刻印されているように思われる。

ハイデガーの「存在の哲学」はその存立構造において、すべて存在論的差異に依拠しているといっても過言ではなかろう(53)。この差異において「存在が存在者を存在せしめる」という根源的関係がよみとられるところに、彼の「存在の哲学」の存立の〝原点〟がある。この〝原点〟にもとづく限り、「存在そのもの」から哲学することがもとめられるのは、当然な成行きであろう。だがこの〝原点〟はどこまでも存在論的差異の提示なのである。差異の提示とはそもそも価値定立なしに可能であろうか。差異自体は価値定立とはかかわりなく「ある」かもしれないが、それが存在的差異ではなく存在論的差異として提示される以上、価値定立なしではありえないのではなかろうか。要するに、この差異がただ「ある」というのではなくて、どこまでも存在が存在者を存在させる意味で存在と存在者とは対等の二項ではないという存在論的差異の関係が提示されるのであるから、それは対等の二項ではないという意味でもっとも典型的な価値関係がよみとられていることにほかならない。そもそも根源的な価値関係がそこでよみとられているからこそ、単なる二項間の存在関係とは異なって、存在論的差異が文字通り存在論的に提示されうるのである。存在論的差異が存在の思考の〝原点〟におかれることは、価値定立なしでは存在の思考も成り立ちえないことを意味している。端的に言って、存在論も本来存在‐価値論としてのみ存立すると言わねばならない。

ところでハイデガーは存在論的差異を提示することによってひたすら「存在の思考」のみを展開し、そのような思考がなぜ可能かという点をまったく問わないところに、わたくしは彼の存在論という哲学的戦略を感じとらざるをえない。いまや哲学的言説は〈根拠の言説〉ないし〈根拠からの言説〉としてそれ自体がストレートで〈真理〉をあらわにすると解するような、いわば超越論的自閉域に自足するような〈素朴〉な次元にとどまりえないと考えられる。その意味でハイデガーの存在論はむしろ極めて素朴な哲学と言わざるをえない。存在論というものはギリシア古代哲学の〝始源〟に由来するその正当性において文字通り素朴な哲学であり、そこにのみ正当につらなろうとしたハイデガーは本来的に意図的であったとともに、現代におけるその伝統の終末をあらわにしたというべきであろう。いまや存在論はその伝統の現代的段階において存在‐価値論としてメタ哲学的ないしメタ超越論的言説として多様な〈知〉の営みへと開放されることがもとめられている(54)。価値問題へのアプローチが根源的に追究されねばならぬ所以である。

わたくしの試みもそのための一つの営為にほかならない。そのアプローチがわたくしにとってどういう筋道をとらざるをえないかをあきらかにしようとしたのが、第I部　価値の構図の探究なのである。いまその問題探究的考察が完了したところであるが、第II部　価値のことばの考察へと向うにあたって、あらためてその筋道を反省的に概観し、その反省がひらく価値論の全体的構想をあきらかにすることによって、第II部への見通しをつけることにしたい。

「価値の構図」についての再考察

いまハイデガーの存在論を手掛りにしてあきらかにしたよ

うに、存在論的差異において存在と存在者との〈価値〉関係がすでに開かれていることが示される時、価値問題へのアプローチの筋道が、それこそ一筋縄でいかないことが示唆されているといってよいであろう。存在論的差異の提示に価値定立をよみとらざるをえないということは、存在論を哲学とおけば、その哲学的言説にはメタ哲学的な反省ないし批判の言説が伴うことを意味している。それが存在-価値論にほかならない。分りやすくもっとも端的に言ってしまえば、哲学とはもともと存在-価値論にほかならないということである。哲学とメタ哲学との連動こそ、ハイデガー以後の哲学の、現代的な（もしのぞむなら、ポスト・モダン的な）状況といってもよいのではなかろうか。実は今後あらためてもとめらるべき価値論とは、かような連動の哲学的営為だと言わねばならない。かかる基本的な立場ないし見方の展開はもちろん価値論そのものの解明によってこたえられるしかないわけであるが、その営みも価値問題へのアプローチをしようとする以上、まずその問題探究の対象たる「価値」がなんらかの仕方で規定されない限り、そこに接近するという方向性さえ成り立たないと言うべきであろう。その意味で、「価値」の規定がまず問われるのは筋道の当然な順序であろう。

問題探究の対象を明確化するためにまずなされる規定は、一般に概念規定（なんらかの定義）であり、概念規定こそ限定というものをより明確に示すには不可欠な操作と考えられてきた。それは概念の外延をせばめ概念の内包を明示することによって、その限定の枠を超えるものをもっとも明確に排除しうると見做されたからである。したがって規定というと、すぐ概念規定からはじまることが、なんら疑われることなくなされてきたのである。だが、概念規定の在り方そのものが問われざるをえないのは、哲学とメタ哲学の連動である価値論にとってはむしろ逆に不可欠の前提と言わねばならない。

規定することはなんらかの限定を与えることであるから、限定の枠を超えるものを排除することにほかならない。だから見やすい道理だが、もしはじめから概念規定をして特定の価値だけをはっきり問題にすることをもとめるとすれば、――たとえば倫理なら倫理価値を特定してあきらかにすることがその概念規定上当然の前提となるが――たしかにある価値概念が明確になってもそれ以外の多くの価値が排除される結果になってしまうであろう。かかる意味では、概念規定とは特定のディシプリンにおいては正当にもとめられうるとしても、特定のディシプリンとしての限定をもたない学的営為においては、そもそも概念規定からはじめることは不適当だと言わねばならない(55)。つまり概念規定からはじめるかどうかは特定のディシプリンという前提があってのことであり、その逆ではないということである。丁度存在論にとって存在の概念規定がなしえないと同様に、価値の概念規定からはじめえないのは価値論としての哲学自体が特定のディシプリンではないからである。とすればどうしたらよいであろうか。

わたくしは「価値の構図」構成以外には、なんらかの「価値」の規定をもとめながらその概念規定からはじめるわけにはいかないというディレンマをのがれる道はないと考える。構図構成とは、直訳すると事態がかえって分かりやすく示されると思われるが、the composition of the composition であり、それはどこまでも個々の構成をうけとめてそれについての構成がもとめられるという仕方で、メタ性を基本的に組み入れている価値論的試行にとって極めて適合的な営みということが出来よう。価値問題へのアプローチといっても、すでに諸々の価値問題が存していることはあきらかである。真、善、美、聖、正、利などと代表的な価値のシンボリックな表現を手掛りにしても、それぞれの価値問題について特定のディシプリンすらすでに存していることは言うまでもないことである。その意味においてすでになんらかの「価値」構成がなされているわけであるから、概念規定の場合のようにどれかに限定して他をはじめから排除するような行き方をとるわけにはいかない。ここに、価値の構図構成とは出来る限り多様な価値を構図としてうけとめて、しかもそれを通して価値概念構成を示すことがもとめられる。その意味で構図構成は概念規定とは逆の営みといってよい。

構図構成は概念規定とは異なって、限定することによってその枠をはみ出すものを排除するような営みではなく、出来る限り価値の多様性を組み入れる営みにほかならない。限定しその限定の枠を超えるものを排除する営みは、明確さをもとめる理性ないし悟性の立場とすれば、構図構成は構想力の立場に立つがゆえに可能なのだといえよう。構想力は限定排除する働きではなく、可能な限り構想をふくらますことによってよりゆたかな内実をもとめる働きにほかならないからである。「価値の構図」構成は「構成の構成」だからといって、すでにいろいろとなされている価値構成について反省するという仕方ではじまるわけではない。そのような仕方ではどうしてもはじめから任意の構成によりかからざるをえなくなり、かえって自らの意図をはじめから裏切ってしまうからである。それではどのように価値の構図構成の営みをはじめたらよいのであろうか。

この営みは、第一に、その基本性格においてすでに価値論の開始なのであるから、哲学的思索の〈はじめ〉に立ち返ることがもとめられよう。と同時に、第二に、構図構成の前提として、価値と事実とを二元的に分離するような限定的な考え方がはじめにおかれることに対して批判的に吟味することももとめられよう。この二つの要請に導かれて価値の構図構成がはじめられるわけである。かくして価値の構図構成は、哲学的思索の〈はじめ〉におかれる「直接与えられたもの」と直面して、知覚による〈きりとり〉＝〈捨象〉に捲きこまれないために、〈逆還元〉の方法による〈組み入れ〉＝〈拾象〉以外には、その筋道を切り開きえないことが示された。この〈逆還元〉には二つの道があり、誤解をおそれずに名付ければ、第一の道が〈宇宙論的逆還元〉の試みであり、第二の道が〈起源論的逆還元〉の試みである。いまそのプロセスを追う余裕もないし必要もないが、〈逆還元〉の方法はどこまでも価値の構図構成のいわば〝土台〟をいかに定礎したらよいかにかかわる。だから価値の構図の全体にかかわるわけではない。しかし〝土台〟ないし〝土壌〟がはっきりと位置付けられねばならないところに、〈逆還元〉という方法のもつ重要さがある。

価値の構図の全体像は、イメージ上では、価値の三角形と菱形という合成図形で表示される。その際にも繰返し指摘したように、図形と構図とは根本的に異なるものであるが、構図をイメージ上目に見える形で示すには不可欠の技法として図形表示がもとめられる。それはともかく、かようにしてなされた「価値の構図」に対するわれわれの問題探究的考察は、構図構成をただもとめて展開されたために、「価値の構図」の意義なり機能なりをはっきりと述べることが出来なかったように思われる。いま第Ⅰ部の考察が完了したところで、「価値の構図」についての再考察をなすにあたり、むしろそのような観点から総括的に見直してみることにしよう。

「価値の構図」の探究は簡潔にいって構図の構成と構図の定着とからなっている。両者は異なる問題事態ではあるが、この二つの段階があってはじめて完結した考察となる。前者は逆還元論によってその〝土壌〟が定礎されてその〝ふかさ〟がはかられ、その上で価値の〝ひろさ〟が描き出される。そしてかようにして構成された構図の定着は、図式論と哲学的文法論によって、現実の世界ないし生活世界へと回帰するその筋道をあきらかにする。このような探究それ事態がすでに価値論的探究の重要な部分をなしていることは言うまでもないが、この二段階ではじめて一貫した「価値の構図」の探究がなされるのは、そもそも「価値の構図」なしには価値論的探究など少しもなしえない所以とふかくかかわっているからである。この点にこそ「価値の構図」の意義と機能の基本がある。

「価値の構図」なしには価値論的探究はなしえないということは、つまり、価値の全体像を一つの構図としてうけとめて〈構図の認識〉として遂行するのでなければ、価値論の開始も展開もなされえないということである。〈構図の認識〉というと、なにか構図を認識することにとらわれてしまうおそれがあるが、そうではない。それは、価値問題を探究する場合、分かりやすくするために極限的に言えば、全価値をすべて取りこむような形で構図としてうけとめることからはじめない限り、個々のディシプリンにおいて個々の価値を探究することならいかようにでもなしえても、決して価値論的探究はなしえないということを意味している。したがってこの構図構成はメタ理論的な営為であり、それが日常的レベルに回帰する筋道が構図の定着としてはっきりされねばならなかったわけである。

〈構図の認識〉として価値論的探究が展開するということは、より具体的に言えば、〈構図の認識〉として定礎された〈関係認識的〉な探究が展開されねばならないということである。〈関係認識的〉ということは〈構図の認識〉の基本に根差すものにほかならないことは、構図とはそもそも関係性の造型にほかならない以上、誤解さえされなければ、むしろトートロジーといってもよいほどである。構図としてうけとめられた全価値ないし価値の全体像はまさしく、基本的な関係性においてこそ構図としてうけとめられねばならぬ必然性を造形している以上、〈構図の認識〉は徹底的に〈関係認識的〉な探究として展開する以外にはありえないのである。それ故に、「価値の構図」に描かれた価値の〝ふかさ〟と〝ひろさ〟のうちであらわとなった価値の基本的な在り方は、それらが個々の構成として切り離されるのではなく、どこまでも相互の関係性において把えられねばならないことがもとめられる。たしかにこの関係性は、今日まで、限定排除を基本とする概念規定からはじまる思考様式のために、むしろ当然のように切断されあたかもありえないかのように取扱われてきた。そのためにこの思考様式を超えることは至難のことかもしれない。しかしこの転換こそ価値論が要請される所以であり、概念規定からではなくどうしても構図構成からはじめられねばならない根本的な理由である。だからこそ、価値哲学基礎論の探究なのである。

ところで、価値の〝ふかさ〟と〝ひろさ〟は、価値の三角形と菱形によってイメージ化され、そこで結局価値の基本的な在り方は三つの価値――差異＝価値、選択価値、特種価値――として描き出されることになった。つまり、価値の構図構成は同時に基本的な意味では価値の概念構成を伴うことをあきらかにした。この問題探究的考察は、構図構成をもとめる過程として、簡潔に言えば、逆還元論からはじまって認識をめぐる主客関係論とジェネラリゼイションのレベル理論によって構成されていた。そのため、この考察は内容の分析にのみかかわって、構図のなかでの相互関係性を描き出すことに終始せざるをえなかった。その結果、さきに指摘したように、「価値の構図」の意義や機能に関してあまり言及することを控えてきた。ある意味ではもっとも根本的なことを括弧に入れたままできたということが出来る。だがいまや第Ⅰ部の考察の締めくくりとして価値論の全体的構想を述べるにあたって、それを括弧のなかに入れたままにしておくことは出来ない。それを提示したあとで全体的構想を語ることにしよう。

わたくしは「価値の構図」の問題探究的考察において、図形表示で言えば、価値の三角形のうちに菱形を描き込むことによって構成した。それはどこまでも問題に即した考察の故である。だが価値の三角形という図形表示で示される構図には、もっと根源的な構図が対応している。いままでわたくしは価値の三角形の底辺を価値の〝土壌〟といわば比喩的に表現して、それ以上のことを述べるのを意図的に控えてきた。だが実はこの一見比喩的に示されたポイントには、ある極めて根本的な事態を潜めておいているのである。「価値の構図」それ自体が関係性の造型にほかならないことを指摘したが、このような〈関係認識的〉な探求がもとめられる基本には、いわば〈元型〉ともいうべき根元的な関係性とも言うべきものが、たとえいま失われてしまっているとしても、「ありうる」ないしは「あるべき」だと考えられるからである。「ありうる」ないし「あるべき」と述べた点も注目されねばならない。この根元的な関係性もその根元性において価値的事態であり「存在‐価値」にほかならないことをはっきりとおさえておかねばならないからである。

さて、この関係性は根元的な関係性であるから、理論的には普遍的に考えることがもとめられるが、まず分かりやすく示すために、比較文明的視野から指摘しよう。それは、中国文明においてはもっとも古く易経に示されたものである。つまり三元、三極、三才などと表現される天・人・地の関係性にほかならない[56]。わたくしは特に「三元」をうけて「三元関係性」という言い方で、この根元的な関係性を言いあらわしたいと思う。ハイデガーが四方‐界といって、神‐人、天‐地それぞれ対の四者を提示したことで[57]、このような根元的な関係性を見直そうとする反省がおきる気運にはあるが、いまだ木に竹を接いだ感がある。それは、〈構図の認識〉が正しく理解されない限り、いかほど根元的な関係性としてもち出しても、十分なはたらきを示しえないと思われる。なぜなら〈構図の認識〉がはたらいてこそ三元関係性ももっとも根元的な構図としてうけとめることが可能となるからである。そしてさらに忘れてはならないことは、天・人・地の三元関係性が切断され解体する方向性において世界の歴史が展開してきているということである。その意味において、この根元的関係性を存在論的にあたかも本質的な関係性であるかのように考えることは避けねばならない。ハイデガーの場合も存在論的に四方‐界を提示したところに根本的な問題がある。さきに「ありうる」ないし「あるべき」に注目するよう指摘したように、どこまでも存在‐価値論的にのみ可能なのである。したがって、この失われた、ないしは失われつつある三元関係性をいかに回復するかに、価値論の展開の意義も使命もかかっていると言っても過言ではないであろう。

以上のように根元的関係性と考えられる天・人・地の三元関係性は、要するに、構図の元型と考えられる。したがって、図形表示上で端的に示せば、価値の三角形で示される価値の構図に、その根源的なレベルにおいて、この元型は呼応している。より具体的に言えば、価値の三角形で示される頂点・中間線・底辺に対して、三元関係性の天・人・地が根元的構図で呼応し合っている。わたくしがその底辺を〃土壌〃として比喩的に表現した所以も、地との呼応をひめているのであり、そこに〃ふかさ〃をよむと同時にいつでも低く軽視されたり無視される所以もこめられている。しかし地の回復はどれほど至難でも差異＝価値への注視とその価値からの関係性の再生以外にはありえないであろう。価値の三角形の頂点に呼応する天は神とも言いかえてよいが、頂点ないし上からの思考がプラトン主義‐キリスト教的思考様式の核心であり、それがまた根本的にいかに三元関係性の構図をはじめから分解しようともとめてきたかは言うまでもないであろう。ところがヨーロッパ近代においては周知のように人の地平のみが万能となり、天＝神と地が完全に切断されて消えさるかにみえた。ニーチェは神の死を声高く叫んだが、人の「権力」の世界のみが万能化することに対しては、「超人」という「大地の意味」への希求をもとめつづけた(58)。その意味で、ニーチェの哲学がヨーロッパにおける価値論の緒口であったことはきわめてシンボリックと言わねばならない。だがニーチェでは神の死がもとめられていたのである。安易な伝統回帰によって、失われた三元関係性の再生をもとめることは、いまや比較文明的視野が開かれてくればくるほど、むずかしいと言わねばならない。だが三元関係性を構図の元型として呼び戻すことは、今後価値論が〈構図の認識〉として展開する点でやはり不可欠なポイントであろう。

価値論の全体的構想

以上、「価値の構図」の意義や機能について重点的に見直してみたが、〈構図の認識〉として価値論が展開することがあらためて確認されたことで、価値論の全体的構想もおのずからその筋道を見通しやすいものとなったということが出来よう。この構図は形式的に述べれば、次の第II部が価値のことば、第III部が価値の認識、第IV部が価値の実現という形でその道筋が描かれる。そしてそれを総括するタイトルは「価値における言葉と論理と実践」であり、文字通りそれぞれの部に基本的に対応するものである。このような組み立てによって価値論の全体的構想をはたそうともとめるわけであるが、個々のパートについて述べるに先立って、全体的な見通しのような事態をまず問うことからはじめよう。

この全体的見通しというものは、やり方によっていろいろな観点からひかりをあてることが出来ようが、今は即物的とでも言おうか、いま形式的に指摘した事態に即して、一体なぜ言葉、認識、実践という三部からなるのか、またなぜ言葉の問題からはじまるのかと、誰でも最初に感ずる疑問から考えてみよう。この疑問は要するに全体的な編成と順序の問題であって、まったく相即的な問いである。この点に答えるには、第I部の構図構成のある基本的な局面をあらためて見直すことが必要である。

われわれは価値の構図構成において三種の価値概念構成——本来はメタ価値概念構成であるが——をはたした。したがって〈構図の認識〉として価値論が展開することは、この三種の価値つまり差異＝価値、選択価値、特種価値の関係によってその内実が織り成されることにほかならない。三つの価値概念の構成は、原則論からみれば、構図構成の二つの原則にもとづいている。第一の原則は、ジェネラリゼイションという可知性のカテゴリーによるレベル構成の原則で、一般的にはジェネラリゼイションのレベル理論といえよう。そして第二の原則は、主客未分から分離・統一へという主客間距離構成の原則で、一般的には認識をめぐる主客関係論といえよう。この二原則に基づいて概念構成された価値の三者関係は、基本的には、第一の原則によってはっきりとレベル間関係性として枠付けされる。そしてこの三者のレベル間関係は、また原則論からみれば、それ自体の三つの原則にもとづくものであった。第一の原則は「フォーカスの原則」、第二の原則は「反照の原則」そして第三の原則は「移行の原則」である。

さて、このような関係性におかれているメタ価値概念を現実の世界ないし生活世界の日常的レベルへと回帰せしめるのが、（これが還りの道であるが）構図の定着の必要性である。それは要するに価値の図式論と哲学的文法論によると端的に言うことが出来る。簡潔にまた総括的に言えば、価値の図式論は、たとえ還りの道ではあれ、構図のなかでの、いわば根源的な意味での価値判断論であり、価値の哲学的文法論は、いまや生活世界の日常的レベルに現実に生きる言説主体（発話主体より一般的には言語主体）と直接かかわる、経験的な意味での価値判断論ということが出来るであろう。もちろん、図式論と文法論であるから、価値判断論といったからといって、価値判断自体が内容的に問い出されるわけではない。むしろ構図のそれぞれの局面における、価値判断の構成的ないし定着的な筋道をあきらかにしたものといった方が正しいかもしれない。図式論は還りの道である以上構成をうけて定着への方向性にあるが、その理論的レベルにおいてはどこまでも構図構成の往還の道としてうけとめられねばならない。それが哲学的文法論へとつなげられてはじめて、構図の定着が現実化する。そこではじめて現実的な言説主体が問題となるからである。

以上のように、第I部の「価値の構図」をめぐる図式論と哲学的文法論を総括的に概観する時、すでになぜ第II部が言葉の問題からはじまるかについての答えが示されてるといってよいであろう。要するに言説主体にかかわることによって価値の構図がはじめて定着する地平を見出すにいたる以上、ここでまず言説主体の基軸をなす言葉の問題が問われねばならなくなるのは、当然の成り行きなのではなかろうか。とすれば、第I部「価値の構図」の問題探究的考察がなされた筋道の最終段階でおのずから、第I部から第II部へと移行して、いよいよ内容的に価値論を展開する出発点が示されていることはあきらかであろう。

総括的に言えば、価値の哲学的文法という試論は、いままでの価値説がどうしてもかかわらざるをえない、もっとも基本的な三対のイズム——価値絶対主義対価値相対主義、価値客観主義対価値主観主義、価値リアリズム対価値ノミナリズム——を批判的に吟味することによって、価値問題を探求する際に避けえない筋道を〈哲学的文法〉という表現で示すとともに言為論の立場ないし地平をあらわならしめるものであった。それは結局、日常言語の現場である生活世界＝コンテキストを基礎地平にして、第一次から第三次にいたる言説主体の在り方つまり日常言語とメタ言語それに対応する意識とメタ意識の、いわば〝弁証法的〟な関係性において言説主体が問われざるをえないことをあきらかにしたわけである。とすれば、おのずから言葉の問題がまず問い出されることは必然的なプロセスといってもよいであろう。だがこのことはただ単にはじまりだけを示すにとどまらず、実はすでに全体的編成と順序に対してもはっきりした見通しを開いていると解される。

価値の哲学的文法が言説主体（意識）と言説をめぐって第一次性から第三次性にわたる、いわば〈回帰の弁証法〉的筋道をはっきりと描き出した以上、この第I部の最終段階が、ことばの在り方が本格的に探求されねばならぬ出発点をあきらかに設定しているのである。しかも第I部の問題探究的考察によって〈構図の認識〉として価値論が展開することが開示された以上、もっと端的に言ってしまえば、哲学がそもそも存在-価値論として展開することがあらわとなった以上、認識ないし知識と実践という、哲学の二大テーマに真正面から対応しなければならないのはむしろあまりにも当然な帰結なのではなかろうか。かくして、価値論の全体的編成と順序は、ことばと認識と実践という三部から組み立てられて、それぞれの問題探究を通してその解明がもとめられるわけである。そこでそれぞれのパートについて先行的に一定の見通しを述べることが必要であろうが、その前に価値論の全体的構想の、いわば核心とでも言うべきものについて言及しておきたい。つまりあらためてこの全体的編成において一体なにを意図して全体的構想を集約しようとしているのかと。すでにいままでのところで述べられていることではあるが、その基本は一つの核心ないしは〝原点〟に集約されることではあるが、一応三つの観点からここではまとめておこう。

まず第一の基本は、すでに繰返し述べてきたように、「価値の構図」に基づいて〈構図の認識〉として価値論が展開することがもとめられるわけであるが、それがより十全的に展開するためには、やはり、構図の〝土台〟つまり価値の〝土壌〟というものが、価値論の全体的構想をささえる〝基礎〟ないし〝原点〟をなすという点である。ここに、いままでの〝正統的〟と解される価値の哲学に対する否定的なスタンスのとり方の基本があるとともに、もっと端的に言えば、哲学そのものに対する否定的な哲学とならざるをえない所以が存している(59)。その意味で、天・人・地の三元関係性との呼応においても、地からの再生がもっとも基本的に希求される所以である。

第二は、構図の構成はその定着のために往還の道をたどらねばならないことをあきらかにしたが、それは要するに哲学が価値判断批判として基礎地平たる生活世界からメタ言説とメタ意識の世界まですべての基本的問題にかかわることを意味している。今日カントの批判的伝統にたちかえって、真、善、美、聖などの個々の価値判断をそれぞれ分離し異質であることが強調されて、その間の関係をどうするかが問題になっている(60)。またいままで一般に論じられてきた価値判断の問題もほとんど特種価値にかかわる判断が中心であり、したがって上からの価値判断論ということが出来よう。われわれの立場はカントの図式論に対する批判的吟味からもあきらかなように、ここでもむしろ底辺の差異＝価値を基底にして、選択価値や特種価値との相互の関連付けをもとめている。もちろん特種価値を特別視することは「フォーカスの原則」からも当然認められることではあるが、三つのメタ価値概念のレベル間関係性を再活性化せしめなくては、特種価値間の価値判断の問題も旧態依然の議論を繰り返すだけにおわってしまうであろう。

かくして第三は、価値のことばの問題は価値の哲学的文法論によっておのずからはじめに位置付けられることを、さきにあきらかにしたわけであるが、理論構成の核心から言うと、以上二点にわたって指摘した、いわば〝原点〟ないし〝基底〟にあたる差異＝価値を論ずるには、ことばの問題こそがその一種のモデルの役をはたすという点である。その意味で、第II部までを「価値哲学基礎論」ということができよう。差異＝価値が〝基礎〟にあるといいながら、それ自体としてはなかなか把えにくいものであるから、差異の体系と言われる言語問題を論ずることを通してはじめて、われわれは差異＝価値の実相にふれることが容易となろう。そのためのモデルの役割をはたすと考えられる所以である。ここにも、価値のことばの問題からはじめることが、価値論の全体的構想の核心を集約していると考えられる理由が存している。

そこであらためて個々のパートについて簡単にそのポイントを瞥見することによって、価値論の全体的構想のいわば骨組みの一部を先行的にあきらかにしておこう。

第II部、価値のことばの問題は、もっとも根本的に言えば、言葉の問題を価値のことばの問題としてうけとめねばならないことをあきらかにしようともとめている。価値の哲学的文法によって言説主体と言説の相関的な重層性があらわにされたので、かえってその基礎地平として生活世界＝コンテキストがはっきりと定礎されねばならないことが示された。それは言為論の立場が基礎であることを意味している。したがって言為論的生活世界に立って多様な言語活動がなされる仕組みをあきらかにして、特種価値言語の解明にまでいたらねばならない。特種価値言語は、善・義務・規範などの倫理のことば、正義・権利・公正などの法政のことば、美・崇高・悲壮などの芸術のことばなどかぎりがないが、それらを価値のことばの構造と動態性においてどのように把握するか。だがそのためにも、先に一寸指摘したように、やはりその基本的な〝原点〟として差異＝価値の在り方から注目しなければならない。しかもそれを理解するには欠くことが出来ないものが、まさしくことばの問題なのである。周知のように、言語を差異の体系であり、それが価値だと把えたのはソシュールであった。差異＝価値の把握のために言語問題は不可欠のモデルの役をになっている。差異＝価値の在り方をあたかもモデル化して可知性の相のもとにもたらし、しかも言為論的生活世界の日々のコンテキストのなかで不断になされる営みからどのようにことばを全体的に把えていくかが、価値のことばの問題にほかならない。かくして価値のことばの問題はまさしくことばの相のもとで差異＝価値・選択価値・特種価値の三者関係性をあらわならしめ、それがいかに価値のことばの関係認識的な問題性を示しうるかを解明しなければならない。

第Ⅲ部、価値の認識の問題は、生活世界と科学世界とを二元的に分離することなく認識の問題を問い出すことが可能かという根本問題によってまず導かれる。その根本問題は結局認識問題を「価値の認識」としてうけとめて解明することに帰着する。今日まで周知のように、科学的認識はどこまでも価値の認識ではないことがもとめられ、またそれが正統的な考え方を構築してきた。だが価値の認識ではないと考えられている限り、この正統性はそれ故非常に強靱である。だが価値の認識ではないと考えられている限り、生活世界と科学世界は分離されたままにとどまらざるをえない。二元的分離にとどまる限り、科学的真理がもとめられればばられるほど非真理が生活世界のうちに堆積するという〈真理のパラドックス〉がひたすら促進され、価値の〝土壌〟はますます不毛と化して地の再生などのぞむべくもないであろう。

いままで科学的認識が価値とは関係ないことを示すために、〈没価値性〉などというカテゴリーが用いられてきた。しかしわれわれは価値の図式論において〈没価値性〉は価値に関係ないカテゴリーどころではなく、価値の認識のために不可欠な図式であることをあきらかにした。図式論は、もろもろの事象を価値事象としてうけとめるために、メタ価値概念が現実的レベルへと適用される、構図のなかでの根源的な意味での価値判断の遂行の筋道にほかならないのであるが、それが価値の認識の問題を導くのは、〈構図の認識〉として価値論が展開するからである。普通没価値科学とみられてきた自然科学に関しても、自然の〈価値化〉が問われる。それは〈非価値〉や〈空価値〉としての自然の対自化の姿であって、〈没価値性〉が価値にかかわる以上、価値の認識から無関係であることは出来ない(61)。それとは逆に、経済学は価値と基本的にかかわることが認められてきたが、それは選択価値にふかくかかわるわけではあるが、むしろ価値の頽落形態であることがあきらかにされよう。そのような科学的レベルにおける価値の認識にとどまらず、〈超価値〉の問題もまた価値の認識として問い出すことがもとめられる。つまり宗教や芸術の在り方も価値の認識の問題としてうけとめられれば、なにも科学的認識と決して異質ではないことが確認されねばならない。

第Ⅳ部、価値の実現は、すでにあきらかにしたように、実践の問題にほかならない。実践の問題にいたれば誰でもそれが価値にかかわることは認められるようである。価値の実現はなんらかの人間の実践なしではおこりえないからである。だが、ここで逆に考えることがもとめられる。つまり実践の問題がどこまでも価値の実現として把えられねばならないのであり、ここで「価値の構図」は〈構図の認識〉としてではなく〈構図の実現〉としてどのように展開するかが問われねばならない。ここで根本的な転回がおこるのである。われわれが価値の構図構成をもとめた際、最初に手引きとした価値事象という事態が、いまや三部にわたる価値論的探求の結果、あらためて自覚的に価値の実現として生起する事態として問われねばならないということである。つまりはじめ「直接与えられたもの」として示された事態が、いまや自覚的に実践による価値実現の課題となったというわけである。実践は個人の実践から集団の実践へ、しかしそれらは同時に実践の価値事象であり、常にその事象の構造化にともなわれている。その構造化とともに、いわば空間的には、政治、経済、社会、文化などの諸関係が形成され、そこに差異＝価値、選択価値、特種価値の三者関係が諸々の形で具現化され、時間的には歴史事象の構造化として「世界」史までもが造形される。しかしそれらの諸関係の基礎が文明・文化の諸関係にあることにおいて、価値の実現の最終地平、つまり世界文明の地平にいたるのである。

その際特に忘れてはならないことは、このような問題の地平が巨視化されても、差異＝価値はやはり〝原点〟の位置を占めており、差異＝価値の巨視化の相で〈差別＝価値〉が十分に自覚されることがもとめられていることである。価値の実現のイデアールな地平は、真・善・美・聖・正・利などの特種価値の具現化がのぞまれるにせよ、差別＝価値が常にともなわれる深い関係性をうけとめることがもとめられ、そうしてこそはじめて三元関係性をささえる地の再生へといたる可能性も開かれうるといえよう。

(1)〈還元〉とは基本的には三つ、要素還元、単純還元、原理還元で、哲学の場合はほとんど原理還元にあたる。

(2) この点を言語と意識の対応性において理解するとよりわかりよいかもしれない。日常言語と日常意識を基底として対応させると、科学概念（言語）がメタ概念であることはメタ意識とより高次で対応することになるわけであるが、それはまだはっきり自覚されていない。そこでわたくしは「非反省的メタ意識」と規定したい。ところが構図構成によってメタ価値概念のメタ・メタ・レベルにいたる時はじめて「反省的メタ意識」でうけとめられる。しかしこの「反省的メタ意識」は日常意識にかさなることがもとめられる。この問題が〈哲学的文法〉と〈回帰の弁証法〉とふかくかかわる。

(3) Kant, Kritik der reinen Vernunft, B. 177.

(4) ibid., op. cit., B. 176-7.

(5) ibid., op. cit., B. 179.

(6) ibid., Kritik der Urteilskraft, Einleitung.

(7) ibid., op. cit., XXV.

(8) ibid., op. cit., LVIII.

(9) ibid., Kritik der reinen Vernunft, B. 33.

(10) ibid., op. cit., B. 169.

(11) ibid., op. cit., ebenda.

(12) ここでも判断は広義と狭義で用いられている。

(13) ibid., op. cit., B. 169.

(14) ibid., op. cit., B. 171.

(15) ibid., Kritik der Urteilskraft, XXV～XXVI

(16) M. Heidegger, Kant und das Problem der Metaphysik, (V. Klostermann, 1951), S. 130

(17) Kant, Kritik der Urteilskraft, S. 145-6.

(18) 岸田秀『二番煎じものぐさ精神分析』（青土社、一九七八年）四一―二ページ。

(19) 吉本隆明『共同幻想論』（河出書房新社、一九六八年）序一六ページ。

(20) 岸田秀、上掲書、二〇九ページ。

(21) 同、上掲書、二一〇―一ページ。

(22) 同、上掲書、二一三―四ページ。

(23) 同、上掲書、二一四―五ページ。

(24) 差別論にかかわらないような価値論はもはや存立する意味がないところに、今日の価値論の出発点がある。

(25) J. P. Sartre, L'imaginaire (Gallimard, 1940) p. 15-34.

(26) 参照、拙著『歴史における言葉と論理』I（勁草書房、一九七〇年）一三九―四二ページ。

(27) 超越論に対応する超越論的意識は、要するにわれわれにとっては注(2)で示した「反省的メタ意識」としてうけとめられねばならない。

(28) 「生成論的」地平と「構造論的」構成という言い方については、後出の「図式の図示」を参照のこと。

(29) 意識の側面からみれば、反省的メタ意識の問題である。

(30) もっとも典型的には、ニーチェの場合のように。

(31) 端的に言えば、価値判断批判とは、カントとP・ブルデューの間にあるということが出来よう。全く次元が異なるのであるが、だから別々にしておいてはならない。私の試みもその一つである。c. f., P. Bourdieu, La distinction, critique sociale du jugement, (Minuit, 1979).

(32) 参照、拙著『歴史における言葉と論理』I（勁草書房、一九七〇年）第一部、歴史の構図、第三章構図の定着。

(33) V. Kraft, Die Grundlagen einer wissenschaftlichen Wertlehre, (Springer Verlag, 1951), S. 5.

(34) 客観的価値妥当性（die objektive Wertgeltung）を否認すれば、すべての学問的思考からその意味と基礎をうばってしまうというH・リッケルトの場合は典型的であろう。H. Rickert, System der Philosophie, I, (J. C. B. Mohr, 1921), S. 143.

(35) 若干の著作を参考としてあげておく。G. Simmel, Einleitung in die Moralwissenschaft, 2 Bde, 1892-3 (Suhrkamp, 1987); G. Jellinek, Allgemeine Staatslehre, 1900 (Max Gehlen, 3 Auf. 1966); H. Kelsen, Huptprobleme der Staatsrechtslehre, (J. C. B. Mohr, 1911); G. Radbruch, Grundzüge der Rechtsphilosophie, (Verlag von Quelle & Meyer, 1914) etc.

(36) M. Weber, Der Sinn der “Wertfreiheit” der soziologischen und ökonomischen Wissenschaften, in, Gesammelte Aufsätze zur Wissenschaftslehre, (J. C. B, Mohr, 3 Aufl. 1968).

(37) H. Rickert, Gegenstand der Erkenntnis, (J. C. B. Mohr, 4. u.5. Aufl, 1921), S. 264-71.

(38) M. Weber, Die “Objektivität” sozialwissenschaftlicher Erkenntnis, in , ibidem.

(39) たとえば、J・P・デュピュイなどは、新しいパラダイムの探究を文字通りパラドックスにおいているといってよい。(わたしの考え方はその批判を媒介としている。)

P. Dumouchel et J-P. Dupuy. L'enfer des choses, René Girard et la logique de l'êconomie, (Seuil, 1979), p. 97ff., J-P. Dupuy, Ordres et désordres, Enquête sur un nouveau paradigme, (Seuil 1982), 古田幸男訳、『秩序の無秩序』(法政大学出版局、一九八七年)。

(40) ここから「即非の論理」や「絶対矛盾的自己同一」へと原理化してしまうことは、パラドックスの重要さの故につつしまねばならぬ。

(41) パラドックスの自己準拠性と他者準拠性の問題に先行して〈他者措定〉の〈原点〉から考えたい。参照、拙論「偶然と必然とのたわむれ―メタ哲学的思考へ」(『理想』一九七八年二月)。

(42) J. L. Austin, How to do Things with Words, (Oxford U. P., 2ed., 1976), p. 151.

(43) この点については、第II部価値のことば 第三章でより詳細に論ずる。なお、超越論的主観というものは、メタ意識が回帰しないで、超越の虚点に像を結んだものにすぎない所以を対照的に表示する。

(44) 実際は三次元が同一平面にうつされるわけであるから、その点をおさえないと、階層的構成は理解しにくい。

(45) われわれの計画の第II部にあたる「価値のことば」の問題が、言為論(pragmatics)を基礎とする所以もここにある。

(46) 〈超越論〉が哲学的信仰である所以もここにある。もちろん哲学的信仰を守護することは非難するにあたらないが。

(47) 差異をいかに思索するかが、今日の問題である。差異化と非差異化、それを価値問題として思索することが基本。

(48) 〈普遍〉という言い方はつねに以下のような四つの対で考えられることを忘れてはならない。抽象的普遍―具体的普遍、超越的普遍―内在的普遍、客観的普遍―主観的普遍、絶対的普遍―相対的普遍。

(49) この場合〈相対〉と対になっている〈絶対〉は真の〈絶対〉ではなく、その相対《アイタイ》の条件を超え出てはじめて真の意味の、無条件的な〈絶対〉になると言われる。ここにも、ひとつの哲学的文法がはたらいているわけである。

(50) c. f. E. Hatch, Culture and Morality : the Relativity of Values in Anthropology, (Columbia U. P., 1983)

(51) たとえば、さきに挙げた代表的な社会科学者、H・ケルゼンやG・ラートブルフなどは考えている。もちろんそのような考え方を批判する立場もすでにあることは言うまでもない。

(52) c. f. P. Bourdieu, L'ontologie politique de Martin Heidegger (de Minuit, 1988), p. 55 ff.

(53) H. Heidegger, Vom Wesen des Grundes (V. Klostermann, 1949) S. 15. ひとつだけ参照にあげておくが、ハイデガーの「存在論的差異」が、さらにデリダの「差延（différance）に展開しても、われわれにとっては同じ事態である。

(54) 例として木村敏『分裂病と他者』（弘文堂、一九九〇年）をあげておく。こういう形でその開放性の一つの可能性がよみとれる。

(55) 一般的には「ディシプリン」「インター・ディシプリン」「トランス・ディシプリン」の三分法で考えている。参照、拙著『比較文明の方法』（刀水書房、一九九五年）

(56) 『易経』繋辞伝上、説卦伝。ただ誤解されてはならないことは、私が中国思想的な立場をとるわけではない点である。

(57) M. Heidegger, Unterwegs zur Sprache, (Günther Neske Pfullingen, 1975) S. 22.

(58) F. Nietzsche, Also sprach Zarathustra, Vorrede, 3.

(59) 哲学そのものに対する否定的スタンスをとる哲学的営為が二十世紀哲学の基本徴表といえよう。（ただし「反哲学」という表現で考えているわけではない。）したがって自己言及的なパラドックスに向き合わざるをえず、それは本来的に哲学そのものが価値の問題にすでに組み入れられていることを意味している。参照、拙論「価値探究の論理―〈存在の哲学〉から〈価値の哲学〉へ」（『理想』六四七号、一九九一年）。

(60) 一例として、スリジー討論会『どのように判断するか――カントとフランス現代思想』宇田川博訳（国文社、一九九〇年）。

(61) 拙論「自然における価値の認識――自然の〈価値〉化」（『國学院雑誌』一九八四年二月）。

II　価値のことば

まえがき　言語批判の方法――ことばのパラドックス

価値のことばの問題に向うにあたって、その道筋の沿い方《メタ・ホドス》をはっきりさせることが是非必要である。というのは、すでにその全体的見通しのなかで簡潔に語ったように、価値のことばの考察はただ単に言語の考察を深めればよいというわけにはいかないからである。言葉の問題を価値のことばの問題として解明する価値論的考察を展開するには、どうしてもそのための方法つまりそのために沿う道筋《メタ・ホドス》によらねばならない。それをわたくしは端的に〈言語批判の方法〉とよぶ。なぜそのようによぶかを考えることにしよう。

　今日、哲学における言語問題の考察において、きわめて有力な二つの方法がもちいられているということが出来よう。一つは〈言語分析の方法〉であり、いま一つは〈言語解釈の方法〉である。〈言語分析の方法〉は実際はいろいろと解されるにせよ、分析哲学にとっては欠くことが出来ない方法であり、もっと強調すれば、この方法なしではそもそも分析哲学そのものが成り立たないといっても過言ではないであろう。〈言語解釈の方法〉はもちろんいろいろな仕方があろうが、基本的には解釈学にふかく根差す方法であり、今日ふたたび解釈学への関心がたかまるなかでおのずからこの方法があらためて注目されている。この二つの方法はある意味では対立する面をもっている。それは歴史的にみれば、ディルタイ学派や新カント学派を背景に一時強調された、あの方法二元論の系譜とつらなっているからである。そして今日においても、それぞれの方法をささえる哲学の在り方によって、その対立の様相がより鮮明にあらわれることもある。

　周知のように、言語分析の方法が論理実証主義系の分析哲学によってささえられている場合には、この二つの方法は相互否定的といってよいほど対立の相のもとにもたらされた。

この言語分析ないし論理分析の方法は科学的説明の論理構造、その正当化の論理をあきらかにするために用いられたわけであるから、むしろ理解を重視する言語解釈の方法とははっきり対立することになる。これはディルタイ以来の対立の反復である。つまり、ディルタイ以来理解の問題のために解釈学が重視されてきたために、ここでふたたび説明対理解というあの周知の対立にまきこまれてしまったというわけである。この説明対理解という対立は本来きわめて表面的なものにすぎないのであるが、しかし論理実証主義がはなやかなりし頃は、この対立を強調するような形で言語分析の方法のみが脚光をあびて、言語解釈の方法は旧態依然とした手法のようにみなされるかにみえた。しかし六〇年代を境に論理実証主義が次第に勢力を失い、言語分析の方法が後期ウィトゲンシュタインに由来する日常言語学派系の哲学分析によって用いられるにしたがって、その対立の様相はやはり次第にやわらげられるにいたった[1]。そうなると、その対立もあまり本質的なものではなく、むしろ、〝イデオロギッシュ〟な立場上の問題であることがわかるにいたり、両者は互に歩みよってむしろ協働し合うにいたったということが出来る。時あたかも解釈学の再興の潮流がたかまり、いまや言語解釈の方法の方がより生き生きと展開されているといっても言いすぎではないかもしれない。

以上のような事情をふまえた上でなお、わたくしは価値論の展開のためには〈言語批判の方法〉が正しく用いられねばならないと考える。それはなぜであろうか。いまその点を考えてみよう。むしろ事態をはっきりさせるために、結論を先取して言うと、言語分析の方法と言語解釈の方法はそれぞれ有用な特色をもってはいるが、言語の在り方自体に対してはあまりにも肯定的にうけとめているのではないかという点である。つまり言語の在り方に対して批判的に対応していないということである。もちろん論理実証主義系の人工言語学派は徹底的に日常言語の在り方を批判したではないかと言われるかもしれない。実際、前期ウィトゲンシュタインは『論理哲学論考』で「すべての哲学は〝言語批判〟である」と述べている[2]。ところが、自ら依拠する人工言語ないし理想言語にはあまりにも無批判的ではなかったろうか。その逆が日常言語学派で、たとえば後期ウィトゲンシュタインのように、あまりにも無批判的に日常言語ゲームにとりこまれてしまったのではなかろうか。言語解釈の場合でも、きわめて一般的な話だが、ある言葉を手引きにしてそれに巧みな解釈をほどこして理解をふかめるに都合のよい意味合いを取り出すことがもとめられるので、手引きとなる言葉の在り方が批判的に問題となることはありえない。もしあるとしたら、手掛りとなる前提の方がゆらいでしまうので、解釈などそもそも成り立ちえないであろう。以上のようにみてくると、言語の分析であろうが解釈であろうが、この二つの方法はどこまでもまず言語を前提に据え付けて、その上で操作をほどこすわけであるから、その前提に信頼をよせればよせるほどよい結果がひき出されるということになる。わたくしが、この二つの方法ははじめから言語の在り方を肯定的にうけとめてしまっていると指摘する所以である。そして、かように肯定的にうけとめている限り、価値のことばの問題に向き合うことが、決して出来ないというわけではないが、大いにさまたげられてしまうように思われる。なぜであろうか。

一般的に言って、肯定的にうけとめるということは、その言い方をまずあるがままに認めることにほかならない。分かり易い例で言えば、「この花は黄色だ」と「この花は美しい」という言い方がなされるとすれば、前者は事実を指示して記述しており、後者は美しいという価値を表現しているから、後者が価値のことばだとみなされることになろう。その上でどのような分析や解釈がほどこされるとしても、もはや後の祭りなのである。むしろこのような区別がなされること自体が、言葉の在り方の問題としてまず問われねばならない。かように前提にまで遡って言葉の在り方を問い直さない限り、ことばの問題を価値のことばの問題としてうけとめることは出来ないように思われる。それ故にわたくしは、価値のことばの問題の道筋に沿うためには、どうしても〈言語分析の方法〉や〈言語解釈の方法〉では不十分であり、はじめから〈言語批判の方法〉にしたがうことがもとめられると考える所以である。

以上述べてきたポイントをもっと直截に示せば、われわれが価値のことばの問題に対する時、われわれは言葉の在り方をむしろ否定的にうけとめることがもとめられる。だがこれほどパラドクシカルなことがあるであろうか。周知のように、言語問題は言語の問題を言語で取扱うわけであるから、それだけでも一種の循環のうちにとりこまれる。(その点では解釈学も同じではあるが。) それなのに、さらにはじめから言語の在り方に対して否定的スタンスをとるとは、一体どういうことであろうか。

それはむしろ極めて簡単な原事実にかかわっている。われわれは誰でも言為論的生活世界に生きながら、実は可想上はいろいろな意味で異った次元階層のなかで生きざるをえない。だが同一の場にありながら異った次元にあり、したがって異った意味にかかわらざるをえない場合、実はなんらかの意味で言葉のパラドックスにまきこまれている。それを自覚化させるには、たとえばうそのパラドックスのような仕掛けを逆に必要とするが。すでに価値の哲学的文法によって第一次から第三次にわたる言説主体と言説の〈回帰の弁証法〉的構造をあきらかにしたが、実はもっと身近かなところに仕掛けられている。あまりにも身近かに仕掛けられているので、かえって一般には気付かれないだけである。自己と他者、敵と味方、などきわめて卑近な二項的対比語で示される場面では、われわれはいつも「自己は他者であり他者が自己である」「敵は味方であり味方は敵である」というパラドックスのなかで生きざるをえない。ところが言うまでもなく、言語の在り方からすれば相互否定性に基づく二項的対比であるから、「自己は自己であり他者は他者」「味方は味方であり敵は敵」という形で、そのまま肯定的にうけとめざるをえない。つまり言葉の在り方を肯定的にうけとめる限り、われわれはこの仕掛けに気付くことはきわめてむずかしいと言わねばならない。だが言葉のパラドックスは言語の在り方にふかく根差す原事実なのである。われわれは誰でも言為論的生活世界に生きながら、科学・宗教・芸術・哲学などの諸々の特種価値言語を用いることからのがれえない以上、やはりことばのパラドックスにとらわれることとなる。端的に言って、ことばを用いることは本来ことばのパラドックスに組みこまれることにほかならない。それ故にこそこの原事実を自覚的にうけとめるには、言語の在り方に対して否定的なスタンスをとる必要があり、したがって〈言語批判の方法〉が自覚的に用いられることがもとめられる。その意味では、後期ウィトゲンシュタインの次のような態度とはまったく対蹠的となる。「哲学は、いかなる仕方であれ、言語の現実的な使用に干渉してはならない。結局哲学は言語の現実的な使用を記述するだけである」(3)。この批判的方法によらない限り、ことばの問題を価値のことばの問題としてあきらかにすることは出来ないと考えられる所以である。第II部価値のことばの考察が、価値のことばと事実のことばの二元的分離論批判からはじまるのは、そのためである。

(1) たとえばR・ローティの登場に象徴されよう。R. Rorty, Consequences of Pragmatics (The Harverster. 1982)

(2) L. W. Wittgenstein, Tractatus Logico-Philosophicus with an Introduction by B. Russell (Routledge Kegan Paul, 1922) 4.0031. ウィトゲンシュタイン自身は自らの方法を「言語批判の方法」と考えているからであり、決して言語分析とはみなさないわけではあるが、それはどこまでも彼自身の思考の枠組のなかでのことである。

(3) L. Wittgenstein, Philosophical Investigations, Trans. by G. E. M. Anscombe (Blackwell, 1963) Part I. 124, p. 49e.

第一章　価値のことば——その基礎地平

1　価値のことばと事実のことば
——二元的分離論批判

〈価値のことば〉というと、誰でもすぐ、「よい」とか「うつくしい」などというような価値語（value terms）や「…すべし」とか「…せよ」などの規範や命令等に関する価値文（value sentences）のことが想いおこされるにちがいない。たしかにそれらはすぐれて〈価値のことば〉の一角を構成している。だがそのような点にのみとらわれてしまうと、かえって、〈価値のことば〉の問題を正しく把えて十全的に展開することを困難にしてしまうのではなかろうかと思われる。実際今日まで、そのような先入見にあまりにもつよくとらえられてきたのではなかろうか(1)。わたくしはそのような先入見にとらわれることをまずはっきりとさけるために、かような価値語や価値文のことを〈特種価値言語〉——つまり特定のスペキエスとして存立している〈価値のことば〉——と規定して、〈価値のことば〉の問題が〈特種価値言語〉の考察に決して限定されるものではないことを明記する所以である。

今日、ことばの問題は、哲学の共通のテーマであるとともにメディウムであることが、ふかく反省されるにいたった(2)。その意味で、どのような哲学も言語問題に関しては深い関心をそそぐにいたっている。だがそのために、言語分析の方法によって言語問題の解明がなされうると解するとしたら、それほどの本末転倒もないのではなかろうか。なぜなら、言語問題が根本的な問題であることが分ればわかるほど、与えられた言語を分析する仕方では、ただその表面だけを解明するだけにとどまらざるをえなくなってしまうからである。それ故に、与えられている言語の在り方を常に批判的に問いかえすような探究方法がどうしてももとめられざるをえないように思われる。わたくしは、そのような仕方を言語分析に対して〈言語批判〉の方法と称することが出来るのではないかと考える。そのような方法を特に自覚化することがもとめられざるをえないのは、〈価値のことば〉の問題が決して〈特種価値言語〉の考察につきるものではないことから、おのずからあきらかにされるにちがいない。というのは、〈特種価値言語〉の場合ならば、その分析によっても一定の価値言語の在り方は十分開示しうるであろうが、〈価値のことば〉の問題は、言語の在り方を根底から批判してみていかなければ、決してあらわにされてはこないからである。したがって、このような言い方が十分納得いくものとなるかどうかは、われわれの考察の成果にまつほかないわけであるが。そこでまず問題の方向をさぐるために、わたくしの以前の考察と対比してみることにしよう。それは、〈歴史のことば〉に関する考察のことである(3)。〈歴史のことば〉と〈価値のことば〉、この対比にどんな方向性が析出されてこようか。

〈歴史のことば〉というと、〈価値のことば〉とは一見対蹠的にすらうつってみえる。実際、M・ホワイトは〈歴史のことば〉を三つに大別して、思弁的ことば（speculative language）、事実的かつ因果的ことば（factual and causal language）、物語的ことば（narrative language）となした(4)。このような三区分の基準がどこに存するかが問題ではあるが、〈価値のことば〉との対比にはある示唆がなげかけられている。〈歴史のことば〉と〈価値のことば〉とが一見対蹠的にうつるのは、まさしく、事実的かつ因果的ことばが〈歴史のことば〉を構成する一要因であるからである。それは、〈事実的かつ因果的ことば〉は〈価値のことば〉ではないという、一般的な知見が、当然な前提をなしている故であろう。実はここに、〈価値のことば〉をめぐる、もっとも原初的な問題がすでにひそんでいるのではなかろうか。では他の二つの要因はどうであろうか。思弁的ことばと物語的ことばは、〈価値のことば〉ではないという形で、〈歴史のことば〉を構成しているのであろうか。もしそうでないとすれば、〈歴史のことば〉と〈価値のことば〉とが一見対蹠的にみえるのは、ひとえに〈歴史のことば〉が「事実的かつ因果的ことば」を基本にして考えられているからだということになろう。実際、「思弁的ことば」や「物語的ことば」が〈価値のことば〉ではないと、明確に主張するには、なんらかのためらいが伴うにちがいない。とすれば、問題というのは結局、〈事実のことば〉と〈価値のことば〉にかかわる、あの二元的な分離の立場に帰着するのではないか。

わたくしは、〈歴史のことば〉の基本構成を考えるにあたって、M・ホワイトの三区分の仕方を吟味しながら、要するに、六つのことばを類型構成したのである(5)。つまり批判的ことば、評価的ことば、記述的ことば、説明的ことば、物語的ことば、情動的ことばである。このような六つのことばからの構成を考える以上、〈歴史のことば〉が「事実的かつ因果的ことば」を基本として構成されると考えることが出来ないのは、むしろ極めて当然な帰結であろう。極めてはっきりと評価的ことばや情動的ことばさえふくまれているのであるから、〈歴史のことば〉は〈価値のことば〉と一見対蹠的にみえるどころか、むしろ類似の相貌をあらわしてくるようにみえる。それは、注でも示したように(6)、C・ウェルマンが、意味論的な視点からではあるが、倫理のことばの基本形態を五つの意味からあきらかにしようとしたことを参照してみれば、より直截に了解出来るであろう。その五つの意味とは、記述的意味（descriptive meaning）、評価的意味（evaluative meaning）、指令的意味（directive meaning）、情動的意味（emotive meaning）、批判的意味（critical meaning）である。倫理のことばは特種価値言語に属している以上、その特種性においてより限定された形で〈価値のことば〉を表現している。したがって、その意味論的示唆を参照してみれば、それだけ直接的に、批判的ことば、評価的ことば、情動的ことばを基本的に含む〈歴史のことば〉がいかに〈価値のことば〉とふかくかかわり合っているかは、もはやあえて言うまでもないであろう。

以上のようにみてくると、たとえ極めて概観的なことではあれ、〈歴史のことば〉と〈価値のことば〉との対比は、そこにはっきりと対照的に、二つの方向性を描き出しているということが出来る。そしてこの二つの方向性とは、その根元をみれば、実は表裏にほかならないのではなかろうか。というのは、一見対蹠的にみえることと逆に極めて相互に似通っていることとは、結局、〈価値のことば〉と〈事実のことば〉との関係如何にほかならないからである。実はここに、〈価値のことば〉をめぐる、もっとも原初的な問題がひそんでいるという事態が、あらためて正面に浮彫りにされてくるわけである。それは、〈事実のことば〉と〈価値のことば〉の二元的な分離という考え方が、むしろ常識的な一般知見であるとともに、哲学的な正統性を当然であるかのように維持していることである。またそれは言うまでもなく、価値／事実の二元的分離論の系である。だが見方をかえれば、価値／事実の二元的分離論は〈価値のことば〉／〈事実のことば〉の二元的分離論によって逆にささえられているとすら言えるかもしれないのである。価値／事実の二元的分離論を批判しようともとめるわれわれにとって、まず根本的に問いかえしてみなければならない所以である。

この根本的な問題について、問題の結構とか組立方とでもいうべきものを、相当に率直にあらわしたものがある。それを手掛りにして考えてみよう。この書は、もういまから四十有余年も前に刊行されたものではあるが、文字通り「価値のことば」というタイトルをもつ、いまなお問題的な編著である。編者によると、本書は十二人の人々の協同的な作業によって、価値語や価値文の機能や状態の言語学的《リングウィスティック》、意味論的《セマンティック》、あるいは記号論的《セミオティック》な問題のいくつかを究明したことの成果だという(7)。そして編者はまず問題所在の総括として次のような四つの問題群に整理する。

一、どのような異なる機能が記号《サインズ》によってはたされるか。記号刺激に対するあるいはとしての反応の諸々の様式はどういうものか。記号が意味する際の様式と記号が役立つ使用との間に、区別はなされうるか、なさるべきか（以上は、一般に、記号の在り方の区分に関する問題群といってよいであろう）。

二、評価的記号、文、問題解決あるいは判断（評価 valuations、価値判断 evaluations）と、事実的記号、文、あるいは判断（認識 cognitions、記述 descriptions）とを区別するのがもし正当であるならば、記号反応（おそらく受記号体志向 interpretants）の様式が、事実的な場合と評価的な場合とでは異なっているか。そしてもし様式における相異があるならば、それは種類の相異か程度の相異か（以上は、評価的なケースと事実的なケースの相異がはっきりと問われる問題群といえよう）。

三、情動的要素は常に評価語、文、判断においては存在し、事実語、文、あるいは判断においては存在しないのか。そして情動的要素があったりなかったりするのは、なに故か、そしていかにしてか。情動的要因は評価的な場合は基礎的で、事実的な場合はそうではないのか（以上は、評価的な場合と事実的な場合とを分ける上で情動的要素がどう関係するかが問われている）。

四、もしなにか存するなら、いかなる条件のもとで、〝事実的〟記号ないし文と〝評価的〟記号ないし文とを交換して用いることが可能か、あるいは一方を他方に翻訳することが可能であるか。そのことは、非本質的あるいは生得的な価値の場合には可能で、本質的な価値の場合には可能ではないのか。もし翻訳なりあるいは交換なりがおこりうるならば、いかなる程度にそれは可能なのか。このことは、もしありうるならば、いかなるひかりを、事実と価値との基本的な論理的かつ存在論的関係に対してなげかけるか（以上は、評価的ことばと事実的ことばがどのように関係するか、それは結局事実と価値の論理的かつ存在論的関係をどこまであきらかにしうるかという、分離した後での相互翻訳関係が問われるわけである）(8)。

以上のような四つの問題所在の総括をみるだけでも、事実のことばと価値のことばの問題の結構はほぼあきらかにされているのではなかろうか。ところが、編者は、以上のような総括をかかげて十数人の協同研究をおこなうに先立って、つまり価値語、価値文などの機能や在り方の言語学的、意味論的ないし記号論的な問題のいくつかを究明するにあたって、「価値の意味論《ザ・セマンティックス・オブ・ヴァリュー》についての若干の問題」という、協同研究者のもとめる問題なりコメントなりを編者が整理したものを作製してみなに配って、相互の意思統一をはかったという(9)。そこで問題になっているものを参照のために少しあげてみよう。価値論における意味論的研究の目的はなんでありあるいはあるべきか。記号論が価値論に先立って発展されうるかあるいはさるべきか。研究や論証の主題として、価値と無価値《ナン・バリュー》の記号、語、文、状況の共通の集合を採用することが助けとなりうるか。評価的記号と事実的記号との間にしばしばつくられた区別に対して、もしあるならば、いかなる正当性あるいは根拠があるのか。価値語あるいは価値文が、その〝特徴的な使用〟において、本質的にあるいは主として、情動的（emotive）、表現的（expressive）、誓約的（commitive）、扇動的（incitive）、動機的（motivative）、評価的（appraisive）そして／あるいは規範的（prescriptive）であり、しかも本質的あるいは主として、認識的（cognitive）、記述的（descriptive）、指示的（designative）あるいは断定的（assertive）ではないということは正しいか。「Xはよい」「XはYよりよい」あるいは「Xはもっともよい」という形式の文において、〈よい〉〈よりよい〉〈もっともよい〉は指示対象をもつか。以上一部にすぎないのではあるが、このような核心的な多くの問いを整理列挙した後で、それらに対する探究の集約とでもいうべきものを、七項目にまとめ上げている。このような集約がもとになって、あの四つの問題所在の総括がなされたと、編者はのべている(10)。その七項目の集約とは、次のようなものである。

1　価値言語の一般構文論

2　記述あるいは事実判断と対比して、評価あるいは価値判断の本性

3　評価記号の真理、妥当、適当性及び検証性の本性と範囲

4　諸々の種類——美的、道徳的、宗教的、経済的、教育的——の、本質的、非本質的、そして生得的な諸価値

5　本質的、非本質的、そして生得的な諸価値の客観性―主観性の本性

6　事実文と価値文の翻訳可能性と、価値と無価値事実の究極的（論理的かつ存在論的）関係

7　特殊な道徳のための価値の意味論

以上のように、問題所在の総括や編者の整理集約とを相関的にみてくると、価値のことばの言語学的、意味論的、記号論的な探究が事実のことばと対比してどのようにもとめられようとしているかはほぼ十分に示されているように思われる。とする時、基本的にみれば、われわれにとっての問題は結局二点にしぼられよう。第一点は、価値のことばの探究がいかに事実のことばとの対比において組みたてられているかという点に関してである。このような対比は、たしかに表面上では、問わるべき問題としてたてられているのではあるが、その実質的な内実においては、その二元的な区分がむしろ前提的視座をなしていることによって、その問いがたてられているという方がより正しいのではないかと思われる。とすれば、われわれにとっては、このような前提的視座をまさしく前提としておくことが正しいかどうかが問われねばならなくなるのは、当然な帰結なのではなかろうか。もちろんそれは、ことばの次元においても、価値／事実の二元的分離の立場をその基礎地平においてのり越えようともとめるわれわれにとっては、極めて根本的な問題が課せられていることを意味している。それがまたただちに実は第二の点にかかわってくる。

その第二の点とは、『価値のことば』において価値言語の言語学的、意味論的、記号論的な究明がもとめられるにあたって、その意図の故か、その問題結構が価値言語の一般構文論と意味論という形で集約されている点に関してである。構文論、意味論、言為論という、C・モリスの提唱以来の三分法は、詳細にみれば、それこそ多くの問題があるにせよ(11)、問題構成の一応のメドとしてここでは前提するとすれば、価値のことばを探究しようとするに際して構文論と意味論とを基本とする立場がはたして正しいかどうかが問題視されねばならないのではなかろうか。というのは、構文論と意味論とを基本とする立場は、本来的に、特種価値言語を当然な前提として問題対象におき、しかもこのような当然な前提こそが事実のことばとの二元的な対比によってうちかためられるものにほかならないからである。したがって、この点を問い直せば、おのずから逆に第一の点にいたる所以でもある。

まずもっとも一般的に言ってしまえば、構文論と意味論とでは、各々そこでは文と語とが最初に与えられる当然な手掛りとなるのは、その問題構成上自然の成り行きだということが出来よう。構文論はまさに文字通り文の構成にかかわるわけであり、意味論はもっとも手堅い拠所として語の意味がか

っちりとした単位をなしていることは否定すべくもないであろう。価値のことばというと、まず「よい」「正しい」「すべし」「うつくしい」などという語が、まさしく価値語として問題化されたのは、歴史的にもまた理論上でも当然なことであったと思われる(12)。それは、つまり、語をめぐる意味論なのである。価値の意味論とは価値語の意味論にほかならない。その意味で、かかる特種価値言語が問題対象としてたてられるのは、意味論としては当然な前提だといっても過言ではないであろう。だが言うまでもなく、「よい行為」とか「よい自動車」などといえば、「よい」という価値語がなんらかの事態や事物などとの関連をもたされるわけであるから、語は当然文にまでひろげられてそのなかに位置づけることが出来る。「その行為はよい」とか「その自動車はよい」というような文となって、「よい」という価値語が特定の事態や事物などの主語に対して述語として関係づけられ述定されるわけである。これは、文法上では、「その行為は詐欺行為である」とか「その自動車は赤だ」という事実確認の文と同じ平叙文である。そこで、構文論上で価値文と事実文との区分を与えようとすれば、まさしく価値の構文論においてもとめられざるをえない。価値の構文論はそもそも価値文の構文論にほかならないから、価値文の構文が独自の構造をもつことをうらづけようとするところに、その本来の意図があるといってよいであろう。とすれば、結局、「よい行為をなすべきである」という規範文や「よい自動車を買いなさい」という命令文などが、そのような独自の構造を示しうるかどうかが問いもとめられることとなる。それがうまく基礎づけられるか否かはいま問うところではないが、このような形で価値の構文論が価値文の構文論としてもとめられる以上、どうしてもかような特種価値言語が問題対象としてたてられるのは、構文論としては当然な前提といっても過言ではないであろう(13)。もちろんその構文論をこえて、文の意味の究明がさらにもとめられて、価値文の意味論の構築が追究されるかもしれない。しかしその場合でも、その当然な前提が変更されるものではないことは、文の意味が問われているのであるから言うまでもないことである。

以上のようにみてくる時、価値の構文論や意味論においてどうしてもその独自性を裏付けようともとめればもとめるほど、価値のことばは価値語や価値文として事実のことばと二元的に区分されることが前提とならざるをえないことはあきらかである。このように、価値のことばと事実のことばの二元的分離の立場が、構文論や意味論を基本とする価値探究においてはどうしてもその前提的視座を開くことがあきらかとなる以上、かかる二元的分離論を価値のことばの基礎地平においてのりこえることをもとめるわれわれにとっては、そこに立場的な欠陥があることを認めざるをえないわけである。一体価値のことばの究明は事実のことばの二元的対比を通してしかあきらかにすることは出来ないのであろうか。構文論や意味論を基本とする立場はそのような道しかないかのように、特種価値言語を価値語と価値文の在り方において解明する、問題の結構を組立てている。とすれば、価値のことばと事実のことばの二元的分離論を問い直そうとする第一の問題点は、結局、構文論と意味論を基本とする立場を問い直す第二の問題点を逆に解きあかさねばならないことをはっきりと示しているのではなかろうか。われわれにとっての問題点が二点にしぼられたことは、実は同時に、同一の問わるべき問題の焦点をあらわにしたということが出来る。そしてこの焦点から開かれる方向性をときあかしていくことが、価値のことばをその基礎地平においてまず開示せしめることにほかならない。それは要するに言為論を基本とする立場であり、その基本線をあきらかにするために、まず新カント派的な〝原点〟からたどってみよう。

2　肯定判断と否定判断をめぐって
——価値的態度決定の様相

ヴィンデルバントは、事実判断と価値判断とを区別した(14)。その意味において、価値／事実の二元的分離論を判断論的に裏付ける筋立てとみることが出来る。そもそも事実判断においては二つの表象内容の結合が、そして価値判断においては価値判断する意識と表象される対象との関係があらわれるのだという。「このものは白い」と「このものはよい」には、かかる意味での、基本的な区別がある。もちろん文法的な形式からいえば同じなのではあるが、前者においては、その述語は事実判断述語として、客観的に表象されたものの内容からとられた、それ自体で完結せる規定であるのに対して、後者においては、価値判断述語として、目的措定意識にかかわる関係なのである。事実判断においては、ある表象つまり判断の主語はある他の表象つまり判断の述語に対する種々の関係のうちにあると考えられることが表されるのに対して、価値判断においては、すでに完全に表象されたり認識されて前提されている対象つまり価値判断命題の主題に対して、それによって当該の主語の認識は決して拡大されないが、しかしまさに是認《ビリグング》と非認《ミス・ビリグング》の感情があらわされる価値判断の述語が付加されるのである。その感情とともに、価値判断する意識がその表象された対象に関係する。だから、すべての事実判断の述語は肯定的な表象であるが、それに対して、すべての価値判断の述語は表象する意識の側からの賛否の表明なのである。

以上のように簡単にあとづけるだけでも、その二元的区分の事態は極めて明白であろう。だが、両者の関係が問題となる時、大きく事態は転換する(15)。そもそも事実判断は、結合の自然法則的必然性をこえる価値が、それらの表象結合に対して付加されるかあるいは拒否されるか、それらの結合が真としてか偽として説明されるか、つまりそれらが肯定されるか否定されるかという意味で、日常の表象過程においても形成されるのである。だから、われわれの思考が認識つまり真理にかかわっている限り、われわれのすべての事実判断はつねに、その判断において遂行される表象結合の妥当《ギルティッヒカイト》かあるいは非妥当を表現する価値判断の下に立っている。したがって、事実判断とは、本来的にはただ、問いの状態あるいはいわゆる蓋然的な判断の形で、いわば宙吊りされているわけである。その状態においては、ただ特定の表象結合だけが遂行されているにすぎないが、しかしその真理価値《ヴァールハイト・ヴェルト》に対してはなにも表わされてはいないのである。ある事実判断が肯定されるかあるいは否定されるかしてはじめて、事実判断の理論的機能とともに、真理の視点における価値判断の機能が遂行されるのである。事実判断につけ加わる価値判断には、肯定の場合には判断の真理価値に関するかかわりが自明なこととして前提とされているので特別な表記が必要とはされないが、否認の場合には否定の表記によって表現されるのである。かくして認識のすべての命題はすでに、事実判断と価値判断との結合をふくんでいる。つまりそれらは、その真理価値に関して、肯定かあるいは否定かで決定がなされる表象結合なのである。

　ヴィンデルバントの以上のような見解は、極めて明確に事実判断と価値判断との区別と関係をめぐる根本的な問題性を提示しているといえよう。それはまさしく、価値／事実の二元的分離論にかかわる新カント派の〝原点〟にふさわしいとともに、その〝原点〟がふくむ二重性をわれわれにはっきりと示しているのではなかろうか。ヴィンデルバントの見解は、要するに、事実判断という、主語と述語の二つの表象内容の結合が、真偽関係として肯定されるか否定されるかされる限り、事実判断は、価値判断する意識との関係において価値判断の下に置かれてしまうということであった。つまり事実判断においては肯定型か否定型かであれただ宙吊りの状態で主語と述語の表象結合が遂行されるにすぎないのであるが、本来の判断においては、この事実判断が真理価値においてさらに価値判断によって肯定されるか否定されるかするというわけである。だから、価値判断とはまさしく〈判断についての判断〉なのであり、したがって、そもそも判断とは事実判断プラス価値判断という二重判断だということになる。このような点をそのまま押進めれば、判断とは本来価値判断にほかならず、肯定と否定の価値判断にもとづくというH・リッケルトの見解へと展開することは、極めて当然な帰結であるということが出来よう(16)。だがそのような歴史的な展開よりも、事実判断プラス価値判断という二重構造と、それ故にすべての判断は価値判断にほかならないという見解にひそむ、根源的なツィルケルに対してわれわれははっきりと注目すべきではないかと思われる。

J・サールは、意味の概念と言語行為の概念との間には、ぬけ出すことが出来ないツィルケルがあると認知する。ある文に同意したり拒否したりする場合、同意や拒否はまぎれもなく発話相伴行為《イルロキューショナリ・アクト》であるが、この同意や拒否の概念は意味の概念をふくんでおり、換言すれば、言語行為論的概念は意味論的概念をふくんでいるのであり、ところが逆に意味の概念の分析には言語行為の理解が前提とされる。ここにはどうしようもないツィルケルがあるという(17)。ここには極めて簡単ではあるが、同意と拒否、そして肯定と否定の問題をめぐる、もっとも基本的な問題性が指摘されていると言ってよいかもしれない。たしかにこのツィルケルは言語をめぐる根源的ツィルケルともいえようが、それが同意と拒否、肯定と否定との問題面においてするどく析出されるところに、われわれの問題の焦点がむすばれていることがわかる所以なのである。もちろん、言語行為論に立つJ・サールの指摘するツィルケルと、ヴィンデルバントの価値判断論の示すツィルケルとは、完全に相覆うものではない。しかし、同意と拒否、肯定と否定を遂行する価値判断を発話相伴行為とおきうるとすると、その同意と拒否や肯定と否定の前提与件として、意味の概念と事実判断とは、決して同じ内容ではないにせよ、同じ共通の役割を負わされていることは否定すべくもないであろう。前提与件としての事実判断というものは、この場合、当然意味論的概念で構成されている文に対応しているからである。とすれば、この共通の前提与件をめぐる根源的ツィルケルに対してどうかかわったらよいかがまず問われなければならないのは、極めて当然な帰結であろう。

一般に根源的なツィルケルを前にして考える時、われわれはそのいずれかを基本的なものと置くことによってそれをのがれることは出来ないかとまず考えてみるのは、また極めて当然な帰結なのではなかろうか。ヴィンデルバントの場合、結局、すべての判断は事実判断プラス価値判断という二重判断と考えられた。なぜその区別が強調されざるをえないかといえば、要するに、賛否という価値判断をなすためには、〈なにか〉についての賛否でなければならない以上、その〈なにか〉が一定の了解のもとで存立していなければ、そもそも賛否などありえないことは極めて明確な論理関係だからだということになろう。とすれば、この〈なにか〉の方が基本なのか、賛否の決定の方が基本なのかという、あれかこれかで、典型的には、二つの基本的な立場が成立する(18)。ヴィンデルバントの場合は、後者つまり肯定・否定の価値判断の方に基本を置くので、〈なにか〉にあたる事実判断をより副次化して出来る限り宙吊りの状態に置くことがもとめられた。それに対して、前者つまり〈なにか〉の方に基本を置く立場にたてば、こんどは逆に、事実判断という主語―述語の表象結合態の相に肯定・否定を組みこんで、賛否の価値判断を出来る限り二次的なものにすることがもとめられよう。この二つの基本的な立場について、前者を〈表象結合の立場〉、後者を〈態度決定の立場〉とよぶことにする。

第一の立場は、〈態度決定〉がなされるなら、当然〈なにか〉についての態度決定である以上、この〈なにか〉があらかじめ肯定・否定をうちにふくんで成立していなければならないという考え方である。この〈なにか〉の成立そのものが、ある客観的な関係事態として、すでに判断における肯定と否定の成立そのものだというわけである。そしてその客観的な関係事態とは、主語―述語結合態において主語―述語概念が指示・表示する〈事物〉〈性質〉〈状態〉〈動作〉などの〈外延的〉かつ〈内包的〉等の諸関係にほかなるまい。とすれば、結局、それは〈文〉として〈なにか〉の存立が成り立つという見方に帰着するのではなかろうか。つまり、判断における肯定と否定が、文における肯定と否定へとひきつけられて確認されるというわけである。その典型的な方式化は、周知のように、形式論理学的思考様式において示される。「繋辞の質的分類は即ち判断そのものの質的分類にほかならない」(19)。という形で、そこではなんら疑問なしで判断における肯定・否定が文における肯定・否定として裏付けられている。かくして、文の相が第一次的な前提とされる時、それは構文論と意味論を基本とする立場にほかならず、その立場がおのずから価値のことば／事実のことばの二元的な分離を前提的視座としていることは、すでにあきらかにしたところであった。

第一の立場は〈表象結合の立場〉としてなにか主観的な印象を一見つよく感じさせるが、基本的には〈文〉をなりたたしめる相、換言すれば、〈文〉の自立化の相に根差している。それこそ、あの二元的分離論の立場に組みこまれてしまう所以であった。そもそも〈文〉の自立化とは、本来的に〈コンテキストを超えて〉〈コンテキストのない〉地平を基本にすることであり、その意味でまさしく構文論的立場に立っているからである。したがって、賛否の価値判断の主観の態度表明とは切り離されて、前提与件としての事実判断が自立的に存立することが基本とされるわけである(20)。

それに対して、第二の立場は、〈なにか〉についての態度表明ではあれ、肯定と否定とを判断主観の〈態度決定〉の相で基本的に把える考え方にほかならない。だが、第二の〈態度決定〉の立場が第一の〈表象結合〉の立場と相対立するからといって、第二の立場が本来的に〈コンテキストにおいて〉〈コンテキストのある〉地平を基本にして成立するというわけではない。われわれが手掛りとしてきた新カント派的〝原点〟において、ヴィンデルバントは価値判断の〈態度決定〉の相を基本に置いたが、周知のように、その超越論的基礎づけという批判哲学的方向性の故に、本来的に〈コンテキストを超えて〉〈コンテキストのない〉地平をその座標軸としていることは言うまでもない。その意味においては、十九世紀以来のヨーロッパ哲学の隆盛をきわめた判断論においては、その伝統的な哲学思考の様式の故に、第一の立場であれ、第二の立場であれ、実は本来的に〈コンテキスト〉を度外視してきたということが出来る。その共通せる哲学思考の様式のなかで、そのいずれかを基本とするかによって根源的ツィルケルをのがれうると考えることは、どうも極めて非生産的な堂々めぐりのように思われてならない。根源的なツィルケルであれば、本来的に、それをのがれうべくもない。そのいずれかを基本に置くかということで強力にその立場的な対立をあらそうのではなくて、むしろその座標軸を転換して別の地平から位置づけなおしてみることが必要なのではなかろうか。

　第一の立場はそれ自体〈コンテキストを超えて〉〈文の自立化〉へと向うものであるから、ただちに逆転せしめて位置づけ直すことには無理があろう。とすれば、むしろ第二の立場に接続することによって間接的にその方向性を転換することがもとめられざるをえないであろう。結局第一の立場をうちに組み込んでいく第二の立場に、その緒口を見出す以外には道はないであろう。それでは、第二の立場である〈態度決定〉の相を〈コンテキストにおいて〉位置づけ直してみたらどうなるであろうか。いまは余裕がないので、問題を単純化するために、極めて卑近な例を用いて、それらの〈変形〉によってその転換の意味をさぐってみよう。それは、〈ハイ、イイエ〉で答えられる典型的な問答の発話場を想定してみることである。たとえばD・ヴンダーリッヒが疑問の五つの単純な基本型の第一にあげて「決定ないし判定の問い《エントシャイドゥングス・フラーゲン》」というように[21]、そこでは問答はなんらかの形で肯定か否定にかかわるような態度決定をもとめているということが出来よう。「ポチは犬ですか」と問われて、「ハイ、犬です。」「イイエ、犬ではありません」と答える。このような場合の肯定的応答と否定的応答とは、文における肯定と否定と一致している。そもそもなにを基準としてそう言われうるのか。それはやはり前提与件となる〈なにか〉つまり命題成態あるいは命題内容についてのかかわり方である。だから「ポチは犬ですか」を変形して「ポチは犬であることをみとめますかみとめませんか」という選言的な間接疑問の形にしてみても、内容上なんら異ならないことからあきらかである。だが同じように、「ミケは犬ではないですか」を変形して「ミケは犬ではないことをみとめますかみとめませんか」とすると、「ハイ、みとめます」＝「ハイ、犬ではありません」≠“No, it is not a dog.”となり、逆に「イイエ、みとめません」＝「イイエ、犬です」≠“Yes, it is a dog”となり、周知のように、文における肯定と否定と態度決定における肯定と否定とは異なってくる場合がおこる。この典型的な後者の場合は、問いの変形は容易になしうるのであるが、答えにおいては、変形以前と以後において、肯定的応答及び否定的応答と文における肯定と否定とがくいちがってくる場合があることを示している。この事態は一体なにを意味しているのであろうか。この点をより明瞭に示すために、さらに次のような具体例から考えてみよう。

「太郎は寝ていますか」と問われて、「ハイ、ねています」「イイエ、ねていません」と答える。この肯定と否定とははたして〈太郎が寝ている〉という命題内容について肯定したり否定したりしているのであろうか。もしそうならば、次のように変形出来よう。「太郎がねていることを貴方はみとめますかみとめませんか」。だが、この変形はどうも少しおかしいのではなかろうか。われわれは、命題内容をまず前提してその肯定か否定かを問題にするよりも、もっと前提的に問題にしなければならないことがあることに自然と気付くにちがいない。それは要するに、問いが発せられるコンテキストにまず注目してみなければならないということなのである。

「太郎が寝ていることを貴方はみとめますか」という問いが発せられるコンテキストは、「太郎は寝ていますか」という問いが発せられるコンテキストと、時に一致しうることがありうるとしても、基本的には異なっている。「太郎は寝ていますか」という問いは、普通、太郎がねているか否かを知っているか知りうる人に対して、知らない人が問う問いである[22]。それに対して「太郎が寝ていることを貴方はみとめますか」という問いは、むしろ逆に、太郎がねているか否かを知っていないか少くとも疑がっているような人に対して、その事実の承認か拒否かを強要しているような場合の問いなのである。だから、「太郎は寝ていますか」から「太郎はねていることをみとめますか」と変形することは、ほとんど不可能にちかいとすぐ直観されるわけである。したがって、「太郎は寝ていますか」というような場合には、命題内容を前提与件としてそれに対して肯定・否定の態度をとっているわけではなく、それ故また、「ハイ、ねています」が肯定的応答で、「イイエ、ねていません」が否定的応答などでは決してないことはあきらかである。

われわれは普通〈文〉のレベルになじみすぎていて、〈ハイ〉が肯定的応答で〈イイエ〉が否定的応答だときめてかかりがちである。しかし、この例に即して率直にみれば、訪問者に「太郎は寝ていますか」と問われて、身内の者が「ハイ、ねています」「イイエ、ねていません」と答える時、その〈文〉の〈表層構造〉にひきつけられて、前者が肯定的承認であり、後者が否定的拒否なのだとみなそうとしたら、それこそおかしなことだとすぐわかるにちがいない。〈ハイ〉で答えようが〈イイエ〉で答えようが、応答者の〈態度決定〉はまったく同一の〈肯定的〉応接の価値態度のとり方であることは言うまでもない。このレベルの構造を、わたくしは〈前提構造〉とよぶ(23)。態度決定における肯定と否定というものが、文における肯定と否定と異なるのは、かかる〈前提構造〉のしからしめるところなのである。〈前提構造〉を組みこんで考える時には、丁重に応接する限り、ともに肯定的態度決定にほかならないわけである。その限りにおいて、「ハイ、ねています」「イイエ、ねていません」という発話も、ただ単に事実確認だけを示すものではなく、応接という行為遂行にともなわれている〈価値態度〉を示す〈価値のことば〉ということが出来る。そこでは、まず価値のことばと事実のことばとの二元的分離があるわけではなく、むしろすべての発話が〈価値のことば〉のあらわれとして表明されているというべきであろう。だから逆から端的に言えば、〈価値のことば〉は、〈前提構造〉の枠組から切り離され、その価値的態度決定の相が〈脱価値化〉するに応じて、その〈コンテキストを超えて〉の方向に〈文〉のレベルへと分節化して、〈文〉としての〈表層構造〉をあらわにする。もちろん〈ハイ、イイエ〉の応答がなされている以上、われわれは当然語を用い文を構成することによって態度表明をおこなっているわけであるから、本来〈語〉や〈文〉をぬきにしてこの問いの意味があきらかになりえないのは言うまでもない。しかし、その〈前提構造〉にねざす全体的な在り方のあらわれを〈価値のことば〉の言語活動としてまず示すことによって、われわれは〈価値のことば〉の基礎地平をあらわにすることが出来るのではなかろうか。

具体例をもって単純化してきたので論証は極めて不充分ではあるが、コンテキストがまさしく〈前提構造〉として基礎的な意味をもつこと、したがって〈態度決定〉というものが〈前提構造〉の故に〈コンテキストにおいて〉把えることがいかに重要な意味をもつかの一端を示しえたと思われる。さきに、判断における肯定と否定が、文における肯定と否定にひきつけられて把えられる立場をあきらかにした。いまや、態度決定における肯定と否定とが、文におけるそれと大いに異なる所以をあらわにした。とすれば、肯定判断と否定判断の問題が価値判断の態度決定にあるとする見方は、こんどは逆に、判断における肯定と否定を態度決定におけるそれにひきつけて裏づけるものということが出来よう。肯定判断と否定判断をめぐる問題は、結局、この三者の事態がどのようにかかわり合うかという形で、極めてダイナミックに問われることがもとめられよう。ヨーロッパ的文法や論理ではもっとも二元的な分離の立場を拡大するような肯定・否定判断の問題において、〈態度決定〉の立場が〈前提構造〉の故に〈コンテキストにおいて〉位置づけ直されることがもとめられる時、態度決定、判断、文の三者がふかくかかわり合ってはじめて意味をもつ〈価値のことば〉のダイナミックな問題性が開かれる。かくしてさらにもう一歩コンテキストとは何かが問われなければならないところにいたったわけである。

3　テキストとコンテキスト

T・A・ヴァン・ディイクは、文字通り『テキストとコンテキスト』という著作を、次のような書き出している。「言語学とその隣接学科における最近の大きな発展の一つは、種々のコンテキストの関連性に対する注目の増大である。社会言語学と社会諸科学において、社会的文化的コンテキストと言語の構造と機能との間に体系的な関係をあきらかにするために、あらたな問い直しがなされている。特に言語哲学は、言語行為とみなされる自然言語発話の適切さを決定する諸条件を、言為論的《プラグマティック》コンテキストがいかに構成するかを言語学者に示してきている」(24)。われわれもすでに〈コンテキストにおいて〉と〈コンテキストをこえて〉という座標軸の位置づけが、いかに言語の根源的なツィルケルを問い直す視野をひらくかをあきらかにしてきた。それは、要するに、全体的な言語観というものが〈コンテキストにおいて〉から出立しなければならないことを意味しているのである。なぜなら、端的にいって、〈コンテキストにおいて〉の視点からは〈コンテキストを超える〉地平を開きみることが出来るが、はじめから〈コンテキストをこえる〉視点に立ってしまえば、それこそ最初から原則的に〈コンテキストにおいて〉の視点を排除してしまうので、どうしても片手落ちの言語観に陥ってしまうからである(25)。それ故、〈文〉のレベルからはじまる言語の把え方をどこまでも〈コンテキストにおいて〉位置づけ直すことがもとめられるという方向性において、肯定・否定判断をめぐる問題もあらたな視野を開いたわけであった。コンテキストへの関心の増大は、実は同時に、テキストへの関心の増大を示している。

今日、〈テキスト言語学〉という術語が象徴するように、テキストそのものを研究対象とするほど、言語学上での関心もたかまっている。そこには言語学自体の大きな転換さえひめられているといっても言いすぎではないであろう。その点で、文字通りテキスト言語学への導きをとくW・ドレスラーは、テキストへの関心の展開について、事実上はともあれ、〈論理的〉な類型に造型しうる発展段階を描き出す[26]。それは、われわれに対して〈テキストとコンテキスト〉をめぐる問題への一つのメドを示しているのではなかろうか。第一段階は〈文〉が最高の言語単位とみなされていた。つまり、体系としての言語（話者の能力における、ラング）は文群あるいは文構成次元の集合からなり、テキストはただの文のしまりのない束のようなものとみなされたにすぎない。第二段階は、一つあるいは多くの文群からなる発話（Äußerung, utterance, énocé, Высказывание (vyskazyvanie)）の単位が認められる。その単位は最少の通話単位としてある人の連続的な発言からなり、はじめとおわりはその人の沈黙かあるいは他の人から乃至への話のうけつぎによって限られる。そして第三段階は、最高の言語単位としてテキスト（text, discourse, discours, discorso, текст）がもとめられる。ひとはテキストで話し書き、すくなくともそれをめざす。テキストは、ひとびとが自らを表現する最初の言語的記号なのである。かくして、ドレスラーは、このような〈論理的〉発展を総括して、それにそっている二つの方向性を集約する。第一の方向性は、文からだんだんと大きくなる単位へとこえ出してテキストにいたるという拡大のそれである。第二は、それに応じて構文論から意味論へとすすんでいき、いまや意味論から言為論へと向っていることである。以上のような方向性にはそれこそこれからの大きな問題がたちふさがっているわけであるが、しかしなぜテキストが言語学上でもいまや最後の研究対象としてうきぼりにされざるをえなくなったかという方向性を示していると同時に、それ故にテキストに相応じつつコンテキストがその基礎地平を開くものとして問われざるをえない所以を示しているのではなかろうか。ここに提示されている問題をさらに展開していくことは出来ないが、一つの根本的な問題性をあらわにすることによって、第一章の考察をおわることにしたい。

ヴァン・ダイクは、コンテキストに関して、ほぼ三点にまとめられる基本的な把え方をあきらかにしている[27]。第一に、コンテキストは、ダイナミックに変化する連続事象《イヴェント》と規定され、一連の世界状態として限界をきめられるという点である。第二に、可能的コンテキストと現実的コンテキストを区別し現実的コンテキストを可能的コンテキストの無限の集合のなかの一つの特殊の状態として把える点である。そして第三に、さらにこの現実的コンテキストを通話状況という現実世界の経験的に現実的な部分から区別することである。

この区別をいわば基点としてみると、当然それなりの一般化や抽象化のもろもろの段階がたどられるわけであるが、基本的には、そのような区別に対応して、実際になされている発話に関してトークンとタイプの区別を明確化する。以上の三点は言うまでもなく深く関連し合っているわけであるが、彼が言語学的研究を目指しているところからみると、それは、もっとも具体的な発話あるいは通話状況から次第に抽象化ないし一般化をかさねて、本来的な研究対象たる発話タイプとの関連で開かれるコンテキストの在り方を開示することをもとめているのだと、まとめられよう。第三点から第二点へとたどることによって、はっきりとあとづけられよう。とすれば、この問題をより内容的にあきらかにしようとすれば、結局、第一の点をわれわれがどのようにうけとめるかに、基本がかかっていると言えるのではなかろうか。なぜなら、この第一の点こそ、もっとも基本的にコンテキストの根本性格を規定したものにほかならないからである。その点で彼はさらにその、いわば内幕をあらわにする(28)。そもそも、コンテキストを連続事象と規定するに際して「事象《イヴェント》」というような概念を用いるのは、自らが依拠している「行為の理論」によるからだという。それは、言為論《プラグマティックス》の中心課題たる言語行為の健全な分析は「アクトあるいはアクション」という概念の先行的な理解なしには遂行されない故である。かくして〈イヴェント〉と〈アクション〉との関係と差異をあきらかにしようともとめることとなる。

　いまわれわれはこれ以上追う余裕はないが(29)、ここに、コンテキストを把握する理論的枠組の基本の一端が提示されていることに気付くのである。そして別の一端は、たとえばP・リクールによってまたはっきりと提示されている。「話すことは現実的な事象《エヴェヌマン》であり、暫時のアクト、消えさるアクトである。それに対して、システームは端的に可能態的《ヴィルテュエル》であるが故に無-時間的である」(30)。ここでは、ディスクールという、まさしくパロールの現場においては、現実態としてのエヴェヌマンとアクトが同意におかれ、それに対してシステームつまり構造《ストリュクテュール》が可能態としてたてられる。ここには、〈イヴェント〉〈事象〉と〈ストラクテュア〉（構造）という、言語を把えるもっとも基本的な概念枠があらわにされているわけである。かかる枠組においてはじめて、「言語事象としてのテキスト」と「言語外事象としてのコンテキスト」をめぐる根本的な課題が、はっきりとわれわれの前に置かれることになる。

　端的にいって、〈テキスト〉は〈コンテキストにおいて〉〈行為〉として生起するのであり、ここに〈価値のことば〉の基礎地平があることは、あらためて言うまでもないであろう。したがって、その基礎地平が言為論的生活世界にほかならない。そこでは〈事実のことば〉も常に〈価値のことば〉にともなわれて生起している。決してその二元的分離の方がまずあるわけではないのである。言為論的生活世界のなかで、われわれのその都度の価値的な態度のとり方にともなわれて〈コンテキストにおいて〉語り合われる〈テキスト〉こそが、〈価値のことば〉にほかならないからである。もちろん言語はその基本性格において〈コンテキストを超えて〉いくのであり、それが基本的な概念枠においては〈構造〉として開示されるわけである。しかし〈構造〉は本来どこまでも〈事象の構造〉なのである。逆に言えば、〈事象〉はどこまでも〈構造の事象〉なである。言うまでもなく、科学的操作においてはたしかにいつでも切り離して〈構造〉だけを純粋に取り扱うことは出来るのであるが、その操作の仕組みをもし実体化してしまえば、そこには〈構造〉の物神化がおこってしまうのである。実際今日〈構造〉の物神化が容易におかされているのに気付くであろう。言語科学もまたそれに力をかしているといっても過言ではないであろう。それ故、そのような物神化に陥らないためにも、〈コンテキストにおいて〉という座標軸から〈事象〉と〈構造〉という基本的な概念枠のもとで言語を把えていくことが大切なのである。その時、〈価値のことば〉をその基礎地平から十二分に自覚化することの必然性があらわになるにちがいない。

（1） G・E・ムーアの『プリンキピア・エティカ』からはじまったのだから、無理もないことではあるのだが。
（2） c. f. K.-O. Apel, Transformation der Philosophie Bd. II. (Suhrkamp, 1973), S. 312, S. 330.
（3） 拙著『歴史における言葉と論理』I（勁草書房、一九七〇年）、第二部　歴史のことば
（4） 上掲書、二二五ページ以下。
（5） 同、二二八ページ。
（6） 同、二五〇—一ページ。C. Wellman, The Language of Ethics, (Harvard U. P., 1961.
（7） R. Lepley ed., The Language of Value, (Columbia U. P., 1957), Introduction, p. 3.
（8） ibid., op. cit., p.4.
（9） ibid., op. cit., p. 395-401.
（10） ibid., op. cit., p. 401.
（11） c. f. H.-H. Lieb., On Subdividing Semiotic, in : Y. Bar-Hillel ed., Pragmatics of Natural Languages, (D. Reidel, 1971), p. 94-119.
（12） メタ倫理学の歴史と理論にてらしてみればあきらかであろう。
（13） R. M. Hare, The Language of Morales, (Oxford U. P., 1952) H. -N. Castañeda & G. Nakhnikian ed., Morality and the Language of Conduct, (Wayne State U. P., 1965).
（14） W. Windelband, Präludien I, (J. C. B. Mohr, 1921) S. 29.

(15) ibid., op. cit., S. 31-33.

(16) H. Rickert, Der Gegenstand der Erkenntnis, (J. C. B. Mohr, 1921) S.165, S. 161-163, etc.

(17) J. R. Searle, Intentionalität und der Gebrauch der Sprache, in : G. Grewendorf Hrsg., Sprechakttheorie und Semantik, (Suhrkamp, 1979), S. 169.

(18) ここでは、十九世紀後半からの判断論の歴史的形態が問題ではなく、ただ立場のいわば〈論理的〉な類型構成をメドとしている。念のため。

(19) 池上鎌三『論理学』(日本評論社、一九三四年)二二七ページ。

(20) 周知のように、表象結合というのは伝統的な考え方であって、十九世紀半ば以来の判断論はその克服にあったと言えるので、私が類型化した〈表象結合の立場〉というのは、そのような伝統的な考え方をさすものでないことは言うもでもない。また、ボルツアーノの命題自体からはじまる、客観的事態の自立存立という考え方についても、マイノングからフッサールにいたるまで、歴史的形態においてどう位置づけるかは、今の考察では括弧に入れていることも、あわせ注記しておく。

(21) D. Wunderlich, Studien zur Sprechakttheorie, (Suhrkamp, 1976) S. 184.

(22) その定式化にはJ・ヒンティッカ流の認識様相論理の手法がもとめられる。S. R. Schiffer, Meaning, (Oxford U. P., 1972) p. 30ff. ; W. Kummer, Formale Pragmatik, in : S. J. Schmidt, Hrsg., Pragmatik 2, (W. Fink Verlag, 1976) S. 14. など。

(23) J・L・オースティンの〈帰結、含意、前提〉、H・P・グライスの〈会話的含意〉などと関連するが、より一般的に考えたい。その意味でもっと根本的と思われる。

(24) T. A. van Dijk, Text and Context, Explorations in the Semantics and Pragmatics of Discourse, (Longmen, 1977) Preface, vii.

(25) ゼロ・コンテキストという視点がもとめられる重要さはここにある。J. J. Katz, Propositional Structure and Illocutionary Force, (Harvard U. P., 1980) p. 15, p. 24.

(26) W. Dressler, Einführung in die Textlinguistik, (M. Niemeyer, 1973) S. 10-12, S. 15.

(27) T. A. van Dijk, op. cit., p. 191-2. 「可能」と「現実」という様相の問題の重要さに注目しなければならないが。

(28) ibid., op. cit., Chapter 6, p. 167-188.

(29) 参照、拙論「行為と事象」(『國學院雑誌』昭和五十四年二月号)。

(30) P. Ricoeur, La srtucture, le mot, l'événement, in : Le conflit des interprétations, (Seuil 1969) p. 87.

第二章　価値のことばの統合的視点とその分化性

1　構文論と意味論との基礎としての言為論

前章で価値のことばをその基礎地平においてあきらかにしたが、そこでは、言語論の前提をなしている根本的な問題を不問のまま前提としてきた。それ故あらためてその前提を問いかえすことが、どうしてももとめられることとなる。価値のことばの基礎地平をあきらかにすることによって、そこには価値のことばのオリエンテイションがある程度示されたと思われる。このオリエンテイションがはたして言語論の基本的な在り方とどのように対応するのか、その前提をどうしても問い出さざるをえない所以なのである。

今日言語論を展開しようとする時、避けて通ることが出来ない三つの根本的問題がある。それらは根本問題であるから相互にふかく関連し合っていることは言うまでもないが、しかしそれぞれの根本性において固有の問題が提示されている。それ故、その一つ一つの問題だけでもそれを解き明かすとなると、それこそどれだけの究明がなされねばならないか予想するのもむずかしいのであるが、もちろんそれによってそれぞれの問題がはっきりと決着するという保証はない。そういう保証がないところにこそ、かえって根本問題たる所以があるとでもいえようか。そこでわれわれは、その各々の解明のためにひとつひとつの迷路にさそいこまれることをさけ、逆にその相互関係性の側面から光をあてることによって、その全体的な関連の相のもとで価値のことばのオリエンテイションの示すものをあらわならしめたいと思う。

この三つの根本問題というのは、㈠　構文論、意味論、言為論という三分法の妥当性、㈡　コンピタンスとパフォーマンス、ないしは、ラングとパロールの二分法の妥当性、そして㈢　深層構造と表層構造の二分法の妥当性である。このような区分法がもとめられるのは、言語研究をなすにあたって、その研究対象を明確にしより限定された前提のもとでより科学的な研究をなそうともとめるからにほかならないといえよう。だから、今日の言語学の出発点をつげると言われるソシュールが、言語の科学的研究をおこなうに当ってまずたてた区別がラングとパロールの区別であり、それをこえてあらたな言語学革命をもとめたチョムスキーが、そのためにコンピタンスとパフォーマンスの区別に切りかえたのであった。そしてさらにより厳密な科学的究明を押進めるために構文論の自律性とそのための深層構造‐表層構造の区分を前提にして、チョムスキーの変形生成文法の火蓋が一九五七年にきっておとされたわけである。言語学的研究はその後次第に研究領域をひろげて、パロールやパフォーマンスも重視され、意味論や言為論への関心もたかまってきた。だが言語学的研究は科学的特殊研究として押進められる以上、かような区分はどこまでもそのための前提としてはっきりと確定しておくことがもとめられ、それで十分なのである。だから、その前提的規定についてそれ以上あまり追究することをもとめないし、それをもとめる時は主に自らの言語学的研究の前提を明確化する作業の一環だというのがほとんどである。

もちろんそのような、いわば手続問題でもってことがおわるわけではない。むしろ前提的規定ではなく前提問題としてうけとめられれば、それこそ根本問題としていつでもたちあらわれてくるので、科学的研究においては前提的規定として枠付けておくにすぎない。だからいつもそのような前提問題への反省が一種の言語学基礎論としてまた言語哲学的根本問題として問われることになる。しかしその時には規定の仕方が問題であるわけではなく、そのような区分そのものがどんな意味合いをもつかが問題化される。かくしてさきに一寸指摘したように、本来はっきり分りきることが出来ないような問題様相を呈する所以なのである。

以上のようなわけで、わたくしはここでこのような根本問題の解明をもとめようとしているのではない。価値のことばをあらわならしめようとするにあたって、このような前提的問題がどのようなオリエンテイションのもとで考えられていかねばならないかを示したいと思うだけである。価値のことばの基礎地平の開示は、すでにその方向性をあらわならしめているからである。そのためには、三つの根本問題をそれぞれ別々に論ずるよりも、むしろその全体的関連性のもとで照し出すことによってかえって、そのよりはっきりとした方向づけが示されるのではなかろうかと思われる。なぜなら、それらの根本問題はたしかにそれぞれの根本性において他の問題と混同されてはならないが、逆に言えば、その根本性の故に他との関係のとり方によってはじめてその各々の意味合いがはっきりと浮彫りになるのではないかと思われるからである。そこでまずもっとも全体にかかわっている区分、いわゆる記号学《セミオテイック》の三分法と言われるものから考えてみることにしたい。このような全体的区分は裏からみれば全体的関連を意味している。区分と関連は、区分が排除でない限りは、かえってふかくかかわり合うのではなかろうか。

構文論―意味論―言為論の三区分法

記号学の分類を問題にしようとした注目すべき論文で、H・リープは、モリスの三区分法の説明は非常に明確ではないし多くの理由で不適当であると指摘する(1)。たしかにその区分の仕方そのものを問題にする立場からすれば、それが極めて問題的で不充分であることは言うまでもないであろう。しかしながら、このような三区分法そのもののもっている問題性を前提問題として考察しようとするわれわれにとっては、やはり、この区分法が最初に提示されたところにおいてこそ、問題のオリエンテイションがもっとも原初的な形でひそんでいるのではないかと注目したいわけである。というのは、ある区分法が最初に提示される時には、そこに全体的なパラダイムのあらたな設定とでもいうような試行がおのずから組込まれており、したがってそのような設定がなされた後で、それを個々にわけて分担してその分担の仕事をより個別的かつ専門的に探究しようとする場合とは、大いに異なった〈なにか〉がひめられている場合が多いからである。モリスの場合もそのような場合だということが出来るのではなかろうか。

　この三区分法を提示したモリスの『記号理論の諸基礎』は周知のように『科学の統一の諸基礎、統一科学の国際百科全書を目指して』の一冊として刊行されたものであり、したがって諸々の科学的探究をその全体性と統一性において把えようとする試みにほかならなかったのである。それ故、ここでもとめられる記号学は記号学的諸科学《セミオテイカル・サイエンシズ》の統一化をもとめて、記号学の統一こそその本来のオリエンテイションであることは言うまでもない。だから、全体や統一がごちゃまぜにならないために、適切な区分法がもとめられて、よりゆたかにそのオリエンテイションをみのらせようとしたところに、モリスの意図があったということが出来る。ここに、記号学を通してあるいは記号学という新しいパラダイムを提起せんとしたモリスの真の希求があったのであり、この点を無視してこの三分法がいくら不明で不適切だと批判してみても、それはその根本的な意味を喪失した専門化の弊害というべきではなかろうか。「それ（記号学の発展）はまた、生物諸科学と心理且人間社会諸科学との間のギャップを橋渡しすること、そして、いわゆる〈形式〉諸科学と〈経験〉諸科学の関係にあたらな光をなげかけることにおいて、重要な役割を演ずるであろう」(2)。「記号学は、人間活動の主要諸形態とそれらの相互関係とを理解するための基礎を与える。なぜならこれらすべての諸活動と諸関係は、諸活動を伝達する記号に反映されるからである」(3)。

モリスはあるものが記号として機能するプロセスをセミオシスとよび、このプロセスは三つないし四つの要因を含むものと普通みなされてきたことにまず注目する。記号として働く要因、記号が指示する要因、記号が受け手に与える反応という要因、この三つの要因を各々、記号担い手《サイン・ヴィークル》、被指示体《デジグナートム》、受け手反応《インタープリタント》とよび、それに受け手《インタープリター》をいれると、四つの要因となる。セミオシスの三要因の関係において、研究のために各々二つの関係を抽象してとり出す時、三種の関係がとり出される。記号が適用されうる対象と記号との関係はセミオシスの意味(論)的次元とよばれ、その次元の研究を意味論《セマンティックス》とよぶ。記号と受け手との関係はセミオシスの言為(論)的次元とよばれ、この次元の研究を言為論とよぶ。ところですべての記号は、たとえ現実的には関係づけられていないとしても、可能的には他の記号と関係づけられているので、この関係がセミオシスの構文(論)的次元とよばれ、その次元の研究が構文論《シンタクティックス》なのである。かくして学としての記号学は構文論、意味論、言為論という三つの下位部門をもち、もちろんそれぞれがセミオシスのそれぞれの次元を取扱うのである。この下位の研究はそれぞれの研究にとってそれぞれに特有な学術用語を必要とする。記号がそれぞれの関係を示す、'implicate' は構文論の用語であり、'designate' 'denote' とは意味論の用語であり、'express' は言為論の用語なのである。しかしながら、「これら多様な次元はただ唯一の過程の諸局面にすぎないので、それぞれの部門における用語の間にはある関係が存し、これらの関係したがって全体としてのセミオシスの過程を特徴づけるために独特な諸記号が必要であろう。〈記号〉それ自体は厳密に記号学的用語であり、構文論、意味論、言為論それぞれのうちだけにおいては定義されえない。〈記号学的〉という語のより広い使い方においてのみ、これらの各部門のすべての用語が記号学的用語であるといえるのである」(4)。

そこでモリスの目標ないし願望としては、記号を扱う用語や命題の全集合を体系化するこころみも原則においては可能であろうが、そのためにはまずいろいろのことが形式主義者、経験主義者、実用主義者などによってなされねばならないであろう。その際、モリスは、記号学を、原理部門と応用部門というか、二つの部門にわけることを提案する。純粋記号学と記述記号学である。純粋記号学においては、すべての記号状況《サイン・シチュエイションズ》が論議されるようなメタ言語が、体系的な形でねりあげられることがもとめられる。それに対して、記述記号学においては、このようなメタ言語を記号の具体的な場合に適用することがもとめられる。上位の記号学そのものが以上のように純粋と記述とにわけられるので、当然下位の三つの部門もそれぞれ純粋記号学に属する場合と記述記号学に属する場合とにわけられる。表示すると、次のようになろう。

Semiotic
- pure semiotic
  - pure syntactics
  - pure semantics
  - pure pragmatics
- descriptive semiotic
  - descriptive syntactics
  - descriptive semantics
  - descriptive pragmatics

モリスはこのように分類して、それぞれ下位部門、構文論、意味論、言為論を個別に取扱うのであるが、それに先立って、各々の次元の関係にふかく心をとめ、個々の研究ではそれなりの抽象がなされねばならないが、もとめるものは記号学の統一であることを特に強調することを忘れない(5)。ここにもモリスの本当の気持が極めて率直に示されていることを知るのである。モリスにとって区分や分類がもとめられるのはどこまでも研究のためであり、研究はどうしても一定の抽象によらねばならないからなのである。したがって、それぞれの上位部門や下位部門もともに研究のための抽象による研究対象や研究方法の区分けなのであって、それらの相互関連にたってこそ正しいオリエンテイションが示されているのである。分類が分化へとすすむ趨勢にあることをふまえて、モリスははっきりと注意をうながしている。「最近の趨勢は、構文論、意味論、あるいは言為論での特殊研究の方向にあるので、記号学における、それらの部門の相互関連を強調することは肝要である。実際、記号学は、それらの部門より以上のものである限りにおいて、それらの相互関連、したがって、それらの部門が個々には無視するセミオシスの統一的性格に、主にかかわっているのである」(6)。

以上のようにみてくると、最初の提唱者においてはそれこそはじめてそのような提唱がなされることの存在価値を物語るかのように、分類や区分はどこまでも全体的な相互関係のうちではっきりと位置付けられるとともに、その全体的関連において示される統一性こそがあらたな知のパラダイムを開くものであるとみなしうるような意味合いが示されているのである。ところが、かような新しい知の地平が示されると、当然の成行きとして、それぞれ明確な目標をもった個別研究はそれだけはっきりとした道しるべに導かれて、しかもルーティンでやっていくことが可能となる。それは、トマス・クーンがあきらかにしたように(7)、通常科学の当然な営為なのである。だがその時、最初の提唱者の意図に反して、個別研究の趨勢にうながされて、分類や区分がそれぞれの個別領域の分化ないし分離の正当化へとながれがちとなる。実際、モリスの三区分法を次にほとんどそっくり受継ぐ形でうけとめたはずのカルナップにおいて、分化への流れがすでにはっきりとあらわれている。

さきに言及したリープは、その点を次のような言い方で極めて簡潔にあらわしている。「モリスは、記号学がその〝三つ〟の部門をあわせたよりもより以上のものであることを強く主張するが、カルナップは、記号学が構文論、意味論、言為論と〝からなりたつ〟ことを述べるだけである」(8)。実際、その点では、カルナップはある意味で極めて散文的で平面的だといえよう。次のような記述が『意味論序説』(一九四二)のはじめにどんとおかれていることからも推定出来よう。「記号学つまり記号と言語の理論は三つの部分にわけられる。言為論、意味論、構文論である。意味論は記述意味論と純粋意味論にわけられ、同じように構文論は記述構文論と純粋構文論にわけられる。本書が取扱うのは、純粋意味論、純粋構文論と両者の関係である」(9)。この著作が意味論への序説であるということから、当然、モリスの分類を一応前提としながらも、自分の問題探究のために取扱うものと取扱わないものとを分離していくことが主眼とならざるをえなくなる。だから、記号学の上位区分について純粋記号学と記述記号学とにわけられるべきにもかかわらず(10)、関心は一挙に自らが取扱う意味論を中心に移行してしまう。その区分がすぐ第五節のあたまに同じようにまたどんとおかれるわけである。「記述意味論は、歴史的に与えられている諸言語の意味的特性の経験的探究である。純粋意味論は、意味論的体系つまり意味論的ルールの体系の分析である。構文論も同じように分類される。本書は、意味論的体系と構文論的体系ならびにそれらの関係を取扱う。だからただ純粋意味論と純粋構文論にかかわるだけである」(11)。ここにはいかに自らの研究のためにはっきりとした限界付けをあたえようと意図しているかは、極めて明瞭であろう。そこでさらに、自らの探究の限定づけのために、モリスにはない基準をもう一組導入する。記述意味論は、歴史的に与えられているある特定の言語かあるいは歴史的に与えられているすべての言語一般か、そのいずれかの意味(論)的特性の記述・分析にかかわるのであり、前者を特殊記述意味論、後者を一般記述意味論という。これはたしかに今日一般言語学と特殊言語学の区分のように極めて当然のこととしてみとめられていることであるので、おそらくモリスもこの導入に反対などしないであろう。それに対して、歴史的に与えられているかあるいは自由に発明される言語に深くかかわるかどうかは別として、意味論的ルールの体系つまり意味論的体系の構成と分析にかかわるのが、純粋意味論である。この点については特に〈特殊〉や〈一般〉を考慮する必要をみとめないわけである。このようにみてくると、カルナップの場合は上記のように表示出来よう。

Semiotic
- syntax
  - pure syntax
  - descriptive syntax
    - special descriptive syntax
    - general descriptive syntax
- semantics
  - pure semantics
  - descriptive semantics
    - special descriptive semantics
    - general descriptive semantics
- pragmatics

モリスの場合と大きな相異が出来た所以は、本来カルナップにおいても上位部門として純粋記号学と記述記号学の区分がおかれねばならないにもかかわらず、彼の研究のために比重がまさに逆転してしまったからである。だから、自らの研究対象をどう限定づけるかに関心がかかってくる。そこで、まず記号学に三つの部門をおいて——だから三部門からなりたつわけであるが——それに対してあとから純粋－記述と特殊－一般という区分原理ないしは区分基準をかかわらしていくのである。しかしそのために二組の原理や基準がうまくバランスをとってすべてにかかわることに無理が生ずる。だが実をいうと、そのようにうまくバランスをとってすべてにかかわることが出来ない方が、自らの研究対象ないし領域を限定しようとするカルナップにとってはかえってこのましいのではなかろうかと思われる。ここに、モリスの区分をそのまま受継いだかのようにみえながらも、いかにそのオリエンテイションが異なってしまっているかがはっきりとするのではなかろうか。特殊研究をおこなおうとするカルナップにとっては、三部門があればそれでよいのであり、その全体的関連を語ることはほとんど意味をもたなくなっている。それはさらに、次のような問題をあえて彼が提示して答えているところにはっきりと示されるのである。

　意味論と構文論とは言為論に依存するか否かという問題が時に議論される。カルナップはこの問いをうけて、ある意味ではそうであるが、ある意味ではそうでないと答える。記述意味論と記述構文論とはたしかに言為論に基礎づけられている(12)。これは、カルナップが言語学というものをもっとも広い意味に解しても、言語に対する一切の経験的探究と解しているところからきているように思われる。つまり言語学とは記号学の記述的経験的部門(口語ないし文語に関する)であり、それ故、言為論、記述意味論、記述構文論からなりたっている。だがこの限りにおいては、この三つの部門は同じレヴェルにあるのではなく、言為論はすべての言語学の基礎なのである。そのような意味では、記述意味論と記述構文論とは言為論の部分だと厳密に言えるのだと、カルナップは述べている(13)。言為論が、分類上の均衡をやぶって、なんらの限定もふせられていない所以も、おのずから了解しうるのではなかろうか。

ところが、純粋意味論と純粋構文論の場合には、問題は全く異なる。これらの領域は言為論とは独立しているのである。言為論になんらの限定もふせられない所以が、ここでもあきらかになる。カルナップ自身本書では純粋意味論と純粋構文論を究明することをもとめていたのであった。このような個別研究がより厳密になされるには、研究領域の限定がもとめられ、他との全体的な関連は度外視される。カルナップも、経験的な言語学研究においては全体的連関をもとめ、モリスの意図を彼なりにうけとめたわけであったが、自らの使命とする個別研究のためには、敢然とそのような関連をたちきることをもとめた。カルナップの区分法が、一見モリスの区分法をそのまま受継いだようにみえながら、そこに大きな逆転がなされてしまった所以なのである。まさしくオリエンテイションのしからしめるところでもある。しかし、人工言語学派のオリエンテイションとしては当然な結果であったと言わねばならない。

このようなカルナップの行き方にてらしてみる時、チョムスキーが自らもとめる変形生成文法の基礎を『構文の構造』(一九五七)ではじめてあきらかにするために、三部門のうち他のすべてをきりはなして構文論の自律性だけを強調した気持は大いにわかるし、その結果、特殊研究のレヴェルで言語学革命ともいうべき偉大な仕事をなしとげえたのだともいえよう。だがそのために、言語研究にかぎられるわけであるから、カルナップ以上に大きなあやまりをおかしてしまったのではないかどうか、われわれははっきりと反省してみなければならない。

二つの二分法について

端的に問うてみよう、チョムスキーはどういう根拠によって、全体的連関のもとにあるものを、構文ないし文法の独立性によって分断することをもとめたのであろうか。チョムスキーは、自らの立場を公にした処女作『構文の構造』において、意味ないし意味論とはいかに構文論がかかわりないかをあきらかにしようとしている。ただその際における議論の仕方は、文法が意味に依存するという見方をささえている論拠を批判するという、間接的な方法によるのみである。その意味では、その根拠を積極的にあきらかにしていないともいえよう。だが、自らの立場を確立するためには、かかる拒否だけで十分なのではなかろうか。実際、そもそも意味の問題などというものは、構文の構造をあきらかにする言語学的記述とは関係がないのだという、はげしい拒否につらぬかれていたからこそ、構文の構造を純粋に析出する革命的な成果をあげえたのだということが出来よう。ということは、別の言い方をすれば、自らの構文論をあきらかにするには、それ以外の要因がないほど完全なのだという、個別研究のオリエンテイションにはっきりとしたがっていたのだといえるのである。実際そこでは、ひたすら自らの構文論ないし生成文法の基礎をただ端的に提示し、その後で最後に、意味論といかにかかわらないかという所以を、批判という間接的な方法であらわならしめているからである。そこに取上げられた、文法は意味に依存しているという見方の論拠は、次のような六点であった(14)。一、二つの発話が意味上で異なっている場合に限り、それらは音素的に区別される。二、形態素は、意味をもつ最小の要素である。三、文法的文は意味論的意義をもつものである。四、主語—動詞(つまり、文の分析としてのNP-VP)という文法的関係は、行為者—行為という一般的な「構造意味」に対応する。五、動詞—目的語(つまり、VPの分析としてのVerb-NP)という文法的関係は、行為—目標あるいは行為—行為の目的という構造意味に対応する。六、能動文とそれに対応する受動文とは同意である。たしかにその批判には首肯すべき点もあるが、やはり本当の意味で積極的に自らの立場の理論的根拠を示したとはいいえないように思われる。

ところが、その八年後、『構文理論の諸相』(一九六五)で、その根拠をあきらかにしたように思われる。それは、すでに確立した構文の構造ないしは構文論を前提として、それに依拠するものとして意味論を位置づけることが、いまやもとめられるにいたったからであろう。その立場は、端的にいって、結局三点にしぼれるのではなかろうか。第一は、構文はあくまでも意味の問題から独立していること、第二は、構文には深層構造が基底部として独立的に存在していること、そして第三に、意味論はこの基底部たる深層構造に依拠する解釈部門にほかならないということである。以上のようにみる時、チョムスキーにおいては、モリスとは全く反対に、全体的連関をよみとるなどということははじめから問題外であって、自らの個別研究において関係づけられるものは付加し、関係のないものはむしろ徹底的に排除するというオリエンテイションによっていかに明確に貫かれているかがはっきりわかると思われる。では、そのようなオリエンテイションをささえる根拠はなんであろうか。その手掛りは、いまあげた三点のうちの第二点、つまり深層構造という考え方である。

深層構造という考え方は、言うまでもなく、その対として表層構造があり、この二分法によってはじめて成り立つものである。その意味において、チョムスキーがもとめる構文論の独立性の根拠はまずこの地平に根差していると思われる。だがはたしてそれだけであろうか。たしかに内容的にはその通りである。本書の中核的な内実をなす第二章・第三章ともに、深層構造の解明にほかならないからである。しかしながら、そのように深層構造－表層構造という二分法が重要なはたらきをなすには、それに先立つ、もう一つ基本的な二分法があるように思われる。それが、本書の第一章方法論序説において、それこそまっ先におかれているものである。こんどは後から論拠を批判的に示すのではなくて、はじめから極めて積極的に提示する。それが、その第一節言語能力の理論としての生成文法なのである。ということは、そもそも生成文法が一つの基本的な二分法によっていることなのである。それは言うまでもなくコンピタンス－パフォーマンスの二分法である。

このようにみてくると、問題はにつまったと言わざるをえないであろう。わたくしはまずチョムスキーの分離的な立場をその個別研究のオリエンテイションによると指摘したが、その根拠がいよいよはっきりしたのである。チョムスキーは自らの立場を『構文の構造』において指示した後、八年後にその根拠づけを極めて体系的にうちかためたということが出来よう。その第一前提がコンピタンス－パフォーマンスの二分法、そしてその支柱が深層構造－表層構造の二分法であった。この二つの二分法によって、チョムスキーは、モリスとは異なって、構文論―意味論―言為論を記号学の全体的関連性の方向ではなく、逆に構文論を他から完全に独立させる方向でその確立をもとめたのである。だがはたしてこの根拠づけないしは方向づけは正しかったであろうか。

周知のように、チョムスキーは、諸生成文法は言語能力《リングウィスティック・コンピタンス》の諸理論として規定する。したがって、言語能力をどのように把えるかは極めて決定的なことと言わねばならない。しかしすでに一寸指摘したように、それはどこまでも自らの理論構成をなすための前提的区分として提示されるわけであるから、どこまでも区別を与えそれを前提にすることだけが主張される。チョムスキーはそれ故まずコンピタンス（自らの言語に対する話手―聞手の知識）とパフォーマンス（具体的状況における言語の実際の使用）との根本的な区別を提示する(15)。彼が確信をもってこのような区別を明確に打出すにいたったのは、言語の〈創造的〉側面というものに着目したことによる。それは、ノーマルな人ならば誰でもが発達させることが出来る、母語に精通出来る能力をもつことにほかならない。そしてこの能力が、われわれがその言語の〈文法〉とよぶところの〈ルールの体系〉として、なんらかの程度には、あらわされうるのである(16)。ここに、コンピタンスと文法とがはっきりと相関的に把えられることとなる。その点でまずソシュールのラングとパロールの区別と関連づけて、「ソシュールが明晰に強調したように、文法で与えられる本来的コンピタンスの記述は、実際上のパフォーマンスの説明と混同さるべきでないことは明白なのである」という(17)。だから、ラングの研究の論理的先行性という、古典的なソシュールの仮定はまったく避けることは出来ないのだが、ここでチョムスキーは「しかし」ときりかえして、ラングとパロールの区別をすて、コンピタンスとパフォーマンスの区別をとることが、フンボルト的な系譜までたどってどうしても必要だと力説する。というのは、あの創造性の考えをめぐって十九世紀には根本的な言語観の対立があり、フンボルトの考え方こそ正しく、ソシュールの考え方はそれと対立する系譜に属しているからである。要するに、フンボルトの考え方は言語というものを死せる産物とみなすのではなく創造とみなす考え方であり、それに対立する考えはホイットニの考え方で、具体的な意味での言語とは思想を表現するための語や文の総計であるとする考え方なのである。そして実際ソシュールもラングというものを基本的には、文法的諸特性を有する記号のたくわえ、つまり、語のような要素、確定された文そしてある限定された文型などのたくわえとみなしており、むしろ文章形成はラングではなくパロールのことがらと考えているようだ、と批判する(18)。かくして周知のように、ラングと〈文法〉が対応するのではなくて、〈創造的な言語能力〉と〈文法〉とが対応し、このダイナミックな創造的言語能力との対応のゆえにその文法がダイナミックな〈生成文法〉となったところに、チョムスキーの理論形成の論理の秘密ないし仕組があるということが出来るのではなかろうか。ところがやはりここに、吟味されねばならないポイントが依然として存しているのである。

たしかにラングと文法との対応というのは、ラングが語や文などの関係性として示されれば、むしろ極めて容易に理解出来よう。たとえば英語でラングをコードと解すのが通例化していることからも、いかに文法との極めて親密な対応性が存するかは、自然と了解されると思われる。ソシュールをはなれてより一般的に且つ原理的に考えると、リクールが簡潔にまとめあげているように(19)、ディスクールとしてのパロールはエヴェヌマンの性質をもち、一時的なアクトであり現実的なエヴェヌマンであるのに対して、ラングはシステームの性質をもち、無時間的な構造であり可能態的な体系なのである。とすれば、かような体系や構造こそがルールの体系としての文法に対応するのは当然なことである。だが忘れてはならないことは、根本的なカテゴリーとして〈構造〉と〈事象〉とはただ区別し分離しておけばよいというものではなく、相互に深く関連づけて把えられることがもとめられる。たしかに体系や構造をそれだけ取出して解明することは、科学の特殊研究においては当然な操作であろう。しかし本来的に言えば、〈事象〉と〈構造〉とは相関的な基本概念装置なのであり、その相互関連がたえずよみとられねばならない。ラングとパロールに対するソシュールの区分は、決して分離なのではなく、どこまでも徹底的な相関関係のもとでの区分であったのも、そのためなのである。

ところでチョムスキーが文法として示さんとしていることもルールの体系であり、また構造記述であった。だからソシュールの区別と関係づけてみると、かかる文法こそが体系・構造にかかわるラングの側におかれることは、内容的には当然なことというべきであろう。だからこそ生成文法が、構成上、中心的な構文論的要素と二つの解釈的要素たる音形部門と意味部門とをもって成りたち、その各々の構成部門の在り方からして、結局、その構文部門が各文（実際上各文の各解釈）に対して意味解釈可能な深層構造と音形解釈可能な表層構造とを与えねばならないとすれば(20)、深層構造－表層構造の構造記述はそれこそぴったりとラングの構造にほかならないと言うべきであろう。とすれば、当然、そのラングとパロールとの相関性あるいは構造と事象の相関性がふかくよみとられることがもとめられよう。

ところが実際のチョムスキーにおいては、むしろこのような全体的関連を切断するのに好都合のように、コンピタンス－パフォーマンスの区分がラング－パロールの区分にかわって登場し、その上でさらに深層構造－表層構造の区分もまた構文論の分離独立性をうらづけるのに好都合のように組みたてられる結果になってしまったのではなかろうか。すでに指摘したように、チョムスキーはコンピタンスと文法とを対応させせた。文法はどこまでもルールの体系であり、構造記述であるにもかかわらず、それを言語能力に対応させたわけである。この対応は、言語問題を人間の創造性との関連におく意図から生じたものであり、それ故、「言語理論は、現実行動の基礎にあるメンタルなリアリティを発見することにかかわるので、テクニカルな意味で、メンタリスティックである」(21)と、自らの立場を明示するのも当然な帰結である。だがいかにテクニカルな意味においてであれ、その対応をうち出す時には、立場上メンタリスティックになってしまうところに、本来根本的な問題がひそんでいるのではなかろうか。むしろテクニカルに考えておきたいなら、〈構造〉と〈事象〉という基本的概念装置にてらして、ラングとパロールの区別を、なにもソシュールのまま踏襲する必要はないのであるから、あらためて把えなおせばそれでよかったと思われるし、立場をはっきりして人間についての見方を打出す必要があるとしたら、創造性から言語能力へという仕方でメンタリスティックであることをもとめるのとは異なって、いくらでも別の道をとりうるのであろう。いまはただ参考のために、三つの立場を列記するにとどめておく。第一に、実際J・ハーバーマスは、チョムスキーの言語能力に対して、人間の共同存在性からコミュニケイション能力として考えねばならないことを提示している(22)。第二に、認知心理学との関連から、言語習得過程を解明することを通して言語能力をもっと全体関連的な学習能力として正しく位置づけることがもとめられよう。そのために今日ピアジェ・モデルが利用されていることは周知のことであろう(23)。そして第三に、動物行動学との関連から、動物に生得的にそなわっているメカニズムとして、人間における言語の生得的解発メカニズムとしてより具体的に言語能力の在り方を解明するのも、一つの行き方ではなかろうか。とすれば、人間の創造的な能力はパフォーマンスにもっと密接に連関づけられて考えられねばならなくなるにちがいない。

以上のように反省してみると、人間の在り方をめぐる根本的な区別の仕方に文法を対応させてビルト・インするという、チョムスキーのこの前提的な仕組そのものに、ラングとパロールの区別とは全く異なった〝からくり〟が仕掛けられていると言わざるをえない。一見ラングとパロールの区別にふれて説きながら、その基本的概念装置からみると、全く別々のことなのである。その点をチョムスキーは、創造性をめぐる、言語の本質的性格に関する見方の対立からうらづけるかのようにみせて、うまくすりかえたのである。つまり、コンピタンス‐パフォーマンスとラング‐パロール二組の二分法において、文法を位置づけようとすれば、簡潔に示してそれぞれ次のようになる。

competence-performance/langue-parole
⇔ ⇔
grammar grammar

その際立場がどうであれ、ラングと文法とは本来言語の関係性として同類項であるからその対応性は密接であるが、コンピタンスと文法との対応性はそうではないことはみとめられよう。コンピタンスと文法とは、人間の能力にひきつけると文法能力となり逆に文法体系の方にひきつけると能力体系となるような、いわば両極的牽引関係によってむしろそのような両義性にもとづいて、たくみにその対応関係が基礎づけられるのではなかろうか。もちろん私はかかる両義性を非難しようとしているのではない。むしろ両義性にたってその関係をつけようとするなら、コンピタンスに文法と同じようにラングを対応的に組込むこともまた可能となるということなのである。ラング－パロールの区別を拒否する必要などなく、コンピタンス－パフォーマンスの区別のうちに文法を組入れるなら、ラングもまた十分に組入れられる。だから逆に、コンピタンス－パフォーマンスのうちにラングを組入れることが拒否されるなら、当然文法も拒否されるべきであろう。なぜなら、人間の在り方をめぐる根本的な二分法と言語の在り方をめぐる基本的な二分法とは本来別々のものであり、それを対応せしめるにはそれなりの前提的な仕組が必要なのである。それが実は両極的牽引関係にかかわる両義性にほかならない。それならば、当然、ラング－パロールの区別を拒否すべき理由はまったくないわけである。

チョムスキーはむしろこの前提的な仕組を〝からくり〟としてかくしておいて、人間の在り方をめぐる根本的な識別の仕方と文法とを結びつけることによって、出来る限り全体的連関を切断して自らの個別研究が独立しておこなえるような分離の原理として、その二分法を用いたのである。その結果、その二元的処理は極めて徹底的におこなわれることとなる。まず、自らの個別研究ないし個別的理論構成を攪乱するような要因はすべてパフォーマンスの方に押込んでしまい、コンピタンスの方は彼のもとめる生成文法の限定領域だけにする。そして次に、この限定領域を、パフォーマンスに押込んだ攪乱要因と関係がおこりそうなものから出来る限り分離して確立するために、攪乱要因をまったく排除した〈神聖〉地帯を基底において深層構造となし、出来るだけその神聖な基底から純粋に文法が生成されるように構成しようとした。ここにまた、深層構造－表層構造の二分法が、全体的連関のもとではなく個別的分離のオリエンテイションへとつよく打出される所以が存している。だがそのようなオリエンテイションの問題性がいまやはっきりしてきたのではなかろうか。

〈価値のことば〉のオリエンテイションとの呼応

チョムスキーはその後「深層構造、表層構造、意味解釈」という注目すべき論文を発表し、その基本的な考え方そのものは変化させてはいないが、考え方によっては大きな変化の可能性をはらむ見解を発表した。周知のように、六五年生成文法の標準理論においては、意味解釈というのはもっぱら深層構造によって決定される。つまり、構文部門によって生成された構文的深層構造に意味解釈をほどこすのが、意味論的部門である。意味ルールによって意味解釈をほどこされて、構文的深層構造が意味表現のうちに描きこまれるというわけである。したがってどこまでも意味解釈は構文的深層構造にもっぱら依拠していると言わねばならない。それと同じように、音形部門は構文的表層構造にしたがって音形解釈をおこなう。つまり、音形ルールによって音形解釈をほどこされて、構文的表層構造が音形表現のうちに描きこまれるというわけである。このような考え方の前提としてはっきりと三つのテーゼがあることがわかる。第一に、音形論も意味論もともに完全に解釈的であること。そして解釈的だと言われるためには、第二に、構文的な深層構造の独立性である。それは基本的には意味部門からであるが、音形部門も同じことである。第三に、構文において深層構造と表層構造とははっきりとした二つのレヴェルにわけられていること、それは明確に把握されねばならない。

ところが、この論文において、チョムスキーは、上記の三つの前提は全く変えないで、意味解釈には表層構造が関係しうることを認めるにいたるのである(24)。もちろん意味解釈のほどこされる文法関係は深層構造において示されるものだという立場そのものが基本的にくずれるわけではないことは、三つの前提が変えられていない以上、当然であろう。しかし、そのような前提は基本的には異ならないにせよ、次のような方式化が彼によって示される時、彼の立場をはなれてみれば、大きな反響を開くのではなかろうか。

〈113〉基　底：$(P_1, \cdots, P_i)$（P_1はK-initial, P_iは、Kのメンバーである構文構造の post - lexical (deep) な構造）
変　形：$(P_i, \cdots, P_n)$（P_nは表層構造、$(P_1, \cdots, P_n \in K)$）
音形論：$P_n \to$音形表現
意味論：$(P_i, P_n) \to$意味表現（含意される文法関係はP_iのそれつまりP_1において表現されるもの）(25)

この論文でチョムスキーはG・レイコフやJ・D・マッコリーなどの生成意味論の立場を批判しているが、逆にマッコリーは、チョムスキーに対するキー・ポイントは構文論の自律性《アウトノミー》をみとめるか否かであり、それを認めなくなりさえすれば、意味論が解釈的であることも、それから、構文的深層構造が独立せるレヴェルであることもまた認められなくなると主張する(26)。結局、構文論—意味論—言為論の三分法において、構文論を自律的領域として分離するその大前提こそ根本的な問題であり、それをささえているのがコンピタンス - パフォーマンスの二分法なのであり、それ故、意味論のレヴェルで表層構造が影響を与えることを認めても、深層構造 - 表層構造の二分法になんらの変様をもおこさない所以なのである。だが、〈113〉の方式に示されたように、意味論のうちに表層構造が組みいれられた点は、われわれにとって重視されねばならない。そしてその点をより十全に展開するには、コンピタンス－パフォーマンスの二分法を構文論の独自性と分離の裏付けに用いる姿勢そのものを問いかえすこと以外にはないように思われる。その点についてわれわれはすでに問いかえしたが、さらに二点で補強しておこう。第一点は、チョムスキーがコンピタンスを自らの言語に対する話手―聞手の知識といいかえていることである。これは、能力というものを知識の次元にひきつけ、実際の行為の場面を分離しようとする合理主義的な知識優位の立場に立っていることをはっきりと示している。だが言語は行為と相関的いや相即的でさえあることを忘れてはならない。第二に、この二分法は、言語能力というものをただ個人的なものとして把える、いわば方法論的個人主義によるものと言わざるをえない。だが、人間存在は本来相互主体的なものである以上、かような方法論的立場から言語能力を抽出することは、極めて作為的だと考えられ、個別研究の限界として自制することがもとめられよう。

　すでにあきらかにしたように、構文論―意味論―言為論の三分法を提案したモリスは、その三者の全体的な関連によって記号学がその全体性と統一性においてたもたれることを力説した。このあらたなパラダイムの確立をもとめた創始者の意図は、はやくも、その意図をくんではじめたカルナップによって変様されることを余儀なくされた。しかしカルナップは、その連関をこわすことを意図的にもとめたわけではなく、実はなんとか彼なりにその連関をつけることをもとめたのである。それが、構文論と意味論とは言為論に依存するかという問いであった。彼の個別研究上純粋と記述の区別を重視するが故に、記述の場合には依存することが認められたが、純粋の場合には否定されたのである。それはむしろ極めて当然な答え方であったと思われる。なぜなら、あの段階においてはいわば「記述」言為論以外の言為論を認めていなかったのであるから、純粋構文論と純粋意味論とをもし記述言為論に依存せしめるとしたら、カルナップは自らの個別研究を行いえなかったにちがいないからである。しかしカルナップはその後十年以上もたって「言為論のある概念について」という非常に短い論考をものして（もちろんそれに先立つ同年の論考「自然言語における意味と同意」をうけて書かれたものであるが）「理論的言為論《セオレティカル・プラグマティックス》」という名称で〈純粋言為論〉に相当するものの必要性をつよく打出している。それはどこまでも理論言語における理論的構成として追求されねばならないからである(27)。そして次のような抱負を語る。「理論的言為論の体系に対する火急な必要性がある、心理学と言語学のためだけではなく分析的哲学のためにも。純粋意味論が十分に発展されたので、言為論的体系の試論的概要を構成する企てをなすには、時が熟してきたようである。そのような概要ははじめは小グループの概念（たとえば、信念、主張、発話の概念）に限定されるかもしれない。それから、知識論や科学方法論上の議論にとって必要なすべての概念を含むように発展されうるであろう」[28]。たしかにいまだ控え目であるから、記述の場合のように、〈言為論は言語学全体の基礎である〉というような、明確な主張にはなっていないが、少くとももしアナロジカルに考えて強力に押進めれば、〈理論的言為論は純粋記号学全体の基礎である〉といいうるような"ひびき"を感じうるであろう。ともあれ、カルナップは人工言語学派としての個別研究上、モリスのように全体的関連を率直に提示しているわけではないが、モリスと同じように〈科学の統一〉をもとめていたことは否定すべくもないのである。

　いまこのようにモリスとカルナップの大きな願望をあらためて前においてみる時、チョムスキーがまさしくきわだってその分離革命を遂行したことの、大きな意義と同時にその誤りとを感じざるをえないのである。たとえばT・W・オラーは「構文論と意味論と言為論との関連について」において、変形文法の主要なあやまりは二つの点で示されているという[29]。第一は、構文が意味とは独立に定義されるという考え方である。この定義は支持しがたいものであり、構文と意味とはともに文法にとって本質的なものとみなされるという風に緩和されたのであるが。第二は、文法は母語話者のコミュニケーション状況と世界認識とから独立して定義されるという考え方である。言語は本質的にコミュニケーションのためにそしてそれによって構造化されるので、この定義は失格である。そもそも言語理論は、語によって他の語を説明し、文によって他の文を説明し等々をもとめるので、それ自体循環的である。さらに、語や文などを言語外的単位や関係などと結びつけるので、いつでもぐるぐるとまわっている。実際、コミュニケーション状況や世界認識なしには、いかなる言語構造も存在しない。意味も構文も真空のなかに存在するのではなく、いつでも諸状況との関連において存在しているのである[30]。このような言い方はややあらっぽい言い方ではあるが、構文論―意味論―言為論の全体的連関の重要さをあらわにしている。今日、チョムスキーへの反省をふまえて、モリスとともにカルナップの大きな願望へと立戻る時、記述の場合ではいろいろな視点から言為論が言語学全体の基礎としてますますその解明がすすめられているし、純粋の場合においてもたとえばモンテーギュ文法などの具体例も示されてきたように、様相論理学などと提携して形式言為論《フォーマル・プラグマティックス》の構成がもとめられていることは、三者の全体的関連をもとめたモリスやカルナップの意図が大局的にはかなえられている方向にあるといってよいであろう。

この方向性が〈価値のことば〉のオリエンテイションと正しく呼応し合っている。われわれはすでに価値のことばの基礎地平をあらわにした。それは、かかる基礎地平が価値のことばと事実のことばという二元的分離論をのりこえてテキストとコンテキストの相関性において開かれることを示したのである。われわれは普通、すでに繰返し指摘したが、価値と事実ないし存在や事象との基本的区別ほどまさしく基本的でもはやゆるがせに出来ない区別はないと信じている。しかしそれは、かかる基本的区別を当然であり且つ正当だとうけいれるようにならされてしまっているにすぎない。たしかに基本的に区別することは出来るのではあるが、それは自明なわけではないのである。ことばの問題においても、その基本的区別を前提としているものにとっては、まず事実のことばないしは平叙文があって、それに疑問文や命令文、感嘆文がつけくわえられるかのようにきめている。しかしそれはどこまでも文法や論理の一定の知的操作（なにも文法や論理をもちださなくても、人間の知能の発達にともなう正常な知覚判断のもとですでにそうなってくるのだが）によって定式化され常識化されたものにすぎない。われわれの言語活動は、それぞれの生活世界においてそれぞれの言語外的コンテキストのなかで、疑問、命令、主張、応答などの行為として遂行されるのである。なにも事実のことばと価値のことばとがはじめから明瞭に区別されてあるわけではない。その意味で、言為論が基礎となるような立場は、価値のことばの基礎地平においてあきらかにされていたのである。そしていまそれは、言語論の全体的連関において形成される方向性と正しく呼応い合っている。構文論―意味論―言為論の三区分法においては、言為論を基礎として置くことによってこそ、その全体的連関をよみとりゆたかにみのらすことが出来ると言わねばならない。なぜなら、チョムスキーの開いた生成文法標準理論がむしろ反面教師として示したように、構文論の独立性および構文的深層構造の自律性への希求とはまったく異なって、言為論の独立性などというものは本来のぞむべくもないものであり、そこにこそ根源的循環をはらんで成立する言語の基礎地平が開かれているからである。と同時に、それはおのずから、深層構造と表層構造の二分法についても、チョムスキーとは異なって、表層構造へと重心をうつしかえる方向を開くものである。

もちろん、表層構造へと重心をうつすということは決して深層構造との区別をなくしてしまうことを意味するわけではない。ややパラドクシカルな言い方とうつるかもしれないが、深層構造というものをどこまでも表層構造の深みとしてはっきりとつかむことである。それは逆に言えば、表層構造はどこまでも深層構造の表層だというのにひとしい。だがここで注目しなければならないことは、この二分法はあの根本的な概念装置とふかくかかわって把握されねばならないということなのである。それは、深層構造‐表層構造よりも上位概念である〈構造〉ないし〈体系〉と〈事象〉ないし〈アクト〉の二分法である。表層構造に比重をおくことは、構造がつねに事象との関連にあることを忘れてはならないということにほかならない。しかし表層構造は限りなく事象に近づくにせよ、決して同一ではない。表層構造とは事象の表層構造としてまず自らを開示する構造にほかならない。分り易くするために、やや極端な例ではあるが、下手な会話とか誤り文というような場合を考えてみるとよい。チョムスキーが構文論の独立性とその深層構造の自律性をもとめたのは、文法性を基準にして文法というより科学的な言語理論をもとめたからであったので、ここでもまた彼は反面教師として役立つであろう。いわば一語文から話しはじめる幼児は、その成長のその都度の言語状況のなかであやまった言い方、へたな会話をして、たえず周囲から訂正されながら育つ。ところで、そのへたな会話、あやまった言い方、あやまり文なりは、それこそその都度の言語状況のなかでなされた言語行為であり、言語事象であるが、それなりにそれぞれの表層構造をもってあらわれる。その表層構造が、あやまりなりへたなりの構造なのである。実はこのようなマイナス文法性の例においてこそかえって、ことばがなまの形で〈価値のことば〉として表層構造のうちに立ちあらわれる姿を浮彫りにしていることが了解しうるのではなかろうか[31]。そしてそのあやまり、下手さやおかしさなどがより明確に文法によってその所以が問われねばならない時、深層構造への注目がつねにもとめられよう。しかしその場合は、深層構造‐表層構造は決して構文論―意味論―言為論の分離の方向において把えられるものではありえないことは言うまでもない。それは端的にラング‐パロールの関係としてダイナミックにあきらかにされねばならない問題だからである。

かくして繰返すまでもなく、コンピタンス‐パフォーマンスの区別というのが、その分離の方向においてではなく相関関係の方向においてうけとめられねばならないことが帰着する。その時、言語能力はもっとゆたかな能力として描き出されるにちがいない。われわれの生きているこの言為論的生活世界においては、われわれはたえずなんらかの価値的な態度をとりながら行為しつつ話合っているが故に、まずその基礎地平において〈価値のことば〉のオリエンテイションがはっきりと浮彫りにされた。それをむしろくもらせるのがかえって学的操作への無自覚的没入であるとすれば、その相互批判のなかから形成されて来た言語論の方向が〈価値のことば〉

のオリエンテイションと正しく呼応したきたことは、よりゆたかに全体的展望を開く可能性を示すものと言うべきであろう。

2　言為論的生活世界とその言語構造的分解

一　言為論的生活世界の定礎

問題の所在と方向

いま私は、言為論（pragmatics）が構文論と意味論の基礎であることをあきらかにした。それゆえ「言為論的生活世界とその言語構造的分解」という問題にとりかかる。だがこの問題はそもそも言為論的生活世界そのものをどのように哲学的に定礎するかという、きわめて根本的で前提的な問いぬきではどうしても展開することができない。そのために、前節の結論に対する学的反省をあらためて行うことによって、問題の所在と方向をまずあきらかに示すことが必要であろう。

私は言為論が構文論と意味論の基礎であることをあきらかにしたが、それは私にとっては当然な帰結であり、また欧米の現代哲学の一つの趨勢ということも出来るであろう(32)。だがそこには根本的な転換があることに注目せねばならない。簡潔に言って、今日までの言語学の正統的な歩みにおいては、むしろ一般的に認められない帰結だといっても過言ではないからである。それは一体なぜであろうか。その基本を問うことによって、われわれは全面的に今日の〈知〉的転換の状況と意味に直面することとなろう。

もちろん正統的な立場からすれば、それが認められない理由はいろいろと考えられるであろう。だが、どのように考えるにせよ、もっとも基本的なことは、科学と哲学をめぐる〈知〉の在り方にふかくかかわる点である。〈知〉の在り方が問題になる以上、この点だけにしぼってもいろいろなことが述べられようが、私はいま科学と哲学という二つの局面からしぼりこんで、その核心だけでも指摘して問題の在り処を示したいと思う。

まず科学の極からみると、一般的な近代科学の専門化（ディシプリン(33)）の在り方を背景にしながら、言語学という一専門個別科学をふりかえる時、そこにはあまりにも典型的な軌跡が描き出されている。典型的に言って、近代科学の在り方はどうしても科学的により確実なデータと理論構成をもとにして展開する筋道が正道であるから、もちろんデカルトが表明したほど単純ではないにせよ(34)、まず要素的なものを正確におさえることがもとめられ、そこから次第に間口をひろげていくという形となる。その点では、言語学の学的発展はほとんどその典型といってもよいのではなかろうか。簡潔に言うと、もっとも基本的な単位にかかわる音声学、音韻学、語彙論などからはじまって、それらの単位の関係である構文論、文法学、そして意味論など、そこまでは誰でも承認する科学的な守備範囲といえよう。だがそれより範囲をひろげる時、テキスト言語学、談話文法、言語行為論そして言為論など、たしかにあたらしい開拓の熱気がつよく感じられるのではあるが、いまだ混沌としており、言語学的探究においてはまだまだこれからだと言わねばならない。それ故、言為論の方が「基礎だ」という帰結は、言語学の学的な在り方からすれば、ほとんどありえないことであり、それは言語学の正統的な立場のしからしめるところである。とすれば、言為論を構文論と意味論の基礎として打出そうとするわれわれの立場は、言語学の正統的な立場にはいまだないことはあきらかである。それならば、哲学の極ならば可能なのであろうか。

哲学の極においても、哲学の正統的な在り方からすれば、似たり寄ったりということになろうか。ただ哲学の場合には科学の場合とは異なって、いつでも根本的な転換をあらたにはじめることが出来る、あるオリジネールな自由が存していると思う。だが、その正統的な立場は科学以上に強固であるといっても過言ではなかろう。周知のように、哲学の歴史からみる限り、科学を生み出した母体としてその伝統的な立場ないし枠組はきわめて強固と言わざるをえない。それはプラトンのロゴスの学に由来するからである。それがデカルトの近代路線に合体することによって、今日まできわめて強固な哲学の正統性を造形すると同時に、近代科学と双生児のような関係を作り上げたのである。その意味では、どのように言われるにせよ、デカルトの方法的懐疑の立場がまさしく決定的であったということが出来よう。それはひたすら確実な認識をもとめ、そのためには「私がその中で存在する何らかの世界も、何らの場所もないと仮想することはできる」(35)というわけであるから、端的に言って、言為論がむしろ本来的にかかわる「世界」や「場所」が前提的に捨象されてしまうわけであるので、われわれが基本的に追究している言為論的生活世界というような考え方が根本的に成り立ちようがないといってもよいのではなかろうか。先に一寸指摘したように、根本的な転換以外には道がない所以なのである。その転換があきらかであるにもかかわらず、なぜそうならないのだろうか。

たしかに〈生活世界〉という問題に注目がなされて、ある転換の兆しが文字通り芽萌えはじめたのではあるが、ただそれに注目するだけではまだ問題はその序の口にすぎない。しかもその注目がはじめてなされるのに、フッサールの後期まで待たねばならなかったところに、かえっていかに哲学の正統的なロゴスの立場が強固であったかがわかる。実際フッサール自身は最後までこのロゴスの立場に立っていたのであり、そのなかではじめて〈生活世界〉に注目したにすぎなかった。その意味では、今世紀の二十年代になってその萌芽がやっとめばえたわけである。ところが、この八十年代にいたって、哲学は転換点《ターニング・ポイント》にあり、プラトン的伝統が生きのびてその有効性を失うまでにいたった「哲学後」(After Philosophy)とさえ言われるほどになってしまったのである(36)。この半世紀有余の転換のうちにすべての問題がこめられているということが出来る。

以上、言為論が構文論と意味論との基礎であるという考え方は、言語学という科学の極からはいまだ決して出てこないことはあきらかであり、哲学の極からは〈生活世界〉への注目ということで、そこにかすかな兆しが芽萌えたとおさえることが出来るであろう。ということは、言為論を基礎とする考え方は、プラトンのロゴスの正統的な立場やデカルトの近代合理主義の路線とは異なった発想に根差していることである。言為論とは、どのように解されるにせよ、言語にかかわる人間の在り方なしでは成り立ちえない以上、また言語にかかわる人間の在り方が存立する地平が、どのように解されるにせよ、前提的に首肯されねばならない。その意味において、デカルトの方法的懐疑の立場とは根本的に対立するといっても過言ではなかろう。そしてその地平がある意味では〈生活世界〉と解されるところに、〈生活世界〉への注目が哲学の転換点にとってきわめて根本的な所以である。したがって、〈生活世界〉を軽視する考え方では、言為論はその本来の在り方を正しく展開することは出来ないというべきであろう。とすれば、言為論が基礎だという考え方は、自然と、この〈生活世界〉を基礎地平としてうけとめるような考え方と連関し合うと想定される。言為論と〈生活世界〉という二つの問題事態は、それ自体としては別々であるが、本来的にふかくかかわり合うことが予想される。私が問題として「言為論的生活世界」としているところに、この二つの問題のかかわりとその方向性が意図されているのである。

言為論と〈生活世界〉とがふかく結合された形で示されてこそ、おそらくその本来の哲学的意味がかなえられると思われる。実際、「言語論的転換」がすべての現代哲学者によって語られるのは、結局、〈生活世界〉への注目がなされた後だからである。その見方の転換は、総序や序論でわれわれが論じたところとふかくかかわり、その際すでに「言為論的生活世界」がその〈はじめ〉の問題として重視されるべきことをあきらかにした。実際、第I部価値の構図はすでにその〈はじめ〉の問題を介して〈生活世界〉を基礎地平としてうけとめることを前提として展開してきたことである。その意味において、われわれはすでに転換点に立脚しているわけであるが、あらためてこの問題の所在と方向を問いつめてみなければならない。あらためて言うまでもないことであるが、第Ⅰ部価値の構図は、この現代状況において哲学するにはどのような構図にもとづくかをあきらかにするための、もっとも前提的な営為であった。その意味では、当然哲学の転換点なり哲学後なりをはっきりとうけとめた上でなされたものである。そのためにすでに言為論的生活世界を前提的におさえてすべてが展開しているわけであるが、それはどこまでも価値の構図構成の試みにほかならない。それ故、いまや、あらためてその前提的問題を掘り下げることがもとめられている。いま哲学の転換点に立てば誰でもが語る〈生活世界〉や言為論について、根本的に問いかえしてみなければならない。それは、言為論的生活世界を本当に哲学的に定礎するにはどのように考えねばならないかということである。

「具体的アプリオリ」について

「アフター・哲学」として哲学の終焉をかたるもの達は、カント的な考え方に対してはっきりとした対照を描き出しているとして、次のような対比を集約的に示している(37)。カントの見解で理性を特徴づける必然性に対して、現場での合理的談話や行為の規則、基準、成果の偶然性と慣習性。カント的理性の普遍性に対して、通約出来ない言語ゲームや生活形態の還元出来ない多元性、すべての真理、議論、妥当性の取り返しのつかない〝ローカル〟な性格。アプリオリに対して経験的、確実性に対して誤謬性、不変性に対して歴史的で文化的な変化性、統一性に対して異質性、全体性に対して断片性、自明な所与性（現前）に対して記号の差異的システムによる偏在的な媒介性、無制約性に対していかなる形での、たとえば可能性の超越論的条件や形而上学的第一原理のような、究極的基礎付けの拒否である。

この対比からはいろいろなことがよみとれるが、いまのわれわれの問題に直接かかわるポイントは「アプリオリに対して経験的」という対比の問題である。この対比は要約なので、無理もないことではあるが、はたしてこのような単純な二項的対比の考え方でおさえることが出来るのであろうか。われわれにとって生活世界を基礎地平としてうけとめることがもとめられているわけであるが、そのためにはどのように考えたらよいのであろうか。たしかに生活世界を基礎地平として哲学的に位置付けるには、哲学思想の根本的な転換がもとめられている。だが実際、単純に「アプリオリに対して経験的」と対比させるだけで、その位置付けのポイントをおさえることが出来るのであろうか。私はG・ブラントの問題提起を手掛かりにして考えてみることにしよう。

彼の考え方は大著の副題にはっきりとしめされているように、「具体的アプリオリの哲学」として生活世界の問題を考えようとする立場である(38)。ここにはあきらかに生活世界の問題を単なる事実問題としてではなく、哲学の前提的問題として位置付けようとする意図がこめられている。G・ブラントは、基本的にはフッサール、ハイデガー、サルトル、メルロ＝ポンティの四者を追うことによって、〈具体的アプリオリ〉としての生活世界の発見と展開のあとをたどろうとする。ところが、彼等を潜在的に導いているこの洞察も彼等では十分に解明されてはいないし、このあたらしい立場が十分な根源性において貫徹されてはいないという。とくにメルロ＝ポンティをのぞいては、それらの哲学はふたたび主体性ないし主観性にとらわれてしまい、〈具体的アプリオリ〉への接近をさまたげてしまったのである(39)。このような総括がなされる時、生活世界の前提的位置付けはこのような哲学においてはいまだ正しくなされていないことはあきらかであり、それが正しくなされているか否かのキー・ワードが〈具体的アプリオリ〉ないし〈実質的アプリオリ〉という表現にあることが示されている。このポイントをそれ故少しくあとづけてみよう。

すべての経験をあらかじめ規定するものをわれわれは「アプリオリ」とよぶが、一般に「形式的アプリオリ」が考えられてきた。まさしくカント的考え方の路線に沿うものである。形式的アプリオリとは三つの本質的なポイントによって特徴付けられる(40)。第一に、それ自身は経験のなかに与えられることのない、経験の制約、第二に、意識に内在している。そして第三に、すべての確実性は必然性にもとづくが、この必然性がさらにもとづくものである。確実性や必然性まで出てきたが、要するにカントにおけるアプリオリを念頭におけばよい。そこで先に挙げた総括は、経験的ではないアプリオリに対して経験的ということが対比されたわけである。だがそれではあまりにも単純すぎる。G・ブラントの見解では、このような形式的アプリオリに対して現象学は拒否して、「実質的アプリオリ」、「具体的アプリオリ」をたてて対比させる。現象学が他の哲学と区別されるのはこの点なのだと、彼は指摘する。彼が特に前記せる四人の現象学的哲学者をあとづけたのも、そのためであった。実質的ないし具体的アプリオリというのは経験そのもののうちにあるアプリオリであり、意識に内在するわけでもない。そして必然性も経験されはしないのである。形式的アプリオリの三つの特徴はすべてここでは否定されるが、しかしどこまでも実質的ないし具体的アプリオリなのであって、単に経験的というわけではない。「経験そのもののうちにあるアプリオリ」ということがポイントであり、「アプリオリに対して経験的」というのではないのである。つまりわれわれが注目しなければならないことは、このような考え方の筋道である。

「具体的アプリオリは意味所与性である。意味は究極の、オリギネールな経験である。この究極的な経験は他の経験がそれに準拠しそれに還元されるものであるが、それ自体はふたたび他の経験によったり、その究極性においてもはや他の経験には関係付けられないものである。したがってそれは同時にオリギネールつまり始源を与えるものである」(41)。このように述べることによって、G・ブラントは生活世界の具体的アプリオリを根源的にもとめる意味を彼なりにあきらかにしたということが出来るであろう。だがそれを例の四者を通して哲学史的に見る限り、きわめて不十分だと認めざるをえなかったわけである。実を言えば、哲学における伝統的な思考慣習が具体的ないし実質的アプリオリを実際に把握することをさまたげてきたのである(42)。そこで彼自身が「具体的アプリオリの哲学」を描き出そうというわけである。

いまわたくしはこのG・ブラントの哲学の内容を問題にしようとしているのではない。彼が生活世界を「直接与えられたもの」としておさえて、そこに哲学の〈はじめ〉を思索し展開しようとする時、「具体的アプリオリ」という基本概念を提示して、それを介して〈知〉の根本的転換をもとめたところに注目したいのである。このポイントは西洋哲学の伝統的思考慣習によってさまたげられてきて、やっとフッサール現象学以後気付かれたが、結局、主観性ないし主体性の哲学系譜の強さのためにきわめて不十分のままにしか把えられなかった。だがこの基本概念にかかわる問題のうちに生活世界の前提的位置付けの問題学の焦点がしぼられると考えられる。

すべての経験をあらかじめ規定するものをアプリオリとすれば、すべての経験はアポステリオリであり、したがって「アプリオリに対して経験的」と単純に二項的対比をきめがちである。たしかにアポステリオリな経験に対してすべての経験の外にアプリオリをおく〈形式的アプリオリ〉ないし〈抽象的アプリオリ〉の場合は、二元的に割りきれるのでわかりやすい。だからこそ、西洋哲学の伝統的なロゴスの思考慣習にはなじみやすく、それ以外のアプリオリを排除してきたのである。ところが、アプリオリを形式的ないし抽象的にとらえるのではなく、経験のうちに把える〈具体的アプリオリ〉ないし〈実質的アプリオリ〉という考え方の重要さが気付かれた。だがこのような考え方の筋道は、十九世紀後半の歴史哲学的思考のなかにすでにはっきりと示されていたのである。つまり「歴史的アプリオリ」という言い方がそれである(43)。もちろんこの場合でも形式的な意味でのみ語るのが新カント学派などの系統であるが、本来アプリオリがすべての経験をあらかじめ規定するものであるなら、理性的ないしロゴス的アプリオリはうけとめやすいが、経験以外のなにものでもない歴史のうちにアプリオリを正しくよみとるには、やはり見方の転換がすでに潜在的にもとめられるのではなかろうか。ということは、形式が内容を構成するというような立場を前提的にとらない限り、「歴史的アプリオリ」という基本概念を用いるとすれば、もはや形式的アプリオリにはとどまりえず、そこにはどうしても実質的ないし具体的な契機が組みこまれるような論理的筋道がひそんでいるからである。私はそのような考え方の論理的筋道を価値説批判のところで論じたが、「哲学的文法」と考える。そしていまそのような論理的筋道つまり哲学的文法という点からみれば、「歴史的アプリオリ」に先立って、実は既に〈普遍〉に関するヘーゲルのまさしく弁証法論理の基本において提示された考え方の筋道にその類比の起源をよみとることが出来るように思われる。

周知のように、普遍性とは特殊性および個別に対するものとして抽象的ないし形式的と考えられるのが、西洋哲学の伝統的な思考慣習であった。ところがヘーゲルはカント哲学を批判する時、もっとも基本的な理論枠組としてカントの理性批判は抽象的ないし形式的な段階にとどまっており、それをこえるさらに高次な具体的ないし実質的な理性の段階にまでいたっていないとする。その意味において、カントのもとめる普遍性も抽象的・形式的な普遍性にとどまっており、決して具体的・実質的な普遍性にはいたっていないというわけである(44)。かくしてヘーゲル以後、伝統的なロゴスの思考様式になじみやすかった普遍の把え方にも大きく転換がもたらされたのである。ただヘーゲルの場合には弁証法論理のためにそこに高次性をよみこもうとしたところに根本的な問題があるのであるが、いまは問わない。

もちろん今日でも一般的には依然として普遍というと形式的・抽象的普遍を考える惰性が常識としてまかり通っている。ヘーゲル的論理の枠組のために、そこに提示された〈知〉の転換をもたらすほどの導火線の意味もまだあまりにも不充分にしか理解されていないといっても過言ではない。そこでその論理の筋道つまり哲学的文法の筋道をはっきりさせるために、四対の普遍概念にかかわる考え方の様相を示すことにしたい。普遍をめぐる考え方の筋道があきらかにされれば、具体的アプリオリの把え方もまたより明瞭にすることが出来るからである。なぜなら、そこには同じ哲学的文法がはたらいており、文字通り類比的だからである。

私が提示する普遍の四対の概念構成とは、具体的普遍―抽象的普遍、内在的普遍―超越的普遍、主観的普遍―客観的普遍、相対的普遍―絶対的普遍である(45)。要するに、具体―抽象、内在―超越、主観―客観、相対―絶対という四対の基本的概念枠組にもとづいて、普遍を概念構成的にうけとめようとすることである。そのように構成的に明確化しない限り、われわれは依然として旧来の普遍主義にとらわれつづける結果になってしまいのではないかと思われる。もちろんそのためにはその一つ一つから全体的な構成まで詳細に論じることがもとめられようが、その余裕がないし現在の論点にとっていわば傍証的な論題なので、その趣旨にそうかぎりのかたちで満足せざるをえない。そこでそれぞれについて論ずるのはさけて、全体的に総括するような仕方で取扱ってみよう。そのために四つの対を上下に分断して横にならべかえてみる。具体的普遍、内在的普遍、主観的普遍、相対的普遍と抽象的普遍、超越的普遍、客観的普遍、絶対的普遍という、二つのグループにわけられる。これはつまり、四対の基本的概念枠組からすれば、具体―内在―主観―相対と抽象―超越―客観―絶対という風に、二組の総体的な連関枠組がつくり上げられたことにほかならない。とする時、われわれはより全体的な形で両者がまったく異なった論理的筋道によってつくられていることに容易に気付くにちがいない。

　いまは個別的なポイントはぬきにして総体的な連関性においてのみ集約的に考えてみると、抽象―超越―客観―絶対の論理的筋道はロゴス的同一性の論理ということが出来るのに対して、具体―内在―主観―相対の論理的筋道は両義的差異性の論理ということができよう。このロゴス的同一性の論理がプラトンまで辿るヨーロッパ思想の中核的な伝統である哲学的一元論を強力に裏付けたものである。この哲学的一元論というのは、あらゆる人間の活動領域すべてに妥当する永遠の超時間的真理が存しており、それを認識するには唯一の道があって、それがロゴスつまり理性だという考え方なのである(46)。G・ブラントが具体的アプリオリを把握することをさまたげてきた伝統的思考慣習というのは、まさしくこの論理的系譜にほかならない。その意味においては、この論理的筋道において普遍を考えることは、一元的にわりきるわけであるから、きわめてわかりやすいということは出来る。そのために、普遍を別の論理的筋道におくことは、そもそも普遍にまったくそぐわないことのようにみなされてきたわけである。

　ヘーゲルがはじめてそのような考え方に対して「具体的普遍」を弁証法論理において提示することで、別の見方への導火線を設置したのではあるが、彼自身があまりにも強く哲学的一元論にとらわれていたために、その画期的な意味が理解されなかった。マルクスはその画期的意味を理解しながらも、具体的普遍の論理的筋道を資本論の論理構成の局面にだけ具現化したために、その全体的な概念構成の意義を長い間ゆがめる結果となった。その全体的な概念構成の意義をうけとめるには、具体―内在―主観―相対の論理的筋道において徹底化されねばならない。つまり、具体的普遍―内在的普遍―主観的普遍―相対的普遍という四つの普遍概念を総体的にはっきりとうけとめねばならないのである。その論理的筋道はまさしく両義的差異性の論理にほかならない。

両義的差異性の論理というのは、具体的普遍の場合で言えば、普遍と個別ないし特殊という差異を両極的に対比して全く別で相反するもの、だからそれぞれ同一なものとして分離して把えるのではなく、その両義性において相互に移行し合うような、相互にふかく関係し合うような差異の関係性として把える筋道のことである。具体的普遍という時、たしかにカテゴリー上では普遍と個別ないし特殊は二項的に対比されるのではあるが、いつでも「個別的普遍」ないし「特殊的普遍」が成り立つ相で考えねばならないということである。具体―内在―主観―相対の論理的筋道が両義的差異性の論理であるということは、普遍というものをいつもかような論理的筋道においてうけとめることである。抽象―超越―客観―絶対のロゴス的同一性の論理と異なる所以である。

以上のように普遍をめぐる四対の概念構成の在り方を、その論理的筋道において見直してみる時、この両義的差異性の論理いいかえれば両義的差異性の哲学的文法は、まったく類比的に具体的アプリオリにもつらぬくものであると解されよう。具体的アプリオリにおいては、アプリオリはアポステリオリ（その経験）と別々に対比されるのではなくて、相互にふかく関係し合っている相のもとで把握されねばならない。アプリオリとアポステリオリとはもはや決して両極的なものではなく、どこまでもその両義性において相互に移行するような、柔軟でダイナミックな筋道で把えることがもとめられる。生活世界を具体的アプリオリと置くことによって正しく基礎地平として前提的に位置付ける筋道が開かれるという意味は、その哲学的文法をよみとってはじめてその本来の意味が理解されるからにほかならない。そこでもう一歩すすんでその位置付けの〈はじめ〉の問題を考えよう。

差異の位置付けとして

ふたたびG・ブラントにもどるが、生活世界を具体的アプリオリとしてその哲学を展開しようとする彼は、当然彼なりにその哲学の〈はじめ〉の問題に直面する。彼は具体的アプリオリに関しては伝統的な哲学思考の慣習がさまたげとなっていることを十分自覚していたが、その哲学的思索の〈はじめ〉については、もちろんプラトンではないが、アリストテレスの〈おどろき〉の考えにきわめて率直にしたがうのである[47]。むしろこのきわめて素朴な哲学的思索の〈はじめ〉を手引きとすることによって、具体的アプリオリの前提的位置付けの問題にこたえようとする。

おどろきにおいて問いがはじまるが、それは二重の仕方であり、ひとつは問題の事柄を確認する局面であり、もうひとつは問う私自身を問題にする局面である。つまり、かくかくであるとか、すでにかくかくであったが私がそれを確認していなかったというような事態をはっきりさせるのが前者の局面であり、さらにでは一体なぜ私がその時までにかくかくと確認しえなかったのはなぜかと問うのが後者の局面である(48)。ところで問うことが出来るのは、差異《ウンターシード》が存するが故である。差異を認めることで、その差異がなにかを知ろうとする。ウィトゲンシュタインの『断片』三五三を引用して例証している(49)。それはともかく、おどろきにおいて問い出される差異は三重である。第一に、他から浮き出た形態としての差異あるもの《ダス・ウンターシーデネ》として、第二に、私自身と私の前にあるもの・私がそのうちにあるものとかの間の差異、一般に私と世界との差異であり、第三に、以前にはわかっていなかったが、いまわかったのはなぜかというような、私の相異、私の在り方自体の差異である。要するに、おどろきにおいて差異を認めて、その差異を問うことによって、具体的アプリオリの哲学はじまるというわけである。このようにおどろきという主体的活動とかかわらせて差異を論ずるので、差異は同時に区別するという主体的営為とふかく相関的にとわれることとなる。ここに彼等の現象学的系譜の刻印があるとともに基本的な問題もひそんでいる。

「問いかけるおどろきとは区別することである。その区別することは、差異を発見する区別することとしてそれ自らをあらわにする」(50)。そしてこの区別することに彼は具体的アプリオリの最終前提を見出すのである。フッサールとその後継者は、それまで哲学によって見落とされていた、具体的アプリオリとしての生活世界を発見したが、その発見の前提は不十分にしか考えられていなかった。それが差異のことである。具体的アプリオリが自らを示す区別することには、三つの契機がある。第一は、作用、行為としての区別すること、第二は、区別することにおいて区別されるもの、つまり差異あるもの、そして区別する作用それ自身もこの一部である。最後に、差異あるものの間にあるもの、つまり間（Zwischen）である。かくして、おどろきながら区別することを根本的に深く把えることが、大きな課題となる。この課題そのものをあとづける余裕はないが、区別することとともに示された差異こそが具体的アプリオリの最終前提なのだという考え方をめぐって考えてみよう。

G・ブラントは、ハイデガーの差異つまり存在と存在者の区別（存在論的差異）をはっきりと批判することで、自らの主張の傍証をかためる。ハイデガーのこの差異はいかなる経験もとどきえない思弁的な思惟である。この差異はただ、従わねばならない指示としてあるいは形式的アプリオリつまり存在論の可能性の根拠として主張されるだけである。G・ブラントが説く差異ないし区別は経験がわれわれに提示する最終前提である。それ故、その差異はそれ自体のうちにもとづき、他のいかなるものにも還元されえない。「われわれの出発点は区別することの先にまでたどりえないということである」(51)。その理由は端的に言えば、区別されたものの先に行くとしても、そこであらたにあたらしい区別につきあたるからにほかならない。

先に論じたように、生活世界を具体的アプリオリとして把えることは、経験のうちにありながら究極のオリギネールな経験として位置付けることにほかならなかった。その意味で、具体的アプリオリは形式的アプリオリと異なって経験のそとに与えられるものではないが、究極的な経験である意味ではすべての経験に先立ってあり、すべての経験を包括するものである。つまり、「それ自体に先行的に与えられる」(sich selbst vorgegeben)(52)経験なのである。このそれ自体に先行的に与えられる経験とは、区別することそしていつも-すでに-区別されたものにおいて-あること以外のなにものでもない。まさしく差異が最終前提と言われる所以である。だがこの生活世界を最終的な先所与(das letzte Vorgegebene)として先行的に見出すとすると、はたしてさらにもう一歩先にすすめえないかどうかと問われるにちがいない。だがこの一歩はどこまでも、この先行的に見出すこと(das Vorfinden)そのものをしかもその先行的出会い性(Vorfindlichkeit)において問題化することのうちにある。それ以上先にたどることは出来ない。

そこで、あの哲学的思索の〈はじめ〉であるおどろきと当然かかわって、その事態があらわにされる。「おどろきにおいてわれわれは原-事象に気づく。この原-事象はいつでもすでに生起しており、すべての問いをはじめて可能にする。つまり区別することなのである。この区別することと問うことの先にまでたどって、われわれは問うことは出来ない」(53)。要するに「先行的に見出すことは区別することである」(Das Vorfinden ist Unterscheiden)。すべての前提の前提として区別することをそれ自体から開示せしめるなら、区別するものと区別されるものとの間にはなんらかの特権は存しないであろう。両者は等しく根源的に相合して全体をなしている。特に区別することはそれ自体あらかじめかかるものとして先行的に与えられている。つまり、その作用性における区別すること自体がそれ自体その所与性において開示される。(Das Unterscheiden in seiner Aktivität selbst wird sich selbst erhellen in seiner Gegebenheit.)(54)別の言い方をすると、区別することは、その区別することと差異ある在り方において先行的に見出されるのである。この作用面と事象面との二重性という事態について、現象的に問われるべき難問がひそんでいるにせよ、G・ブラントの〈はじめ〉の問いの考え方はほぼあきらかになったと思われる。

以上のように、G・ブラントは、哲学的思索の〈はじめ〉である〈おどろき〉を手引きとしながら、問いが差異からはじまり区別することこそ先行的に与えられる経験と考える。区別することはそれ自体最終前提であるとともに具体的アプリオリの最終前提でもある。われわれは区別することの先にまでたどることはできないからである。かくして、具体的アプリオリという究極のオリギネールな経験は要するに差異が最終前提として位置付けられることによって定礎する。ここで分かり易く言うと、具体的アプリオリと生活世界という問題面と区別することと差異という問題面とが、まさしく等根源的に相関的におさえられることによって、彼の前提的な位置付け論が組み立てられているということが出来る。そしてそれを可能ならしめる理論的筋道が、作用性が所与性において開示されることである。つまり、区別すること（作用性）は差異（所与性）と等しく根源的に相合して全体をなすのと同じように、具体的アプリオリ（作用性）は生活世界（所与性）と究極的な経験において等根源的に合体している。そしてこの等根源的な始源としての出発点は区別することの先にいくことが出来ない以上、文字通り最終的な位置付けがなしうるというわけである。

われわれはいま彼の区別・差異論それ自体を問題にしているわけではなく、どこまでも具体的アプリオリとしての生活世界の定礎をめぐって、区別・差異の前提的位置付けの考え方を手引きとして問い出しただけである。たしかに彼の考え方は一つの注目すべき基礎論を開示している。端的に言えば、生活世界と具体的アプリオリとして把握するとともに具体的アプリオリの最終前提が区別することであると確定することによって、具体的アプリオリの哲学として生活世界を探究することが本来の哲学たらねばならないことがもとめられる。というよりも、彼の立場からすれば、もはや生活世界の哲学以外にはつまりその具体的アプリオリの哲学以外には哲学はありえないといってよいであろう。まさしくこれこそ彼のもとめるものにほかならない。

私もまたその点では彼の立場に合意する。さきに具体的アプリオリが具体的普遍などと類比的に両義的差異性の哲学的文法にしたがうことをあきらかにしたが、この哲学的文法にしたがう限り、もはや具体的アプリオリとしての生活世界の哲学以外には哲学は展開することは出来ない。両義的差異性の哲学的文法にしたがう限り、具体的アプリオリとしての生活世界とかかわりのない哲学的思索は成り立ちえないからである。ただその際にもあきらかにしたように、彼の場合には、具体的アプリオリを現象学的系譜にしたがって究極的なオリギネールな経験と考えるところが基本であるが、私ももちろんそれを否定するわけではないが、私にとっては具体的アプリオリの論理的筋道つまりその哲学的文法にこめられる意味に注目しているのである。そしてこの力点の相異は差異の位置付けについてもまた異なった模様を描き出す。

G・ブラントは後期ウィトゲンシュタインに片方の足場をおくが、もう一方の足場は、すでに指摘してきたように、現象学的な立場である。すでにはじめの方で言及したように、彼は四人の現象学の先達、フッサール、ハイデガー、サルトル、メルロ＝ポンティに導かれて、むしろその不充分さを克服してあらたな現象学を遂行しようともとめている。それが具体的アプリオリの哲学なのである。そこで批判と創造という二つの作業がもとめられて、この大著は二部からなり、第一部が四者の現象学の批判的吟味であり、第二部が彼自身の生活世界の哲学の遂行という形になっている。その意味では、十分な批判を自覚的におこないながら、彼の立場を展開していることは認められる。その点ははっきり認めた上で、われわれの問題の焦点にしぼって考えてみることにしよう。それが「区別する」という原‐事象の問題なのである。

区別するという作用性を最終前提つまり出発点におく意味において、現象学的立場がはっきりととらえられている。だがそのためにあやまった現象学的な考え方がもちこまれないように十分警戒する。それは「構成」「投企」「無化」などという概念で示されるもので、具体的アプリオリへの洞察を変質させてしまう。ということは、区別することが具体的アプリオリの最終前提であるからといって、それが「原因」ないし「原因性」のような仕方で具体的アプリオリのうちへひそかにもちこまれてはならないからである。メルロ＝ポンティと後期ウィトゲンシュタインにいたってはじめて、このような「因果的」つまりその純粋な産出から起源をうけとる思考の最後の残滓を克服することが出来たのだと、G・ブラントは特に指摘している(55)。この「原因」「原因性」「因果的」という言い方が何を意味しているかは、あえて説明するまでもないであろう。

だが、彼がそのような注意をいかにはらっているにせよ、やはりわれわれからみると、現象学的であるかどうかということよりも、区別することに最終前提の位置付けをおく考え方に、どうしても根本的な問題性を感じざるをえない。その根本的な問題性について率直に語ることにしよう。それは要するに、区別することを最終前提と位置付ける考え方そのものの問題なのである。それをG・ブラントはアリストテレスないし西洋哲学の伝統をうけて〈おどろき〉からはじめようとするわけであるが、それは同時に〈についての意識〉を前提とする現象学的立場にすでに立っているからだと解さざるをえない。その意味では、〈おどろき〉という問いの作用性からはじめることは、アリストテレスという哲学の正統的根拠を括弧にいれてもはたして可能なのであろうか。それが「区別する」ことと合流して最終前提の位置付けを基礎付けるのであるから、われわれの立場からすると、どうしてもまずその可能性を問わざるをえない。だがこの問いはある意味で副次的であるが、むしろそれをささえる現象学的な立場の方にこそ本当の問題がひそんでいるように思われる。〈おどろき〉というもっとも古典的な伝統をあらたな現象学的立場から意味付け直して、彼は生活世界の哲学を展開しはじめる前提を設定したと解されるからである。たしかにこの前提的な位置付けにこれからの哲学の根本的な問題がかかっている。

簡潔に言えば、フッサールが現象学的還元をもとめて遂行したことは、その哲学的内実は別として、この前提的位置付けにこたえるために、〈についての意識〉という地平からその出発点を必然的に確定するためであったと言うことが出来よう。そして還元的方法によってはじめて形式的アプリオリではなく具体的アプリオリという発想も可能となったと言ってもよいであろう(56)。ところが、このような還元的方法が意識に閉ざされ意識からの「構成」になってはならないと考えるG・ブラントは、どこまでも具体的アプリオリをキー・ワーズとして彼の生活世界の哲学を現象学として展開しようとしたわけである。「具体的アプリオリが現象学の基礎であり出発点なのである」(57)。そして彼の哲学の出発点として〈おどろき〉とともに発せられる問いが「区別する」ことにほかならず、もはやそれより先にたどることは出来ないといえう。その意味では、基本的に彼は現象学的還元の立場に立つ必要はないといってもよいのではなかろうか。具体的アプリオリは意味所与であり究極のオリギネールな経験であるにせよ、現象学的還元によってその前提的な位置付けが可能となると解されるが、区別・差異の前提的位置付けからはじまる。生活世界の具体的アプリオリの探究のまえでは、たとえ還元の立場を必要としたとしてもほとんど副次的にしてしまったということが出来よう。そのために、区別するという作用性は同時に所与性においてあるということを、彼はもっとも基本的な理論的筋道として提示して、自らの出発点を位置付けようとする。

すでにあきらかにしたように、彼の前提的位置付けの基本は、区別するという作用性と差異という所与性が三重の仕方で同時的に開示されることであった。だがどのようにその同時性が重視されるにせよ、彼の場合には〈おどろき〉とともに問われる区別の作用性がどうしても最終前提とならざるをえない。もちろん「区別する」ことと差異とは作用性と所与性においては一体であり、それ故に前提的な位置付けを可能とするわけであるが、なぜそれ以上に先にたどることが出来ないのかと問う時、〈おどろき〉にともなわれる問いと「区別する」作用性を始源におく現象学的な立場にいたらざるをえない。だがその立場においても一体どうして「区別する」ことがそれ以上先にたどることが出来ない出発点つまり最終前提なのであろうか。すでに指摘したように、現象学の立場においては、そこに現象学的還元がほどこされることによって、もはやそれ以上先をもとめることが理論的に無意味であり不可能であるからである。ところがG・ブラントはその還元の意義をほとんど重視しないと考えられるところに、その差異の前提的位置付けがどうも恣意的にうつらざるをえない所以があるように思われる。

彼自身「おどろきにおいてわれわれは原 - 事象に気づく。この原 - 事象はいつでもすでに生起しており、すべての問いをはじめて可能にする」と述べている。もちろんこの原 - 事象とは「区別する」ことにほかならない。とすれば、われわれはむしろ差異の原 - 事象として生起することに注目する以外には態度のとりようがないのではなかろうか。ということは、区別するという作用性の面ではなく、差異という所与性の面に、われわれはまずオリギネールに向き合うことがもとめられる。端的に言って、意識の作用性に対して現象学的還元がなされてそこに必然的に(恣意的にではなく)すべての現象の前提的位置付けがなされたのと類比的に、差異の所与性に対して向き合う以上、そこに前提的な位置付けを可能にするには、もはや逆還元という方法以外ありえないのではなかろうか。所与性というのは、そのままでは限りなくたどることが可能であるので、差異という所与性をそれ以上先にいけないものとして位置付けるには、そこにおいてその場所を掘り下げる以外にはいかなる操作も不可能だからである。逆還元の方法がなぜ基本的かは、差異の前提的位置付けを可能にする唯一の道だからである(58)。

言為論的生活世界とは

区別・差異の前提的位置付けをめぐるG・ブラントの基礎論を批判的に吟味することによって、われわれは生活世界の哲学的展開の始源をあきらかにしえたと思う。生活世界の定礎は、具体的アプリオリの最終前提としての差異の位置付けとして開示される。その点では彼は正しいオリエンテーションを示していたのではあるが、現象学的系譜をあらたに展開することが具体的アプリオリの哲学の進路と定めた彼にとって、哲学史的重圧があまりにも強すぎたと言わざるをえないように思われる。それ故われわれはむしろそのような重圧を出来る限り排除克服することをもとめることによって、差異の前提的位置付けの異なった道を示したのである。かくしてわれわれの生活世界の哲学ももちろん差異からはじまる。それ以上先に行くことは出来ない。ということはどういうことか。その第一は、いま少しまえに提示したように、逆還元の相のもとで開かれる、最終前提としての差異の開示である。そして第二は、その開示をうけて、生活世界の具体的アプリオリの最終前提であるが故に、どうしても自らをあらわならしめねばならない差異の表現である。

まず第一の点については、逆還元の操作——より正しくは、逆還元の第二の道である〈起源論的逆還元〉であるが——がほどこされることによって、そこに差異がその究極的な相において前提的に開示されることである。この点については、実はすでに第I部価値の構図の「価値の〃土壌〃と〃ふかさ〃」においてあきらかにしたところであった。もはや余裕がないのであらためて繰返すことを避けるが、要するに、差異という〈価値の土壌〉より先にいくことが出来ない所以が、その〈起源〉においてあらわにされるのが、まさしく逆還元の第二の道にほかならない。「生起し生起せる事のすべて」は「ありのままの事象」として差異という原-事象なのであり、言いかえれば「価値事象」にほかならず、そこに逆還元がほどこされることによって、すべての事象が差異の〈コトーナリ〉として「差異=価値」の〈コト〉構造に組みこまれて、前提的に開示される。そしてそこには価値の〃ふかさ〃の地平が開かれているのである。だがこの点については、差異の前提的位置付けが〈起源論的逆還元〉のもとではじめて確定することを、G・ブラントの区別・差異の基礎論との対比において理解されさえすれば、十分であろう。

いまは第二の点こそわれわれの問題の急所にかかわるものである。それは差異の表現に関する問題である。差異の開示が逆還元の相のもとでその前提的位置付けとしてなされる時、これ以上先にすすむことが出来ない地平を開くという意味で、それは表現をこえていると言わざるをえない。だが具体的アプリオリの最終前提たる差異は、その具体性にみちびかれて、表現をこえた出発点にとどまりつづけることは出来ない。出発点においてまず差異の開示がなされ、その〈起源〉においてはいまだ自らを表現する手掛りにまで達していない。自らを表現するためには、差異は自らの差異の表現をなんらかの形でうつし出す表現形態を手に入れねばならない。それが結局差異の体系としての言語表現の形態にほかならない。

ソシュールがはじめて提示したように、現実の言語表現の前提として、可想上の差異の体系性がもとめられる(59)。その意味は、潜在的に表現の関係性が網の目のように想定しうるわけであるが、それが現実の言語表現になるわけではない。だが現実の言語表現が可想上の差異の体系性を前提としていることは、まさしく生活世界の具体的アプリオリの最終前提たる差異の開示と対応し合っているからにほかならない。たしかにその対応についてなにかを語ることは出来ない。しかし〈起源〉における差異の開示は、そのような対応に呼応してこそ、自らの表現をなんらかの形でうつし出す表現形態として差異の体系たる言語表現をもとめうるのである。だがその間には大きな〝断絶〟ないし〝飛躍〟があると言わざるをえない。つまり最終前提としての差異と可想上の差異の体系性と現実の言語表現の間には。だがこの断絶ないし飛躍の局面をなんらかの仕方でうずめるために、抽象的な理論を展開することは厳につつしまねばならない。たしかにいろいろな抽象的ないしは形而上学的な理論が構想されていかにも独創的であるかのようにもてはやされているようである。だがそのような試みは、具体的アプリオリの意味を正しく受けとめていない意味で、それ以前の思考様式の新規のバリエーションにすぎないと言うべきである。すでに論じてきたように、具体的アプリオリの哲学は生活世界の探究として展開する以外はありえないので、どれほどの大きな断絶や飛躍があるにせよ、差異の表現は具体的に差異の体系としての言語表現の方から問い出すほかないのである。中間に可想上の差異の体系性をいかに想定しうるにせよ、差異が具体的アプリオリの最終前提として開示されることは、生活世界における差異の体系としての言語表現形態との対応においてしか自らの表現をもとめることは出来ない。

ところで、生活世界における差異の体系としての言語表現形態とは、言うまでもなく、科学的操作以前の、ただありのままに生起する言語活動の事象にほかならない。われわれは問題の所在をたしかめる意味で、近代科学のディシプリンの在り方について反省した。その時言語学がどのように近代科学としての典型的な歩み形をしてきたかがあきらかとなった。いまわれわれは科学的操作以前の地点に立つことによって、率直に生活世界のなかで生きられている言語活動に向き合うことがもとめられる。具体的アプリオリの最終前提として位置付けられる差異の開示が、生活世界における差異の体系としての言語表現との対応において自らの表現をもとめる以上、生活世界とはそもそも言為論的生活世界として以外にはありえないというべきであろう。生活世界におけるありのままに生起する言語活動の事象を、言為論が集約しているという意味においてである。具体的アプリオリの最終前提として差異を位置付けることは、その差異の表現を介して、言為論的生活世界の定礎をあらわにするものと言わねばならない。かくしてあらためて言為論的生活世界の言語構造的分解が開始される地点に達したのである(60)。

二　その言語構造的分解に向かって

われわれは言為論的生活世界の定礎を「具体的アプリオリ」という基本的カテゴリーを手掛りにしておこなった。それは要するに生活世界こそ哲学的思索にとって決して欠くことが出来ない基礎地平であることをあらわにする。それ故、デカルト的思考を象徴するような、あの方法的懐疑によって、世界を疑わしいものとして排除することはもはや許されない。それが具体的アプリオリとしての生活世界の定礎の意味であった。具体的アプリオリをはっきりと受けとめられる哲学的思索にとって、言為論的生活世界に対面することからすべてがはじまる。しかもそのはじまりは、端的に言って、差異への注視である。それも逆還元の第二の道〈起源論的逆還元〉によってはじめて正しく位置付けることが可能となることもあきらかにした。そしてその差異は自己表現をもとめる。生活世界が言為論的生活世界として存在しなければならない所以である。そこでさらに言為論的生活世界がどのように自らの結構を開示するかを問いかえすことがもとめられる。言為論的生活世界とその言語構造的分解という所以は、その開示が言語の在り方の解明とほとんど相即的だと予想されるからである。

われわれはすでに言為論が構文論と意味論の基礎であることをあきらかにした。それは生活世界が言為論的生活世界として開かれる局面からすれば、むしろ当然な帰結である。だがその考察はどこまでも言語論の根本問題をあきらかにすることを通してなされたのである。その意味において、言語論自体の解明はいまやはっきりと生活世界の定礎と呼応し合っていることはあきらかである。しかもこの考察にはさらにもう一つの前提があった。それが「価値のことば」という根本的な見方である。その点は、第II部第一章として、一、価値のことばと事実のことば——二元的分離論批判、二、肯定判断と否定判断をめぐって——価値的態度決定の様相、三、テキストとコンテキストという構成であきらかにした。その考察を通じてあきらかにしようとしたことは、ことばは本来的に「価値のことば」としてしかあらわれえないということであった。このような根本的な見方において、言為論が構文論や意味論の基礎であることをあきらかにしたわけである。この二つの考察をうけとめつつ、われわれはどのように考えていくべきであろうか。

言為論が構文論と意味論の基礎だということは、言為論的生活世界が具体的アプリオリとして定礎されるという基本事態からみれば、むしろ当然な帰結と言わねばならない。言為論的生活世界が世界の基礎地平であるとすれば、そのはじまりにおかれる言為論が言語論においてもっとも原初的なものとして位置付けられるのは、当然な事態だからである。ところで、そのような言語論が展開される前提として、ことばを「価値のことば」として受けとめることがもとめられていた。たしかにその際の「価値のことば」というのは、価値と事実の二元的分離論に対する批判を基本にして開示されるわけであるから、言語の在り方に対する、文字通り言語批判の方法によってはじめてあらわにされるものである。ことばを「価値のことば」としてうけとめるには、言語に対する旧来の〝常識的〟な見方を批判的に問い直すことを通していかねばならない。その意味で、言語批判の方法とは「価値のことば」をどのように解明するかとともに展開しつづける方法である。われわれが言語批判の方法を自覚的に遂行していかなければならない所以である。

「価値のことば」というのは、本来的に言えば、〈価値〉という表現が極めて多様であることから、当然一義的にはうけとめることは出来ない。しかし言為論的生活世界が具体的アプリオリとして定礎される以上、まず言為論的な基礎地平において「価値のことば」がうけとめられねばならないことは当然の理である。だがそれは、具体的にはわれわれが言語場＝コンテキストにおいて日常的なコミュニケーションのテキストを織りなす場面でのことであり、言為論的生活世界の〈はじめ〉の問題局面においてではない。その〈はじめ〉こそ差異への注視であり、差異の自己表現という、いわば〈原点〉にほかならなかった。とすれば、われわれもまずその点に対する反省的な考察からはじめねばならない。

ソシュールの言語価値〈起源〉論をうけとめて

この考察は言うまでもなく言語論として展開されることがもとめられるので、その点でもっともかかわりが深いと思われる言語論を手掛りとしながら、われわれの求めるものを示していこうと思う。とすれば、この点でもっとも深く関連すると思われるのが、ソシュールの言語論における差異と価値の問題であるということは、誰でも十分納得するところであろう。ソシュールの言語論についてはもちろんいろいろな角度からアプローチすることが出来ると思われるが、いまのわれわれにとって根本的に問題になる点こそが、またソシュールの言語論にとってももっとも根本的な問題としておさえることが出来るのではないかと思われる。わたくしはいまなにもソシュール研究をしようとしているわけではないので、その問題を考えるにあたってむしろ一つの便法によりたいと思う。つまりソシュールの第二回講義の序説が前田英樹の訳・注で刊行されているので[61]、それを手掛りとして批判的に論じてみたい。われわれの問題に関しては、このような便法をとっても決して大きな誤りをおかすことはないと思われる。

むしろ訳者の注解を時に批判的に参照することによって、かえってより正しく対応が出来るのではないかと考えられる。そこでまず差異と価値について論じられている重要なテキストをそのままピックアップすることからはじめよう。（訳書のページを付記する）。

「(2)記号の純粋に否定的で示差的な価値。記号はその価値を差異のみに負う。……(3)文字の価値は、一定の体系内で対立しあう大きさとしてしか働かない。それらは対立的であり、対立によってしか価値を持たない。諸価値の数には、ひとつの限界がある（このことは、(2)とまるで同じわけではないが、究極のところは否定的価値に帰着する……）」(20)。ここにもっとも一般的な形で「否定的で示差的な価値」が記号と文字に関して提示されている。これは両者をかかわらせることによって、かかる価値が「一定の体系内で対立しあう大きさ」として開示されることにほかならない。そしてそれが以下のようにより具体的に言語の局面で示される。

「価値の大きさは、すべてがたがいに依存しあっている。たとえば、フランス語における jugement が何であるかを明確にしたいとする。それを定義するには、それを取り巻くものを見るしかない。それじたいを述べるためであろうと、それ以外のものを述べるためであろうと。べつの言語に翻訳しようとするときも同じだ。この記号は、この単語は体系全体のなかで考えられるほかない。あるいは craindre〔恐れる〕、redouter〔おびえる〕という同義語は、たがいの隣接によってしか存在していない。だから、redouter が存在をやめれば、craindre は redouter の全内容を取り込んで豊かになるだろう。「犬」「狼」にしても同じことであって、ただそれらは孤立した記号のように考えられているだけだ」(29)。ここにはきわめて明確に言語価値というものが具体的に記号ないし単語として体系全体のなかでの相互関係つまり相互差異関係によって示されることが述べられている。それはさらにはっきりと示される。「記号学的体系はどれにも一定量の単位（接尾辞、等のいずれ複雑で多様な次元の諸単位）から成っている。こうした単位を、他の事物なみに扱えなくする、その真正の性質は、それがまさに価値であるというその点にある。記号体系という単位の体系は価値体系なのだ。価値から定義されるものは、すべて等しくこうした単位にあてはまり、この数々の単位が記号である」(39)。「言語中の記号は価値であり、じかに捉えうる要素それぞれは価値を定義するにたるものではない。要素は価値全体を表わさない。価値はもっとはるかに複雑なものだ。言語が記号学的な諸体系のなかでどんな位置を占めるにせよ、言語の何たるかはそれを価値体系とするときにこそはっきりする。その基盤は集団のなかに見出される必要があるだろう。価値を生みだすものは集団である」(41)。集団の問題はあとにしよう。ここで言語という記号学的所産が価値にほかならないことがあらためて体系的に確認される。

そこでもっと根本的な問題にまでつきすすむことになる。「定義上、内的なものは何らかの度合で価値を変化させうる。あるいは、外的なことのそれぞれは、価値を変化させうるかぎりにおいてしか、理論にとって重要ではないというべきだ。そこで改めて、言語のような体系なら、すべてそこには価値以外何もないことに気づいたりするだろう。これらの価値は何からできているか。それは、各体系の基盤によって異なっている。異ならないのは、どの価値も決して単純ではないということだ。しかも、ほかのどこより言語においては単純ではない。ここでは物質的単位は、その価値のそとで画定されることさえ不可能なのだから！　これで私たちは、まえに述べたところに帰ってきた。簡単に言えば、つぎの五つの事がら、価値、同一性、単位、実在（言語的な意味での、つまり言語的実在）、具体的言語要素のあいだには根本的なちがいがない」(77)。まさしくソシュール言語理論のいわば〈原点〉がここに示されることになる。五つの事態が同じことだということは、ことばを「価値のことば」とうけとめるわれわれにとってはむしろ当然なことなのではあるが、ソシュールは彼自身のアプローチからせめてそれを打出したところに画期的な意味がこめられていると同時にいろいろな問題がひそんでいるように思われる。彼の叙述を追いながら考えてみよう。

彼はチェス・ゲームによくたとえるが、ここでも、チェス・ゲームにとって具体的なものは「価値をまとった、それと一体となったナイト」であり、それが「同じ価値を持つかぎり」完全に同一性があるという。つまりナイトとしては似ても似つかない格好のものでも、それが「同じ価値を持つかぎり」同じナイトなのである。同一性と単位が通いあうことはあきらかなので、一方は他方の基盤なのだ。「体系の領域では、実在か価値かは同じことであり、その逆もしかりである」(78)。「価値とは、意義のことではない。価値は他の所与をとおして与えられる。それは、ある全体とある観念との関係からくる意義とちがって、言語中の駒相互の位置をとおして与えられている。……画定を行うものは価値にほかならない。単位は、根底から画定されているわけではない。このことは言語に特有のことだ」(78―79)。「同一性は価値の同一性であり、それ以外のありようを私たちは知らない。実在、具体的要素、単位はたがいに溶けあっている」(79)。

チェス・ゲームとの比較はたしかにある可知性を具体的に与えてはくれるが、そこにはやはり大きな相異もある。チェス・ゲームというものはむしろきわめて限定された盤面の条件にもとづいたルールに従って駒の関係がきめられているわけであるが、言語の場合はそのような限定される盤面の条件は存在せず、社会における多様で具体的はコンテキストが開かれているだけである。しかしながら、価値をまとうものとして同一の駒があるという、ソシュールの比喩は、言語もまた価値をまとうものとして存立することを、もっともわかりやすい仕方でイメージ化したものとしては、たしかにひとつの手引きとみなしうるであろう。だがここでも駒の場合の単純さとは比較にならないという言い方も可能であろう。もちろんポイントはそこにはない。五つの事態のあいだには根本的なちがいがないという提示に、ソシュールがいかに価値からすべてを考えようとしているかを示す、〈極点〉がある。価値、同一性、単位、言語的実在、具体的言語要素という五つの事態のことである。たしかにここにはこまかくみればいろいろと問題になりそうな点もみえるが、価値を基本に四つの事態がどこまでも価値の視点からのみ捉えられることを示すものとうけとめるならば、四つの事態におけるそれぞれのこまかいずれなどは問題にするにたりないというべきであろう。

ところで訳者はここで注解をふして次のようにいう。「言語的な「価値」「単位」「実在」は「同一性」であって、「差異」ではない。したがって、「実在」とはすなわち「差異」だということとような言いかたは控えられなくてはならないであろう」(83)。ここには、ソシュールの五つの事態に対する根本的な見方を全体的にうけとめることを忘れて、個別的に明確化しようとする、とかく専門家がおちいりがちなあやまりが露呈しているように思われる。すでに指摘したように、この根本的な見方は四つの事態がすべて価値から把握するしか捉えようがないことを提示しているのであって、その基本を忘れて「同一性」と「差異」の問題をそこに持ちこんで、三つの事態を「同一性」から把握しようとするのが正しいなどとずらしてしまっては、この根本的な見方をそもそも解体してしまうものと言わねばならない。この「同一性」は言うまでもなく「価値の同一性」なので、「価値」は「同一性」だなどということは、ここではナンセンスに近い言い方だと言わねばならない。分りやすく言えば、どれほど形に差異があっても、価値をまとったナイトは同じナイトなのだという比較で示された同一性なのである。だから「価値」は「同一性」だなどという言い方は、ソシュールの根本的な見方においては「価値」は「価値」だといっているにすぎず、「差異」が「同一性」と対比して混入されてはならないのである。

繰返すまでもないが、「記号はその価値を差異のみに負う」「文字の価値は対立によってしか価値を持たない」というように、まさしく「差異」によって「価値」が開示される。もちろん「価値」は「差異」ではない。「差異」は「価値」ではあるけれども。この点も忘れてはならない。それ故、「実在」とはすなわち「差異」だというような言いかたは控えられなくてはならないだろうという、そういう言い方こそ、ここではまったくの的はずれなのである。ここでは「実在」もまた「価値的実在」にほかならない。言語的実在とはなにかを知ることは、それらどうしの同一性の絆が何か、それらがどんな同一性を含むかということであるから(62)、要するに、価値の同一性を含むことによってはじめて、言語的実在とみなしうることにほかならない。簡潔に言えば、まさしく「価値的実在」ということである。だから強調してきたように、価値の視点から把えねば、実在もありえないということなのである。だからそれが「差異」かなどということは、そもそも問題外の言い方なのである。

差異とはなんらかの関係性においてある。その意味で差異とは実在間関係性においてあるといいえても、実在ではありえない。一般的に言って、差異とは〈実体〉でも〈存在〉〈実在〉でも〈意味〉でも〈観念〉でもない。そのような否定性をふまえて〈価値〉といえよう。だが既に指摘したように、それは決して価値が差異だということではない。価値は差異によって開示される意味において〈関係性の関係〉なのである。「すべての言語単位は関係を表わし、すべての現象もまたしかりである。だから、いっさいは関係だといってもいい。……すべての現象は関係どうしの関係である。何なら、差異を語ってもいい。いっさいは、対立として利用される差異にほかならない。この対立が価値を与える」(116)。すべての言語単位が関係とすれば、それらの単位からなる現象は関係どうしの関係となるのはむしろ理の当然である。差異とは〈コト－ナリ〉であるが故に関係性においてあらわれるので、その差異を介して与えられる価値は関係性の関係であり、その意味でまさしく〈価値事象〉にほかならない。

かくして「共時的なものの理にかなった区分は連辞と連合でしかない。共時的なものは、連辞の理論と連合の理論を包含する。そこにあるのは、連辞的差異の群化と連合的、心的な差異の群化である。言語のなかにはさまざまな差異だけがあって、実定的な量のようなものはないのだ」(169)。ここにいたって、ソシュールがあきらかにしようとしたことははっきりするとともに、言語の共時的な〈起源〉の開示といってもよいように思われる。そこには要するに差異だけしかないのであり、連辞的差異と連合的差異という形で言述のレベルにまでいたるとしても、結局、〈はじめ〉の差異をめぐる、価値、同一性、単位、言語的実在、具体的言語要素という五つの事態を開示したことにつきるであろう。共時的な言語価値〈起源〉論とみなすことによって、われわれはソシュールの根本問題をわれわれの問題と呼応し合う基礎地平において受けとめることが出来るのだということが出来よう。たしかにソシュールは言語の問題だけにかかわっているようにみえるが、「言語が受け容れられるのは、ただ社会生活をとおしてだけだ」(6)また「言語は記号的所産で、記号学的所産は社会的所産である」(39)ことは、むしろ当然な前提なのである。

共時的な言語価値〈起源〉論という時、誤解されてはならないことは、普通解されているような歴史的ないし通時的な起源論とはまったく異なることである。そもそものような起源論をソシュールはみとめなかった。その点で起源論を歴史的ないし通時的な意味でしか理解出来ない人にとってはなかなか受けとめにくいかもしれないが、われわれにとっては既に〈起源論的逆還元〉において差異の〈はじめ〉を論じた点からすれば、むしろ互に呼応しているとさえ言えるかもしれない。

共時的な言語価値〈起源〉論というのは、どこまでも言語価値にかかわるものであり、まさしく言語の起源が言語価値の相にもとめられることにほかならない。言語は要するに社会的所産であるが故に、遠い過去に言語の起源をたどることは、ソシュールにとっては本来考えられないことであった。端的に言ってしまえば、この社会的生活をとおして日々言語がうまれ受け容れられている。だがただ具体的に言語の個々の現象的な誕生などに目をうばわれていては、それこそたとえば流行語の登場のような、あまりにも表層的な局面に埋没するだけであろう。実際そうではなくて、言語の起源のもっともふかいレベルにさぐりを入れようとするのが、ソシュールの思索なのである。それが、言語価値からのアプローチにほかならない。

「価値はさまざまな次元で―たとえば経済学で―じつに定義しがたい。直接的に照らし出されることは何ひとつない。だが、私たちがいる場所は、少なくとも外側に向かっては限界づけられているではないか。語をやたらに単純化して視る危険は、私たちにはない。価値はすべからく極めて複雑で、語はたぶん最も複雑な価値のひとつだと思ってさえいれば、複雑とは、いろいろな意味でだが、とりわけつぎの点がたいせつである。価値が語られれば、問題になるのはそれらの関係だが（どんな価値もそれだけでは存在しない）、そのことこそ、記号が集団の承認によってしか価値を持たないことの原因だ。記号にはまるで二種の価値があるようにみえる。価値それじたいと集団からくる価値と。だが、結局それらは同じものなのだ」(39～40)。ここにソシュール理論の核心があることは誰にでもわかるわけであるが、その把え方があまりにも恣意的になされてきたのは、言語〈起源〉論として正しく受けとめることが出来なかったからではなかろうか。それがまさしく言語価値〈起源〉論となることを十分に理解しうれば、ソシュールの根本的な考え方の正しさと限界もまたはっきりとするだろう。それはすべて先に引用した箇所(63)につづく次の陳述を率直にうけとめるだけで十分に展開しうることである。

「したがって、(1)価値は集団のそとには存在しないのだから、それを個々人のなかで起こっていることに求めてもむだである。変異にしても同様で、それが個人の発意に委ねられることはない。社会的要因に依存するあらゆる価値のつねとして。しかし、(2)記号とは何かを示しうるのは一言語記号のなかに含まれるているようなものではない。そういうものは、使われている材料にすぎない。価値は、その要素が変わることなしに変異しうる。こうして、さっき述べていたことにまた戻ってくることになる。すなわち、言語は人類学的に私たちの関心をひくようなもの、言語自身を生産するのに不可欠なもの(音、それじたいとしての観念)のなかにはない。なるほど私たちの手にあるのは、複雑きわまりない対象だ。けれども、その複雑さは他の価値一般と異なるものではない」(41―42)。ここでは、「価値を生み出すのは集団である」ということをうけて、価値が集団的ないし社会的所産であることが示されており、これはわれわれが社会生活を営む限り当然なことである。ところで、記号には二種の価値があるようにみえるが、つまり価値それじたいと集団からくる価値ということになるが、結局それは同じことだとソシュールは指摘する。このように語られるので、われわれは安易に言語価値を集団的価値に還元してしまったり、逆に言語価値の自律性をまもりたい人は集団的所産からくる側面とは別のことだと言いたくなる。だがそれはともに価値という複雑な事態の単純化でしかない。だがソシュールは「その複雑さは他の価値一般と異なるものではない」と言うにとどまる。たしかにその通りなのだが、そのような言い方がソシュールの限界を示しているように思われる。

その複雑さは他の価値一般と異なるものではないと言われると、われわれは言語価値の複雑さを経済的価値や社会的価値ないしは倫理的価値一般の複雑さと対比して考えたくなるのは当然であり、その結果それが同じだなどとは考えにくいということになろう。たしかにその通りなのであるが、だからといって、言語価値それじたいと集団からくる価値とは別のものだというわけにはいかない。ソシュールにとって、言語は記号学的所産であり、記号学的所産は社会的所産であるから、結局のところ二つの価値も同じだということになるが、価値が複雑だということは、このような二つの価値を結局同じものとして含むところに成り立つのであって、社会的所産に還元することによって成り立つわけではないからである。

それはソシュールの場合にわかりにくいのは、彼自身自覚的に言語価値〈起源〉論を展開しているわけではないからである。彼にとって起源論というと歴史的ないし通時的なそれであり、それを自覚的に排除した。実際は、価値、同一性、単位、実在、要素という五つの事態をめぐって、それこそ言語の〈はじめ〉のところに焦点をあてたのであるが、この共時的視野には〈起源論〉的パースペクティヴが少しも組み入れられていない。ところが一方で彼ははっきりと言語の社会的所産を力説する。そこで、ソシュールの言語論の〈はじめ〉に忠実であろうとするひとは、出来る限り社会的ないし集団的な地平を排除したり括弧に入れようとする。だがそうではないのである。社会的所産もまた共時性のレベルにおいて把えられており、したがって、言語体系という価値体系において「記号の純粋に否定的で示差的価値」として示されるものも、もちろん集団からくる価値なのである。このややこしい関係をはっきりさせるには、やはり生活世界を「具体的アプリオリ」として定礎することを基本とした考え方のうちに、ソシュールの共時的な言語価値〈起源〉論を位置付けることがもとめられよう。

われわれにとって差異の〈はじめ〉は〈起源論的逆還元〉によってはじめて〈はじめ〉として位置付けられる。この〈はじめ〉の相の差異の自己表現は結局のところ言語を通さざるをえないので、ソシュールを言語〈起源〉論として受けとめた事態は、差異の〈はじめ〉にうつし出された言語の〈はじめ〉にほかならない。それが〈価値〉以外のなにものでもないことをあきらかにした点に、ソシュールの最大の貢献がある。価値は差異ではないが、差異は価値にほかならないからである。したがって、この〈起源〉においてわれわれははっきりと差異＝価値における言語の〈はじめ〉をうけとめなければならない。だがこの差異の〈はじめ〉はどこまでも「具体的アプリオリ」としての生活世界の定礎において位置付けられていた。文字通り社会的基礎地平から切り離して考えてはならない所以である。かくしてわれわれはソシュールの言語価値〈起源〉論を手引きにして差異の自己表現の開示の可能性を示しえたわけである。

ウィトゲンシュタインの言語ゲーム論を介して

逆に言えば、ソシュールはどこまでもその〈起源〉論にとどまっていた。それが価値、同一性、単位、言語的実在、具体的言語要素の五つの事態の解明であり、連辞的差異と連合的差異の考察にまでいたることにとどまってしまったからである。差異＝価値と集団からくる価値とが結局同じであるならば、当然その前提的場面としての社会的所産の世界、つまりわれわれの言い方からすれば、言為論的生活世界のさらなる自己表現の姿を描き出さねばならない。だがそれにはもはやソシュールはなんらの手引きとはなりえない。むしろソシュールを介してたちあらわれるウィトゲンシュタインの言語論が、その点ではもっとも注目されるように思われる。

ソシュールの言語〈起源〉論からすると、ウィトゲンシュタインの私的言語の批判は当然なことであり、実際彼の言語ゲーム論からしても当然な結果なのであるから、ほとんど問題にするほどもないことである。とすれば、その言語ゲーム論をわれわれの立場からどのように受けとめるべきかが、言為論的生活世界の言語構造的分解にとって論じなければならない前提的なポイントとなる。すでに指摘したように、ソシュールは言語価値を分かりやすく語るためにチェス・ゲームを利用した。だがそれはどこまでも言語の単位をめぐる思索にとってチェス・ゲームの駒の比喩がたすけとなるからにほかならない。そこにソシュール言語論がその〈起源〉論という限界にとどまらざるをえない所以もあった。ところが周知のように、ウィトゲンシュタインは言語活動を把握するために「言語ゲーム」というモデルを全面的に用いるのである。このモデルがどういう意味合いをもつかが問題なわけであるが、その解明がわれわれの基本的な問題に対してどのようなかかわり合いをもつかを考えてみよう。そのためにまず生活形態ないし形式についてのべられた陳述からはじめることにする(64)。

『哲学探究』II xiのところで、数学者や数学のことが語られているなかにぽつんと「引き受けられねばならぬもの、与えられたもの、それが生活形態である—と言われえよう」という一節がはさまれている。アフォリズム様式の場合には、いつでもそれをどのようにうけとめるかに多くの余白がある。それぞれのアフォリズムをどのように付け合せるかによって、いろいろな意味合いを描き出すからである。たとえば『確実性の問題』七に付け合せてみよう(65)。「あそこに椅子がある。ドアがある、と私が知っていること、あるいはそう確信していること、それを教えるのは私の生活である。例えば私は友人に、「あの椅子を持って来てくれ」「あのドアを閉めてくれ」などと言っている」。なにも解説など必要ないほど明瞭である。ウィトゲンシュタインにとって生活ないし生活形態はむしろそこに与えられており、そのまま受けとめられねばならないことはあきらかである。その意味において、まさしく「具体的アプリオリ」としての生活世界の定礎というわれわれの言為論論的前提のうえにすでにのっているといえよう。それ故に、言語ゲームも本来生活世界において問われることになる。

「言語ゲームはいわば予見不可能なものであるということを、君は心にとめておかねばならない。私の言わんとするところはこうである。それは根拠がない。それは理性的ではない（また非理性的でもない）。それはそこにある―われわれの生活と同様に」（『確実性の問題』五五九）。そこで言語ゲームについて極めてリアルな陳述を引用しよう。「「言語ゲーム」というタームは、ここでは、言語を話すことがある活動の一部あるいはある生活形態の一部である事実をあきらかにするための術語なのである。言語ゲームの多様性を次の諸例やその他の諸例において思い描いてほしい。命令を与える、そして命令に従うこと―、ある対象の外観を記述し、あるいはその測定を与えること―、ある対象を記述（図面）から組み立てること―、あるイベントを報告すること―、あるイベントについて推測すること―、ある仮説をたて検証すること―、ある実験の結果を表や図で表示すること―、物語を創作しそれを読むこと―、劇を演ずること―、輪唱をすること―、謎をとくこと―、ジョークをつくり、それを言うこと―、算術の応用問題を解くこと―、ある言語から他の言語に翻訳すること―、問う、感謝する、悪口を言う、挨拶する、祈ること―、言語における道具とその使い方の多様性、語や文の種類の多様性を、論理学者が言語の構造について述べることと比較することは興味深いことである（『論理哲学論考』の著者もふくまれる）」（『哲学探究』I 23）。もはや言語の限りない多様性に対面することである。言語と生活形態とは一体だからである。「戦闘中の命令と報告だけから成り立っている言語を想像することは容易である。―あるいは質問と賛否の表現だけからなる言語を想像することもできる。―そして一つの言語を想像することは、一つの生活形態を想像することにほかならない」（19）。

このような陳述を率直にうけとる時、言語ゲームというものはまさしく生活形態であることによって、言為論的生活世界をそれぞれの生活形態に応じて言語ゲームとして言語構造的に分解することにほかならないということが出来るのではなかろうか。ウィトゲンシュタインは多様な言語ゲームを想定するとともに、「言語と、言語が織りこまれる諸活動とから成り立つ総体をも言語ゲームと呼ぶ」（7）と述べられているように、言語と言語活動の総体をも言語ゲームとして把えている。個々の多様な言語ゲームからその総体にまでおよぶわけであるが、「われわれの明瞭かつ単純な言語ゲームは、将来の言語規則のための予備的研究でない―いわば摩擦や空気抵抗を無視する最初の近似なのである。言語ゲームとはむしろ、類似と相違の両面からわれわれの言語の諸状態にひかりをなげかける比較の対象として設定されるのである」（130）。このように明瞭で単純な言語ゲームを設定するのは、われわれの言語の諸状態を解明するために、むしろ摩擦や空気抵抗にあたるような現実な諸事態を捨象してつくられた文法モデルといってよいであろう。ウィトゲンシュタインははっきりとした方法論的意識をもって言語ゲームという考え方を打出しているわけである。

言語ゲームという考え方が十分な方法的意識をもってうまれたのは、基本的に言えば、語の意味とはなにかという問いにほかならなかったということが出来よう。その意味では、語の成立以前つまり言語の共時的〈起源〉を問うソシュールの問いとは、問題の段階を異にしているということが出来よう。と同時に、なぜウィトゲンシュタインが私的言語の問題にかくもこだわったかということも、また同じく語の意味の問題によるからである。語の意味とはなにかという伝統的な問いに対して、きわめて強固に二つの典型的な答え方がなされてきた。周知のように、指示という、なんらかの対象・事態との関係において意味を考えようとするものと、観念ないし概念という、なんらかの思考・表現との関係において意味を考えようとするもの、J・S・ミルの denotation/connotation、G・フレーゲの Bedeutung/Sinn、B・ラッセルの denotation/meaning、M・ブラックの reference/sense、F・クーチュラの Bezug/Bedeutung などはすべて、この典型的な考え方にもとづいているわけである(66)。ウィトゲンシュタインはこの二つの考え方を批判的に克服するために、言語ゲームと私的言語批判をきわめて意識的に構築したということが出来る。観念＝意味というものを感覚や思考の心理過程のうちへとことんまでたどっていけば、あの「感覚日記」というフィクションにまでいたるわけで、ウィトゲンシュタインが執拗にこだわりつづけたのはそのためである。私的言語の問題はいまはこれ以上論じないが、要するに語の意味の問題こそが彼の基本であった。そこで語の意味を言語ゲームのうちであきらかにしようとしたところに、語の意味は言語におけるその使用だという、あの周知の考え方となるわけである(67)。言語意味論の在り方を言語ゲーム論が根本的に改組するような影響を与えたところに、たしかに彼の理論のもっとも大きな功績があるのではあるが、既成の哲学に対する否定的スタンスはきわめて強力ではあるが、積極的な可能性を示すことでは弱いように思われる。それは要するに「哲学とはどんな仕方にせよ言語の現実的な使用に干渉してはならない。結局、哲学は言語の使用を記述するだけである。なぜなら哲学はそれにいかなる基礎も与えることは出来ないからである。哲学はあらゆるものをあるがままにまかすのである」(124)。このような消極的な見方にとどまっているからである。哲学の役割はたとえ消極的であっても、彼の言語ゲーム論は生活世界に対して強力な分解をもたらす。

多様な言語ゲームをただ記述しているだけといっても、それは当然生活世界に対して生活形態に応じて言語ゲームを分解することをもとめる。その分解から示されることは、結局、行為の問題にほかならない。「ルールに従うことは、命令に従うことに類似している。われわれはそうするように訓練され、命令には一定の仕方で反応する。しかし命令や訓練に対して或る人はこう反応し他の人はああ反応するとなったら、どうだろうか。一体誰が正しいのか？　まったく分からない言葉が話されている未知の国へ君が研究者として行ったと仮定しよう。そこの人々が命令を与えた、命令を理解した、命令に従った、命令に逆らった等々と、君が語れるのはどういう状況においてであろうか？　人類共通の行動様式こそ、われわれが未知の言語を解釈するとき依拠する座標軸である。」(206)そしてさらに的確に、「証拠を基礎づけ、正当化する営みはどこかで終る。―しかし、ある命題が端的に真として直観されることがその終点なのではない。すなわち言語ゲームの根底になっているのはある種の視覚ではなく、われわれの営む行為こそそれなのである」(『確実性の問題』204)。

言語ゲームはゲームである以上、「ルールに従う」ことが基本的なポイントとなる。上記の陳述からも理解出来るように、ルールに従うことは文字通り行為にかかわり、しかも反復する行為ともいうべき慣習にかかわる。「われわれが「ルールに従う」と呼んでいることが、たった一人のひとが生涯たった一度だけ行うことが可能なことだなどということがあるだろうか？―これはもちろん「ルールに従う」という表現の文法に関する注解である。ただ一度だけ或る人がルールに従ったなどということはありえない。たった一度だけ、或る報告がなされた、ある命令が与えられたあるいは理解されたなどなどということはありえない。―ルールに従うこと、報告をなすこと、命令を下すこと、チェスのゲームをすることなど、それらは慣習（習慣、制度）である。或る命令を理解することは或る言語を理解することである。ある言語を理解することは一つの技術をマスターすることである」(『哲学探究』I 199)。ところが、ルールに従うことがどれほど慣習や制度になっていても、ルールに従うことが行為にかかわる以上、われわれはあるパラドックスに直面せざるをえない。「われわれのパラドックスはこうである。どんな行為の仕方もあるルールによっては決定するのは不可能であろう、なぜならばどんな行為の仕方でもそのルールと一致させることが出来るからである。その答えは、どんな行為でもそのルールと一致させることが出来るのなら、矛盾させることもまた可能である。したがってこういう場合一致と矛盾もありえないだろう、ということであった」(201)。「それ故「ルールに従う」ことは一つの実践である。そして、ルールに従っていると信じていることは、ルールに従っていることではない。それ故「私的」にルールに従うことはありえない。さもなければば、ルールに従っているとと信じていることが、ルールに従っていることと同じになってしまうであろう」(202)。

言語ゲームによってこの生活世界の言語的分解を遂行しようとする時、「ルールに従う」ということがきわめて根本的なことになることはあきらかである。ルールのあるゲームの場合、言うまでもないが、そのルールなしではそもそもゲームもありえないからである。だがそのために見誤ってはならないことは、どれほど厳密なルールがあるゲームであれ、われわれのプレーの仕方や動きはなにひとつそのルールによって決定されてなされるわけではないということである。ウィトゲンシュタインがそれを「われわれのパラドックス」としてはっきり提示する所以である。ルールあるゲームはルールなしにはありえないにもかかわらず、なにひとつプレーの仕方はルールによって決定することは不可能なのである。われわれのパラドックスをはっきりとうけとめることによって、言語ゲーム論が大きな射程と大変な破壊力をひめている所以があらわとなる。ということは、明確なルールをもったゲームと言語ゲームとがどれほど根本的に異なっているかを問題にすることよりも、「ルールに従う」ことのパラドックスにてらしてみれば、両者はなんら異なりはしないからである。いやそればかりではない。個々のゲームはそれこそ明確なルール・ブックを持つことがもとめられようが、言語ゲームにはそんな必要は少しもない。だがそのことは言語ゲームにとってマイナスどころかむしろ徹底的に有利なのである。個々のゲームはそれこそ明確なルール・ブックをもつことによって、きわめて限定されたゲームとして成り立つことを余儀なくされる。それに対して言語ゲームの場合、われわれすべてが話す存在者としてこの生活世界に生きる限り、それこそすべてが言語ゲームのうちに取り込まれてしまうほど大きな射程をひろげることが出来る。つまり、われわれは明確なルール・ブックをもたないが故に、多様なルールに従いながら多様な言語ゲームをいつでもどこでも行っているのである。ということは、要するに、われわれが生きるこの生活世界が文字通り言語ゲームによって多様に分解されていることをあらわならしめていることにほかならない。言語ゲーム論というものが、きわめて鋭く既成の哲学の在り方に対して強烈な破壊力を示す所以でもある。

言語ゲーム論は結局言語論において生活形態と行為ないし実践こそが基本であることを示した。いままで言語を問題にする時、われわれはそれこそ言語の形式の方にとらわれて、文法や論理学の歴史が物語るように、いろいろな言語形式を分類構成したり、言語の意味などを抽象的にとり出して論ずるようになりがちであった。一般的に言えば、構文論や意味論において、最初から生活形態や行為のレベルを捨象して論じてきた。しかもこのような論じ方こそが、哲学や科学の伝統的ないしは正統的なやり方にほかならなかった。ウィトゲンシュタインは言語ゲーム論においてこのようなやり方を徹底的に否定することをもとめる。その結果示されたことは、言語と生活と行為というものがどこまでも相即的に把えられねばならないことにほかならなかった。それはつまり言為論的生活世界がまさしく基礎地平であり、それが言語ゲームによって分解されていることをあらわならしめることであった。生活世界の哲学をもとめたG・ブラントが、現象学の系譜にはっきりとつながりながらも、ウィトゲンシュタインをそれ以外の唯一の拠所とした所以も、十分に理解しうるところであろう(68)。

生活世界の言為論的分解と言語構造的分解の相即性

ウィトゲンシュタインの言語ゲーム論のもつ意義があきらかになった。その意義は生活形態に応じて生活世界の在り方を多様な言語ゲームとして分解することにほかならなかった。にもかかわらず、言語意味論にどうしてもふかくコミットしなければならなかったところに、やむをえない限界が置かれている。しかしその限界を突破する地平は、実は言語ゲームによって示された言語・生活・行為の密接な関連性つまり言為論的関連性によってひらかれているのである。ウィトゲンシュタインの言語意味＝使用説と言語ゲーム論からオースティンの言語行為説がまったく無理なく展開する所以である(69)。そもそも言語・生活・行為の密接な関連性とは生活世界の言為論的基礎地平に依拠するものにほかならない。言為論的基礎地平とは、行為と事象と言語とが相互に組み込まれて形成される、文字通り実践的で複雑な関係性の世界である。そこで、言為論的生活世界の言語ゲーム的分解をもっと根本から組み替えて展開するには、一方では言語行為＝事象から、他方では差異＝価値を〈はじめ〉に開かれる価値のことばから、言為論的生活世界の言語構造的分解がもとめられる所以をあきらかにしなければならない。

言語ゲームという考え方はたしかに多様な言語ゲームによって生活世界を分解する試みとして正しいのであるが、言語ゲームがなされているということはそもそも言語行為＝事象が生起し展開していることにほかならない。したがって多様な言語ゲームによる言語的分解とともに、言為論的基礎地平で生起し展開する言語行為＝事象に注目することがより根本的にもとめられる。言語の意味とは何かを考えるのに言語ゲームが先行することをみとめる以上、すべては言語行為＝事象がそこで展開することからはじめる以外にはないからである。他方、差異＝価値を〈はじめ〉に置いて、語の意味の問いに先立って〈価値のことば〉の言語価値〈起源〉がソシュールによってあきらかとなった。ただ価値、同一性、単位、実在、要素という五つの事態の局面につよくとらわれてはいたが、言語価値の起源は集団からの価値と同時的且つ包括的にうけとめることがもとめられた。とすれば、言語行為＝事象はつねに〈価値のことば〉の言語行為＝事象として生起し展開していることは言うまでもない。言為論的生活世界が文字通り言為論的に分解されざるをえない所以である。

ただその際はっきり指摘しておかねばならないことは、今日一般に通用している言為論の成果は、言語学はいうまでもなく哲学理論においても、きわめて表層的な考察にとどまっていることである。その意味でわれわれはもっと根源的なところから考えていくことがもとめられる。そうしなければ、言為論的生活世界の言語構造的分解へといたる所以を正しく問い出すことは出来ないであろう。

言為論的生活世界とは、生活形態に応じながら言語ゲームとしてもろもろの言語行為がなされている世界である。もちろん言語行為は本来的に言えば言語行為＝事象なのである。言語行為＝事象とは、くだいて言うと、言語と行為と事象とが相互にふかく組み込まれながら生起し展開する事態を示すものにほかならない。わたくしは言為論的生活世界における言語行為＝事象の基本的な型態を、多様な生活形態と対応しながら展開する「物語行為＝事象」と考えている。端的にいって、われわれは言為論的生活世界において基本的に〈物語〉で考え話し行為しているからである。言語ゲーム論の立場からすれば、〈物語〉もひとつの言語ゲームにすぎず、それだけを特別視するのは本末転倒も甚だしいと言われるかもしれない。われわれも生活世界の言語ゲーム的分解の重要さをみとめるのにやぶさかではないが、それよりももっと根本的に、言語ゲームを横断する言語行為＝事象を見すえる言為論的分解に注目したいのである(70)。

生活世界の言為論的基礎地平において、われわれは一定のコンテキストのうちで〈モノ―ゴト〉をなんらかの時間的経過のなかで関連付けながら行為している。したがってそれは、〈物語〉で考え話し行うこと以外には表わすことが出来ないであろう。〈物語〉とは、簡潔に言えば、一定のコンテキストにおいて諸々の〈モノ―ゴト〉が関連付けられてなんらかの時間経過のうちで構成される〈テキスト〉にほかならないということが出来よう。コンテキストと時間性と〈モノ―ゴト〉の関連性は、それこそ「物語行為＝事象」の不可欠の三大契機ということが出来る。とすれば、この三大契機なしではわれわれは生活することも不可能である以上、言いかえれば、われわれは〈物語〉で考え話し行うことなしに生活を営むことが出来ないといえよう。言為論的生活世界における言語行為＝事象の基本的な形態が、「物語行為＝事象」と考えられる所以である。たしかに〈物語〉という言い方にはあまりにも多くの意味がこめられ、また垢がつきすぎた言葉と言わざるをえないかもしれない。しかし〈モノ―コト〉のもっとも根源的な事態にかかわる言語行為として、〈モノ―カタリ〉行為の基本的形態をあらためて活性化する以外には、やはり道がないように思われる。テキストとコンテキストの深い対応こそが言為論の基本である以上、コンテキスト、時間性、〈モノ―コト〉の関連性という三大契機こそ言為論的基礎地平にねざす〈モノ―カタリ〉行為の基礎条件といわねばならない。このような基礎条件の遂行である「物語行為＝事象」こそまさしく基本形態というにふさわしいのではなかろうか。この基本形態において、言為論的生活世界の言為論的分解がはじまる。

「物語行為＝事象」が言為論的生活世界の言為論的分解にとって基礎的であることがあきらかとなれば、さらにその言語構造的分解へと展開することが必然的であることは、もはやあまりにも明白ではなかろうか。すでにソシュールの言語価値〈起源〉論の考察からあきらかのように、言語はどこまでも価値体系として存立している。構造ということばをソシュールは用いていないと言われるが、その後の言語探究がむしろ言語構造の解明をもとめて全力をあげてきたことは周知のことであろう。その意味においては、言語体系の言語構造的分解ということはあまりにも当然すぎることだと言うことが出来よう。またわたくしは事象と構造とがむしろ対概念とすらいってもよいほどふかくかかわり合っていることもすでに論じてきた。たとえばP・リクールは、語は「構造と事象の交換」がたえずなされる言語の場だと言う(71)。話すことは現実的な事象であり、まさしく時間経過のうちで展開する行為＝事象である。語は言語体系のうちに構造化されており、構造は可能態である。語が話しのうちで使用されることによって、構造と事象の交換がなされるわけである。

言為論的生活世界において「物語行為＝事象」が基礎的であることをあきらかにしたが、これは言うまでもなく事象の側からであった。したがって事象は当然構造と呼応し合っていることに目を向けねばならない。実際、〈物語〉が言語構造ぬきでは成立しないテキストであることを理解すれば、この基本的事態からだけでも、言為論的生活世界の言為論的分解が言語構造的分解へと展開せざるをえないのは当然な帰結なのである。本来的に言えば、生活世界の言為論的分解と言語構造的分解とは相即的なのだと言うべきであろう。いまや言為論的生活世界の言語構造的分解の局面にまでいたったわけである。

三　P・リクール『時間と物語』の根本的批判を通して

「物語行為＝事象」から

いよいよ言為論的生活世界の言語構造的分解の基本的な在り方を開示するところに来た。しかしそれを分析的に叙述するとなるととても膨大になりすぎるので、どうしても別の手法による開示以外には道がない。そこで、問題の結構を同じくしていると解されるP・リクールの『時間と物語』が示す構図を根本的に見直すことによって、私の基本課題に答えたいと思う。もちろんその手引きは生活世界の言為論的分解と言語構造的分解の相即性においてあきらかにされた。その理論的前提の役を果すものが、ウィトゲンシュタインの言語ゲームという新しい言語の把え方だったわけである。要するに彼の言語ゲーム論は、生活世界を文字通り生活形態である多様な言語ゲームとして分解することにほかならなかった。ただ彼は、その問題提起の推論上、どうしても言語の意味の問題にふかくかかわらざるをえなかったために、意味論の枠組を十分に超え出ることが出来なかった。本来的に言為論の地平に位置付け直されるには、言語ゲーム論によって示された、言語・生活・行為の密接な関連性を文字通り言為論的に把えかえすことが必要である。

言為論、意味論、構文論という三分法は、すでに考察したように、いろいろと問題があるにせよ、相互にふかく関連し合い、いわゆる解釈学的循環を描き出すわけであるが、言為論がその基礎であることははっきりとおさえられねばならない。事態を単純化して示すために、それぞれの基礎単位だけを手掛りに筋道をつければ、言為論の基礎単位たる発話（その意味でのテキストや言説）はすでに、意味論の基礎単位である語の意味と構文論の基礎単位である文の構造とを内に包みこんで生起する。したがって発話を理解するにはあらかじめ語の意味や構文の構造が理解されていなければならない。その意味で、言為論的分解は言語構造的分解を相即的に欠くことが出来ない。しかしながら周知のように、語の意味や構文の構造はそれぞれの発話場＝コンテキストにおける発話の全体的な生きた言語ゲームが体得されることによってはじめて、その場にふさわしい発話としてより正しく解釈されて受けとめられる。ここにはあきらかな解釈学的循環があるわけではあるが、言語の統合的視点が言為論の発話そのものの全体的な基礎地平のうちに根差すことは忘れられてはならない。にもかかわらず、発話のテキストはその発話場＝コンテキストから抽象することは常に可能であり、構文論や意味論のみならずテキスト文法や談話文法などの文法理論さらには物語理論など、まさしく言語構造的分析によって言説の分化性において文字通り分解的に取り扱うことが出来る。

解釈学の革新をもとめるP・リクールは、物語性と時間性の解釈学的循環をまず前提的におさえて、『時間と物語』の問題を展開する。しかしその革新の基本は依然として意味論的な意味合いが比重をつよくもっているように思われる。まえがきにおいて自著に対する総括を最初に与えている。「『生きた隠喩』と『時間と物語』とは、二つの対をなす著作である。……隠喩は伝統的に〈比喩〉(あるいは言説の文彩)理論に属し、物語は文学的〈ジャンル〉理論に属しているにしても、両者のいずれによって産出される意味効果も、意味論的革新の同じ中心現象に属している。いずれの場合でも、この意味論的革新は言説のレベル、つまり文と等しいかより以上の次元の言語行為のレベルにおいてのみつくられるのである」(72)。もちろんこの意味論的革新は言説のレベルにふかくかかわっている意味で、決して語のレベルにとどまっていないことはあきらかである。それ故にこそ、われわれは彼と問題の結構を同じくしていると考えている。だが言為論的革新ではないところに、われわれがP・リクールの全体的構図を問い直さざるをえないと考える基本的なポイントがある。

生活世界が言為論的に存立しているということは、言為論的分解においてあるということと同じことである。もちろんその事態をあらためて言語構造的分解として開示しなければならないわけであるが、その言為論的基礎地平が行為と事象と言語とが相即的に組み込まれて形成される、文字通り実践的で複雑な関係性の世界であることをはっきりと再確認することによって、その緒口が与えられている。行為、事象、言語の三者を統合して、言為論的生活世界においては、言語行為＝事象がもっとも基本的な事象として生起している。その意味において、言為論的生活世界とは、要するに、多種多様な言語行為＝事象が言語ゲームとして生起している世界だと、端的に言うことが出来る。そしてすでに、私は、言為論的生活世界における言語行為＝事象の基本的な形態を、多様な生活形態と対応しながら展開する「物語行為＝事象」と考えていることを提示した。

その際まずはっきりと識別して理解しなければならない問題点がある。最近周知のように、物語の終焉をもふくめて、いろいろな意味で物語の問題に注目がなされている。P・リクールのこの大作も、そのもっとも注目すべき作品の一つであることは言うまでもない。だが、彼のをふくめて一般に問題となっている物語とは、文学形態であれ、歴史形態であれ、またどれほど幼稚な意味合いのものをふくむものであれ、なんらかの意味で「すでに出来上った」意味での物語を基本にすえていると言わざるをえない。この「すでに出来上った」という言い方を基本のメルクマールとして特記されるのが、一般の物語問題の取り扱いなのである。ところが、私が言為論的生活世界における言語行為＝事象の基本的形態と考える「物語行為＝事象」とは、決してそのようなものではない。文字通り原初的な形において生起する、生活形態としての基本的な言語行為＝事象なのである。言うまでもないが、「すでに出来上った物語」があって、それを基本にして生活形態としての原初的な物語行為が生起するわけではない。むしろ逆なのである。どこまでも物語行為が基本となる原初的な基礎地平が開かれているからこそ、文学形態であれ、歴史形態であれ、また幼稚な童話形態であれ、誰でもが通常理解している物語が出来上るのである。

たしかに「物語」という言い方を用いる時、われわれはどうしても「物語」についてのすでに出来上った観念にとらわれてしまうのはやむをえないことである。だがわれわれにとっては「すでに出来上った物語」ではなく、「それ以前の」つまり「原初的な形」における「物語」をはっきりと問題として問い出さねばならない。わたくしはすでに私がもとめる〈物語〉を概括した。やや長いがもう一度繰返す。「〈物語〉とは、簡潔に言えば、一定のコンテキストにおいて諸々の〈モノ―ゴト〉が関連付けられてなんらかの時間経過のうちで構成される〈テキスト〉にほかならないということが出来よう。コンテキストと時間性と〈モノ―ゴト〉の関連性は、それこそ「物語行為＝事象」の不可欠の三大契機ということが出来る。とすれば、この三大契機なしではわれわれは生活することも不可能である以上、言いかえれば、われわれは〈物語〉で考え話し行うことなしに生活を営むことが出来ないといえよう。言為論的生活世界における言語行為＝事象の基本的な型態が、「物語行為＝事象」と考えられる所以である」。

すべては「物語行為＝事象」からはじまる。その事象を解明する時、言為論的生活世界の言為論的分解がはっきりとしめされると考えられるのであるが、「物語」をめぐる誤解をおかさない形で示すには、どのようにしたらよいであろうか。物語が時間性とふかくかかわることを重視する点で同じ視野に立ちながら、すでに指摘したように、「すでに出来上った物語」を基本として分析したP・リクールの理論構築の構図を批判的に見直すことによって、われわれの課題に間接的ではあるが正しく答えることが出来るのではなかろうか。それは、いわば〈逆向きの問い直し〉を遂行することによって、その正位置を測定しうると思われるからである。

言為論的生活世界の言為論的分解を映し出す

P・リクールは日本語版への序文をよせて簡潔に総括をおこなっている。少し長いがそのまま引用する。「はじめのテーゼは、ごく基本的なものです。すなわち、一方では、人間の時間経験は物語言述のおかげで言語のレベルで分節されてはじめて意味をもつのであり、その物語言述は、歴史物語とフィクション物語（民話、叙事詩、戯曲、小説など）というちがった形式をもつ、というものです。他方では、物語の主要な機能は時間の諸相を明らかにすることであり、その時間の諸相は、自然の継起する出来事の単なる年代順には還元されず、かえって、緊張の度合、形式の順位といった質的な相を、要するに線状的でない構造論的特徴を提示するものである、ということです。したがってこの最初のテーゼは、時間と物語の間の相互的条件づけ、相互的決定を表しています。『時間と物語』第一巻のはじめの三つの章は、この単純なテーゼを提示しており、そこでこの三巻の著作全体の長い序論とみなすことができます。この単純なテーゼが、第一巻の第II部から第三巻の結論にいたるまで、ずっと検証されるのです。第三巻の結論は、追求してきた企ての全般的評価を試みています」[73]。ここにはあきらかに、歴史物語とフィクション物語を基本の物語として「時間と物語」の問題を解明しようとした立場がはっきりと示されている。しかもその基本的テーゼは、「時間は物語的な仕方で分節されるに従って、人間的時間となる。逆に物語は人間的時間の特性を描き出すのに従って、有意味的である」[74]。この基本テーゼはわれわれの問題事態でもあるのだが、しかしわれわれはそれを「出来上った」歴史物語やフィクション物語の相において問い出すのではなく、まずどこまでも言為論的生活世界の言為論的分解の相においてこそはっきり確認されなければ、「出来上った物語」の相もその地盤を喪失すると考える。その意味ですでに指摘したように、P・リクールなど普通の物語理論は〈逆向き〉と言わざるをえない。

さてこの基本テーゼは要するに時間と物語の間の相互的条件付けを表わしており、第I部「物語と時間性の循環」という問題事態において、第一章から第三章まで、アウグスティヌス『告白』の時間論とアリストテレス『詩学』のミュトス論とミメーシス論の問い直しによって、まず序論的にはっきりと提示されることになる。簡潔に言うと、P・リクールは、アウグスティヌスの時間論をアリストテレスの物語論によって相互批判的にたくみに交叉させることによって、「時間性と物語の循環性」を導き出すのである。このように古典を手引きとして基本テーゼをあきらかにする仕方に、言為論的分解として原初的次元からその基本的な在り方を開示しようとするわれわれの見方とのコントラストがきわめてはっきりと浮彫りになっている。

アウグスティヌスの時間論のテーゼはいわば心理学的テーゼとみなしうるものであるが、三重の現在―過去の現在、現在の現在、未来の現在―というテーゼは、精神の広がりに対応して記憶と直視と期待という精神の弁証法的な在り方を描き出す。そしてP・リクールは、このアウグスティヌスの三重の精神の広がりに対して、アリストテレスの詩学からミュトス（筋立て）の概念による逆の方向からの応答をよみとろうとするのである。その上で、ミメーシス（模倣活動）の概念によって、筋立ての廻り道を通して、生きた時間経験の創造的模倣という第二の問題を開くわけである。

言うまでもないことであるが、アリストテレスの詩学はミメーシス詩文学の諸形態としての悲劇、叙事詩、喜劇などについての考察である以上、「すでに出来上った物語」が前提となっている。しかもその上にかような既成理論を手掛りとして構築されるP・リクールの考察は、われわれが求めている言為論的生活世界の言為論的分解とは次元を異にしていると言わねばならないわけであるが、それにもかかわらず、いやあるいはそれだからこそ、どのように屈折した形でその問題の映像が描き出されているかを、われわれが示すことが出来るかにすべてがかかっているように思われる。周知のように、言語行為説を提唱したJ・オースティンは、どこまでも日常世界においてのみ言語行為を取り扱うことが出来るものと考え、フィクションの世界を言語の正常な用法に寄生するものであり、このような寄生的な用法は言語の退化理論つまり言語の病理の問題とすら考えている(75)。その点では、言語ゲーム論の提唱者たるウィトゲンシュタインの哲学的言説治療説ともいうべきものと同じように、言語の把え方において基本的な誤りを犯していると言わねばならない。もはや言うまでもなく、今日、文学の言為論が当然のこととして語られるようになった(76)。だが、文学の言為論や言語行為説が肯定的にうけとめられるようになったことが重要なことなのではなく、問題の核心は言語の階層性をはっきりと認めて理論的構築をなすか否かにかかわっている。

言語の階層性をみとめない限り、オースティンやウィトゲンシュタインの考え方の方がむしろ首尾一貫した理論的立場だと言わざるをえないであろう。しかしそれではやはり言語の把え方としてはどうしても狭量になってしまうのではなかろうか。もちろん、目に見える形で階層性の段階が表示されるわけではない。その階層性を認定するには、それなりの手続や仕掛けをしなければならないことはたしかである。しかしそれも一様ではなく、また不完全なものでしかないことは否定すべくもない。その上、階層性を静的に固定して考えるのでは、かえって逆の誤りすら犯しかねない。いつも階層間関係性が動的にうけとめられていなければならないからである。しかし、わたくしは言語の階層性を認めないで言語を論ずることは不可能であるばかりでなく、その逆の誤りよりももっと大きな誤りを犯すものと考えている(77)。

わたくしはすでに、言語の階層性を言説の第一次性、第二次性、第三次性という言い方で〈回帰の弁証法〉として集約し、図形表示で理解の便をはかった。それを基本に出来る限り簡潔に説明する。言為論的生活世界を「具体的アプリオリ」として定礎したわれわれにとって、言説の次元階層化の基礎地平が生活世界＝コンテキストにあることは、当然な前提である。この次元階層化が生活世界における「発話」をもとにして開かれるからである。それは、別な言い方をすれば、言為論が構文論と意味論との基礎であると考えられる以上、また当然な帰結であり前提なのである。とすれば、言説の第一次性とは、日常言語で話し考え行う発話主体との相関性においてうけとめられなければならないこともあきらかである。言為論においては、発話と発話主体ないし言説と言説主体とのかかわりは決して別々に切り離されてはならないからである。そこで言説の第二次性は、要するに広義のメタ（高階）言語の次元である。このメタ言語は広義の意味であるから、科学言語、哲学言語、宗教言語、文学言語などなんであれ、すべて日常言語とは階層を異にする言説の形態がふくまれる。その意味で、狭義のメタ言語について、能記ないし表現と所記ないし内容の関係に依拠するロラン・バルトの記号学的区分は問題にしないこととする。メタ言語についてもやはり、言説の第二次性は第二次言説主体との相関性においてうけとめられねばならない。この第二次言説主体は、より一般的には、「非反省的メタ意識」という表記でメタ言語とメタ意識の対応性において把握されねばならないのであるが。この非反省的メタ意識を反省化する「反省的メタ意識」によって、第三次言説主体との相関性において言説の第三次性の次元が開かれる。それは、言説の第一次性と第二次性を統合するより高次な次元なのではあるが、根本的にはメタ言語としての日常言語に〈弁証法的〉に回帰するものでもある。単純化して図式化すると、この〈回帰の弁証法〉という循環においてこそ、われわれは言説の統一的な把握が可能となるものと考える。

以上のように言語の階層性をはっきりとおさえて考える時、アリストテレス『詩学』が問題としている言説は、言説の第二次性にもとづく文学言説であることはもはや言うまでもないことである。いままで「すでに出来上った物語」という言い方をしていたのは、要するにメタ言語としての文学言説や歴史言説としての物語のことを指しているわけである。そしてわれわれがもとめている「それ以前の」ないし「原初的な形」の物語というのは、言説の第一次性という言為論的日常言語のレベルにおいて言語行為＝事象の基本的形態として想定されるものにほかならない。この言語階層性の自覚がいつも抜け落ちるところに、言為論を正しく受けとめて生活世界の基礎地平から問題を解明することを無視ないし軽視してきた所以があると言わねばならない。

P・リクールもまたその自覚を欠いている。だが言語階層性の自覚が欠如している場合、その自覚においてなら本来言説の第二次性のレベルに正しく位置付けて解明されねばならない事態が、むしろ第一次性のレベルをも同時に含む形でつまり混同した状態で提示されざるをえない結果となる。その場合には当然、言説の第二次性のレベルが基本となるので、言語階層性の自覚的視野からすると、どうしても〈逆向き〉となっていると言わざるをえない。それ故に、いまわれわれは〈逆向きの問い直し〉を通して、P・リクールの問題提起が描き出す映像を問い出そうとしているわけである。

さて、P・リクールは、アリストテレス『詩学』におけるミメーシスとミュトスの対に注目する。アリストテレスがミュトス（筋）を「ヘ・トーン・プラグマトーン・シュスタシス」(1450 a5)という時、フランス語で「ラ・ジャンスマン・デ・フェ・アン・システーム」と訳すにせよ、『詩学』のあらゆる概念の操作的性格を強調するために、「システーム」の方ではなくて「ラ・ジャンスマン」に力点をおいて理解すべきである。ミュトスは「構成する《コンポゼ》」を意味する動詞の目的補語として提示される。だから詩学とは「筋を組み立てる」技法と同視されるのである。つまり、P・リクールは、「詩学」の基本である「詩的《ポエティク》」という形容詞に生産、構成、力動性などの特性をはっきりともたせることを重視する(78)。それはある意味では当然なことである。そもそもポイエシスとは創造のことなのだから。そこで、ミメーシスについても模倣的活動、模倣するにせよ再現するにせよ、その活動的過程に注視する。アリストテレスが第六章で悲劇を構成する六つの部分を列挙して定義する時、それを出来上った詩の部分としてではなく、組み立てる技法の部分と理解すべきなのである(79)。

ところでアリストテレスによると、あらゆる悲劇は必然的に六つの部分を含んでおり、それによって特徴付けられる。その六つの部とは、ミュトス（筋）、エートス（性格）、レクシス（表現）、ディアノイア（思想）、オプシス（状景）、メロポイイア（歌曲）である(1450 a7)。ここでP・リクールは、ミメーシスとミュトスという二つの表現の間には準同一性があるという点こそ、これからの考察の展開のために心にとめておくべきことであると特に強調する。「悲劇とはなによりも行為の再現《ミメーシス・プラクセオース》である」(1450 b3)そして「行為の再現は筋（ミュトス）にほかならない」(1450 a1)。かくして、「ミメーシスとミュトスの厳密な相関関係は、プラクセオースという属格に、行為的ノエシスのノエマ的相関物という、おそらく排他的ではないにせよ、支配的な意味を与えるよう示唆している。行為とは、ミメーシス的活動が成り立つ構成活動の〈構成物〉である。……結局、アリストテレスがわれわれに与える唯一の教訓は、ミュトスしたがって事実の組立て《ラ・ジャンスマン・デ・フェ》をミメーシスの〈対象事〉として構成することだけである。それゆえノエマ的相関関係は、唯一の連辞《シンタグマ》とされるミメーシス・プラクセオースと、もう一方の連辞とされる事実の組立てとの間にある」[80]。

以上のようにP・リクールは、アリストテレスの『詩学』のひとつの解読を通して、ミメーシスとミュトスの対をはっきりと掴み出すことによって、彼の考察の前提をつくり上げる。かくして彼の課題は、悲劇のミュトスが、アウグスティヌスの時間論から紡ぎ出された時間についての思弁的な逆説に対する詩的解決への導きの糸となるかどうかにある。そこで、彼があらたに提起するミメーシス理論によって、この悲劇のモデルの時間論的含意を引き出すことが、なすべき仕事となるわけである。

P・リクールのミメーシス論は詩的制作の過程を三段階に分け、それを三重のミメーシスとして受けとめるところに開示される。つまり前過程を「ミメーシスⅠ」、創造活動を「ミメーシスⅡ」、そして後続過程を「ミメーシスⅢ」と呼ぶ。この三重のミメーシスにおいて物語と時間性の循環という課題をあきらかにする。アウグスティヌスの時間論とアリストテレスの物語論の二つの解釈を関連付けて彼が検討しようとする仮説は、次のように述べられる。「物語を語る活動と人間的経験の時間性格の間には相関関係が存在しており、それは単に偶然的ではなく、超文化的必然性の形を示している、という仮説である。あるいは別言すれば、時間は物語的様式で分節されるに従って人間的時間になるということ、そして物語は時間的存在の条件となる時に、その完全な意味に達するということである」[81]。この仮説は言うまでもなく、時間と物語の相関関係を詩的制作ないしは詩的統合形象化《コンフィギュラシオン》をめぐる全過程つまり三重のミメーシスの循環においてあきらかにしようとする彼の意図を導くものにほかならない。つまり、「時間と物語の関係という問題を解くためには、私は、筋立てることが、それに先行する実践的経験の段階と、それに後続する段階とを媒介する役割をもつことを確証せねばならない。この意味において、本書の議論は、ミメーシス的過程における筋立ての媒介的役割を立証することによって、時間と物語の媒介を組立てることに存している」[82]。

以上のような全体的な構想の故に、P・リクールは、アリストテレスの『詩学』の解読を手引きとしながらも、物語の統合形象化に先立って、実践的領域における先形象化《プレフィギュラシオン》を前過程としてはっきりとおさえる。それがミメーシスⅠにほかならない。したがって、時間相においてもテキストの統合形象化に先立って、実践的領域で先形象化される時間相に注目する。その意味では、言為論的生活世界における行為と時間と事象に注目していると言わねばならない。ところがさらに、作品受容によるその再形象化《ルフィギャラシオン》という後続過程つまりミメーシスⅢを重視する。したがってそこで構成される時間によるわれわれの時間的経験の再形象化を問題として、テキストの統合形象化における筋立ての時間をもって両者の媒介の役割を立証しようともとめる。「それ故、われわれは、統合形象化された時間の媒介によって、先形象化された時間が再形象化された時間へといたる命運をたどるのである」[83]。

　このような全体的な構図においては、P・リクールのもとめる問題解明が、われわれにとってははっきりと逆向きの相のもとでその問題の像を描き出すであろうと想定出来よう。彼が前過程つまりミメーシスⅠで示そうとしていることは、われわれにとっては言為論的生活世界の基礎地平としてうけとめられねばならない次元なのである。その意味で言説の第一次性において物語と時間の相関関係が確認されねばならない。それが前段階としてしかうけとめられないところに、根本的な弱点がひそんでいる。彼はたしかに詩的制作の全過程を視野に組み入れることの必要性を力説する限りにおいて、実践的領域における先形象化の重要さに気付いている。しかしそれもまた、中心におかれる詩的テキストの統合形象化にとっての先行過程として位置付けるにすぎない結果となる。言為論的次元を基礎として解明しようとする視野は完全に欠如している。もちろん前段階がなければその後の全過程は存しないという意味においては、前段階はそれなりの重要さが与えられていることはたしかである。実際ミメーシスⅠの考察は注目に価する。「筋の構図は行為の世界の先＝了解のうちに根差している。つまり行為の理解可能な構造、その象徴的源泉、その時間的性格についての先＝了解のなかである」[84]。行為の世界の先＝了解というものについて、三つの特徴―構造的、象徴的、時間的―をおさえて順次に考察している。それなりに興味深いものがあるが、その考察も、いかにテキスト的統合形象化へと媒介されるかに主要な関心がもたれ、その限りにおいて諸特徴の解明がなされるところに、裏返された方向から照明が与えられ屈折した映像が浮かび出でざるをえない所以がひそんでいる。

　われわれは行為の世界の先＝了解をどこまでも物語行為＝事象からあきらかにしたいともとめている。それはすでに言説の第一次性において開かれる言為論的生活世界の言為論的分解の姿にほかならない。そこで徹底的にコンテキストと時間性と〈モノ―ゴト〉の関連性が追究されねばならない。とする時、物語行為＝事象とともに言為論的分解がいかに基礎的であるかが問い出される。だがそれは言語構造的分解と相即的である所以を開示する。

言為論的生活世界の言語構造的分解を映し出す

集約的に概括すると、P・リクールの場合、言語階層性の基本的視野にたたないために、「物語と時間性の循環性」つまり物語と時間性の解釈学的循環はミメーシスⅠ・Ⅱ・Ⅲの諸段階の循環に一致するという考えから物語の詩学と時間のアポリア論のもっと大きな循環に組み入れられるという構想となって、物語と時間の弁証法的問題の全射程を描き出すということが出来よう。この第Ⅰ部「物語と時間性の循環」で示された構想がまさしく序論的役割をはたして、第Ⅱ部「歴史と物語」、第Ⅲ部「フィクション物語における時間の統合形象化」と二つの物語形態の考察を通して、第Ⅳ部「物語られる時間」においては時間性のアポリア論と物語の詩学による応答がなされて、その長い行程が終るのである。最終段階において再確認される、彼が立証しようともとめた仮説は、「時間性は現象学の直接的言説においては語られず、物語ることの間接的言説の媒介を要求する」(85)というのであった。図式的な形で言えば、「われわれの作業仮説は、物語られないで考えられる時間はない限りにおいて、物語を時間の番人とみなすことに帰着する」(86)。わたくしは、このような仮説に導かれた構想と解明がそれなりに重要な成果を上げていることを認めるのにやぶさかではない。しかし現象学の前提的視座にあまりにもふかく取り込まれていることと、その結果言語の階層性という基本的視野の欠如のままで物語理論の領分へとわけいったために、なにか迷宮巡りをたのしんでいるかのように思われてならない。そこであらためて彼の構図と構想の問題性を批判的に吟味することによって、逆に言為論的生活世界の言語構造的分解がどのような意味合いにおいて映し出されるかをあきらかにしたいと思う。

ミメーシスの循環について、P・リクールは二種の循環をあげる。一つは解釈の暴力であり、いま一つは解釈の冗長性である。いまは前者は問わず、後者について考えたい(87)。解釈の冗長性という循環性は、もしミメーシスⅠ自体がいつでもすでにミメーシスⅢの意味効果であるとしたら、生ずる場合である。その場合、ミメーシスⅡはミメーシスⅢに対して、ミメーシスⅠから得たものを復旧してやるにすぎなくなろう。なぜなら、ミメーシスⅠはすでにミメーシスⅢの産物だからである。この冗長性という非難は、ミメーシスⅠに関する彼自身による分析から暗示されているという。人間の経験というものが象徴体系によって、とりわけ物語によってすでに媒介されていなければありえないとすれば、行為が物語を求めていると言うことは無駄のように思われる。実際、人間の生活に関する時間的なドラマは、それについての他人やわれわれ自身による身の上話によるのでなければ、それに近づくことが出来ないのだから、一体どうして人間の生活について今生れつつある話として語ることが出来るのであろうかと。

このような非難に対して、P・リクールは次のような一連の状況でもって反論しようというのである。その状況を特徴付けるのに、「経験の前＝物語的構造」(88)という。それは、文学を人生に投影しようとすることから発するのではない。物語の真正な要求を構成する発動的な物語性を、経験そのものに与えようとわれわれを強制している。このような状況をおさえることによって、冗長性の非難に対しようと身構えているところに、彼の構図の基本的な骨組みがすでにはっきりと浮彫りにされているように思われる。それは、彼が基本的には「出来上った物語」つまりミメーシスIIを基本におく以上、物語に対して前＝物語の段階を想定することによってしか対抗する手立てがないということである。つまり、ミメーシスIにおける実践的領域の状況は「前＝物語的構造」という言い方でうけとめられ、たとえ人間経験が物語によってすでに媒介されないようなものはないとしても、物語の真性な要求を構成する発動的な物語性の状況だというわけである。端的に言えば、「前＝物語的構造」が経験そのもののうちに組み込まれている状況によって、冗長性の非難に対しうるという構図なのである。これは、私にとって見過すことが出来ない骨組みなのである。

P・リクールは、言語の階層性を認めないために、ミメーシスの三段階はたしかに循環性において受けとめられるにせよ、基本的には、前過程、中心過程、後過程という、いわば非連続的連続という形で、全体的に描き出される。真ん中の過程が媒介の役割を与えられる際、中間の性格を印象付ける時もあるが、中心と中間の二重性は三段階説の場合には通常なことである。P・リクールの場合、循環性が強調される以上、むしろ当然な結果でもある。この全体的な在り方が循環性において示されていることは十分評価に価することである。だがすでにI節であきらかにしたように、彼の示したミメーシスIの実践的領域は、われわれにとっては言為論的生活世界の領域なのであり、すでに言為論的分解において成立しているのである。それは、行為と事象と言語とが互いに組み込まれて成立する基礎地平であり、すでに物語行為＝事象で織りなされており、決して「前＝物語的構造」において特徴付けられるべきものではない。

彼は、ミメーシスIのレベルでの行為の時間的特徴を分析したことが、「前＝物語的構造」という概念の入口にまで導いたという。つまり、行為の三つの特徴――構造的、象徴的、時間的――についての先行了解の解明が、「前＝物語的構造」

という概念を迎え入れる入口をすでに示しているというわけである。この解明は要するに行為の理解可能な構造、その象徴的源泉、その時間的性格についての先行了解の記述にほかならないが、ミメーシスⅠの解明であるために、筋の構成が根差すものという方向性で問い出されているのである。「筋立てによってうみ出される理解可能性は、概念網を有意義に利用するわれわれの能力のうちに、第一の拠り所をもっている。この概念網によって行為の領域が物理的運動の領域から構造的に区別されるのであるが」(89)。そのようなわけで、「概念網」を通して行為の三つの特徴をあきらかにしようとするわけであるが、筋立ての物語構成の拠点がその三点から問われるという、逆向きの解明とならざるをえない。

さて、具体的に言えば、行為の領域を物理的運動の領域から構造的に区別する「概念網」は、行為に関する「なにか」、「なぜ」、「誰が」、「どのように」、「誰と」、「誰に対して」などの問いにおいてあらわれる。概念網の全体を構成するすべてのメンバーは相互の意味作用の関係にある。概念網を全体において、各用語を全体のそれぞれのメンバーとして駆使することは、実践的理解と呼ぶことの出来る能力をもつことである。そこでこのような実践的理解に対して「物語的理解」はどういう関係にあるかと問い、またまた――彼にとっては言うまでもないことであるが――さかさまの解明をおこなうことになる。それは、この問いに対する答えは、物語理論と分析哲学的行為理論との間にうちたてられる二重の関係――前提と変換――を導くことになると考えているからである。

この前提の関係については次のように述べられる。「すべての物語は、語り手と聞き手の側から、行為者、目的、手段、状況、援助、敵対、協力、闘争、成功、失敗などのような用語とよく知り合っていることを前提にしている。この意味で、最小の物語文は、Xがかくかくの状況で、Yがそれと同じか違った状況でBをすることを配慮しながら、Aをするという形の行為文である」(90)。この最小の物語文として行為文に言及している点は注目するに価する。だが、この行為文を基礎にして物語的言説を確立する前提の関係を検証するのが、ボップからグレマスにいたる物語の構造分析だというところに、P・リクールがいつも出来上った物語論から逆向きに問い出すことが正道だと考えている所以が示されている。だから、せっかく最小の物語文に言及しながら、物語の構造分析がいつでも借用しなくてはならない前提は、行為の潜在的もしくは顕在的な現象学だということになる。実践的領域においてどれほど物語文に注目しても、それは実践的理解の概念網にしかすぎず、前＝物語的構造にとどまり、行為の現象学的領域だということになる。ここには、言語の階層性をはっきりとおさえて言為論的生活世界の言為論的分解から出発しない場合に、どのような組み立てがなされざるをえないかが、きわめて典型的な形で示されているように思われる。

P・リクールにおいては、行為を直接的に問題にする現象学によって、行為の世界の先行的了解が問題とされる。時間性は現象学の直接的言説においては語られずと前提仮説で批判しながらも、行為を直接に問題にする現象学が基本である。それがまさしく前提的な地平にほかならない。そこでは最小の物語文としての行為文が概念網を介して当然とり出せる。それがすべての物語および物語的言説の基礎なのであるが、それはどこまでも出来上った物語の構造分析の方から解明されねばならない。このような逆様の映像が描き出されるのは、そもそも最小の物語文としての行為文を抽出することが、いともも当然なことのようになされている点にある。もうわれわれにとっては言うまでもないことであるが、最小の物語文としての行為文は言語行為＝事象として生起しており、言為論的分解の網の目のうちにある。概念網などという形で抽象的に存しているわけではないのである。そしてさらに、文として取り出された時には、言語構造的分解によって織りなされていることも忘れてはならない。

P・リクールにおいては、一方に行為の現象学的地平が前提におかれ、他方で出来上った物語理論が対置されて、その橋渡しの役をはたすために、最小の物語文としての行為文があたかも基礎構築の素材のように抽出されて論じられる。実はそのような解明がまさしく前＝物語的構造という概念の入口を開くものにほかならないのであるが、この点はさらに問題にしていかねばならない。その点はさておき、いま示されたような組み立ては、一見いかにも明確な構成を描き出しているかのようにみえるのであるが、実は概念と文中心の旧来の言語観をただ踏襲したままであるにすぎない。その上に現象学の前提的視座につよく拘束されている。端的に言って、行為の世界の先行的了解にかかわる現象学は、本来、言為論的生活世界の現象学としてしか成立しない。そして、最小の物語文としての行為文をとり出すのが可能なのは、すでに言為論的生活世界における言説の第一次性の基礎地平が開かれているからにほかならない。行為と事象と言語が密接に組み合されて生成する世界として、言語行為＝事象の基本形態なる物語行為＝事象から言為論的分解を通してその解明がもとめられる。また、出来上った物語の構造分析からの解明は、すでに言語構造的分解が高度に進展した段階にあることは言うまでもなく、言語構造的分解が言為論的分解と相即的である段階にも正しく注目しなければならない。出来上った物語は一般に、フィクション物語であれ、歴史物語であれ、それはどこまでも言説の第二次性においてひらかれる、広義のメタ言語の営為にほかならない。言語構造的分解も、言説の第一次性において、まず物語行為＝事象を基本にして言為論的分解から相即的に問われねばならない。最小の物語文としての行為文への注視は、このように見直す時には十分そのための手掛りとなろう。しかし言語階層性の考え方がP・リクールにまったく欠如していることは、次に変換の関係について語られることからさらに明瞭となる。

繰返し述べてきたように、P・リクールにとっては物語が基本である。したがって、単なる一連の行為文と物語を区別する言説的な特徴が注目されねばならない。「この特徴はもはや行為の意味論の概念網には属さない。それは構文上の特徴であり、その機能は、歴史物語であれ、フィクション物語であれ、物語的と呼ばれるに価する言説様式の構成をうみだすことである」(91)。つまり、彼が行為の現象学的地平であきらかにする行為文は、行為の意味論のあの概念網にのみ属しており、本来の物語とは区別されねばならないということである。そしてこの区別をなさしめるものが、まさしく物語の構文上の特徴なのである。ここにはからずも、言為論にまでいたらず、意味論と構文論の二つの枠組で考えている姿勢があらわになっている。しかもこの狭い枠組において、まったく旧来の慣例のままに物語の特性を構文論的規則性にもとめているということが出来る。だからこそ物語はつねに物語の構造分析のレベルから問われ、単なる一連の行為文は概念網の意味論的レベルに前提的に枠付けされてしまうことになる。ここにもまた、言語の階層性を言為論的に正しく位置付けえないために、両者のレベルの相異が構文論的特徴付けで示されるという、旧来の強引な区分の仕方によらざるをえなくなっている。しかし言うまでもないことであるが、言説の第一次性のレベルにおいても、当然意味と意味論、構文と構文論とははっきりと言為論的に組み込まれている。その意味において、言説の第一次性のレベルにおいても言語構造的分解はつねに生起しており、それ故に言為論的分解と相即的に把えられねばならない。以上のような見方からすれば、きわめて恣意的にかつ強引にP・リクールは単なる行為文と物語とを構文論的特徴で区別したわけであるが、さらに両者がそれぞれ属する行為の概念網と物語構成の規則との関係を説明するには、記号論でなじみの、連合的序列《オルドウル・パラディグマティク》と連辞的序列《オルドウル・サンタグマティク》の区別に訴えればよいという。これもまたきわめて恣意的な分解である。連合的秩序には行為に関する一切の用語が属するが、共時的で完全に可逆的である。それに対して、言説の連辞的序列は、語られる一切の物語の不可逆的で通時的な性格をあらわしている。だから物語とは何かを理解することは、この連辞的序列の規則を駆使出来ることである。物語的理解は、行為の意味論を構成する概念網に親しむことを前提とするにとどまらず、物語の通時的次元の構成規則にしたしむことを要求する。かくして「筋、……物語られる話を構成する全体的な行為における事実の組立て（したがって行為文の連鎖）は、物語が実践的領域のなかへ導入する連辞的次元の文学的等価物である」(92)。物語を基本において考察する時、いかに事態が逆様に映し出されるかは、「物語が実践的領域のなかへ導入する連辞的次元の文学的等価物」という言い方にあまりにもはっきりと示されていよう。

物語的理解と実践的理解との二重の関係について要約がなされるが、「行為の連合的次元から物語の連辞的次元に移ることによって、行為の意味論の用語は統合と現実性をうることになる」(93)と指摘される時、逆向きの理論的考察というものが、どうして前段階というものをいつも不完全なものと規定してしまうかの仕掛けを完全に露呈せしめている。一体どうして記号論的相関関係にある連合的秩序と連辞的秩序とがそれぞれ切り離されて行為と物語とに別々にふりわけられるのであろうか。それ故また、物語的理解と実践的理解の二重の関係が、どうして行為の連合的次元から物語の連辞的次元へと移行することでおさえられるのであろうか。このようなきわめて恣意的な関連付けは、結局、物語的理解というものを実践的理解から二元的に分離するという操作を自明の前提にしているからである。だから、行為の意味論の用語は実践的理解においてはいまだ統合と現実性を欠いている、きわめて未完の状態にあるということになる。恣意的に分離設定した物語の連辞的次元にいたってはじめて統合と現実性をうるということは、要するに、またきわめて恣意的に構想された構文論的な言語構造にいたってはじめて物語構成が出来上るのだということにほかならない。出来上った物語を基準にして考える旧来の立場が、どのような結構を示すかということともに、どこで強引な解釈の暴力をふるうかがあきらかにみてとれよう。

すでに指摘したように、本来連合的秩序と連辞的秩序とは言語構造において相関関係的に存立し合っているのであって、任意に分離して論ずる時には慎重でなければならない。それなのに、それを任意に分離して行為と物語に割当て、しかも前者から後者へと移行することによって行為の意味論の用語が統合化し現実化するというのは、きわめて強引な抽象的操作によるからだと言わざるをえない。このような抽象的操作が自明であるかのように先行するのは、言為論を意味論と構文論の基礎として把握することが出来ず、言為論的生活世界を言説の第一次性の基礎地平として位置付けることをまったく理解していないからにほかならない。言語の階層性を自覚し、言為論的生活世界のコンテキストにおいて物語行為＝事象によってまさしく原初的に行為と事象の物語が展開することを理解しうれば、単なる一連の行為文を抽出することは、言為論的分解のなかからはっきりと言語構造的分解を開示することにほかならない。この基礎地平において、言為論的生活世界は言為論的分解を介しつつ言語構造的分解において成立しているということなのである。ということは、P・リクールがミメーシスの三段階として造型したものは、本来はすべてムターティス・ムタンディスに言説の第一次のレベルにおいて展開しているのであって、なにもフィクション物語や歴史物語などというメタ言語物語を介してはじめて統合化し現実化するようなものではないのである。すべては逆様なのである。その意味において、P・リクールのように、前＝物語的構造という不完全な前過程をはじめにたてる必要などもない。すべては言説の第一次性のレベルにおいて、物語行為＝事象の展開とともに、言為論的生活世界の言為論的分解と言語構造的分解が相関的に生起しているのである。

すでに繰返し指摘したように、旧来の正統的な考え方は一般により高い段階を基本において、その基本の方から基礎付けようとする。P・リクールの場合、出来上った物語の構文論が基本であるために、その前段階がまさしく前＝物語的構造としてうち出さざるをえない。ミメーシスⅠのレベルでの行為の時間的特徴の分析が、「前＝物語的構造」という概念の入口にまで導いたと言われるように、「いまだ語られない話」(94)。という、大変くるしい言い方だが、しかし彼にとってはきわめて重要な問題が、そのために問い出されざるをえなくなる。これは第Ⅳ部の「語られる時間」と対照してみると、なかなか無視出来ない術語と言わねばならないかもしれない。日常的経験に即してみると、「われわれはわれわれの生活のエピソードの連鎖のなかで、〈(いまだ) 語られない〉話、語られることを要求している話、物語に諸々の拠り所を与える話を見たい気持になるのではないか」(95)と、きわめて具体的に問いかける。そして、いまだ語られない話という表現がおどろくべき力で必然性をもつような、ただしあまり日常的ではない二つの例を持ち出してくる。精神分析家にむかって話をする患者の場合と、ある裁判官が容疑者のまきこまれている話の筋のもつれにかかわる場合である。いずれにせよ、彼は前＝物語的経験の相が物語を呼び求めるさまを示したいわけである。結局、P・リクールにとって、経験と物語構造が対置されて、時間形式はそのいずれにも内属しているので、その時間形式を一方によって他方を互いに解釈しつづけてやまない物語分析がおちいる明白な循環性は、「健全な循環」(96)とみるべきだというわけである。かくして、その循環性において「時間と物語」の物語分析的な解明の全行程が開かれるのである。

P・リクールの全体的構図を批判的に吟味することによっ

て、言為論的生活世界の言語構造的分解という事態がいわば逆投影つまり倒影の形で意外にはっきりと映し出されているのではなかろうか。まず総括的に言うと、彼のいうミメーシスⅠからⅢまでの段階つまり三重のミメーシスないしミメーシスの循環は、ムターティス・ムタンディスに、私のいう言説の一次性つまり日常言語の言為論的地平のうちに凝縮されてはっきりと位置付けられねばならない。言為論的地平は決して前段階ではなく、ミメーシスⅢの読み行為まで当然ふくまれるので、前＝物語的構造という概念で受けとめられるべき領域などではないのである。それは要するに、単に実践的領域のみを二元的に取り出して、行為の意味論に属する概念網によって綴られる一連の行為文を最小の物語文として抽象することは出来ないということにほかならない。つまり、言為論的生活世界の基礎地平ではその生活世界のコンテキストにおいて一連の行為文は、行為と事象と言語が密接に組み込まれて生起する網の目のうちにしっかりと取りこまれている。

わたくしは、言為論的生活世界で生起する言語行為＝事象の基本形態を「物語行為＝事象」と考え、したがって、P・リクールのいう三重のミメーシスもまず基本的にはこの地平において成り立っていると考えるわけである。簡潔に言って、物語とは、一定のコンテキストにおいて諸々の〈モノ―ゴト〉が関連付けられてなんらかの時間連関のうちで構成される〈テキスト〉にほかならない。それ故、物語行為＝事象が生起することは、当然それに応答する読み行為＝事象が生起しており、言為論的生活世界の言為論的分解は言語構造的分解なしではありえない。ミメーシスⅠ・Ⅱ・Ⅲがすでに言為論的生活世界の第一次性のレベルで遂行される所以である。

ところが、P・リクールが求めるように、ミメーシスⅡを本当に出来上った物語―フィクション物語であれ、歴史物語であれ―を基準として考えようとするならば、広義のメタ言語つまり言説の第二次性のレベルに明確に位置付けて論じなければならない。ミメーシス論も言語の階層性の自覚のもとで論じられねばならないということである。したがって、出来上った物語の受容という意味でのミメーシスⅢについても、再形象化と読書行為を通して、言説の第一次性と言説の第二次性を統合する言説の第三次性へと定位されて、そこへの回帰としてうけとめることがもとめられよう。そうしてこそ、「物語と時間」という、P・リクールが全力をあげて追究したテーマも、十全な構図のなかで再活性化することが出来るのではなかろうか。

「物語と時間」の問題は、まず基本的には、コンテキストと時間性と〈モノ―ゴト〉の関連性が物語行為＝事象の不可欠の三大契機であることをおさえることによって、言為論的生活世界の第一次性のレベルにおいて徹底的に解明することがもとめられる。むしろそのような基礎的解明にもとづいて、フィクション物語と歴史物語そして語られる時間という、出来上った物語のレベルでの解明が可能となるとともに深められる。その逆ではないのである。だからこそ、言説の第三次性への定位は同時に基礎地平への回帰でもある。物語と時間の循環性は、その意味で、〈回帰の弁証法〉を遂行する。

　言為論的生活世界が物語行為＝事象を基本にして言為論的分解とともに開かれるので、意味論と構文論も言説の第一次性において言為論的に組み込まれている。言為論的分解は言語構造的分解と相即的である所以である。物語構造分析をP・リクールはいつも出来上った物語についてしか考えないわけであるが、そのために「前＝物語的構造」や「いまだなお語られない話」など大変くるしい脱出口を見出そうとするが、それは逆に言為論的生活世界の言語構造的分解をきわめて屈折した形で映し出す結果となったのである。言語の階層性にもとづいて言語構造的分解そのものを問おうとすれば、P・リクールのように、いよいよ出来上った物語＝テキストを基本におかねばならない。それは言語の階層間関係性を問い出さねばならないからであるが、一般にテキストとコンテキストの基本的解明にほかならない。その点については他の機会にある程度行っているので(97)、いまは全く言及しないことにする。

3　特種価値言語の問題

一　神、法、善、規範、義務など

「価値の構図」のもとで

「言為論的生活世界の言語構造的分解」を、P・リクール『時間と物語』の基本的構図を根本的に批判することによってあきらかにした。言為論的生活世界の言論構造的分解は、われわれの「価値の構図」にもとづいて、〝土壌〟の方つまり「差異＝価値」の地平から考えてきたわけだが、いまや逆の極である〝頂点〟の合致点の方つまり「特種価値」のレベルから、特種価値言語の問題を考えよう。すでに「価値の構図」についてあきらかにしたように、特種価値言語は「特種価値」にかかわる言語であるがゆえに、言為論という基礎地平から考察されるのではなく、言語構造上すでにジェネラリゼイションの相当に高いレベル、時には最高のレベルにかかわる問題なのである。特種価値言語はもちろん特殊価値言語ではない。周知のように、「特殊」はラテン後の「属・類《ゲヌス》」と「種《スペキエス》」という上位と下位の概念を語源とするヨーロッパ語の場合は、基本的に「普遍《ジエネラル》」と「特殊《スペシャル》」という二項対立で示されるものにほかならない。日本語でも大体そのようにつかわれる。それに対して、「特種価値」は普通一般に誰にでもみとめられるような「価値の種類」に属していることを示したいわけで、一見それはたしかに「普通一般」という点でゲヌスに由来する使い方に近いようにもみえる。しかしそれは決して「普遍価値」を示すわけではない。その相異をはっきりさせたいために、私は「特種価値」と称してきたのである。普通一般に誰にでもみとめられるような「価値の種類」に属している価値が、「普遍価値」ではない。しかも言語構造上ジェネラリゼイションの相当に高いレベルにある価値言語であるのだが、しかし決して「普遍価値」と混同してはならない。したがって、「特種」とは一般的な在り方に対して異なっているという意味での「特殊」とはまったくちがう意味合いであることとともに、「特種」価値言語が言語構造上ジェネラリゼイションの相当にたかいレベルにすでにあることを、特に念のため強調しておきたい。そのような意味で特種価値言語の例は一目瞭然なので、いくらか具体的に語で例示すれば、神、仏、天、真、善、美、聖、正—不正、正義、公正、権利、義務、責任、規範、法、命令、幸福、快適など、もちろんいくらでもいろいろと挙げることが出来るであろう。このような特種価値言語が用いられることは一体どういうことかを問うのが、まさしく特種価値言語の問題にほかならない。

言うまでもないことであるが、このような価値言語の使用はかぎりないわけであるから、われわれはただ漫然とその問題に対するわけにはいかない。実はすでにそもそも漫然とそれに対することが出来ないように、われわれは最初からはっきりとした立場とその道（メタ・ホドス）を開き示してきた。それが構図構成と構想力の立場であり、その立場が哲学的思索の道を開き示す形で、第I部において「価値の構図」を構成してきたのである。その意味において、「価値の構図」はすでに特種価値言語の問題が構図上ではどのように位置付けられるべきかをあきらかにしている。価値論というものを、今日までほとんどの場合、特に正統的な価値論は、価値絶対主義＝価値客観主義＝価値リアリズムを基軸に、「特種価値」だけを論じさばけばよいと考えてきた。またたとえば経済学的価値論のように、たしかに「特種価値」だけにかかわらない視野を開く場合でも、逆に自らの視野を普通一般に誰にでもみとめられる特種「経済価値」に限定してしまっている。そのような、いずれの場合でも、「価値の構図」の構成などほとんど無視されてしまうであろうが、私は「特種価値」だけの価値論や特定の科学的価値論では、二一世紀の価値論の展開にはもはやあまりにも不充分ではないだろうかと予感しており、要するに傾向上過去志向的な理論の枠のうちに静居しつづけるだけではなかろうかと考えている。一言でいえば、

「ニーチェ以後」における価値論探究としてはあまりにも不充分である。それゆえにこそ、「価値の構図」がもとめられ、その構図のうちで差異＝価値と選択（付加）価値とともに全体的に特種価値の位置付けがまずはっきりと示されねばならなかったのである。「価値の構図」はイメージ図上では価値の三角形と価値の〝ひろさ〟の菱形の内部合成によって構成される。「価値の構図」のいわば頂点に、「普遍的な価値」と「イデアールな存在性」との合致が構想される。この合致点の方向性において特種価値が位置付けられる。それ故、「普遍的な価値」とは本来特種価値の内部での特定な在り方を示すものにほかならない。実際その合致点がジェネラリゼイションの窮極のレベルである以上、「普遍価値」が特種価値のいわば〝原点〟の役をはたすことは認めることが出来る。特種価値は決して「普遍価値」ではないのにもかかわらず。このジェネラリゼイションが言語構造上のジェネラリゼイションの高さと呼応し合っているわけである。いまあらためて構図構成について論ずる余裕はないが、特種価値の位置付けだけはまずはっきりとおさえられねばならない。そうしてはじめて特種価値にかかわる言語つまり特種価値言語の問題をより明快に取り扱うことが可能となるからである。

しかしそれを全面的に展開することはできないので、効果的な手引きをもちいて描き出すことがどうしてももとめられる。そこで「価値探究」という形で示される事態を手掛りにして、その問題をわれわれの観点から処理することが、より広範な探究をふまえてしかもより効果的にその全貌を示しうるのではないかと考える。そのような意図のもとで、あえて一学術雑誌 The Journal of Value Inquiry のなかの材料をもちいて考えてみることにしたい。

存在価値論的視座

R・ホワイトは「徳の道徳に関する歴史的パースペクティヴズ」[98]において、二つの問いに答えようとしている。第一の問いは、倫理の形式体系つまり法体系から完全に独立した徳の理解をもつことは、どういうことを意味するか、第二の問いは、徳の諸原理を法典化する一切の試みが完全に駄目だと運命付けられても、どのようにして徳について語ることが出来るか、というのである。要するに、倫理的言説の局面の問題である。彼はまずE・アンスコムの見方を手掛りとして考察を展開する。E・アンスコムは「法にもとづく道徳の概念《ロウ－ベイスド・コンセプションズ・オブ・モラリティ》」は冗長だと論ずる[99]。なぜなら、それは、「法の公付者《ザ・プロマルゲイター・オブ・ロウ》」としての神に中心をおく秘奥の神学的枠組に由来するからである。神ないしは「或る最高の立法者《サム・シュプレーム・ロウギヴァー》」への信仰なしには、「法の体系としての道徳の理解」はそれ故理解しえない。アンスコムによると、道徳は規範のセット、あるいは権利・義務・責任のシステムとして理解されるならば、或る最高の裁決者、道徳体系の妥当性を保証する窮極の基礎を必要とする。要するに神がなければ、道徳の規範的な力は失われるというわけである。R・ホワイトはもちろんこのような「法の道徳《ザ・モラリティ・オブ・ロウ》」(100)という考え方に組みしないのであるが、普通はむしろ対立する倫理説とみなされるカントとミルが、この近代的道徳理論の二人の代表として取り扱われている点で、少しく注目される。彼の論考はわれわれにとっては手引きにすぎないのではあるが、その点を簡単に追ってみよう(101)。

まずカントの道徳哲学の〝逆説〟は、個人が道徳的主権を遂行しうるのはただ、その人自身にとって特有なあらゆるものを否定することによってのみであるという点にほかならない。カントによると、道徳的行為者はただ、自らを非個人的な法の具現者としてみなすために、空間、時間そして感覚の個別性を無視する限りにおいてのみ存在するにすぎない。個人の行為が愛、恐れ、報酬の望みのような情念で規定されるなら、彼自身の外に存するものによって規定されているのだから、彼は道徳的存在者としてではなく、自然の限定された一部として反応しているのである。主権者で自由であり、自然的必然性を超えるためには、個人はそれ故ただ道徳法則のためにのみ行為するのでなければならない。このことが周知のようなカント倫理学の基本原理として定言命法の定式化にいたるわけである。また周知のように、カントによると、一方では、道徳がただ神の意志の表現として理解されれば、道徳の格が下がるので、宗教は道徳の基礎ではない。にもかかわらず、他方では、道徳はそれ自体の妥当性の条件として神を要請するように、われわれに要求する。したがって、道徳法則の他の理論家達と同じように、カントの主張は、神的立法者の前提がなければ、道徳は無意味で空虚な営みとなる(102)。つまり、「すべての道徳的教えは、それを保持する存在者が存しなければ、無意味となるであろう」(カント『倫理学講義』八一ページ)。R・ホワイトはほぼ以上のように集約する。カントについては一応問題はないであろう。ミルについてはどうであろうか。

ミルの有名な功利の原理は、「諸行為は幸福を創造するに資するに比例して正しく、幸福の逆を産み出すに資するに比例して不正である」(103)。幸福によって快と苦の回避が意図され、不幸によって苦と快の喪失が意図されている。かようなわけで、ミルにおいても、道徳法則は至高であり人類の最大幸福に基礎付けられている。だが、先には「なぜ私は神の意志に従うべきか」という問いが出されたように、いまやミルに対する明らかな反問は、「なぜ私は人類の幸福をもとめるべきか」にある。その答えとして、ミルは『功利主義』の全章を、報酬と懲罰の外的サンクションと良心の内的サンクションのことにあてている。しかし相当楽観的に、われわれ自身の現実的利益と他人の利益とは常に事実として一致するだろうと仮定している。それ故に、功利主義は、神の意志にいつも合致する創設的役割に人類の幸福を位置付けることによって、法にもとづくすべての倫理学の構造を模しているのである。ミルは実際、最大幸福の原理が、これまでに存してきた他の信仰と同じように、宗教的に遇されるようになるかもしれないと示唆している。「功利主義も、ほとんどの近代道徳哲学と同じように、道徳法則の普遍性に傾倒し、したがって徳の個別的〝所与性〟を無視する」(104)。この批判的総括は彼の立場からすればそれなりに首肯されよう。

以上のようなR・ホワイトの総括をひとつの手掛りとしてみる時、特種価値言語使用の一つの典型的な在り方を析出していくことが出来るのではなかろうか。特種価値言語の一局面である道徳的言説に関して、その言説の妥当性をもとめて道徳法則の普遍性にいたる時、そこには窮極の要請として「神」なる価値言語がもとめられてくることに注目したい。カントについてはその実践理性の立場からある意味では当然のこととみなされてきたが、ミルの功利主義についても同じ構造をよみとろうとする。最大多数の最大幸福の原理つまり特種価値言語のより高次な原理的使用においては、そのより普遍的な妥当性がもとめられる限り、個別性や特殊性を次第に洗滌して、道徳法則の普遍性を希求し、その理論的言語構造上その希求にともなわれて神という至高存在者が宗教的には想定されるわけである。もちろんR・ホワイトはそのような考え方を批判して、文字通り徳の道徳論を歴史的パースペクティヴに立って展開しなければならないことを説く。それは「神が死んだ」というニーチェ以後の段階をふかくふまえるからにほかならない。たしかにその通りなのである。ニーチェが哲学者の欠点として歴史感覚の欠如していることを強調したことをあわせ考えると、歴史的パースペクティヴに立つこともまた、ニーチェ以後においては当然な視座と言わねばならない。しかしここで哲学史的状況論からニーチェ以後の歴史的視座に立ってしまう前に、一時しっかりと立ち止って、特種価値言語の問題として、否定するにせよ、肯定するにせよ、「神」というような基本術語・キータームがそこに登場して用いられる仕方を根本的に考えてみることが必要なのではなかろうか。それがぬけているために、いずれ指摘するように、R・ホワイトの立論も五十歩百歩にすぎなくなる。ことは窮極的な意味合いで特種価値のキータームが用いられることに率直に向き合う視座がはっきりと問われねばならない。私はそれを存在価値論的視座と考える。

さて、法にもとづく道徳論を展開する時、窮極的な位置を占めるキータームとして「神」が「法の公布者」や「立法者」として、たとえ要請上であったとしても予想され用いられざるをえないことが指摘されるとともに批判された。批判される所以は、簡潔に言って、神というようなキータームを用いなければならないような法の道徳論は、どうしてもパラドックスをおかさざるをえないし、その結果徳のいわば具体性を無視せざるをえなくなるからだということになる。だが、法か徳かの道徳論の内容に分け入るに先立って、特種価値言語の用い方に注目する時、(その意味ではなにも道徳論だけにかかわる必要もないということになり一手引きにすぎないわけであるが) われわれは常に「ことば以前」のなにごとかに向き合っていることを忘れてはならないのではなかろうか。それは、「法にもとづく道徳」を語るにせよ、「法にかかわる徳の道徳」を語るにせよ、異ならないように思われる。そこであらためてR・ホワイトの立論の方を出来るだけ簡潔に跡付けてみよう。

まず結論の方から言うと、法の道徳論に対して徳の道徳論をうちたてるには、徳の強意の概念と弱意の概念とを区別し、弱意で派生的な徳の道徳論には法の道徳がもとめられるが、強意の徳にもとづく道徳論には法や原理による理論化は必要がないという。端的に言って、徳のある人生とはユニークで繰返されうるものではないからである。だから、そのような人生は芸術作品のように理解されねばならない。そのようなわけで、道徳の探究は、イエスやスピノザ、ガンジーや聖フランシスのような「パラダイム個人」(paradigm individuals)(105)のライフ・ヒストリーの研究に専念すべきである。またかかる意味で、新約聖書の寓話のような、徳の文学的でドラマティックな人物描写が非常に重要である。それらは、道徳法則の単なる表明では全く不可能な仕方で、徳に対してわれわれを奮い立たせ導いてくれるからである(106)。このようなR・ホワイトの考え方が、最初に彼が提起した二つの問いに対する答えとなる。第一に、徳はいかなる法体系からも独立している。なぜなら、徳はかような原理を超えており、その妥当性をユニークな実存の統一つまりパラダイム個人のライフ・ヒストリーに体現される道徳的必然性のうちに例証するからである。第二に、かような徳は芸術作品のような仕方で評価されねばならない。ライフ・ヒストリー、寓話、文学的劇的実例の使用を通してアプローチされるであろう。要するに、理論的専有が許されないことがかえって、徳について語ることの可能性の豊富さをわれわれに残していることを示したいと希望する(107)。

以上のようなR・ホワイトの考え方においては、むしろ徹底的に特種価値言語の使用、その〝物語〟がもとめられているわけである。しかも彼にとって物語には「物語以前」のなにごとかあるいはなにものかがすでに生起していなければならないことは言うまでもないであろう。パラダイム個人として、ヤスパースが言うモデル人間――キリスト、仏陀、ソクラテス、孔子――にも言及されている(108)。このような人類の教師ともいうべき四人のパラダイム個人へと視野をかぎってさえ、古来今日にいたるまで彼らをめぐってまた彼ら自身からいかに特種価値言語の言説が語られ綴られてきているかは、あえて言うまでもないことであろう。R・ホワイトは、要するに、「法にもとづく道徳」の窮極にあるものとしての「神」に対して、「徳の道徳」の窮極にあるものとして「パラダイム個人」を位置付けることによって、彼の道徳的言説の正当化を説いているのだと言わざるをえない。まさしく五十歩百歩なのではなかろうか。

私はこのような事態をうけて、道徳論はその一つの典型的な局面にすぎないので、特種価値言語によって展開される価値言説が、結局「ことば以前」のなにごとかあるいはなにものかに窮極するのではないかという点に、いまあらためて注目したい。この窮極にある事態とは一体なにを意味しているのであろうか。その点については、「価値の構図」において実はすでに「窮極のX」として示したものにほかならない。それは、「普遍的な価値」と「イデアールな存在性」との合致点として構図上描き出されるわけであるが、端的に言えば、「普遍的な価値のイデアールな存在性」にほかならない。だがいまそれは、特種価値言語によって展開される価値言説が「ことば以前」のなにごとかあるいはなにものかに窮極する事態として、あらためて問われているのである。この「窮極のX」、この「窮極する事態」とは一体どういうことか。実はすでに私はその一例をそえておいた。西洋形而上学の〝教祖〟ともいうべきプラトンの場合である。「簡潔に言ってしまえば、この窮極的なXに特定の価値を独断的に与えて、(プラトンは)この合致点から自らの形而上学を構築したということが出来る。善のイデアが真の実在であるということは、普遍的ないし絶対的価値のイデアールな存在性である。かかる意味で、価値と存在と思惟の三位一体という合致点が哲学の存立の前提であり根拠であった」(109)。

いまその点をもっと広い視野で問うことがもとめられる。プラトンともソクラテスでふかくつらなる、ヤスパースの四大モデル人間を仮りの手引きとして考えてみる時、ソクラテスとキリスト、仏陀と孔子という関連をつけることによって、周知のように、西洋と東洋という二項対比にまとめて描き出すことが出来る。西洋と東洋という、方位による区分はきわめて相対的なことなのであまり好ましい区分ではないのであるが、いまは一応ヤスパースの全世界的視野をおさえて四大モデル人間を二つずつにつなぐという意味で、西洋・東洋という対比ないし対応にしたがうことにする。その上で、形而上学という思惟様式に集約された在り方を共通に受けとめることによって、この「窮極する事態」というものをはっきりさせることにしよう。

端的に言って、西洋と東洋をとわず、形而上学と集約的にみなしうる思惟様式は、特種価値言語の言説が「ことば以前」に窮極する事態を言語構造上前提とせざるをえなかったのではなかろうか。その意味において、アイソモーフィックな在り方を開示せざるをえないとみなしうるのではなかろうか。つまり、内容や内実においてはどれほど異なっているにしても、〈ことば上《ヴァーバル》〉と〈ことば以前《ノン・ヴァーバル》〉の関係性において、窮極する事態は同じ形態ないし同じ構造を示しているのではないかということである。ということは一体どういうことなのだろうか。きわめてストレートな言い方をすれば、特種価値言語が窮極する事態というのは、本来「ことば以前」のなにごとかなにものかなのであるが、〈ことば上〉と〈ことば以前〉がその〈極点〉において接するのであるから、どうしてもその「窮極の事態」にふさわしい、おごそかな名付けがなされざるをえない。すでにいままでの論述のなかで示されていた「神」や「善のイデア」はそれに価する。そして「神」はふかくキリストにかかわり、「善のイデア」はプラトンのことばだが、実は彼を介して師たるソクラテスにかかわることは言うまでもない。この二つの名付けと関連して、「唯一者」「絶対」「真実在」「至高善」「真」などという言い方が想起される。それとアイソモーフィックに対応するように、「仏」「真如」「空」「不空」「無」など仏教的な命名の仕方、そして「天」「道」「理」「気」「太極」など儒教・道教的な命名の仕方が想い出されるが、それらはどれも「窮極なX」に対するさまざまな名付けにほかならない。

本来「窮極なX」なるものは「ことば以前」のものであるから名がない、つまり無名なのである。無名だからこそ、窮極の事態として圧倒的な力量感をもって立ち現われる存在ないしは非存在（無）なのであり、その窮極の事態は本来的に〈ことば上〉のことではあってはならないのである。〈ことば上〉のことばはどうしても人間間での意味伝達の機能ぬきでは考えられないので、窮極の事態は容易に人間間の意味伝達のレベルにおいて把えられるようなものではあってはならないわけである。その意味では、「有」であれ「無」であれ、一見まったく相反するような名付けがなされていても、その無名の窮極のXに対する名付けという点では、まったくアイソモーフィックなやり方にほかならない。事態は徹底的に〈ことば上〉と〈ことば以前〉の関係性において「ことば以前」のなにごとかなにものかの窮極する〈極点〉のことなのである。このあらゆる形而上学的思惟様式に共通な事態にはっきりと向き合う時、われわれははじめて特種価値言語の問題がそもそもいかなる視座にかかわり、しかもその視座の展開として受けとめられねばならない所以を正しく把握しなければならない。なぜなら、本来「窮極のX」とは「ことば以前」の無名の事態であるにもかかわらず、どうしてもなんらかの名付けにいたらざるをえないという、根源的なパラドックスの問題にかかわらざるをえないからである。

「窮極のX」は「ことば以前」の事態であるから、要するに「窮極にアルもの」「窮極にアルこと」がXという無名の仕方でそこに立ち現われていることだけを意味している。その意味では「なにかがアル」ただアルのではなく、まさしく「窮極においてアル」というわけである。そこでどうしてもまず「アル」ことに注目がなされることになる。今日にいたるまで西洋形而上学において、「何故何かがあって、何もないのではないか」(ヤスパース)、「何故存在者があって、無があるのではないか」(ハイデガー)という問いが、根本的な問いである所以もここに根差している。「ことば以前」の無名の相において「窮極のX」はどうしても「アル」という視座でうけとめる以外にはありえないので、文字通り窮極的な意味において「存在」への注視がもとめられる。もちろん本来的にはこの「存在」は無名の相において受けとめられていなければならない。しかしながら、いかほどパラドクシカルであれ、「窮極にアル存在」であるからこそ無名の相のもと無名のままでおくことが出来ないのが、ホモ・ロクエンスとしての人間の歴運である。そこで、本来は無名の相のもとで「窮極にアル存在」に対して名を与えずにはおかないわけである。実はこのような言い方をしていること自体が、実際は自己矛盾に陥っていると言わざるをえない。なぜなら、繰返し「無名」を強調してきたが、「無名」という言い方もすでに〈ことば上〉で示されることにほかならないからである。特種価値言語の言説が窮極する事態は、まさしく人間がそもそも〝逆説的存在〃であることをはっきりとあらわならしめているのである。

人間がホモ・ロクエンスとしていかほど逆説的存在であれ、「窮極のX」は「ことば以前」の事態であるから、ただ「窮極にアルもの」「窮極にアルこと」にほかならない。したがって、「ことば以前」の無名の相において「窮極にアル存在」を文字通り存在体験的に受けとめることこそが、本物だと想定されることになる。それ故に、名が与えられ特種価値言語による言説として理論化されても、それはどこまでも存在についての理論つまり存在論なのだと主張されてきた。つまり、存在論は、本来「窮極する事態」においていまあらわにされたように、本来的に特種価値言語による言説のレベルのことにはほかならないが、どこまでも「ことば以前」の存在を出来る限り積極的にあらわならしめればならしめるほど、存在論的言説をより深奥なるものとするとみなされてきた。さきに一寸指摘した存在に関する根本的な問いとともに、西洋形而上学においては二十世紀の代表的な存在の哲学者ハイデガー、実存の哲学者ヤスパースにいたるまで、それが強力に保持されてきた哲学の伝統であった。だが、この存在論的視座はあきらかに〈ことば上〉と〈ことば以前〉の関係性をその「窮極する事態」において見誤っていると言わねばならない。

たしかに「ことば以前」の無名の相における「窮極にアル存在」が根源的なものであるとしても、したがって名付けのレベルにおいてその本来の在り方がいかほどくもらされてしまうとしても、「窮極する事態」においてどうしても特種価値言語による言説によって表出されなければ、無名のままにとどまりつづけなければならない。いやだからこそ無名のままでとどまっているのがその本当の姿なのであり、名を付けるのはただただやむをえない仮の仕方なのだと言われよう。まさに「仮名」である。一般に東洋形而上学的思惟様式の伝統においては、インドであれ中国であれ、この〈極点〉にこだわりつづけてきた。「言語道断」、本来ならどこまでもことばを用いてはならないのだと、言葉を用いながらそれを否定することが正統的なこととともとめられきた。仏教論理で屹立する「四句分別」や「四句百非」である。「不立文字」とか「言筌不及」というような表現にも、その根源的パラドックスがこめられている。

この根源的パラドックスは、「窮極する事態」そして「窮極のX」に言語的にかかわらざるをえないホモ・ロクエンスの不可避的で解決不可能の歴運である以上、われわれはそれを徹底的に背負っていかねばならないと、私は考える。パラドックスの背理について道を開く一般的な論理の地平とは異なり、パラドックスを主体的に引き受けねばならない、〈ことば上〉と〈ことば以前〉の接点に立つ時、「ことば以前」の無名の相にある「窮極にアル存在」を、いかにやむをえずとはいえ、いかに仮の名であれ、あるいはその名付けを本来的には否定しつづけながらであれ、〈ことば上〉のレベルにもたらさざるをえない以上、われわれは存在論的視座にはとどまりえず、まさしく存在価値論的視座に立たざるをえないことを率直に受けとめるべきではなかろうか。「窮極する事態」において、〈ことば以前〉を〈ことば上〉のレベルにもたらすことは、特種価値言語を「窮極にアル存在」に対応させて文字通り「窮極的な」意味合いにおいて用いることにほかならない。いかほど否定的になされるにせよ、肯定的ならなおさら、特種価値言語の「窮極的な」使用がなされる時、そこには「主観的」とか「客観的」とかはまったく関係なく、言語構造上において価値言語による価値付けの作用が不可避的に発動する。特種価値言語によるその発動をとめることは出来ない。われわれは特種価値言語による言説をおこなう以上、その発動をとめる力を「ことば以前」の「窮極のX」にゆだねてしまうことをやめて、どうしても特種価値言語の使用を避けえないホモ・ロクエンスとしての人間の歴運を率直に受けとめて、存在論的視座ではなく、存在価値論的視座にたたざるをえない〈極点〉から語りはじめねばならないのではなかろうか。

生活世界の存在価値論的価値づけ

この〈ことば上〉と〈ことば以前〉の関係性において、「存在」や「有」を積極的に打出した西洋形而上学の存在論的視座に対して、消極的に東洋形而上学では「無」や「空」などという名付けが力説されてきたために、一見相対するかにみえる在り方を二つの思想類型であるかのように強調する人々がいる。しかしそれは、特種価値言語の窮極する事態を正しくうけとめずに、〈ことば上〉のレベルだけにとらわれた誤りと言わねばならない。その違いは、「ことば以前」の「窮極にアル存在」を〈ことば上〉の世界へと組み入れる、このアイソモーフィックな営為に対して、どこまで無名にこだわるかという点にある。無名は本来的に否定性を〝受肉〟している以上、〈ことば上〉の自己矛盾の〝権現〟以外のなにものでもないからである。さきに一寸指摘したように、仏教論理において「四句分別」ないし「四句百非」という形で、ことばの否定性がつよく打ち出される所以である。ところが、西洋形而上学の歴史においては、「テトラ・レンマ」は懐疑主義の論理としてむしろきわめて消極的に位置付けられたということが出来よう。そのような違いがあるにせよ、「無」や「空」を逆に積極的に打ち出す東洋形而上学的思惟様式は決して存在論的視座の否定などではないのである。したがって、このような東洋形而上学の存在論的視座についても、本来的にどれほど〈ことば上〉に対する自覚的な否定性を強調するにしても、「窮極にアル存在」が〈ことば上〉のレベルに窮極する事態において、特種価値言語の言説による存在価値論的視座にほかならないことは、あえて言うまでもないことである。

「ことば以前」の無名の相における「窮極にアル存在」が、どのように名付けられようと、特種価値言語の〈ことば上〉の次元にうつしとられる時、特種価値言語による分節がおこる。周知のように、マルティネの所説から定説化されたものであるが、人間が用いる言語は二重分節（第一次分節＋第二次分節）によって成り立っている。第一次分節が意味分節であり、その意味の区別をさらにささえる音声分節が第二次分節と言われる。いまは二重分節ということ自体は関係ないが、言語は分節をその本来の機能としていることに注目しなければならない。ということは、逆に言えば、「ことば以前」の「窮極にアル存在」は、そもそもかかる分節をこえており、文字通り無分節なるものと言わねばならない。実はここにまた驚くべきパラドックスがふかくひめられている。端的に言って、「ことば以前」の「窮極にアル存在」は、たとえ「唯一者」「絶対」「真如」「梵」「道」「天」の〈ようなもの〉、〈ようなこと〉であるとしても、それを表出する上記の特種価値言語による分節がなされないかぎり、まったく無分節な、それこそ際限のない茫洋たる全体的なひろがりとしてしか、人間には表象することが出来ないということなのである。もちろん無際限、無差別、無限定などという仕方で、その「窮極にアル存在」をもっとも窮極の境位で描き出し、それが限定されたり分節されることによってかえって、その絶対性、窮極性、至高性を失ってしまうともよく言われてきた。しかし、どれほど「窮極のX」をその窮極性において無分節なるものに託するにしても、無名性のままで名付けを拒否しつづけ意味分節を絶対にうけつけないとしたら、文字通りノン・センス（無意味）としか言わざるをえない。驚くべきパラドックスと言わないで、なんというべきであろうか。

かくして人間は、「ことば以前」の「窮極のX」に対してそれぞれの立場からもっともふさわしいと思う名を与えることによって、どうしても言語分節をなさざるをえない。特種価値言語による言語分節であるから、「窮極にアル存在」に対してどうしても言語構造上なんらかの価値付けがなされることとなる。「窮極にアル存在」に対して言語分節がなされるということは、存在がはっきりとした言語分節をうけとめて、存在そのものを分節化することである。しかもそれが特種価値言語によってなされざるをえないところに、存在‐価値‐論として、「窮極にアル存在」に対する特種価値言語の言説が展開せざるをえない所以である。その意味では、「存在の思索」を徹底的にもとめたというハイデガーも、ニーチェと同じように「価値において思索している」ことをあきらかにしようとするD・J・ディトマーの論考は十分注目に価する(110)。それは私からみれば当然なことなのではあるが、今日までハイデガーの言うがままに受けとったり、また西洋形而上学の存在論優位の立場を自明であるかのように思っている人には有益であろう。それはともかく、〈ことば以前〉の「窮極にアル存在」が〈ことば上〉のレベルに窮極する自体は、窮極のXが存在価値論的視座において「普遍的価値のイデアールな存在性」として特種価値言語によって描き出される言語過程以外のなにものでもないのである。

〈ことば以前〉のことを〈ことば上〉のレベルにうつし（移・写・映）かえることは、原初的な〈原点〉に立戻って考えれば大変なことであろう。しかもそれが「窮極にアル存在」にかかわるとしたら、その大変さはそれこそ「言語道断」であり、まさしく言語を絶することでもある。われわれはすでにそれがすべてなされてしまった後で、それがK・ヤスパースの言う「枢軸の時代《アクセン・ツァイト》」(B.C. 800-B. C. 200)の哲学宗教革命ないし精神革命にほかならないわけであるが、それから二千数百年にわたって文字文化《リテラシー》にそれこそトップリとつかってしまっているために、口頭文化《オラリティ》のなかで悪戦苦闘しながらうつしかえをおこなっている原初的事態をほとんど想定さえ出来なくなっている。だがその想定出来ないほどの大変さが残した強烈な痕跡(11)、それが宗教・哲学的な〈原典〉と〈教典〉およびそれをめぐってつくられた多様な解釈書にほかならないが、その痕跡のうちに、いまわれわれが問題にしているような数々の根源的なパラドックスが残されているわけである。それ故、もっとも根本的で大切なことは、いままで述べてきたような、「ことば以前」の無名の相における「窮極にアル存在」に名を付ける際の多様な相異や食違いなどにあるわけではなく、その結果をいまに残しつづけている巨大な痕跡そのもののもつ重さなのである。私は先に、人間がいかほど否定的にそれを自覚化するにせよ、〈ことば上〉の次元にかかわらざるをえない以上、存在価値論的視座に立たざるをえないことを論じてきた。実はどうしても存在価値論的視座——決して存在論的視座ではなく——に立たざるをえないことによってはじめて、われわれはもっとも自覚的な仕方でこの巨大な痕跡と向かい合うことになる。

　それはなにも特別なことではない。「窮極にアル存在」をめぐって〈ことば以前〉から〈ことば上〉の次元にうつしかえることが大変であればあるほど、両者の次元の根本的な差異を出来る限り深く、あたかも深淵によって隔てられているかのようにはっきりと定着しようとするのが、それこそ唯一の慰め、いや唯一可能な振舞いとしてもとめられはしないであろうか。原初的段階においてその大変さが「窮極なX」とともにそれこそ直接的に体験されればされるほど、〈ことば上〉の次元において特種価値言語による分節をなさざるをえない以上、分節はどうしても、生々しい全体としてあたかも無限の力で立ちあらわれる「窮極にアル存在」を、なんらかの像《イメージ》として限定された姿で切りとり、輪郭のあるものとして焼き付けねばならない。それは、たとえば、光り輝く広大無辺のリアリティをなんとみすぼらしい姿にかえてしまうのだろうか。かくして、〈ことば上〉の次元で切りとられて描き出される世界とは根本的に差異のある世界として、「窮極にアル存在」の世界が深奥なるものとして措定される。根本的な差異は出来れば絶対的な差異になればなるほどのぞましいということになる。ここでまさしく徹底的に差異=価値がもとめられて、その措定が強烈であればあるほど、「真実の世界」と「虚構の世界」という形で、二つの世界が全く異なる世界として正価値と負価値をそれぞれ具現するものとして創造される。それは、存在価値論的視座にもとづく、まさしく〈原点〉に根差すパークペクティヴにほかならない。「枢軸の時代」に革命的に遂行された、ギリシア文明、ペルシア文明、ユダヤ文明、インド文明、中国文明などの代表的な文明の宗教哲学思想が、まさしく同時的に同じ価値付けを映し出したのは、そのためである。もちろんそこに強弱高低もろもろのアクセントが異なる軌跡を描くにせよ。

人間が「窮極にアル存在」をめぐって特種価値言語の窮極的な使用をなさざるをえない限り、無名の相における「窮極にアル存在」に名を付けることは、文字通りおそれ（畏・恐・虞など）おおい行いであり、したがってそのように振舞う自己に対して徹底的な自己否定がもとめられる。そのような自己否定がなされてこそやっとゆるし（許・赦・聴）をえられるのであり、「窮極にアル存在」を最大限にたてまつることによって自らを慰めることが可能となる。私は枢軸時代の代表的な文明については既に言及したが、より一般化して言えば、あらゆる文明・文化においてオラリティとリテラシーの一定の呼応がもとめられる段階にいたって、人類はそれぞれの時空の条件のもとで「窮極にアル存在」に対して存在価値論的視座に立つことを余儀なくされたと考える。それを出来る限りあらわにすることを避けるために存在論的視座と言いつづけてきたところに、実は存在忘却の歴史ではなく、存在価値忘却の歴運があらゆる文明・文化において生起したということが出来よう。われわれはいまこそその忘却から目覚めなければならない。それを実はもっともはやく一九世紀〈近代〉の後半において、「神は死んだ」という命題で否定的な形で示したのが、ニーチェであったわけである。ここにいたって、R・ホワイトがニーチェ以後という状況をおさえて彼の論考を展開した地点にもどってきたわけであるが、その時徳の道徳論に対する歴史的パースペクティヴに立つことを示すだけでは、既にあきらかにしたように、五十歩百歩と言わねばならない。

言うまでもないことであるが、ヤスパースによって四大モデル人間と模範化されたソクラテス、キリスト、仏陀、孔子を例にとれば、たしかに彼等のライフ・ヒストリーは個人史として徳の道徳の物語の手本となしえよう。だが、その手本を徳の道徳として見習うべきだとR・ホワイトが説く時、それはライフ・ヒストリーの物語のままでとどまりうるであろうか。むしろ彼等の展開する根本的な教説はどうしても「窮極にアル存在」にかかわっており、いろいろな仕方で神、善、法、規範、義務、命令、処罰などを組み入れた特種価値言語の一大言説体系をなして立ち現われる方こそがより根本的なことにならないであろうか。したがって、そこに強弱の差はあるにせよ、また顕在的か潜在的かは問わず、その一大言説体系において、「窮極にアル存在」に窮極する事態を〈極点〉として「真実の世界」と「虚偽の世界」という根本的差異をひめた巨大な痕跡にわれわれはどうしても向き合わざるをえないであろう。そのような意味において、神、善、法、規範、義務、命令、当為などという特種価値言語を基本としてふくむ言説は、文字通りデオントーロジック、ひとを拘束する、足かせをかける、牢獄に入れる論理体系なのである。そこであらためて、義務論という形で示される特種価値言語の在り方を問題にした論考を手掛りにしてさらに考えてみよう。

この論考はきわめてはっきりと次のような陳述ではじまる。「義務論的道徳哲学には多くのタイプがある。だがそのすべてに共通している仮定は、義務、責務、正‐不正及びそれらと関連する諸概念が倫理学では第一義的だということである。結果の経験的価値、〃よい人生〃などというのは副次的なのである」(112)。このように明確に義務論的道徳哲学の立場を示したあとで、二つのタイプの義務理論の区別をすることは生産的であると述べ、「厳格な義務論」と「柔軟な義務論」をたてる。そしてもっともよく知られている厳格な義務論者はユダヤ‐キリスト教的道徳哲学者達とカントであり、W・D・ロスを古典的な柔軟な義務論者と考えたいという。ロスの第一印象での義務概念は、たとえ本質的な価値をもっているとしても、はっきりと責務の選択に対するより柔軟なアプローチを示している。それに対して、厳格な義務論的決断の明白な事例は、周知のように、自分の唯一人の子供であるイサクを祭壇に供犠としてささげるようにという神の要求に対するアブラハムの疑問の余地のない服従に示される。すべての責務の源泉としての神のことばは、たとえおそろしい行為をもとめることが胸の張裂けるような結果をもたらすとしても、他のいかなることよりも優先するのである。そしてさらに、カントの親友をさがしもとめて火器をもった狂人が押しかけてきた時、親友をかばって嘘をつくべきかどうかとたずねられた時、うそをつくべきではないと答えたカントの例をあげている。これこそ本物の厳格な義務論にほかならないという。

ここでふたたびR・ホワイトの場合と同じように、カントの問題にぶつかるのである。その意味で、法にもとづく道徳を説くカントがいかに徹底的に当為によって拘束さるべき厳格な義務をもとめていたかは言うまでもないことである。それに対して、柔軟な義務論者は、柔軟な決定論者と同じように、その状況に合ったことをしようと欲する。たしかにわれわれは、道徳行為を絶対的に拘束するのはなにかについてある程度の洞察力をもっている。だがわれわれは、その洞察を、責務の最初の現われ方と評価を斟酌することによって、むしろおさえこまねばならない。もちろん一般に義務論者は、ある道徳的ルールに従う責務は行為の結果に依存するのではないと考えている。あるルールは基本的であるから、その道徳的ルールに従うことを義務づけられていると考える。実際われわれは「日々、ほとんど毎日」[113]これらの基本的な道徳ルールの選択に直面する。

分り易さのために家庭内の事例をあげるといって、次のようにのべている。子供のピアノ演奏が実際はうまくなってはいないのに、うまくなっていると告げることがありはしないか。もし子供がうまくなれば、なにか好きなものを買ってあげると約束する。子供は一生懸命努力した。そこで私が嘘をつけるならば、私の約束をはたすことが出来る。しかも嘘をついて約束をはたしてやれば、子供がピアノの演奏技法を改良するのに必要な刺激を与えることになるかもしれない。では一体私はいずれを選ぶのか。この事例は、たしかに基本的な道徳ルールが責務を負わせるものであるとしても、ルールの順位《ヒエラルキー》がもとめられることを示唆している。嘘をつくかつかないかは約束をまもるかまもらないかであるから、どちらかを選択しなければならない。たとえ基本的な道徳ルールは結果それ自体にはかかわらないとしても、基本的な道徳ルールのあいだの選択をする行為は、少くとも裏木戸を通してではあれ、ある種の結果主義をひそかに導入することとなる。一体それ以外のどういう仕方でわれわれはもっとも重い責務がどれかを決定しうるであろうか。かような次第で、S・A・シューは、厳格な義務論者よりは柔軟なアプローチの方がすぐれていることは明白なのだと考える。そして最終的な結論はさらにもう一歩進んで、義務論の立場ではなくて、善良でしっかりした、地についた結果主義(a good solid, down-to-earth consequentialism)[114]にもどることになる。だがそれは権利《ライト》とともに義務《デューティズ》を強調する結果主義でなければならない。責務《オブリゲーションズ》とは義務論者の独占的な特性ではないからである。

S・A・シューは、義務を強調する結果主義を主張して、義務論との橋をわたすことを願っている。だから、厳格な義務論と柔軟な義務論とを区別しながら、柔軟な義務論が結果主義とつらなるようにもとめたわけである。たしかに道徳論の言説のレベルで論じられる限り、二つの義務論を区別することは容易なことであるが、特種価値言語の問題としては、すでに論じてきた点からみて、両者の区別には存在価値論的価値付けにおいて無視出来ない事態がひそんでいることに注目することが必要である。われわれはすでに「窮極にアル存在」に窮極する事態が描き出す巨大な痕跡をめぐって論じてきた。その存在価値論的視座において、〈ことば以前〉の事態が〈ことば上〉の次元にうつしかえられる際の根源的ないしは絶対的な差異=価値の措定が浮彫りにされた。それが「真実の世界」と「虚偽の世界」の二元論的定位である。実際は二元論ではなく一元論であるのは、前者のみ肯定され後者が否定されることが本来はもとめられているからである。したがって、このような正価値の世界と負価値の世界が鮮烈に設定されれば、まさしくユダヤ‐キリスト教的説話としてアブラハムの物語が例示するように、「虚偽の世界」の否定として、神への絶対的服従という、きわめて厳格な義務論の立場が示されるのは当然である。またR・ホワイトが論じたように、カントのような、法にもとづく道徳には立法者たる神が要請されねばならず、したがってまた同じように厳格な義務論となるのも当然な帰結なのである。それは、「窮極にアル存在」に窮極する事態の存在価値論的視座において、「真実の世界」にのみ徹底的に正価値が定位されて、「虚偽の世界」は文字通り負価値を負うものとして否定的に価値付けられるからである。とすると、言うまでもないが、われわれが日常的に生活している世界が実はまったく「虚偽の世界」とならざるをえない。あるいは、「真実の世界」とのなんらかの関係によってのみはじめて、プラスに価値付けられうるということになる。もちろんいろいろな言い方でなされてきたことは周知のことであるが、西洋形而上学ではプラトンのイデア説によってその元型が示されたと言えよう。イデアが実在の世界であり、常住不変の超感覚的な「真実の世界」である。感覚界の個物は原型たるイデアの模型であり影像にすぎず、生々流転の「虚偽の世界」にすぎない。ただイデアに関与してはじめて多少の実相を示すにすぎないわけである。インド形而上学ではシャンカラのブラフマン=アートマン説においてその典型が示される。ブラフマン=アートマンだけが不変の真実の存在であり、その一致こそ唯一の真理である。変化する現象界はマーヤー（幻影）であり、したがって日常の生活世界は「虚偽の世界」にほかならない。簡潔に言って、変化する現象をすべて無価値で虚偽であると全面的に否定して、真理によってブラフマン=アートマンとして顕現するのが、シャンカラ哲学の窮極目的たる解脱である。

以上のような例示からも分かるように、現象界、感覚界、生滅界などいろいろな言い方があろうが、私は生活世界と総称することにするが、それらは、「窮極にアル存在」に窮極する事態をめぐる存在価値論的視座においては、あきらかに否定的にみられてきた。それは、すでにあきらかにしたように、特種価値言語による言語分節というものが、無名の相にある真の実在を切り分けてしまって、見るも無惨な姿にしてしまうのをおそれたからにほかならない。二つの世界がこのように正価値と負価値の世界として定立されれば、負価値の世界に生きる人間が正価値の行為をなすには、徹底的に厳格な義務論的立場に立たざるをえなくなるのは理の当然と言わねばならない。それ故、厳格な義務論から柔軟な義務論を分離して、義務を強調する結果主義がのぞましいと論ずるためには、単に道徳論のレベルで処理するにとどまらず、むしろそれを根底から支える存在価値論的視座にまで立ち帰って、その根本的な見直しから論ずることが必要なのではなかろうか。

それは、要するに、生活世界を肯定的に受けとめること、生活世界を正価値の世界として定位すること、つまり生活世界の存在価値論的価値付けを正しくおこなうこととふかくかかわってくる。生活世界の存在価値論的価値付けとは、〈ことば以前〉の「窮極にアル存在」を〈ことば上〉の次元にうつしかえる際に、二つの世界の根源的ないし絶対的な差異を定位しようとする営為をはっきりと停止することを意味している。たしかに過去において、根源的ないし絶対的な差異をそこにおくことは、差異＝価値の根源化ないし絶対化にほかならないので、存在価値論的視座は多くの宗教哲学倫理思想において巨大な痕跡をうみ残してきた。いまなお、いかに多くの人々がそれらの思想の信条を権威としてうけとめていることは否定するまでもないことである。だが今日全人類は、このままでは地球世界が破局にいたるのではないかという、あたらしい根本的な問題状況の前に直面せざるをえないところにきている。枢軸の時代と完全に匹敵するような、あらたな哲学革命ないしは精神革命の時代に立っているのである。その時にあたり、地球世界を成り立たしめている生活世界を負価値として定位し否定的に位置付ける考え方が、巨大な痕跡を通して巨大な〝真理〟のかげをなげかけつづけているならば、それこそわれわれを根源的なディレンマにたちいたらしめてしまうのではなかろうか。もし本来的に生活世界が負価値として否定されるべきものなら、地球世界が破局にいたるのはむしろのぞましいことではないのか。だがそれは同時に、巨大な痕跡を通して示された〝真理〟のかげも滅びることにほかならない。このディレンマを脱するには、一つに生活世界の存在価値論的価値付けをあらたに人類が率直にうけとめる以外には道はないのではなかろうか。

他方周知のように、もはやかような巨大な痕跡とは全く関係がないかのように、一九世紀〈近代〉にディシプリン（専門個別科学）として自律的に構成された社会諸科学は、今日においてはすでに、生活世界が肯定的にみられていること、正価値の世界だということを当然の前提として、その学的営為を展開しているようにみえる。社会諸科学の代表的ディシプリンを政治学、経済学、社会学、法律学などとそのヴァリエイションと考える時、そこで取り扱われる諸々の特種価値言語――正義、公平、民主、平等、自由、福祉、人権等々――が生活世界を肯定的にみることを当然の前提として使用されていることは否定すべくもないように思われる。だが本来的に言えば、それは存在価値忘却の姿にほかならないかもしれないのである。なぜなら本来、「政治の窮極にアルもの」「経済の窮極にアルもの」「社会の窮極にアルもの」「法律の窮極にアルもの」を忘却することは、かかる諸科学の通常科学としてのルーティン化にすぎなくなってしまうからである。

以上のような次第で、厳格な義務論から柔軟な義務論、さらには義務を強調する結果主義にうつるには、生活世界の存在価値論的価値付けをはっきりと受けとめて論ずることがもとめられる。生活世界の存在価値論的価値付けとは、特種価値言語の言説がその本来の機能として意味分節をなす以上、言為論的基礎地平にささえられながら、生活世界を「窮極にアル存在」に対して価値肯定的に定位することをはっきりと評価することにほかならない。たしかに言説はいつもその言語分節の伝達の彼方に生き生きとした存在体験の世界を浮び上がらせている。詩的言語の世界のように、徹底的に言語にこだわる世界であっても、むしろそれだからこそ言語をこえた詩的世界をそれこそリアルに想像しうることがもとめられる。

しかしながら、特種価値言語が「窮極にアル存在」に窮極する以上、神、法、善、規範、命令、義務、責務などの特種価値言語の言説を展開する時、われわれは生活世界の存在価値論的価値付けがなければその言説の地平を開きえないことを正しく理解しなければならない。それがニーチェ以後の段階において「神が死んだ」ことを一方で自覚しながら、しかも巨大な痕跡を十分に自覚してのりこえる〈基点〉なのである。〈場の倫理〉の必然性もまたそこに由来する[115]。

二　観念世界の動態と〈場の倫理〉

生活世界の存在価値論的価値づけが正しく遂行されるということは、生活世界の在り方に〈肯定的〉に埋没することではない。むしろ生活世界を存在価値論的に価値づけることによってはじめて、生活世界に埋没することが逆に価値づけられないことをあらわにするのではなかろうか。なぜなら、生活世界の存在価値論的価値づけがなされる時はじめて、本当の意味で観念世界というものが正しく位置づけることがもとめられるからである。一体それはなぜであろうか。その理由は簡単なように思われる。生活世界が存在価値論的に価値否定される場合には、言うまでもなく、観念世界というものはどうしても〈窮極のX〉につらなる形においてしか存立しないこととなる。そもそも観念世界ではなく、それこそまさしく観念論的世界になる以外にはありえないからである。その典型がプラトンにほかならない。

今日にいたるまでの観念世界に関する考え方は、観念論であろうが唯物論であろうが、ともに同じようにあやまっていたように思われる。存在価値論的視座において「窮極の事態」にかかわるすべての特種価値言語による価値命名、「神」「善のイデア」「唯一者」「絶対者」「真実在」「至高善」「真」「仏」「真如」「空」「不空」「無」「天」「道」「理」「気」「太極」などは、すべて観念論的世界における特種価値言語使用の窮極における表現にほかならない。それに対して、マルクスが唯物論の立場からイデオロギー（偽の観念形態）という形で否定的に対応したことは周知のことであろう。だがそのために、「上部－下部構造」という、まったく異質な唯物論的概念枠組のなかに観念世界の在り方を無理に組み入れ、しかもその固定化によってきわめて逆説的にもかえって観念世界を観念論的世界にぬりこめる結果になってしまったのである。マルクス理論を〝教条化〟し〝貧困化〟せしめた元凶である。いずれにせよ、観念世界を観念論的世界ととりちがえるようなあやまりをおかすことは許されない。

いまこそあらためて偏見なく対応することがもとめられているのは、観念論的世界ではなく、観念世界の在り方なのである。それは、生活世界の存在価値論的価値づけを通してはじめて、はっきりと定位され自覚的に受けとめることが可能となるのではなかろうか。今日まで観念世界が観念論的世界ととりちがえられてきたのは、生活世界の存在価値論的価値づけが自覚的になされなかったために、観念世界の定位が正しくおこないえず、その結果、すべて観念論的世界とみまちがえられてしまったのである。生活世界の存在価値論的価値づけがなされたことによって、いまあらためて観念世界の正しい定位をあらわならしめ、さらなる問題の展開をあきらかにすることがもとめられる。知的営為が〈窮極のX〉にかかわるところから出立する限り、端的に言って、「絶対主義」という形でその特種価値言語の使用がなされているということが出来よう。しかし「絶対主義」ということはなにも〈窮極のX〉にかかわるような、最高次において語られる意味においてではなく、むしろ一般的には、「対を絶つ」という意味において、関係なり条件なりを意図的に〈無化〉して絶つ〈切断の方法論〉において、実際ほとんどすべての知的営為は文字通り「絶対主義的」といえよう[116]。つまり、なにも宗教的ないし形而上学的な独断論《ドグマティーク》のはなしではなくて、むしろ近代学問体系におけるディシプリン（専門個別科学領域）の自立化という、いわゆるデカルト路線なりの知の構図においてこそ、「絶対主義」の深くひろい有効性がひめられているのである。それを方法論的にのりこえるには、生活世界の存在価値論的価値づけによってはじめて正しく定位される観念世界の在り方をはっきりと提示することがもとめられる。そこで、あらたなる方法論的自覚のもとで観念世界の在り方をはっきりと提示したE・モランの論述を手引きにして、観念世界の動態を示すことにしよう(117)。

E・モランの観念理解に対して

あたらしいパラダイムの形成をもとめて、方法論的洞察を雄大な構図のもとで追求したE・モランは、その最終的な局面において観念世界《ノースフェール》と観念学《ノーロジー》の在り方を論じ、そこから最後に「アリエール・パンセ」としてパラダイム論《パラダイグマトロジー》を展開して結論にいたるのである。「パラダイムの変革は革命的である。大きなパラダイムを産み出す革命は、社会、文明、文化、観念世界の核オーガナイザーを変化させる。それは、思考の様式、思考の世界、思考された世界の変形である。パラダイムを変えることは、同時に、信念、存在、宇宙を変えることである」(118)。簡単にパラフレーズすれば、パラダイム革命は、一方では、社会、文明、文化そして存在や宇宙などで基本的に表示される存在の側面の核心的なオーガナイザー（組織形成体）を変容せしめるとともに、他方では、観念世界や思考様式、信念などで基本的に表示される認識の側面の核心的な組織形成体を変革するのである。この後者の局面こそ、いまわれわれが注目しようとする場面にほかならない。

わたくしはつねづねパラダイムは「学的パラダイム」(epistemological paradigm) と「事的パラダイム」(ontical paradigm) の相関性をおさえて論じねばならないことを指摘してきた(119)。それはいまE・モランが指摘している二つの局面と呼応し合っていることはおのずから了解されうるであろう。ただモランの「パラダイム」の用法は認識の局面にのみかかわっているようで、自覚的には存在の局面に相関的にかかわっているようには解されないのであるが。ともかく二つの局面の相関性を強調するわたくしにとっては、パラダイム論とは決して観念世界の局面にのみかかわるわけではないことを、あらかじめ指摘しておくことにしよう。

さてモランは彼のパラダイム論に最終的にいたるために、観念世界とそれについての学つまり観念学の在り方を問いもとめ、問い出したのである。それは、最終巻が「諸観念」と題され、「その居住地、生活、慣習、組織化」とそえられて、観念の問題をより全体的に解明しようとしたこと自体に示されている。実際三部構成となっており、第I部が「諸観念のエコロジー」と題されて、観念の居住地をあきらかにすることをもとめる。第II部は「諸観念の生活（観念世界）」と題され、観念世界の在り方を観念の生活と慣習として問い出すことをこころみ、第III部は「諸観念の組織化（観念学）」と題されて、まさしく観念の組織化が観念学として造形され、その最後にパラダイム論がおかれているわけである。この全体的構成を一瞥するだけでも、観念というものをいかにその棲息現場においておさえるかということを前提として、その上で観念学の視野を開こうともとめているかは一目瞭然であろう。観念学は決して観念論ではないことは言うまでもない。

われわれは、特種価値言語の問題において、生活世界の存在価値論的価値づけがはっきりと自覚的になされねばならないことをあきらかにした。それは「価値の構図」において、その頂点に想定される〈窮極のX〉にかかわる言説から価値理論が構成されるような行き方ではなくて、十分に生活世界に根差している仕方で特種価値言語の問題が問われねばならないことを意味している。特種価値言語の使用が〈窮極のX〉に向かう場合は言うまでもなく、生活世界に根差しながら一定の価値言説として展開する時、それが観念世界を描き出すことは言うまでもないことである。その意味において、生活世界に根差しながら展開する特種価値言語による言説の在り方を理論的に描き出すためには、観念世界の在り方がどのように構成されているかという問題を相即的に問うことがどうしてももとめられるわけである。いまわたくしがE・モランの観念世界の論述を手引きとして考えようとするのは、そのためである。

E・モランはまえがきでまず生活世界に根差すことの重要さを喚起する。「本書は、日常的、《通俗的》と言われる、通常の認識の広大で基礎的な問題にかかわる」[120]。そして「わたくしは以下のことを信じている。すべての文化において、日常的な認識は、感覚的認知と観念‐文化的結構の、諸々の合理性と合理化の、正しい直観とあやまった直観の、正当な帰納と間違った帰納の、三段論法と誤謬推理の、受け入れた観念と発見された観念の、深い知識、神秘的起源に根差す祖先の知恵、根拠のない迷信、教え込まれた信念と個人的意見の、もう大変なごたまぜであるということを。……すべての人間の認識は常にその語の生物学的意味において（『方法』3、三五―六六ページ）生命の世界から現われることを思いおこすようにもとめたのと同じように、本書では、すべての哲学的、科学的、あるいは詩的認識は、通常の文化的生活の世界から現われることを思いおこすよう切望する」[121]。

第I部観念のエコロジーは、文字通り観念の棲息地《アビタ》をあきらかにすることをもとめる。文化と認識の輪（「文化→認識」[122]で表示される）がいかに基本的であるかの解明からはじまる。認識の社会‐文化的条件は本来生物‐脳的条件とはまったく異なっているけれども、個人間の脳／精神的相互作用を通すことなしには、社会は存在しないし文化も形成、維持、伝達、発展されないという難問がまずひかえている。モランは諸々の決定論を吟味しながら、認識の自立性の条件をさぐるわけであるが、諸観念は自立的であるという〈観念論者〉の考えと社会の産物であるという〈社会学者〉の考えは部分的には正しいが全体的には誤っているという。たしかに歴史‐社会‐文化的条件は観念や認識に対して規定的であるが、個人的自立性、新しい観念、創造的思想に余地をのこす許容

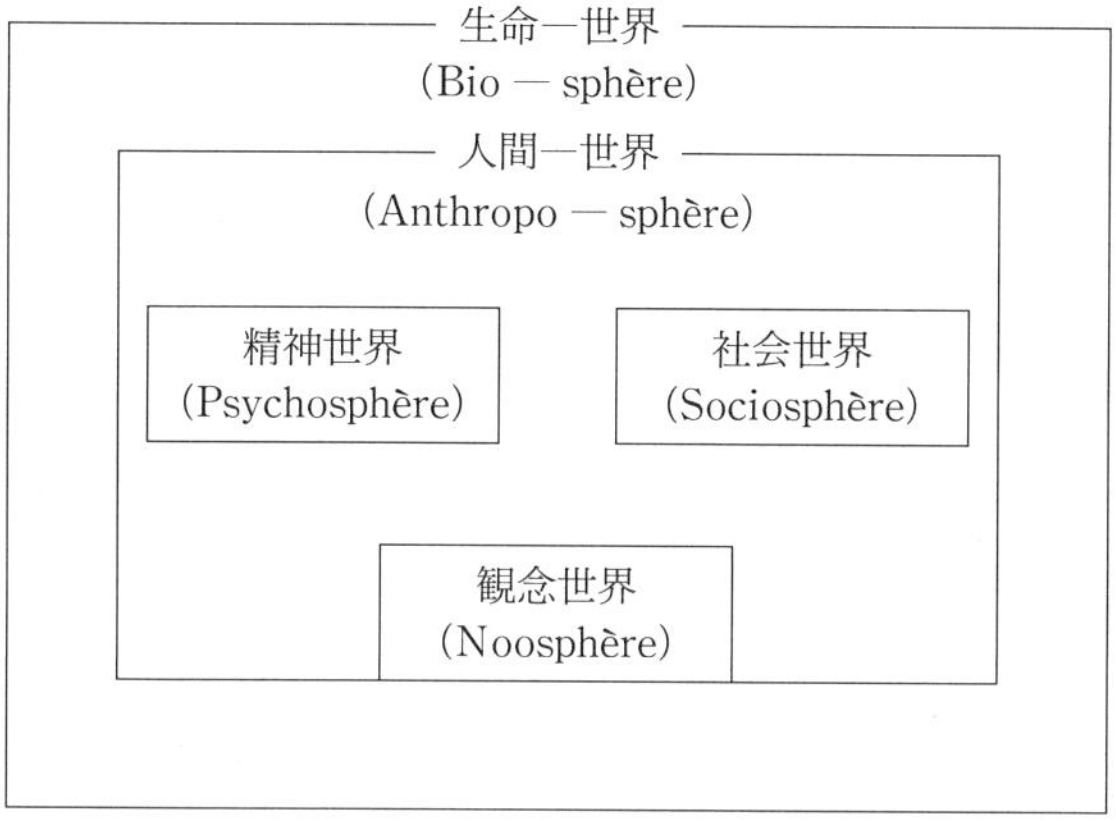

的条件も存在する。文化の内と文化を〈超えて〉、観念世界の自律／依存の姿を考察する所以である(123)。

観念のエコロジーにおいてその棲息地の相貌を描き出したあとで、いよいよ本題である観念世界の在り方つまり観念の生活の考察にむかう。モランによると、観念世界は絶対と付帯現象のあいだ、超現実《シュール・リアリテ》と下現実《スー・リアリテ》のあいだで動揺しているという(124)。具体的に言うと、プラトンに代表されるような観念論的な、観念の絶対性や自律性の考えからユングの元型に示されるような、象徴や神話の超現実にまでひろがる極と、逆にカントの超越論的弁証論における理性の観念から観念を補助的な下現実にしてしまう社会学主義、経済学主義、文化主義、マルクス主義などの極ということになるが、それらはともにあやまりをおかしている。われわれは、観念世界《ノースフェール》を、精神世界《プシコスフェール》、社会世界《ソシオスフェール》、観念世界という三位一体的な複合態に基づいて人間‐社会的世界のうちにはっきりと位置づけねばならない。精神世界は個人的精神／脳の領域である。……しかし、神話、神、観念、教義の具体化は社会世界のうちと社会世界によってのみ可能なのである。つまり、精神／脳の相互作用の産物たる文化が、神話、神、観念、教義を真に存在へといたらしめることを許す言語、知識、論理的で範例的な規則を含んでいるからである。そして精神／脳と文化が観念世界を条件づけ、生態‐編成《エコーオルガニゼ》し、拘束し、解放する。

観念世界の方は逆に精神／脳と文化とを条件づけ、生態－編成し、拘束し、解放する。これらの審級の各々は同時に他の二つのエコーシステムであり、それらは相互に滋養、エネルギー、組織、生命を引き出している。さらに、精神－社会－観念世界の三位一体は自然（生命世界）とコスモスのうちに沈み含まれている（図参照）(125)。世界と取引をするのはただ単に個人や社会だけではない。観念世界もおのずから世界に開かれ世界と対話する。つまり神話や観念は世界を探究し、世界のなかを旅し、世界を耕し、世界に棲家をつくろうと努め、最後に世界のヴィジョン、世界のイメージ、世界の理解をねり上げようとする。観念世界は三位一体的な複合態に基づいて存立するために、一見狭義と広義で用いられるようにうつるので、つねに柔軟に相互に関連付けて理解しないと、つまずきかねないような印象をうけるが、観念学的現実の展開こそがその本来の内実なのである。物理的宇宙や生命世界そして人間宇宙のように、観念世界も、観念学的実在が生まれ発展し変形して滅びる秩序／無秩序／組織化の不断の対話にゆだねられているからである(126)。

E・モランは、観念のエコロジーからはじめたように、観念世界をどこまでも自然世界の懐から生ずるオート－エコ－組織形成体というパラダイムにしたがって考えようとするが、それは、観念世界の自律／依存の基本的な観念を人間－社会－観念世界の三位一体的関連のうちに生き生きと展開せしめるためなのである。そもそも観念学的視点とは観念世界の自律性を精神的にして文化的なエコ－システムとの共同－組織形成的な関係のなかで考えていくことにほかならない。そしてこのオート－エコ－組織形成は生命的な組織化を意味するが、それは〈生物学的〉な意味においてではなく、精神の生活のメタ－生物学的意味においてなのである。精神の存在は精神／脳の生命と社会の生活のうちに自らの生命的な内実を汲み上げることによって生命あるものとなる。

このようなモランの思考法を理解の便のためにより一般的で分かりやすい場面で示せば、認識社会学の複雑な問題系を論じた際、「オート－トランス－メタ－ソシオロジー」(127)という立場をあきらかにしたところに端的に示されていよう。もちろんこれは認識社会学の在り方を問い直す局面の話なのではあるが、いかに自然世界、生物世界そして精神－社会－観念世界のうちから現われるにせよ、決して決定論や依存拘束性にとりこまれることなく、自律／依存という根本的観念の完遂がさまたげられない考え方の〝原型〟とみなすことが出来るように思われる。オート－トランス－メタ－ソシオロジー的な見方というのは、今ここという社会－文化的現実にまずおのずから《オート》対することからはじまるが、それをこえて《トランス》過去や未来にまで思考の翼をひろげねばならず、さらにかような営為につい《メタ》て反省して認識の客観性、普遍性、根源性を洞察する次元にまで、社会学的認識もいたらねばならないということである。しかも、「オート」と「トランス」と「メタ」が相互に循環し合って自覚されるところに、その見方の基本がある。このような見方がなされる限り、観念学的視点が自律／依存の基本的観念を徹底的に生かしうる所以も、おのずから了解しうるであろう。

以上のような観念世界のダイナミックな組織化のなかで、観念の諸体系が構成される。すべての観念体系は閉されていると同時に開かれている。外部からの影響に対して防衛的なのが閉されている意味であり、逆にそれを利用するのが開かれているの意味である。観念の二つの在り方を対比する時、閉鎖よりも開放が優位な観念体系を「理論《テオリー》」と名づけ、逆の体系を「教義《ドクトリン》」と名づける。観念の体系はこの二つの類型からなっている。その上で、三つの観念体系がモランによって大別される(128)。一、正当の場が認識だけに限定されている観念体系（科学的理論）、二、事実と価値を密接に関連づけそれ故規範的アスペクトをもつ観念体系（非科学的理論、教義、哲学的体系、政治的イデオロギー）、三、普遍的説明を自負する観念体系（大教義、大哲学体系、大イデオロギー）。このような大別のもとで、もろもろの哲学体系、イデオロギー、観念神話などが具体的に考察される。

さらに観念世界における観念の由来と変形が問題とされる。あたらしい観念は自らの成長と拡散に適した条件を見出すまえにまず植え付けられねばならない。そして分裂‐形態発生が実現して成長しひろがってゆく。その結果、古い正統教義が亀裂を生じ解体して、観念学的革命がおこる。Ｅ・モランは、ヨーロッパにおける大きな革命として三つのケースに注目する(129)。キリスト教の出現、一六世紀から一八世紀にいたる観念学的大転形期、近代科学、ヒューマニズム、合理主義を生み出した。そして最後はマルクス主義の場合である。かくして観念の組織化として観念学自体が問われることとなる。

それはまず言語の考察からはじめられる。人間の言語は多値的であり多機能的である。言語はすべての社会の組織化と同体であり、観念世界の構成と生活に必然的に参加する。以上のようにまず言語に注目して観念世界の構成と生活にそれが必然的にかかわることを示していることは示唆的である。われわれが特種価値言語の問題の展開として、観念世界の動態に注目する所以である。「言語とは観念学的現実である。しかし社会組織における言語の主要な役割は、人間‐社会世界のうちにふかく観念学的現実を沈めることである」(130)。Ｅ・モランにとって、言語は生物‐人間学的回転板にして人間‐社会‐観念学的回転板なのである。だから言語の科学は、人間学と文化と観念学の輪（「人間学→文化→観念学」(131)で表示される）の関係においてあきらかとなる。すべてのことは言語に含まれているが、逆に言語自体は自らが含むすべてのことのうちに含まれる部分なのである。「言語はわれわれにおいてあり、われわれは言語のうちにある。われわれは、われわれを形成する言語をつくる。われわれは言語のうちに言語によってあり、言葉によって開かれ言葉のうちに閉ざされ、他者の方へと開かれ（コミュニケーション）、他者へと閉ざされ（虚言、誤謬）、観念へと開かれ観念のうちに閉ざされ、世界へ開かれ世界に閉ざされる。われわれは大きな認識的パラドックスに直面する。われわれはわれわれを開くものによって閉ざされ、われわれを閉ざすものによって開かれると」(132)。

観念世界のより高次な組織化において開かれる合理性と論理の局面においても、決して閉ざすことが出来ない裂け目、つまり矛盾なりパラドックスに注目しなければならない。かの有名なエピメニデスのクレタ人の嘘のパラドックスは、クレタ人のパロールを客観化するメタ視点をもとめることによってのみとくことが可能となる。三段論法においてはクレタ人のパラドックスによって、存在論においては弁証法哲学によって、形式主義においてはゲーデルの定理によって、科学的認識においては現代物理学によって開かれた論理的裂け目は、論理的不確実性の原理へとわれわれをみちびいた(133)。説明体系はそれ自体を説明出来ない。解明の原理はそれ自体に対しては盲目である。定義するものはそれ自体によっては定義されえない。矛盾は複雑なメタ視点の導入によって解くことが可能となるが、三段論法をささえると考えられた絶対的確実性は、もっともらしさや蓋然性によっておきかえられてしまうのである。論理の現実的複雑性は、あいまいさを排除し不確実性を追い出し矛盾を駆逐するすべての論理は不充分であることを意味している。メタ論理的考え方（開かれた合理性）とシュプラ論理的考え方（複雑性のパラダイム）に根差す柔軟な論理がわれわれには必要なのである(134)。真の合理性はいつでも、それが構成する観念的体系を超えていくことが可能である。真の合理性はかならず、複雑性と厳密性を対話させる自然言語と形式言語の対話によっている。そして私と汝と社会と文化の現前を認知する。かくしてわれわれは、複雑な合理性と合理性の古典的形態のあいだの連続性と亀裂の認識にいたることが出来る。そこで、必然的に開かれて複雑である合理的体系のあたらしい生成を生み出さねばならない。それがパラダイム革命の問題なのである(135)。

以上粗筋で概観してきたE・モランの描く観念世界の動態は、「認識の認識」をあらわならしめようとする「方法」の探究という問題意識によって導かれているために、特種価値言語の問題という視点から探究する立場からすると、たしかに相当にずれが目立ってきたように思われる。それは、「認識の認識」の問題が最終的にパラダイム論へといたる時、西欧の大パラダイムと古典科学パラダイム論を問いかえすことに中心がおかれるために、どうしても合理性や論理の高次な観念学的レベルの在り方を問うことに議論が集中してくるようになるからである。それは「認識の認識」の「方法」を問う以上やむをえないことであろう。だが彼がそこで開示する観念世界の動態をわれわれなりに受けとめることが肝要なのである。「観念世界はわれわれにおいてあり、われわれは観念世界のなかにある」(136)。「われわれは、われわれに属しているこの観念世界にホモ・サピエンス／デメンスのはじまり以来属している」(137)。だが、人間という偉大な問題提示者にして解決者は、自己欺瞞を発見する能力と観念学的調整力(文明化された観念世界)を同時に欠いている。この問題は歴史的にも文明的にもきびしい問題なのである。われわれはなお観念の先史時代にあり、宗教や神話の野蛮時代のうちにいまだとどまっている。「観念を文明化する」(138)ことがもとめられている。それは、科学的認識と哲学的認識と諸価値の対話、さらに世俗的認識と神話と宗教の対話を引き起こすことにほかならない。われわれは観念世界に対するメタ視点を見出すことが必要である。観念世界に対するメタ視点は、自己考察するためのメタ視点をもとめる精神との協働のもと、複雑な観念の助けによってのみ生ずることが出来る。それが複雑性の認識論、複雑性のパラダイムの問題なのである。しかも認識の問題というのは、それぞれのひとにとってもそしてすべてのひとにとっても日常的な問題なのである(139)。

　このような観念と人間との密接な関係に対するきびしい未来志向的な希求で彼の大きな方法論的考察が結ばれる時、われわれはあらためて特種価値言語の問題がはっきりと観念世界の動態とともに自覚化されねばならないことを肝に銘ずべきなのではなかろうか。彼の方法論的考察は「自然の自然」からはじまって、物理学と生物学と人間－社会学の輪(「物理学→生物学→人間－社会学」(140)で表示される)という四つ組方法論的バックルを基本において、「生命の生命」を通して「認識の認識」をあきらかにする。まさしくオート－トランス－メタ思考の強靭な展開であったということが出来よう。したがって最後に描き出された観念世界の動態も「自然の自然」と「生命の生命」のうちに根を下ろしながら問い出されたものにほかならない。その意味で彼の観念世界の動態は簡潔に三点から集約することが出来よう。

　第一は、われわれ人間において観念世界があるとともにわれわれ人間が観念世界のうちにある。われわれ人間に属している観念世界にわれわれ人間が属している。つまりわれわれ人間世界と観念世界の循環という場面である。だがこの場面だけを純粋にとり出すことは許されない。本来、観念世界は自然という生命世界と宇宙世界にひたされふくみこまれている。これが第二の点である。つまり、人間世界と観念世界の循環は自然世界との循環において、まさしく全体連関的に構成されているのである。かくしてその上で第三に、言語こそ多値的で多機能的な観念学的現実であり、すべての社会の組織化に同体であり、観念世界の構成と生活に必然的にかかわるところから、観念の組織化が観念学の自覚として描き出されることである。しかも言語は人間 - 社会 - 観念学的回転板であるとともに生命 - 人間学的回転板である点で、やはり自然世界との循環のうちにある。このような三点を基本として描き出された観念世界の動態は、生活世界の存在価値論的価値づけによって特種価値言語の問題を「価値の構図」のもとで全体連関的に展開しようとするわれわれにとって、きわめて示唆的であると言わねばならない。

生活世界の存在価値論的価値づけを正しくおこなうことなしには、特種価値言語の問題がさらなる問題の展開をなしえないことはすでにあきらかにされた。だがそのことは、特種価値言語の問題が生活世界における特種価値言語の現実的な展開に埋没してしまうことを意味するわけではない。まさしく特種価値言語の問題は生活世界の存在価値論的価値づけによってはじめて観念世界のダイナミックな展開としてその全貌を示すことが可能となるからである。E・モランの構想によってあきらかなように、特種価値言語の問題はそれこそ端的に特種価値の観念学的現実の問題にほかならない。そして生活世界はつねに観念世界の動態との相即的な全体的連関の相のもとで把えられねばならない。その観念世界の動態を彼は方法論的考察のもとでわれわれの前に提示した。だがわれわれにとっては言うまでもなく観念世界の動態や観念学の在り方そのものが問題であるわけではない。「価値の構図」のもとで特種価値言語の問題が全面的に問い出される時、生活世界の存在価値論的価値づけがなされることによってはじめて、特種価値言語による言説がまさしく十全に観念世界における観念学的事態として展開することの方が、われわれにとっては直接の問題だからである。

特種価値言語の問題は、存在価値論的視座においてあきらかにしたように、「窮極にアルもの」「窮極にアルこと」に窮極することによってその根拠を絶対化しうるかのように今日まで考えられてきた。だがそれだけでは依然として、E・モランの言うように、「観念の先史時代」なり「宗教や神話の野蛮時代」にいまだとどまっている姿にすぎないのである。そのような時代を突破するには、「観念を文明化する」ことがもとめられる。「観念を文明化する」ために、特種価値言語の問題の展開が追究される。生活世界の存在価値論的価値づけによって特種価値言語の問題が、本当に言語という観念学的現実に基づいてその希求される観念世界の動態をそれこそダイナミックに展開することがもとめられる。その意味において、特種価値言語問題の核とも言うべき倫理問題を手掛りにして具体的に考えてみたい。

〈場の倫理〉の問題展開

D・マリエッタは価値術語《ターム》の分類学と意味論について論ずるにあたって、次のような対比を示すことからはじめている。「倫理学の諸領域ではしばしば価値に言及がなされる。環境倫理においては、価値を動物と植物、あるいは種や全体としての自然にまで帰属させる者たちと、すべての価値を人間的関心（利益）でのみ考える者たちの間で大きな隔たりがあるようにみえる。社会倫理での議論における問題は、個人の価値、人間社会と社会集団の価値、そして胎児及び死体の価値などにかかわっている」(141)。わたくしは価値術語の分類学や意味論を追求することはあまり生産的なことと思っていない。価値術語の分類とか意味を問うことに先立って、価値術語がそもそも用いられる時に価値付けがなされる、現場の価値言語使用つまり言為《プラグマティックス》論こそ、分類学や意味論の基礎にほかならないからである。しかも、特種価値言語が用いられる時、価値言語によって価値の観念世界が構成され、それを前提ないし背景にして価値付けがなされる事態こそが基本的なポイントだと考えられた。それゆえに、存在論ではなく存在価値論としてはっきりと自覚されねばならず、そして生活世界の存在価値論的価値付けによってわれわれは文字通り日常的な問題のレベルから観念世界のうちにあることを自覚することがもとめられたのである。このような見地に立って考える時、D・マリエッタがはじめに示した倫理学の諸問題こそ、分類学や意味論に先立って問いかえされねばならない、特種価値言語の問題にふかくかかわっている。

そこでは「環境倫理」と「社会倫理」の問題が特に示されているが、それは今日まで西洋倫理学における正統な観念体系であった〈主体の倫理〉に対して、その枠内ではなかなか処理出来ないような問題がそれこそ避けて通れない根本問題として提起されてきたからにほかならない。その二つの中心とも言うべきものが環境倫理と生命倫理にほかならないが、後者の方は〈主体の倫理〉でも処理可能ではあろうが、前者の場合は根本的に無理があるように思われる。その意味において環境倫理をめぐってはパラダイム革命がもとめられたり、要するに徹底的に根底からのパラダイム論が争われることとなる。C・マーチャントはW・キャトンとR・ダンラップの考えに準拠して、環境パラダイムとして三つのパラダイムを列挙する(142)。一、支配的な西欧的世界観（DWWと略記される）、二、人間特免主義パラダイム、三、新エコロジカル・パラダイムである。A・S・ミラーがよく整理してまとめているので、それにしたがって説明することにしよう(143)。

S・ミラーは、この三つのパラダイムを環境倫理に対する三つのアプローチとして、一、自己関心あるいはエゴ中心的アプローチ、二、人間《ホモ》中心的アプローチ、三、エコ中心的アプローチとよぶ。このようなアプローチによって諸々の観念体系が整理される時、われわれがいかに密接に観念学的現実のなかにいるかは一目瞭然であろう。ミラーは、エゴ中心的アプローチの主張者として、プラトン、主流キリスト教、デカルト、ヘーゲル、バークリ、ホッブス、ロック、アダム・スミス、マルサスなどを列挙する。まさしく西洋思想や形而上学の主流はほとんど入ることになる。支配的西欧世界観と言われる所以である。次に人間中心的アプローチの主張者として、J・S・ミルとJ・ベンサム（功利主義理論家）、B・コモナー（社会主義エコロジー）、マルクスと毛沢東（政治理論）、ランダースとメドウズ（成長限界論者）があげられる。そしてエコ中心的アプローチの場合には、道教、仏教、土着アメリカ哲学、ソロー、G・スナイダー、T・ローザクと右脳分析、A・レオポルド、R・カーソン、F・カプラ、政治エコロジー、ディープ・エコロジー、エコフェミニズムがあげられて、西洋思想の主流から完全にはなれてくる。このような列挙からもおのずから理解しうるように、神話、宗教からはじまって、大教義、大哲学体系、政治イデオロギー、教義、哲学理論、科学理論、文芸思想、思想運動など、きわめて多様な観念体系がなにかアトランダムにならべられているようにみえる。だが実はこれこそ観念学的現実であり、われわれ誰でもが組みこまれている観念世界にほかならない。それでは、このような三つのアプローチにもとづいて形成される観念体系のおおよそのりんかくはどのようにまとめられうるであろうか。ミラーは、仮説、責任と義務、形而上学的基礎、窮極目標という四点から整理している。

仮説は人間存在の本性、社会的因果関係、人間社会、人間行動への拘束という四点からまとめられる。エゴ中心的アプローチの仮説は、一、人間は自ら支配力を行使する地球上のすべての他の生き物と根本的に異なっている。二、人間は自分自身の運命の主人公であり、自らの目標を選びそれを遂行するに必要なことを学びおこなうことが出来る、三、世界は広大で人間のために無限の機会を与えており、人間が他の自然を支配し〝統治権〟を持つのは正当である、四、人間の歴史は終りのない進歩の記録であり、あらゆる問題には常に解決策があって進歩は決してとどまる必要はない、というふうにまとめられている。人間中心的アプローチの仮説は、一、人間は自らの遺伝上の相続に加えそれと区別される文化的遺産をもち、したがってすべての他の動物種とは質的に異なっている、二、人事の第一の決定要因は個人的であるよりもむしろ社会的にして文化的（科学と技術をふくむ）である、三、社会的で文化的な環境は人事にとって決定的なコンテキストであり、生物物理的環境は本質的に無関係である、四、文化は累積的な前進の事柄であり、それゆえ技術的で社会的な進歩は無期限に継続しえて、すべての社会問題は最終的には解決されうる、というのである。かくして最後にエコ中心的アプローチの仮説は、一、人間は例外的な特徴（文化、コミュニケーション技法、技術）をもってはいるが、多くの他の種のなかの一つの種にとどまっており、地球的エコシステムのうちに相互依存的にふくまれている、二、人事は社会的文化的要因で影響されるばかりでなく、自然の仕組のなかの原因、結果、フィードバックのこみいった連鎖によっても影響されるので、目的のある人間行為も意図しなかった結果になりうる、三、人事に潜在的な物理的生物的拘束を課す有限な生物物理的環境のなかで生きそれに依存している、四、人間の創造性と能力は生物世界的制限の拘束から人間を免除するようにみえるかもしれないが、エコロジカルな法則はつねに人間と他の動物の生活に対する第一のコンテキストを与えつづけることとなろう、というふうに集約されている。

そのような仮説はさらに形而上学的基礎を問われる。形而上学的基礎を三つのアプローチに関して集約するのであるから、相当に強引な図式化がおこるのはやむをえないことであろう。実際、エゴ中心的アプローチを機械論的パラダイム、エコ中心的アプローチを有機的ないし全体論的パラダイムと対比して、人間中心的アプローチを両者の結合という形で図式化したところに示されている。たしかにこのような図式化には紋切り型の問題があるにしても、対比のパラダイム論としては避けることが出来ない観念学的操作と言わねばならないであろう。機械論的パラダイムは次のようにまとめられている。一、物質は原子的部分から構成され、そのように理解され観察されるべきである、二、かくして全体は部分の総和と等しい。三、因果関係は慣性的／不活動的部分における外的活動作用の事柄である。四、量的変化は質的変化よりもより重要である。五、二元論的、心身の分離、物質と精神の分離である。それに対して有機的ないし全体論的パラダイムは次のように整理される。一、あらゆるものは他のあらゆるものと連結されている。二、全体は部分の総和よりはるかに大きい。三、世界は活動的で生きている、つまり内的因果関係。四、変化と進行過程の第一義性がつねに肯定される。五、心身、物質と精神、人間と自然の非二元論的統一である。そこで、この両者の結合である人間中心的アプローチの形而上学的基礎は、その特殊なアプローチにもとづく、機械論と有機体論の結合なのである。この場合、哲学的には、唯物論と実証主義がふさわしい。大きなサブカテゴリーとして、ほとんどの功利主義や結果主義がふくまれるであろう。

それぞれのパラダイムの集約が強引で図式的であるにせよ、われわれは環境倫理に対する三つのアプローチのめどとして一応そのままうけとめておくことにしたい。われわれがいま特種価値言語の問題として注目したいのは、責任と義務と窮極目標についてのまとめの方にあるからである。たしかにパラダイム論にいたるほど、環境倫理の問題はわれわれに観念世界の動態と観念学的現実の直接性をあらわならしめているということが出来る。だがそれだけ全面的に取扱うのには無理があるので、特種価値言語の問題の展開として考えようとしているわけである。そこでふたたび、それぞれのアプローチについてミラーの要約をたどってみることにしよう。

エゴ中心的アプローチにおける責任と義務について、目的は個人的自己関心利益の最大化にある。つまり、個人にとって善であることが最終的には全体としての社会を益することとなろう。ユダヤ＝キリスト教的伝統においては、完全の他者（＝神）の権威に対する訴えが、個人主義的救済の第一義性と対になって、社会的責任に対する要求を最小にしている。このような責任と義務に対する要約でも、まさしく特種価値言語の使用でみちみちている。諸々の観念体系がいろいろな意味合いで価値付けする事態が如実に開示されている。かくして窮極目標については、理想化された〝真理〟の知があげられる。それぞれ、たとえばプラトンでは〝形相〟ないしは〝イデア〟、デカルトでは〝本有観念〟、キリスト教では、〝仕事〟よりは〝信仰〟など、その知にいたる方法として、経験に先立つ一般化の原理である概念作用が重視される。では、人間中心的アプローチにおける責任と義務についてはどうであろうか。最大多数のひとびとのための最大の善、個人的進歩よりは社会正義の方が鍵となる価値である。したがって他人に対する責任感は重要である。宗教においては、自然に対する或る種の責任感、被創造物に対する人間のスチュワードシップの感覚がとかれる。かくして、窮極の目標は功利の最大化と最大多数の善である。社会の物的社会的状態を学ぶことを通して、人間の責任に関する真理を発見することが可能である。歴史過程のなかでの意味理解が〝真にリアルなもの〟を発見することを可能にするのみである。それらに対してエコ中心的アプローチにおける責任と義務はいかに。すべての生物と被生物も価値をもつという信念で、全環境に対して義務がある。一方では、エコロジカルな法則に基づく合理的で科学的な経験主義的信念体系があり、他方では、自然世界の驚異に対する宗教的ないしは神秘的なアプローチもある。

エコ中心的アプローチはその主張者の例示からも理解されるように文字通り比較文明的なひろがりを示しているところから、窮極目標はまさしく多様な価値術語が羅列されている感を呈している。統一、安定、多様性、自己持続体系、自然と競争的生物体系における調和とバランス、全有機体の生存、デモクラティックな社会体系、〝少ないが多い〟、ソフト・エネルギー体系、自己持続的資源体系、持続可能な開発。このように多様な価値術語が羅列されてしまうと、その相互の関係性がどうなるのかが当然問われねばならないわけであるが、いまは問うところではない。

以上のように、パラダイム論にまでいたらざるをえない環境倫理に対する三つのアプローチの在り方を、たとえミラーの集約的な解説にしたがってあとづけたにすぎないのではあるが、このような多様な観念体系をうけとめながらむしろそのうちで生きねばならないわれわれにとって、特種価値言語の問題がきわめてストレートに観念世界の動態とかかわっていることを了解するにちがいない。とする時、D・マリエッタが示したほんとにわずかな手掛りが実は「価値の帰属」という言い方を介して、われわれに根本的な問題をつきつけていることに気付かざるをえない。すでに指摘したが、彼は環境倫理と社会倫理という表現で問題を提示しているわけであるが、これはあきらかに西洋倫理の正統的観念体系が主に〈主体の倫理〉として打出されていることに対する、今日的な批判が奥底にこめられていると解される。〈主体の倫理〉は基本的にはエゴ中心的アプローチにしたがってまさしくDWWを構成しつつそれにもとづいて形成されたと言ってよいであろう。ミラーの陳述ではあげられていないが、カントはやはりエゴ中心的アプローチに属し、〈主体の倫理〉の代表とみなしてもあやまりではないであろう。われわれはすでに「法則にもとづく道徳」と厳格な義務主義の場合の代表として論じてきた。それはともにエゴ中心的アプローチによる〈主体の倫理〉をきわめて厳密な形でうちかためたものということが出来る。この場合には、完全な他者としての神が「法の公布者」や「立法者」として要請されざるをえないこともあきらかに示された。このような〈主体の倫理〉の立場に立つかぎり、価値の帰属という問題は人間主体以外にはありえないというあまりにも当然な観念体系なのではなかろうか。

このような考え方に対して他人の行き方に大きな関心をはらおうとする時、西洋倫理はエゴ中心的な〈主体の倫理〉の正統性に対抗するためか、どうしても結果主義的な観念体系というような形をとらざるをえないように思われる。先に取りあげたS・A・シューの義務論の論考はその典型でもあったわけだが(144)、いまそれが人間中心的アプローチとしてより広い枠組のなかに位置づけられている。だがそれがエゴ中心的アプローチの正統性に対する対抗理論として、依然として人間以外の主体にはかかわることが出来ない。C・マーチャントが人間特免主義パラダイムとするどく指摘するのは、むべなるかなと思われる。たしかにこの立場は社会倫理の問題に対して十分に対応することをもとめるわけであり、社会や社会集団なりが主体の問題をとりこむことによってエゴ中心的な枠組をこえてはいるが、依然として〈主体の倫理〉である点では異なってはいない。だからこそ、人間中心的アプローチと目される所以なのである。だから、生命倫理においてさえ、胎児や死体の問題がきわめて切実な問題として提示されると、価値の帰属をめぐってなかなかすっきりした解決を見出すことが出来ないこととなる。結果主義というものもどこまでも主体の行為を前提としてはじめて成立可能なものであるから、エゴ中心的アプローチのように主体の心情という行為の動機の局面とははっきりと対立しうるとしても、胎児や死体などをめぐって価値の帰属が問われる時、どうしても無理が生ずることとなる。

西洋倫理の典型的な観念体系においては、エゴ中心的アプローチと人間中心的アプローチに示されるように、価値の帰属をもとめて人間主体や社会集団をこえることがむずかしいことから、その枠を突破しようとしてエコ中心的アプローチがあらたなパラダイムとして注目される。そこではじめて非西洋的な観念体系にも見直しの気運が生じ、時には逆にその重要さが高く評価されるような様相さえ示している。ここにいたって、価値の帰属が人間以外の動物や植物いや自然全体なり無生物にまでひろげられるかどうかが真剣に論じられている。だがそれがエコ中心的アプローチとして提示されても、他の二つのアプローチとの対立をのりこえうるとは思えない。その基本的な理由は、価値の帰属という形で問題をたてる思考様式にある。すべての生物と無生物は価値をもつという立場をとれば、当然、価値の帰属は全体としての自然や環境にまでひろげられる。だがエコ中心的立場をとらない人にとっては説得力はないであろう。なぜなら、たとえ価値の帰属が無生物から全体としての自然や環境にまでひろがりうるとしても、その第一義性においてはどうしても自我や人間主体に帰属することが前提となっているからである。そして次に拡大されて社会集団のもろもろの制度や装置系にいたることも、人類文明史が描いてきた当然な帰結であろう。その意味において、本来的に言って、価値の帰属いかんというような問い方は、エゴ中心的ないし人間中心的な見方を前提としているから生起するのだと言っても過言ではなかろう。

三つのアプローチにおける責任と義務および窮極目標に関する集約は、それこそ特種価値言語によって構成されているということが出来る。パラダイムの基本にかかわる言説も特種価値言語の問題にほかならないことを知る時、エコ中心的アプローチはあらためてその特種価値言語使用の在り方を見直さない限り、まったく説得的ではないことはいまあきらかにしたところである。すべての生物と無生物は価値をもつという信念や義務は全環境に対してであるとただ教義が述べられても、他の二つのアプローチの場合と比較する時、きわめて説得力に欠けるのは、二つのアプローチの言語使用の基本である価値の帰属の問い方に準拠しているからである。われわれはさきに古来からの宗教や哲学の大教義や大理論は「強烈な痕跡」なのだと指摘した。それは決して軽視や無視するための語りではない。この痕跡こそが、われわれが属する観念体系なのである。われわれがもろもろの観念体系からなる観念世界のうちに生きている以上、エコ中心的アプローチを語るためには、特種価値言語の使用の問題に正しく対面することがもとめられる。

古来からの大教義や大理論は基本的には「窮極にアルもの」「窮極にアルこと」に名を与えることによって根拠づけられる。それは要するに「窮極のX」に価値の帰属の根拠が与えられることにほかならない。西洋形而上学の系譜においてエゴ中心的パラダイムがDWWとなったのは、ギリシア哲学のプラトン的イデアとキリスト教神学の合流において、二重の枠で真実の世界＝神の国と虚妄の世界＝地上の国がうちたてられて、その価値の帰属によって徹底的に個の自覚と救済がもとめられてきたからにほかならない。この系譜は西洋形而上学の歴史においてみる限り、決してその正統性を失うことはないであろう。だがわれわれは、生活世界の存在価値論的価値付けこそあらためて特種価値言語の問題として言為論的にもとめられねばならないことを論じた。それは、人間主体や社会集団に本来的には帰属する価値が生活世界にも帰属させることが出来るかどうかという問いではないのである。人間存在がホモ・ロクエンスとして特種価値言語の使用をどこまでも言為論的レベルから不断におこなっている以上、存在論という哲学的宗教的信仰の偽装に自足しない限り、存在価値論的視座にしっかりと立つことがもとめられた。

生活世界の存在価値論的価値付けというのは、われわれが特種価値言語の使用によって生活世界の価値付けそのものがなされることを率直に肯定することにほかならない。生活世界を正価値の世界として定位することは、〈主体の倫理〉の立場、それをささえるエゴ中心的および人間中心的アプローチないしパラダイムに依拠することは出来ない。わたくしが〈主体の倫理〉に対して〈場の倫理〉の立場とよぶのは、〈主体の倫理〉が価値の帰属によって本来的に成立する倫理であるのに対して、〈場の倫理〉はまさしく場の価値付けによって本来的に成立する倫理であって、決して価値が場に帰属するか否かによるわけではないからである。〈主体の倫理〉の立場をささえるパラダイムがエゴ中心的ないし人間中心的アプローチによるのだとすれば、三つのアプローチという概念枠組からすれば、〈場の倫理〉の立場をささえるパラダイムはエコ中心的アプローチによるということが出来るであろうか。エコ中心的アプローチを〈場の倫理〉の問題展開として正しく描き直せば、そのように言うことは可能であろう。わたくしは、環境倫理を〈場の倫理〉のうちに位置づけて、人間と自然と共生する場をわれわれが言為論的レベルから存在価値論的に価値付けることがどれほど出来るかにすべてがかかっていると考えている。エコ中心的アプローチはどこまでも生活世界の存在価値論的価値付けから開かれる観念世界の動態のなかであらたに位置づけられねばならない。

われわれにとって、義務、責任、窮極目的、善、規範、命法などすべて特種価値言語を用いて、われわれの共生する生活世界の場をいかに人間と自然の共生する場としてよりよい場とするかを語る以外には、価値のことばをもたないのである。生活世界の存在価値論的価値付けが開示する地平に、〈場の倫理〉の立場の必要性と必然性がある。もちろん〈場の倫理〉は人間の行為にかかわる〈主体の倫理〉を排除することなどありえない。特種価値言語使用はテキストとしてコンテキストに依存しているから、コンテキストとしての〈場の倫理〉においてという〈主体の倫理〉というテキストが展開するとも言いうるであろう。環境倫理も〈場の倫理〉に定位して成立可能なのであり、エコ中心的アプローチもまた正しい内実で書き直されるであろう。以上のように、特種価値言語の問題が〈主体の倫理〉と〈場の倫理〉の共存を展望するところにまで問題の展開を押し進めえたのも、結局、今日パラダイム論にまでつきすすまねばならないほどの、観念世界の危機的状況のなかにわれわれ人類がまきこまれているからにほかならない。この観念学的現実の回転板こそ価値のことばにほかならない。〈主体の倫理〉と〈場の倫理〉の共存も、本来的には、価値のことばのテキストとコンテキストの関連をうつし出しているのである。

(1) H.-H. Lieb, On Subdividing Semiotic, in: Y. Bar-Hillel ed., Pragmatics of Natural Languages, (O. Reidel, 1971), p. 110.
(2) Ch. Morris, Foundations of the Theory of Signs, (U. of Chicago P., 1938) p. 56.
(3) ibid., op. cit., p. 58.
(4) ibid., op. cit., p. 8.
(5) ibid., op. cit., p. 13.

(6) ibid., op. cit., p. 52.

(7) Th. Kuhn, The Structure of Scientific Revolutions も、モリスと同じ、この統一科学国際百科全書の1つとして企てられたものであることを想起したい。

(8) H. -H. Lieb, op. cit., p. 119.

(9) R. Carnap, Introduction to Semantics and Formation of Logic, (Harvard U. P., 1975), p. 3,

(10) Index にはあげられている。 ibid., op. cit, p. 256, 258.

(11) ibid., op. cit., p. 11.

(12) ibid., op. cit., p. 12.

(13) ibid., op. cit., p. 13.

(14) N. Chomsky, Syntactic Structures, (Mouton, 11th pr. 1975), p. 94.

(15) N. Chomsky, Aspects of the Theory of Syntax, (the M. I.T.P., 1965) , p. 4.

(16) N. Chomsky, Current Issues in Linguistic Theory, in : J. Fodor & J. Katz ed., The Structure of Language, (Prentice-Hall, 1964) p. 51.

(17) ibid., op. cit., p. 52.

(18) ibid., op. cit., p. 59.

(19) P. Ricoeur, La structure, le mot, l'événement, in : Le conflit des interprétations, (Seuil, 1969), p. 87.

(20) N. Chomsky, Current Issues, p. 51-52.

(21) ibid., Aspects, p. 4.

(22) J. Habermas, Vorbereitende Bemerkungen zu einer Theory der kommunikativen Kompetenz, in : J. Habermas/ N. Luhmann, Theorie der Gesellschaft oder Sozialtechnologie, (Suhrkamp, 1971) S. 101-141. c. f. D. Kochan Hrsg., Sprache and Kommunikative Kompetenz, (E. Klett Verlag, 1975).

(23) 1例として、E. Bates, Language and Context : The Acquisition of Pragmatics, (Academic P., 1976).

(24) N. Chomsky, Deep structure, surface structure, and semantic interpretation, in: D. Steinberg & L. Jakovovits ed., Semantics, (Cambridge U. P., 1971), p. 199ff.

(25) ibid., op. cit., p. 213.

(26) H. Maclay, Overview, in : D. Steinberg & L. Jakobovits ed., op. cit., p. 158, 177-80.

(27) R, Carnap, On Some Concepts of Pragmatics in: Meaning and Necessity, (U. of Chicago P., Enarged. Ed. 1956), p. 248.

(28) ibid., op. cit., p. 250.

(29) J. W. Oller, Über die Bezieuhung zwischen Syntax, Semantik und Pragmatic, in : S. Schmidt ed., Pragmatik I, (W. Fink Verlag, 1974), S. 135.

(30) ibid., op. cit., p. 138.

(31) このことは、文法性とは1つの価値基準にほかならず、それ故かかる価値基準だけに依拠する理論の価値論的問題性を提起している。

（32） 一例として、現代哲学状況を強烈に「アフター・哲学」として総括するアンソロジーの解説総序において、言語学的転回はもはや問題ではなく、その転回がどこに導くかが問題であるとして、ここにとり上げたほとんどの答えは「自然言語の言為論へ」であると述べられている。K. Baynes, J. Bohman & Th. McCarthy eds., After Philosophy, End or Transformation? General Introduction p. 6.（The M.I.T.P., 1987）.

（33） 拙著『比較文明の方法―新しい知のパラダイムを求めて』（刀水書房、一九九五年）参照。

（34） R. Descartes, Regulae ad directionem ingenii, Regula V, VI.

（35） R. Descartes, Discours de la Méthode, Quatrième Partie.

（36） K. Baynes, J. Bohman & Th. McCarthy eds., op. cit., p. 2 この点を比較文明的視野から補足すると、日常性や生活世界を超越する哲学の正統性こそがヨーロッパ文明の核心といえるものであったから、それが極めて強固だったのである。それに対し中国を中心として日本などを周辺とする東アジア文明は、日常性や生活世界を重視する考え方が核にあるということが出来よう。その意味においては、生活世界への注目はそれこそわれわれにとっての本来の課題ということが出来る。

（37） K. Baynes, J. Bohman & Th. McCarthy eds, op. cit. p. 3-4.

（38） G. Brand, Die Lebenswelt, Eine Philosophie des konkreten Apriori,（de Gruyter, 1971）.

（39） ibid., op. cit., S. 205.

（40） ibid., op. cit., S. 51.

（41） ibid., op. cit., S. 53-4.

（42） ibid., op. cit., S. 211.

（43） G・ジンメルがカント的アプリオリを批判的に吟味した点がその導火線になっていると言えよう。G. Simmel, Die Probleme der Geschichtsphilosophie（Verlag von Duncker & Humblot, 4te Aufl. 1922（1892[1]））S. 7ff.

（44） Hegel, Grundlinien der Philosophie des Rechts, § 24, § 133. § 135.

（45） 拙著『比較文明の方法』（刀水書房、一九九五年）一六六ページ以下。

（46） 参照、I・バーリン「自然科学と人文科学の分裂」『バーリン選集I』（福田・河合編）（岩波書店、一九八三年）九九ページ、一一一ページ。

（47） G. Brand, op., cit., S. 217.

（48） ibid., op. cit., S. 218.

（49） ibid., op. cit., ebenda.

（50） ibid., op. cit., S. 220.

（51） ibid., op. cit., S. 224.

（52） ibid., op. cit., S. 221.

（53） ibid., op. cit., S. 222.

（54） ibid., op. cit., ebenda.

(55) ibid., op. cit., ebenda.

(56) 現象学的還元はどこまでも方法にすぎないとみれば、内容上逆となろうが、還元の意義からこういうことが出来よう。

(57) G. Brand, op. cit., S. 62.

(58) その意味において、この逆還元は〈起源論的逆還元〉であり、その〈起源〉を開示するわけである。

(59) 具体的には「辞項」(terme)と「価値」の問題である。参照、丸山圭三郎『ソシュールの思想』(岩波書店、一九八一年)九五ページ以下、一二六ページ以下、三二四ページ以下、三三九ページ以下など。

(60) これからはじまる言語批判的考察とともに、はっきりと言っておくべきことは、いかほど言語が言為論からはじまるにせよ、言語それ自体は〈詩的〉だということである。その点はR・ヤコブソンがはじめて理解したようだが、ハイデガーは「半面教師」としてそのモデルなのである。

(61) 前田英樹訳・注『ソシュール講義録注解』(法政大学出版局、一九九一年)本書からの引用文のページ付けは文後に記す。

(62) 同右、六二ページ。

(63) 三四一ページ下段の引用文「価値を生みだすものは集団である」につづく。

(64) 以下、ウィトゲンシュタイン『哲学探究』は、G・アンスコム訳のPhilosophical Investigations (Blackwell, 1963) による。ページ付けではなく、部、節だけを文中に示す。

(65) ウィトゲンシュタイン『確実性の問題』(Über Gewißheit (Blackwell, 1969))については黒田亘訳(大修館書店、一九七五)による。

(66) そのうち、M・ブラックとF・クーチュラはそれぞれM. Black, Language and Philosophy, (Cornell U. P., 1949); F. v. Kutschera, Sprachphilosophie, (W. Fink Verlag, 1971) による。

(67) L. Wittgenstein, Philosophical Investigations, I. (Blackwell, 1963). 43 (p. 20e)

(68) G. Brand, Die Lebenswelt, Eine Philosophie des konkreten Apriori, (de Gruyter, 1971), S. 222.

(69) J. Austin, How to do Things with Words, (Oxford U. P., 2nd ed., 1976).

(70) その基本的な見方のひとつが、オースティンの言語行為論であるが、わたくしはそれをもっと根本から批判的に押しひろげて〈言為論〉という形で考えようとしているわけである。

(71) P. Ricoeur, La structure, le mot, l'événement, in : La conflict des interprétations, (Seuil, 1969), p. 81.

(72) P. Ricoeur, Temps et récit, Tome I. (Seuil, 1983), p. 11.

(73) P・リクール『時間と物語』I、久米博訳(新曜社、一九八七年)i〜iiページ。

(74) P. Ricoeur, op. cit. p. 17.

(75) J. Austin, op. cit., p. 22.

(76) c.f. T. van Dijk ed., Pragmatics of Language and Literature, (North-Holland, American Elsevier, 1976); M. L. Pratt,

Toward a Speech Act Theory of Literary Discourse (Indiana U. P., 1977); T. K. Seung, Semiotics and Thematics in Hermeneutics, (Columbia U. P., 1982).

(77) 拙論「言語のテキストとコンテキスト」(一)(二)(三)(『人文研究』一九七一年・四月、一九七二年・九月、一九七三年・一月)いつも、自分の〈誤り〉の度合いに気付いていることが大切である。

(78) P. Ricoeur, op. cit. p. 57.

(79) ibid., op. cit., p. 58.

(80) ibid., op. cit., p. 60.

(81) ibid., op. cit., p. 85.

(82) ibid., op. cit., p. 87.

(83) ibid., op. cit., ebenda.

(84) ibid., op. cit., ebenda.

(85) ibid., op. cit., Tome III, 1985, p. 349.

(86) ibid., op. cit., ebenda.

(87) ibid., op. cit., I, p. 113.

(88) ibid., op. cit., ebenda.

(89) ibid., op. cit., p. 88.

(90) ibid., op. cit., p. 89.

(91) ibid., op. cit., p. 90.

(92) ibid., op. cit., ebenda.

(93) ibid., op. cit., pp. 90-91.

(94) ibid., op. cit., pp. 113-4.

(95) ibid., op. cit., p. 113.

(96) ibid., op. cit., p. 116.

(97) 拙論「言語のテキストとコンテキスト」(四)(五)(六)(七)(『人文研究』一九七三年・五月、九月、十二月、一九七四年・一月」)

(98) R. White, "Historical perspectives on the morality of virtue", in The Journal of Value Inquiry, Vol. 25, No. 3, July 1991.

(99) ibid., op. cit., p. 218.

(100) ibid., op. cit., p. 222.

(101) ibid., op. cit., p. 223.

(102) ibid., op. cit., p. 226.

(103) ibid., op. cit., p. 227.

(104) ibid., op. cit ., p. 228.

(105) ibid., op. cit., p. 229.

(106) ibid., op. cit., ebenda.

(107) ibid., op. cit., p. 230.

(108) ibid., op. cit., p. 225.

(109) 二〇五—六ページ。

(110) D. J. Detmer, "Heidegger and Nietzsche on "thinking in values"", in, the Journal of Value Inquiry, Vol. 23, No. 4, December 1989.

(111) この「痕跡」という言い方は比喩ではない。あらゆる過去の歴史的事態は、考古学ではもっともリアルにあらわれるわけであるが、結局「痕跡」としてしか残ってはいないのである。偉大な宗教哲学倫理思想も同じなのである。この二重性をわれわれがはっきりと自覚しなければ、二十一世紀の新しいパラダイムと私がねがっている「比較文明的パースペクティヴ」に人類がたつことは出来ないと思われる。

(112) S. A. Schuh, "Hard and soft deontologism", in, the Journal of Value Inquiry, Vol. 26, No. 2, April 1992. p. 281.

(113) ibid., op. cit., p. 282.

(114) ibid., op. cit., p. 284.

(115) 特種価値言語の問題は、価値肯定された生活世界を「持続可能な社会」に変革するために、地球環境の危機的状況のもとで、あらたなる展開をもとめられる。

(116) 参照、拙著『比較文明の方法』（刀水書房、一九九五年）

(117) E. Morin, La Méthode, (Seuil, t.1 La Nature de la Nature, 1977, t.2. La Vie de la Vie 1980, t. 3. La Connaissance de la Connaissance, 1986, t. 4. Les Idées, 1991).

(118) E. Morin, La Méthode 4. Les Idées Leur habitat, leur vie, leurs moeurs, leur organisation, p. 231.

(119) 参照、上掲拙著、九七ページ。

(120) E. Morin, op. cit., p. 9.

(121) ibid., op. cit., p. 10.

(122) ibid., op. cit., p. 17.

(123) ibid., op. cit., p. 73.

(124) ibid., op. cit., p. 106.

(125) ibid., op. cit., p. 123.

(126) ibid., op. cit., p. 124.

(127) ibid., op. cit., p. 89-93.

(128) ibid., op. cit., p. 138.

(129) ibid., op. cit., p. 154.

(130) ibid., op. cit., p. 164.

(131) ibid., op. cit., p. 171.

(132) ibid., op. cit., p. 172.

(133) ibid., op. cit., p. 187.

(134) ibid., op. cit., p. 192.

(135) ibid., op. cit., p. 209.

(136) ibid., op. cit., p. 241.

(137) ibid., op. cit., p. 142.

(138) ibid., op. cit., p. 247.

(139) ibid., op. cit., p. 250. c.f. E. Morin, Introduction à la penseée complexe, (E. S. F., 1990).

(140) E. Morin, La Méthode, 1. p. 12, p. 272-287.

(141) D. E. Marietta, Jr., "Thoughts on the taxonomy and semantics of value terms", in, the Journal of Value Inquiry, Vol. 25, No. 1, January 1991.

(142) C. Mechant, Radical Ecology, The search for a livable world, (Routledge, 1992), p. 90-91.

(143) A. S. Miller, Gaia Connections : An Introduction to Ecology, Ecoethics and Economics, (Rowan & Littlefield,

1990), p. 25-28.

(144) S. A. Schuh, “Hard and soft deontologism”, in, the Journal of Value Inquiry, Vol. 26, No. 2, April 1992.

第三章　価値のことばの構造と動態性

1　価値のことばの階層性とありのままの言説主体の定位

一　価値のことばの階層性

価値のことばの統合的視点とその分化性の問題を、特種価値言語の問題を一応あきらかにすることによって、終えることが出来た。価値のことばの統合的視点とその分化性の問題は、簡潔に言えば、価値のことばというものを解体してばらばらにし抽象的な言語の要素連関として取扱う、従来の言語学的ないし言語哲学的なやり方に対して、いかに価値のことばが統合的ないし全体的な関連性において生きて働いているかをあきらかにすると同時に、その上ではじめて言語の分化性を正しく理解することが求められるという事態を解明することにほかならなかった。このような解明が可能となる基本的な地平は、構文論と意味論との基礎として言為論（pragmatics）を位置付けることから開かれる。端的に言えば、その定位が価値のことばの統合的な視点なのである。構文論や意味論がひとり歩きしてしまうような従来の在り方は、価値のことばを言語の構文や意味から組み立てて考察しようとする結果となり、統合的な視点をまずとることを不可能とする。その定位は、構文論と意味論とがともに根差す基礎として言為論を描き出してはじめて可能となるのではあるが、その時、言語をめぐる根源的な循環ないしはパラドックスがそこにひそんでいることにも、率直に対面しなければならなくなる。

言為論が構文論と意味論との基礎としておさえられるということは、文字どおり言為論とともに開かれている生活世界にわれわれが根本的に向き合うことを意味している。言為論的生活世界の定礎からはじまらねばならない所以である。言為論的生活世界の定礎とは、生活世界＝コンテキスト（つまり場）を基礎地平にすることが同時に言為論を基礎とすることにほかならないことを、原理的にあきらかにすることなのである。まさしく言為論的生活世界＝場の定礎なのである。そしてその基礎地平においてこそはじめて、その言語構造的分解が正しい様相のもとに把握しうることとなる。生活世界の言為論的分解と言語構造的分解とは、その正しい様相においては相即的であって決してばらばらに切り離して考えてはならないからである。言為論的生活世界の言語構造的分解は本来ならその事態に即して記述し説明がなされねばならないが、それではあまりにも問題事態に即しすぎてわれわれの問題探究の筋道からそれすぎてしまうので、名著と言われるP・リクールの『時間と物語』の把え方を根本的に批判することによって、われわれの求める事態の原理的結構をあきらかにするにとどめた。われわれの現在の価値哲学基礎論の試行にとっては、その方がより根本的であるとともにより適合的であるからである。かくしてあらためて「価値の構図」にもとづいて、その〝頂点〟の合致点である、逆の極の統一的視点から特種言語の問題を解明することによって、価値のことばがいかに統合的ないし全体的は関連性のうちで展開するかを開示したわけである。

この特種価値言語の問題は、まず、生活世界などまったく否定するような仕方で使用される特定の特種価値言語の問題を、その最高次レベルつまり「窮極のX」において問い直すことによって、逆に、どうしても生活世界の存在価値論的価値づけが求められねばならないかをあきらかにする。そこでつぎに、生活世界が存在価値論的価値づけによって積極的に肯定されてこそ、本当の意味で観念世界がいかに重要でありかつダイナミックに展開するかが可能となり、それゆえにいままでの観念論の誤りがあきらかとなる。観念世界の動態の重要さを観念論ととりちがえていたところに、今日までの価値論のほとんどの誤謬の因があったといっても過言ではなかろう。最後に、観念世界の動態をあらわならしめることによって根本的なパラダイム論にいたり、三つの基本的パラダイム――エゴ中心的、ホモ中心的、エコ中心的――の批判的検討のなかから〈場の倫理〉の局面にまで達したのである。〈場の倫理〉と〈主体の倫理〉の共存はもちろん倫理の問題なのではあるが、そのこと自体は、〈場〉と〈主体〉という根本的な問題契機に問題がきわまることを指示している。そこでまたあらためて価値のことばの問題にたちかえる時、そのことは価値のことばにおけるテキストとコンテキストの関連性つまり〈主体〉と〈場〉の相関性をはっきりと問い出しているものと考えられる。そこで、価値のことばの構造と動態性の問題に入ることとなる。

言語の階層性の再検討

わたくしはすでに、〈回帰の弁証法〉という言い方とその基本的相貌において、言説と言説主体との関係を全体的に問い出した。それは要するに、言説の階層性——第一次性、第二次性、第三次性——を、言説主体の在り方——発話主体、第二次言説主体（非反省的メタ意識）、第三次言説主体（反省的メタ意識）——との相関性においてあらわならしめたものである。その析出がなされた場面は、価値説批判という形で「価値の哲学的文法」ないしは「価値探究の論理」を明確にしようとした場面においてであった。ところで価値説批判は、第I部「価値の構図」を全体的に描き出す営為のなかで、既成の価値説を基本的なイズム形態でおさえて文字どおり基本的な関係つまり構図において批判的に問い出すことを求めたものである。言うまでもなく、既成の価値説のイズム形態は言説の価値論的体系化であるから、その基本的な批判は言説の在り方を問い出す結果となることは言うまでもない。ただわたくしはその言説の在り方をその内容に即して一般的に問い出すのではなく、言説の規則性ともいうべき形式に即して問い出すことを求めたところに、「価値の哲学的文法」とか「価値探究の論理」とかの析出という形をとることとなった所以がある。その析出において開示される〈回帰の弁証法〉はあきらかに言説の階層性を言説主体との相関性において根本的に重視するものがあるが、いまやあらためて価値のことばの階層性を本来の問題として問い出そうとする時、一体どのような問題事態が開示されてくるのであろうか。

一般に言語の階層性・位層性ないしは自己反省性・回帰性と二様に言われるが、この二様な用語法にすでに把え方のパースペクティヴとでもいうべきものが表示されているように思われる。前者には言語の客観面というか構造的な側面に即して見ていこうとする視座であり、後者には言語の主観面というか事象的な側面に即して見ていこうとする視座である。自己反省性・回帰性の視座には発話主体ないし言説主体の問題をはっきりと組み入れることによって言語の階層性を把えようとする傾向性がひめられているのに対して、言語の階層性・位層性の視座にはそのような主体の在り方をむしろ括弧に入れてそれ自体をとり出そうとするかのようである。構造的と解される所以である。たしかに同じ問題事態がそこに開示されているとみなしうるのであるが、そこにはどうしても見方がかかわってくることで、最初から大きな問題が出てきそうである。ところが、この問題に関しては見方がかかわる以上、実はあとから付加的にかかわってくるのではないと予想されるところに、すでに重大な再検討の矢が投げかけられているのである。ということはどういうことであろうか。

端的に言うと、言語の階層性・位層性といわれて、いかにもそれ自体で客観的ないし構造的に存立しているかのように語られているが、はたしてそのような客観的な存立はそれこそ客観的に認められるのか否かという問いなのである。分かりやすくいえば、客観的事態として言語が階層的・位層的に存立しているかどうかということである。もちろんこのような問いがストレートに提出されるということは、賛否両論があるからにほかならない。いまこの両論について論ずる余裕はないが、わたくしの結論を先取りしていうと、客観的事態として存立しているとは考えないが、言語の階層性・位層性を言語について考察をおこなう際に、もっとも基本的な事態として受けとめねばならないと考えている。ということは、簡潔に言って、言語の自己反省性・回帰性と解される側面に相即的に問われることが基本だということにほかならない。つまり、言語の階層性・位層性はまさしく言語の自己反省性・回帰性においてたちあらわれるということなのである。別言すれば、〈回帰の弁証法〉の相のもとにあらわれるということである。わたくしにとって、さきに客観面ないし構造的側面と主観面ないし事象的側面と二分して説いたが、それは便宜上の見掛けだけであって、本来はまったく表裏一体だということである。第三章が「価値のことばの構造と動態性」となっているのは、まさしく構造と動態性を表裏一体の在り方として捉えねばならない所以をあきらかにしたいと意図しているからである。それがなぜであるかをあきらかにする最初の基本的事態が、価値のことばの階層性の問題にほかならない。

言語の階層性を客観的に存立するかのように記号構造的に形式化して示した典型的な考え方は、R・バルトのセミオロジーであるといってよいであろう(1)。グロセマティックスのイエルムスレウを参照にひき出してもよいが、簡潔のためいまは問わない(2)。R・バルトの言語階層論は、簡潔にまとめれば、内容(C)＝所記（意味されるもの《ル・シニフィエ》）と表現(E)＝能記（意味するもの《ル・シニフィアン》）ということばの二相の関係(R)つまりE・R・Cを第一次の言語とおき、その第一次言語をさらにそれぞれの相に含み込むことによって、二種類の第二次（高次）の言語を描き出すことによって示される。つまり、E・R・Cという関係を前提として、さらにそのE・R・CをEあるいはCのうちにそれぞれ組み入れることによって、第二次の高次言語が成立するというふうに、記号構造的に定式化される。それを図示すると、E（E・R・C）・R・CとE・R・C（E・R・C）という形になる。これが第一次と第二次の階層性を表示する仕方なのである。

E・R・Cを第一次の基礎言語つまり日常言語とすると、それを表現相Ⓔと内容相Ⓒのいずれかに組み込むことによって第二次の高次言語つまり広義のメタ言語が示されるわけである。前者の場合が含意言語をあらわし、後者の場合が狭義のメタ言語といわれる。その意味でメタ言語という言い方には広義と狭義があるので、注意が必要である。つまり広義のメタ言語＝高次言語のうち含意言語と狭義のメタ言語があるというわけである。その上でさらに具体化して、含意言語を文学言語とおき、狭義のメタ言語に対して論理言語、科学言語、哲学言語などと区分けしてどのように考えるかは、のちの問題あるいは別の問題である(3)。いまここではっきりと確認すべきことは、以上のような記号構造的な形式化によって、言語の階層性が示されるということである。

言語の階層性はたしかにバルトの言語階層論のように定式化することによって、きわめて明確に構造的に表示されうる。だがかような記号論的定式化は、本来言語活動がいつも〈について〉という仕方で発話しうるというきわめて動態的な、ある意味では把えどころのない実際の言語事象に対して、それをきわめて記号構造的に形式化して明確化しようとする試みにほかならない。その際第一次言語として日常言語を基底言語と置くことによって、日常言語〈について〉語られるという仕方で、第二次言語として含意言語や狭義のメタ言語が定位されるわけである。ところが実際は、日常言語〈について〉日常言語のレベルでもいろいろな仕方で自己反省的な語りや発話がなされるわけで、ただちに含意言語だ、狭義のメタ言語だというように識別されはしない。ここに言語階層性を認めない立場が一方でつよく主張される所以も存している。それ故もちろんさらに具体的に、かような〈について〉の言語活動において、どれが文学言語でどれが科学言語かなどと識別しうるわけでもない。実際の言語使用の動態性においては、バルトの言語階層論のように形式化されて定式化された言語の階層性は、どこまでも階層性を明確化するための構造的な操作であって、それ以上のなにものでもないと言わねばならない。というのは、E（E・R・C）・R・CやE・R・C（E・R・C）はどこまでも形式的な関係式であって、実際の言語使用の動態がどのようにこのような関係式を充実させるかは、なにも語られてはいないからである。

実はもっと重大な事態がある。このような言語階層論においては、第一次の日常言語を基底言語としてその上に第二次の高次言語を構築することに対しては対応しえても、その逆の事態にはまったく対応できないことである。その逆の事態とは、日常言語がいつでも高次の文学言語たる含意言語や科学言語たる狭義のメタ言語〈について〉語ることによって、自ずから広義のメタ言語にもなりうることである。〈回帰の弁証法〉はむしろその点を強調するために定式化されたものといっても過言ではない。このような観点からみると、結局、バルト流の言語階層論は、すでに対象化された言語間の関係を形式的に記号化しただけであって、Rという関係そのものがどうして成り立つかということは少しも問うていないのである。このRという関係そのものを問おうとすることは、第一次言語としての日常言語が基底言語でありながら含意言語になったり、さらには広義のメタ言語にもなるその動態性こそが本当の問題事態であることに、はっきりと対面しなければならない。

Rという関係の仕方をダイナミックに問い出そうとすれば、まずきわめて日常的な発話場に実際におりたってみるしかないように思われる。E・R・Cという形で抽象的に論ずる限り、はじめから発話場ぬきでRという関係を論ずることとなり、表現面と内容面の関係という、言語構造の内的な関係性のうちに閉されてしまうからである。ここに、第一次の階層に日常言語を基底言語として位置づけてRの関係を動態的に問おうとする、基本的な分岐点が厳存していると解される。それがまた価値のことばの構造と動態性を直視する所以でもある。第一次の基底言語の階層はそもそも、構文論と意味論との基礎として言為論を定位し言為論的生活世界＝コンテキストを基礎地平とすることにおいてこそ、はじめて確固たる定礎をなしえたものであった。Rという関係を動態的に問うことを重視するところから、いずれ「階層間関係性」という表現で示される問題事態に考察の焦点を合せることが求められることとなろう。だがそのためにもまず、言語の階層性の問題がなぜ階層間関係性へと重心を移して問われねばならなくなるかの所以をあきらかにしなければならない。Rという関係そのものが提起している以上、避けて通れない場面である。そこでまずある日常的な発話場に降り立ってみよう。

さて、ふと公園を散歩していたら、なかなか魅惑的な樹木が枝ぶりよくあたりを圧するように立っているのに気付いた。ひとはその樹木をめぐって「すごいね」という日常的な感嘆からはじまって、詩歌をうたうことも出来る。いやそれほどでなくとも、その魅力的なさまを散文で描き出すように語ることも出来よう。またあるひとは、急にその樹木の幹の枯れかかっていたり亀裂しているところにつよく引きつけられて、その年輪からはじまってその樹木の状態をしらべて、きわめて分析的にまた生物学的な科学言語で語るかもしれない。いま記述、物語、説明、解釈などを言説の基本的形態として一応便宜上仮定してみて(4)、目の前にある樹木をめぐって、いろいろと記述したり物語ったり説明したり解釈することが出来る。この現場において、どのように言語を用いどれほど詳細にその言語使用を展開するにせよ、どうしても選択的におこなうしかない。言説というものは、どれほど複雑に多様に構成されるにせよ、限られざるをえないので、限りなく多様で複雑な言語事象から選択しなければならない。実はこの選択を前提として、多様な言語表現の諸々の関係が実際に選び出されることとなる。Rという関係もまたまずそれぞれの発話場において選びとられるものにほかならない。E・R・Cという関係を基礎にして、E(E・R・C)・R・CであれE・R・C(E・R・C)であれ、その形式的な構造的関係も、つねに特定の言語場における言語活動の動態性において生起する。その生起とともにRという関係が選択的に選びとられるのである。だから、日常言語が時によっては科学言語に対してメタ言語として機能する関係も選択可能なのである。かくしてわれわれは、選択というきわめて前提的な問題事態に直面することとなる。

選択という問題事態に立ちいたる時、われわれはすでに価値問題にかかわっていることを想起しなければならない。選択という事態は選択価値の問題を決してさけることが出来ないからである。選択価値とは価値の三つの基本的な在り方の一つである。いまあらためて選択価値についてはこれ以上論じないが、この時点においてすでに価値論的な場面が基本的に開かれていることを、はっきりと確認しておかねばならない。

さて、選択という事態にストレートに注目する時、基本的には〈何が、何のために、いかなる観点から、誰にとって選択されるか〉というふうに分解的に問い出すことが出来よう。それは要するに四つの基本契機にもとづいて選択が成り立つという、単純化された根本事態を示すものである。このような基本契機において選択がなされると解する時、その主体である〈誰か〉にとって、選択された〈何か〉が〈関与的〉なものであり、選択されないすべてのものが、〈非関与的〉とみなされるわけである。つまり逆から言えば、〈関与的〉な〈何か〉が、その場にある主体の〈誰か〉によって〈何かのために〉そして〈なんらかの観点から〉選択されるのである。その意味で、〈何か〉の〈関与性〉は、〈誰にとって〉〈何のために〉〈いかなる観点から〉という三契機によってきめられるということが出来よう。以上のように分解的にモデル化された選択という根本事態において、選択というものが周知のように選択主体ぬきでは成り立ちえないとともに、そこに〈関与性〉というきわめて基本的な価値事態がそれこそ文字どおり関与していることに注目しなければならない。選択という前提的な事態において〈関与性〉という概念が不可欠なものとして導入されてくると解される時、言語の階層性の把え方はバルト流の言語階層論の形式化とは異なった、むしろ逆な構図から把握されねばならなくなるのではなかろうか。すでにあきらかにしたように、バルトの示す言語階層論の構図は、広義のメタ言語の階層設定の定式化であり、E・R・Cの組み込みによる重層的な関係式にほかならない。この言語階層論は、すでに与えられている言語を記号論的に対象化して作り上げられたモデル理論なのだと言わざるをえない。わたくしは言語の階層性を言語の批判的考察においてきわめて基本的な前提事態と考えているが、バルト流の構図によってではなく、あらたな構図によってなのである。それはむしろきわめて日常的な発話場にたちかえって、われわれが言語使用をおこなう際の前提的事態である選択を直視し、〈関与性〉という価値事態にまず注目することなのである。〈関与性〉という概念を導入する時、そこにはまったく異なった構図のうちで言語の階層性がうつし出されてくる。

人間が行うことにはなにごとでも選択という前提をぬきにしてはありえないといっても過言ではない。その意味で、人間の行いのひとつである言語行為においても、選択が前提となる局面にまでいたることがもとめられる。とする時、四つの基本契機において言語行為もまた選択的におこなわれることを、一応われわれのモデルにしたがって了解することとしよう。たとえば、「明日君のところに是非伺います」と言う時、快諾する相手と対面している発話場おいて、その発話主体にとっては、なにか重要な要件のために、訪問の約束を必ず実行するという観点から、〈何か〉にあたるこの発話行為が選びとられたわけである。「明日君のところに伺うかもしれません」という言い方とは、その〈関与性〉の在り方がまったく違うといわねばならない。なぜであろうか。〈何か〉にあたる言語行為の〈関与性〉は、結局、〈誰にとって〉〈何のために〉〈いかなる観点から〉という三つの契機の在り方によって、その都度の現場で決められる。つまり、〈関与性〉を規定する契機は三つであるが、その三つは具体的には発話主体を基本においてその発話行為がなされる〈目的〉と〈観点〉ということになる。したがって、この〈何か〉にあたる発話行為は、発話主体にとってその都度の〈目的〉と〈観点〉という二契機によって、いろいろなニュアンスをこめて選びとられる。

以上のように、〈関与性〉の概念を導入するということは、きわめて具体的に、発話場における発話主体の選択する言語行為の在り方に注目することにほかならない。したがって、この概念を導入する以上、言語の階層性を記号論的に形式的な定式化をするような構図を取りえないことはあきらかである。〈関与性〉を規定する三つの基本契機、〈誰にとって〉(主体)、〈何のために〉(目的)、〈いかなる観点から〉(観点)において〈関与性〉が問われるのであるから、言語階層論に〈関与性〉の概念を導入することは、言語の階層性がまさしく主体とその目的と観点という三つの契機を組み入れた構図において問われねばならないことを意味している。ということは、もっと簡潔な形で言えば、要するに、発話主体ないし言語行為主体との関係において言語の階層性が問われねばならないということなのである。あたらしい構図とは、言語の階層性は言語行為主体との関係において問われねばならないという見方ないし立場にほかならない。とする時、わたくしがこの節のはじめに提示した二様の言い方つまり言語の階層性・位層性と自己反省性・回帰性をめぐる問題点に十分な裏付けを与えることとなる(5)。そのところで、言語の階層性・位層性は言語の客観面ないしは構造的な側面を、言語の自己反省性・回帰性は言語の主観面ないしは事象的な側面を示すかのようであるが、本来は、言語の階層性・位層性はむしろ言語の自己反省性・回帰性において問われるのが基本だと指摘した。いまその指摘した意味がはっきりと開示されたと解される。言語の階層性が言語行為主体との関係において問われねばならないということは、まさしく言語行為主体の自己反省性・回帰性に即して言語の階層性・位層性があらわにされねばならないことを意味しているからである。

言語の自己反省性・回帰性という表現は、言語主体がつねにある言説〈について〉自己反省的にないしは自己回帰的に語りうるという基本事態を示すためにもとめられた概念である。その意味において、〈について〉の言説は、時に同じ階層のなかで循環するにとどまるが、時には異なる階層へと高次化することによって、実際の言語活動の階層性をきわめて動態的に描き出すことをもとめるのである。言語の階層性の把え方も言語主体との関係ぬきには成り立ちえないとする時、自己反省性・回帰性の相のもとで言語の階層性を開示する以外には、価値のことばの構造と動態性を把ええないのだと言わねばならない。

ここでふたたび「明日君のところに是非伺うよ」という事例にもどって、やや回りくどい事態をあらわにしてみよう。そこでひとつだけ要件を逆にした場合を想定して考えてみる。たしかに重要な要件のためなのではあるが、本当は行きたくないという観点から、「明日君のところに是非伺うよ」と言った場合である。そこではまったく同一の発話がなされているが、あきらかに〈関与性〉の度合はまったく異なっている。それはなぜであろうか。言うまでもなく、〈関与性〉を規定する三つの基本契機の在り方が違っているからであるが、それはどこまでも事象上の事柄にすぎない。その相異を描き出す、実はもっと深い言語事態が存している。それが言語の自己反省性・回帰性の問題にほかならない。「明日君のところに是非伺うよ」という発話〈について〉、実はいつでも〈関与性〉を規定する三つの基本契機の関連のもとで、その発話主体は発話の真偽、正邪をはじめもろもろの適切・不適切さ、さらには可能・必然などの様相までふくめて、まさしく自己反省的ないし自己回帰的に〈語って〉いるのである。「『明日君のところに是非伺うよ』は、出来れば変更したい」というような仕方においてである。この場合はもちろん同じ階層のままとも解されよう。表記しようとすればもっと複雑になるが、いくらでも異なった階層を示しうる。「『「明日君のところに是非伺うよ」は出来れば変更したい』などとは全く信義にもとることである」。このような表記は無理してあらわしているにすぎないのであるが、言語行為の〈関与性〉に注視するということは、つねに言語行為主体の自己反省性・回帰性の相のもとで言語の階層性をきわめてダイナミックに受けとめることを意味している。

〈関与性〉に注視することは、その三つの基本契機のひとつが主体〈誰かにとって〉である以上、言語行為主体との関連性は不可欠なわけである。〈関与性〉とは本来選択という前提的事態の場合において問われるものであるから、言語の階層性を内包する自己反省性は、もろもろの言語行為がダイナミックに選択される現場において開かれている。言語階層論のように、ただ言語の階層性を定式化すればよいという、対象化された言語の結実にかかわるのではなく、文字どおり言語行為の意味生産活動の現場にかかわっているわけである。言語行為主体との関連性において言語の階層性を問い直すことがもとめられる以上、言語の階層性をただ定式化すればことたりるというわけにはいかない。さきにちょっと「階層間関係性」という言い方で示した、Rという関係の問題をいかに問い出していくかがつぎの問題となってくる。

「階層間関係性」とは、言語要素間の内在的な関係付けによって自動的に解明されうるものではなく、自己反省性の相のもとで階層性を動態的に把握しようともとめるので、言語行為主体との関連性を欠くことができない。その意味において、「階層間関係性」は、究極するところ、言語行為主体との関連性において関係付けられるというほかないように思われる。決して言語構造の内的関係性に閉すことが出来ないからである。ということは、根本的に言えば結局、〈回帰の弁証法〉において、言説と言説主体との相関性が第一次から第二次、第三次までの回帰を描き出す、あの基本的な動態と対応していることにほかならない。実際、〈回帰の弁証法〉という形で総括しなければ、なぜ低次の言説がそのまま高次の言説の意味を生み出すか、あるいは逆に高次の言説がなぜ低次の言説でさらに解釈されうるか、より具体的に言えば、日常言語について科学言語がそのより厳密な説明をなすために構成されたり、逆に科学言語について日常言語がむしろ生活世界のなかで科学言語の真理を効果的に理解させるために用いられるか、などなどに関して論ずることは出来ないように思われる。それらの言語使用はすべて階層間のもろもろの関係模様を説きあかすことであるから、言語行為主体との関連性で開かれる言語階層論の構図のもとでなければあきらかにすることが出来ないであろう。言語行為主体とは自ら第二次・第三次のメタ意識主体となることによって、自己反省性・回帰性の相のもとで言語の階層性を関係づけているわけである(6)。

自己反省性・回帰性とは、端的にいって、言語行為主体が非反省的メタ意識から反省的メタ意識へと自己展開する、〈メタ視点〉のダイナミックスの造形である。言語行為主体はその行為の〈目的〉と〈観点〉から自らの言語行為を選択的に遂行することによって、つねに自己反省性・回帰性のもとに言語の階層性をうけとめている。その〈観点〉が実はふかく〈メタ視点〉とかかわっていることによって、言語ないし言説主体はいかなる言説〈について〉もたえず〈メタ言説〉を語りつづけることが出来る。それが、言語の階層性という視点からあらわにされた、価値のことばの構造と動態性の一つの局面にほかならない。かくして、言語の階層性の問題は、言語行為主体との関連性において自己反省性・回帰性の相のもとで、まさしく「階層間関係性」という局面で本格的に問われねばならないこととなる。

階層間関係性について

言語の階層性について論じてきたように、われわれは言語の階層性をきわめて基本的なことと認めるが、イエルムスレウやバルトのように定式化してその階層性を基本にして記号論や言語学を構成しようともとめることではなかった。たしかに言語の階層性を基本とみなす以上、言語とメタ言語の関係を重視することは言うまでもないことである。その典型というかモデルとして、バルトの言語階層論が示すように、第一次言語としての基底言語を日常言語とし、第二次言語として二種類の高次言語、含意言語と狭義のメタ言語を認めることも大賛成である。さらにこの二つの方向において、広義のメタ言語として、より具体的に、文学言語、科学言語、論理言語などいろいろと識別することに反対するいわれはない。だがこのような類型化によって言語の全体的構成を記号論的に描くことは、言語の構造をきわめてスタティックに固定化してしまいがちで、言語のダイナミックな側面を軽視するあやまりをおかしていると言わざるをえない。それゆえに、わたくしは、そのような形式的な記号論的定式化とな異なった、あたらしい構図のもとで言語の階層性を把握すべきではないかと考えるとともに、その考え方をあきらかにした。

それは、言語の階層性を言語構造の内的関係としてではなく、言語行為主体との連関性がどうしても組み込まれざれをえない構図のもとで把え直すことであった。そのため、人間の言語行為がおこなわれる、きわめて卑近な日常的な発話場にまず降り立ってみた。とすると、言語行為も他のすべての人間の行為と同じように選択という前提的事態によらざるをえないことに気付くのである。選択は単純にモデル化してみると四つの基本契機からなるとみなされるが、〈関与性〉の概念をどうしても導入することがもとめられた。それは同時に、〈関与性〉を規定する三つの契機を介して、〈主体〉〈目的〉〈観点〉の不可欠性をあらわならしめることによって、言語行為主体との連関性において開かれる構図がもとめられることとなる。この構図のもとで言語の階層性を把え直そうとすると、言語行為主体の自己反省性・回帰性の相のもとで言語の階層性をきわめて動態的に受けとめることがもとめられた。それはその動態性にもとづいて「階層間関係性」そのものをあらわならしめることにむかうこととなる。階層性をスタティックに定式化してそこに類型論的に言語構造論を組みたてることではなく、階層間の関係性そのものをその現場におりたってダイナミックに問い出すことがもとめられる。そこでここでもまたバルトの階層論の事例を手引きに考えてみよう(7)。

その事例はヴァレリの思い出からかりられている。「わたくしはフランスの高等中学《リセ》の五級生(中学教育第二年次、十二歳)である。ラテン語の文法教科書を開いて、イソップかパエドラかから引用された文を読み取る。Quia ego nominor leo. わたくしはそこでやめて考える。この文章には両義性がある。一方では、単語のならびが全く簡単な意味を持っている。なぜなら、わしはライオンという名だ。そして他方では、その文はわたくしにとって明らかに他のことを意味している。五級生であるわたくしに呼びかけている限りにおいて、それは明白にこのように言っているのだ。——わしは文法の例文で、属詞の一致の規則を明らかにするためのものだ。その文章が全然その意味をわたくしに対して意味していないといわなければならない。ライオンのことも、ライオンが自分をどう呼ぶかについても、わたくしに話す気はあまりないのだ。その底にある背後の意味は、属詞の一致とかいうものの存在を、わたくしに押しつけることにあるのだ。結論として、わたくしは特殊な意味論的体系を前にしていることになる。それは言語に対して外延的だから、拡大されている。それは確かに、一つの、意味するものであるが、この、意味するものはそれ自体、多くの意味表象の総体によって形成され、それだけで、第一の意味論的体系である（わしはライオンという名だ）。このあとは、形式的図式が正確に展開する。ここには一つの、意味されたものがある（わしは文法の例文だ）。そして一つの総体的意味があり、それは、意味するものと意味されるものとの相関にほかならない。というのは、ライオンの呼び方も文法の例文も、わたくしにとっては別々に与えられるのではないからだ」(8)。

　この事例そのものは、バルトの言語階層論においては、外延と内包との関係つまり高次言語たる含意言語のパターンの一例である。ego nominor leo は外延であり、je suis un exemple de grammaire となって内容となる。つまりE・R・Cである ego nominor leo をさらにEのなかに組み入れて、E（E・R・C）・R. CのCにあたるのが文法の例文だということである。この外延を第一次言語とすれば、その内包は第二次言語の含意言語にほかならない。バルトはこのような内包という第二次言語を〈神話〉とよんで、言語の問題だけではなく、きわめて広範な記号の問題として〈神話〉という第二次的な記号論的体系を問い出そうとする。いまわたくしはバルトの〈神話〉論的な議論は問わないことにして、この二つの言説がかかわる階層間関係性の場面に注目してみよう。それはもちろん言語の自己反省性・回帰性の問題にほかならない。

「わしはライオンという名だ」という文を一般的にとり出してくれれば、寓話や童話のなかの一文であることも多いであろう。また日常言語としてあるいは対象言語として「わたしの名は……だ」という場合と同じような直接な発話文と解すれば、（もちろんライオンが名乗るわけではないが）当然第一次言語としての日常言語や対象言語の意味で、第一次階層の基底言語の文とみなしうる。だがラテン語で ego nominor leo と言われたら、相当に特殊な場合であることは想定出来る。この文はまさしくヴァレリという〈わたくしにとって〉あきらかにライオンという特性をそなえた動物の名乗りの文とは異なったことを意味する。それが文法の例文で属詞の一致の規則をあきらかにする〈目的のため〉のものであった。同じような文であっても、そのおかれている場＝コンテキストによってまったく意味を異にすることは周知のことである。同一の文そのものの意味は変らなくても、その文脈＝コンテキストによって異なってくる。いまこのコテキストが文法の例文であることを示しているわけである。ここで典型的に、テキスト、コテキスト、コンテキストの三者の関係に注目することがもとめられる(9)。ヴァレリという主体とともにコンテキストが開かれている。文法の例文というのは、文法書のなかではコテキストであるが、学習の目的ということではヴアレリのコンテキストを構成する基本要因でもある。このような立体的で重層的な関係において、ヴァレリはラテン語の文法教科書を開いて「わしはライオンという名だ」が文法の例文で属詞の一致の規則をあきらかにしていることを学んでいる。バルトのように、その外延と内包の関係からその階層性を示すだけではなにも語っていないのにひとしい。それではただテキストとコテキストの関係を言語の階層性から見直しているにすぎないからである。やはり主体と目的とともに開かれるコンテキスト＝場において、階層間関係性にまで洞察の瞳をなげかけることがもとめられるのではなかろうか。

ego nominor leo という文が文法の例文となるということは、要するに、この文が文法教科書のなかにあり、属詞の一致の規則に関する文脈＝コテキストのなかのテキストだということである。ego nominor leo という文が二重の意味をもつと言われているが、それを別々に分解してしまったら、それこそ意味を失ってしまう。ego nominor leo が日常言語として直接の指示をなす第一次言語だとすると、それが文法の例文となるということは、“ego nominor leo” is an example of grammar. というふうになることである。この文は言うまでもなく ego nominor leo 〈について〉の文であり、第二次階層の文を示しており、別言すると、階層間関係性の在り方をまさしく言語の自己反省性・回帰性において示しているのである。そこで、階層間関係性の問題事態とは、一体なぜ『わしはライオンという名だ』は文法の例文である」という高次の文が成り立つか、ということにほかならない。それはすでにあきらかにしたように、Rという関係そのものの成り立ちを問うことであって、バルト流の言語階層論の定式化だけから出てくることは出来なかった。〈関与性〉の概念が導入されねばならないポイントであった。それがコンテキストの問題なのである。〈関与性〉の概念は、基本的には、三つの基本契機——主体、目的、観点——において、モデル上構成された。いまとり上げている事例はもちろんきわめて明白にそれを指し示している。ただし、この事例はヴァレリの回想を手掛りに語られているので、主体は〈わたしにとって〉ということで直接ヴァレリにかかわることになるが、そのような直接的な主体に限られてはならないことは、他の契機から要請される。なぜなら、このコンテキスト＝場における〈目的〉と〈観点〉は決してヴァレリだけに限られるわけではないからである。目的は属詞の一致の規則をあきらかにする〈ため〉という形で示される。そして〈観点〉はいろいろとひろがりうるが、ここでの直接の観点はリセ五級生の文法教程ということが出来よう。したがって、ここで示される階層間関係性は、この三つの契機のかかわり方という、言語行為主体の構図のもとで、〈について〉の自己反省性・回帰性の相のもとで、相当に重層的で動態的に示すことが出来るのではなかろうか。

目的として示された〈ため〉は、まず第一義的には、この文法教科書を著した作者が属詞の一致の規則をあきらかにする目的で示したものである。だがそれはいま読者たる生徒ヴァレリにとって、またなんらかの目的のために受けとめられることが必要である。〈わたしにとって〉という主体はここではあきらかに読者たるヴァレリであるが、実はすでに作者と読者、書く主体と読む主体、あるいは与え手と受け手の関係から、根本的な問題が提起されている(10)。それはさらに観点にかかわってくる。この観点は、直接的にはリセ五級生の文法教程とさきに指摘したが、間接的には、この具体的な文法教科書にかかわるもろもろの教育上のパースペクティヴへとひろがっている。バルトはこの事例のなかで「意味論的体系」にきわめて限定した形で言及しているが、ひろいパースペクティヴのうちにおかれる観点からは、文法教程という観点をおさえて、まず作者とそれをささえる多様な意味論的＝価値論的体系というふうに言ってもよいであろう(11)。意味論的＝価値論的体系とは、集約的に分かり易く言えば、そのテキストそのものを成り立たしめているコンテキストの総体といってよいであろう。だがどれほどひろい観点も、いまここでの生徒という読者によって受けとめられねば、ここでの〈関与性〉を規定することは出来ない。ego nominor leo と“ego nominor leo” is an example of grammar との関係は、実際はなにも特別なことではなく、それこそきわめて多種多様に構成しうるものの一例として、この文法教科書の作者によって、ややおおげさな言い方をすれば、意味生産的にあるいは意味付与的に設定されたのである。作者という主体の目的と観点から関与的なものとして選択されることによって、「わしはライオンという名だ」という文が文法の一例文としてとり出されて、あらたな意味の地平を開く。もちろんその作者をとりまくもろもろの事情はいちいち問うことは出来ないわけであるが、それらをすべて総括して、そのような選択が作者によってなされるコンテキストが、文法という教程を核として構成された、もっとも総体的な意味論的＝価値論的体系にほかならない。「「わしはライオンという名だ」は文法の例文である」という、きわめて断片的なテキストとコテキストの形成も、究極的には、きわめて大きなコンテキストに依拠しているのである。だが言うまでもなく問題は作者の主体の側だけでおわるわけではない。バルトの事例が示すように、読者の主体の側からはじまったのである。

ego nominor leo を受け手としてのヴァレリが読むことによって、もちろんどんな読者が読んでもよいわけであるが、“ego nominor leo” is an example of grammar という、より高次の意味の階層が受けとめられる。このより高次な階層の言説が ego nominor leo 〈について〉の言説であることが、あらためて主体の自己反省性・回帰性においてはっきりと自覚されるのは、作者よりも読者という主体の言語行為においてではなかろうか。作者がむしろ当然な仕事として書き上げたテキストとコテキストにむかって、はじめてラテン語の初歩を学ぶ生徒としての読者は、それこそ分からないことをふくめて出来るだけの能力を結集したコンテキスト=場において対応しなければならない。読者は自らの目的と観点に従って、文法の例文として作者によって選択されて提示されたテキストをコテキストとともに読む。その時、作者という主体にとっては文法教科書という観点からきわめて限られた意味以上を示さないかもしれないが、読者にとってはどこまでもその自由な関与性という観点から、自らが根差すそれぞれのコンテキストにおいて、そのテキスト〈について〉いつでもまたややおおげさな言い方をすれば、その都度意味生産的にあるいは意味付与的に受けとめて語りつづけることが出来る。たとえば、『「わしはライオンという名だ」は文法の例文である』などまったくつまらない発想だ」というように。その意味では、言語の自己反省性・回帰性というのは、受け手としての読者の立場なくしては、その本来の意味を充実しえないのではなかろうか。かくして、言説主体という基本契機において、作者とともに読者という主体の関与性を十分にうけとめればならない所以はあきらかだと思われる。言語の階層性は〈について〉の言説の自己反省性・回帰性の相のもとで把えてはじめて、その動態性を正しく把えることが出来る所以もそこにある。主体との連関性において言語の階層性をその動態性において正しく把えようとする時、階層間関係性の問題事態はむしろ意味生産ないしは意味付与の活動相においていろいろな問題をなげかけてくるように思われる。言説主体と場の関係が強烈に問われるからである。

ところで以上あきらかにしてきたことは、バルトの言語階層論によると、外延と内包にかかわる含意言語の階層での関係性であった。そこで当然狭義のメタ言語の階層での関係性についても反省しておくことは必要であろう。あまり余裕がないので、出来る限り簡潔に考えてみよう。この側面はEとCとの関係において、第一次言語であるE・R・CのCのうちに組み込んで成り立つ高次言語の在り方つまりE・R・C(E・R・C)にほかならない。いままでの例によって簡潔に考えてみよう。

「わしはライオンという名だ」という文をCのうちにとりこんで成り立つ高次言語つまり狭義のメタ言語は、Eのうちにとりこんだ先の含意言語の場合と対比して、やはり同じ文法の事例で考えてみる。同じ文法の事例で考えるということは、両者のあいだの連関がつけやすいことはたしかだが、もちろんその基本的な在り方は異なっている。対比して言ってしまえば、ego nominor leo をEに組み込んだのが文法の例文となったのに対して、Cに組み込む場合の高次言語は、ego nominor leo を分析的に記述説明するより抽象的な文、たとえばSVCというような狭義のメタ言語を想定しさえすればよい。SVCは周知の文型の表示だが、同じように生成文法の枝分かれ表示でもかまわない。要するに、「わしはライオンという名だ」を文法範疇によって分析的に記述説明するような、より抽象的な文法言説がまさにこの狭義のメタ言語なのである。一般に具体的な代表的な言い方として、科学言語が狭義のメタ言語の在り方とされるのはそのためである。第一次言語をCのうちに組み込むことで、狭義のメタ言語の第二次の階層が構成されるわけであるが、たしかに階層の構築ということでは、Eのうちに組み込んで構成される含意言語の階層とは、完全に対蹠的である。だが〈について〉の自己反省性・回帰性の相のもとでうつし出せば、実はまったく同じ第二次言説の階層を描き出している。つまり、「「わしはライオンという名だ」はSVCである」という形で、SVCがどれほど高度な科学言語になっても、「わしはライオンという名だ」〈について〉の言説である点ではかわりがないのである。わたくしが言語の自己反省性・回帰性の相のもとで言語階層性を動態的に把える時はじめて階層間関係性そのものがあらわにされると、言いつづけてきた所以である(12)。一般に狭義のメタ言語の階層がより抽象的な記号の世界へと向う方向性にあるとしても、事態は少しもかわらない。科学言語の在り方とすれば、物理学であれば微視的な数学的記号の世界にきわまるし、生物学においても、分子生物学のようにまったく同じ方向性にある。そのような究極的な数学的記号化ですら、本来物象や生物の第一次言説〈について〉の自己反省性・回帰性を繰り返しつみかさねた結果にほかならない。それと類比的に、「わしはライオンという名だ」〈について〉われわれは言語学や一般文法の狭義のメタ言語の世界をどのようにでもたどることが出来るのである。もちろんそれについて実際にどうたどることが可能であるかはいま問うところではない。

われわれはバルトの事例を手掛りにして考察をすすめてきた。バルトにおいては、ego nominor leo という文法の例文を手引きに、一方では〈神話〉とよぶより高次の意味論的体系が開かれると同時に、他方ではメタ文法にいたるような高次なメタ言語の世界が展望される。だがこのような二つの方向性が形式的に描き出されればそれですむわけではなく、本来はこの二つの方向が広義のメタ言語の世界を開きながら相互に対応しながらかみ合っているところに、自己反省性・回帰性の相のもとであらわにされる、階層間関係性のきわめてダイナミックな動態性が存している。「わしはライオンという名だ」〈について〉それを含み込む狭義のメタ言語としての文法的記述や説明の在り方とそれをまさしく文法の例文として把えるような含意言語的な在り方とは、まったく対蹠的で別々のことであるどころか、きわめて密接に関連し合っていると言わざるをえない。この事態こそが、言語が階層性をもっているということの、実際の動態的な姿なのではなかろうか。実際 ego nominor leo が文法の例文としてうけとめられるには、すでに文法というメタ言語の意味論的＝価値論的体系が前提となっている。この場面のかかわりは外延と内包の関係面と日常言語と広義のメタ言語の関係面をいかに組み込むかという形で分解的に示しうるとしても、階層間関係性は、第一次言説としての「わしはライオンという名だ」が実に言語学や文法学など高次（メタ）言説の枠組みのうちで限定されて位置付けられる関係をあらわしており、その動態性は結局主体との連関性においてうけとめられる時、自己反省性・回帰性の相のもとで展開することとなる。

言語の自己反省性・回帰性とは、端的にいえば、理論的にモデル化される言語の階層性に対して、言語活動の実際の動態性そのものといってよいかもしれない。言語活動というものはいつも、言語〈について〉の言語として遡及しながら、決して無限遡及におちいることなく回帰する。その循環のゆえに、言語とメタ言語が人間の一切の知的営為を可能な限り表現しうるようにねり上げられるのである。言語の自己反省性・回帰性とは、その集約的な表現にほかならない。その意味で、自己反省性・回帰性の原理といってよいであろう。だがこの原理によって照らし出される事態はあまりにも多種多様であるので、理論的考察においては、階層間関係性をもっとも先鋭にあらわにすることがその核心と言わねばならない。いまは一事例を手引きとしてなされた考察にすぎないのではあるが、その核心にかかわっていることはいうまでもない。

言語の階層性における二つの関係面——外延と内包及び対象言語とメタ言語——は、一方はより具体的な、他方はより抽象的な方向へと開かれるが、実際は一見相反するかにみえる力のヴェクトルは言語の自己反省性・回帰性の原理において収斂するのである。階層間関係性とは、バルトの言語階層論のように類型論に依拠するのではなく、動態論であるから、繰り返し述べてきたように、言語行為主体との連関性を〈関与性〉の概念とともに基本的な前提とみなしてきた。そこに言語主体と場の価値論的相関性もなりたっているのである。

ところが周知のように、言語の登場は主体の退場を物語るという、構造主義の言説が一時期世を風靡したことがある。その代表がM・フーコーということが出来よう。わたくしはいまいかに言説ないし言語主体との連関性が前提であるかを説いてきた。主体の退場どころではないのである。その意味で、フーコーの議論を批判的に見直してみよう。

二　ありのままの言説主体の定位

価値のことばの構造と動態性という問題に入って、まず価値のことばの階層性をどのように把えるかをあきらかにした。わたくしは言語の階層性を言語論の基本に位置づける。言語論の基本をどこに置くかということで言語論の在り方は非常に異なった相貌を描き出すことになるのであるが、わたくしは言語の階層性をその基本とすることで、言語の基本構造をあらわすことが出来ると考えている。だがそれほど基本的なことであるために、言語階層論の定式化にどう対するかによって、また逆にその在り方が根本的に規定されることとなる。わたくしは、普通よくなされている、この定式化に基づいて言語とメタ言語を類型的により詳細に解明するやり方をとらないで、むしろその基本構造を動態性において把握することを求めた。つまり、言語の階層性を基本に置きながら、むしろ階層間関係性という動態性の方に重心を移さないと、価値のことばの実相とそのダイナミックスを描き出すことは出来ないと考えるからである。端的にいえば、価値のことばというのは本来言説のはたらきの現場つまりコンテキストから切り離してしまっては死んでしまうような、いわば生きものにたとえられるかもしれない。それゆえ、たとえばイエルムスレウやバルトの言語階層論の類型的定式化に基づいて言語とメタ言語の構造的契機をより詳細に描き出しても、それでは生きた価値のことばでなく、むしろ価値を取り除いた言語を取り扱う結果になってしまいがちだからである。その意味で、言語の階層性の把え方を吟味し直すことからはじめたわけである。

その再吟味は要するにイエルムスレウやバルトの言語階層論の在り方に対する批判にもとづく。その言語階層論は、言語記号を構成する二大契機ともいうべき、表現＝能記＝意味するものと内容＝所記＝意味されるものによる、きわめて形式的な定式化を基本とするので、文字どおり言語の実際のはたらきの現場から離れることこそがその前提なのであった。そこで、現場の言語使用の局面に眼を据えることによって、あらためて言語行為から考察するとすべての人間行為と同じように、もっとも基本的な前提として選択の地平につれもどされることとなる。選択とともに関与性という概念が導入されざるをえない。言語行為の場面は、基本的に言うと、〈何が、何のために、いかなる観点から、誰にとって選択されるか〉という選択の四つの基本契機ないしは関与性の三つの基本契機によって描き出される。別言すれば、そのような基本契機を必ず含み込んだ構図のもとで把えられねばならないということになる。つまり、イエルムスレウやバルトの言語階層論とはまったく異なった構図のもとで考察しなければならないことが要請されたのである。ということは、言語の階層性を把え直す視点は、どこまでも言語行為がおこなわれる現場＝コンテキストからはじまるということにほかならない。それは、言語階層論の形式的定式化とはまったく逆の方向で、階層間関係性という、まさしく表現＝能記＝意味するものと内容＝所記＝意味されるものの関係つまりE・R・CのRそのものを具体的に明らかにすることを意味するわけである。もちろんそのような具体的な関係の考察はいかようにでもおこなえるし、またその考察をよりゆたかならめるためには、出来るかぎりの考察を積み重ねるのがのぞましいことは事実であるが、それもなかなか許されないので、バルトの一例を手引きとしてその包括性を示そうと心掛けた。それが、言説主体と場の価値論的相関性をおさえてあきらかにされた、価値のことばの階層性の動態性にほかならない。

階層間関係性とは言語とメタ言語のかかわりの動態性にほかならず、それこそ価値のことばとして言語行為が展開する実相を開示するものと言わねばならない。それゆえ、どこまでも階層上の構造的連関という観点から、バルト流の言語階層論の構図とは異なった構図から、階層間関係性の動態をあきらかにしたわけである。そこに言語のメタ言語にダイナミックな組み込み合いの相で、価値のことばの展開する一様相が描き出されたのである。それは要するに、主体・目的・観点という関与性の三基本契機にもとづく構図において、階層間関係性がダイナミックに展開することであり、その展開はまさしく言語の自己反省性・回帰性の相のもとに集約されることにほかならない。そこに開示されたことは、言語主体との連関性から考察するかぎり、言語とメタ言語の組み込み合いという階層間関係性は、価値のことばの動態性を示す以外のなにものでもないということである。

だがその時もう一歩進んで問わねばならない根本的な問題があることに気付く。われわれは言語主体が組み込まれる構図のもとで階層間関係性を描き出したのであるが、はたして言語主体との連関性ということ自体に問題がないかということである。むしろ言語の展開は主体との連関性を消し去るのではないか、という根本的な問題が提起されている。その点を強烈に主張したのが、周知のように、人間の存在と言語の存在は両立しないと説くM・フーコーのテーゼである(13)。この主張の仕掛けは、彼の提示する〈外の思考〉にある。はたしてその考え方は正しいのだろうか。価値のことばの階層性の把え方が結局言語主体の関与性にふかくかかわると解されるとすれば、はっきりとこの問題を論じあげねばならない。

〈外の思考〉というフーコーの強烈な問題提示がある以上、その点を正しく位置づけて考えることを余儀なくされる。それは哲学的思考の在り方に対する強烈な異議申し立てだからである。その意味で、哲学的思考の移行さえ余儀なくされる問いなのである。そこで、もちろん全面的に論ずる余裕はないが、基本的な位置づけだけははっきりさせるところからはじめたい。

〈内の思考〉に対する〈外の思考〉の定立——フーコーの問題性

フーコーの〈外の思考〉は、言うまでもなく〈内の思考〉に対する問題提示である。内外という区別を立てること自体、二元的な区分を立てることによって人間の思考を故意に分断し、大きな偏向のうちに組み入れる言語操作として、むしろ批判されるに値する。たしかに自覚的に反省するかぎり、その批判は正当であろう。しかしそのことがどれほど自覚されていても、また逆に「内」と「外」という言語使用をなしですますことは出来ない。それほどこのような表現は、人間の思考を語る場合にも不可避的なのだと言わねばならない。哲学の場合には、それどころの話ではなかったのである。端的に言って、デカルト以来の近世哲学史を〈内の思考〉の展開の系譜といっても、けっして誤りではないであろう。

『近世主体主義の発展と限界』において、桂寿一氏は、きわめて簡潔に近世主体主義の流れを二つの方向で把え、主体主義のタイプをそれぞれ「第一型」と「第二型」とよび、この二つの型のいずれもがデカルトのうちに萌芽として存在しているとする(14)。第一の方向は、「主体」の拡大・発展であり、第二の方向は、主観すなわち心内の知的形象＝「観念」の領域に哲学的考察の範囲を求めようとするものである。「意識内在主義」と後者ははっきり名付けられる。そもそも「主体主義」というのは、人間をあらゆる確実性の根拠として「主体」として立てる態度を指すことばである。デカルトの「我思うゆえに我あり」においては、この確実性の根拠は全く個的なこの我のもつ確信であったと解される。「この我の心内のものについての確実性は、人間として最も自然的なものであると言うことができるからである」(15)。だが極端な観念論でもないかぎり、この心内に閉じこもるのでは意味をなさない。そこで「主体」の拡大・発展という第一の方向が選ばれた。スピノザ、ライプニッツ、カントからヘーゲルまでの流れである。だがそうした「主体」の拡大・発展によっても、客観的な世界のすべてを主体のうちに吸収し尽すことができるとは限らない。ハイデガーの言うvorstellen〔前に置く＝表象する〕の範囲に入らぬもの、つまり彼のいう「ビルト」にならないものが残ることになる(16)。このように残滓が出るところに、この主体主義の限界が存するとともに、このように拡大・発展した「主体」は、最初の「我」の内の直接的な確実性からはかなり距たってしまうことになる。

この第一の方向にいろいろの意味の難点や限界が伴うとするならば、むしろ退いて最初に選ばれた確実性の範囲を守って、そこに哲学的考察の領域を見出すという態度も当然考えられよう。この場合は、「主体」の拡大・発展にともなって意識の立場を超えていくのではなく、むしろ「実的な」(real) 意識[17]が肝要であり、意識の考察にとどまろうとする。これが主体主義の第二の方向であり、意識内在主義と名付けられるゆえんである。ロック、バークリ、ヒュームのイギリス経験論とフッサールの現象学の系譜である。これら二つの方向において「主体」のもつ意味ないし役割は全く違うのである。第一の方向では、世界を「対-象」として「主体」の息のかかったものと見てゆこうとする点に「主体」の意義がある。それに対し第二の方向では「主体」はむしろ有意義な哲学的考察の領域として、世界をおのれのうちに反映するものと見てゆこうとする点に「主体」である心や意識の意義がある。しかし共通して言えることは、「そうした心や精神の支配下にある世界、もしくは心や精神の中に反映した世界を考えようとする点に、近世主体主義が成り立つということ」そして「そうした意味の主体としては当然、『知的主体』すなわち『主観』が考えられていたということである」[18]。ここでもう一度集約することになるが、この「主観」が二つの違った意味で主体主義における役割を果たしていた。一つは、世界を主体の知的把握にとって可能なかぎり、その存在性を認めてゆこうとする態度であり、他は、心内の知的形象——ふつうの場合「観念」と呼ばれる——の領域に、哲学的考察の範囲を求めようとするものであった。これらを近世主体主義の流れとして、それぞれ第一および第二の方向と呼び、タイプとしては第一型および第二型とよぶわけである。そして興味あることに、この二つの型がいずれもデカルトのうちに萌芽として存在していることである。その意味で彼を近世哲学の祖とすることは正しいであろう。

以上のような、桂寿一氏の総括を受けとめて考える時、「私は考える、故に私は存在する」という、心内の確実性に根差す第一命題から出発したデカルトからはじまる近世主体主義の流れは、「内の思考」の展開の軌跡と言いかえても決して誤りではないであろう。その上、このような哲学史的の局面をおさえつつも、まったく異なる現代哲学の局面でもやはり参照にしておきたい見方がある。それは鈴木亨氏の場合である。

「哲学的思索の原点が自覚にあるとは、わたしが西田哲学から学んだもっとも重大なことであった。むろん、近代哲学の始祖の一人であるデカルトがcogito, ergo sumなる近代的自我の自覚に彼の哲学的出発点を求めたことも、ドイツ観念論運動の原理的な出発点となったフィヒテが「事行」としての自我が自我に働くという自覚から始めたことも知っていたし、降ってジャン＝ポール・サルトルもまたデカルト的自我からその体系的思考を出発させたことも分かってはいた。だが問題は、その自覚の内容であり、自分がほかの哲学者たちと異なる哲学体系を築くためには、ほかの人と違った自覚に立たねばならぬはずである。わたしの自覚概念が、デカルト的の主観的概念にすぎないならば、従来の観念論を超えでることはできないし、また孤独な唯一者の自覚をも抜けでることはできないだろう。わたしは、この問題でかなり永い間、悩み苦しんだのである。当時、西田の自覚概念は、たんに従来のような「自己が自己を知る」主観的な自覚にすぎぬものではなく「自己が自己において自己を見る」という意識の自己超越性を認める場所的自覚を意味しており、超越者と自己との絶対矛盾的自己同一の自覚として実存性を主張するものであったから、超越者の自覚としては、きわめて具体的ではあったが、自己の外なるものとしての物質、社会、世界をも包み込むものではなかった。その意味では、西田の自覚もなお観念論的ないし抽象的であったと言われねばならない」

「わたしが、さきの主著（「実存と労働」）(19)に結実した自分の思想建設の緒口を掴んだのは、もう二十年あまり前になるが、フォイエルバッハを読んでいた際、「人間は自覚である」という一句にぶつかったときであった。（中略）そのうちのあるとき、フォイエルバッハのこの「人間は自覚である」という思想によって、わたしは従来の観念論的な自覚から脱出することができたのであった。自覚が真に自覚であるためには、身体が必要であるということ、身体的自覚こそ真の自覚であるということを、彼から学んだわけである。これが非常に重要な概念であるのは、身体的自覚の立場に立つことによって、自覚の観念性を脱するばかりではなく、なお自覚から出発する主体性の契機を保持することができたということであって、わたしは、このことによって一方、観念論を脱出するとともに、たんなる客観主義的な唯物論に対して、主体性の契機を内蔵する一つの新しい立場を掴むことができ得ると信じた。むろん、これから先が問題なのであるが、このことがいかに重要であるかは、サルトルが自覚から出発するといっても、デカルトのコギトを遠く出るものではないし、メルロ＝ポンティは身体性を強調することによって、独自の現象学を築いていたが、そこに自覚の主体的契機は逆に失われてしまっていることを見ても、お分かりになるであろう」(20)。

以上、鈴木亨氏の自覚の立場を単純に「内の思考」の展開とみなすことには問題があるとしても、「自己の外なるものとしての物質、社会、世界をも包み込む」ことを求めている意味において、やはり自覚の立場は「内の思考」の系譜につらなるものと言うことが出来るのではなかろうか。フーコーはまさしくこの哲学のいわば伝統的な思考を拒否せんがために、「外の思考」という仕掛けを編み出して、「人間の終焉」という、大きな哲学的戦略を展開したのではなかろうか。いまは彼の哲学そのものから論ずる余裕はないが、一論考を通して批判的に解明してみよう。

M・フーコーは〈外の思考〉という問題を「私は話す」という表現を手掛かりとして提示する。ギリシア的思考の真理はかつて「私は嘘をつく」という一つの言明によって震撼されたが、「私は嘘をつく」という言明は、「私は話す」という言明と同じような力をそなえてはいない。なぜなら、「私は嘘をつく」という命題はそのパラドックスの構造をあきらかにすれば容易に解けるからである。つまり、「私は嘘をつく」という命題に対してより上位のタイプの命題を識別することによって、このパラドックスは論破しうるわけである。だが、「私は話す」という場合、この言葉のなかにふくまれている二つの命題――「私は話す」と「私は話すと私が言う」――はお互に他をあやうくするようなものではない。実際ここで私が口にしていることは、私が話すという事実以外のなにものでもないからである。「私が嘘をつく」という時には、「私は嘘をつくことが嘘である」ことも大いにあるわけであるが、「私は話す」という時、「私が話していると言う」ことは絶対的に真実なのである。しかしながら、かように「私は話す」ということが表面上かくも明瞭であるにもかかわらず、実は「私は話す」という命題はかえって限りない問題を提起するように思われると、フーコーは言う(21)。

フーコーがここで、「私は話す」という命題が含む問題を提示するにあたって、「私は嘘をつく」という命題を対比させたところに、階層間関係性を基本におさえて問題を展開しようとする強い姿勢をみてとることが出来る。「私は嘘をつく」という命題に対して「私は話す」という命題を対比させてその差異を示すところからはじめようとすることは、階層性があるかないかの相異ではなく、階層間の関係の仕方の相異を提示して、自らの論議をかためようと求めているからである。その展開を少し追ってみよう。

「私は話す」という命題は、実際は、ある目的語を与えることによってその意味を充実させるような一個の言説を必要としている。つまり、「私は話す」という命題それ自体では意味のはっきりしないものだということなのである。「「私は話す」なるものがその至上権の拠点としているのは、他のあらゆる言語の不在なのであり、私がそれについて話しているその言説は私が「私は話す」という瞬間に言表される赤裸《ニュディテ》さに先立って存在するものではないし、私が口をつぐむまさにその瞬間に消え失せてしまう」[22]。なかなか分かりにくい言いまわしであるが、言わんとしていることはきわめて単純明解である。「私は……について話す」という時に意味はたしかに充実されるが、「私は話す」という端的な命題は「……について」ということにかかわる言説がないところにおいてこそ、まさしく赤裸にその本来の至上権を示すのである。かくして次のようにつづけられる。

「「私は話す」というむき出しの形の中でみずからを再捕捉したいと願う言語は、いかなる極度の繊細さ、いかなる奇妙でかすかな尖端に身を保とうとするのであろうか。まさしく「私が話す」の、内容のない薄弱さが現わされる空虚が、一方では主体——話している「私」——が細片化され、拡散され、ばらばらになって、ついにはこの裸の空間に消え失せてしまうのに対し、一つの絶対的な出口、言語がそれを通じて無限に拡がってゆくことのできるような出口であるものでもない限りは。事実、言語が「私は話す」の孤独な至上権のうちにしかその場を持たないならば、いかなるものも、権利上、言語を限定することはできない——その言語があてられている人も、それが表している真実も、それが利用している諸価値や諸表象体系も。要するに、言語はもはや言説ではなく、何かの意味の伝達ではなくて、生な存在としての言語の開陳、露呈された純粋な外面性なのであり、話す主体はもはや言説の責任者（つまりその言説を支え、その中において言明しかつ判断し、ときにはこの目的のためにしつらえられた一個の文法形態のもとに表象される人）であるよりは、非存在、その空虚の中において言語の無際限な溢出が休みなく遂行される非存在なのである」[23]。ここにはきわめて強烈なパラドックスが説かれているということが出来るのではなかろうか。「私は話す」という至上権による限り、言語は純粋な外面性となり、話す主体は非存在となる。つまり、「私は話す」の至上権は、話す主体の消滅の根拠にほかならない。このパラドックスは「私は嘘をつく」という、いわばみせかけのパラドックスではなく、フーコーにとってはまさしく根源的なパラドックスとして受けとめられているのではなかろうか。それ故にこそ、このパラドックスの確認があらゆる思考の根源的な問い直しとならざるをえないと、フーコーは推論する。

「「私は考える」は事実「私」とその存在の疑いをいれない確実性とに導いた。ところが「私は話す」のほうは逆にこの存在を押し込め、拡散させ、消してしまって、その空虚な在処のみを出現させるのだ。思考についての思考、それがわれわれを導いて最も深い内面性にいたらしめることは、哲学よりもさらに広範な一大伝統がわれわれに教えてきたことであった。言葉についての言葉は文学を通じて、だがまたおそらくは他のさまざまな経路を通じて、話す主体がそこにおいては消え失せる、あの〈外〉にわれわれを連れてゆくのだ。きっとこの理由でこそ、西欧の思索はあんなにも長いあいだ、言語の在りよう《エートル》を思考することをためらってきたのだ——まるで言語の赤裸な体験が「私は在る」の明証性におかさせるであろう危険を、この思索が予感していたかのように」(24)。「私は考える」という命題に凝集するデカルト的伝統に対して、「私は話す」という命題によってきわめて自覚的に自らの立場を提示する。だがこのような提示の仕方そのものに実はもっとも根本的な問題がひそんでいるように思われる。その点をあらかじめ指摘して、〈外の思考〉と呼びうるゆえんの陳述に耳を傾けてみよう。

「主体が締め出されている言語への突破口、言語の在りよう《エートル》のあらわれと自己同一性への自意識とのあいだのたぶん救いようのない非両立性が明るみに出されたこと、これが今日、文化の種々異なった数々の点において告知されている体験である——ただ単に書くという動作におけると同様、言語を形式化するための数々の試みにおいて、諸神話の研究と精神分析とにおいて、また西欧的理性全体の出生地のごときものをなす、あのロゴスの探求においてもである。今やわれわれは、長いあいだわれわれにとって目に見えないものだった空洞を前にしている——言語の在りよう《エートル》がそれ自体に対して姿を現わすのは、主体の消滅のうちにおいてのみなのだ。どうやってこの異様な関係への手がかりをつかめばよいのか。たぶんそれは、西欧文化がその余白の部分において、まだおぼつかないその可能性を素描してきた、思考の一形態によってである。あらゆる主体=主観性《シュプジェクティヴィテ》の外に身を保って、いわばその外側からその諸限界を露呈させ、その終末を告げ、その拡散を煌めかせ、その打ち克ちがたい不在のみをとっておく、そんな思考。そして同時にこの思考はあらゆる実証性の入口に位置するのだが、そのことはこの実証性の基盤ないし正当化を把握するためであるよりも、それが展開される空間を、それの場となる空虚を、それが成立する距離、視線が注がれるやいなやその直接的確実性の数々が身をかわしてしまう距離をふたたび見出すためである。——この思考は、われわれの哲学的反省の内面性、およびわれわれの知の実証性との関係からみて、《外の思考》という言葉で呼びうるであろうものを形成しているのである」(25)。

以上、個々の点でわかりにくいところがあっても、ここでフーコーが言わんとしている事態はきわめて明白でありかつ根源的なものと言うことができよう。「私は嘘をつく」という命題と対比して「私は話す」という命題を提示して、「話す主体」の消滅へといたる。それ故に、そのような思考は〈外の思考〉と呼ぶほかないというわけである。「私は話す」

という言明から議論が展開されるところに、きわめて直接的でまたきわめて根本的な問題提起となっている。わたくしが階層間関係性とは自己反省性・回帰性の原理において言語主体との連関のもとで問われねばならないと考えている以上、どうしてもフーコーの問題提起を反省の俎上にのせなければならないゆえんである。単刀直入に考察してみたい。

フーコーは「私は話す」という命題を拠点としてその議論を展開し、「私は話す」という命題が「私は……について話す」という命題とは根本的に識別されて考えられねばならないと主張する。「私は……について話す」という命題は目的語が与えられて意味が充実する場合であるが、「私は話す」という命題はかかる言説のない端的な命題だからだという。その上で「私は話す」と「私は話すと私が言う」という二つの命題は互に他をあやうくするようなものではなく、同じ事実を間違いなく示していると強調する。実はここに根本的な問題性がひそんでいるように思われる。「私は……について話す」という命題はなにも必ず目的語を与えられる場合に限られない。価値のことばの階層性について既に繰返し述べたように、自己反省性・回帰性の原理はむしろ徹底的に「について」で表記される事態に根差している。この「について」はなんらかの目的語として具体的な事態にかかわっているのではなくて、言葉〈について〉の言葉という言語の遡及性を本来的に指し示すものである。それ故、「私は話す」と「私は話すと私が言う」という二つの命題の間には、自己反省性・回帰性の原理がすでにうちこまれているのである。

この二つの言明が互に他を少しも危うくするものではないからといって、「私は話す」と「私は話すと私が言う」という命題とがともにただ同一の事実を語っているにすぎないというふうに、事実の方へといわば還元するやり方は正しいであろうか。たしかにそのように還元することによって、「私は話す」という事態を孤立化して至上権を与えれば、結局そこには空虚さだけが残って、まさしく「話す主体」の拡散そして消滅を論証しようとするには思う壺かもしれない。いや実際かような還元をおこなっているところに、「話し主体」の拡散と消滅を説こうとする意図がはじめから必要以上にみえてしまっているように思われる。「私は話す」と「私は話すと私が言う」という命題の階層性に気付く以上、この両者の言明が「私は嘘をつく」の場合とは異なって互に少しも他を危うくするものではないから、そのような階層間関係性を無視しても問題はないかのような仕方で同一の事実というものへと還元してしまうのでは、やはり言語の在りようのあらわれを軽視してしまっているのではなかろうか。

「私は話す」と「私は話すと私が言う」という二つの命題は、たしかに互に他を危うくするものではないとしても、そこに階層間関係性がよみとられる以上、〈について〉をめぐって成立する事態がどのような意味合いを生ずるかをまず反省してみなければならない。「私は話すと私が言う」という命題は、「私は話すことについて私が言う」というふうに書きあらためた命題とは同一ではない。このように書きあらためられる時には、「こと」をめぐって言語の階層性が問われるので、フーコーがさきに識別した「私は……について話す」という場合と同じことになってしまう。たしかに具体的な目的語をうけとめて意味の充実をはたすかもしれない。ところが、「私は話すと私が言う」という言明は、そのような意味の充実など少しももとめてはいないのである。つまり、「私は話す」内容などには少しもかかわっていないで、ただ端的に「私は話すと私が言う」のである。だがどれほど内容がなく空虚であれ、この命題は「私は話す〈について〉私が言う」ことにほかならない。つまり「……〈について〉私が言う」という命題なのである。なぜならば、階層間関係性がよみとれるところには、自己反省性・回帰性の原理が相即しているからである。

　フーコー自身が認めるように、「私は話す」という命題が赤裸々な形で示す事態は内容もなく空虚であるとしても、「私は話すと私が言う」という命題は自己反省性・回帰性を含むことによって、ある意味の充実を示している。その内容については後で展開することになるが、ここでは、「私は話すと私が言う」という命題は「私は話す」という命題とは異なった意味を生ぜしめていることを確認すればたりる。フーコーが「私は考える」というデカルト的伝統に対して「私は話す」というアンチ・テーゼを提出し、〈内の思考〉に対して〈外の思考〉を打出そうとした意味は十分に理解出来る。だが「私は話す」という命題を端的に定立して、〈外の思考〉を根拠付ける核命題としてしまう時、そこには余りにも空虚な空白がうつし出されるだけで、そのむなしい空白さのなかに「主体の消滅」をよみとり〈外の思考〉へと投げ出されるのは、あまりにも明々白々の帰結なのではなかろうか。根本的な問題性は「私は話す」というような核命題を端的に定立して、その孤立化にむしろ徹底的に依拠しようとするヨーロッパ的な偏った伝統的思考様式の在り方なのである。それは「私は話す」と「私は話すと私が言う」という二つの命題の相異を見逃すところにはっきり示されている。この相異をはっきりと自覚するところから、かかる思考法の転換も徐々に可能となるのではなかろうか。

ありのままの言説主体の定位
——「内と外をつらねる思考」から

「私は話す」と「私は話すと私が言う」という二つの命題

の考察を介して「主体の消滅」を論及しようとするフーコーには、あきらかに基本的な哲学的戦略ないし仕掛けがこめられていた。それが〈外の思考〉にほかならない。そして言うまでもなく、このような大きな仕掛けを目論んだゆえんは、「私は考える、故に私は存在する」というデカルトによって定位された〈内の思考〉が、厳として近代哲学史の正系をうちかためていると解されたからである。だがすでに指摘したように、内外の二元的区分をたてること自体が問題である。それであるのに、さらにそのような問題の上塗りのようなことが、フーコーによってなされてしまったのはなぜであろうか。実はここに本当に考えてみなければならない、もっとも根本的な難問がひそんでいるように思われる。わたくしはかかる難問の二大ポイントとして「内外の区分」と「自他の区分」を考えており、実はこの二大ポイントがいまわれわれの考察にかかわってくる。この二大区分はたしか二元的区分としてそれ自体基本的に問題でありながら、しかしその区分なしでは哲学することが出来ないという、なかなか厄介な性格をひめた問題事態なのである。だからこそ、デカルト以来の哲学史に〈内の思考〉の系譜がうまれ、それに対するフーコーの哲学的戦略として〈外の思考〉が仕掛けられたわけである。

〈内の思考〉によって「主体の存在」を、〈外の思考〉によって「主体の消滅」を論ずるような、あしき分裂がなぜ生じてしまったのであろうか。それは主体の把え方になにか根本的な欠陥があるからではなかろうか。周知のように、デカルト以来の伝統的な哲学思考は常に能動的主体を核として考えてきた。フーコーはかかる「創設的主体」という考え方の転換を求めているが(26)、その転換がただちに主体の消滅へというふうに求められるところに、逆に彼がいかに深くその伝統的哲学思考によって無意識的に規定されているかが如実に物語られているように思われる。創設的主体の消滅はたしかに一種の主体の消滅と言えるが、それがすべての主体の消滅にすりかえられてはならない。創設的主体ないしは能動的主体の消滅はむしろもとめられねばならないが、そのために「受動的主体」というべき主体の存在を無視しては、根本的な誤りに陥ると言わざるをえない。創設的主体という考え方の転換がただちに主体の消滅を意味するわけではなく、むしろあらたなる主体の発見に導くものでなければならない。そのあたらしい発見は、おそらく受動的主体への発見なくしてはありえないのではなかろうか。受動性の契機を無視して主体を考えようとしたところに、近世主体主義の核心があったと言っても過言ではなかろう。むしろ受動性の契機に深く根差してこそ、真の主体性もいかされるのである。

「私は考える」から「私は話す」へと転換することで、主体が拡散し消滅するわけではない。「私は話すと私が言う」という命題を「私は話す」という命題へと還元してしまう時、すでにあきらかにしたように、フーコーの語る事態が生起するかもしれない。だが、「私は話すと私が言う」という命題は、「私は話す」という核命題へと吸収される、いわば求心的な方向ではなく、その核命題から分離される、いわば遠心的な方向へと受けとめられる限り、そこには全く別の事態が現出してくる。端的に言って、「私は話すと私が言う」という命題は、「私は話すのを私が聞く」という命題をむしろふくむことによって成り立つものである。別言すれば、「私は話すと私が言う」という命題は、「私は話すのを私が聞く」という〈操作〉を介して明示される言明にほかならない。もちろん具体的にこの聞く動作が〈同時的〉であるか否かとか、いかほど〈身体的〉であるかどうかというような事態はいまはなんら問題ではない。「私は話すと私が言う」という命題は、したがって、実は単に「話す主体」だけにかかわるものではなく、「聞く主体」を同時に提示しているのである。「私」は「話す主体」であると同時に「聞く主体」なのである。「聞く主体」は「受動的主体」にほかならない。フーコーが言うように、「私は話す」ということ自体は空虚であり、したがって「話す主体」の拡散と消滅が語られた。しかしながら、「私は話すと私が言う」とき、そこには空虚さではない別の位相が開示される。それは、言語主体に関して言えば、ただ単に「話す主体」ではなく、「聞く主体」を開き、その受動性に根差す主体性をあらわならしめるのである。

〈受動的主体〉という基本的発想が抜け落ちていたことが、いままでのすべての問題における根本的な偏向の因だったのではなかろうか。本来フーコーの〈外の思考〉という哲学的戦略は、〈受動的主体〉の存立をこそ開示すべきはずのものであろう。ところが、あまりにも正統として主体主義の哲学が〈内の思考〉によって樹立されていたので、その打倒のための強烈な戦略となってしまった。その結果は、あしき分裂ないしは偏向だけが残ってしまったのである。しかしフーコーのショック療法は決して無駄ではなかった。いまやこのような問題に対する限り、「内と外をつらねる思考」以外にはいかなる有効な思考も成り立たないであろうことが、おのずから提示されているからである。われわれは内外の二元的区分を問題にしているが、しかしだからといって、内外の区分なしですますことは出来ない。その解は、いまや近世主体主義の限界とフーコーのアンチ・テーゼの戦略によってはっきりと与えられたということが出来よう。それは要するに、人間の思考がまさしく原初的にかかわらざるをえない、非言語《ノン・ヴァーバル》レベル・言語《ヴァーバル》レベル・メタ言語レベルという三つのレベルの交差において、つねに故意か無意識的にあやまって〈切断〉をおこなってしまうという点なのである。哲学的思考は困ったことにその偉大な貫徹性に徹すれば徹するほど、その〈切断〉に深入りしてしまう。その姿がまさしく、桂寿一氏の描く近世主体主義の発展であり、その逆さ映像としてのフーコーにほかならない。内外の二元的区分が問題なのはその〈切断〉のゆえであるが、しかし内外の区分は言語レベルに人間の思考がかかわらざるをえない以上、避けることは出来ないのである。とすれば、われわれはつねにいかに非言語レベル・言語レベル・メタ言語レベルの交差において〈切断〉へと深入りすることなく、その〈接合〉に柔軟にダイナミックにかかわりかつそれにたえることが出来るかに、すべてがかかっているということが出来よう(27)。その点では「自他の区分」の法がもっと根源的なので、その局面でさらに考察をつづけてみよう。

「私は話すと私が言う」という命題がいわば遠心的に開かれて行く地平に、さらにはっきりと人称代名詞の変換で開示される世界が描き出されてくる。要するに、いろいろと人称代名詞を入れかえてみるのである。「私は話すと君が言う。」「私は話すと彼が言う。」「君は話すと私が言う。」「彼は話すと私が言う。」「君は話すと彼が言う。」「彼は話すと君が言う。」等々、いろいろと変換出来る。そしてそこに「聞く主体」を組み入れることも、同じように出来るわけである。「私は話すのを君が聞く。」「君は話すのを私が聞く。」「彼は話すのを君が聞く。」というふうに。言語主体は単に「話す主体」にすぎぬのではなく、「話す主体」である前に「聞く主体」であり、「話す主体」であると同時に「聞く主体」なのである。

人称代名詞というと、周知のように、哲学ではよく非人称、一人称、二人称、三人称などをめぐって、いろいろと議論が展開されることがある。しかしながら、それぞれの人称をめぐって議論をふかめるに先立って、人称代名詞の変換という事態がふくむ問題に注目する方がより基本的なことのように思われる(28)。ということは一体どういうことであろうか。

人称代名詞の変換が自由になされる世界は、言うまでもなく、「私」「君」「彼」「彼女」など、他者のいる世界である。H・アレントが人間の三つの基本条件の一つに挙げた(29)、人間の多数性という条件が当然の前提となっている。つまり一人だけの世界、独我論の世界ではないということである。とすれば、そこに開かれる人間関係において、そこに生活する一人一人はそれぞれ〈内の思考〉からすれば自己、自我、私であり、〈外の思考〉からすれば、他者、他我、彼／彼女などである。当然そこには非言語レベルと言語レベルとが常に交差して、人間関係の談話において、一人のひとは時に自らを一人称で「私」といい、時に二人称で「君」とよばれたり、時に三人称で「彼／彼女」とよばれたりする。そこでその交差のありのままの現場においては、「私は私であるとともに時に君となったりまた彼／彼女となったりする」というわけである。それはあまりにも当然のことで、いつも日常おこなわれていることを言い表したものにほかならない。われわれが生きている現場においては「私」はいつも「他の私」との関係においては他者である。

ところが、言語レベルだけを取り出す時、「私は私であり、私は君でも彼／彼女でもない」ということもまた、あまりにも当然なことである。それは言語の自己同一性に依拠しているからである。そこには自他の二元的区分がきわめて明解に打込まれている。哲学的思考において、古来、「私とはなにか」さらには「この私とはなにか」と問い出され、これこそ究極の問いだとさえみなされてきた。だがこの問いは、「私はどこまでも私であって、他者ではない」という、言語レベルにおける自己同一性の立場が前提となっていると言わねばならない(30)。この問いは文字どおり自他の二元的区分によって「他」をはじめからきっぱりと「自」から排除することによって成り立っている。したがって、「私は私であって他者ではない」という前提的言語命題に立って考える限り、「他者」は前提上排除されているわけであるから、「他者」に出会うことはそもそも背理であり、それ故、独我論以外の立場や世界などははじめから成り立つべくもないのである。そこで、はじめに排除しておいて後で排除したものを入れようとすれば、当然逆のことが可能となる条件を与えない限り、ふたたび背理に落ち込まざるをえなくなるのは、いつも予想されるところであろう(31)。「私は私であって、他者ではない」という命題は、文字どおり、この「私」に焦点が絞られている場面においてのみ成立する。まさしくこの「私」だけが問われる。この「私」とは一体誰なのか、なんなのか、それはこの単独者に問いが絞られた時に結晶する。もはや誰によっても置き換えられる私なのではなく、この「私」だけが問われる。この「私」は他のいかなる「私」とも区別されて定立される。それは当然な前提の確認にほかならない。この「私」以外の「私」があるということは、たとえ「私」であっても「他の私」であるから、もはやこの「私」ではありえない。したがって、この「私」は誰かと問いつめることは、すべての他の「私」を排除することでもある。ところで、この「私」は、ふたたび非言語レベルと交差する時、すべての人がまたこの「私」でもあるという意味で、きわめてパラドクシカルと言わねばならない。この「私」はこの「私」ひとりに究極するのだが、すべての人がまたこの「私」なのである。つまり、この「私」の〈極私性〉はまさしくこの「私」だけにかぎられるわけであるが、すべての人がまた〈極私性〉においてこの「私」なのである。このパラドックスは、言語レベルだけを〈切断〉してそこに投写するかぎり、ふたたび言語の自己同一性の原理にもとづいて、なんらパラドックスではなく自らを投影する。「この私はこの私であって、他の私のすべてではない。」ここにいたって、事態はきわめてはっきりとした構造を露呈する。それは、言語レベルと非言語レベルの交差において開かれる構造的連関である。

言語レベルにおいては明確に自己同一性の原理にもとづく命題が、非言語レベルに接合される時、単純明快な様相においてパラドクシカルな相貌を呈する。つまり、言語レベルでは「私は私であって決して君でも彼／彼女でもない」のだが、非言語レベルの現場で言語レベルが交差する時、「私は私であるとともに、常に君であり彼／彼女である」。非言語レベルと言語レベルの交差においては、自他の区分にもとづく人称代名詞の使用は、むしろ自己矛盾的な表現によってこそそのありのままの姿を描き出すのである。言語レベルだけを取り出せば、「私は私であって他者ではない」のではあるが、人間の多数性を条件とする生活世界において非言語レベルで多様な人間関係が営まれる時、私はいつも私であるが同時に、他の私でもある多くの人々からすれば常に他人である(32)。しかも生活世界はつねに非言語レベルと言語レベルの交差において構造的関連に存在しているので、きわめて当然なことであるが、そこにいる人々はすべてそれぞれみな「私」と言うことが可能である。だからもしこの場面で「私」という一人称の代名詞しかなかったとしたら、お互に「私は」「私は」と言い合うしかないであろう。言葉としての「私」は同一であっても、ひとりひとりが言う「私」は対象言語としてはみなちがうわけであるから、文字どおりここには「私」のカオス状態がくりひろげられることとなる。ところがすでに一人称、二人称、三人称の代名詞があり、自他の区別がはっきりなされていれば、自他のあいだでお互に人称代名詞の変換がスムースになされて、そのカオス状態はすっきり分節化して、いわばコスモス状態が成立する。このコスモス状態は言語レベルと非言語レベルの交差する生活世界においてはいつも成立しているのであるが、その言語レベルだけ切り取ってそこに表現として定着しようとすると、「私は私であると同時に他者」であるという、一見自己矛盾的な様相をあらわすことになる。それは本来このコスモス状態における「自他変換」の自明性を表現しようとしているのである。まさしく「自他変換」の自明性を表現しようとしているからこそ、むしろ自己矛盾的な言い方がもとめられざるをえない。「私は私であって他者ではない」という言語的自己同一性の表現では「自他変換」という動態性を決して描き出すことが出来ないからである。自他変換の自明性という事態にいたったことで、さらにもう一歩踏み出すことがもとめられる。

一人の人間は自らを一人称代名詞で「私」といい、それぞれの人間関係のなかで二人称代名詞で「君」とよばれたり、三人称代名詞で「彼／彼女」と言われたりする。ということは、一人称である「私」はいつでも二人称で「君」に三人称で「彼／彼女」となるひとのことである。つまり、非言語レベルと言語レベルの交差に依拠する生活世界においては、つねに対象言語として人称代名詞が用いられて、それぞれの人間関係のなかでスムースに人称代名詞の変換がおこなわれながら生活が営まれるわけである。その事態が「自他変換」の自明性にほかならなかった。ところで人間の言語活動においては、非言語レベルと言語レベルの交差のうえに、さらにメタ言語レベルが交差する。この三つのレベルの交差こそ、言語の階層間関係性ないしは自己反省性・回帰性にもとづくものであった。生活世界も本来この三つのレベルの交差において存している。そこで、非言語レベルと言語レベルの交差において示された「自他変換」の自明性という事態について、さらにメタ言語レベルに接合して表すとすると、どうなるであろうか。「私は私であると同時に他者である」というわけであるから、いまや「自己＝他者」「他者＝自己」というふうに表示することが可能となろう。メタ言語レベルにつなげるので、そのかぎり、もはや対象言語にとらわれることはないので、ストレートに「自己＝他者」「他者＝自己」と表示しようというわけである。それは要するに「自他変換」の自明性という事態をメタ言語レベルにおいてよみとろうともとめることにほかならない。

だがここまでいたって、人間の思考は非言語レベル・言語レベル・メタ言語レベルの三つのレベルの構造的連関において展開しているのに、その連関に根差す動態性を表現しようとする時に、いかに難しいかをいやというほど思い知らされるのである。われわれは、階層間関係性の考察であきらかにしてきたように、人間の言語活動はこの三つのレベルの構造的連関にもとづいている。ところが、問題事態を表現しようと書き記そうとする時、どうしても言語レベルだけが焦点をあてられて大写しされ、それだけが取り出されることになる。その意味ではどうしても〈切断〉がおこなわれる。その〈切断〉がおこなわれれば「私は私であって他者ではない」という言語の自己同一性の地平に強く引き戻されることとなる。自他の区分、さらに内外の区分をめぐる問題の根はすべてここに深く根差していると言わねばならない。表層的なことではないのである。

わたくしはすでに内外の区分をめぐって、その二元的区分が根本的に問題となるのは〈切断〉のためだと指摘した。そこからいかに〈内の思考〉によってコギトの哲学の系統がつむぎだされたか、そしてそのアンチ・テーゼとして〈外の思考〉という大仕掛けがフーコーによって仕掛けられたかを論じた。それゆえに、〈切断〉ではなく〈接合〉がもとめられねばならず、〈内と外をつらねる思考〉以外には、そのあしき分裂をおわらせる道はないと述べた。自他の区分についても、それとまったく類比的に同じ結構の問題がおこるわけである。自他の区分の方が内外の区分よりもより根本的であるので、かえって始末がわるいと言わねばならない。たしかに〈自と他をつらねる思考〉こそもとめられねばならないのであるが、この点ではとくに〈切断〉の方が人間の思考に適合し易いので、〈接合〉を求めることは非常に困難なのである。だがどれほど困難であっても、自他の区分をめぐる根本問題に逢着し、その問題性を克服する道をさぐろうとする以上、避けて通ることは出来ない。

すでにあきらかにしたように、内外の区分をめぐって、「主体の存在」と「主体の消滅」という、根本的問題に直面した。〈内の思考〉からは能動的主体ないしは意識的主体がもとめられ、そのために逆に〈外の思考〉から主体の消滅が語られた。このようなあしき分裂が生ずるのは、結局、主体の把え方に問題があり、受動的主体ないしは聞く主体を受けとめるには、〈内と外をつらねる思考〉がもとめられたわけである。自他の区分をめぐっても、まったく類比的に考えられる。〈自分の思考〉からすると、言語レベルによるかぎり、他者ははじめから切断排除されるので、他者存在は消滅する。独我論の世界しか存しえないこととなる。逆に〈他の思考〉からすると、それこそ〈外の思考〉にいたるしかないので、同じように主体の消滅に帰結するほかないであろう。言語レベルを切り取る限り、自他のあしき分裂におわるしかない。〈自と他をつらねる思考〉をもとめる以外に道がないゆえんである。

非言語レベル・言語レベル・メタ言語レベルの交差において、メタ言語レベルまで〈接合〉してゆく時、「自他変換」の自明性は「自己＝他者」「他者＝自己」で表示されることがもとめられた。この地平においては、「他者である自己」「自己である他者」が本当の意味でよみとられうるのである。かかる主体は文字どおり受動的主体であり、受動性に根差すがゆえに能動的な主体なのである。〈内と外をつらねる思考〉から、聞く主体であるがゆえに話す主体である、ありのままの言説主体の定位が示された。いま同じように、〈自と他をつらねる思考〉に目覚めることによってはじめて、ありのままの主体の定位が示されうる。「言語の登場」によって「人間の退場」がおこるわけではない。いやむしろ言語の階層性がはっきりと位置付けられる時こそ、人間のありのままの言説主体の定位がなされうるのである。言語の在りようが正しく把握される時はじめて、ありのままの言説主体の定位がなされるということは、いまやいかなる意味においても主体主義の不可能性を呈示しているのである。

2 価値のことばの弁証法的構造
——日常性／非日常性、正常性／異常性、現実性／超現実性

われわれは「ありのままの言説主体の定位」をおこなうことによって、価値のことばの階層性に関する検討をおわった。価値のことばの階層性の再検討をもとめて、言説主体と場の価値論的相関性を開示する原初的な地平とそこにおけるありのままの言説主体の定位をあらわならしめることができた。価値のことばの階層性はあきらかに言語の階層性をどのように認知するか否かという、前提的な分岐点のある問いである。したがって認めない立場の道を行くひとびととは、ここで互いに分かれ分かれにならざるをえない。しかしながら、言語階層性を認める立場においても、階層性を形式化して非常にがっちりした形でみとめる場合と、むしろひとつの仮説的手掛りとして階層間関係性の方に注視しようとする行き方がある。後者の行き方は、階層性という言語の構造上の在り方を一応の前提としながらも、それらの間の関係性に注目することによって、むしろ動態性により強い関心ないし比重をおくことをもとめている。実際われわれの考察は、階層間関係性に注目することによって動態性に関心が向かえばむかうほど、言説主体の自己反省性・回帰性という側面の方におのずから比重が移っていくことを示す結果となった。

ところで、いわゆる構造主義的な立場においては、文字通り構造の方につよいストレスがもとめられたがために、その反動のしからしめるところとして、主体の側面を可能なかぎり消却することがもとめられた。もちろん彼自身は構造主義者とみとめるわけではないが、しかしそのような傾向に棹さしている意味で、M・フーコーの〈外の思考〉と「主体の消滅」という考え方をあらためて検討してみた所以である。そこには、言為論的生活世界から出立するわれわれにとってもっとも根源的なことが開き示されたのであった。今日までの哲学的思考がやはりいかに偏っていたかが露呈したわけである。いや露呈したというよりは、むしろ今日まではそれが哲学的伝統の無意識的の拘束のうちでかえって求められていたのだといった方がよいかもしれない。特にそれは、近代哲学の祖デカルトから開かれた〈内の思考〉があまりにも正統化されるにいたっていたがために、それにフーコーが対抗する以上、どうしても〈外の思考〉とならざるをえず、さらに「主体の消滅」を提起せざるをえなかった事態に示されてい

る。だが本来は「内と外をつらねる思考」こそがもとめられるべきものではなかろうか。その時「主体」もまたあらたな意味合いで再登場することがもとめられる。

ところが、そのような「内と外とをつらねる思考」を正しく開くためには、それこそ根源的な場面にまでたどることが必要である。だが、その根源的な場面とは、実はわれわれが日々刻々それこそ不断に直面している場面なのであり、決して形而上学や存在論また超越論なりがいままで持って回っていかにも深刻に語っているような場面ではないのである。われわれはことばをすでに知っているので、おのずから言語レベルで生きている。ところが、すべての生起する事象は、そのありのままの事象を実相として生起する現実相においては、実は非言語レベルにおいて生起しているのである。このむしろ当然で自明なことが忘却されている。この忘却こそがハイデガーが言うような存在忘却よりももっと自覚化されねばならない忘却なのではなかろうか。ところが今日まで哲学的思考は徹底的に言語的思考であるためか、「存在」ということばを、「神」ということばと同じように、深遠な意味のこもったことばとしてそれこそ最高限に〈聖化〉して、その忘却が人間の存在の歴史を救いがたいほど〈世俗化〉してしまったと説くのである。だが問題は、窮極のXをめぐってことばの世界に遊ぶのではなく、人間の生も非言語レベルにおける生起する事象であり、別の観点から巨視的に言えば、宇宙の歴史という沈黙の過程のなかにあることを、われわれが忘却していることなのである。もちろん生起する事象についても、それを認識して自分なり他人に知らせせようとすれば、言うまでもなく、言語レベルにおいてすべてが言語的操作を媒介しておこなわる。実はそこにこそ非言語レベルと言語レベルとが交錯する〈原初的な場面〉が開かれている。だからわれわれはつねにその交錯する〈原初的な場面〉に全身をさらして生き、話し、考えているわけである。しかもこの〈原初的な場面〉に本来的にはメタ言語レベルもかかわっている。その意味でわれわれはこの三つのレベルの交差において生きている。まさしく価値のことばの階層性とは、この交差の反照にほかならない。それ故に、この交差を忘却しないかたちで価値のことばの在り方を総括するのが、価値のことばの弁証法的構造の考察なのである。

この交錯する〈原初的な場面〉においては、非言語レベル、言語レベル、メタ言語レベルが識別されずに交錯するのであるから、それを表現にもたらそうとすると、それこそ自己矛盾にみちみちた複雑な相貌を呈することになる。言語レベルにおいては、言うまでもなく、言語は基本的には二値的な否定性ないし背反性において意味制作をなすわけであるから、「私」は「非＝私」つまり「他者」との二項的対比性においてはじめて意味をもつことができる。「私」が「非＝私」との間に二値的否定性がないようでは、「私」ということばは成り立たない。ところがわたくしは、メタ言語レベルでは「自己＝他者」「他者＝自己」というふうに表示しうることをもとめた。また申すまでもないことであるが、非言語レベルにおける事象の生起の相においては、いつもただその時々の多様な人間模様が刻々とうつし出されているだけである。そこにトラブルがあろうがなかろうが、事象は生起するがままにスムースに遂行されているということになる。その非言語レベルをそのまま言語レベルにうつし出そうとすれば、そこにはきわめて奇怪な言語世界が投影されることとなる。「私」ということばを誰かひとりが独占することなどできないわけであるから、そこにいるひとだけの「私」がいるわけであり、ある「私」は他の「私」からみれば「君」であったり「彼」や「彼女」であったりする。この事態をきわめてストレートに表現すれば、「私は君であり、彼や彼女である」とか「君は私であり、彼や彼女である」等々となる。言うまでもないが、このような表現は、非言語レベルの人間模様にうつし出されている限りにおいてのみ有効で意味をもつが、言語レベルのなかだけにもちこまれるならば、自己矛盾やパラドックスにみちており、なんの意味だかわからず、それこそ支離滅裂ということになる。「矛盾とパラドックスの言語」はC・モリスや鈴木大拙などが強調するように、高次の宗教体験や神秘主義体験の表明語としてのみ意味づけられるわけではない[33]。われわれは、この言為論的生活世界の〈原初的な場面〉において、非言語レベル、言語レベル、メタ言語レベルの交差のなかで、時々刻々不断に出会っているのである。実はここに、本来はなんら自己矛盾でもパラドックスでもないのに、この交差する〈原初的な場面〉において、「矛盾とパラドックスの言語」にむしろ向き合わねばならない所以を自覚することが必要なのである。それこそ「根源的なパラドックスの世界」とよぶことができるのではなかろうか。こういう〈原初的な場面〉に「根源的なパラドックスの世界」が沈潜している事態をわれわれは忘却しているのではなかろうか。その意味では二重の忘却のなかにいると言わねばならない。

言為論的生活世界から出立するわれわれは、日々それぞれの日常性のなかで直面している非言語レベル・言語レベル・メタ言語レベルの交差の原初的地平において、この根源的なパラドックスに向き合うことによって、メタ言語レベルで表示可能な「自己＝他者」「他者＝自己」という、より高次な言説主体として行い、考え、話しながら生きている。わたくしはこのような「主体」の見方を〈横超主体性〉の立場とよんでいるが、いまは問わない。ただこのような考え方は〈内と外をつらねる思考〉による以外には洞察しえないことをあきらかにした。かくして、この原初的地平において、言説主体と場の価値論的相関性とありのままの言説主体の定位がはっきりと開示され、われわれは価値のことばの構造と動態性を十分に展開しうる地点に立つことができるにいたったのである。しかもその動態性は言語の階層間関係性を基本において問い出す時、すでにはっきりと示されている。自己反省性・回帰性において言説はそれこそダイナミックに展開する。その意味において、言為論的生活世界は、場＝コンテキストとふかくかかわる地平から、場から次第に超越するコンテキスト・フリーな局面まで、それこそひろいひろがりを開くのである。われわれはありのままの言語主体の定位を見とどけてはじめて、価値のことばの構造上の総括が可能な段階にいたったと解される。それは、価値のことばの弁証法的構造をあらためて根本的に開示する段階なのである。なぜなら、その導きの糸ともいうべき〈回帰の弁証法〉の内的構成をあきらかにするには、どうしてもありのままの言説主体の定位が前提とならねばならなかったからである。ところで、〈回帰の弁証法〉の構図上の提示は、図示にすぎないのではあるが、価値の哲学的文法や価値探求の論理をあきらかにする時に、すでになされている。その後もいろいろと言及してきたが、あらためてその在り方を問い直してみよう。そこで、そのはじめの場面から見直してみよう。

回帰の弁証法の内的構成

われわれはすでに「価値の哲学的文法」において、その理解の便のために、回帰の弁証法の図を提示し、さらに「価値探究の論理」において、その図をより精密化して表示した。図示というかたちならそれで十分ではあるが、その事態を基本からあきらかにする課題が残されていた。それは要するに、言説主体というものの定位が前提的になされない限りは、そもそもその基本が成り立たないからにほかならなかった。いまやっとありのままの言説主体の定位がなされたわけである。そこではじめて、この図示が開示する事態についてあきらかにする段階にいたったということができる。

その図示は、価値の哲学的文法ないしは価値探究の論理をあらわにするかたちで、価値説の総体的批判という場面をかりてなされたものである。それは、「すべての価値は相対的だ」という価値相対主義者の主張をモデルにして展開された。しかしその際、言説主体の定位を前提的にあきらかにしていなかったので、価値絶対主義と価値相対主義の二項対立の現場にそのまま降り立つことによって、回帰の弁証法はただ図示するだけにとどめたわけである。いまやあらためてその事態を解明することがもとめられる。そこでもう一度たどり直してみる必要があるが、それはどこまでも手引きにすぎず、回帰の弁証法の内的構造を示すのがいまの課題である。

さて、価値相対主義者が背理を犯すと批判される筋道はよく知られているところであろう。「すべての価値は相対的だ」と主張するなら、価値相対主義者は一つの真なる断定を行ってしまわざるをえないので、あきらかに自己矛盾をおかすことになる。それ故に、その相対主義者が自らの主張をつよく遂行しようとすればするほど、それだけ強烈に矛盾にまきこまれることになる。自らの主張を真理だとする価値相対主義は、それこそ奇怪きわまりない構造をもった自己主張なのである。その意味で真なる相対主義など存在しない。

以上のような、価値絶対主義者による価値相対主義批判の筋道は、一見いかにももっともなように見えるかもしれないが、実際は二つの基本的事態を、故意か否かは別として、完全にごちゃまぜにした推論なのである。二つの基本的事態とは、第一に、言説と言説主体の関係に関するものであり、第二は、言説のレベルに関するものである。価値相対主義批判のポイントは、「すべての価値は相対的だ」と主張するなら、価値相対主義者は一つの真なる断定を行っているので、その主張と断定はまさしく自己矛盾をおかすという陳述である。このような陳述が平然となされることは、「すべての価値は相対的だ」と主張するひとは、それこそびくびくおそれおののきながら主張すべきだとでもいうのであろうか。あるいはまた、価値相対主義者はビュリダンのろばのようでなければならないとでもいうのであろうか。「すべての価値は絶対的だ」と価値絶対主義者が主張する場合は威風堂々とやってもよいが、価値相対主義者の場合にはなぜ威風堂々とやってはいけないのか。実はここに、価値絶対主義者にとってまったく都合のよいように、価値相対主義批判の立論がなされている実像がある。「すべての価値は相対的だ」逆に「すべての価値は絶対的だ」は言うまでもなく言説であり、その言説主体がどのような態度で発言したかどうかということとは本来関係がないのである。だから価値相対主義者は、価値絶対主義者と同じように、それこそ〈絶対主義的〉にしたがって〈独断的〉に断定して発話することに、なにも遠慮することはないのである。それゆえここに、言説と言説主体の関係について十分に識別して対応しなければならない所以がある。と同時に、言説と言説主体の関係に対して自覚的になることは、おのずから言説のレベルを考慮する必要のあることを要請している。

いま形式的に「「すべての価値は相対的だ」と価値相対主義者は主張する」というかたちで示すと、この命題形式は「「クレタ人は嘘つきだ」とクレタ人が言った」という、例の嘘つきのパラドックスと構造上はまったく同型的なのである。形式的な論理にしたがって同一平面でその真偽の値を組みいれると、まさしくパラドックスの背理におちいる。そこで階層性をはっきりさせることによって、パラドックスを解くことが出来る。だがわれわれの場合には、このパラドックスと階層化の問題はかような形式的の処理によっておわるのではなく、やはり言説と言説主体の在り方から見直されねばならない。

そこで「すべての価値は相対的だ」という言説が発話される現場に降り立って、その言説主体の在り方を問題にしなければならない。その発話の現場においてかく主張する相対主義者は、絶対主義者とまったく同じように、発話主体であり、言説主体である。現場にある発話主体が、相対主義者であろうが、絶対主義者であろうが、第一次言説主体ないし言説主体の第一次性としてうけとめられねばならない。その言説主体がありのままの言説主体であることは言うまでもない。そしてその発話そのものが言説の第一次性ないし第一次性の言説なのである。この「第一次性」というのは、言説であれ言説主体であれ、他のものやこととの関係がなくそのものやこと自体として存立している在り方、やや術語的に言えば、その存在価値様相ということができよう。在り方とはつねに価値的様相において開示されるからである。「「すべての価値は相対的だ」と価値相対主義者は主張する」というかたちにおいて、かく主張する価値相対主義者が第一次言説主体であり、その主張が言説の第一次性ないし第一次性の言説なのである。決して「すべての価値は相対的だ」という主張内容が言説の第一次性ないし第一次性の言説ではないのである。この相異がなかなか理解されないので特に注意が必要である。

言うまでもなく、「すべての価値は相対的だ」というかたちで、発話そのものつまり発話行為がなされ、その主張そのものがリアルな言語事象として生起する。だがここで注意しなければならないことは、ここではいまだその発話の内容自体が対象化されているのではない。その発話行為をなす発話主体が断乎として自己主張をおこなう、その発話相即行為の表出が、言説の第一次性なのである。この発話現場にしっかりと降り立つことが基本なのである。今日まで価値相対主義に対する議論というと、まったくといってよいほど、この現場に降り立つことをしなかった。実際はその場面を組みいれた、ごちゃまぜの反論をしているのであるが。しかしその場面に降り立つことなく、ただ都合のよいように利用して批判の論理を組み立てるのが、価値絶対主義のやり方であった。そのようなやり方自体が回帰の弁証法を全く括弧に入れてしまって、形式論理的な処理の仕方に自己満足してきた所以である。今日までそのような処理の仕方によってわれわれは生きた議論の世界をゆがめてきてしまったのであり、しかもそのゆがみにすら気付いてこなかったのである。だが、発話の現場にまず降り立つところから、回帰の弁証法がはじまる。

こういう総体的な過程のもとで議論をたてない限り、いまや言説の適不適そして真偽すら論ずることができないからである。

価値相対主義に対する批判がなされる時、つまり批判相手が登場した時はじめて、「すべての価値は相対的だ」という言説の内容が対象化されて問われることとなる。価値相対主義と価値絶対主義との対立とは、実はこの場面のことである。この議論の地平で「「すべての価値は相対的だ」と価値相対主義者は主張する」というモデルにおいて、いよいよ「すべての価値は相対的だ」という命題、言説が直接に問題になるわけである。その発話内容が価値相対主義の提示であるから、発話行為の現場＝コンテキストから分離上昇して、まさに命題として提起されるということができよう。それは逆から言えば、発話媒体行為として価値絶対主義者の反論がなされて、他のものやこととの関係がないという第一次性の存在価値様相から切り離されたということである。「すべての価値は相対的だ」という言説がいわば命題として提示されるところに、言説の第二次性ないし第二次性の言説の相が開かれるのである。この「第二次性」とは、第二項ないし他者に関係しながら、第三項ないし第三者との関係がなく、可能的に第二項ないし他者との対立関係において存立している在り方、やや術語的に言えば、その存在価値様相ということができよう。

わたくしはさきに、「すべての価値は相対的だ」という言説が言説の第二次性いし第二次性の言説であるというのは、そもそも「他者措定」の言説だからだと指摘した。この「他者措定」という、端的な言い方が「第二項ないし他者に関係する」事態を指し示しているのである。第二項ないし他者に関係する事態はきわめて多様なわけであるから、その時々に開示するしかない。その際は、嘘のパラドックスの方がわかりやすいということで、その説明をおこなった。またそれを手掛かりにしてみよう。「「クレタ人は嘘つきだ」とクレタ人が言った」という時、そう言った言説主体としてのクレタ人にとって「クレタ人は嘘つきだ」とはまさしく「他者措定」の言説なのである。つまり「クレタ人」を「他者」として措定したという意味では、きわめて端的な場合である。しかしその意味はいろいろと拡大して考えることができる。まずははじめに、自分をも含めて他者を考えている場合である。しかしこの場合でも自己は二重化する。つぎに、自己否定を介して対象化されたクレタ人が主語としてたてられる場合である。この場合は言葉じりだけにとらわれていると、なにかきわめて抽象的なことのように思われるが、実はそうではない。そこには、自己否定を自然と余儀なくさせるような、別の対立命題（第二項）が具体的に措定されていることである。ここで、「他者」の意味がさらにひろがって、実はもっとも基本的な議論の地平の設定となる。いまの例である嘘のパラドックスがもとめられる議論の地平では、簡単に言えば、「「クレタ人は正直者だ」とクレタ人が言った」という対立命題を想定することができる。「第二項」という言い方はあいまいだが、対立項とおさえればそれだけ分かりやすいであろう。「クレタ人は正直者だ」という場合は、プラス価値（正価値）の述語であるから、それこそひとによってはストレートに肯定的にうけとめられる。だからこそこのような立場に対立する場合には、パラドックスをはらむ表現がもとめられることとなる。

それは「すべての価値は相対的だ」という場合にも、類比的には同じことである。「すべての価値は相対的だ」という言説が価値絶対主義者の批判にさらされた地平で対象化されるということは、つまり絶対主義者という他者との対立関係が措定されているということである。その第二項とは当然価値絶対主義の言説、同じように簡潔にモデル化すれば、「すべての価値は絶対的だ」「ある価値は絶対的だ」「この価値は絶対的だ」、であることはいうまでもない。だが第二項ないし他者との対立関係におかれたところで「すべての価値は相対的だ」という言説が命題として提起されるにいたったからこそ、それを発話する第一次言説主体としての価値相対主義者は、発話の現場をはなれて、こんどは十分に相互により普遍的に論じ合える地平にまで登っていかねばならない。第一次発話主体としての価値相対主義者は、発話の現場において、価値相対主義の発話相即行為をおこなった。それはなんら発話内容の真偽問題ではないのである。どこまでも自己主張という行為遂行的な発話行為だからである。そのようなかたちで示された主張そのもの、発話そのものが言説の第一次性ないし第一次性の言説であった。だが言うまでもないことであるが、その時「すべての価値は相対的だ」という命題で集約できる主張内容が同時に提示されている。ところが、それが他者との議論の地平にもたらされる時、「すべての価値は相対的だ」という命題として提起されて、まさに言説の第二次性においてないし第二次性の言説として定位される。それにともなわれて、言説と言説主体の相関性のゆえに、第一次言説の発話主体であった第一次言説主体は、第二次言説主体として言説の第二次性ないし第二次性の言説に対応することになる。つまり、発話現場の発話相即行為をおこなう主体ではなくて、「すべての価値は相対的だ」という命題の適不適と真偽が問われる主体となることである。ここに第二次言説主体ないし言説主体の第二次性にたかまることがもとめられる。ということは、端的に言えば、自らのうちに他者がいることを、それこそ無自覚的ないし非反省的にあらわならしめざるをえないということである。なにかむずかしそうな、分かりにくいことが述べられているかのように思うかもしれない。しかし第二次性の言説とは、一般的には、科学、哲学、文学、宗教などすべて広義のメタ言語の言説の世界にほかならない。したがって、この世界に本格的ないし創造的にかかわるには、私であって私でない主体——超越論という哲学信仰によるひとは超越論的主観というかもしれないが——、また科学なら科学者としての私ではなく「科学する心」になることがいつももとめられているのではなかろうか。また哲学なら、たとえばカントの哲学は、カント個人の哲学ではなく、カントを超えた十八世紀ヨーロッパの精神の哲学的結晶だからこそ、カントの哲学であるといえるように。かくしてわたくしは、言語主体の第二次性を「非反省的メタ意識」の在り方とよぶ。

非反省的というのは、反省的に対して論理的にはその前段階ではあるが、それだからといって、なにかより低次な在り方というのではない。理解の便のために分かりやすく例示的にいうと、科学にかかわる科学者は、専門的な研究に没頭する限り、科学者としての在り方を反省する必要はないし、実際反省したりはしない。こういう事態を表示するのが、非反省的ということばである。哲学であれ宗教であれまた芸術であれ、まったく似たり寄ったりであることは、彼等専門家集団の一般的な在り方としてみれば、多言を要しまい。だがその専門性という点はむしろ表層的の面なのであって、実はもっと基本的な事態が「非反省的」ということばを選ばせる所以がある。すでにあきらかにしたように、言説の第二次性は第二項ないし他者との対立関係にあることが、可能的に基本であった。したがって基本的に、第二次言説主体の視線は第二項や他者に向けられて集中することをもとめられ、なにも自分の方にむけられる必要性も必然性もないということである。言説の第二次性こそが本来的に非反省的であることを余儀なくさせる。この「非反省的」という用法と非常に類似した使い方を、サルトルがおこなっている。周知のように、シガレットを数えることに集中している意識を非反省的と規定したことである(34)。

だがサルトルの場合は「非反省的意識」であった。わたくしは「非反省的メタ意識」つまり「メタ意識」について類似した意味合いで「非反省的」と述べているのである。実はここに、デカルトからサルトルにいたるヨーロッパ近代哲学が意識ないし意識主体の哲学であった問題性がこめられている。もちろん意識の階層性・位層性がリアルに存立していないことは、言語の階層性・位層性の場合とまったく同じである。だが、非反省的意識が対象措定の意識であり、反省的意識がそれをとりこんでより高次な自己意識にたかまると考える時、そこには「創設的主体」という考え方を超える契機は入り込む余地もないと言わねばならない。だからそのような主体の考え方を根本的に批判しようとしたフーコーが、逆に「主体の消滅」を説かねばならなかったのではなかろうか。だが言語の階層性と自己反省性をめぐって論じたように、「私が話すと私が言う」という命題は、「私は話すをの私は聞く」という命題をむしろふくむことによって成り立つ。その意味で、「話す主体」は「聞く主体」であり、「受動的主体」であることを強調した。このような言説主体がいまの言説の第二次性にかかわることによって第二次言説主体であるということは、第二項や他者との対立関係にまきこまれている限りにおいて非反省的ではあるが、どこまでもメタ言語の世界に住みついている限りにおいて、「意識についての意識」つまり「メタ意識」として受けとめることがもとめられるのではなかろうか。

「意識についての意識」とは決して「自己意識」ではない。「言語についての言語」が「メタ言語」と解される場合と同じように、「メタ意識」なのである。もちろん言語の場合と同じように、言語〈について〉の言語がただ同じ平面をめぐりめぐっていることもある。だからモデル化して、論理言語、科学言語、哲学言語、文学言語などの造型による識別がもとめられ、メタ言語の階層的提示が不可欠となったのである。「意識についての意識」についてもまったくアナロジカルに言うことができる。論理意識、科学意識、哲学意識、文学意識などとモデル化して識別されるものが、本来メタ意識なのである。その意味ではなにか特別なことを「メタ意識」で述べようとしているわけではない。やはり言語と同じような識別をなすことが、言語の階層性・位層性なり自己反省性・回帰性を原理的にみとめる以上、意識についてももとめられる。と同時にそれは、意識についてもなにか特別な肥大化をなすようなことなどもはやゆるされえないということを物語っている。「意識としての意識」を「自己意識」と把え、かぎりなく高次化したところに、ドイツ観念論の自我や精神の形而上学が創設されたのではなかろうか。そこにまた超越論的主観が実体化されるあやまりがおかされてしまったのである。

第二次性の言説とは一般的には広義のメタ言語による言説にほかならないが、それは言語の階層性・位層性ないし自己反省性・回帰性の原理に依拠するものであった。そこで、この自己反省性ということと非反省的とはなにか矛盾しているのではないかと疑問に思うひともいよう。だがそれは少しも矛盾するものではない。言語の自己反省性・回帰性によってあらわにされたメタ言語の世界は、いまあきらかにしたように、メタ意識の世界と応じ合っている。すぐあとであきらかにするように、メタ言語の在り方は言語の第二次性のところで停止してしまうわけではない。たしかに時に、広義のメタ言語のレベルまででメタ言語の在り方を固定化してしまって、言語の階層性を形式化することにとどまっている考え方もある。しかし階層間関係性を重視するわれわれにとっては、いつもメタ言語〈について〉さらなる言説がもとめられる。しかもそれが回帰するかたちでもとめられるところに、自己反省性・回帰性の原理の正しい働きがあるとともに、その働きの軌跡として回帰の弁証法の過程が展開する。自己反省性・回帰性の原理は本来メタ意識の在り方を示すのであるから、非反省的と反省的というのはどこまでもメタ意識における区別なのである。それ故に、自己反省性と非反省的とは別の事柄というか、むしろ前者に依拠してこそ非反省的が語られるところにかえって、その本来的な意味が存することを理解することが肝要である。

第二次性の言説ないし言説の第二次性とは、要するに、メタ言語による議論の世界であるから、科学、哲学、宗教、芸術など、そこでほとんどすべての知的営為がなされうるとすらいえるかもしれない。たしかに言説の第二次性とか第二次性の言説というとなにかとりつきにくい感があるかもしれないが、実はなんらかのかたちで誰でもが親しむことができる言説の世界なのである。それがいま、周知のように、ひとつひとつがきりはなされて別々となり、科学言語の世界、哲学言語の世界、文学言語の世界などとなってしまっている。だがそれは実際の状況がそのようにばらばらになっているというだけではない。実は、第二次性の言説にはその存在価値様相においてまさしく第二項や他者との対立関係におかれる定めにある以上、第二次言説主体は自己分裂の危機にまきこまれる可能性にいつも直面しているということができる。別言すれば、第二次性の言説は「他者措定」の言説であるということで、自己分裂の可能性をつねにひめているといっても過言ではない。われわれの例にもどれば、「すべての価値は相対的だ」という命題はまさしく「他者措定」の言説として提起されたが、おそらくそのままでは自己分裂におちこみかねないことはあきらかであろう。言説の第二次性において「すべての価値は相対的だ」という命題の適不適と真偽が問われるわけであるから、当然それについての判定がなんらかのかたちでくだされることがもとめられる。その意味で、第二次性のレベルにとどまりつづけることはできないであろう。実際言説主体は、言うまでもないことであるが、自己分裂のままでとどまりつづけることを欲するわけではなく、自己統一を求めるものということができる。

第一次言説主体は言説の第一次性のレベルで断乎として「すべての価値は相対的だ」と主張するわけであるが、それはどこまでも相手のいない第一次性のゆえにすぎない。その主張内容は価値絶対主義者によって反論され、言説の第二次性においてその適不適や真偽が問われることとなる。もはや断乎として自己主張をしているだけではおさまらない。第二次言説主体は非反省的メタ意識においてもはや自己主張などというレベルにとどまりえず、徹底的に第二項や他者との対立関係に組みこまれて、自らの正当性を論証しようともとめるであろう。だが言説の第二次性にとどまる限り、第二項や他者との対立関係から脱することはできないのであるから、いかほど自分の立場を自己統一的にとりつづけても、本来的にはその対立関係のなかで引き裂かれたままであるとしかいいようがないのである。その意味でどうしてもそのレベルにとどまりつづけることはできない。ここにそのレベルをさらに超えて、しかも自らの在り方をしっかりと統一するかたちで自己定位することがもとめられる。理解の便のためにまたモデル化して示すとすれば、「『「すべての価値は相対的だ」と価値相対主義者が主張する』のはかなり適当であり一面の真である」というような、三重の引用符で括弧付けられるようなかたちで、言説の第三次性ないし第三次性の言説が表明されるとともに、第三次言説主体が反省的メタ意識として降り立つこととなる。

この「第三次性」とは第三項ないし第三者と関係しながら、第一項ないし自己と第二項ないし他者との相互チェック関係において存立している在り方、やや術語的に言えば、その存在価値様相ということができよう。つまり、ここに第三者が入ることによって三者関係が組みたてられて、あらたに調停ないし統一がもとめられるということである。もちろん第三者が仲介者の役割を担うこともあろうが、本来はただ相互チェックの関係がなされたバランスのとれた在り方に注目したいだけである。

ところで言説の第二次性をこえて第三次性にいたるという時、たしかに表現上では高次化するのであるが、いままではそのために意識の立場をとると、大きな逸脱をおかすにいたった。簡潔に言えば、より高次な自己意識ないし反省的意識を純化や深化することによって、究極的に真偽を決めたり真理を開示できると考えてしまったことである。精神現象学においては絶対精神や絶対知までいたる、ヘーゲルの観念弁証法の虚構は、その典型的な場合ということができよう。実はそうではないのである。たしかに第二次性から第三次性へとたかまり、非反省的レベルから反省的レベルにいたるのであるが、実はふたたび日常言語のレベルにもどるのである。もちろん第一次性のレベルの日常言語と異なることは、第二次性を介して第三次性においてであるから当然なことである。しかしどこまでも日常言語のレベルに回帰するのである。回帰するからこそ、第三次言説主体は反省的メタ意識であっても、あくまでもありのままの言説主体としてこの生活世界に住みつづけるのであり、また住みつづけることが本来的にもとめられる。今日まで人間の知的営為を、生活世界という基礎地平をまさに文字通り基礎にしてはっきりと定位することはほとんどなかった。それはある意味ではあまりにも当然なことである。なぜなら、人間現象の基礎地平を生活世界におくということは、いまやっと理解されはじめたばかりだからである。だが、この基本的前提を確乎とおくことなくして、どうしてあらたに人間の知的営為の定位がなしうるであろうか。

　さて、先のモデルで示されているように、「かなり適当で一面の真である」――もちろんもっと別の言い方でもよいのだが――というような言い方がなしうるのは、やはり日常言語の世界にもどっているからである。しかし、この日常言語は、言説の第二次性を構成する広義のメタ言語〈について〉のメタ言語であることも忘れてはならない。メタ言語としての日常言語である。この点が理解出来なかったために、第三次言説主体が反省的メタ意識であることなど思いつきもしなかったのではなかろうか。われわれは、第二次性の対立する他者関係ではなく、第三次性の三者関係に入ることによってはじめて、自己と他者の相互チェックの関係におかれるので、自己へと自らの視線をむけることが定められている。まさに反省的なのである。そして広義のメタ言語〈について〉のメタ言語としての日常言語にいたることは、自己反省性・回帰性によって開かれる第二次性の〈意識についての意識〉つまりメタ意識を停止せしめるどころか、第三次性においてさらに進展させるのである。第三次言説主体の反省的メタ意識にいたってこそ、第三者関係における三者の相互チェックとバランスに対して、はじめて正しく対応することが可能となる。

　以上のようにして描き出される回帰の弁証法が、どのような内的構成によって組み立てられているかは、いまや一目瞭

〈回帰の弁証法〉図

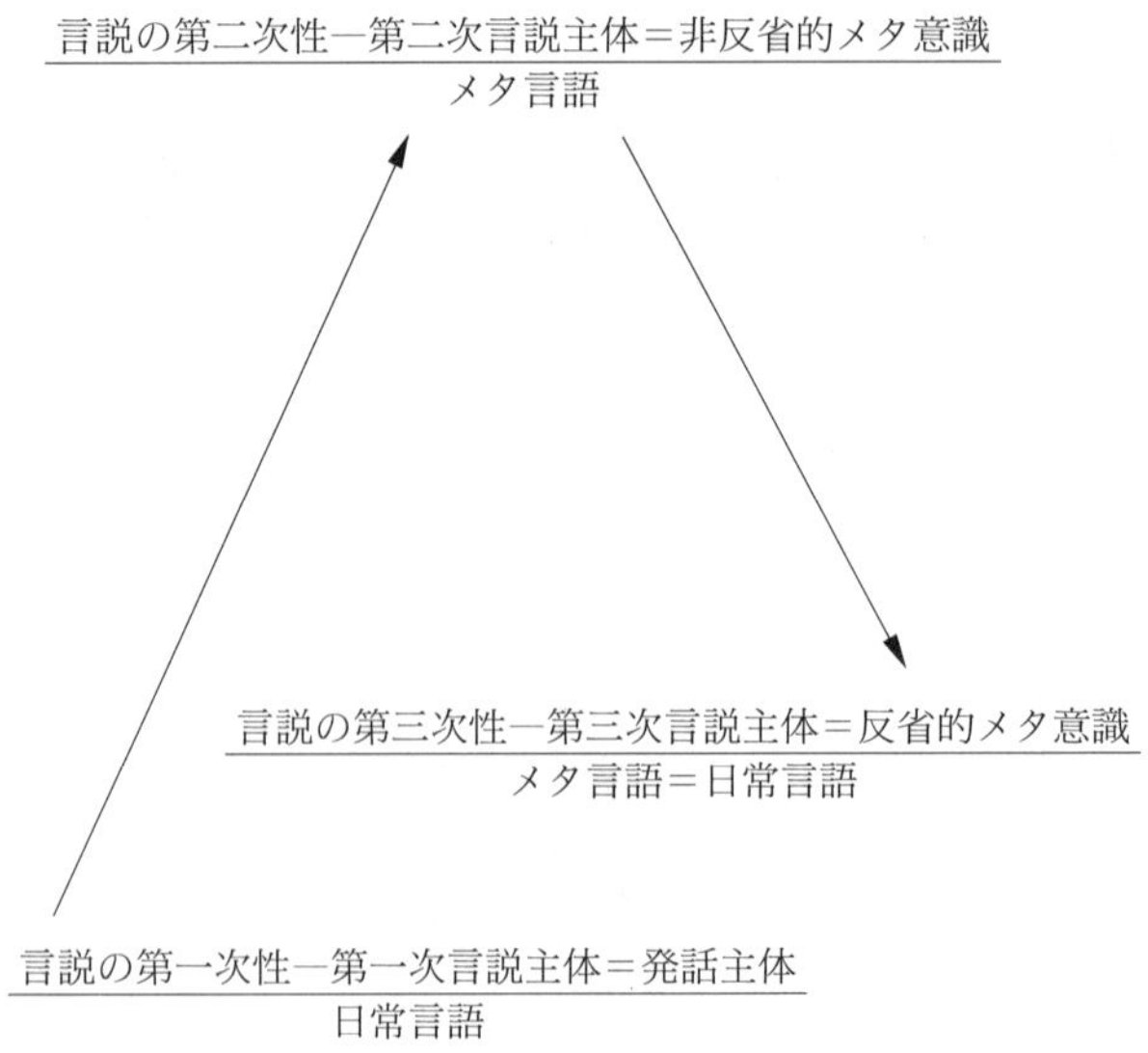

然であろう。反省的メタ意識の第三次性のレベルに回帰しない限り、わたくしは「共存の論理」は成り立たないと考えている[35]。科学、宗教、哲学、芸術など人類のすべての知的営為が覇を競っているかぎり、それは第二次性のレベルにとどまりつづけていることにほかならない。そもそもかようなすべての知的営為はメタ言語の営みとして、言説の第二次性において、非反省的メタ意識の営為にほかならない。非反省的メタ意識の営為としてどれほどの偉大な成果をあげるとしても、決して対立の存在価値様相を超えることは出来ない。もう一歩謙虚に第三次性の存在価値様相にもどることがもとめられるのである。

価値のことばの重層構造

われわれは回帰の弁証法の内的構造をあきらかにすることによって、二重の意味で——言説の第一次性と第三次性——日常言語を重視すべきことを学んだ。しかも謙虚になるためでもある。もちろん言語の第二次性においてほとんどすべての知的営為がなされてきたといっても過言ではない。実際日常言語さえ第三次性においてメタ言語〈について〉のメタ言語たりうるのであるから、メタ言語性とでもいうべきものが基本的に重視されるべきことは、回帰の弁証法においてもあきらかである。だが、そのメタ言語性を言語の階層性を認める立場からいかほど重視しなければならないとしても、メタ言語の類型化を固定したりまたその類型を徹底的に典型化して、その純化をひたすらもとめるような試みには根本的な問題があると考えられる。たとえばピゲは『美学から形而上学へ』において言語表現形態の四つのパターンを設定する。典型的な型で示される四つのパターンとは、一、科学の作品と科学的言語（LS, langage scientifique）、二、芸術の作品と抒情的言語（LL, langage lyrique）、三、前二者の中間、媒介、綜合の作品と翻訳的言語（langage traducteur）、四、美学及び哲学の作品と形而上学的言語（LM, langage métaphysique）。三を除いて、それらを〈意識の基本的な三つの照準〉に対応させる。その照準は、一、認識的（cognitive）二、創造的（créative）、三、観照的（contemplatrice）であり、言うまでもなく、科学と認識的、芸術と創造的、美学及び哲学と観照的が対応する[36]。このような考え方をとること自体に問題はないとしても、このような類型化によって取り出される諸言語がそれこそ純化をもとめられて、日常言語と徹底的に分離されるのがよいとすれば、そこには根本的な問題が発生するといわねばならない。

回帰の弁証法で示されたように、そのような言語はたしかに尊重されねばならないが、結局言説の第二次性のレベルで展開する。だが回帰の弁証法はどこまでもダイナミックに回帰することをもとめられて、決して第二次性のレベルにとどまりつづけるわけにはいかないのである。たしかに第二次性においてすべての知的営為がなされるためか、メタ言語を類型化してその純化をもとめ、日常言語のなかからメタ言語をそれこそ徹底的に洗浄しようと試みるのが当然なこととされてきた。そのため日常言語がまったくやせほそってしまう結果になることなど、まったく顧みることさえなかった。実際今日まで、日常言語派や言為論への配慮が最近やっと本格化してきたことからだけでも、いかに日常言語が軽視されてきたかはあきらかである。人工言語や専門用語だけを尊重し、深遠な宗教言語や哲学言語、厳密な科学言語や論理言語、そして喩の結晶である詩的言語や文学言語など、ますます高度な洗練をもとめて日常言語から純化するのに急のあまり、日常言語は見る影もなく劣化し、それだけますます蔑視されるままになってきた。今こそそのような誤りに気付き、人工言語や専門用語の土壌が日常言語のなかにこそゆたかに存することを再発見すべき時点にいたっているのではなかろうか。この土壌をゆたかにおさえない限り、いかほどメタ言語を類型化しても、結局それはかえって逆に人類の知的遺産と知的営為をますます貧困化せしめるものと言わねばならない。

回帰の弁証法において言説の第一次性からはじまって第三次性のレベルに回帰することで、日常言語こそよりゆたかな構造で織り成されている。それ故に、われわれは言語考察の最初から価値のことばとして洞察し、その多様な在り方を究明しつづけてきた所以があった。いまわたくしはあらためて、価値のことばの重層構造として、日常言語のなかにはっきり刻み込まれている日常性／非日常性、正常性／異常性、現実性／超現実性という三つの基本契機にとくに注目する。まず前二者をあらわならしめるために、不可避の導きの糸ともいうべき、日常言語の喩的構造に光をあてることにしよう。紙数に余裕がないのでその焦点ともいうべき局面だけにすぎないのであるが。

G・レイコフとM・ジョンソンによって「生きている喩」がきわめて多面的に描き出されたために、その焦点を浮き彫りにするのに、十分有効な手引きとすることができると思われる。彼等はきわめて率直に次のように書き出している。「メタファーは大概のひとにとって詩的想像と修辞的文彩の一工夫である――それは日常言語であるよりもむしろ非日常的言語の事柄（a matter of extraordinary rather than ordinary language）である。そのうえ、メタファーは典型的には言語だけに特有なこととみなされており、思考や行為のことよりもむしろことばの事柄である。以上のような理由で、大概のひとはメタファーがなくても完全にうまく暮らして行けると思っている。われわれは逆にメタファーは日常生活においてまさしく言語ではなく思考と行為のうちに行き渡っていることを見出してきた。われわれがそれによって考えかつ行うわれわれの日常的概念システムは本性上基本的にメタフォリカルである」(37)。この陳述には、わたくしが焦点をあてたい基本的なポイントが的確に提示されているとともに、その発見が彼らによってはじめてなされたのだという自負が示されている。とすれば、このような点に気付くようになってまだ十年有余だということになる。メタファーが詩的想像や修辞的文彩の工夫つまり詩的言語や文学言語の事柄としてだけ理解され、それがどれほど詳細に解明されたとしても、それではじめから言説の第二次性に固定化されるだけで、それこそ生きた意味をほとんど半減してしまうであろう。したがって日常言語の事柄ではなくただ非日常的な言語のことだとしたら、日常性／非日常性及び正常性／異常性に重層的にかかわらねばならないわれわれの日常言語の在り方は、もっぱら一重化し劣化・貧困化してしまう結果になることは、火を見るよりも明らかであろう。とくに注目すべきことは、メタファーがわれわれの日常生活に染み透っており、したがって非言語レベルの基本で思考と行為に密接にかかわっているということである。まさしく言語レベルと非言語レベルの交差である。その意味で、それによってわれわれが考えかつ行うわれわれの日常的な概念システムは、基本的にメタフォリカルな性格を有していることとなる。以上のように考えられるとすれば、われわれは日常言語の喩的構造を直接に考察し洞察することによって、きわめて明晰に価値のことばの重層構造をあらわならしめることができると考えられる。

われわれの思考と行為を左右する諸概念は、われわれの日常生活の働きを、そのもっとも世俗的なディテールにいたるまで支配しているということができる。「われわれの諸概念は、なにをわれわれは知覚するか、いかにわれわれがこの世界で活動するか、さらにはいかにわれわれが他のひと達とかかわり合うかを構造化する (strucrure)。われわれの概念システムはかくしてわれわれの日常的な諸現実を規定するのに中心的な役割をはたしている。われわれの概念システムが大いにメタフォリカルであるという提案がもし正しいならば、われわれの思考の仕方、われわれが経験することさらに日々われわれがなすことは、大いにメタファーの事柄なのである」(38)。ここまではじめからストレートに語られたのは、実はこのような見方にはきわめて強烈な言語理解の転換がもとめられているからにほかならない。このような転換こそ、私が価値のことばの問題として論じてきたことが本来宿している意図と、十分に切り結ぶものにほかならない。

まず、われわれが知覚し思考し行為する仕方を構造化するところに注目するが、その一例として「議論は戦い (Argument is War）というメタファーが、ひろく多様な表現で日常言語のうちに反映されていることが示されている。「貴方の主張は防御できない。」「彼は私の議論のウィークポイントのことごとくに攻撃してきた。」「彼の批判はぴったり的をついていた。」「私は彼の議論を粉砕した。」「私は彼との議論で決して勝利をあげていない。」「彼が不賛成だって、よし、もっとうて！。」「もし貴方があの戦略をもちいたら、彼は貴方を全滅させるだろう。」「彼は私の議論のすべてを撃ち落した。」このような場合、われわれは議論について話しているのではないのである。勝つか負けるかということにすべてがかかわっている。議論という日常性や正常性には時に戦いという非日常性や異常性がつきまとっている。議論することでわれわれが行うことの多くが、戦いという概念で部分的に構造化されていることが重要なのである。物理的バトルはないけれども、言語的バトルがある。議論の構造——攻撃、防御、反撃など——がそのことを反映する。「この意味で、議論は戦いというメタファーは、われわれの文化ではわれわれがそれで生きているメタファーである。それは、われわれが議論する際に遂行する諸行為を構造化している」(39)。

「メタファーの本質とは、あるものごとを他のものごとによって理解し経験する」(40)こととときわめて一般的に規定されているが、同じG・レイコフの共著では、次のような説明がなされている。日常言語として慣習化された概念的メタファーを基本的メタファーとみなすが、基本的メタファーにおいては、ある概念（目標領域《ターゲット・ドメイン》）のもつさまざまな側面が他の概念（源泉領域《ソース・ドメイン》）の非メタフォリカルな側面を通して理解されることである。AはBであるというメタファーは、B（源泉領域）についての知識構造の一部が、A（目標領域）へと写像されることにほかならないと規定されている(41)。つまり「議論は戦い」というメタファーは、議論という目標領域が戦いという源泉領域に照らして理解されるというわけである。議論が戦いによって部分的に構造化され、理解され、実行され、論じられる。つまり概念はメタフォリカルに構造化され、活動もメタフォリカルに構造化されて、したがって言語がメタフォリカルに構造化される。

さて、議論にかかわるこのようなメタフォリカルな言い方は、きわめて通常のやり方であり、つまり日常言語の展開にすぎず、とくに詩的であったり修辞的であるわけではない。まさに文字通り（literal）である。そこでわれわれは、それが文字通りであるがゆえにこそ、日常言語がそもそものような構造において成り立っているかを、きわめて直接的に考察することができるのではなかろうか。メタファーが詩的言語ないし文学言語の在り方として、メタ言語や第二次性の言語とみなされてしまいがちであったことを思うにつけ、メタファーが文字通りに日常言語だということに注目すべきであろう。言語の階層性の固定的な類型化ではかえって誤った結果を生むことになるのはあきらかなことではなかろうか。その点こそ実は、いまわれわれが問題にしている価値のことばの重層構造をあらわならしめるものにほかならない。

議論は戦いというメタファーが文字通りに日常言語において常に用いられることは、この二つの事柄——目標領域や源泉領域とよばれようが——が重ね合わされることによって日常言語表現が構成されることが本来的にもとめられており、メタファーが必然的に日常言語を形づくることを示している。議論という目標領域が日常性ないし正常性のことがらにかかわり、戦いという源泉領域が非日常性ないし異常性のことがらにかかわることがはっきりと把握される時、もちろんその逆でもよいわけであるが、日常言語が緊張をひめた重層性をはらむことでいかにゆたかとなるかを理解できよう。その逆の場合つまり、目標領域が非日常性ないし異常性のことがらにかかわり、源泉領域が日常性ないし正常性にかかわる一例として、死の多様なメタファーをあげることが出来る。「死は夜」「死は闇」「死は眠り」「死は安息」「死は冬」「死は出発」「死は収穫者」「死は解放者」など。

わたくしは総括的に言って、生活世界の重層構造を構成する三大契機として日常性／非日常性、正常性／異常性、現実性／超現実性を考えているが、前二者がむしろストレートなかたちで示されるのが、日常言語のメタファー的構造と考えている。メタファーを文学言語のなかに固定的に類型化するような見方がもはやとりえない所以なのである。G・レイコフとM・ジョンソンがほんの手引きとしてとりあげた「議論は戦い」というメタファーの例は、そこにWARということばを用いる点で、非日常性なり異常性なりをくみとるにはきわめて好都合である。小さい辞典でさえ、war, battle, campaign, engagement, fight, combat, warfare などのことばが戦いのいろいろな在り方を表わすのに用いられることが示されるので、WARがもっとも大きな戦いにかかわる表現であることを理解しうれば、このメタファーが日常性や正常性のなかに非日常性や異常性を重ね合わせることによって、日常言語を生き生きと働かせることをいかに可能としているかは言うまでもないことなのではなかろうか。日常言語が第一次性の言説であるからといって、決して平板で薄っぺらに出来ているわけではないのである。日常言語にメタファーが本来的に組み込まれていることの意味に、いまや十分に向き合うことが必要なのである。

言うまでもないが、以上述べてきたことは、日常言語の喩的構造の全体からみれば、本当にほんの一部である。喩はメタファーのほかにもいろいろ在ることは周知のことであろう。

「議論は戦い」というメタファーは、メタファーのなかでも、彼らが「構造的メタファー」とよぶものの一つにすぎない。しかしもう余裕がないので、彼らが「方位《オリエンテイショナル》的メタファー」とよぶものを簡単にとり上げて、彼らのひとつの総括を手引きに、価値のことばの重層構造をまとめることにしよう。

　方位的メタファーに言及する必要があるのは、場所的ないし空間的な定位がいかに原初的に基本であるかをおさえておかねばならないからである。それは、上―下、高―低、内―外、前―後、近―遠、深―浅、中心―周辺などがもつ喩的意味である。この場所ないし空間的な分節の在り方というものは文字通り位置・方位を定めることであるから、それなしにはいかなるイメージも描き出せないといっても過言ではないであろう。その意味で、人類の知的営為の起源をなすと言われる神話的思考というものは、場や空間の原初的分節を物語的にイメージ化したものということができる。すべては創世神話に結晶するわけであるが、宇宙・人類・文化などの起源が大別して、神によって創造される場合とある種の原物質から生成する場合であれ、上―下がおそらく一番根幹になって天地が定位され、中心―周辺に神と人などが配置され、その配置は内―外、近―遠、深―浅においてよりゆたかに肉付けされて、前―後は時間上の先後へと組みかえられて創世期が描き出される。その意味ではまさしく創生神話は方位的メタファーによって描き出されるといっても言い過ぎではない。だがもちろんわれわれにとっては神話の世界ではなく、日常言語の世界が問題である。日常言語もまたもっとも基本的には上―下によって定位される。幸いと悲しみ、健康と病、生と死、意識と無意識、支配と従属、有力と無力、増大と減少、高位と低位、善と悪、長所と短所、理性的と感情的などがすべて上―下の源泉領域によって写像されるというわけである(42)。とすれば、もし上―下の源泉領域との写像関係がなければ、それこそかような目標領域にかかわる日常言語表現はなにも描き出せなくなってしまうとすら言えるであろう。

　「ある文化におけるもっとも基礎的な価値は、その文化におけるもっとも基礎的なメタフォリカルな構造と整合的であるだろう。一例として、われわれの上―下空間化メタファーと整合的であり、その反対は整合しないような、われわれの社会で若干の文化価値を考えてみよう」(43)。こう述べて、「より多いはより良い」は「より多いは上」と「良いは上」と整合的であるが、「より少ないはより良い」は整合しないという。「未来はより良いだろう」は「未来は上」と「良いは上」と整合的であるが、「未来はより悪いだろう」は整合しない。メタファーと文化的整合性ということで、文化におけるもっとも基礎的な価値がその文化におけるもっとも基礎的な概念のメタフォリカルな構造と整合的であろうという考え方は、もちろん今日の時代状況のなかでいろいろと吟味されねばならないとしても、基本的には十分に受けとめねばならない。日常言語がその言説の第一次性において価値のことばとしてしか生起しえないと言いつづけてきた所以が、より明示的に示されているということができようか。方位的メタファーにおいて、時に上―下（高―低）の例に示されたように、空間的分節が源泉領域とされ、人間の営為の諸々の在り方が目標領域として写像されるかたちで日常言語が慣習化されるとすれば、空間的事態と非空間的事態とが関係づけられるわけであるから、ここにおいても日常言語がやはり背反的な緊張関係をはらむ重層的構造でゆたかにされていることに注目する必要があろう。「すべての文化が、われわれが与えている優先権を、上―下定位に与えてはいない。バランスや中心性がわれわれの文化における以上に重要な役割をはたす文化がある。あるいはまた能動―受動という非空間的定位を考えてみよう。われわれにとっては、ほとんどの事柄で、能動は上で受動は下である。しかし受動性が能動性よりも高く価値づけられる文化がある。一般に上―下、内―外、中心―周辺、能動―受動などの大きな定位はすべての文化をつらぬいているが、どういう概念がどういう仕方で定位されるか、どういう定位がもっとも重要であるかは、文化によって異なるのである」(44)。もちろん文化の在り方によって日常言語表現の価値のことばの在り方はいろいろ異なるとしても、メタファーだけにかぎっても、彼らによれば構造的メタファー、方位的メタファーさらには存在論的メタファーなどをはらんで、きわめて緊張のある展開をする。ところで、日常言語の喩的構造は、大別すれば、メタファーとメトニミーとからなっているので、後者もかかせない。そこで簡単に付言するが、メトニミーはいろいろと具体的にわけて、たとえば場所が制度や出来事を表わすとか、生産者や責任者が品物や行為を表わすというように述べられたりするが、とくに全体と部分、一般と特殊、原因と結果にふかくかかわることをおさえるだけでも、その影響の大きさはおのずから推察できるのではなかろうか。「日本が勝った」というような表現なしに、オリンピックなどの場面にいることが出来るであろうか。緊張や興奮がこういう表現をよぶ。時に酒場で「キリンと朝日が口角泡を飛ばす。」「鐘がなっている」という日常表現のうちに、なんらかの全体が共鳴してないような場合はないのではなかろうか。「この場所だった」、こんなほんの一語のなかにも、交通事故死はその結果の場所とともに関係者の記憶のなかで生きつづけている。われわれは日常言語の喩的構造に注目することによって、日常言語が緊張をはらんだ重層構造においてきわめてゆたかな表情をおびてくるのを把握しうるのである。目標領域と源泉領域の重なりとしてのメタファー、全体と部分、原因と結果などの複雑な重なりとしてのメトニミー、日常言語がいかに緊張をはらんだ構造で織りなされているかを知る時、われわれは価値のことばの重層構造を、とくに日常性／非日常性、正常性／異常性という基本契機に集約するかたちで、あらわならしめることが出来るであろう。

「哲学的シュールレアリズム」を超えて

「哲学的シュールレアリズム」といういい方はあまり聞きなれないが、C・A・van ペールセンがポストモダニズム以後の方向性から描き出そうともとめているものである。わたくしがそのような立場を認めるわけではないが、ペールセンの言説を受けとめた上で、さらに価値のことばの考察の方向性を描きたい。まず彼の見解を簡潔にあとづける。

彼はなぜ「哲学的シュールレアリズム」という語を採用したかについて述べる(45)。この語の含みが、日常的な実在の外部に立つような、また、わたくしたちの周囲の世界の外部に立つような見地をとっていない哲学的取り組みを表しているからだという。こうした視座のうちで、日常的な世界は、古い形而上学の「現象を超越した」「スーパーリアル（super-real）なもの」という意味でも、ポストモダニストお気に入りの「ハイパーリアル（hyper-real）」と言う意味でもなく、みずからを開示してそのように新しい視座へと導く実在として「スーパーリアル」なものを獲得するのである。つまり、「いっそう凝縮的で徹底的な実在性」という見方がもとめられる。要するに、彼は日常的世界のうちにある新しい実在性をもとめているわけである。「事物は同時にその意味である」というのは、シュールレアリズムの特徴を示すための言い方である。ここでさらに「凝縮的で徹底的な実在」の意味があきらかにされる(46)。それは同時に二つの極、すなわち、「物語」（語り）――人間の生の歴史や共有される文化の歴史――と、そのような物語を生み出す実在とそれ自体とを含んでいるという意味である。あるいは、いっそう哲学的な表わし方をすれば、次のようになる。つまり、主観と客観とを個別的に論ずる試みがたとえ行なわれるとしても、主観と客観とは相互に関連していて互いを構成しているということである。かくしてシュールレアリズムに関して哲学に独自な批判的な境界画定の指針があげられる(47)。

一、「第三の次元」という表現は、まず「たんなる事実にとどまらず」「裸眼で見えるものを超えた」いっさいが、まさしく具体的な出来事との関連で明らかになるという点である。独立した形而上学的世界で伝統的に局所されてきたいっさいが、いまやこの此岸の世界の「形而上学的次元」になっていると指摘することができる。二、「真の」実在は、日常的ないくぶん浅薄な世界の背後に見いだせるのではなくて、日常的な世界に現前していて、わたしたちにとってずっと身近になっている。第三の形而上学的な次元、あるいは別の言い方をすれば、「内在における超越」は、通常の出来事に対して付加されるものではなくて、むしろ日常的な出来事への洞察を深めるものである。そのような次元では、美的で倫理的な要因が一つの役割を果たせる。わたしたちに強い印象を与えるわけではなく、なんら特定の次元を示していない石に着目してみようという。この点をうけて少し後で論ずるつもりである。三、彼のもとめる哲学的脈絡からすれば、出来事はそれの真に表しているものに開かれているということが、「シュールレアリズム」という語の意味の特色である。この場合、たんに非個人的で抽象的、普遍的な思考にくらべて、ゲームにいっそう多くの要因がある。たしかに芸術や宗教などは日常の事物や出来事の第三の次元に現れる諸局面であり、その意味ではじめて、それらは日常世界に関する哲学で考慮されねばならない。「現実の」アウシュヴィッツをくりかえすことはできないが、それはたんなる事実（存在）の領域では論じられず、人間性（当為）についての基準が関係してくる領域だけで論じられる。そして、そのように歴史的で特有の出来事に基づいてこそ、普遍的価値に関する申し分ない実在性がかいま見えるのである。そのときには、「これはけっして絶対にもう一度現われることはない」と主張されよう。抽象的な規則にかかわる科学的な普遍性だけを承認して、アウシュヴィッツのような衝撃的な特有の出来事にかかわるいっそう具体的な普遍性を承認しなければ、哲学は現実生活とかけ離れたかなり抽象的なゲームと化してしまうはずである(48)。この具体的普遍性という考え方の重要さに注目することはきわめて肝要なことである(49)。

以上のようなペールセンの考え方はわれわれに対していろいろな示唆を与えているが、「哲学的シュールレアリズム」というイズムとして打出そうとする点では、かえっていろいろな問題を生み出してしまうのではないかと思われる。そのような考え方が、「実在」と「物語」に対する新しい見方を打出そうとしている以上、その方向性をイズムとしてではなく日常的世界の在り方のうちに徹底してもとめていくことが必要なのではなかろうか。ペールセンにおいては、形而上学的ともいうべき第三の次元が実は日常的な世界のうちにスーパーリアルなものとして受けとめられ、それこそが「凝縮的で徹底的な実在」として開示されることがもとめられる。「凝縮的で徹底的な実在」とは同時に二極つまり物語と実在それ自体をふくむという。「真の」実在は日常的な世界に現前している。その一例として、なんら特定の次元を示していない石に着目しようといって、彫刻作品の創造の場合と移民排撃の唯一無二の証拠品の場合をあげている。わたくしはこの事例を介して価値の図式論の問題にふたたびあらためて向き合うこととなる。価値の図式論は価値のことばの構造と動態性をもっとも根本的に描き出す〝蝶番〟の役割をはたしているからである。と同時に、具体的には、回帰の弁証法のもとで第三次性の言説へと回帰する地平をよりゆたかに開き示すのである。

わたくしは価値の図式の図で、石塊の例を「空価値」つまり「価値を空《あ》けている価値」の在り方の場合に特記した。おそらく石塊の場合はもっとも「無価値」な事象の代表のようにみなされようが、この価値の図式の媒介によって焼き付けられれば、いつでも「有価値」事象となりうる可能性をかようなメタ価値概念の適用において示しうると、きわめて簡単に説明した。その場面は要するに図式の解明をおこなうことが求められていたからである。だが本来は逆なのである。石塊についての発話がなされ、そこに価値のことばの在り方を把握するには、われわれは価値の図式の媒介によってその発話が織り成されていることを洞察することが必要なのである。もちろん価値の図式は一種のモデル化であるから、見方によってはきわめて不充分であるかもしれないが、実際はどのような日常言語においても価値のことばの構造と動態性をあらわにするには、価値の図式の媒介が働いていることを、どのように理解するかが重要なのである。その意味では、メタ言語〈について〉のメタ言語としての日常言語つまり第三次性の言説に回帰する場面を、価値の図式論は有価値の現実構造と超現実構造の相関性において指示しているので、そのような連関をわれわれは想定して論じた方がより容易に理解できるのではないかと思われる。というのは、石塊についての発話が、典型的な場合として、「空価値」の図式が媒介している事態として本来的に受けとめるにも、メタ言語にかかわる事態をすでにふくむようなかたちで「物語」られている場合の方が、より分かりやすいといわざれをえないからである。別言すれば、ペールセンの言うように、実在と物語とを同時にふくみもつ「凝縮的で徹底的な実在」として把握することが、実際はもとめられているからである。図示での石塊の例は「空価値」の図式との関連だけで示されているわけであるが、石というものの在り方がきわめて多様であることを考えれば、価値の図式論全体で対応することがいつももとめられ、そこに現実性／超現実性を基軸として、価値のことばの重層的構造が示されるのである。それに先立ち、石塊の話を参考程度にそえておきたい。

或る「石ころの話」は次のように書き出されている。「石ははるか昔から人間にとって興味深いものでした。古代人は、深い考えもなく石を拾い、使用し、そして捨て去りました。しかしながら、経験を重ねることによって、ついには耐久性があり容易に鋭利になる石を、武器や道具として使用することを覚えたのです。また、さまざまな飾りとして用いるために、美しい石あるいは珍しい石を選ぶようになりました。美しい石には、特に好奇心をそそられたに違いありません。なぜ、赤や紫、オレンジ、黒、白、時には多くの色が混ざっている石が存在するのでしょうか？　なぜ、鈍く濁っている石と光沢があり輝いている石があるのでしょうか？　なぜ硬い石と軟らかい石が、また重い石と軽い石があるのでしょうか？　そしてこのような現象はいったい何を意味しているのでしょうか？　好奇心から生じた多くの想像はなんどもくり返されて、最後には伝説となりました」(50)。「今日、二十世紀の人びとも石を探し続けています。鉱物、岩石、化石、そしてまた、実際に使用するための石を探している人もいますし、趣味として石を探し求めている人もいます」(51)。「あまりにも多種多様の石があるので、とまどってしまうほどです。しかも、どんな色の石でも、またさまざまな色の組み合わさっている石でも、比較的簡単に見つけることができます。また、小さなエンドウマメくらいの石から、樽ほどの大きさの石まで、さらに、空想できる限りどんな形の石でも見つけることができます。そして、それぞれの石は、この地球上にただ一つしかないと確信をもっていえます」(52)。

　この陳述は実際は序の文なのではあるが、本来は石ころの話〈について〉の総括的な文ということができよう。すべては分かりやすい日常言語で述べられ、そこには価値のことばがそれこそ全面的に織り成されている。石ころという事態がいかに多様であるかを語りつつ、しかもそれぞれの石はこの地球上にただ一つしかないという確信にまでいたっている。この事態にこそ、「路傍の石」という表現で語られるように、「無価値」の代表のようにみなされながら、その石塊にこそ一つしかない価値がよみとられねばならない所以が開示されている。そこにわたくしが「空価値」の図式の媒介という超現実性をよみとろうとめざしている言説事態があるわけである。それは要するに、石塊という現実性が「空価値」の充実という超現実性と重ね合わされて把握されるという意味で、わたくしにとっては価値の図式のはたらきを欠くことができないということである。

　ペールセンはそこに石ころの「凝縮的で徹底的な実在」という「第三の次元」＝此岸世界の「形而上学的次元」をよみとり、その実在は両極に物語と実在そのものをふくむという。そしてそのような見方を「哲学的シュールレアリズム」というわけであるが、わたくしは第三次元の実在をもちだす仕方には疑問を感じざるをえない。わたくしはどこまでも第三次性の言説において受けとめることが基本と考えているからである。そのような場面において、実在の第三の次元をよみとるのではなく、価値の図式論のはたらきをよみとることによって、価値言説の現実性と超現実性の重層構造に向き合うことの方が肝要ではなかろうか。「哲学的シュールレアリズム」を超えることがもとめられる所以である。石ころの「第三の次元」が、彫刻作品の創造の場合や移民排撃の唯一無二の証拠品の場合であれ、無価値としての現実性と有価値の実現としての超現実性の重ね合わせとしての「凝縮的で徹底的な実在」なり「内在における超越」などと説くことはもちろん可能である。しかしわたくしは、「スーパーリアル」であろうがその意味合いは理解出来るが、どこまでも価値のことばの弁証法的構造をよみとることにとどまりたいと考えている。石ころの第三の次元ではなく、石ころの第三次性の言説において、「空価値」という価値の図式のはたらきをよみとることで、石ころをめぐる第三次性の言説の重層構造をあらわならしめることをもとめているわけである。単純化して言えば、石ころという現実性が、いろいろな意味で掛け替えのない価値をひめた石の超現実性をはらむ事態に、価値の図式の働きをよみとらねばならない。無価値の事象が有価値事象として表現される事態に、価値の図式の媒介をよみとり、その理論的な構想が価値の図式論にほかならない。価値のことばの弁証法的構造は、価値の図式論ぬきでは、現実性／超現実性の局面を欠くことになるので、十全に把握しえないといっても過言ではない。その意味で、価値の図式論をもう一度一瞥しておこう。

「非価値」の図式の例として空気が特記されているが、空気という現実性は、それこそそれを欠けば、人間のみならず多くの生命が存在しなくなるほど貴重な事態であるにもかかわらず、通常は無価値事象として取扱われる。このような事態にうつし出される現実性と超現実性の重なりのうちに、「非価値」つまり「価値に非ざる価値」という図式のはたらきがよみとれる。われわれは、無価値から有価値へさらに時に反価値への生成の場面を生成論としておさえ、その力動性のなかに構造論的な視野を開く。それを基本的に現実と超現実の対応構造とみなすかたちで、わたくしの価値図式論の構図が描き出される。この構造論において「空価値」や「非価値」は一般に自然性の言説事態にかかわり、人為性の言説事態には「没価値」や「超価値」の図式が働く。たとえば科学的営為は現実においては真にかかわり有用であるという意味で有価値事象であるが、理念上は価値にかかわらないことが要請される。宗教的営為は本来有価値事象であろうが、時に反価値事象のようにみなされながらも、理念上は世俗の価値にかかわらないことが要請される。「没価値」に科学、「超価値」に宗教を典型的な場合として例示した所以である。そこにはっきりと、科学〈について〉の、また宗教〈について〉

のメタ言語というかたちで、第三次性の言説において「没価値」や「超価値」の図式が働く事態が指示されている。

以上のような価値図式――「非価値」「空価値」「没価値」「超価値」――が非定立性の軸に位置づけられているのは、定立性の軸との対比関係において構想されているからである。この定立性の軸は、無価値から有価値へさらに時に反価値への生成にあたって、価値にかかわる人間の定立性の有無ないし強弱をうけとめたもので、「正―負」「順―逆」の表記にうつし出されている。「正価値」と「負価値」、「順価値」と「逆価値」は相互に照応しながら、現実性と超現実性の弁証法的構造をいろいろな言説においてあらわにする。まったくの一例にすぎないが、『歎異抄』の「善人なをもて往生をとぐ、いはんや悪人をや」[53]という言説は、親鸞の根本的な思想を吐露する表明語であるが、われわれがこの宗教言語〈について〉いろいろと物語ろうとする時、第三次性の言説において「正価値」「負価値」「順価値」と照応しつつ「逆価値」の図式がとくにつよく働く事態を洞察することができよう。一般の社会的な価値づけとしての善人や悪人という現実性に対して、悪人という超現実性を重ね合わせるところに、価値のことばの弁証法的構造がきわめてあらわに示される所以がある。

あまりにも簡略すぎて分かりにくいかと思われるが、価値のことばの弁証法的構造をあきらかにするために、価値の図式論をあらためて一瞥した。価値の図式論は本来構想力の立場ないし理論に依拠する。構想力の立場は構図構成の思考過程としてわれわれの価値問題探究を導きつづけてきたが、要するに、メタ・レベルにまでいたる概念構成をふたたび生活世界を基礎地平とする人間事象の現実性の場面に回帰させる理論的視座にほかならない。さきに「幻想と価値」をめぐって価値の図式の導出と解明を試みたが、それはカントの構想力の理論を受けとめて、価値の図式論として再生することをもとめたためである。価値の図式論なくしては、無価値―有価値―反価値をめぐる価値の生成のダイナミックスに対して構造論的に対応することができない。価値のことばの弁証法的構造は価値の図式論をふくむことで、科学言語、哲学言語、宗教言語、芸術言語〈について〉のメタ言語としての日常言語の世界に回帰する。まさしく回帰の弁証法である。日常言語は価値のことばとして価値の図式だけではなくその喩的構造においてもゆたかなひろがりをあらわにしている。より一般的に言語の図式論的構造と動態性がいまあらためて構想力の理論として言語学探究においてもとめられている。

ここ十有余年の認知科学の展開にともなわれて、認知言語学の知見があたらしい展開を開きつつあるように思われる。もちろん認知言語学の解明はどこまでも言語学的探究であり、わたくしの価値のことばの考察とはその学的探究において次元を異にすると言わねばならない。しかし問題にする言語事象にかかわりがないところに、たとえ次元の相異があれ、示唆の照応がおこるのはなにも恣意的なわけではない。今とくに注目したい点は、図式（スキーマ）に対する注視が認知モデルの重視とともに大きな示唆を示していることである(54)。図式やモデルへの注視が本来構想力の立場に由来するものであることをはっきりとおさえる時、わたくしの価値の図式論を組み入れた価値のことばの弁証法的構造は、より一般的には、言語のイメージ図式や認知モデルの理論的構造と対応しているといえるかもしれないからである。もちろん認知言語学の探究はむしろこれからであろう。これからではあるが、イメージ図式と認知モデルへの注視が構想力の立場ないし理論の構築とともに深められるであろうことは予想される。

今日すでに翻訳されているM・ジョンソンの著作がもっともまとまったかたちで、イメージ図式論と構想力理論の相関性を十分おさえて、意味と理解と合理性をよりゆたかに説明することをもとめている(55)。その後十年どれほど理論的解明が押し進められたか、わたくしは十分フォローしてはいないが、その構想はすでにそこに十分示されている。図式構造による意味の創発、意味の制約としてのゲシュタルト構造、イメージ図式のメタファー的投射、そして図式は意味、理解、合理性をどのように制約するかにわたって、三十有余の基本的図式をあげて、われわれの言語と認知の在り方をあきらかにしようともとめている。しかも構想力（想像力）の理論に向かって正しい定位をおこなっている。

認知言語学においては実証性が重視される以上、より原初的な図式やモデルが言語を介して人間の認知活動において重要な役割をはたしていることに注目する。その意味で原初的な図式やモデルがむしろ身体性とふかくかかわることを実証することにかたむいている。だがわれわれの価値のことばの考察は、回帰の弁証法であきらかにされるように、きわめて高次なメタ言語のレベルにいたることが不可欠なのである。生活世界をコンテキストとしてはじまる日常言語の世界は、広義のメタ言語の世界までたかまって、第三次性の言説とともに反省的メタ意識のレベルに回帰する。価値のことばの弁証法的構造の開示がもとめられる所以である。

3　価値のことばの総態的動態性

価値のことばの総括

われわれは価値のことばの弁証法的構造をあきらかにすることによって、価値のことばの論究はいよいよ最後の総括にいたるとともに、その総括の開く新しい地平を展望する段階に入る。価値のことばの弁証法的構造とは、ありのままの言説主体の定位と対応する価値言説の在り方を構造的にあらわならしめることにほかならない。まずその対応性において〈回帰の弁証法〉が描き出される。それは言説の第一次性、第二次性、第三次性に対応して、言説主体の第一次性、第二次性、第三次性の相関性をよみとることであり、特に言説主体の第二次性は非反省的メタ意識として、その第三次性は反省的メタ意識としてメタ意識の視野を開くことがきわめて肝要なポイントであった。かくして第一次性から第三次性へと回帰する、人間の言語活動のダイナミックスを、その循環のスタイル（様式）として〈回帰の弁証法〉と集約するわけである。

〈回帰の弁証法〉という様式で言説主体と言説の在り方との相関性が描き出されるということは、要するに、言語の階層性・位置性ないし自己反省性にもとづく階層間関係性の総態的で動態的な開示にほかならない。ところが、現実に生起する実際の言語事象はそのような意味における階層性などまったくないかのように重層的に展開するのであるから、さらに価値のことばの弁証法的重層構造をあらわならしめることが、どうしてももとめられることとなる。そこでわたくしは、G・レイコフとM・ジョンソンの『われわれが生きている隠喩』を手引きにして、もっとも簡潔なかたちで、日常言語の在り方を、日常性と非日常性、正常性と異常性という、多次元的ないし多重的現実構造の二つの核心に焦点をあわせてあらわならしめたわけである。特定の文化におけるもっとも基本的な諸価値はその文化におけるもっとも基本的な概念の隠喩的構造と整合するという彼らの仮定をうけて、さらに価値のことばの重層構造をあきらかにする時、われわれはいかに日常言語が実は基本的な図式なりモデルを介して重層的に構成されているかを容易に理解することができる。それはもっとストレートに多次元的ないし多重的現実構造においてさらに現実性と超現実性というもう一つの核心にまで迫ろうとする時、ペールセンの「哲学的シュールレアリズム」の言説を参照しつつ問いつめてみると、彼のもとめる「凝縮的で徹底的な実在」という「第三の次元」の在り方が、わたくしの重視する価値図式論から問い直されることによって、構想力の立場ないし理論がいかに肝要であるかということが価値のことばの弁証法的構造においてあらためて開示される。かくして、構想力の立場において、G・レイコフやM・ジョンソン達の認知言語学的探究におけるイメージ図式と認知モデルへの注視の重要さが、われわれの価値のことばの解明によって正しくうけとめられねばならないことも提起されたわけである。以上のように価値のことばの弁証法的構造があきらかにされたことをうけて、いよいよ価値のことばの総括にいたる。

価値のことばをその総態的動態性において総括して、次の探究のあらたな段階と地平に立つことにしよう。

さて、わたくしの価値哲学基礎論の第II部を価値のことばの解明として押しすすめてきたわけであるが、そもそもわたくしが〈価値のことば〉と総称している事態とはなにか。言語記号学の三分法をまず介して言えば、構文論と意味論との基礎としての言為論を基底とする次元におけることばを、文字通り基底として、〈回帰の弁証法〉における言説の第一次性からはじまることばのことである。したがって、言説の第二次性、第三次性との関係において、実際はダイナミックに展開することばのすべてにほかならない。いまあらためてなぜ〈価値のことば〉と総称するかをその基点においてふりかえってみると、大きくは三点に集約してもよいであろう。第一に、〈価値のことば〉と〈事実のことば〉という二元的な分離論を前提するのではなく、むしろ前提的には〈価値〉と〈事実〉とがまさに非分離の姿で立ち現われる言語事象にまず向き合うことをもとめた。第二に、生活世界＝コンテキストにおいてことばがその発話場で実際に発話される限り、そのコンテキストこそ基礎地平であり、そこを基底にして言説はダイナミックに展開する。その言語事象はまさしく価値事象の展開である以上、〈価値のことば〉以外のなにものでもない。そして第三に、ことばは本来的に言為論を基底とする次元において生起する。J・オースティンは「全言語状況における全言語行為が唯一の現実的な現象である」と簡潔に述べているが(56)、彼の言語行為論を認めるか否かとはかかわりなく、わたくしには物語行為＝事象こそ言為論的生活世界における言語行為＝事象の基本形態と解される。物語行為＝事象を基本形態として日常言語の展開を把握しようとする立場からは、具体的言語状況における言語行為のすべてのことばは〈価値のことば〉と総括するのがふさわしいように思われる。

以上のように、その基点においてあるいはそこから〈価値のことば〉と総括がなしえたがゆえに、一貫して〈価値のことば〉の展開を解明しようともとめてきたわけである。かくしてその全貌がほぼあらわとなったのではあるが、ここでこんどはあらためて、かように多様に織りなされて展開する〈価値のことば〉の在り方を前にして、逆にそこに貫通している〈価値〉とは一体どういう基本事態をあらわしているかを、その総態的動態性において振り返えることが是非必要なように思われる。もちろん〈価値のことば〉と総括する以上、その〈価値〉はあらゆる〈価値〉にかかわりうるわけであるから、〈値がないもの〉つまり〈無価値〉でないものはすべて〈価値〉に組み入れられうるということができる。こんな言い方は言語上のきわめて形式的な区分けによる、またきわめて形式的な言い方にすぎないので、実際はなにも語ってはいないというのと同じかもしれない。ところで、これまでのわれわれの考察においては〈価値のことば〉は生活世界＝コンテキストの発話場からはじまって諸々の階層間関係性をダイナミックに開示しつつ、メタ次元をいく重にも含む意味で高次化する事態をあきらかにしてきた。実際われわれは哲学的ないしメタ哲学的考察をおこなっているのであるから、そこには科学言語、論理言語、哲学言語やさらには宗教言語、芸術言語などがいろいろと重なり合ってあらわれる事態を当然の問題としてきた。このようなかたちで〈価値のことば〉がそれこそ人間の言説活動のすべてを重層構造的に貫き通していることがあきらかだとすれば、あらためてわれわれの前に突きだされる問いは、結局、次のような二つにしぼることが出来るのではなかろうか。この二つの問いがまさしく〈価値のことば〉の総態的動態性への問いを構成する。

まず第一の問いは、〈価値のことば〉がその基底のコンテキストをこえて高次化していく時、その高次の事態は一体どこまで、その基底にこめられている〈価値のことば〉の性格を保持しつづけているかという問いである。換言すれば、このようなことばの高次化において保持される〈価値〉は一体どのような性格において把えられるべきであろうかという問いである。分かりやすく言えば、基底における〈価値のことば〉と高次元における〈価値のことば〉の相互関係において、その各々の〈価値〉は一体どう関係性を保持しているのか。なにかトートロジー（同語反復）のようにきこえるかもしれないが、要するに、両者の間に存する抽象度ないし一般性の度合の差は、〈価値〉をめぐってどのような関係性を示しているかという問いである。ただ誤解されてはならない点は、この〈価値〉の性格というのは個々の価値言説の高次な内容に関することではないということである。この問いは、端的に言って、言語〈行為〉ないし〈事象〉としての〈価値のことば〉が、抽象性ないし一般性の高次化というその総態的動態性において、どういう仕方で自らを開示しているかという問いにほかならない。要するに、〈回帰の弁証法〉において、〈事象としての価値〉というものの在り方が問われるのである。その意味で〈事象としての価値〉の総態化というような言い方で集約することができよう。

第二の問いは、言語の一定の科学的理論のレベルにおいてある程度公認される見方として、それは周知のようにソシュール理論に依拠するものであるが、言語より限定してラングが〈価値の体系〉といわれる時、一体〈価値の体系〉と〈価値のことば〉とはどのようにかかわり合うかという問いである。別言すれば、〈価値のことば〉と総括される際の〈価値〉と〈価値の体系〉といわれる際の〈価値〉とはどういう関係を示すかという問いである。この第二の問いは、むしろ一見まったく異なった事態と意味で語られている〈価値〉という言い方の相互関係をいかに問うかということにほかならない。言語ないしラングが〈価値の体系〉といわれる時、本来的に言えば、その〈価値〉は〈体系〉と結合してはじめて考えられるわけであるから、その意味において〈体系としての価値〉といってもよいであろう。〈体系〉と〈構造〉とはまったく異なる意味に介される時もあるが、今は交換可能な術語として用いることが出来ることとして、なにも厳密に考える必要はないので、わたくしは〈構造としての価値〉という言い方をしたいと思う。それはまさしく、〈事象〉と〈構造〉というきわめて根本的な関係問題とおなじように、ここで〈事象としての価値〉と〈構造としての価値〉との関係が、結局、〈価値のことば〉の総態的動態性において問われることである。この二つの問いを問うことが〈価値のことば〉の総括をおこなうこととなるゆえんである。

〈事象としての価値〉の総態化

繰り返し述べてきたように、言説の第一次性において、〈価値のことば〉とはどこまでも言語〈行為〉ないし〈事象〉としてのことばであり、まさしく基本的には言為論的生活世界＝コンテキストの発話場において現に発話されていることばにほかならない。このようなコンテキストにおいて、言語行為がその外的条件や随伴事象とともに遂行される限りでの〈価値のことば〉は、どこまでも基底事象としての〈価値のことば〉なのである。われわれはこの基底事象からはっきりと出発していくことがもとめられる。この基底事象が生起する地平が言為論的基礎地平である。言為論的基礎地平とは、まさしく行為と事象と言語とが相互に組み込まれて形成される、文字通り実践的で複雑な関係性の世界であり、決して対象世界ではありえない。言いかえれば、「考え」「話し」「行う」ことが同時に「生起する」世界であり、「歴史の構図」の根源からみれば、「ありのままの事象」と「イデアールなありのままの記述」とが完全に一体化している世界なのである[57]。このような言為論的生活世界においては、われわれは「物語」で「考え」「話し」「行って」いると、端的にいうことができる。言為論的基礎地平ではすべてのことが言語行為とともにうけとめられねばならないが、その言語行為の基本形態が〈物語行為〉なのである。そもそも〈ものがたり〉ぬきでは、原初的にこの地平で「考え」「話し」「行う」ことはできないからである。ということは、われわれ人間が最初におこなう発話は、もっとも極端なかたちで考えて、たとえ一語文の発話でも、その発話状況というコンテキストと語られない暗黙のコンテキストにおいてうけとめられる限り、〈ものがたり〉にほかならない。なに〈ごと〉ないし〈もの〉が〈かたられる〉ことなしには、いかなる発話もなしえないからである。そこでは、すでにある程度の時間経過のなかにおかれており、したがってそのコンテキストのなかにある〈ものごと〉の間に関連がつけられているがゆえに、いかなる発話も物語行為としておこなわれ、物語行為＝事象として生起する。

このような物語行為＝事象として生起する言説の第一次性において、日常言語が文字通り基底言語として用いられ、時には相当に高度な込み入った会話の世界が開かれる。会話への注目は、理論的な考察という点では、H・P・グライスの『論理と会話』（一九七五）(58)を画期としてはじまったと言いうるとすれば、理論的関心というものがいかに言為論的なレベルのことを軽視ないし無視してきたかは、むしろ〝驚嘆〟に値することではなかろうか。その意味では、古典ギリシアにおける論理の探究以来一九七〇年代という、〈近代〉学的パラダイムの大転換期にいたるまで、言為論的生活世界＝コンテキストという基底を無視したかたちで言語問題が取り扱われてきたということは、むしろおどろくべき学問探究のエリート性ないしはカースト性を物語っているというべきかもしれない。実はその淵源をたどれば、ヤスパースのいう「枢軸時代」の精神革命ないし宗教哲学革命において、最高次の価値観念の〝原型〟が形作られ、それ以降この価値基準に準ずるかたちで学問探究がなされてきたことに、かような蔑視の固定観念がむしろ自明な前提となってしまった因があったのかもしれない。かような歴史事情はともかくとして、われわれはまず言為論的生活世界＝コンテキストにおいて物語行為＝事象を基本形態とする言語行為の地平に立って、基底事象としての〈価値のことば〉をその基礎地平においてはっきりと確認しなければならない。その時、この〈価値〉の〈値〉はそれこそきわめて多種多様であろうが、ややアットランダムに一般化して取り出せば、〈状況値〉〈立場値〉〈行為値〉〈態度値〉〈談話値〉〈機能値〉など、それこそいかようにでも集約することが出来るであろう。それらが文字通り〈事象としての価値〉を充実するものにほかならない。別言すれば、このようなコンテキストにおける〈価値事象としてのことば〉つまり〈価値のことば〉こそ生きたことばにほかならない。

それでは一体このような〈事象としての価値〉が、発話場＝コンテキストを超えていくより高次の〈価値のことば〉に対してどこまでその価値性格を保持していくのであろうか。それは別の言い方をすれば、基底事象として示された〈価値のことば〉が〈事象としての価値〉の価値性ないし事象性をどこまで保とうとしうるかということにほかならない。実はこの点こそ、言語の「透明性」と「不透明性」という根本的な問題をめぐる、言語観の基本対立の根幹にかかわる問いなのである。要するに、〈価値のことば〉が高次化しても〈事象としての価値〉性を保持しつづけるという見方は、言語の「不透明性」を重視する考え方だからである。実際は言語の「透明性」に依拠する言語観こそが、今日まで正統な位置を占めてきたわけであるが、最近やっと言為論への注視が会話の重視とともにたかまるにつれて、この正統的な立場に対する批判として、それなりの問題性と重要さを提示しつつあるというのが、言語論の現状であろう。

言語の透明性とは、分かり易く言えば、言語というものはそれが表現するものつまり表現内容ないし意味内容を伝えるものであるから、その発話場＝コンテキストとそこにねざすメディアからは切り離されて透明となり、ちょうど太陽のひかりがガラス窓を透すように、意味内容だけが言語の事象性にはなんらさまたげられることなくうつし出されるという考え方である。たしかに発話の原初性は言説の第一次性にとどまり、それをこえて言説の第二次性にいたれば、時に言語のメタ言語性があらわとなる。その点を純粋の類型として打出したものが、科学言語、哲学言語、文学言語などの、いわゆる広義のメタ言語にほかならない。実際現実においても、言説の第二次性にいたれば、「他者措定」の言説である以上、言説はかぎりなくメタ言語を組み込んで高次化しうるわけである。なにも科学言語なり哲学言語だけを切り離して孤立化させる必要はない。そのような孤立化をなしうるのは要するに純粋な典型の場合にすぎない。実際は言説の第二次性においては、他者との対立関係において高次の言説が多様なメタ言語を組み込んできわめてダイナミックに展開するので、科学、哲学、宗教、文学、芸術など、すべての知的言説がここで繰りひろげられるといっても言い過ぎではない。そのためか、言説の第二次性こそが基本であり、さらには第二次性の言説だけに自足するような考え方がむしろ正統な立場となってしまったのである。だが実際は言説の第二次性のレベルで高次の言説を戦わすスペシャリスト達の間においても、それぞれの科学言語や哲学言語〈について〉分かり易い言い方で時に比喩的に語ることがもとめられ、メタ言語としての日常言語の世界が開かれている。実はこれが言説の第三次性の次元であり、言説の高次化というものもつねに〈回帰の弁証法〉を超越してしまうものではないことを忘れてはならない。

そこできわめて卑近な一例を想定して考えてみよう。なんでもよいのではあるが、「三角形の内角の和は二直角に等しい」というユークリッド幾何学の命題を例にしてみよう。この命題は基本的には言説の第二次性におけるメタ言語による命題である。言語の「透明性」を支持する正統的な立場にとっては、この命題は要するに命題内容だけが関心の的となり、いかなる発話場＝コンテキストもまたこの命題が組み込まれるいかなる文脈＝コンテキストも完全に切り離されて文字通り透明となり、ひたすら永遠に妥当する真理の命題にほかならない。ところがわれわれからみると、普通典型的な仕方で言説の第一次性を開く場面は、小学校などではじめてこの命題が教えられる際、三角形の図を黒板に描きながらいろいろと説明される場合であろう。その場合の多様な在り方を示すのに、「三角形$_{1\cdots n}$の内角の和は二直角に等しい」と表記することにしよう。これはトークンとタイプという、パースによって提示された区別の関係と解することが出来る。つまり「三角形$_{1\cdots n}$の内角の和は二直角に等しい」はトークンであり、「三角形の内角の和は二直角に等しい」はタイプである。タイプという形で純粋に打ち出された命題が、まさしくメタ言語としての科学言語だけでその意味内容のみが透明に示される幾何学的命題である。トークンという形でその発話される現場におりたってみる時、この幾何学的命題さえそのコンテキストとその時々のコンテキストで色付けられたきわめて不透明な言説の在り方として、多様な〈事象としての価値〉を孕んだ言説の第一次性の存在価値様相を呈示することは言うまでもないことであろう。

　たしかに言説の第二次性において純粋な典型として透明にうつし出された幾何学的命題は、一見多様な〈事象としての価値〉を捨象し去ったかにみえるかもしれない。それはたしかに透明な形で〈永遠の真理〉を表出しているかのようにみえるが、実はユークリッド幾何学という領域だけを純粋に切りとる人間の知的操作によっていることである。言説の第二次性においては本来他者との対立関係が開かれている地平であった。実際非ユークリッド幾何学という他者を介して、三角形の内角の和が二直角より小さい、いわゆるロバチェフスキー空間や、逆に二直角より大きい、いわゆるリーマン空間に関する命題が組み込まれてこそ、言説の第二次性という次元の本来の意味が充実する。そのようになれば、対立関係をめぐってなんらかの意味で第三者が介入することによって、われわれは言説の第三次性のレベルにいたることができる。その次元においてわれわれは、第二次性のレベルにおいて捨象された諸々の〈事象としての価値〉をあらためてふたたび問い直すことをもとめられるのではなかろうか。その意味で、言説の第三次性のレベルに回帰することによって、〈事象としての価値〉という性格を保持する可能性は十分に残されているわけである。

　言説の第一次性、第二次性、第三次性という〈回帰の弁証法〉の在り方は、もちろんモデル化ないしモデルの造型として打出されたものである。〈価値のことば〉の展開は、言為論的生活世界における発話場＝コテキストの現場からはじまる。この基底事象としての〈価値のことば〉の第一次性をはっきりとおさえて考える時、そこに表現される〈事象としての価値〉がいろいろな意味の〈値〉として示されうることは言うまでもない。問題は言説の第二次性において「他者指定」の言説がコテキストを超えて高次化する点にあった。それは抽象化ないし一般性の度合いの上昇によってはかられる。実際この第二次性において抽象化は最高次にまでいたりうる。第二次性において抽象化が最高次にまでいたるという時、コージブスキーに由来する一般意味論の抽象の梯子のモデルが一番分かりやすいかもしれない。それは日常言語を科学言語に連結するかたちでモデル化しているからである。だがその意味では結局科学一元論的なかたちで抽象化のレベルが構想されているので、そのための偏向を見直すことが必要であろう。

わたくしは以前「禅のコトバと一般意味論」(59)において、禅のコトバという宗教言語を手掛かりにして、一般意味論における科学言語の抽象化ないし一般化の一元的モデルを批判的に問い直したことがある。この問い直しにおいて、第一次言語と第二次言語という表現で示したことは、いまのわれわれの問題レベルで言うと、言説の第二次性における宗教言語の在り方のなかでの問いだということである。一般意味論においては、科学言語をモデル化する意味で、文字通り第二次性において抽象の高次化が示されている。ところが抽象のレベルの非言語レベルから言語レベルへと一貫して高次化するので、非言語レベルと言語レベルの境界線上においてのみ、第一次性の地平が開かれているのだと言わざるをえない。ところが、禅のコトバで示される宗教言語においては、科学言語の在り方とはむしろ逆になるような在り方を示す。それは、第一次言語と第二次言語を宗教言語のうちに組み入れることがもとめられるからである。わたくしは第一次言語を、宗教家の宗教体験を直接的に表出するものとして、「表明語」とよぶ。そして第二次言語を、そのような宗教体験を説明する語として、「照明語」とよぶことにした。このような呼び方は今はどうでもよいのではあるが、この二つの言語によって言説の第二次性における宗教言語の展開がなされると考える。その場合きわめて日常言語に近い形で説明がなされる照明語の在り方と、また日常言語で深い宗教体験を表出する表明語がある。その両者が映し合うような形で宗教言語の抽象性はたかまるのであるが、それは科学言語のように一方的に高次化するわけではない。むしろ抽象化はいつも具体化と引き合うかたちで第一次言語と第二次言語のからみ合いによって、高次化の抽象度は上下するのである。その意味では典型的には抛物線を描き出すということができる。言説の第二次性のレベルにおいて、科学言語も、かような宗教言語の在り方から見直してみると、決して一方的に抽象化をたかめるわけではなくて、抽象性をひくめる運動と上下運動を繰り返すことによってダイナミックに展開しているのだということが出来よう。実はそれ故にこそ、言説の第三次性へと回帰することが、むしろ第二次性のなかに仕組まれていて、ある意味では無理なくおこなわれるのだということができるのではなかろうか。〈事象としての価値〉が第一次性から第三次性へと可能的には保持されて、その総態化を語りうるゆえんなのである。

〈価値〉の相関性において

基底事象としての〈価値のことば〉は、発話場＝コテキストにおいて、その基本形態を物語行為＝事象として開示しながら、言説の第一次性のひろがりをダイナミックに展開していく。その意味において言為論的生活世界におけるすべての言語行為にともなうことばである。それはもっとも具体的なレベルにおけるトークンとしてはじまるというふうに言えよう。そこであらためて卑近な任意の一文を手掛りに、（これはどこまでも便法にすぎないのであるが、一般的に論ずると長くなるし分かりにくくなると思われるので）一例から一般的な在り方を喚起する、いわば喚喩的な説き方ですすめていくことにしたい。

「私は君に贈り物をする」という文は、それ自体では一文にしかすぎないが、具体的な発話場で適切な状況のもとで発せられれば、具体的な場面でのトークンとなる。そこでそのような具体的なコテキストなり暗黙のコテキストをすべて組み入れた場合を、次のように表示することにする。「私$_{1…n}$は君$_{1…n}$に贈り物$_{1…n}$をする」$_{1…n}$、このような1…nという表記を付することによって、具体的なトークンとして発話される多種多様な談話態を表示しようというわけである。それに対して「私は君に贈り物をする」という文はタイプにほかならない。もちろんこのタイプは、具体的な場面を前提とするトークン反照性を内包しているからこそ、発話される時そのときどきのトークンとして現成するわけである。それゆえ、タイプとトークンの関係は、トークン反照性をもとにしてその発話が適切か否かないし誠実か否かなどが問われて、文字通り〈価値のことば〉たるゆえんをあらわにする。その意味で、言為論的生活世界は基底事象としての〈価値のことば〉で開かれる基礎地平なのである。

ところで、繰返し指摘したように、〈価値のことば〉は、言説の第一次性のレベルにおいても、このような単文でなくいくらでも複雑な文で綴られる日常言語の事態である。だがいまはそのような事態を問うのではなく、そこから超え出ていく〈価値のことば〉の総態的動態性が問題なのである。つまり〈価値のことば〉の高次化を問い出すことをねらいとしている。そこでわれわれは言説の第二次性のレベルにおいて抽象化する在り方は言語理論的言説の典型的なかたちで追求してみよう。「私は君に贈り物をする」という文は、「私$_{1\cdots n}$は君$_{1\cdots n}$に贈り物$_{1\cdots n}$をする」という個々のトークンに対してはどこまでもタイプである。だがそこでこんどは函数を使って函数命題をつくると、「xはyにzという贈り物をする」という命題をタイプとおけば、「私は君に贈り物をする」はそのトークンとなる。このような関係のトークンとタイプは相関概念であるから、われわれはこの相関概念を手引きにして、言語理論的言説が〈について〉というメタ言語性において展開するさまを形式化することが出来るであろう。そこでわれわれの例文〈について〉の言説として文法的言説の記号的表示をとり上げれば、初歩文法的にはS+V+O+Oとか NP+VP+NP+NPなどとなり、それでも後者の記述からチョムスキーの生成文法の枝分れ図にはもう一歩のところにすぎない。かくして、チョムスキーの『構文論的構造』(一九五七年)(60)に象徴されるような、言語理論的言説による第二次性における抽象化の言説が展開されるわけである。それはちょうど一般意味論の描く「抽象の梯子」を上昇するのと同じようなイメージとなる。その意味でわたくしも「上昇線」という言い方で形象化するが、それは基底事象としての〈価値のことば〉を基点として、言説の第二次性においてより高次化して抽象的なレベルを上昇する方向性のイメージの一事例にほかならない。この上昇線の方向性において、先に示した第二の問い、つまり〈価値の体系〉といわれるものと〈価値のことば〉とはどのようにかかわり合うかという問いがおのずから浮び上ってくる。

われわれはトークンとタイプという相関的な概念装置を用いて、基底事象としての〈価値のことば〉からその発話場＝コテキストを超え出して高度に上昇していく方向性を描き出した。SVOやNP+VPなどの表記をもって初歩的な次元でタイプを描くことも、実は高次の文法理論や言語理論が構文論としてやはりタイプを手掛りにより普遍的な構文構造を描き出そうとする事態へと貫通している。この構文論をいまかりにチョムスキーの標準生成文法理論で考えるとすれば、その構文構造はコンピタンスにかかわる一切をパフォーマンスから分離し、さらに基本的に一切の意味を排除して抽象化の相のもとで構成される。語彙項目《レクシカル・アイテムズ》と文法項目《グラマティカル・アイテムズ》を下位区分としてもつ形式素《フォーマティヴズ》と範疇記号《カテゴリ・シンボルズ》とから、もっとも単純化してのことだが、文の深層構造《ディープ・ストラクチャー》を析出して、その構造が文を生成するとみなすのである(61)。このような構文論上の構文の提示は、きわめて抽象度のたかいタイプの設定である。

一般に、言語理論的言説は、科学言語を基本とするより高次な次元から、逆にいわば下降して、もちろん言説の第二次性のレベルにおいてではあるが、次第に抽象度をさげて意味論へ、そしてさらに語用論へといたろうとする。繰返すが、それらはすべては言説の第二次性のレベルにおける営みである。言語学の科学的操作にとってはどこまでもタイプと構造とがその関心の核心であって、言説の第一次性におけるトークンやコテキストおよびコンテキストそのものは関心のそとにある。

ここで第二の問いに答える前に、いまおこなっている考察の仕方について反省しておくことが是非必要なように思われる。タイプとトークンという相関概念を自由に利用して、〈価値のことば〉の総態的動態性への問いを開いたが、この概念ではすでにそれなりの科学的操作がほどこされている概念装置である。したがってわれわれはこのような概念装置を用いることによって、言語考察の二重化された場面に直面する。言語についての考察は、それがいつも〈について〉という自己言及的性格をもつことによって、科学的概念装置で把えられる以前の事態と以後の事態とをまず自覚することが肝要である。それが二重化のもとにあることにほかならない。それゆえ、発話場＝コテキストで生起することばの在り方と、タイプやトークンなどというような概念装置によって把捉されたことばの在り方とは、たとえ同じ事態であってもはっきりと識別しなければならない。それぞれ「第一次表示の相」と「第二次把捉の相」といい、それぞれをはっきり識別した上で関係づけることがもとめられる。ところが、哲学的ないしメタ哲学的な反省においてはそれだけにとどまるわけにはいかないのである。その反省は、科学的概念装置で把捉された相に対してもはっきりとした対象化つまり〈について〉のメタ言語的批判の瞳を向けねばならないからである。その意味において「第三次洞察の相」を自覚化することが必要である。結局、われわれはこの三重の営みが同時になされるかたちで、この考察をおこなっているのだと言わねばならない。言語批判の方法によるゆえんである。

この三重の相はいまなされているわれわれの言語考察の在り方についての手引きである。一見〈回帰の弁証法〉と類似しているように感ずるひともあるかもしれないが、そうではない。〈回帰の弁証法〉とは、端的に言えば、第三次洞察の相において描き出された、言説と言説主体の関係事態のモデル化である。したがっていまなされているわれわれの言語考察は〈回帰の弁証法〉を前提としてなされているが、それだからこそ当然〈回帰の弁証法〉の展開ではない。この言語考察は〈回帰の弁証法〉を前提として展開されているので、第一次表示の相、第二次把捉の相、第三次洞察の相という三重の相を識別しつつ関係づけて語ることがもとめられている。

いま第三次洞察の相で考察を展開している以上、第一次と第二次の相を相互に識別しつつ関係づけることが不可避のことだからである。かくしてはじめて〈価値の体系〉と〈価値のことば〉のかかわりを問う視座が開かれる。

さてわれわれは〈価値のことば〉の高次化をトークンとタイプという概念装置を利用して、チョムスキーの標準生成文法を一事例として念頭において考察した。つまり構文論的言説という言説の第二次性において高次化的に抽象化しうる事態を考察することによって、〈価値の体系〉にかかわる第二の問いに直面しうるところまできていた。コンピタンスとパフォーマンスを厳格に分離して論じたチョムスキーに先立って、ラングとパロールを区分しラングを〈価値の体系〉として提示したソシュールの問題が、そこにある。ラングの概念はいろいろな意味合いがこめられているが、言語考察に対するいわば方法論的反省という考えからみれば、ラングという概念の基本的ポイントは、ラングという科学的概念装置によってその第二次把捉の相において第一次表示の相にあるラングの具体的な在り方を集約した点にある。要するに、第一次表示の相にあるラングは、社会制度としての、人間の潜在的言語能力ないしコミュニケーション能力が生み出した歴史的産物にほかならない。この所与としてのラングが第二次把捉の相において把えられる時、このラングという科学的概念装置によって〈価値の体系〉としてのラングがうつし出され、むしろこの科学的概念装置そのものが記号学的価値体系としてのラングを表示しているのである。いまのわれわれの第三次洞察の相における考察にとっては、第二次把捉の相にあらわれる〈価値の体系〉としてのラング、あるいはラングとしての〈価値の体系〉が問題なのである。

ソシュールの言語理論において〈価値の体系〉についての言説が述べられたことは、ここに基底事象としての〈価値のことば〉に対して抽象度の高い言説が提示されて、おのずからその相互の関係が問われねばならないことであった。〈価値の体系〉としてのラングについてのポイントは次のように集約できよう。まず第一に、全体的な〈体系〉の方がいまや言語を考察する際の出立すべき前提となっていること、そして第二に、この全体的な体系としてラングが把捉されて〈価値の体系〉と定位されること、最後にその根拠は記号がその価値を差異のみに負うからである。このような言語理論的言説は全体的な体系を前提において、そのゆえに示差的な価値というミニマムな単位をよみとることが可能となるという意味で、きわめて抽象度の高い言説と言わねばならない。はっきり分かり易く言ってしまえば、全体の方が予め前提的に定位されるのであるから、むしろ最高次元における言説として位置づけられるといっても過言ではないのではなかろうか。

〈価値の体系〉としてのラングとは、前提として開示される体系のなかで、その価値が示差的な価値、私流にいうと差異＝価値としてよみとられることによって理論的に打ちかためられる意味で、〈体系としての価値〉として差異＝価値を洞察することが可能である。先に指摘したように、ここでは〈体系〉と〈構造〉とを互換可能な概念とみなしてもよいと考えられるので、〈体系としての価値〉を〈構造としての価値〉と言い換える。構造なり体系なりが把捉されるにはどうしても差異の関係の前提として全体的なるものを洞察することがもとめられるので、言語理論的言説は抽象度をたかめることとなる。その意味で、〈価値の体系〉としてのラングについてのソシュールの理論的言説は最高次元に近いかたちでその構造の把捉をもとめたものということが出来よう。第三次洞察の相において反省がなされてこそ、言語考察は言語批判の方法に導かれて科学言語の在り方を位置づけながら科学批判的に第二次把捉の相を開示しうるゆえんなのである。

そもそも体系なり構造についての理論的言説は最高次元の方からしか基本的には示しえないのではなかろうか。それは一つの基本的なアナロジーによる対比をなすことによって容易に理解出来る。理論物理学の物質の構造の場合との類比である。簡潔にいって、物質の原子構造つまり原子核、素粒子、クオークなどの微視的構造が量子物理学においてきわめて抽象的につまりもっとも高次なレベルの理論的言説によってしか示しえないということとアナロジカルだということである。物質の原子構造自体が抽象的なのではない。それと同じようにラングそれ自体が抽象的なものではない。第一次表示の相におけるラングは、それぞれ具体的な〈物質〉と同じように、具体的な社会制度としてそれぞれの母語の体系としてあらわれるが、それ自体としては把捉されえない。そこでどうしても第二次把捉の相において科学理論的〈価値の体系〉としての〈本質上〉ないし〈形相上〉で構成され、原子構造の場合と同じように、抽象化されて最高次の言説の〈構造〉としてうつし出されるのである。このような〈抽象的構造〉と〈具体的構造〉とのいわば逆観的な対応を、わたくしは「鏡の構図」とよんで定式化している。要するに、最高次の構造としての示差的価値体系というものはもっとも基本的な単位のごときものを想定して示す以外にはなしえないので、これも量子力学と同じように、その単位がなにもアプリオリに実在のなかに見出せる実体などではないところに、ソシュールをして徹底的になやませつづけたゆえんが存しているわけである(62)。

かくしてかような高次の構造として把捉された〈価値〉が、基底事象として基底から生起する〈価値のことば〉の〈価値〉とどうかかわり合うかという問いは、おのずから解決の方向性を呈示しているようにみえる。〈価値のことば〉は言説の第一次性から発して第二次性までその〈価値〉の性格を保持しえた。それが〈事象としての価値〉にほかならない。ところで、言語理論のあらゆる言説は言説の第二次性のレベルにおいてその高次化の相に組み入れられるので、そこに把捉された〈価値〉は〈構造としての価値〉にほかならない。この二つの〈価値〉の相関性においてどのように〈価値のことば〉の総態的動態性を洞察しうるかが、第二の問いの解決の方向性を開示しているのではなかろうか。

鏡の構図

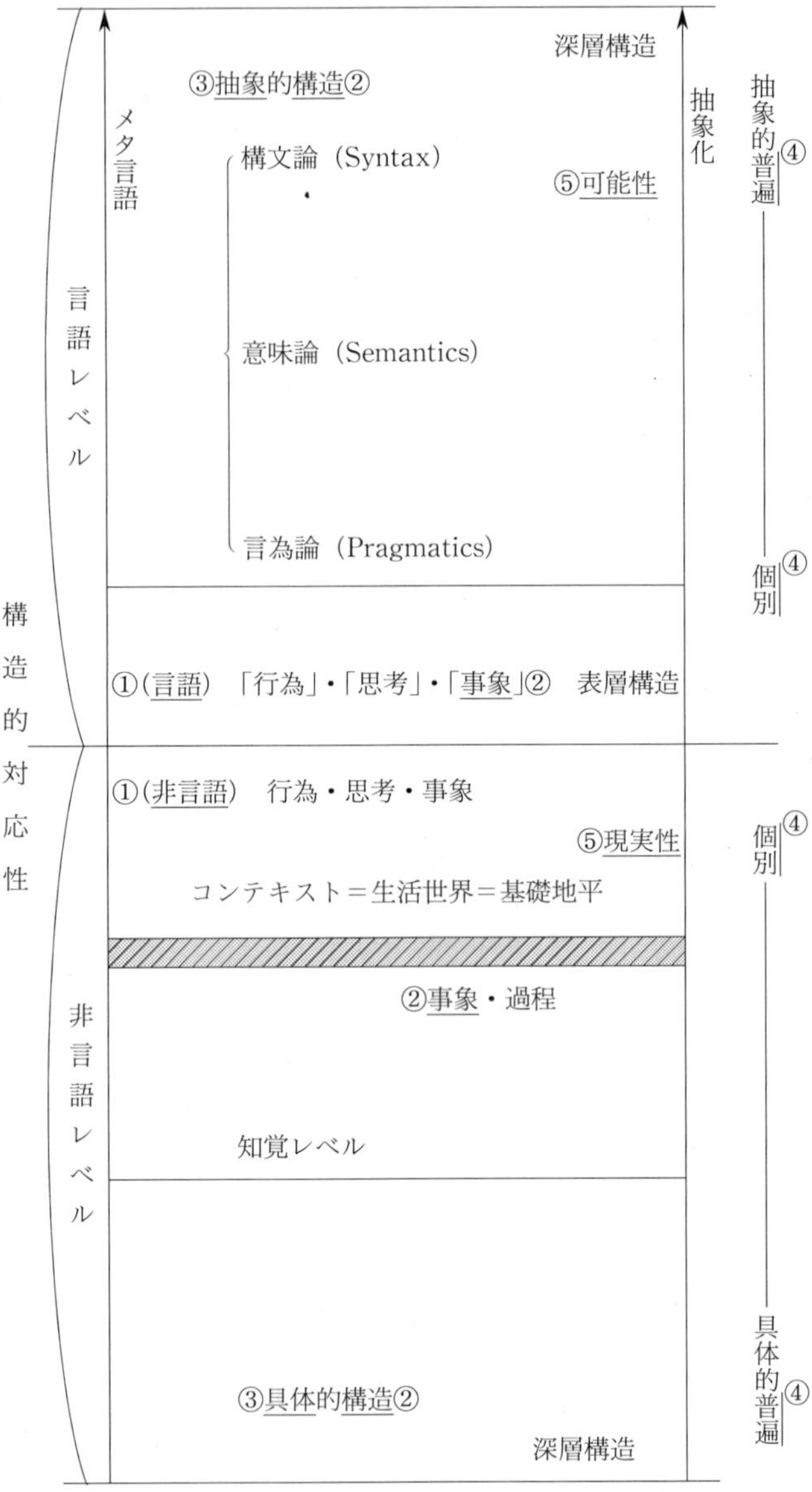

①……⑤は基本カテゴリーである。①言語—非言語 ②事象—構造 ③抽象—具象 ④普遍—個別 ⑤可能性—現実性

総態的動態性と実践

〈価値〉の相関性とは、基底事象としての〈価値のことば〉において示される〈事象としての価値〉と、ソシュールなどの科学的言語理論によって、〈価値の体系〉として抽象的な高次の次元で開示される〈構造としての価値〉との関係にほかならない。この二つの総称で示される〈価値〉は、それぞれ多様な意味をこめて総括されているわけであるが、その基本的な在り方からみると、むしろ一般的に言って、〈事象〉と〈構造〉との関係の相のもとで、〈価値〉の相関的な関係性をよみとることができると言えよう。なぜなら、基本的に言って、本来〈事象〉とは〈構造〉の〈事象〉であり、〈構造〉は〈事象〉の〈構造〉だからである。両者は本来的に対の関係なのである。その意味では〈価値〉の場合だからといって変わるわけではない。だが〈事象〉と〈構造〉とは同時に把握することができないと言わねばならない。「鏡の構造」でも、図示の粗雑さは別として、抽象のレベルの差として表示されている。われわれの直接的な知覚の野のうちに生起するのは、すべてなんらかの〈事象〉である。言語行為の基本形態は物語行為と考えられるが、言語行為であれ物語行為であれ、すべては言語行為＝事象としてまた物語行為＝事象として生起する。それらはどこまでも〈事象〉として生起するのであって、そこに直接的に〈構造〉を把捉することは出来ない。〈構造〉を把捉するには、まず〈事象〉〈について〉反省的に考えそして語ることを介しておこなうしかないのである。まさしくメタ言語的に〈構造〉を論ずる理論的言説を媒介にすることによって容易に〈構造〉を把捉することが出来るが、それゆえに第二次把捉の相においてなのである。だが、その相に立地するや否や、〈事象〉の方はまさに〈構造〉の〈事象〉として科学的メタ言語のレベルで把捉され、第一次表示の相における〈事象〉は変容することになる。そこで、発話場＝コテキストにおいて日本語で話し合うという〈事象〉は、日本語という体系がその都度の〈構造〉としてそこに実現することだというためには、第一次表示の相と第二次把捉の相のもとで、言説の第一次性と第二次性の次元なり位層なりをいつも自己言及的によみとることが必要となる。

それは〈価値〉の場合でも同様なのである。〈事象としての価値〉と〈構造としての価値〉の関係性は、まさしく次元なり位層なりが異なるがゆえにこそ、いわば二重焼き付けないしは二重の映し合いにおいて洞察されることがもとめられる。その具体的な構成はトークンとタイプという概念装置を用いて形式的に描き出すことは可能ではあるが、それはどこまでも想定的なモデル化にすぎない。そこでむしろ基底と最高次元とをそれぞれ想定的におさえることによって、〈価値〉の相関性を抽象の梯子によって言為論（言説の第一次性）とメタ言語性（言説の第二次性）の相において示すことにした。その場合、最高次元の相に〈価値の体系〉としてのラングをあらわならしめるソシュール理論の言説を位置付けるとすれば、基底事象としての〈価値のことば〉との関係を構図として描き出せばよいわけである。とすれば、基底事象としての〈価値のことば〉からの〈事象としての価値〉の上昇化と最高次元としての〈価値の体系〉からの〈構造としての価値〉の下降化というイメージ図式によって、両者の関係を二重焼き付けないしは二重映し合いとして描き出すことが出来ないであろうか。上―下というイメージ図式を用いることなしに、最高次と基底をもった構図を描き出しえないところに、〈価値のことば〉の総態的動態性の姿がうつし出されていると解される。その総態的動態性とは〈構造〉と〈事象〉としての〈価値〉の相関性を〈回帰の弁証法〉のうちに洞察する事態にほかならないのである。

〈構造としての価値〉と〈事象としての価値〉との関係は、〈事象としての価値〉が〈構造としての価値〉の〈事象としての価値〉であり、〈構造としての価値〉は〈事象としての価値〉の〈構造としての価値〉であることを〈事象〉と〈構造〉の関係を基本において理解することが出来れば、決して理解出来ないことではないと思われる。〈事象としての価値〉は言説の第一次性において諸々の物語行為にともなわれる発話のうちで原初的に示されながら、より高次な言説のうちに織り成されていく。物語行為としての発話に示される〈事象としての価値〉も、すでになんらかの〈構造としての価値〉の〈事象〉であるが、逆に最高次の深層構造のうちに示される〈構造としての価値〉はすでになんらかの〈事象としての価値〉の〈構造〉なのである。言説の第二次性においていわゆるメタ言語による価値言説が、科学、哲学、宗教、文学、芸術などの個別的なかたちで展開される時、〈構造としての価値〉と〈事象としての価値〉はそれぞれ〈事象〉の〈構造〉としてあるいは〈構造〉の〈事象〉としてその高次の意味内容において自らを開き示しているのである。この価値の相関性についてなかなか分かりにくいと解されるなら、やはりソシュールのラングとパロールという相関的な概念装置によって、たとえ便法であれ、理解の一助をもとめねばならないとともに、その本来の問題自体である〈価値のことば〉の総態的動態性と実践という最終問題に目を向ける必要があろう。

ソシュールによるラングとパロールという対の概念は、概念装置であるかぎり、ソシュールの言語理論における科学的言説という性格を基本とする。その意味で、第二次把捉の相において位置づけて正しく把握しなければならない。それゆえ、この概念装置によって対象化される言語事態の方は、第一次表示の相において生起していることを前提としている。かような次第で、パロールの方は発話場＝コンテキストで生起する言語行為＝事象としてあらわれるという意味で、言為論的生活世界＝コンテキストにおける基底事象としての〈価値のことば〉とその基底を同じくしているとみてよいであろう。ところが、ラングについてはすでに〈価値の体系〉としてのラングについてソシュールの理論的言説として論じてきたように、第一次表示の相において生起するとしても、それはどこまでも〈構造〉の〈事象〉としてであり、〈構造〉そのものが生起するわけではない。その意味で、第一次表示の相で生起するラングは、〈社会制度〉としてのラングを第二次把捉の相で把捉しえた後でしか理解しえないところに、ラングとパロールという概念装置を介してうけとめざるをえないゆえんがある。よく一般に「構造分析」という言い方がされるが、すでに歴史哲学的な場面であきらかにしたように(63)、理論的言説の媒介なしには「構造分析」はなしえないのと同様である。〈構造〉とは生起するかぎり〈事象〉として生起するのであり、したがっていつも〈事象〉の〈構造〉であるから、その〈構造〉を把捉するには理論的言説の媒介が必要である。そうしてはじめて〈構造〉としてのラングを第二次把捉の相を介して第一次表示の相において把握することが可能となる。以上のように、ラングとパロールの概念装置を介してラングとパロールの関係が第一次表示の相から第二次把捉の相との二重焼き付けないし二重映しにおいて把捉しうるのと同様に、〈価値の体系〉としてのラングと〈価値のことば〉としてのパロールを〈構造としての価値〉と〈事象としての価値〉の関係性において洞察しうるのである。この関係性をよみとるには、第三次洞察の相にいたらざるをえないゆえんであった。

　ところがこの関係性をよみとるところでおわるわけではない。〈価値のことば〉の総態的動態性を十全的にうけとめるには、第三次洞察の相にたつ限り、言説の第三次性にまで回帰することがもとめられる。はっきりと言えば、〈価値のことば〉の総態的動態性とはそもそも人間の言語活動の総態的動態性であり、それは〈回帰の弁証法〉というモデルを介してはじめて洞察することが可能となる。今日まで、言説の第二次性において抽象の梯子をのぼり最高次元にまでいたると考える場合には、科学言語を基本とするような一般意味論のモデルにとどまらざるをえなかった。それより高次の次元を哲学的言説にもとめようとする時、カント以後はほとんど超越論的次元にそれをもとめて、超越論的主観という〝虚点〟を頂点に描き出す哲学的信仰をもとめるのが常であった。しかし超越論的主観という虚点を頂点とおく哲学的信仰の時代は、ヨーロッパ文明こそ唯一の文明であり完全性へと進歩する途上であるという自己意識の時代であった。たしかに哲学的洞察は「自己を包む歴史的状況全体」が自己表現となってはじめて真の哲学となるといえる限り(64)、超越論的次元の定位はまさに一九世紀〈近代〉ヨーロッパ文明の全的な自己表現のあらわれとして正しく理解しなければならないが、しかしその時代はすでに去ったのである。もはや虚点として頂点をもとめる自己意識の肥大化は不可能であるとともに、またもとめるべきでもない。なぜなら〈価値のことば〉は頂点にいたって一切を統合するかたちで終着することが出来ないだけではなく、その頂点〈について〉もさらに語りうるということによって回帰してしまうからである。いや実は回帰するからこそ、ここにかえって〈価値のことば〉の総態的動態性を描き出せることとなる。回帰することなしにはそれは不可能である。だが誤解されてはならない点だが、回帰するとはそこで閉されるということではなくて、〈価値のことば〉は永遠に回帰しつつ自らの言説を展開しつづけていくのである。その意味で永遠に開かれている。そして〈価値のことば〉の永遠回帰は、ニーチェのような、人間を超えるかたちで閉された、〈同一なるもの〉の永遠回帰の神話を完全に否定する言説の在り方を示しているのである。

さてかくして言説の第二次性から第三次性へと回帰する時、それは抽象の梯子をのぼるのではなく逆にくだるのである。しかもそれが第三次性へとくだるところに、一般意味論の示すような、単なる上下運動とは異なる地平が開かれる。それは図示するとすれば抛物線となろう。抛物線を描いて下るという言い方は、科学的言説や哲学的言説〈について〉の言説がふたたび日常言語によってなされるという意味で、日常言語があらたな意味でメタ言語の役割をはたすことを意味する。ということは、たとえソシュールの言語理論的言説などもろもろの言語学説を組み入れるかたちで、〈価値のことば〉が生起する局面が言説の第三次性においていつでも成立するということである。言説の第三次性にいたることは、第二次性のレベルで最高次に達するような言説さえいつでも組み入れるかたちで、日常言語の発話がなされることであり、〈価値のことば〉の動態的動態性が描き上げられることにほかならない。あらゆる種類のことばをすべて内に組み入れることが可能なことばは、日常言語しかありえない。

ここにいたって、〈構造としての価値〉と〈事象としての価値〉の関係性についても、あらためて実践の地平にうつし出されて洞察することが可能となる。実践の地平とは言為論的生活世界にほかならない。繰返し述べてきたように、言為論的生活世界において人間の実践とは「考え」「話し」「行う」人間の言語行為＝事象を基本において繰り広げられる。〈価値のことば〉の総態的動態性とは、〈構造〉と〈事象〉としての価値の相関性を、言説の第三次性においてよりリアルに受けとめることによってはじめて、その真のダイナミックスを示すのではなかろうか。言説の第三次性においてはふたたび〈事象としての価値〉を介して〈構造としての価値〉をよみとることがもとめられる。基底と最高次の上下運動として第一次性と第二次性の間を行き来するのではなく、科学的言説などメタ言語を組み込むことによって成り立つ日常言語のメタ言説が生起する局面では、〈構造としての価値〉を組み入れた〈事象としての価値〉に実践的に向き合わねばならない。というのは、われわれは日々の実践においてつまり日々のパロールによって〈価値の体系〉としてのラングをゆりうごかしている現場に、いつも付き合っているということである。〈価値の体系〉としてのラングを手掛りに語られた〈構造としての価値〉は、この実践的局面において、科学、哲学、宗教、文学、芸術など、第二次性における諸言説とともにあらわれる。〈価値の体系〉の〈構造としての価値〉とともにうけとめられて、〈事象としての価値〉との相関性のもとで第三次性の言説が実践的に物語られる。第三次性における〈価値のことば〉の物語行為＝事象においては、〈事象としての価値〉を通して〈構造としての価値〉がよみとられる。実践への反省を介するにせよ、すべて第三次洞察の相においてであることを忘れてはならない。かくして〈価値のことば〉の総態的動態性は〈回帰の弁証法〉においてはじめて十全的に描き出されるとともに、その総態的動態性とは人間の〈回帰の弁証法〉的実践のあらわれにほかならない。

(1) R. Barthes, Le Degré Zéro de L'Écriture suivi de Éléments de Sémiologie, (Goutier, 1965).

(2) 参照、拙論「言葉のテキストとコテキスト——思想史的破壊の覚書、原理論(一)」(『人文研究』四八号、一九七一年)。

(3) 参照、竹内芳郎『増補　言語・その解体と創造』(筑摩書房、一九八五年)、第一部I言語とメタ言語。

(4) 参照、拙著『歴史における言葉と論理』I（勁草書房、一九七〇年)、第二部歴史のことば。

(5) c.f. A. Korzybski, Science and Sanity, An Introduction to Non-aristotelian Systems and General Semantics, (Science Press Printing Co. 4 ed., 1958), S. I. Hayakawa, Language in Thought and Action, (Harcourt, Brace and Co., 1952);

　拙論「言語のテキストとコテキスト——思想史的破壊の覚書、原理論(二)」(『人文研究』五二号、一九七二年)。

　一般意味論から示された自己反省性・回帰性の原理の重要さをやはり忘れてはなるまい。

(6) 言語行為主体といっても、メタ意識のレベルも組み込まれているので、いつもコンテキスト・バウンドであるわけではなく、コンテキスト・フリーのレベルに開かれている点、念のためここで指摘しておく。

(7) 拙論「言語のテキストとコテキスト――思想史的破壊の覚書、原理論(三)」(『人文研究』五四号、一九七三年)。

ここで取り扱われていることを、あらたな問題意識のもとで把えかえすこととなる。念のため。

(8) R. Barthes, Mythologies, (Seuil, 1957), p. 222-3. 篠原秀夫訳、一四九―五〇ページ。

(9) いまや、テキスト、コテキスト、コンテキストの三者をはっきりと区別して用い、その関係をつけないとどうしても混乱しやすい。前記の拙論ではその区別をつけず、「テキストとコンテキスト」だけで論じた。その際にはコンテキストに二重の意味をふくめて用いるわけだが、場の意味を重視するためには、文字どおりの「文脈」は「コテキスト」であらわすことが是非必要となる。場は生活世界=コンテキストに根差して、その上で、コンテキスト・バウンドとコンテキスト・フリーという、きわめて力動的な人間の理論的実戦を展開させていかねばならないからである。

(10) 参照、拙著『歴史における言葉と論理』II（勁草書房、一九七一年)、第三部第二章第二節、歴史家の道と読者の道。

(11) もちろん意味論的=価値論的体系をテキストとコテキストに限って用いることも出来る。実際わたくしは、拙著『歴史における言葉と論理』I第二部第三章第二節歴史叙述のコンシスタンスにおいては、「価値論的=意味論的体系」という言い方を、歴史叙述そのものにかぎっている。いまはっきりとコンテキストの在り方として考えようとしているわけである。もちろんいずれの意味でも用いうるので、その区別を明確にする必要がある。

(12) この点については、一般意味論の抽象過程の考え方を批判的に見直さねばならないこととふかくかかわってくる。その一例はすでにずいぶん以前になるがおこなっている。拙論「禅のコトバと一般意味論」(『人文学研究所報』No. 3, 一九六七年。)

(13) M. Foucault, Les mots et les choses (Gallimard, 1966) p. 350.

(14) 桂寿一『近世主体主義の発展と限界』（東京大学出版会、一九七四年）二一ページ。

(15) 同右、一六ページ。

(16) M. Heidegger, Die Zeit des Weltbildes, in, Holzwege (Vittorio Klostermann, 1950) S. 80ff.

(17) 桂寿一、上掲書、一八ページ。

(18) 同右、一九ページ。

(19) 鈴木亨「わたしの方法序説」（著作集第三巻『現代文明と人間の運命』三一書房、一九九六年）三五ページ。

(20) 同右、三六―三七ページ。

(21) M. Foucault, La Pensée du Dehors, dans Critique, Juin, 1966, p. 523ff. 豊崎光一訳、『パイディア』七号、一九七〇年春、三〇ページ以下。

(22) ibid., op. cit., p. 524. 同右、三一ページ。（若干の改訳あ

り）

(23) ibid., op. cit., ebenda. 同右、同ページ。

(24) ibid., op. cit., p. 525. 同右、三二ページ。

(25) ibid., op. cit., p. 525-526. 同右、三二―三三ページ。

(26) M. Foucallt, L'ordre du discours, (Gallimard, 1971) 中村雄二郎訳『言語表現の秩序』（河出書房新社、一九七二年）四八ページ以下。

(27) 人間は〈切断〉することが、その性に合っているし、〈分化〉に自らをゆだねる方が楽であるから、なかなか〈接合〉にたえることが出来ないばかりでなく、それをむしろ拒否してきたのである。

(28) 人間は〈変換〉の動的事態の方が基本であることをなかなか認めたがらない。いつもまず分離しそれぞれを〈固定〉して論究することで、詳細な解明が出来たのだと錯認してしまう。

(29) H. Arendt, The Human Condition, (University of Chicago P., 1958) 志水速雄訳『人間の条件』（中央公論社、一九七三年）

(30) その意味で、いかほど「私」の探究をひたすら試みても、「言語至上主義」の遂行なのである。

(31) フッサールの現象学の限界である。より一般的に言えば、桂寿一氏の言う「意識内在主義」の限界である。

(32) 「人間が多数であることから独特の秩序が生まれる。共同生活の特殊性こそが、個人のみを考えていたら理解も説明もできない独特で、すぐれて社会的な事象を生み出しているのである。言語はその好例である。」N. Elias, Über Die Zeit, Hrsg. von M. Schröter (Suhrkamp Verlag, 1988) 井本晌二／青木誠之訳『時間について』（法政大学出版局、一九九六年）二〇ページ。

(33) Ch. Morris, Comments on Mysticism and its Language, in S. I. Hayakawa ed., Language, Meaning and Maturity (Harper & Brothers, 1954) p. 295-302. 鈴木大拙「禅問答と悟り」『全集』第一三巻（岩波書店、一九六九年）三五六―三六〇ページ。「禅の思想」同上、一〇―一一ページ、参照。

(34) J. P. Sartre, l'être et le néant, essai d'ontologie phénoménologique, (Gallimard, 1943) p. 19-20.

(35) 「共存の論理」はどこまでも日常言語の論理でなければならないということである。

(36) J. C. Piguet, De l'esthétique à la métaphysique (M. Nijihoff, 1959) p. 57-67.

(37) G. Lakoff & M. Johnson, Metaphors we live by (The University of Chicago Press, 1980) p. 3.

(38) ibid., op. cit., ebenda.

(39) ibid., op. cit., p. 4.

(40) ibid., op. cit., p. 5.

(41) G. Lakoff & M. Turner, More Than Cool Reason, A Field Guide to Poetic Metaphor (The University of Chicago Press 1989.) 大堀俊夫訳『詩と認知』（紀伊國屋書店、一九九四年）七一ページ。

(42) G. Lakoff & M. Johnson, op. cit. p. 15-17.
(43) ibid., op. cit., p. 22.
(44) ibid., op. cit., p. 24.
(45) C. A. van Peursen, Na Het Postmodernisme van metafysica tot filosofisch surrealism, (KOK Agora, 1994) 吉田謙二訳『ポストモダニズムを超えて─形而上学から哲学的シュールレアリズムへ』(晃洋書房、一九九六年) 一九三ページ。
(46) 同右、二〇四─二〇五ページ。
(47) 同右、二〇八ページ以下。
(48) 同右、二一〇ページ
(49) 参照、拙著『比較文明の方法──新しい知のパラダイムを求めて』(刀水書房、一九九五年) 一六六─一六九ページ。
(50) R・V・ディートリック、滝上由美・滝上豊訳『石ころの話』(地人書館、一九八六年) 一一ページ。
(51) 同右、一四ページ。
(52) 同右、一五ページ。
(53) 『歎異抄』金子栄校訂 (岩波文庫、一九三一年) 四七ページ。
(54) G. Lakoff, Women, Fire, and Dangerous Things (The University of Chicago Press, 1987) 池上嘉彦、河上誓作他訳『認知意味論　言語から見た人間の心』(紀伊國屋書店、一九九三年)。
(55) M. Johnson, The Body in The Mind The Bodily Basis of Meaning, Imagination, and Reason (The University of Chicago Press, 1987) 菅野盾樹・中村雅之訳『心のなかの身体　想像力へのパラダイム転換』(紀伊國屋書店、一九九一年)
(56) J. L. Austin, How To Do Things With Words, 2nd. ed. (Oxford University Press, 1975) p. 148.
(57) 拙著『歴史における言葉と論理』I (勁草書房、一九七〇年) 七二ページ以下。
(58) H. P. Grice, Logic and Conversation, in P. Cole & J. L. Morgan eds., Syntax and Semantics 3: Speech Acts. (Academic Press, 1975)
(59) 拙論「禅のコトバと一般意味論」(『人文学研究所報』No. 3, 一九六七年)。
(60) N. Chomsky, Syntactic Structures (Mouton, 1975).
(61) N. Chomsky, Aspects of the Theory of Syntax (The M.I.T. Press 10th pr., 1975) p. 65.
(62) 前田英樹訳・注『ソシュール講義録注解』(法政大学出版局、一九九一年) 二〇ページ、七七─七九ページなど。
(63) 拙著『歴史における言葉と論理』II (勁草書房、一九七一年) 七〇〇ページ以下。
(64) 桂寿一『哲学概説』(東京大学出版会、一九六五年) 三ページ、一八三ページ。
(65) E・モランが「観念の野蛮時代」から「観念の文明」をもとめて、科学的認識、哲学的認識、諸価値との間、さらに世俗的認識、神話、宗教との間の対話をもとめたこととはっきりと呼び合っている。

あとがき　文明の対話へ

前著『歴史における言葉と論理　歴史哲学基礎論』（I、II）を一九七〇—七一年に勁草書房から刊行したが、また不思議な縁のためか、その後一意探究しつづけてきた価値論の解明をふたたび刊行する運びとなった。前著の刊行からすでに二八年の歳月が流れている。もちろん歴史哲学基礎論の解明後、ただちに価値論の探究に向かったわけではない。実は言語論の究明にほぼ五年ほどかけたところで国学院大学に移ることとなった。その結果、あらたに国学院における言語研究会に参加して言語論の探究をつづけるとともに、いよいよ価値論の解明へと向かった。その最初の論考を一九七六年に発表した。

（1）　一体なぜその後二三年もの時間がかかってしまったのか。基本的には外的な事情による。日本における哲学思想関係の諸事情に通じている人には周知のことであるが、（対比としてもっとも分かり易い事例は、大衆文化の社会と言われるアメリカでも、いたるところの大学にDepartment of Philosophy——哲学部——がおかれている）、日本では、自らの求めるものを思い通りに著作にまとめられるのは非常に恵まれている人で、きわめて限られている。そうでない限りは、所属機関の便をどう使うかにすべてがかかってくる。そのため、私の試みは価値論の基礎にふかくかかわったために、予想以上の年月を費やすこととなった。

（2）　私が〈価値哲学基礎論〉といういい方で提示したいことはなんであろうか。形式的には、もちろん〈基礎〉から考えることであるが、その〈基礎〉とは「上—下」のイメージ図式を用いて表現すれば、「下から」というのが、私のもっとも根源的な見方ということができる。今日までほとんどの偉大な哲学思想は「上から」という立場から〈基礎〉を打ちかためることを求めつづけてきた。それは、簡潔にいえば、K・ヤスパースが明示した「世界史の枢軸時代(Achsenzeit)」(B.C. 800〜B.C. 200) にギリシア、ヘブライ、ペルシア、インド、中国などの文明圏で同時的に生起した精神革命によるといってよい。その時から人類の教師はソクラテス、釈迦、孔子、ツァラトゥストラなどであった。

(3) いまや枢軸において人類文明史の転換が求められているのではないか。私はそれを、一言で「ニーチェ以後」という表現で示している。それはかつて二〇世紀最後の偉大な哲学思想家サルトルによって「マルクス以後」といわれたことに対している。だがそれよりももっと不気味な問題性を孕んでいる。その悪しき前兆を示すかのように、今世紀の二〇年代からファシズム・ナチズムなどまさしく〈力への意志〉を発揮した。いまやその前兆はすでに乗り越えられてしまったと思うひとは、あまりにも楽観的にすぎよう。なぜなら、いまいたるところで復活の凶兆がうごめいているからである。「ニーチェ以後」とは「マルクス以後」とちがって、それを乗り越えることができるか否かが課せられている。

(4) 「ニーチェ以後」の哲学的な歴運の意味とはなにか。これも一言にいえば、ニーチェが語った「ニヒリズム」という西洋の歴史の根源的出来事に由来するものである。二〇世紀最大の哲学者といわれるハイデガーがいかにニーチェのいうニヒリズムにこだわりつづけて、ある意味では彼自身の哲学の危険性を示したかは周知のことである。ニーチェの「ニヒリズム」が根深い〈狂＝凶　気＝器〉をひめていするのは「力への意志」によってそれこそ強力に貫通されているからである。その上さらに、「神の死」「永遠回帰」「超人」「生成の無垢」そして「一切価値の価値転換」がそのような〈キャッチワーズ〉によって規定されることにある。

(5) 「ニーチェ以後」において求められる私の〈価値哲学基礎論〉とはどういう基本的な学的性格をもっているのか。いまやニーチェの場合とむしろ〈キーワーズ〉によって対比させることで相当にはっきりとした姿を示すのではないかと考える。「ニヒリズム」対「ニヒリズムの克服」を基本課題として、そのために「力への意志」対「構図構成と構想力の立場 (Position)」「神の死」対「反省的メタ意識主体の生」「永遠回帰」対「回帰の弁証法」「超人対三元 (天・地・人) 関係性＝元型」「生成の無垢」対「総態的動態性 (Trans-position)」そして「一切価値の価値転換」対「三大 (特種・選択・差異＝) 価値概念＝メタ価値概念の相互定立」ということになろうか。この対比によって少しは全体像を描きうればばと思う。

(6) Position という英語をなぜ入れたのか。それは、ニーチェの「力への意志」に対抗するにははっきりとした立場を設定しなければならないからである。「ニーチェ以後」の哲学は、これから結局ニーチェに対してどういう価値的・価値論的態度をとるかによると言っても過言ではない。もちろんPositionはさらにTranspositionという英語が対置されて、さらなる展開を求めねばならない。ただ立場に固執するだけではあらたな千年紀（Millennium）に対応するなどできないはずだからである。そこで「第二次枢軸時代」へ私の好きな〈キャッチフレーズ〉を示しておきたい。From *Our* Last Thousand Years (Millennium) to *Your* New Thousand Years (Millennium)、若い人達へということである。

（7）　三つのゲーム（権力、価値（精神・物質両面）、知識）は別々におこるのではなく、三重のゲームとして切り離せないのはなぜか。ニーチェの「力への意志」があまりにも独断的なのは、このような事態に対して無関心というよりも、きわめて意図的に無視したことである。この三つのゲームを別々に論ずる人は少なくないし、また容易でもある。しかし実際はそれらが別々ではなく互にからみ合っている。その所以は、まず「価値のゲーム」に注目することで、精神と物質の関係を根本的に二元的分離ではないことによって知ることである。この点を正しくふまえることができれば「権力のゲーム」と「知識のゲーム」ももはや別々に扱えないことを実感するにちがいない。

（8）　あらゆる文明・文化においてそれこそ具体的普遍に展開する、この三重のゲームには、どういう勝負のルールがあるのか。一般に勝負けがはっきりしているゲームにはそれだけはっきりしたルールがある。もっとも典型的に分けると二つのルールしかないといっても過言ではない。一つは優位者必勝のルールである。つまり将棋・碁・チェスなどのように、強い人が必ず勝つからこそ公平なのである。もう一つは優位者のない運によるルールである。つまり、じゃん拳・サイコロ遊びなど。R・カイヨワの分類によれば前者がアゴーン（競争）後者はアレア（ただの遊び、実はただの遊びではなく、近代ヨーロッパで生み出した三権分立はこのルール）、そのほかにミミクリとイリンクスがあるが、いまは問わない。

（9）　二一世紀、この一世紀をまず考えて、日本文明・文化はどのように価値の転換と文明の転換に貢献するのか。いま挙げたゲームのルールから照し出すと、日本文明・文化の基本性格は後者のルール、つまり優位者のない運によるルールをむしろ好むという性格をもつといってもよいかもしれない。もちろん前者のルールも無視は出来ないが。なぜそのように解されるかは「和を以て貴しと為す」という、聖徳太子の一七条の憲法の第一条の冒頭がきわめて強い影響を与えてきたからである。だが、聖徳太子像のいたずらな肥大化によって、望まれる日本文明・文化の性格がゆがめられて、いまやはっきりしてきたように、いわゆる事大主義の官僚優位の文明・文化になってしまった。二一世紀の世界に貢献するには、日本文明・文化の〈改革〉は不可避なのである。

(10) 価値哲学基礎論だけではなく、なぜその応用論こそが求められねばならないのか。応用論は最終的には「価値の実現」をその目的としている以上、日本文明・文化の〈改革〉のためには、本来は文明的世界システムそのものの〈改革〉であるが、どうしても欠くことができない。より一般的に言えば、学問の在り方からして基礎論はかならず応用論を必要とする。その際、誤解してはならないことは、序論が本論を必要とするのとは、理論構成の在り方がまったく逆なのである。以上のような次第で私は応用論の課題が必然的に課せられているが、そのもっとも基本的なことは、現代の〈普遍論争〉といわれるものである。つまり西欧近代文明に由来する普遍的価値(自由・平等・人権など)と称されることをどう位置づけるかにある。それが「諸文明・文化の対話」といわれる、これからの実践的な根本問題にほかならない。

以下、本書の内容をより十全に理解していただくために、私の最初のプラン(一九八二年公表)、鳥瞰図およびテーゼを掲げる。なお、ここで、本書の上梓にあたり諸々の御配慮をいただいた編集部の富岡勝氏に、心からお礼申し上げる。

一九九九年九月九日

神川正彦

最初のプラン

価値における言葉と論理と実践

序論　価値論への要請

第一部　価値の構図

まえがき　構図構成と構想力の立場

I 「価値」の規定

1 価値問題探究の現状把握

2 価値概念規定の問題性

3 ニヒリズムの根源的懐疑から

II 価値の構図

1 価値と事象——二元的分離論批判

2 価値事象への道——生活世界の底へ(知覚問題、生の事実、現実構造)

3 価値のひろさとふかさ——分離から統一へ

鳥瞰図〈構図の認識〉

旧時代 歴史	21世紀からのミレニアム　第二次枢軸時代へ 哲学ルネサンス　科学と宗教を媒介することにより 知の「野蛮時代」から　知の「文明時代」へ	新時代 理論
問題状況 理論前提	「ニーチェ以後」における価値論探究 「ニーチェ以後」と「マルクス以後」の 価値的・価値論的差異 「ニーチェ以後」はその超克が課題	歴史哲学 基礎論
ニーチェ対ニーチェの克服 実現過程	1．ニヒリズム　ＶＳ　ニヒリズムの克服 2．力への意志　ＶＳ　構図構成と構想力の立場（Position） 3．神の死　ＶＳ　反省的メタ意識主体の生 4．永遠回帰　ＶＳ　回帰の弁証法 5．超人　ＶＳ　三元（天・地・人）関係性＝元型 6．生成の無垢　ＶＳ　総態的動態性（Transposition） 7．一切価値の価値転換　ＶＳ　三大（特種・選択・差異＝） 価値概念＝メタ価値概念の相互定立 - - - - - - - - 価値の構図（I）　価値のことば（II）	価値哲学 基礎論（I）＋（II）
価値転換 課題解決	比較文明的遠近法のもとにおける価値転換 特種価値（真・善・美・聖・正・利）を基本にして 価値の認識（III）　価値の実現（IV） 第三革命（環境革命）を通して 文明的世界システムの〈改革〉へ	応用論（III）＋（IV）

鳥瞰図〈文明的世界システムの改革〉
（人類文明史折返し説）

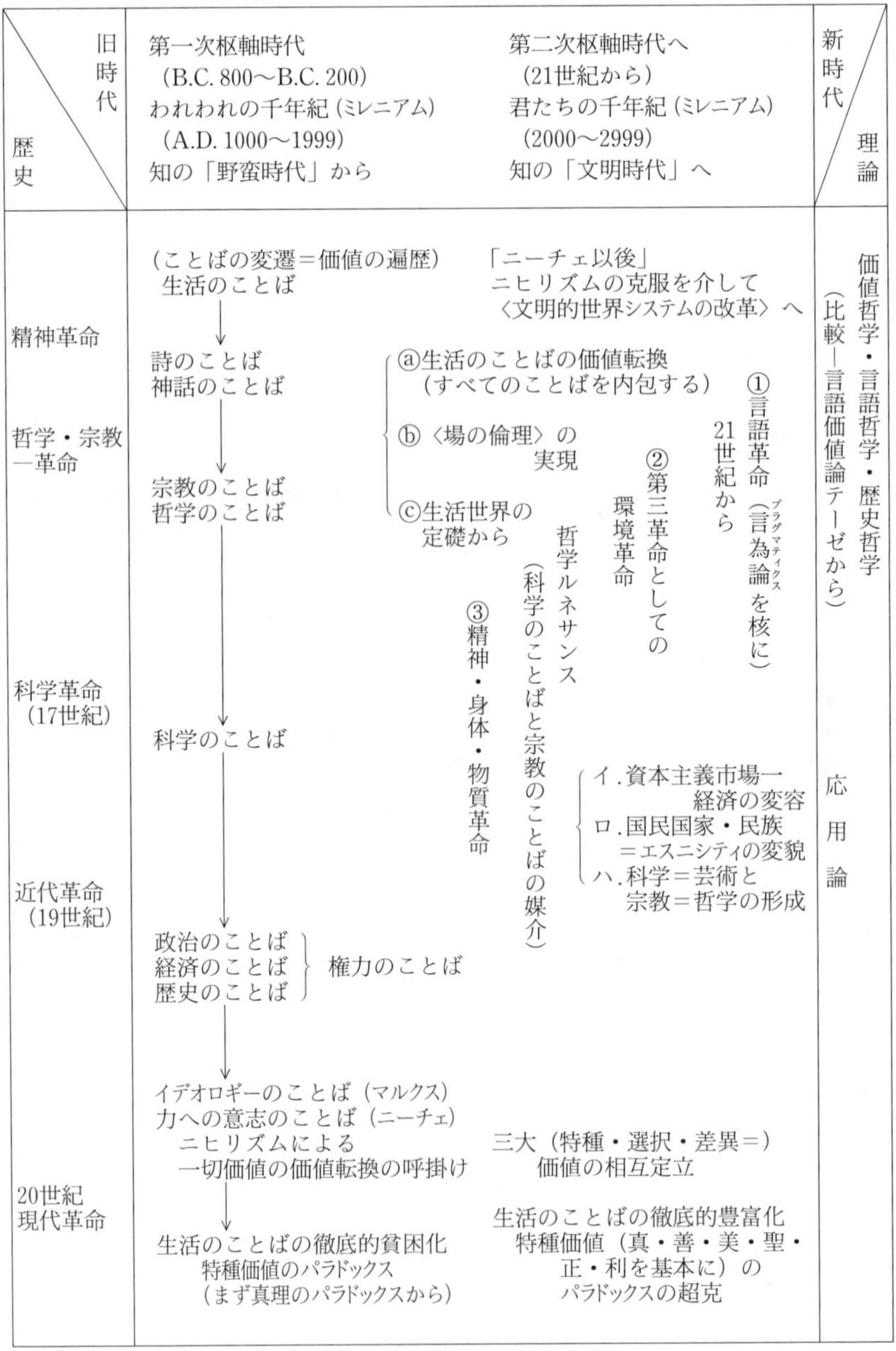
旧時代
歴史
第一次枢軸時代
（B.C. 800～B.C. 200）
われわれの千年紀（ミレニアム）
（A.D. 1000～1999）
知の「野蛮時代」から
第二次枢軸時代へ
（21世紀から）
君たちの千年紀（ミレニアム）
（2000～2999）
知の「文明時代」へ
新時代
理論
精神革命
哲学・宗教一革命
科学革命（17世紀）
近代革命（19世紀）
20世紀現代革命
（ことばの変遷＝価値の遍歴）
生活のことば
詩のことば
神話のことば
宗教のことば
哲学のことば
科学のことば
政治のことば
経済のことば
歴史のことば
権力のことば
イデオロギーのことば（マルクス）
力への意志のことば（ニーチェ）
ニヒリズムによる
一切価値の価値転換の呼掛け
生活のことばの徹底的貧困化
特種価値のパラドックス
（まず真理のパラドックスから）
「ニーチェ以後」
ニヒリズムの克服を介して
〈文明的世界システムの改革〉へ
ⓐ生活のことばの価値転換
（すべてのことばを内包する）
ⓑ〈場の倫理〉の実現
ⓒ生活世界の定礎から
①言語革命（言為論《プラグマティクス》を核に）
21世紀から
②第三革命としての環境革命
哲学ルネサンス
（科学のことばと宗教のことばの媒介）
③精神・身体・物質革命
イ.資本主義市場一経済の変容
ロ.国民国家・民族＝エスニシティの変貌
ハ.科学＝芸術と宗教＝哲学の形成
三大（特種・選択・差異＝）価値の相互定立
生活のことばの徹底的豊富化
特種価値（真・善・美・聖・正・利を基本に）のパラドックスの超克
価値哲学・言語哲学・歴史哲学
（比較―言語価値論テーゼから）
応用論

比較—言語価値論テーゼ

1)「詩のことば」が「生活のことば」よりよりゆたかである、いやむしろ雲泥の差があるという考え方は、K.ヤスパースのいう「世界史の枢軸時代」(B.C. 800〜B.C. 200)の精神革命によって確立された。

2)この精神革命が明確に哲学・宗教革命として遂行された時、「神話のことば」と「詩のことば」が「宗教のことば」や「哲学のことば」に言語価値論的な意味において席を譲った。

3)価値論的に席を譲ったということは、まさに一つの価値転換が生起したことであり、「宗教のことば」や「哲学のことば」が「神話のことば」や「詩のことば」よりよりゆたかになったということである。

4)それは、第一次枢軸時代の五大中心文明圏ともいうべき、ギリシャ、ヘブライ、ペルシア、インド、中国においてはっきりと表出された。しかし、17世紀科学革命を起源として19世紀に西欧文明が〈中心化〉することによって、「科学のことば」にこんどは「哲学のことば」と「宗教のことば」がまたもや言語価値論的な意味で席を譲るかにみえた。

5)その時、「哲学のことば」と「宗教のことば」よりも、「詩のことば」と「神話のことば」がよりゆたかに甦るかにみえた。だが、すでにその時、「政治のことば」と「経済のことば」そして「歴史のことば」が科学の合理性と実証性の名のもとに強化し、「イデオロギーのことば」として自らを貫徹するにいたった。

6)「マルクス以後」とは「イデオロギーのことば」を自分自身には適用することを拒否した、まさに反自己言及的言説として、いま博物館に収納された。

7)いまや「ニーチェ以後」まさしく「力への意志のことば」が文字どおり強力に唱い上げられたが、それはむしろ「政治のことば」と「経済のことば」が「権力のことば」に席を譲る大いなる価値転換の時となった。

8)いまこそ「ニーチェ以後」を超克すべき〈言語革命〉がはっきりと求められねばならない。〈言語革命〉こそがチョムスキーの意味ではなく、われわれの旧い千年紀(ミレニアム)を去り、新しいミレニアムが開ける価値論的な創制のシグナルなのである。

9)「生活のことば」は「詩のことば」よりよりゆたかである。より正確に言えば、よりゆたかにならねばならない。「生活のことば」は第一次枢軸時代においては、この20世紀の終焉に向かって徹底的に貧困化されてしまった。(真理のパラドックス)

10)「生活のことば」は「民衆のことば」、ひとりひとりの生きた、生きる、もっと生き生きと生きるであろう〈価値のことば〉なのである。これまで列挙したすべてのことばの形態を「内」に組み入れることが出来る唯一のことばだからである。ことばの相互排除、孤立、自律化の時代は終ったのである。

11)「生活のことば」は〈言説の第三次性〉という〈メタ言説〉として〈回帰の弁証法〉のもとでよりゆたかに生起する。〈回帰の弁証法〉はそれこそ繰り返し繰り返し回帰することによって自らの課題解決能力をたかめることができる。ニーチェの場合のように〈同一なるもの〉の永遠回帰ではありえない。

12)「生活のことば」をよりゆたかにすることが第二次枢軸時代を文字どおり実現し、哲学ルネサンスとして、「科学のことば」と「宗教のことば」の葛藤を媒介することによってはじめて知の「文明時代」といわれるに値する時が開かれる。君達のあたらしい千年紀=ミレニアムである。

人 名 索 引

あ 行

か 行

さ 行

た 行

な 行

は 行

ま 行

や，ら行

事項索引

⁑印は価値哲学基礎論にとって重要な用語（概念とことば）
＊印は⁑印の付いた語と無印の語を媒介する用語を主とし，
無印は西洋形而上学を主とする重要な用語

ア　行

カ　行

サ　行

タ　行

ナ 行

ハ 行

マ　行

ヤ　行

ラ，ワ　行

著者略歴

1929年　神奈川県に生まれる
1958年　東京大学大学院人文科学研究科哲学専攻博士課程修了
1973年　『歴史における言葉と論理』により文学博士となる
現　在　国学院大学教授
現住所　236-0051　横浜市金沢区富岡東1-41-13
Tel/Fax　045-774-4522
E-mail　m-kamika@seaple.icc.ne.jp/
著訳書　『歴史における言葉と論理　歴史哲学基礎論』Ⅰ、Ⅱ（勁草書房）、『比較文明の方法　新しい知のパラダイムを求めて』（刀水書房）、W．ドレイ『歴史の哲学』（培風館）、ほか

価値の構図とことば　価値哲学基礎論

2000年1月10日　第1版第1刷発行

著　者　神《かみ》　川《かわ》　正《まさ》　彦《ひこ》

発行者　井　村　寿　人

発行所　株式会社　勁《けい》　草《そう》　書　房

112-0004　東京都文京区後楽2-23-15　振替　00150-2-175253
電話（編集）03-3815-5277（営業）03-3814-6861
FAX 03-3814-6854
港北出版印刷・和田製本

ISBN　4-326-10127-X
http://www.keisoshobo.co.jp